Gino Pugnetti

Handbuch
der Hunderassen

Albert Müller Verlag
Rüschlikon-Zürich · Stuttgart · Wien

2. Auflage 1988

Aus dem Italienischen übersetzt von Orit Tempelman
Titel des italienischen Originals: «Cani»
erschienen bei A. Mondadori, Mailand 1980. Copyright © by Arnoldo Mondadori. −
Deutsche Ausgabe: ∅ Albert Müller Verlag, AG, Rüschlikon-Zürich, 1981. − Nach-
druck, auch einzelner Teile, verboten. Alle Nebenrechte vom Verlag vorbehalten, insbesondere die Filmrechte, das Abdrucksrecht für Zeitungen und Zeitschriften, das Recht
zur Gestaltung und Verbreitung von gekürzten Ausgaben und Lizenzausgaben, Hörspie-
len, Funk- und Fernsehsendungen sowie das Recht zur foto- und klangmechanischen
Wiedergabe durch jedes bekannte, aber auch durch heute noch unbekannte Verfahren.
ISBN 3-275-00766-1. − 11/15-88. − Printed in Spain by Artes Gráficas Toledo, S.A.
D.L.TO:1830-1988

Inhalt

Zeichenerklärung

Hund, der in der Stadt gehalten werden kann

Hund, der sich als Schäfer- und Hütehund eignet

Fügsamer Hund

Sennen- und Hirtenhund für Großviehherden

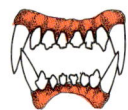

Bissiger Hund

Wachhund

Hund, den man im Freien halten kann

Hund, der als Schutzhund abgerichtet werden kann

Hund, der im Haus übernachten muß

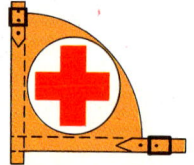

Blindenführhund

Bergrettungshund

Wasserrettungshund

Schlittenhund

Schweizerischer Zughund

Vorstehhund

Retriever oder Apportierhund

Spürhund

Fuchsjäger

Hund für die Wasserarbeit

Muß geschoren oder getrimmt werden

Kälteempfindlicher Hund

Rennhund

Der Nachkomme des Wolfes

Die Meinungen über die Herkunft des Menschen gehen auseinander und auch über die des Hundes können sich die Fachleute nicht einigen. Mit Bestimmtheit läßt sich jedoch sagen, daß parallel zu den ersten Säugetieren und den primitiven Affen ein Tier lebte, das gewisse Merkmale eines Caniden aufwies. Diesem Tier wurde der wissenschaftliche Name *Cynodesmus* gegeben, und man weiß (oder man vermutet es zumindest), daß es sich nach einer Jahrmillionen dauernden Evolution zu einem wolfsähnlichen Tier, genannt *Tomarctus*, entwickelte, das seinerseits zum Ahnen des Wolfes, des Schakals, des Fuchses, des Kojoten und aller anderen Caniden wurde. Die ersten gezähmten Hunde des Menschen waren wahrscheinlich Wölfe, die vor ca. zwölftausend Jahren fast gleichzeitig auf der ganzen Welt domestiziert wurden. Alle diesbezüglichen Funde Europas, Asiens oder des präkolumbianischen Amerika gehören zum gleichen Zeitalter. Die Freundschaft zwischen Mensch und Hund ist somit eine der ältesten, die wir kennen. Der Hund war ein ständiger Begleiter des Menschen in hungrigen und in reichen Zeiten. Kürzlich hat ein englischer Philosoph den Hund einen «Menschen honoris causa» genannt, um seine nicht immer genügend anerkannten Qualitäten gebührend zu würdigen.

Zusammenarbeit mit dem Menschen

Homo sapiens und Wolf haben sich plötzlich zur gemeinsamen Wegbeschreitung entschieden, weil sie eigentlich dieselbe gesellschaftliche Struk-

tur und sogar ähnliche Denkensweisen besaßen. Der Wolf lebte mit seinem Rudel, und die ganze Familiengemeinschaft half bei der von einem Leitwolf angeführten Jagd mit. Die Aufgaben jedes Einzelnen waren klar verteilt: ein Wolf folgte der Spur der Beute, ein anderer schnitt ihm den Rückzug ab, der Mutigste sprang ihm an die Kehle. Wenn das Opfer sich in einer Herde befand, oblag es einem der Wölfe, es von den anderen Tieren zu isolieren.

Der Leitwolf hatte das Recht, als erster seinen Hunger zu stillen. Erst wenn er gesättigt war, durften die anderen Mitglieder seines Rudels am Festschmaus teilnehmen. Der Mensch verhielt sich höchstwahrscheinlich genau gleich. Tagsüber war der Mann auf der Jagd und die Frauen suchten wilde Früchte und Beeren und bewachten die eventuell bereits gefangene Beute. Wahrscheinlich überließ der Mensch – der auch in einer Familiengemeinschaft lebte – die Knochen und andere Nahrungsreste den halbverhungerten Tieren, die in der Nähe seiner Behausungen umherschlichen. Nach und nach begriff der Wolf, daß der Mensch eine bessere «Munition» besaß: Steinwaffen, Pfeile und Fallen. Er bewunderte seine höher entwickelte Jagdtechnik, fing an, ihn wie einen Leitwolf zu respektieren, folgte ihm in einer gewissen Entfernung auf der Jagd und kehrte mit ihm ins Dorf zurück, um dann seinen Anteil von der Beute zu erhalten.

Sehr wahrscheinlich wurde das Interesse des Menschen durch Wolfswelpen geweckt, die er irgendwann aufnahm und aufzog. Nach mehreren

Generationen entstanden schließlich Tiere, die bei der Jagd nicht mehr als reine Zuschauer mitliefen, sondern erstmals als aktive Mitarbeiter daran teilnahmen, indem sie zum Beispiel Gazellen aufspürten oder isolierten und dem Jäger zu erbeuten ermöglichten.

Um Pferd, Rentier und Elefant zu domestizieren, mußte der Mensch sie erst einfangen und mit Gewalt einsperren. Als einziges Tier hat sich der Hund der Autorität des Menschen freiwillig gebeugt.

Die Araber und die ersten Hunderassen

Der Hund ist somit ein gezähmter Wolf und das erste Haustier. Seine Entwicklung zum Haushund erfolgte sehr rasch. Einigen Wissenschaftlern zufolge hat der Hund alle seine körperlichen und charakterlichen Eigenschaften vom Wolf geerbt und zufällige Mutationen sowie Kreuzungen mit Schakalen haben ihn nur kurzfristig verändert.

Wenn Wolf und Hund auch gemeinsame Ahnen haben, sind sie dennoch getrennte Wege gegangen: der Wolf ist wild und ungezähmt geblieben, der Hund ist zum Haustier geworden. Die Grundmerkmale sind jedoch über Jahrtausende hinweg erhalten geblieben: beide wedeln mit dem Schwanz als Zeichen der Befriedigung, klemmen ihn zwischen die Beine, wenn sie sich fürchten, drohen, indem sie die Lefzen zurückziehen und die Zähne entblössen, begrenzen ihr Territorium mit Duftmarken. Die Trächtigkeit hat bei Wolf und Hund die gleiche Dauer, beide Tierarten werden von denselben Krankheiten und Parasiten befallen.

Nach dem «Torfhund», der von den Pfahlbauern gezüchtet und gehalten wurde, entstanden nach und nach zahlreiche Hunderassen, wie wir sie heute noch kennen. Durch natürliche Mutationen, klimatische Verhältnisse und andere Umwelteinflüsse sowie durch gezielte, vom Menschen vorgenommene Kreuzungen entstanden immer zahlreichere und differenziertere Rassen, bis sie die moderne Klassifizierung erreichten, die auf den verschiedenen Eigenschaften und auf deren Verwendung basiert: für die Jagd, als Hirten-, Wach-, Gebrauchs- und Begleithund. Der erste sicher definierte Rassehund war wohl der Saluki, ein persischer Hund, dessen arabischer Name El Hor «der Edle» bedeutet. Auch die Definition des Begriffs «Rasse» stammt von den Arabern. Zuerst wendeten sie ihn bei Pferden an und später bei Hunden: «Eine Rasse ist eine Gruppe von Tieren, die vom Menschen gezüchtet werden, weil sie ein einheitliches Aussehen und bestimmte vererbliche Eigenschaften aufweisen, die sie von den anderen Tieren derselben Gattung unterscheidet.»

Hund mit Halsband – vor Jahrtausenden?

Um Näheres über die Frühzeit des Hundes zu erfahren, müssen wir uns auf seine ersten bildlichen Darstellungen durch den Menschen und auf Ideogramme stützen. In seiner niedergeschriebenen Geschichte hat der Mensch dann den *Canis familiaris* häufig erwähnt. Die Maler des Altertums zogen aber als Modelle offensichtlich Tiere vor, die unmittelbar an die Jagdleidenschaft oder an das Hungergefühl appellieren. In den Höhlenzeichnungen finden sich zahlreiche Abbildungen von Hirschen, Büffeln, Wildschweinen und Rentieren, vom Hund fehlt aber zunächst jede Spur. Aber wie alle anderen Künste erfuhr auch die prähistorische Malerei eine Evolution in der Wahl ihrer Modelle, und man fing an, auch den Schakal und die Hyäne abzubilden. Ungefähr 4500 Jahre v. Chr. erschienen dann auch die ersten Abbildungen des Hundes. Sie zeigten ihn natürlich auf der Jagd, als Gehilfe des Menschen. Das Aussehen dieser Hunde entspricht keiner heute bekannten Rasse. Aus dieser Zeit sind aber nicht nur Jagdhunde bekannt: auf einem vier- bis fünftausend Jahre alten Messer ist ein Hund mit Halsband eingeritzt. Es könnte sich hier um den ersten Nachweis der Existenz von Wachhunden handeln.

Für den Kynologen besitzt die altägyptische Kunst eine besondere Bedeutung: zum ersten Mal sind Hunderassen abgebildet, die manchen heute noch bekannten ähneln.

Aus dem Orient wurden nach und nach die großen, doggenartigen Hunde eingeführt und später auch die Windhunde. Die Hunde, die zu jener Zeit in Ägypten, Rom und Athen gehalten wurden, waren zum größten Teil von den Phöniziern – den damaligen Handelsreisenden des Mittelmeergebiets und Mitteleuropas – verbreitet worden.

Der Hund – verehrt und abgelehnt

Der Hund, der so eng mit dem menschlichen Schicksal verbunden war, wurde auch von den Religionen wahrgenommen. In Ägypten wurden ihm zum Teil göttliche Ehren erwiesen. Wenn ein Hund starb, wurde er während einer bestimmten Epoche beerdigt und erhielt einen Grabstein mit einer Trauerinschrift. Wer einen Hund tötete, riskierte schwere körperliche Züchtigungen, und auf bewiesener Grausamkeit stand sogar die Todesstrafe. Auch bei den Persern war es verboten, einen Hund zu töten. Der Hund trug den Titel «Hüter der Herden und Beschützer des Menschen».

Bei den Griechen hieß es, der Hund sei vom Gott Hephaistos erschaffen worden, und in der Mythologie wird er oft erwähnt. In der Töpferei, in der Bildhauerei und in der Literatur erscheint er ebenfalls oft. Berühmt wurde da ganz besonders Argos, der treue Hund des Odysseus, von dem Homer erzählt, er habe mit dem Schwanz gewedelt, seinen Kopf gesenkt und sei gestorben, nachdem er nach 20 Jahren seinen Herrn wiedergesehen hatte.

Im präkolumbianischen Amerika wurden die Hunde beim Hinschied ihres Herrn getötet und zusammen mit ihm, als treue Freunde, begraben.

Die Hebräer hingegen hegten keine große Sympathie zum Hund. Da sie kein Jägervolk waren, verband sie kein gemeinsames Interesse mit diesem Vierbeiner. Im Alten Testament wird der Hund als unreines und böses Tier beschrieben, das sich von den Straßenabfällen ernährte. Die Bibel erwähnt den Hund um die vierzig Mal, aber es handelt sich dabei fast durchwegs um negative Äußerungen.

Im Orient ging es dem Hund kaum besser. Obschon es in China bereits

Statue (Ägypt. Museum, Kairo) vom altägyptischen Gott Anubis oder Anupu, hier als Schakal dargestellt. Er geleitete die Verstorbenen in die Unterwelt.

3000 Jahre v. Chr. sogenannte Ärmelhunde gab, die in den weiten Ärmeln der Kimonos umhergetragen wurden, galten sie auch als ganz besondere Leckerbissen, die bei keinem Festessen fehlen durften. Auch heute noch werden in China Hunde verspeist (z. B. der Chow-Chow).

Die ersten schriftlichen Dokumente über den Hund
Überall, wo es passionierte Jäger gab oder wo Verbrecher vorkamen, die man sich vom Hals halten mußte, erschien auch der Hund. Der Mensch bemühte sich schon sehr früh, ihn zu verbessern, neue Rassen zu erschaffen und seine Abrichtung zu fördern, um einen noch besseren Jagdgefährten zu erhalten. Bereits anfangs des klassischen Altertums besaßen die Griechen einen Wolfshund, die Ägypter einen Laufhund und die Perser den Molosser. Aristoteles (384–322 v. Chr.) erwähnte verschiedene Hunderassen, die er nach ihren Ursprungsländern benannte. So wissen wir, daß es damals außer den griechischen auch ägyptische, epiretische, melitäische und lakonische Hunde gab, die Aristoteles in seinen Büchern über Tiergeschichte und -anatomie sehr genau beschrieb.
Bei den Römern wurden Jagdhunde in hohen Ehren gehalten. Der lateinische Poet Ovid gab genaue Instruktionen, wie Zuchthündinnen zu

Gipsabguß eines Hundes aus Pompeji, der im Jahr 79 n.Chr. beim Ausbruch des Vesuvs ums Leben kam. Er versuchte verzweifelt, von der Kette loszukommen; die Lavamasse hat diesen Todeskampf für immer festgehalten.

behandeln seien, um deren Nachkommen zu verbessern, und der Schriftsteller Varro erteilte im letzten vorchristlichen Jahrhundert gute Ratschläge für den Kauf eines Hundes.

In seinem Jagdgedicht *Kynegetika* trat im 2. Jahrhundert der Grieche Oppian für die Zucht kleiner Hunderassen ein, da sie seiner Meinung nach für die Jagd auf Niederwild besser geeignet waren.

Es steht demnach fest, daß man sich bereits vor zweitausend und mehr Jahren für den Hund interessierte und ihn auch liebte. Die Hinweise *cave canem* (Warnung vor dem Hunde), die man in den Häusern Pompejis fand, zeigen klar, daß zu jener Zeit auch schon Wachhunde gehalten wurden. Normalerweise handelte es sich dabei um grimmige Molosser, große Hunde mit furchteinflößendem Gebiß, die tagsüber angekettet waren und nachts auf dem Besitz frei umherliefen.

Von Rom bis zum Mittelalter

Der Hund wurde schon seit langem bei kriegerischen Auseinandersetzungen als Gebrauchshund eingesetzt. Die Römer zum Beispiel verwendeten Meldehunde und auch Hunde für den Angriff. Die Molosser trugen dazu eiserne Halsbänder, die mit Stacheln und Dolchklingen besetzt waren.

Der Feind beeilte sich meist, vor diesen gefährlichen Gegnern noch vor dem eigentlichen Kampf davonzulaufen.

In den ersten Jahren nach dem Fall des römischen Reiches, das heißt nach der Invasion der Barbaren, wurde der Hund mehr oder weniger seinem Schicksal überlassen. Den hungrigen Hunden, die mit dem Eroberer gekommen waren, blieb nichts anderes übrig, als traurig in den Städten und auf dem Land umherzuirren. Sie schlossen sich wieder zu wilden und hungrigen, beutesuchenden Meuten zusammen.

Aus der damaligen Zeit stammen die etwas dubiosen Ausdrücke wie: Hundekälte, Hundewetter, Hundelohn, Hundstage, falscher Hund, frecher Hund, usw. Aber auch diesmal verdankte der Hund sein Leben der Jagd. Zu jener Zeit bedeutete die Jagd nicht mehr ein bloßes Vergnügen für Adelige, sondern war eine Frage des Überlebens für das gemeine Volk. Wer nicht nur irgendeine dünne Wurzelsuppe essen wollte, hatte keine andere Wahl, als auf die Jagd zu gehen. Reiche und Arme verwandelten sich in Jäger und bewaffneten sich mit Pfeil und Bogen, Armbrust, Lanzen und sonstigen Waffen, aber auch mit Fallen und Netzen. Auch hier erwies sich der Hund wiederum als unersetzlicher Helfer, der das Wild sowohl im dichten Wald wie im Sumpf verfolgen konnte. In England kostete damals ein guter Jagdhund gleichviel wie ein Sklave.

Anfänge der Spezialisierung

Im Mittelalter befaßte man sich sogar in den Klöstern mit der Hundezucht, vielleicht aus bloßem Vergnügen, aber auch zur eigenen Verteidigung. So wurde zum Beispiel von den Mönchen der St-Hubertus-Abtei in den belgischen Ardennen der berühmte Chien de St.-Hubert gezüchtet. Der Deutsche Schäferhund scheint ebenfalls aus Kreuzungen entstanden zu sein, welche deutsche Mönche vorgenommen hatten, um eine Hunderasse zu erzeugen, die das Kloster vor Banditen schützen sollte.

Im Mittelalter traten auch die ersten spezialisierten Jagdhunde auf. Die Schweißhunde wurden zum Aufspüren des Wildes, die Laufhunde zum Stellen der Hirsche, die Windhunde zu deren Verfolgung, die Doggen zum Erledigen der Büffel und der Bären abgerichtet. Ebenfalls aus dem Mittelalter stammt die Verwendung der kleinen Hunde, damals Biberhunde genannt, zum Eindringen in Fuchsbauten und Höhlen von Wildkaninchen. Es handelte sich um die ersten Terriers.

Quasi durch die Erzählungen des großen Reisenden Marco Polo inspiriert, der schilderte, wie der Tatarenführer mit einer fünftausend Hunde umfassenden Meute zur Jagd ging, veranstalteten die reichen Feudalherren Europas Treibjagden für ihre adeligen Freunde mit tausend bis tausendfünfhundert Laufhunden.

Unterstützt durch eine mindestens achthundert Hunde zählende Meute, bekämpften die Soldaten Elisabeths I. die irischen Aufständischen. Eine stattliche Anzahl großer Hunde, die eine mit Stacheln versehene Rüstung trugen, nahmen an der spanischen Eroberung Amerikas teil. Nach und nach spielte der Hund eine immer wichtigere Rolle im täglichen Leben

sowie im militärischen und sportlichen Geschehen. Es erschienen bereits Schriften über gute Hundehaltung, wo empfohlen wurde, die Meute nach der Jagd an der Wärme zu halten; es wurden Ratschläge erteilt für deren Ernährung, die aus Fleisch und Brot bestehen sollte; die Holznäpfe seien gründlich auszuwaschen, die Hunde täglich zu striegeln; zur Heilung auftretender Hautausschläge wurden Meerbäder empfohlen. Die ersten Grundbegriffe der Veterinärmedizin und der Chirurgie wurden nun von den Arabern nach Europa gebracht.

Luxusobjekt der Renaissance

Mit dem fortschreitenden Mittelalter wurden die Sitten sanfter, und mit der Verbesserung der Lebensbedingungen wuchs auch die zweckfreiere Liebe zum Hund. Anfangs der Renaissance war der Besitz eines schönen Hundes sogar eine Art Snobismus. Die Hunde waren zwar immer noch hauptsächlich Jagdhunde, mit der Zeit verwandelten sie sich aber auch in Begleit- und Familienhunde. Man ging in Begleitung von Molossern aus und organisierte Windhunderennen, die meist von den aus England importierten Greyhounds gewonnen wurden. Die Liebe zum Hund wuchs ständig. Die Frauen – und ganz besonders die adeligen Damen, die keinen Geschmack an der Jagd fanden – übertrugen einen Teil ihrer Zuneigung auf kleine Begleithunde. Sie liebkosten sie, schmückten sie mit Bändern und schufen eine spezielle Mode für Luxushunde. Bald kam es so weit, daß man sich zuerst um die Gunst des Hundes bemühen mußte, um sich diejenige seiner Herrin zu sichern.

Der Hund in der Malerei

Die Zahl der Hunderassen, besonders der Jagdhunderassen, wuchs stets an. Im XVII. Jahrhundert war Frankreich die führende Nation in der Entwicklung neuer Jagdhunderassen. Die verschiedenen Könige Ludwig liebten alle die Jagd. Aus dieser Zeit stammen die berühmten «weißen Hunde des Königs»: unvergleichlich elegante, reingezüchtete Meutehunde. Zwischen den verschiedenen europäischen Ländern wurden Hunde getauscht und verkauft und Hundewettkämpfe organisiert. Weltweit wuchs der Respekt für dieses edle und bescheidene, schöne und freundliche, treue, kräftige und intelligente Tier, das es verdiente, von den größten Malern zu Füßen seines Herrn verewigt zu werden.

Während mehreren Jahrhunderten ist die Liebe zum Hund von der Malerei bildlich festgehalten worden. Dadurch erhält man einen guten Überblick über die verschiedenen Rassen, die zu einer bestimmten Zeit gerade in Mode waren. In der Renaissance ist die Malerei sehr reich an Darstellungen wunderschöner Hunde. Dürer, Botticelli, Piero della Francesca, Mantegna, Canaletto, Tizian, Bosch, Pieter Breughel der Ältere, Rubens, Velasquez, Goya und noch unzähligen anderen berühmten Malern haben Hunde Modell gestanden. Die Liebe zum Hund erscheint auch in der Poesie und im Theater (z. B. bei Shakespeare).

Im XVIII. Jahrhundert veränderten die Verstärkung der Demokratie in

Vorführung eines Konkurrenten auf einer Hundeausstellung.

England und die Französische Revolution nicht nur das Leben der Menschen, sondern auch das der Hunde. Die großen Meuten der Adeligen verschwanden, aber nicht die Jagdpassion der einzelnen Bürger. Die Jäger hielten sich einen oder zwei Hunde, die hauptsächlich schnell sein und einen ausgezeichneten Geruchssinn haben sollten. Zu jener Zeit erschufen englische Züchter den Pointer, der wegen dieser Eigenschaften berühmt wurde.

Die ersten Hundeausstellungen
Der neuen Auffassung zufolge sollte der Hund nicht nur ein guter Jäger sein, sondern auch anziehend wirken und körperlich seinen vielen Aktivitäten angepaßt sein. Auf dieser Grundlage stürzten sich die Züchter mit Feuereifer und viel Intelligenz in ihre Arbeit, und bereits 1859 konnte in Großbritannien – in der Stadthalle von Newcastle-on-Tyne – die erste Hundeausstellung stattfinden. Teilnehmen durften allerdings nur Jagdhunderassen, und es wurden 50 Pointer und Setter ausgestellt. Standard und Ahnentafel spielten noch keine große Rolle und die Kynologie wurde als origineller Zeitvertreib angesehen. Am 1. April 1873 wurde in London aber der englische Kennel Club gegründet, der mit der Aufstellung des «stud-book», des Hundestammbuches, begann und in ihm Wurfdatum

Auch in Frankreich sind Hunde nicht überall erwünschte Gäste.

und andere Einzelheiten aller Hunde, die einer spezifischen Rasse zuge-
hörten, einschrieb.

Dem englischen Beispiel wurde in anderen Ländern gefolgt: der American Kennel Club wurde 1884 und der Kennel Club Italiano 1898 gegründet. 1875 fand in den Vereinigten Staaten die erste Hundeausstellung
statt. Vor kaum mehr als hundert Jahren wurden auf allen Ausstellungen
nur je knapp 50 Hunde gezeigt. Heute sind es auf den wichtigsten
Ausstellungen neuntausend und mehr.

Wechselndes Glück im Frieden und im Krieg

Anfangs des XX. Jahrhunderts erreichte die Popularität des Hundes einen
Höhepunkt. Der Hund spielte eine immer wichtigere Rolle auf Ausstel-
lungen, in der Familie, in der Armee und wurde als Schutz-, Wach-,
Schäfer- und Jagdhund eingesetzt. Außerdem traf man ihn in Form von
Gravuren, als Spielzeug, auf Glückwunschkarten, auf der Etikette der
«His Master's Voice»-Schallplatten, in der Reklame.

Wie bereits in früheren Zeiten sollte der Krieg wieder einmal zur Dezi-
mierung der Hunde beitragen. Wenn Hunger und Not regieren, kann man
es sich nicht leisten, unnütze Mäuler zu stopfen. Schon 1871, als Paris von
den Preußen belagert wurde, verschwanden aus der französischen Haupt-
stadt nicht nur alle Hunde, sondern auch die Pferde, die Katzen, die

20

Eine Jagdhundemeute. In Frankreich und in England gibt es noch einige wenige große Meuten.

Vögel und sogar die Ratten. Während der beiden großen Weltkriege starben unzählige Hunde oder verloren ihren Meister und ihr Heim. Schätzungsweise leben heute mindestens 120 bis 150 Millionen Hunde bei uns Menschen. Allein in den Vereinigten Staaten gibt es um die 35 Millionen Hunde. Man schätzt die Zahl der in Frankreich lebenden Hunde auf 7 bis 8 Millionen; in Deutschland sind es 5 bis 6 Millionen, in Italien 4 Millionen, in Belgien 1 Million und in der Schweiz um die 400 Tausend.

Nicht alle Hunde führen ein glückliches Leben. Viele werden von ihren Besitzern miserabel behandelt oder gar einfach ausgesetzt, andere werden Opfer des Straßenverkehrs.

Ein Hund für jeden Jagdzweck

Nach dieser schnellen Übersicht über die Herkunft und die Geschichte des Hundes, über seine wichtige Rolle in der Gesellschaft sowie in der Zusammenarbeit und der Freundschaft mit dem Menschen werden wir einige seiner Eigenschaften etwas näher betrachten. Fangen wir mit seinen jagdlichen Fähigkeiten an. Nicht jedermann kann sich für diese Sportart begeistern, aber hier soll nicht über Sinn oder Unsinn der Jagd diskutiert und entschieden werden. Fest steht, daß Mensch und Hund sich auf der Jagd begegnet und einander dabei schätzen gelernt haben. Wenn es keine Jagd gegeben hätte, wäre das unzertrennliche Paar Mensch und Hund, das bereits Jahrtausende überdauert hat, gar nicht erst entstanden. Es gibt verschiedene Arten jagdbaren Wildes – Raubtiere und ihre Opfer, schnelle Tiere und solche, die sich verstecken, flüchtende Tiere und Tiere, die angreifen, usw. – und deswegen auch verschiedene Jagdarten. Man weiß seit uralten Zeiten, daß der Hund die gleichen Jagdinstinkte wie der Mensch besitzt. Nach der allgemeinen Ausbildung eines Jagdhundes ist es aber nötig, ihn auf einem gewissen Gebiet zu spezialisieren.

Seinem Wesen nach war der Hund vor allem ein Laufhund. Das veranlaßte ihn, das Wild aufzustöbern, es aus dem schützenden Gebüsch ins offene Gelände zu treiben, wo es dann dem Jäger in die Hände fiel. Aber diese Eigenschaften waren nicht genügend, und der Mensch bemühte sich, ihm neue Kunststücke beizubringen. Er erschuf zum Beispiel den Vorstehhund. Ein solcher Hund lernt, unbeweglich vor dem entdeckten Wild zu stehen, sich regungslos wie eine Statue zu verhalten, alle Muskeln sind angespannt, ein Vorderlauf ist erhoben. Dieses Signal, das sogenannte Vorstehen, zeigte dem Jäger, daß sich das Wild nur wenige Schritte entfernt – in der Richtung, in der die Schnauze des Hundes zeigte – aufhielt. Unter den heutigen Vorstehhunden befinden sich die Bracke, der Spaniel, der Griffon und die englischen Pointer und Setter.

Der Mensch lehrte den Hund auch das Apportieren. Manchmal gelang es dem verletzten Wild zu entkommen und sich zu verstecken. Deshalb wurden die berühmten «Retrievers» geschaffen: diese Hunde waren dazu abgerichtet, im Dickicht oder im Sumpf abgeschossenes Wild zurückzubringen.

Die Terriers waren dazu auserwählt, die Beute unter der Erde zu verfolgen. Viele kleinere Tiere wie z. B. der Fuchs, der Dachs, der Marder oder das Wiesel finden Zuflucht in unterirdischen Bauten, in hohlen Baumstämmen oder in Felsspalten. Der niederläufige Terrier mit seinem äußerst kräftigen Gebiß, seiner großen Schlauheit und Aggressivität dringt in diese Zufluchtsstätten ein, kämpft mit dem kleinen Raubzeug und besiegt es.

Als die großen Könige in Frankreich regierten, wurde die Jagd zum mondänen Erlebnis. Für die großzügig organisierten Jagden auf Hirsch und Fuchs wurden große und edle Rassehunde gezüchtet, wie zum Beispiel der Grand bleu de Gascogne, der Poitevin, der Chien d'Artois. Alle diese Hunde jagten am besten in der Meute und boten einen herrlichen Anblick, wenn sie zusammen mit den Brackierern, den Treibern und den Reitern loszogen.

Unter der Herrschaft Karls I. von Lothringen wurden 70 Wälder und an die 800 Parkanlagen für die Zucht und die Abrichtung der königlichen Hunde eingerichtet. Ludwig XI. war ein extrem passionierter und methodischer Jäger, der alle seine Pläne nach der Jahreszeit programmierte: den Krieg im Sommer und im Herbst, die Hirsch- und Wildschweinjagd im Winter, die Falkenjagd im Frühling. Seine Jagdpassion war so groß, daß er noch von seinem Totenbett aus während seinen letzten Lebensstunden

Manche Jagdhunde sind so mutig, daß sie sich an viel stärkere und äußerst aggressive Gegner heranwagen. Auf diesem Bild haben zwei Laufhunde einen Luchs bis auf einen Baum hinauf verfolgt.

Ein Schäferhund bei der Arbeit.

den Hunden zuschaute, die in seinem Schlafzimmer Mäuse fingen.
Wenn von Herrschern die Rede ist, die eine große Jagdleidenschaft
besaßen, darf der König Knut II. der Große von Dänemark und England
nicht vergessen werden. Im Jahre 1016 ließ er allen auf den königlichen
Jagdgründen jagend angetroffenen fremden Hunden (außer denjenigen
der Adeligen) die Läufe brechen.

Die Notwendigkeit der Abrichtung
Obschon sie aus Instinkt jagen, brauchen auch Jagdhunde immer eine
geeignete Abrichtung. Im Alter von 6 bis 12 Monaten sind sie am
leichtesten abrichtbar, aber die Welpen können bereits im Alter von drei
Monaten zusammen mit ihrer Mutter bei der Jagd mitgeführt werden. In
diesem Alter wollen sie natürlich vor allem spielen, lernen aber gleichzeitig, sich wie ihre Eltern zu verhalten. Hundeabrichter empfehlen, den
Jagdhunden für eine Übung immer dieselben Befehle zu erteilen und dazu
dieselben Gesten auszuführen. Die Lektionen sollten kurz sein, aber oft
wiederholt werden und so gestaltet sein, daß sie immer wie ein Spiel und
nie wie ein Zwang empfunden werden. Die Abrichtung der Jagdhunde
und die zielbewußte Zuchtwahl hat bei den verschiedenen Rassen die von
ihren Ahnen geerbten Fähigkeiten beträchtlich verstärkt und entwickelt.
Die Sonntagsjäger vergessen aber oft, daß für besondere Jagdzwecke

auch spezialisierte Hunde einzusetzen sind, die aus guten Zuchten stammen und die sich den gegebenen Umweltbedingungen bei der Arbeit anpassen können. Nach Beendigung der Jagdsaison muß der Jagdhund während einigen Monaten das Leben eines Begleithundes führen. Er muß vor Kälte und Feuchtigkeit geschützt und darf nicht durch eine allzu reichliche oder falsche Ernährung «gemästet» werden. Wenn oft mit ihm geübt wird, findet er bei Beginn der folgenden Jagdsaison sehr schnell seine Hochform wieder.

Entwicklung des Schäferhundes

Bereits in der Antike war der Hund nicht nur ein Jäger, sondern instinktiv auch ein Wächter. Die Viehzucht bedeutete für die Nomadenvölker eine Nahrungs- und Fellreserve, die leicht mitgeführt werden konnte. Gleichzeitig bestand aber immer die Möglichkeit eines Raubtierangriffs auf die Herde. Die Wälder Libanons, die Wüste Nubiens, die Ebenen des Euphrats waren wilde Gegenden voller Gefahren. Der Hund hatte sich schnell an das Jagen mit dem Menschen gewöhnt, und ebenso problemlos lernte er seine Herden bewachen und sie vor den Angriffen der Raubtiere und vor Dieben zu schützen. Die ersten Schäferhunde waren große, mutige, bissige Hunde, die sich ohne Zögern auf Wölfe, Bären oder andere Feinde stürzten.

Man vermutet, daß die ersten Schäferhunde vor ungefähr tausend Jahren von den nomadisierenden Hirten Asiens eingesetzt wurden. Die Phönizier nahmen sie auf ihren Handelsreisen nach Europa mit, wo sie mit lokalen Hunden gekreuzt und nach und nach zu berühmten Rassen herausgezüchtet wurden. Weiße Hirtenhunde wurden den anderen vorgezogen, da man sie nachts besser von den braunen Bären oder Wölfen unterscheiden konnte. Die Hirten konnten in die Kämpfe eingreifen, ohne befürchten zu müssen, irrtümlich den eigenen Hund zu erschlagen. Es gibt bis heute noch Hirtenhunde, deren Grundfarbe Weiß ist, wie der Kuvasz, der Maremmen-Abruzzen-Schäferhund, der Tatra- oder Podhalen-Hund, der Pyrenäenhund, der Bergamasker, u. a. m.

Im Gefolge der Römer gelangten diese ausgezeichneten Hunde nach ganz Europa. In jedem Land verwandelten sie sich weiter und paßten sich ihrer Umwelt, den klimatischen Verhältnissen und der erforderlichen Arbeit an. Während Jahrhunderten wurden diese Hunde ausschließlich zur Verteidigung der Herden eingesetzt. Die einzige Spezialisierung war abhängig von der Art der zu bewachenden Tiere. Erst im letzten Jahrhundert, als Bären und Wölfe langsam verschwanden, lernten die Schäferhunde die Herden selbst zu überwachen, verlorene Tiere zu suchen und zum Stall zurückzubringen, usw.

Wettkämpfe für Hütehunde

Die Abrichtung der Schäferhunde stützte sich fast immer ausschließlich auf das «Nachahmen» bereits ausgebildeter Tiere. Besonders gelehrige und instinktsichere Welpen wurden einem älteren Schäferhund zugesellt,

Ein Polizeihund mit seinem Ausbilder.

um ihre zukünftige Arbeit zu erlernen. Nach wenigen Monaten waren auch sie echte «Profis». Sie waren imstande, nicht nur Schaf- oder Schweineherden, sondern auch die verschiedensten Haustiere wie Gänse, Enten, Hühner und Kaninchen zu führen und zusammenzuhalten.

In Großbritannien werden heute noch Wettkämpfe veranstaltet, an denen nur Hirtenhunde teilnehmen dürfen. Die Wettkämpfer müssen zehn Schafe in einer Entfernung von 800 m abholen und in ein Gehege zusammentreiben, wobei sie an einer oder mehreren im voraus bestimmten Stellen vorbeikommen müssen. Die Richter geben mehr Punkte, wenn der Hund lautlos, konzentriert, rasch und souverän arbeitet. Langsam arbeitende Hunde und solche, die übereifrig sind und die ihnen anvertraute Herdentiere zum Beispiel beißen, können disqualifiziert werden.

In jedem Land gibt es eigenständige Schäferhunderassen. Nicht jede Rasse hat aber den alten Beruf unverändert beibehalten. Einige haben sich weiterentwickelt und als Wach- und Schutzhunde spezialisiert, wie zum Beispiel der Deutsche Schäferhund, der Belgische Schäferhund und der Norsk Buhund, oder haben die harte Arbeit mit dem ruhigen Leben eines Begleithundes vertauscht, wie z. B. der Collie, der Bobtail und der Corgi.

Abrichtung zum Schutzhund.

Der Wach- und Schutzinstinkt

Der Hund hat einen angeborenen Schutztrieb gegenüber der ihm anvertrauten Herde, aber er verteidigt ebenso instinktiv sein Haus, ihm anvertrautes Gut oder ganz einfach seinen Herrn. Im antiken Griechenland wurden Hunde (wahrscheinlich Molosser) dazu abgerichtet, die heiligen Stätten zu beschützen. Der griechische Schriftsteller Plutarch erzählte, wie ein Hund einen Dieb, der etwas aus dem Tempel der Aphrodite entwendet hatte, über 20 Meilen verfolgte und stellte.

Ahne aller Wachhunde war der Molosser, dank seiner Größe und seinem ausgeprägten Schutztrieb. Der moderne Schutzhund ist das Produkt einer gezielten Zuchtwahl. Der Wach- und Schutzhund kann dazu abgerichtet werden, die schwierigsten Hindernisse wie Leitern, Abschrankungen, Gräben usw. zu überwinden, Gegenstände zu bewachen, Übeltäter zu stellen, ohne sie zu verletzen, von Schüssen unbeeindruckt zu bleiben, von Fremden keinen Bissen anzunehmen, sich nicht durch angreifende Tiere aus der Fassung bringen zu lassen, bis zu 40 km im Dauerlauf zurückzulegen, usw.

Nach allen Regeln der Kunst abgerichtete Schutz- und Wachhunde werden vor allem von der Polizei eingesetzt, die folgende Rassen bevorzugt: Deutscher Schäferhund, Belgischer Schäferhund, Dobermann, Airedale, Riesenschnauzer, Rottweiler, Bloodhound und Labrador. Die Abrichtung beginnt im Alter von ca. 1 Jahr. Nach der Ausbildung bleibt der Hund während seiner ganzen aktiven Dienstzeit, das heißt während ca. 6 bis 7 Jahren, zusammen mit seinem Führer.

Auch Wach- und Schutzhunde der einfachen Bürger sollten unter fachkundiger Leitung abgerichtet werden. Die Ausbildung wird bei den Klubs in besonderen Kursen vermittelt. Jede Abrichtung und Erziehung setzt viel Geduld und Energie voraus. Der Hund muß seine Arbeit freudig verrichten. Nach jedem korrekt ausgeführten Befehl muß der Hund gelobt werden. Man sollte ihn aber nicht dauernd mit Leckerbissen belohnen, da er sonst in Versuchung geraten könnte, solche Leckerbissen auch von Fremden anzunehmen.

Die Angewohnheit, einen unabgerichteten Hund auf Arbeitsstellen, in kleinen Fabrikarealen oder auf Gehöften anzuketten, um aus ihm einen Wachhund zu machen, ist absolut zu verwerfen. Aus einem solchen Hund wird kein Wächter, sondern ein bissiges und unglückliches Tier, das zu nichts taugt. Übrigens werden die kleinen Begleithunde, die beim geringsten verdächtigen Geräusch Laut geben, von den Einbrechern sehr gefürchtet. Diese Hunde können zwar weder dem Eindringling an die Kehle fahren noch ihn sonst irgendwie behindern, lassen sich aber nicht davon abhalten, resolut Alarm zu schlagen. Hunde, die sich im Freien aufhalten müssen, können durch vergiftetes Futter eingeschläfert oder sogar umgebracht werden. Es ist deshalb wichtig, daß Wachhunde lernen, Futter von keinem Fremden, sondern nur von ihrem Halter und von dessen Freunden oder Angestellten anzunehmen.

Die Rettungshunde

Im Dienste des Menschen kann ein Hund Jäger, Schäfer, Wächter und Beschützer und noch vieles mehr sein. Die ersten Rettungshunde wurden bereits vor einigen Jahrhunderten auf den Bergpässen (besonders zwischen der Schweiz und Italien) eingesetzt, mit der Aufgabe, verschneite Wege aufzufinden. Während dreihundert Jahren wurden sie von den Mönchen des St.-Bernhard-Hospiz auch zur Rettung Verirrter gebraucht. Diese Hunde retteten seinerzeit manches Menschenleben. Der berühmteste Bernhardiner war Barry, der allein 44 Menschen rettete und vom 45. getötet wurde, der ihn irrtümlich für einen Bären hielt. Ironischerweise erinnert der Name Barry an «Bäri», den schweizerdeutschen Ausdruck für «kleiner Bär». In Paris gibt es eine Statue zu Ehren dieses Hundes. Barry selbst wurde ausgestopft und ist noch jetzt im Berner Naturhistorischen Museum zu sehen.

Der Hund im Krieg

Schon während der ältesten Kriege wurden Hunde als Wachposten, Melde- und Suchhunde und später als Träger von Munition, Medikamenten, Telefonausstattungen, als Minensuchhunde und als Meldehunde von Verletzten eingesetzt. Im Ersten Weltkrieg trugen manche sogar eine Gasmaske.

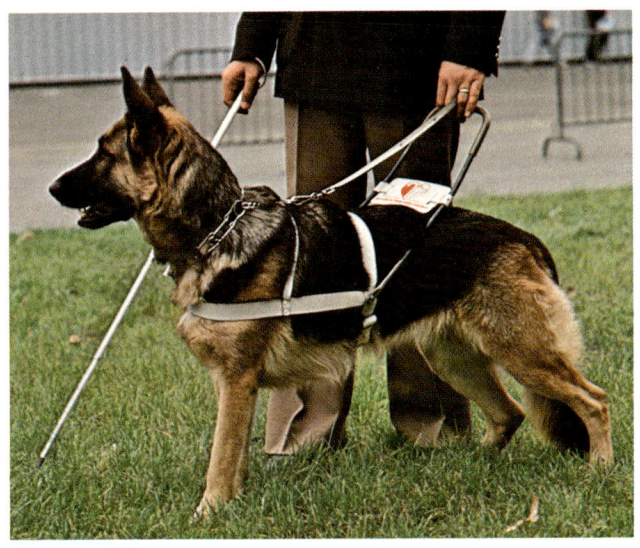

Ein Blindenführhund.

Die modernen Armeen haben immer nationale Hunderassen bevorzugt. Der Deutsche Schäferhund, der Collie, der Dobermann und der Rottweiler sind alle als Kriegshunde eingesetzt worden. Weiße Hunde wurden aber nie verwendet, da sie vom Feind zu leicht gesichtet worden wären.

Der Blindenführhund

Eine der edelsten Aufgaben des Hundes ist die des Blindenführhundes. Die ersten Ausbildungslager für solche Hunde wurden 1915 gleichzeitig in Deutschland und Frankreich eröffnet. Die ersten Blindenführhunde waren für erblindete Soldaten bestimmt. Später wurden solche Stätten überall auf der Welt eingerichtet.

Als Führhunde werden besonders Deutsche Schäferhunde ausgebildet, da ihre Intelligenz, Folgsamkeit, Treue, Genauigkeit und Anpassungsfähigkeit sie zum idealen «Auge» für ihre erblindeten menschlichen Kameraden werden läßt. Sehr gute Resultate erhält man auch vom Belgischen Schäferhund, vom Labrador, vom Deutschen Boxer und vom Collie (letzterer besonders mit blinden Kindern).

Das Führen eines Blinden im Großstadtverkehr ist eine sehr anspruchsvolle Arbeit. Der Hund erlernt sie in einer monatelangen, geduldigen Schulung durch Instruktoren, die ihrerseits speziell ausgebildet sind.

Schlittenhunde in Alaska.

Die Rolle des Schlittenhundes

Seit dem XVI. Jahrhundert wurden Hunde dazu abgerichtet, schwer beladene Karren zu ziehen. Diese Arbeit war überaus anstrengend, und glücklicherweise wurden bald Gesetze zum Schutz dieser Arbeitstiere herausgegeben. In der Schweiz werden aber heute noch mancherorts kräftige Sennenhunde für den Transport von Milch und Käse vor kleinere Karren gespannt – eine Arbeit, die sie sehr gerne leisten.

Unersetzlich bleiben nach wie vor die nordischen Schlittenhunde. In vereistem und verschneitem Gelände, wo kein mechanisches Transportmittel einsetzbar ist, ist man auf die Hilfe der Schlittenhunde angewiesen, um weite Strecken zu überwinden. Der Alaskan Malamute hat viele berühmte Polarforscher (wie z.B. Amundsen) auf ihren Expeditionen begleitet. Die von Hunden gezogenen Schlitten waren oft die einzige Möglichkeit, um Nahrungsmittel und Material von den bewohnten Siedlungen in die Forschungslager zu bringen. In den arktischen Ländern werden Eskimohunde fächerartig oder paarweise vor die Schlitten gespannt. In Alaska sind Schlittenhunderennen sehr beliebt und populär. Die berühmten Alaskan Malamutes beteiligen sich in Anchorage regelmäßig an Wettrennen, in denen 800 km in weniger als 80 Stunden zurückgelegt werden müssen. Natürlich dürfen die Gespanne bei jeder Zwischenstation ausgewechselt werden.

Ein Hundekampf in Afghanistan, wo diese «Sportart» eine lange Tradition hat. Die Kämpfe enden meist mit dem Tod von einem oder manchmal beiden Kämpfern. Die Zuschauer wetten große Geldsummen auf den Sieg des Favoriten.

Eine grausame Sportart: der Hundekampf

Zu den mehr oder weniger sportlichen Aktivitäten des Hundes gehörten auch die berühmten Hundekämpfe des alten Rom, wo Hunde in der Arena gegen Tiger, Löwen oder untereinander kämpften. Es wurden vor allem schwere Molosser eingesetzt, die häufig die kräftigsten Raubtiere besiegten – zum größten Vergnügen der Zuschauer, die solche blutrünstige Schauspiele besonders schätzten.

Derartige grausame Sportveranstaltungen, in denen sogar Menschenleben geopfert wurden, wurden nicht nur in Rom organisiert. In England wurden mächtige Kampfhunde gezüchtet, die *pugnaces Britanniae*, die sogar ins Ausland exportiert wurden. Die Bulldogge z.B. ist ein englischer Kampfhund, der auf Stierkämpfe spezialisiert war. Ihre aufgeworfene Schnauze erlaubte ihr, frei zu atmen, auch wenn sie einen Stier an der Kehle gepackt hatte.

Kämpfe zwischen Hunden oder zwischen Hunden und wilden Tieren fanden überall auf der Welt, sogar in Japan und in China statt. Das erste Land, das solche Kämpfe verbot, war Holland im Jahre 1689. In Frankreich und England wurden diese Schauspiele erst 150 Jahre später verboten, und geheime Hundekämpfe fanden noch lange danach statt und sollen zum Teil noch heute stattfinden.

Eine zivilisierte Sportart: das Rennen
Eine sicherlich edlere und anständigere Sportart ist das Hunderennen. Als geborene Rennhunde gelten Windhunde wie der Greyhound und der Whippet. Sie beteiligen sich an Hunderennen, die auf besonderen Rennbahnen stattfinden und bei denen wie bei Pferderennen Wetten abgeschlossen werden.

Hunderennen wurden bereits im vorrömischen Gallien durchgeführt, aber erst im England Elisabeths I. wurden Vorschriften aufgestellt und normiert, Vereine zur Veranstaltung von Wettkämpfen gegründet, große Hunderennsportplätze gebaut und Rassen besonders hinsichtlich Schnelligkeit und Rennfähigkeit gezüchtet.

Früher wurden die Rennhunde auf lebende Hasen gehetzt, und der erste Hund, der die Beute fassen konnte, war Sieger, wobei die schnellen Windhunde eindeutig favorisiert waren. Tierfreunde protestierten aber gegen diese Rennen, und 1876 wurde der erste mechanisch angetriebene Hase eingesetzt. Er funktionierte jedoch schlecht, pflegte mitten im spannendsten Rennen in Panne zu fallen und so kleinere Aufstände zu bewirken. Anfangs des XX. Jahrhunderts gelang es dem amerikanischen Ingenieur Owen Smith, einen pannensicheren Kunsthasen einzuführen. Seither hat sich in England und in den Vereinigten Staaten die Zahl der Hunderennsportplätze und der Anhänger dieser Sportart stark erhöht.

Gerannt wird über Distanzen von 400, 600 oder sogar 1000 m. Die Ausbildung der Rennhunde fängt im Alter von ca. 9 Monaten an, und mit 1½ Jahren kann der Hund bereits an Rennen teilnehmen. Er darf nicht mehr als 30 kg wiegen und muß die Distanz von 400 m in 22 Sekunden durchlaufen können. Ein Windhund kann eine Geschwindigkeit von 70 km/h erreichen. Ein guter Züchter kümmert sich um seine Rennhunde, wie wenn es sich um Rennpferde handeln würde. Die Fütterung wird sorgfältig überwacht und die Hunde werden regelmäßig trainiert. Für Windhunde ist die Teilnahme an Rennen auf Plätzen, die die Klubs unterhalten, fast lebenswichtig, denn heutzutage können sie nirgends sonst ihr angeborenes Rennbedürfnis befriedigen.

Die Nase des Trüffelsuchhundes
In seiner langen Existenz als Haustier hat der Hund unzählige Tätigkeiten ausgeübt. In gewissen Gegenden Italiens und Frankreichs z. B. wird er zur Suche nach Trüffeln eingesetzt. Die Trüffel ist eine seltene und kostspielige Pilzart, die in Symbiose mit dem Wurzelwerk von Bäumen wächst und die nur durch besonders dafür ausgebildete Hunde mit sehr feiner Nase und durch Schweine lokalisiert werden kann. Trüffelsuchhunde sind meist Mischlingshunde, Terriers oder Pudel.

Der Trüffelsuchhund hat soeben eine kostbare Trüffel gefunden.

Ludwig XV. liebte es, frühmorgens im Park der Muette auf Trüffelsuche zu gehen und verwendete dazu Hunde, die ihm sein Großvater, der König von Sardinien, geschenkt hatte.

Rattenfänger
Kleine Hunde wie gewisse Terriers, Dachshunde und Zwergschnauzer wurden auch als Rattenfänger auf Gemüse- und Fruchtmärkten oder in Lagerhallen eingesetzt. Die Verbreitung von Rattengiften und die Angst, rattenfangende Hunde könnten an der ikterohaemorrhagischen Leptospirose (die von Ratten verbreitet wird) erkranken, haben ihrer weiteren offiziellen Verwendung ein Ende gesetzt.

Ungezählte «Berufe»
Im Laufe der Jahrhunderte sind dem Hunde unzählige kleinere und größere Aufgaben anvertraut worden. In Schottland hat er Mühlräder, in Wales Buttermaschinen, in Mitteleuropa Bratspieße und in Tibet Gebetsmühlen angetrieben. In Holland und in Dänemark wurden Deutsche Schäferhunde zum Aufspüren aller undichten Stellen in unterirdischen Gasleitungen abgerichtet. Als man sich nur selten wusch, oblag es dem Hund, die Parasiten seines Meisters anzuziehen. Er wärmte auch den Bauch der Leute, die an schlechter Verdauung litten, und die Füße der Gläubigen in allzu kalten Kirchen. Er hielt Schafherden von Bahngeleisen

Die Hundeschule – eine Zirkusnummer.

fern, trat im Zirkus als Wunderhund auf, wurde als Versuchstier zu medizinischen Zwecken gebraucht und mißbraucht. Er war sogar Astronaut vor dem Menschen.

Der Begleithund

Der Hund schenkt seinem Herrn unbedingte Kameradschaft. Wie viele einsame Menschen finden doch bei ihrem kleinen Hund noch etwas Lebensfreude! Wieviel Wärme hat er traurigen Familien gebracht! Aus Liebe zu einem Hund haben wohl oft schon enttäuschte Menschen auf den Freitod verzichtet. Der Hund hat durch seine Ergebenheit, seine lebende Gegenwart und mit seiner aus Lebensfreude wedelnden Rute manchem trostlosen Leben neuen Wert verliehen.

Viele der heutigen Begleithunde stammen von Gebrauchshunderassen ab und sind der Kategorie «ex» zuzuordnen: der Pudel, ex-Vorsteh- und Wasserhund; der Dalmatiner, ex-Jagdhund; der Foxterrier, ex-Erdhund, usw. Jeder Hund, ob rasserein oder zufällig entstanden, groß oder klein, besitzt nicht nur Jagd- und Schutzinstinkte, sondern auch die Gabe, dem Menschen ein freundlicher, herzlicher und aufrichtiger Kamerad zu sein. Seit dem XVI. Jahrhundert sind die Begleithunde immer beliebter geworden. Zu ihrer Verbreitung haben – besonders in Großbritannien – Königshäuser sehr viel beigetragen. Es genügte, daß ein König einen bestimmten Rassehund kaufte und sich mit ihm öffentlich sehen ließ oder

Drei berühmte Hauptdarsteller des Zeichentrickfilms «Die Lady und der Strolch» von Walt Disney (1955).

daß die Zeitungen davon berichteten, um die Rasse alsbald salonfähig und modern werden zu lassen. Die Züchter konnten dann der plötzlichen Nachfrage kaum gerecht werden.

Erfolgreiche Hundeschauspieler

Bereits in alten Zeiten hatten Hunde ein manchmal erstaunliches schauspielerisches Talent offenbart. Schon Plutarch erwähnt einen pudelartigen Hund namens Zoppicus, der vor 2000 Jahren dem Kaiser Vespasian Kunststücke vorführte. Er faßte ein Stück Fleisch, kaute es, riß dann plötzlich die Augen weit auf, mimte einen nervösen Anfall, fiel um und blieb wie tot liegen. Der Applaus der Zuschauer erweckte ihn vom «Vergiftungstod».

Schauspielerhunde können arm und glücklich sein, zum Beispiel im Gefolge der umherziehenden Gaukler oder hochbezahlte Stars sein. Die wohl berühmtesten Filmhunde waren Rintintin und Lassie. Rintintin war ein sehr intelligenter Deutscher Schäferhund, der im Ersten Weltkrieg als Meldehund eingesetzt wurde. Eines Tages wurde er vom amerikanischen Unteroffizier Lee Duncan verletzt aufgefunden. Nach dem Krieg nahm ihn Duncan mit nach Kalifornien. Sehr schnell begriff er, daß sein «Kriegsgefangener» äußerst gelehrig war, und nach weniger als einem Jahr eroberte der Hund Hollywood. Er machte eine brillante, 14 Jahre

Die Sympathie zwischen Kind und Hund ist spontan und gegenseitig.

dauernde Filmkarriere und spielte Hauptrollen in 22 sehr populären Streifen. Die Produzenten ließen ihn seine Filmverträge mittels eines Pfotenabdruckes selbst unterschreiben. Als Rintintin 1932 starb, meldete dies die Agentur United Press wie folgt: «Der berühmteste Hund der Welt hat uns verlassen, um in die Ewigen Jagdgründe einzuziehen.» Der alte Rintintin wurde von vielen Generationen Deutscher Schäferhunde gefolgt (und die Serie ist heute noch nicht abgebrochen), die immer neue Abenteuer interpretierten.

Lassie wurde für fünf Dollar gekauft

1941 trat ein anderer Filmhund ins Rampenlicht: eine Collie-Hündin. Sie hieß Pal, und ihre Besitzerin wollte sie nicht behalten, da sie zu temperamentvoll war. Ihr Käufer, der sie für fünf Dollar erstand, meldete sich auf ein Inserat, in dem Darsteller für den Film «Lassie kehrt zurück» gesucht wurden. Der Fünfdollar-Hund wurde unter 300 Bewerbern ausgewählt und erhielt die Rolle der Lassie. Der Film wurde ein Großerfolg, und es folgten ihm bald Fortsetzungen. Lassie führte das Leben eines großen Stars, besaß eine eigene Wohnung, einen Vertrag für 7 Arbeitsstunden täglich, kurze Arbeitswochen, Familienzulagen (sie hatte bereits Nachkommen). Außerdem wurde sie bei zu gefährlichen Szenen durch ein Double ersetzt. Als sie starb, wurde ihr Tod nicht bekanntgegeben, um die Kinder nicht zu betrüben. Eine ihrer Töchter, die ihr sehr glich, übernahm ihre Nachfolge. Wie bei Rintintin wurde auch Lassies Erfolg kommerziell ausgenützt, und es wurden noch mehrere Filme mit verschiedenen schottischen Schäferhunden gedreht, die alle mehr oder weniger der ersten erfolgreichen Lassie glichen. Große Hundestars waren und sind immer noch gewisse Trickfilmfiguren, wie zum Beispiel Pluto, die Lady und der Strolch, die 101 Dalmatiner, Snoopy, usw.

Der Hund als Familienmitglied

Welche Art Gedächtnis hat der Hund? Psychologen behaupten, daß die Fähigkeit des Hundes, sich zu «erinnern» sehr kurz, ja sogar nur auf einige Stunden beschränkt ist. Aber sein assoziatives Gedächtnis ist erstaunlich. Der Hund macht sich wahrscheinlich keine Gedanken über den momentanen Aufenthalt seines Herrn, aber sobald er den Motor «seines» Autos hört, erinnert er sich schlagartig an ihn. Für den Hund bedeutet seine menschliche Gesellschaft das Rudel, und sein Herr ist der «Leitwolf». So spürt und anerkennt der Hund die Autorität seines Herrn und Meisters. Das Haus mit Umgebung ist sein Territorium. Wenn der Hund seinen Herrn und sein Haus verliert, geht für ihn eine Welt unter. Der verlassene Hund und derjenige, der im Tierheim leben muß, leidet und ist unglücklich. Er kann ohne einen Menschen nicht leben und muß so schnell wie möglich wieder eine Bezugsperson finden, um sein seelisches Gleichgewicht wieder zu erlangen.

Obschon der Hund über große körperliche Kräfte und reiche Sinneswahrnehmungen verfügt, ist er durch die Domestizierung lebenslang «kindlich» geworden. Vielleicht erklärt dies auch die instinktive Zuneigung des Kindes für den Hund und das erstaunliche Vertrauen, das es selbst großen und furchterregenden Hunden entgegenbringt. Fast jeder Hund spielt leidenschaftlich gern: er tollt mit Kindern herum, verstellt sich, ist ganz dabei. Oft lassen sich sogar besonders argwöhnische Hunde von kleinen Kindern an Ohren und Schwanz ziehen, ohne sich zu wehren. Wenn das Kind aber größer wird, sich dem Hund überlegen fühlt und es ihm auch zeigt, verändern sich die Beziehungen fast schlagartig. Aber die Hündin verstößt ja selbst ihren eigenen Nachwuchs, wenn er ihr zu groß und selbständig wird. Eine mögliche Erklärung für die Nachsicht des Hundes gegenüber kleinen Kindern ist, daß der Organismus des Kleinkindes und des Welpen reicher an Kalium und Magnesium als derjenige des Erwachsenen ist und aus diesem Grunde vielleicht sympathischer «riecht».

Eines der offensichtlichsten Gefühle des Hundes ist aber die Eifersucht. Ein Hund, der lange Zeit allein mit seinem Meister gelebt hat und verwöhnt worden ist, wird sich unter Umständen sehr eifersüchtig zeigen, wenn in seiner Meisterfamilie ein Kind geboren wird. Wenn das Tier in einer solchen Situation zu sehr unter der Rivalität zu leiden scheint, müssen seine Reaktionen im Kontakt mit dem Neugeborenen überwacht werden. Hund und Kind dürfen nicht allein zusammen im gleichen Zimmer bleiben. Der Hund aber darf nicht zu offensichtlich vom Kind ferngehalten werden und er sollte auch nie das Gefühl erhalten, daß er weniger geliebt wird als vor der Ankunft des neuen Familienmitgliedes. Sobald das Kind etwas größer ist und bereits das Gehen erlernt hat, stellen sich meist ausgezeichnete Beziehungen zwischen Kind und Hund ein.

Das Kind sollte aber wissen, daß ein Hund kein Spielzeug, sondern ein Lebewesen ist. Wenn er frißt oder schläft, sollte der Hund nicht durch übertriebene Liebesbezeugungen des Kindes gestört werden. Auf der anderen Seite sollte der Hund dem Kind nicht Gesicht und Hände belecken dürfen. Normalerweise ist der Hund sehr geduldig. Ein alter Hund aber hat seine Gewohnheiten, in denen er wahrscheinlich nicht gestört werden will, und seine Beziehungen zu Kindern müssen etwas überwacht werden.

Im Rudel muß man sich verständigen können

Hunde spielen und kämpfen miteinander oder nehmen voneinander überhaupt keine Notiz. Wenn sie einander begegnen, spielt sich ein ganzes Begrüßungszeremoniell ab. Sie spitzen die Ohren, wedeln, beschnüffeln sich, bellen, usw. Hunde mit einem stärkeren Wolfserbe kämpfen seltener miteinander, sind aber sehr schnell bereit, andersartige Hunde anzugreifen. Wir dürfen nicht den Fehler begehen, das Verhalten des Hundes mit demjenigen des Menschen zu vergleichen. Es käme ja auch niemandem in den Sinn, einen Hund mit einem Vogel zu vergleichen. Jedes Tier besitzt seine artsspezifischen Eigenarten. Zwischen der menschlichen und der tierischen Intelligenz klafft ein Abgrund, der unüberbrückbar ist, da das Tier nicht logisch denken und sich nicht sprachlich ausdrücken kann.

Aber der Hund «spricht» doch. Seine Sprache besteht aus einem Gemisch von Zeichen, Wahrnehmungen, Gerüchen, das ihm erlaubt, sich mit seinesgleichen zu «unterhalten». Flach angelegte Ohren zum Beispiel zeigen Besorgtheit und Angst an; gespitzte Ohren sind ein Zeichen von Aufmerksamkeit; nach vorne gerichtet zeigen sie Alarmbereitschaft. Eine hochgehobene, wedelnde Rute bedeutet Fröhlichkeit und Sicherheit, eine unbewegliche Rute bedeutet Beunruhigung, eine hängende Rute ist ein Zeichen von Unsicherheit und eine zwischen die Beine geklemmte Rute zeugt von Angst. Wenn die Lefzen zurückgezogen und die Zähne entblößt werden, soll der Gegner eingeschüchtert werden.

Häufiges Pfotengeben zeugt entweder von Unreife oder von Unsicherheit. Der Hund, der sich auf den Rücken legt, ist entweder passiv, unterwürfig und beugt sich der höheren Autorität, oder er ist weise und bettelt so um Freundschaft. Der Hund ist ein Rudeltier wie der Wolf. Beide kennen das Prinzip der Hierarchie und anerkennen die Autorität eines Führers. Für den Hund nimmt der Mensch – «sein» Mensch – die Stellung des Leittiers ein. Er würde ihn aber nicht mehr respektieren, wenn er von ihm ungerecht behandelt würde.

Die Katze gehorcht dem Menschen nicht und läßt sich nicht abrichten, denn sie hat nie in einer Meute gelebt, sondern immer das Leben eines

Zwei typische Verhaltensweisen des Hundes:
Oben: ein Schlittenhund unterwirft sich einem anderen Mitglied der Meute.
Unten: Aggressives Verhalten.

Durch Harnspritzen grenzt der Hund sein Territorium ab.

Einzelgängers geführt. Deshalb erkennt sie niemanden – weder Mensch noch Katze – als Meister an. Ihre Mentalität ist somit das genaue Gegenteil zur Mentalität des Hundes.

Die Verteidigung des Territoriums
Viele Lebewesen haben die Tendenz, ein Territorium als alleiniges Eigentum zu betrachten und es dementsprechend auch gegen Eindringlinge zu verteidigen. Wildlebende Tiere bezeichnen die Grenzen ihres Gebietes, indem sie sich gegen die Bäume reiben und deren Rinde zerkratzen oder an bestimmten strategischen Stellen koten und harnen. Wölfe begrenzen ihr Territorium durch Harnen, der Hund ebenfalls. Beim Urinieren auf der Straße folgt der Hund zwar einem physiologischen Bedürfnis, hinterläßt aber auch seine «Visitenkarte» – als Warnung und Mitteilung an seinesgleichen – an gewissen, meist gleichbleibenden Stellen. Wenn der Hund sein Territorium markiert hat, verteidigt er es. Da dieses Territorium meist auch dasjenige seines Meisters ist, verteidigt er es auch gegen jeden Eindringling, handle es sich dabei um einen anderen Hund oder sogar um einen Menschen.

Die Regeln des zivilisierten Lebens
Der Hund muß erzogen werden, das heißt, er muß gutes Benehmen in der menschlichen Gesellschaft lernen. Er darf sich nicht beschmutzen, soll nur im Bedarfsfall bellen, muß an der Leine gehen lernen, einige Stunden

Um ein gesundes Leben zu führen, braucht der Hund viel Bewegung an der frischen Luft; dazu gehört unbedingt auch das Spiel.

allein gelassen werden können, Besucher weder anspringen noch endlos verbellen, nicht auf Sofa und Sessel steigen, den Befehlen gehorchen, usw. Wenn man einen Hund erziehen will, darf man nicht vergessen, daß die Wiederholung die Grundlage jeden Erfolgs bedeutet.

Belohnung und Strafe sind zwei wichtige pädagogische Hilfsmittel für die Hundeerziehung. Die Belohnung kann aus einem Streicheln, aus lobenden Worten oder aus einem Leckerbissen bestehen, die Strafe aus einem mit strenger Stimme ausgesprochenen Verweis oder aus einem leichten Klaps mit einer gefalteten Zeitung aufs Hinterteil. Die wichtigste Grundregel der Hundeerziehung ist, daß die Strafe nur sofort nach dem Vergehen erfolgen darf. Der Hund darf nie nachträglich bestraft werden.

Wenn alle Hunde wohlerzogen wären, müßten nicht so viele Verbote ausgesprochen werden. Wenn ein Hund in einem Geschäft oder im Haus eines Freundes ungern gesehen wird, trägt meist der Meister die Verantwortung, der seinen Hund nicht korrekt erzogen hat. In England sind die Hunde im allgemeinen wohlerzogen. In gewissen englischen Klubs dürfen Hunde, aber keine Kinder mitgebracht werden, da letztere sich weniger diszipliniert verhalten.

Die Erziehung fängt in dem Augenblick an, wo der Hund ins Haus kommt. Natürlich darf man dabei nicht vergessen, daß er erst nach dem Alter von drei Monaten einigermaßen begreifen kann, daß er für gewisse Handlungen gelobt und für andere bestraft wird. Zum Beispiel kann man ihm schon zeigen, daß er sich nicht im Haus, sondern nur im Freien versäubern darf. Gleich nach den Mahlzeiten nimmt man den Welpen auf den Arm und trägt ihn hinaus.

Wenn der Hund einmal die einfachsten Grundregeln der Erziehung beherrscht, wird er sie sein ganzes Leben lang anwenden. Es gibt natürlich auch Welpen, die von Natur aus wohlerzogen sind und sich instinktiv richtig verhalten. Andere haben vielleicht etwas mehr Mühe und lernen das Gewollte erst nach vielen Wiederholungen und geduldigem Üben.

Die Handlungen des Hundes werden durch zweierlei bestimmt: sie basieren einerseits auf seinem Erbgut, andererseits auf dem Erlernten (z. B. wenn er auf die andere Straßenseite hinübergeht, weil er einmal von einem bestimmten Fenster aus mit kaltem Wasser begossen worden ist). Spieltrieb, Jagdleidenschaft, Aggressivität usw. sind instinktive Eigenschaften. Der Lernprozeß wird durch Intelligenz erleichtert und verkürzt und durch Lob und Leckerbißen unterstützt.

Das Wunder der Hundenase

Der Geruchssinn ist der bestentwickelte Sinn des Hundes. Das ganze Leben des Hundes wird stark durch seine Nase beeinflußt: für den Hund besteht die Welt aus Hunderten und Tausenden von Gerüchen, die sich fortwährend kreuzen, vermischen und verändern. In einem solchen Gemisch guter und schlechter Gerüche kann der Hund mühelos Spuren erkennen, die der Mensch gar nicht wahrzunehmen vermag. Jeder Hund kann z. B. verschiedene Personen mit Leichtigkeit an ihrem Körpergeruch erkennen, auch wenn sie miteinander verwandt sind (selbst Zwillinge), und Tierfährten, die mit stinkenden Flüssigkeiten verdeckt worden sind, mühelos folgen.

Einige Verhaltensforscher sind übrigens der Meinung, daß das fröhliche Schwanzwedeln des Hundes dazu dient, persönliche Duftmarken und «Geruchssignale» zu verteilen.

Beim Menschen ist die Fläche, die Geruchspapillen enthält, ungefähr 4 cm^2 groß; bei einem Deutschen Schäferhund beträgt dieselbe Fläche 150 cm^2. Man schätzt die Zahl der menschlichen Geruchszellen auf 5 Millionen. Beim Dachshund sind es 125 Millionen, beim Foxterrier 150 Millionen, beim Deutschen Schäferhund 200 Millionen. Der Geruchssinn des Hundes sollte demnach rund vierzigmal feiner als derjenige des Menschen sein. Experimente haben jedoch bewiesen, daß er noch weit empfindlicher ist.

Die Nase des Hundes nimmt besonders den Geruch der Fettsäuren wahr. Solche Fettsäuren sind in der Nahrung der Fleischfresser enthalten. Wenn einem Hund das Fleisch vorenthalten wird, wird sich seine Nase ganz besonders auf den Geruch der Fettsäuren einstellen und ihn dazu veranlassen, älteren Fährten mit größerer Leichtigkeit und mehr Leidenschaft zu folgen. Es gibt Jäger, die ihre Hunde am Vortag der Jagd fasten lassen, um deren Interesse an der Wildfährte zu erhöhen. Sie müssen aber mit der Möglichkeit rechnen, daß die Hunde ihre Beute reißen und verschlingen.

Porträtaufnahme eines Deutschen Schäferhundwelpen.

Das überdurchschnittliche Gehör

Ebenfalls äußerst hoch entwickelt ist der Gehörsinn des Hundes. Der Hund nimmt Ultraschall wahr, das heißt Tonvibrationen in den höchsten Frequenzen, die das menschliche Gehör gar nicht erfaßt. Im Krieg oder im Kampf gegen Schmuggler werden oft Ultraschallpfeifen eingesetzt, um dem abgerichteten Hund auf Distanz Befehle zu erteilen, die der Gegner nicht hören und auf die er sich deshalb nicht einstellen kann. Aber der Unterschied geht weiter: der Mensch kann einen leisen Ton über eine Entfernung von ca. 4 Meter hören. Der gleiche Ton wird vom Hund aus einer Distanz von 25 m wahrgenommen und lokalisiert. Der Hund kann außerdem fast identische Geräusche voneinander unterscheiden und wird z.B. am Motorlärm das Auto seines Herrn von anderen Autos gleicher Marke und Stärke unterscheiden.

Der Hund sieht gut, obschon manchmal behauptet wird, er sehe nur farblose Schattenspiele. Die Welt sieht für ihn wie ein schwarz-weiß-Film aus. Durch Zuchtwahl wurde aber die Sicht einiger Rassen bedeutend verbessert. Auf alle Fälle verfügt der Hund über eine bessere Sehfähigkeit bei Nacht als der Mensch.

Der Deutsche Schäferhund besitzt ein Gesichtsfeld von 180° und kann die Zeichen seines Herrn aus einer Entfernung von ca. 100 Meter klar wahrnehmen. Auch der Windhund, der bekanntlich auf Sicht jagt, besitzt eine ausgezeichnete Sehkraft.

Der angeborene und noch nicht erklärte Orientierungssinn ermöglicht dem Hund, auch über weite Strecken den Heimweg zu finden.

Der Geruchssinn ist wichtiger als der Geschmackssinn

Einer der Sinne des Hundes, von dem wir sehr wenig wissen, ist der Geschmackssinn. Geschmack und Geruchssinn sind eng verbunden, aber der Geruchssinn ist vorherrschend. Wenn der Hund Futter sieht, beschnuppert er es, bevor er es anrührt. Der Hund kostet seine Nahrung nicht, sondern verschlingt sie, ohne sie zu kauen. Um den Hund zu lehren, kein Futter von Fremden anzunehmen, kann man einen Bekannten, den der Hund nicht kennt, bitten, dem Hund ein Stück Brot zu reichen, in dem scharfer Pfeffer versteckt worden ist. Dieses unangenehme Erlebnis wird sich der Hund merken. Man kann einem eierstehlenden Hund ein heißes, hartgekochtes Ei vorsetzen, und er wird danach Eier wahrscheinlich meiden.

Wenn ein Hund Erde, Kies oder Kot frißt, ist dies oft ein Zeichen, daß sein Organismus zu wenig Mineralsalze und Vitamine erhält. In diesem Fall genügt es meist, dem Hund einen vom Tierarzt empfohlenen Futterzusatz zu verabreichen.

Die elterliche Zuneigung

Der Rüde scheint kaum Vaterinstinkte zu besitzen. Seit Jahrhunderten daran gewöhnt, auf den Menschen zählen zu können, hat er nach und nach jede Familienpflicht verlernt. Die Hündin hingegen ist voller Zärtlichkeit für ihre Welpen, die sie verteidigt, säubert, säugt und erzieht, bis sie selbständig genug sind, um ihr eigenes unabhängiges Leben zu führen.

Ihrem ausgewachsenen Nachwuchs gegenüber bleibt sie aber gleichgültig. Der Rüde empfindet jedoch normalerweise ein gewisses Wohlwollen für die Welpen. Er respektiert sie, greift sie selten an und verteidigt sie gegen fremde Angreifer.

Den Kauf eines Hundes gut überlegen
Den Kauf eines Hundes sollte man sich vorher gut überlegen. Häufig entspringt der Wunsch nach einem Hund nur einer vorübergehenden Laune, manchmal handelt es sich um Snobismus oder um den Ehrgeiz, einen Ausstellungspreis zu erringen. Manche Leute fühlen sich nicht oder zu wenig geliebt und suchen in einem Tier den Ersatz für die fehlenden menschlichen Beziehungen. Schlimmer noch: häufig wird ein Hund gekauft, bloß um den Kindern eine Freude zu bereiten. Aber ein Hund ist kein Spielzeug und auch kein Paar Schuhe, die man zurückgeben kann, weil sie zu eng sind. Beim Kauf denken viele Leute nur an den «herzigen kleinen Welpen» und an die Freude, die er bereiten wird, und fast nie an die Opfer, die man für seine Pflege aufbringen werden muß. Sehr schnell werden sie des kleinen Hündchens überdrüssig, verschenken es weiter oder setzen es ganz einfach aus. Zum Glück gibt es aber auch Leute, die einen Hund kaufen, um ihn während seines ganzen Lebens zu lieben, im Bewußtsein, daß es sich um ein Tier handelt, das auch hygienische Bedürfnisse kennt, das erkranken kann, das empfindsam ist, aber nicht wie ein Mensch denkt. Sie wissen auch, daß die Haltung eines Tiers Kosten verursacht, z. B. wegen der vorbeugenden tierärztlichen Untersuchungen und Impfungen, usw., der Hundesteuer, des notwendigen Zubehörs (Halsband, Leine, eventuell Maulkorb, Hundekorb und Hundehütte, usw.). Zum Kauf entschließt man sich also erst nach einer reichlichen Überlegung und einer gründlichen Besprechung im Kreise aller beteiligten Familienmitglieder, wobei möglichst rein emotive Beweggründe ausgelassen werden sollten.
Diese Einführung lautet etwas pessimistisch, aber es ist besser, einen allzu oberflächlichen Enthusiasmus etwas zu dämpfen als mitansehen zu müssen, wie nach einem unüberlegten Kauf die Enttäuschungen und Mißerfolge zu bitter sind. Es gibt immer noch zu viele Leute, die sich bereits nach wenigen Tagen des Welpen in irgendeiner Weise entledigen, weil er die Teppiche beschmutzt oder die Stuhlbeine benagt. Ein normaler Welpe wird anfänglich immer Teppiche beschmutzen und Stuhlbeine beknabbern ... Wenn man aber weiß, wie man einen Welpen zum Hausgenossen erzieht, wird diese Phase schneller überwunden. Bald hat man einen folgsamen, problemlosen, intelligenten und anhänglichen Hund, der einem viel Freude bereitet.

Die Qual der Wahl
Ungeachtet der persönlichen Vorliebe des zukünftigen Hundehalters muß dieser die Anpassungsfähigkeit eines Hundes an die Umgebung oder an die mitbeteiligten Personen in Betracht ziehen. So wird zum Beispiel ein

Saugende Welpen. Die Säugezeit dauert ungefähr zwei Monate.

Boxer nicht der ideale Begleiter einer alten Dame und ein Dachshund
kein optimaler Schutzhund für eine abgelegene Villa sein können. Ein
Eskimohund wird in einem heißen Land unter der zu großen Hitze leiden.
Es gibt kleine, mittelgroße und große Hunde. Wenn der Irische Wolfshund sich auf seine Hinterbeine stellt, ist er größer als ein Mensch; der
Bernhardiner ist einer der schwersten Hunde und der Chihuahua der
kleinste. Es gibt auch glatthaarige, rauhhaarige und langhaarige Hunde,
solche, die viel Bewegung brauchen und solche, die sich mit einem kurzen
Spaziergang begnügen. Es gibt Hunde, die Wärme bevorzugen und
andere, denen die größte Kälte nichts anhaben kann, ruhige Hunde und
äußerst lebhafte Hunde, schweigsame Hunde und Kläffer. Alle diese
Eigenschaften müssen bei der Wahl eines Welpen berücksichtigt werden,
und nicht nur dessen äußerliche Schönheit. Bevor man sich für eine Rasse
entschließt, muß man sich darüber im klaren sein, daß ein Jagdhund wohl
in einer Wohnung gehalten werden kann, aber täglich mehrere lange
Spaziergänge und zweimal wöchentlich ausgedehnte Läufe im Freien
braucht, um nicht zu verfetten, träge zu werden und seine Lebhaftigkeit
zu verlieren. Unter den Jagdhunden eignen sich der Cocker Spaniel und
der Basset Hound am besten als Familienhunde. Auch alle Terriers, Pudel
und Dachshunde können sehr wohl in einer Wohnung oder auf einer
Terrasse gehalten und auf Reisen mitgenommen werden. Große Hunde
wie der Deutsche Schäferhund, der Deutsche Boxer, der Belgische Schä-

Eine Deutsche Dogge mit ihren Welpen.

ferhund, der Airedale Terrier brauchen, außer den täglichen Spaziergängen, mindestens eine Terrasse oder einen kleinen Garten.

Hier eine kurze und nützliche Aufzählung all jener Rassen, die in jedem Land leicht erhältlich sind oder problemlos eingeführt werden können.

Kleine Rassen: Affenpinscher, Belgischer Griffon, Bologneser, Chihuahua, Dachshund, Dandie Dinmont, Foxterrier, Italienisches Windspiel, Malteser, Mops, Pekingese, Pinscher, Scottish Terrier, Sealyham Terrier, Skye Terrier, Welsh Corgi, Yorkshire Terrier, Zwergpudel, Zwergschnauzer, Zwergspitz.

Mittelgroße Rassen: Basset Hound, Beagle, Bedlington, Bulldogge, Bullterrier, Chow-Chow, Cirneco dell'Etna, Cocker Spaniel, Epagneul, Griffon, Irish Terrier, Kerry Blue Terrier, Laufhunde, Mittelpudel, Mittelschnauzer.

Große Rassen: Afghan, Airedale Terrier, Barsoi, Belgischer Schäferhund, Bergamasker, Bernhardiner, Bloodhound, Boxer, Bracke, Collie, Dalmatiner, Deutsche Dogge, Dobermann, Großer Schweizer Sennenhund, Labrador, Maremmen-Abruzzen-Schäferhund, Pointer, Riesenschnauzer, Rottweiler, Setter, Spinone.

Der Kauf eines Hundes ist einfach. Erhältlich ist ein Hund beim Züchter (dem man zum Beispiel auf Hundeausstellungen begegnet), im Spezialgeschäft (Zoohandlung), bei Privatleuten oder mancherorts sogar auf dem öffentlichen Markt. Hunde können außerdem in privaten Tierheimen oder in den Tierheimen der Tierschutzvereine gekauft werden.

Die Ahnentafel als Garantie

Eine Ahnentafel enthält die Liste der mütterlichen und väterlichen Vorfahren reinrassiger Hunde, Pferde oder Katzen. Stammbäume werden heute auch in der Botanik aufgestellt. Die Ahnentafel hat den Zweck, einen bestimmten Hund so weit zu individualisieren, daß anhand des Namens ein Züchter sofort weiß, um welche «Blutslinie» es sich handelt, und um dem Käufer die Gewähr zu bieten, einen reinrassigen Hund zu erstehen.

Alle im nationalen Hundestammbuch aufgeführten Hunde führen den Zwingernamen ihres Züchters – was ungefähr einem Familiennamen entspricht – und einen eigenen Namen.

Der Name ist bald ein Teil der Persönlichkeit des Hundes. Welpen sollten früh genug lernen zu gehorchen, wenn sie mit ihrem Namen angesprochen werden. Es gibt Rassehunde mit allzu komplizierten Namen. In einem solchen Falle gibt man dem Hund am besten sogleich einen Rufnamen, der aus einer oder zwei Silben besteht und den sich der Hund besser merken kann.

Dem Welpen muß sofort verständlich gemacht werden, daß er einen Namen besitzt, der nur ihm gehört und dem er Aufmerksamkeit zollen muß. Die Erziehung beginnt am besten mit der Verbindung dieses Namens mit kleinen, angenehmen Erlebnissen. Sobald der Welpe seinen Namen hört, wird er an Lob, Spiel, Spaziergang, Fütterung, usw. erinnert. Zu Beginn der Erziehung sollte der Hund deshalb nie bei seinem Namen gerufen werden, wenn man ihn ausschelten oder bestrafen muß.

Der Standard beschreibt den Idealtyp

Die kynologischen Verbände haben sich darin geeinigt, für jede einzelne Rasse einen Idealtyp zu definieren, den anzustreben sich alle Züchter verpflichten. Diese Definition des Idealtyps heißt Standard und enthält die genaue und möglichst ausführliche Beschreibung jeder Rasse.

Der Standard wird zuerst von den Züchtern einer bestimmten Rasse aufgestellt, nachdem sie die verschiedenen körperlichen oder charakterlichen Merkmale, die die Schönheit oder den Arbeitszweck der Rasse ausmachen, gefestigt haben. Wenn im Laufe der Jahre ein Züchterverband es wünscht, kann ein Standard abgeändert oder ergänzt werden, um den neuen Erfordernissen einer Rasse gerecht zu werden.

Auf Hundeausstellungen müssen die Richter stets die Richtlinien des Standards berücksichtigen, dürfen aber einen Hund auch nach ihrem persönlichen Geschmack beurteilen. Wenn das persönliche Empfinden – das ein subjektives Element ist – keine Rolle spielen sollte, könnten die Hunde durch einen Computer gerichtet werden.

Der Hauptzweck der Hundeausstellungen ist, möglichst viele Vertreter einer Rasse vergleichen zu können und ihnen bestimmte Qualifikationen (die bis zum Championtitel reichen) zu erteilen, die ihren Zuchtwert veranschaulichen. Ahnentafeln, Ausstellungspreise und Arbeitsqualifikationen werden von den Klubs verwendet, um die Zucht der Hunderassen zu verbessern, den Gebrauch der Arbeitshunde zu regulieren und ihren Marktwert zu erhöhen.

Kinder beobachten Welpen im Schaufenster einer Tierhandlung.

Mischlingshunde in einem öffentlichen Tierheim.

Krankheiten und Unfälle

Die tödliche Hundestaupe

Es gibt drei besonders gefährliche Hundekrankheiten, die für den jungen Hund sogar tödlich sein können: die Staupe, die Leptospirose und die ansteckende Hepatitis (Leberentzündung). Um ihn gegen diese Krankheiten zu schützen, muß der Besitzer seinen Hund impfen lassen, sobald er nicht mehr gesäugt wird und somit nicht mehr unter dem Schutz der mütterlichen Abwehrstoffe steht. Die kombinierte Schutzimpfung wird durch den Tierarzt ausgeführt.

Die Staupe ist eine Viruserkrankung, die der menschlichen Grippe gleicht und die im XVII. Jahrhundert aus Asien importiert worden ist. Die Staupe ist für den Menschen selbst nicht gefährlich, umso mehr aber für den Hund und die Hundeartigen wie Wolf, Hyäne, Fuchs, usw.

Die Ansteckung erfolgt durch Nase oder Maul. Nach einer Inkubationszeit von einigen Tagen vermehrt sich das Virus im ganzen Organismus und befällt den Magen-Darm-Trakt, die Atmungsorgane oder die Nerven. Folgende Krankheitszeichen treten auf: Zittern, Apathie, gerötete Augen, Husten, sehr hohes Fieber, Durchfall und Erbrechen, usw. Aber der Besitzer wird vermutlich schon vor der Entwicklung zu diesem dramatischen Krankheitsbild zum Tierarzt gegangen sein.

Große Gefahr: die Leptospirose

Die Leptospirose oder Stuttgarter Hundeseuche wurde bereits im Jahre 1886 beschrieben. Ihren Namen verdankt diese Krankheit der spiraligen Form des Erregers. Die Krankheit kann durch Kot und Urin von Ratten und Feldmäusen (Leptospira iktero haemorrhagica), durch stehende Gewässer oder durch Zecken übertragen werden. Am meisten gefährdet sind Jagdhunde oder Hunde, die auf dem Land leben. Bei dieser Krankheit sind die Hauptsymptome Apathie, sehr großer Durst, Erbrechen, hohes Fieber, eventuell blutiger Durchfall. Gegen diese Krankheit wird der Welpe bereits in den ersten Lebensmonaten geimpft. Jährliche Wiederholungsimpfungen sind nötig.

Dritter Feind: die Hepatitis (ansteckende Leberentzündung)

Die dritte tödliche Krankheit, die jeden Welpen und auch ältere Hunde befallen kann, ist die Hepatitis contagiosa canis (HCC oder ansteckende Leberentzündung). Sie befällt nur Hunde und Füchse, vorwiegend bis zum Alter von einem Jahr. Der Krankheitserreger befindet sich im Speichel, im Urin, im Kot und in der Tränenflüssigkeit der erkrankten Tiere. Die Übertragung geschieht sehr leicht, und die Krankheit wird besonders durch jene Tiere verbreitet, die an jeder Straßenecke urinieren. Es gibt aber auch scheinbar gesunde Hunde, die an einer chronischen Hepatitis leiden und als Reservoir für den Krankheitserreger dienen. Das Virus greift die Leber an und bewirkt starke Bauchschmerzen, gelbliche

Durchfälle, Krämpfe und Fieber. Auch hier kann die Krankheit durch eine frühzeitige Impfung der Welpen (erstmals im Alter von zwei Monaten) vermieden werden.

Die Tollwutimpfung

Staupe, Hepatitis und Leptospirose sind Tierkrankheiten, die den Menschen nicht gefährden. Um so mehr beschäftigt man sich mit der Tollwut, die nicht nur Hundeartige, sondern sehr viele Säugetiere und auch den Menschen befällt. Der Erreger der Krankheit wird durch Biß oder Belecken übertragen. Deshalb werden vor allem Fleischfresser befallen, aber auch Pferde, Rinder, Schweine, usw.

Nach einer Inkubationszeit von einigen Wochen gelangt das Virus über die Blut- oder Nervenbahnen ins Gehirn, wo es bestimmte Zellen angreift. Die Tollwut wird manchmal auch Hydrophobie (Angst vor dem Wasser) genannt, da der Erkrankte an einer Unterkiefer- und Zungenlähmung leidet, die ihm das Trinken verunmöglicht.

In vielen Ländern ist die Tollwut-Schutzimpfung für Hunde obligatorisch. Zur eigenen Sicherheit tut man gut, sich den behördlichen Weisungen zu beugen, besonders wenn der Hund in fuchsreichen Gegenden lebt, da der Fuchs der häufigste Verbreiter der Tollwut ist.

Echinokokkose und Tuberkulose

Eine andere Krankheit, die vom Hund auf den Menschen übertragbar ist, ist die Echinokokkose. Es handelt sich um den Befall mit den Larven des Bandwurmes *Taenia echinococcus*. Die Ansteckung erfolgt über infiziertes Trinkwasser, unkontrolliertes Fleisch oder durch Hunde, deren Fütterung nicht sorgfältig überwacht wird und die einem Menschen das Gesicht ablecken.

Der Hund kann auch an Tuberkulose erkranken. Wenn sein Meister daran erkrankt ist, kann sich der Hund jederzeit durch die Atemwege oder die Verdauungsorgane infizieren. Der Bazillus der Hundetuberkulose ist derselbe wie derjenige der humanen Tuberkulose, und auch der Hund wird durch Streptomycin geheilt.

Erste Hilfe – einige Grundbegriffe

Impfungen schützen den Hund gegen tödliche Krankheiten wie Tollwut, Staupe, Hepatitis und Leptospirose und werden ausschließlich durch den Tierarzt, meist nach einem genauen Impfplan, ausgeführt.

In leichten Krankheitsfällen oder im Notfall kann der Hundehalter selbst Erste-Hilfe-Maßnahmen ergreifen, um seinem erkrankten oder verunfallten Tier zu helfen. Es ist immer nützlich, einen Erste-Hilfe-Koffer im Hause zu haben, der alles notwendige Material enthält, um dem Hund bei Bedarf sofort zu helfen. In diesen Koffer gehört eine sterile Wegwerfspritze mit einer Kanüle, Desinfektionsmittel wie Alkohol, Wasserstoffperoxyd, Antibiotikapuder; Watte und blutstillende Watte; Verbandsmaterial; eine Schere mit runden Enden; eine Pinzette; ein Klistier; sterile Augentropfen; Wattestäbchen für die Ohrsäuberung; eine Schlinge zur Venenstauung; ein Fiebermesser.

Bei leichten Verletzungen wird das Fell rund um die Wunde wegrasiert oder kurzgeschnitten. Die verletzte Stelle wird unter fließendem Wasser gesäubert, dann desinfiziert und verbunden. Eine klaffende oder tiefe Wunde muß durch den Tierarzt behandelt werden. Bei großem Blutverlust wird der verletzte Körperteil oberhalb der Verletzung abgebunden. Wenn der Hund sich in einem Schockzustand befindet und zu beißen versucht, muß ihm ein Maulkorb umgelegt oder die Schnauze sonstwie zugebunden werden. Man sollte einen verunfallten Hund so wenig wie möglich bewegen und ihm vor der tierärztlichen Untersuchung weder zu fressen noch zu trinken geben.

Medikamente eingeben

Beim ausgewachsenen Hund beträgt die normale Körpertemperatur ungefähr 38,5°C, beim Welpen 39°C und beim alten Hund 38°C. Die Temperatur wird mit einem normalen Fiebermesser rektal gemessen, und während der Prozedur muß das Tier festgehalten werden.

Der Hundehalter sollte wissen, wie einem Hund Medikamente einzugeben sind. Flüssige Medikamente werden mittels einer Plastikspritze oder eines Löffels in die seitliche Lefzentasche eingeflößt. Dabei wird der Kopf des Hundes etwas hochgehalten. Kapseln und Pillen werden auf den Zungengrund gelegt. Wenn sich der Hund zu sehr dagegen sträubt, kann das Medikament auch in etwas Fleisch eingewickelt und so eingegeben werden. Man kontrolliere immer, ob es geschluckt worden ist.

Salben und Einreibungen müssen auf vorher kurzgeschorenen Stellen möglichst sanft einmassiert werden. Wenn der Hund das Medikament sofort ablecken will, muß die behandelte Stelle mit einer Gazebinde und eventuell einer Socke abgedeckt und verbunden werden. In extremen Fällen wird der Hund einen Maulkorb oder einen Halskragen tragen müssen.

Vergiftungen

Unter all den Gefahren, die den Hund im Laufe seiner Existenz bedrohen, sind Vergiftungen leider ziemlich häufig. Gifte können sich auf den Verdauungstrakt, auf den Blutkreislauf und auf die Nerven auswirken. Außer den Ratten- und Mäusegiften können unter anderem folgende Substanzen toxisch wirken: falsche oder überdosierte Medikamente, antiparasitäre Mittel, Unkrautvertilger, verdorbenes Futter, Putzmittel, usw. Natürlich gibt es auch vorsätzlich vergiftete Leckerbissen ... Nach Aufnahme einer toxischen Substanz hat der Hund die Tendenz, sie wieder zu erbrechen. Wenn er dies aber nicht spontan tut, muß man ihm ein Brechmittel verabreichen (z.B. Wasser und doppeltkohlensaures Natron oder geschlagenes Eiweiss) oder ihm zwei Finger in den Rachen stecken. Dann muß sofort der Tierarzt hinzugezogen werden.

Eine Welpe mit einem gebrochenen und verbundenen Bein.

Bekämpfung äußerlicher Parasiten

Alle Lebewesen, die sich von einem anderen Organismus ernähren und ihm schaden, ohne eine Gegenleistung zu erbringen, werden Parasiten genannt. Hunde sind Opfer vieler innerlicher oder äußerlicher Parasiten. Zu den Hautparasiten gehören z. B. Flöhe, Läuse, Zecken, Räudemilben, zu den Innenparasiten alle Wurmarten.

Der Floh ist ein Hautparasit, den jedermann kennt. Es handelt sich um ein hüpfendes blutsaugendes Insekt, das seinen Wirt sticht, um sich zu ernähren. Der Hundefloh heißt *pulex serraticeps;* sein bevorzugtes Opfer ist der Hund, aber er kann bei Gelegenheit auch den Menschen befallen. Der spezifische Menschenfloh heißt *pulex irritans.* Jeder Floh kann bis zu 500 Eier legen und monatelang ohne Nahrung überleben.

Die beste Behandlung besteht in Medizinalbädern und der Anwendung eines tierärztlich verschriebenen antiparasitären Mittels, das auch die Larven abtötet. Alle Stellen, wo sich der Hund normalerweise aufhält, wie Hundehaus, Teppich, Hundekorb, Balkon usw., müssen desinfiziert werden.

Läuse kommen seltener vor und befallen vor allem Hunde, die in einer unsauberen Umgebung gehalten werden. Auch hier wird Insektenpulver angewandt und in hartnäckigen Fällen wird der Hund kurz geschoren.

Zecken kommen beim Hund ziemlich häufig vor, besonders in Gegenden,

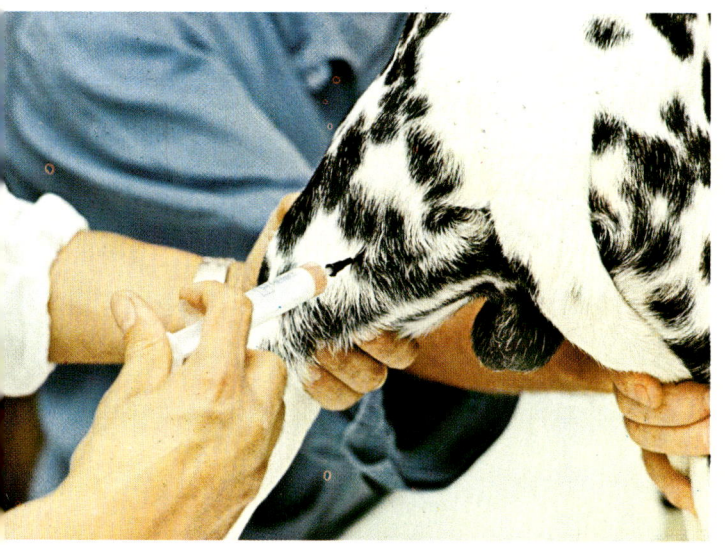

Der Hund braucht ab und zu tierärztliche Behandlungen: hier eine intramuskuläre Injektion.

wo Schafe gehalten werden. Die Zecke ist ein sehr auffälliger Parasit, der den Kernen einer Wassermelone gleicht. Mit ihrem feinen Rüssel bohrt sie sich zum Blutsaugen in die Haut ein. Die Zecke springt nicht und ist gut sichtbar, deshalb ist es leicht, sie zu beseitigen. Es genügt, sie mit Petroleum, Benzin oder stark gesalzenem Wasser zu beträufeln und sie dann mit einer Pinzette drehend zu entfernen. Man sollte sie nicht zerdrücken, da sonst Eier im Fell des Hundes bleiben könnten. Am besten wird sie verbrannt oder in Petroleum getaucht. Zecken können eine schlimme Krankheit auch auf Menschen übertragen: die Piroplasmose.

Ein anderer schädlicher und unangenehmer externer Parasit des Hundes ist die Räudemilbe (Sarkoptesräude). Auf der Haut treten kleine rote Pusteln auf, die einen starken Juckreiz verursachen. Das Tier muß geschoren werden, und der Tierarzt wird Medizinalbäder und Salbenbehandlungen verschreiben.

Eine andere Milbenart verursacht die Ohrräude. Die Parasiten sitzen im Gehörgang und verursachen ebenfalls einen starken Juckreiz. Der Hund schüttelt den Kopf, kratzt sich und winselt fast pausenlos. Der Tierarzt muß konsultiert werden, bevor die Milben eine chronische Ohrenentzündung verursachen.

Die verschiedenen Wurmarten

Die verschiedenen Wurmarten können Darmverschlüsse, den Erstikkungstod der Welpen, Vergiftungen, Entzündungen, Organzerfall, Appetitlosigkeit (oder, bei Bandwurmbefall, eine stark erhöhte Freßlust), Erbrechen, Durchfälle, epileptiforme Anfälle, allgemeinen Juckreiz usw., verursachen.

Wenn man einen Wurmbefall vermutet, muß eine Kotprobe untersucht werden. In unklaren Fällen wird der Tierarzt eine Laboruntersuchung anordnen.

Um zu vermeiden, daß sich ein Hund infiziert, sollte man ihn daran hindern, Hundekot zu beschnüffeln, abgestandenes Wasser zu trinken, Erde und verdorbene Nahrungsmittel zu fressen.

Die Futter- und Wassernäpfe sollten täglich mit heißem Wasser und einem Geschirrspülmittel gut gesäubert werden. Trotz aller Vorsichtsmaßnahmen kann sich der Hund mit Würmern anstecken. Viele Hundehalter entwurmen deshalb ihren Hund in regelmäßigen Abständen, auch wenn keine Anzeichen einer aktuellen Verwurmung vorliegen. Wurmabtreibende Mittel sind wurmspezifisch, das heißt ein Mittel gegen Spulwürmer hat keine abtreibende Wirkung auf Bandwürmer. Die Wahl des Mittels sollte daher stets dem Tierarzt überlassen werden.

Fortpflanzung

Läufigkeit und Paarung

Der Rüde kann im Alter von eineinhalb Jahren erstmals zur Zucht verwendet werden. In diesem Alter sind die meisten Rüden vollkommen ausgewachsen und geschlechtsreif. Bei der Hündin wartet man am besten die zweite oder dritte Läufigkeit ab, bis die Gebärmutter voll entwickelt ist.

Die Hitze tritt meist alle sechs Monate auf, bei Stadthündinnen sogar alle fünf Monate. Beim Rüden ist der Sexualtrieb immer vorhanden und wird durch den Geruch läufiger Hündinnen besonders stimuliert. Der beste Zeitpunkt, um die Hündin mit Erfolg zu paaren, ist der 11.–13. Tag nach Beginn des blutigen Ausflußes, denn dann findet der Eisprung statt. Um eine Befruchtung zu garantieren, sollte die Hündin innerhalb 24 bis 48 Stunden zweimal gedeckt werden.

Es empfiehlt sich, die Paarung so zu planen, daß die Welpen bei Frühlingsanfang geworfen werden, um während der wärmeren Jahreszeit aufzuwachsen.

Die sicherste Methode, eine Trächtigkeit zu verhindern, ist ein striktes Auseinanderhalten von Rüde und Hündin während der ganzen Läufigkeit. Im Handel sind auch desodorierende Mittel erhältlich, die bei der Hündin entweder äußerlich als Spray oder innerlich in Form von Pillen angewendet werden. Diese Methode gibt jedoch nicht immer befriedigende Resultate. Außerdem kann der Hündin ein Höschen mit wegwerfbaren Einlagen angelegt werden, um Blutflecken und eventuell eine Paarung zu vermeiden. Zwischen dem dritten bis zehnten Tag nach einer ungewollten Paarung kann der Tierarzt mittels einer oder mehrerer Hormonspritzen eine Einnistung der befruchteten Eizellen verhindern. Die Hündin kann auch kastriert werden. Dieser Eingriff ist heute eine routinemäßig ausgeführte Operation, die in Vollnarkose ausgeführt wird. Nach der Kastration wird die Hündin nicht mehr läufig und bleibt definitiv unfruchtbar.

Die Trächtigkeit dauert 58 bis 65 Tage. Der erste Wurf ist meist nicht so groß wie die folgenden. Je nach Rasse werden durchschnittlich vier bis sechs Welpen geworfen. Bei Zwergrassen ist es oft nur ein Welpe, bei großen Rassen kann ein Wurf bis zu zwanzig Welpen bringen.

Wenn wie bei der Mehrheit der Geburten alles normal verläuft, befreit die Hündin ihre frisch geworfenen Welpen von den Eihüllen, beißt die Nabelschnur durch, frißt die Nachgeburt auf, leckt den Welpen sauber und aktiviert so auch seinen Kreislauf.

Obschon die ausgewachsenen Hunde stark abweichende Größen und Gewichte aufweisen (ein Zwergpudel wiegt 1,5 kg und eine Deutsche Dogge 70 kg), sind alle Welpen kurz nach der Geburt mehr oder weniger gleich schwer.

Wachstum der Welpen

Die Welpen werden in unregelmäßigen Abständen geworfen, die wenige Minuten oder auch einige Stunden dauern können. Während der zwei ersten Wochen sind die Welpen zwar blind und taub, besitzen aber bereits einen gut entwickelten Tast- und Geruchssinn, was ihnen ermöglicht, die mütterliche Zitze immer wieder zu finden. Die motorischen und sensorischen Sinne sind im Laufe der dritten Woche voll entwickelt; etwas später können die Welpen auch bereits stehen, und die Entwicklung der Sicht und des Gehörs erlaubt ihnen einen ersten Kontakt mit ihrer Umwelt. Die Erfahrungen, die der Welpe vom Alter von einem Monat bis zur Entwöhnung sammelt, sind entscheidend für seine gesamte Existenz. Er spielt, erforscht seine Umwelt, seine Intelligenz entwickelt sich.

Viele Autoren betonen die Wichtigkeit der Kontakte des Welpen mit dem Menschen während dieser Zeit, wo bereits die ersten Weichen der Erziehung gestellt werden. Um sich optimal in die menschliche Gesellschaft einzugliedern, muß der Welpe zwischen der sechsten bis achten Woche möglichst viel Kontakt mit Menschen haben.

Die Säugezeit dauert normalerweise zwei Monate, kann aber auch auf 40 bis 45 Tage reduziert werden. Die Hündin selbst leitet die Entwöhnung der Welpen ein, sobald die ersten Milchzähne ihrer Jungen ihr lästig werden. Sie reduziert die Anzahl der Mahlzeiten und lehrt ihre Welpen, feste Nahrung aufzunehmen. Der Welpe trinkt somit immer weniger Muttermilch und gewöhnt sich langsam an die Ernährung des ausgewachsenen Hundes.

Vorspiel zur Paarung eines Zwergpinschers und einer Bastardhündin. Die Verschiedenheit der Rassen und Größen stellen kein Hindernis dar.

Ernährung – einige Ratschläge

Einer der wichtigsten Grundsätze der Hundeernährung ist die Regelmäßigkeit: die Hunde müssen immer zu den gleichen Zeiten, am gleichen Ort und in der gleichen Schüssel gefüttert werden. Wenn es sich um einen Wachhund handelt, ist es sogar empfehlenswert, das Futter immer durch dieselbe Person reichen zu lassen. Der Wachhund wird dann von keinem Fremden Futter annehmen. Die entwöhnten Welpen fressen vorerst viermal täglich, später dreimal. Ausgewachsene Hunde fressen zweimal täglich im Abstand von fast acht Stunden, um eine vollständige Verdauung zu gewährleisten. Wenn der Hund sein Futter nicht auffrißt und die Hälfte davon in der Schüssel läßt, wird ihm die Schüssel nach einer halben Stunde weggenommen. Das Futter muß lauwarm gereicht werden, denn zu heißes Futter kann die Schleimhäute verbrennen und zu kaltes Futter die Verdauung stoppen und Koliken verursachen.

Die Nahrung sollte abwechslungsreich sein. Man kann dem Hund nicht immer nur das gleiche Hackfleisch mit gekochtem Reis geben. Man sollte abwechslungsweise Muskelfleisch, Leber, Magen, Herz, Fisch, Käse,

Oben und rechts: Der Hund ist ein Fleischfresser, aber seine Nahrung sollte auch Gemüse, Flocken, Brot und Reis enthalten.

Büchsenfutter, Eier (nur das Dotter), Milchprodukte, Gemüse, Hunde-kuchen zusammen mit Reis, Flocken und trockenem Brot reichen. Ein Nahrungsmittel, von dem nur wenig Gebrauch gemacht wird, ist Brot, das wichtige Nährstoffe enthält. Zusammen mit einer Suppe und mit Hack-fleisch gegeben, leistet es gute Dienste. Das Brot muß zuerst einige Tage lang getrocknet oder kurz im Backofen geröstet werden, um leicht ver-daulich zu werden. Der Hund sollte auf jeden Fall ab und zu ein industrielles Fertigfutter bekommen, damit man ihn auf einer Reise oder in den Ferien problemlos ernähren kann. Im Fachhandel sind außerdem speziell geröstetes Brot und Hundekuchen erhältlich, die auch Fleisch-brocken und Vitamine enthalten. Die Welpen spielen gerne mit trocke-nem Brot, in das es sich herrlich hineinbeißen läßt, was zur Kräftigung des Gebisses beiträgt. Auch das Büchsenfutter für Hunde hat heute eine sehr hohe Qualität erreicht und verdient einen vermehrten Gebrauch und eine weitere Verbreitung.

Da der Hund ein Fleischfresser ist, muß seine Nahrung zu einem Drittel bis zur Hälfte aus Fleisch bestehen. Es kann roh oder kaum gekocht und eventuell kleingeschnitten verabreicht werden. Fisch muß gekocht werden und vollkommen grätefrei sein; aus Hühner-, Kaninchen- oder Wild-fleisch müssen alle Knochen entfernt werden. Nicht gut für Hunde sind

unter anderem Schweinefleisch, alle Wurstarten, Fette, Süßigkeiten, Eis, Dörrfrüchte, frisches Brot, Broccoli, Rüben, Erbsen, Bohnen und Mehlspeisen, die im kurzen Darm des Hundes eine zu starke Gärung hervorrufen können.

Der Wohnungshund, der wenig Energie verbraucht, muß weniger fressen als ein Hund, der sich tagsüber im Freien aufhält und die ganze Zeit in Bewegung ist. Wenn man einen gesunden und robusten Hund haben will, der nicht an Ekzemen, Zahnproblemen, Nieren- und Augenentzündungen oder Leberbeschwerden leiden und frei von ernährungsbedingten Gebrechen und Vergiftungen bleiben soll, muß man ihn mit Vernunft füttern. Ein Hund stirbt schneller an falschem Futter als aus Hunger.

Bei verschiedenen Gebrechen empfiehlt sich eine besondere Diätkost. Bei Magenverstimmungen und bei Darmstörungen z. B. sollte der Hund während 24 Stunden fasten und nur kleine Mengen Tee trinken. Bei Verstopfung sollten viel Gemüse und etwas Milch gereicht werden. Leberkranke Hunde sollten keine fetten und scharfen Speisen erhalten, und bei Nieren- und Herzkrankheiten sollte salzfreie Kost gereicht werden.

Das Trinkwasser sollte zweimal täglich erneuert werden und dem Hund immer zur Verfügung stehen. Wenn der Hund aber übermäßig durstig ist – etwa wegen einer Krankheit – muß ihm statt Wasser ungezuckerter, schwacher Tee gereicht werden. Der Hund schätzt dieses Getränk nicht besonders und wird es nur trinken, wenn sein Durst zu groß wird. Auf diese Weise wird der Magen nicht unnötigerweise durch zuviel Flüssigkeit belastet.

Einladung zum Spiel.

Körperpflege

Es gibt keine feste Regel darüber, wie oft der Hund gebadet werden darf. Im allgemeinen könnte man sagen, daß er täglich gebürstet und höchstens einmal im Monat gebadet werden sollte.

Hunde, bei denen der Standard weder Scheren noch Trimmen vorschreibt, dürfen nicht geschoren werden, da die Sonne die Haut verbrennen und die Parasiten auch viel leichter Blut saugen könnten. Zur Fellpflege gibt es grobe und feine Kämme, harte und weiche Bürsten, Striegel, Scheren, Trimm-Messer usw. Kurz- und glatthaarige Rassen werden am besten mit einem rauhen Handschuh abgerieben oder mit einer feinen Metallbürste gebürstet. Die lang- und rauhhaarigen Rassen müssen je nach Standard in Form gezupft oder getrimmt werden. Beides läßt man am besten durch einen Fachmann ausführen. Die korrekten Techniken können aber auch vom Hundehalter erlernt und selbst angewendet werden, falls er Zeit und Lust dazu hat.

Bei allen Hunderassen müssen Augen, Ohren, Fang usw. regelmäßig kontrolliert und je nach Bedarf behandelt werden. Es gibt spezielle Augentropfen zur Vorbeugung gegen Bindehautentzündungen. Einmal wöchentlich sollten die Ohren mit Wattestäbchen gesäubert werden. Die

Ein Hundemantel ist eine elegante Möglichkeit, den Hund gegen Kälte zu schützen.

Zwei Aspekte der Schönheitspflege.

Zähne müssen durch den Tierarzt kontrolliert werden, der auch den eventuell vorhandenen Zahnstein entfernt, der sonst zu Zahnfleischentzündungen und sogar zu Zahnausfall führen kann. Wenn die Krallen zu lang wachsen, müssen sie mit einer Krallenzange gekürzt werden. Dabei muß man aufpassen, daß der «lebende» Teil nicht verletzt wird. Auch die Afterdrüsen müssen von Zeit zu Zeit untersucht und eventuell ausgedrückt werden. Wenn sie verstopft und schmerzhaft sind, läßt man sie am besten durch den Tierarzt entleeren.

Ein Yorkshire Terrier mit aufgerolltem, sonst bodenlangem Haar.

Lebensdauer

Das Welpenstadium ist kurz und wird vom Junghundestadium und vom Erwachsenenstadium gefolgt. Die Lebensdauer des Hundes ist abhängig von der Umwelt, von der Rasse, vom Gesundheitszustand, von der Hygiene, von der Bewegung und von der Fütterung. Es gibt langlebige Rassen wie z. B. Spitz und Foxterrier, die 18 bis 20 Jahre alt werden können; andere Rassen wie Deutscher Boxer und Deutscher Schäferhund sind mit 12 bis 13 Jahren schon sehr alt.

Es stimmt aber nicht, daß das Alter eines Hundes bloß mit sieben multipliziert werden muß, um mit dem menschlichen Alter vergleichbar zu sein. Man bedenke, daß eine einjährige Hündin bereits Nachkommen haben kann, aber ein siebenjähriges Mädchen noch weit von der Pubertät entfernt ist. Folgende Tabelle zeigt das ungefähre Mensch-Hund-Verhältnis hinsichtlich des Alters. Um ein gleichbedeutendes menschliches Alter zu erhalten, muß man das Alter des Hundes mit einem veränderlichen Koeffizienten multiplizieren:

Sechs Welpen warten auf ebensoviele Meister ...

Hund	Koeffizient	Mensch
2 Monate	7	14 Monate
6 Monate	10	5 Jahre
8 Monate	12,5	9 Jahre
12 Monate	14	14 Jahre
18 Monate	13,3	20 Jahre
2 Jahre	12	24 Jahre
3 Jahre	10	30 Jahre
4 Jahre	9	36 Jahre
5 Jahre	8	40 Jahre
6 Jahre	7	42 Jahre
7 Jahre	7	49 Jahre
8 Jahre	7	56 Jahre
9 Jahre	7	63 Jahre
10 Jahre	6,5	65 Jahre
11 Jahre	6,5	71 Jahre
12 Jahre	6,3	75 Jahre
13 Jahre	6,2	80 Jahre
14 Jahre	6	84 Jahre
15 Jahre	5,8	87 Jahre
16 Jahre	5,6	89 Jahre

Aus dieser Tabelle ist ersichtlich, daß ein Hund durchschnittlich wenig mehr als zwölf Jahre und selten über fünfzehn Jahre leben kann. Die Natur ist mit dem Hund etwas geizig umgegangen.

Der Hund erreicht seine beste Form im Alter zwischen drei und fünf Jahren, wo er im Vollbesitz seiner Kraft ist. Mit sieben bis acht Jahren schwinden seine Kräfte allmählich. Der Begleithund wird ruhiger, schläft mehr, wählt sich im Winter einen möglichst warmen Schlafplatz in der Nähe des Ofens aus. Schutz- und Jagdhunde verlieren langsam die Widerstandskraft und die Aggressivität ihrer Jugend.

Ältere Hunde werden öfters taub, und viele erblinden an Altersstar. Sie verlieren die Zähne und haben dann Mühe, ihr Futter zu zerbeißen. Rüden können Prostatabeschwerden und dann Schwierigkeiten beim Urinieren haben. Außerdem verstärken sich gewisse Charakterzüge: der alte Hund ist etwas starrköpfig und hält mehr an seinen Gewohnheiten fest.

Die Art und Weise, wie der Hund während seiner Jugendzeit gepflegt und gefüttert wurde, hat einen großen Einfluß auf sein Leben im Alter. Wenn er früher viel Bewegung hatte, sich viel an der Sonne und an der frischen Luft aufhielt, sauber gehalten, artgerecht gefüttert, gegen Kälte geschützt und regelmäßig vom Tierarzt untersucht wurde, wird der Übergang zum Alter reibungslos und fast unmerklich stattfinden. Der alte Hund braucht Pflege und Ruhe. Sein Futter muß leichtverdaulich und nicht fett machend sein. Der Hund braucht immer noch Bewegung, aber er darf nicht überfordert werden.

Sein Tod ist oft leicht. Wenn der Hund aber an einer schmerzhaften und unheilbaren Krankheit leidet, sollte er euthanasiert werden. Die Spritze, die ihm der Tierarzt verabreicht, bewirkt einen raschen und schmerzlosen Tod. Die Entscheidung ist sehr schwer, aber jeder Hundehalter sollte sich zu diesem letzten Liebesbeweis entschließen können, wenn für den vierbeinigen Freund keine Hoffnung besteht.

Der Tod eines alten Hundes hinterläßt eine große Leere, und ohne ihn scheinen die Tage trauriger. Die Leere kann aber wieder gefüllt werden: irgendwo wartet immer ein kleiner Welpe auf seine Adoption.

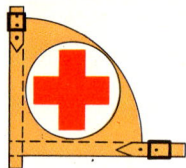

1 Deutscher Schäferhund

Nationalität: Deutschland

Herkunft: Es existieren verschiedene Theorien über die Herkunft des Deutschen Schäferhundes: stammt er aus Kreuzungen zwischen den verschiedenen Schäferhunderassen Deutschlands oder aus spontanen Paarungen von Schäferhündinnen und Wölfen? Mit Sicherheit läßt sich feststellen, daß die ersten langhaarigen Deutschen Schäferhunde in Hannover 1882, und die kurzhaarigen in Berlin 1889 dem Publikum vorgestellt wurden.

Beschreibung: Erwünschte Schulterhöhe: 60 bis 65 cm beim Rüden, 55 bis 60 cm bei der Hündin; Gewicht: zwischen 28 und 35 kg. Er hat einen etwas langgestreckten, robusten und gut bemuskelten Körper; trockener Knochenbau; festes Gefüge. Der Kopf muß der Körpergröße entsprechen; etwas gewölbte Stirn; starkes Scherengebiß; Ohren breit angesetzt und spitz auslaufend, stehend getragen und nach vorne gestellt (beim Junghund unter sechs Monaten dürfen die Ohren etwas hängend oder kippend getragen werden); Augen mandelförmig, nicht hervortretend, von dunkler Farbe, mit verständigem und lebhaftem Ausdruck. Die dicht behaarte Rute reicht mindestens bis zum Sprunggelenk und wird in der Ruhe herabhängend getragen. Oberarm und Schulter sind gut bemuskelt, die Schenkel breit und kräftig, die Pfoten rund mit sehr harten Sohlen. Farbe des Haarkleids: schwarz, eisengrau, aschgrau, rotgelb und rotbraun entweder einfarbig oder mit regelmäßigen braunen, gelben bis weißgrauen Abzeichen. Es gibt stockhaarige, langstockhaarige und langhaarige Deutsche Schäferhunde.

Wesen: Kühn, munter, folgsam, ausgeglichen, treu, anhänglich zu seinem Herrn und zur Familie, kinderfreundlich, tolerant mit anderen Tieren, gelehrig.

Verwendung: Geborener Herdenführer, der dank seiner Intelligenz und seiner großen Zuverlässigkeit auch als Kriegshund (Überbringer von Nachrichten unter Beschuß und durch Minenfelder), als Rettungshund (im Wasser, im Gebirge, bei Feuersbrünsten), als Blindenführhund (besonders die geduldigeren Hündinnen), als Polizeihund (zum Beispiel zur Fährtensuche). Aber der Deutsche Schäferhund ist unübertroffen als Wach- und Schutzhund, wo seine blitzschnellen Reflexe besonders gut zur Geltung kommen. In jeder Situation führt er die ihm zugedachte Arbeit willig und freudig aus.

Fütterung: Tiere, die arbeiten, brauchen ziemlich viel Fleisch (500 g täglich und mehr) mit Reis, Flocken, gekochtem Gemüse.

Bemerkung: In lichtarmer Umgebung oder in Wohnungen gehalten haben die Jungtiere eine Tendenz zu Rachitis. Während der ersten 6 bis 7 Lebensmonate müssen ihnen Kalk, Phosphor und Vitamine zugefüttert werden.

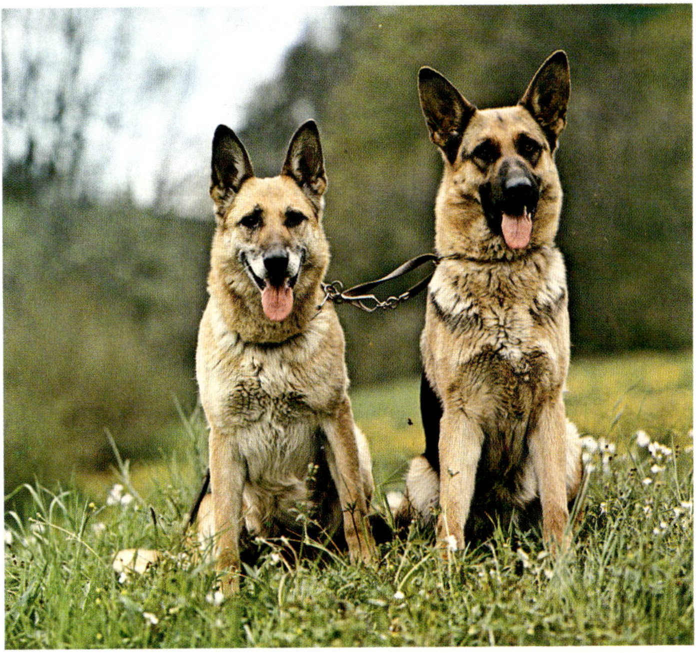

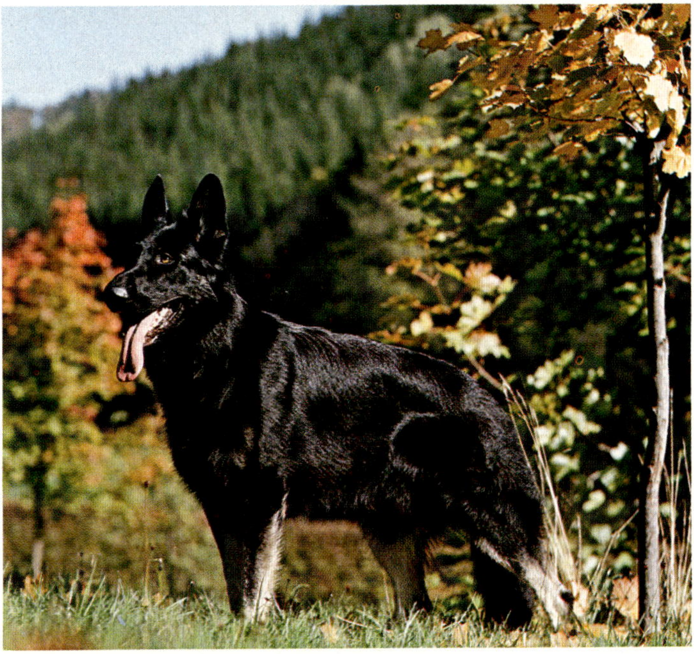

2 Groenendael

Langhaariger Belgischer Schäferhund

Nationalität: Belgien

Herkunft: Sehr alte Hunderasse, die aber erst im Jahre 1891 durch Prof. Reul, von der belgischen Veterinärhochschule, selektioniert wurde. Belgische Schäferhunde gab es in langhaarigen, kurzhaarigen und rauhhaarigen Schlägen. In der Folge (1907) wurde beschlossen, daß ein langhaariger Schlag von schwarzer Farbe sein sollte. Der erste vollkommen schwarze belgische Schäferhund, der Groenendael (sprich: chruhnendahl), wurde von Nicolas Rose gezüchtet, der in der ca. 10 km von Brüssel entfernten Ortschaft Groenendael wohnte.

Beschreibung: Schwarzes, vollkommen glattes Haarkleid, am Hals einen Kragen bildend. Durchschnittliche Schulterhöhe: 62 cm beim Rüden, 58 cm bei der Hündin. Gewicht: ca. 28 kg. Kleine, dreieckige Stehohren; braune, leicht mandelförmige Augen; senkrechte, gut bemuskelte Gliedmaßen.

Wesen: Durch eine intensive Zuchtauswahl bemüht man sich, seine allzustarke Feinfühligkeit auszumerzen. Die große Mehrheit dieser Hunde besitzt indes eine hohe Intelligenz und ein ausgezeichnetes Gedächtnis; der Groenendael gehorcht seinem Herrn freudig, ist ein mutiger und angenehmer Hausgenosse.

Verwendung: Der Groenendael ist ein ausgezeichneter Hirten-, Schutz- und Wachhund, wird im Polizeidienst eingesetzt und ist ein großer Kindernarr.

3 Tervueren

Belgischer Schäferhund aus Tervueren

Nationalität: Belgien

Herkunft: Es handelt sich um eine der 1891 durch die belgische Veterinärhochschule unter Prof. Reul selektionierte Varietäten des Belgischen Schäferhundes. Er ist der engste Verwandte des Groenendaels, sowohl im Aussehen wie im Wesen. Es kommt sogar vor, daß die Nachkommen zweier Groenendaels Tervueren sind, und in einem Wurf rothaariger Tervueren kann sich ohne weiteres ein vollkommen schwarzer Groenendael befinden.

Beschreibung: Er unterscheidet sich vom Groenendael durch seine Fellfarbe, die mit «fauve charbonné» umschrieben wird, das heißt ein Rötlichbraun mit rußigem Anflug. Seine Schulterhöhe beträgt im Durchschnitt 62 cm beim Rüden, ungefähr 10 % weniger bei der Hündin; Gewicht: ca. 28 kg. Braune, leicht mandelförmige Augen; dreieckige Stehohren; kräftiger, aber nicht schwerfälliger Körperbau; Scherengebiß. Der Tervueren ist der widerstandsfähigste und kräftigste der Belgischen Schäferhunde, daher wird er gerne zur Zuchtverbesserung der verwandten Rassen verwendet.

Wesen: Wie beim Groenendael wird auch beim Tervueren die scharfe Intelligenz geschätzt, sowie sein Mut, seine große Gelehrigkeit.

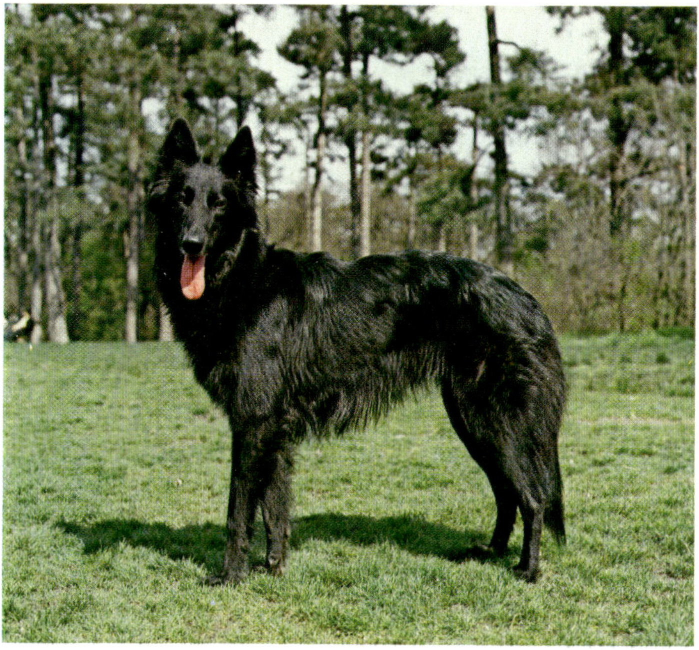

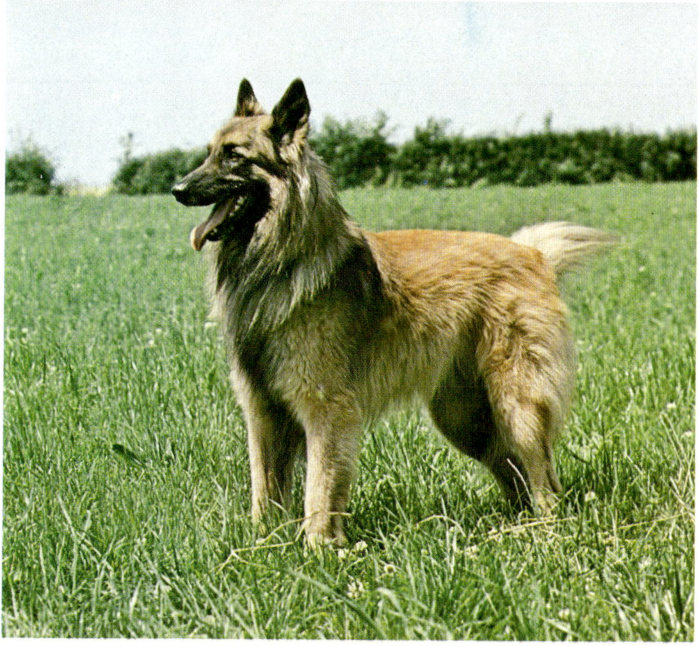

4 Malinois

Belgischer Schäferhund aus Malines

Nationalität: Belgien

Herkunft: Wurde 1891 durch die belgische Veterinärschule selektioniert im Bemühen, unter allen belgischen Hunderassen etwas Ordnung zu schaffen; bekannte Züchter von Malinois waren u.a. die Gebrüder Huyghebaert. Die Rasse ist auch unter dem Namen Malinaar, Schäferhund aus Malines, bekannt.

Beschreibung: Der Malinois ist der natürlichste der belgischen Schäferhunde. Seine Farbe ist rötlich mit rußigem Anflug, sein Fell jedoch kurz, seine Maske schwarz. Der Malinois gleicht einem Deutschen Schäferhund, ist aber eher etwas kleiner. Seine Ohren sind aufgerichtet, seine Augen braun, nicht hervortretend; die Vordergliedmaßen sind vollkommen senkrecht.

Verwendung: Der kräftige und wetterfeste Malinois gilt als vielseitiger Gebrauchshund: er ist vor allem ein ausgezeichneter Hirtenhund, bewährt sich aber auch als Wachhund in offenem Gelände, als er der Deutsche Schäferhund ist. Wenn man ihn als Wachhund gebrauchen will, empfiehlt es sich, ihn gründlich abzurichten, um seine zu aggressiven Instinkte unter Kontrolle behalten zu können. Wie seine Vettern, der Groenendael und der Tervueren, braucht auch der Malinois viel Bewegung, um in einer guten Körperverfassung zu bleiben. Auch bei ihm müssen der Fütterung gewisse Grenzen gesetzt werden. Eine weitere Varietät belgischer Schäferhunde ist der Laekenois (rötliches Rauhhaar mit etwas dunkleren Flammen).

---

5 Beauceron

Schäferhund von Beauce

Nationalität: Frankreich

Herkunft: Bis zum Jahre 1889, wo er einen Namen und einen Standard erhielt, war der Beauceron ein sehr urwüchsiger, mutiger und bei der Verteidigung der Herden bissiger Schäferhund. Immer noch kräftig und witterungsunempfindlich, ist er dank einer gezielten Zuchtauswahl im späten XIX. Jahrhundert zahmer im Umgang mit Menschen geworden.

Beschreibung: Seine mittlere Schulterhöhe beträgt 68 cm und sein Gewicht 30 bis 35 kg. Je nach Varietät kann sein Haarkleid schwarz, grau, rötlich oder rötlich-schwarz sein. Seine Ohren werden gewöhnlich kupiert. Der Beauceron ist auch unter dem Namen «bas rouge» (Rotstrumpf) bekannt wegen der rötlichen Abzeichen auf seinen Läufen, die den Eindruck von Strümpfen erwecken. Die Augen sind dunkel und haben einen klugen Ausdruck; der Hals ist gut bemuskelt, ohne Wamme, die Läufe sind gerade. Man trifft ihn fast ausschließlich in Frankreich.

Wesen: Man sagte früher, daß er nur seinem Herrn freundlich gesinnt sei. Aber durch eine engere Zuchtauslese entstand mittlerweile ein Hund, der zu gehorchen versteht und der klug und ausgeglichen ist. Da man seine aggressiven Vorfahren kennt, empfiehlt sich eine gründliche Abrichtung. Der Beauceron, obwohl familienfromm, ist Fremden nicht immer wohlgesinnt.

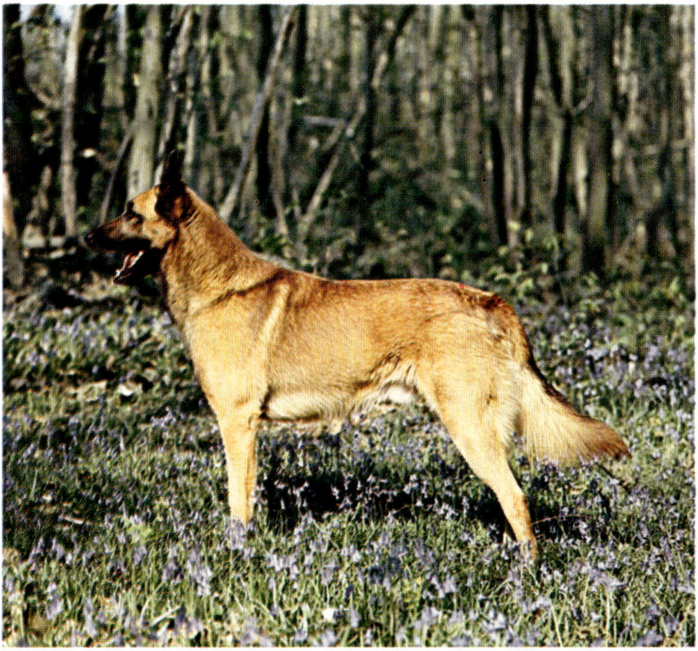
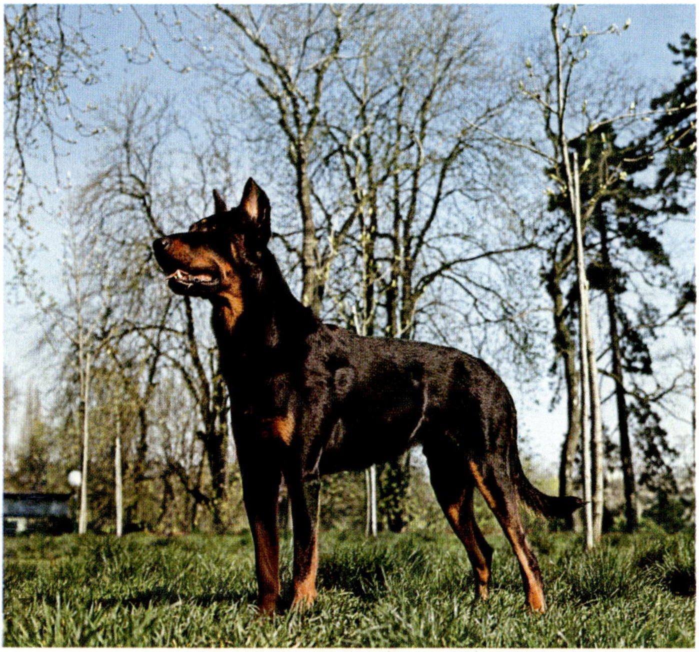

6 Briard

Chien de Brie

Nationalität: Frankreich

Herkunft: Diese Rasse ist schon seit einigen Jahrhunderten bekannt (auch Karl der Große besaß Briards), wurde aber erst nach der Pariser Hundeausstellung im Jahre 1863 populär, vorwiegend dank seines ansprechenderen Aussehens (infolge Einkreuzungen von Beaucerons und Barbets).

Beschreibung: Sein Fell ist 5 bis 7 cm lang und zottig. Die erlaubten Farben sind schwarz, grau, rostbraun. Schulterhöhe: 62 bis 68 cm beim Rüden, 56 bis 64 cm bei der Hündin. Gewicht normalerweise um die 30 kg. Dunkle Augen mit intelligentem Ausdruck; Ohren rund oder kupiert (nicht obligatorisch); eleganter Gang.

Wesen: Bäuerlicher Herkunft, aber feinfühlig und folgsam. Im 1. Weltkrieg 1914-1918 machte man sich sein feines Gehör zunutze und verwendete ihn als Patrouillenhund. Er ist gutmütig und freundlich und kann besonders gut zu Kindern gehalten werden. Er liebt das Leben im Freien.

Verwendung: Bei einigen Individuen ist der uralte Schutz- und Hüteinstinkt erhalten geblieben; bei anderen, die als Begleithunde aufgewachsen sind, zeigt sich eine auffallende Schüchternheit gegenüber Fremden. Im allgemeinen ist der Briard ein sehr schöner und dekorativer, mutiger und gutherziger Hund. Man sagt von ihm, daß er erhaltene Liebe zehnfach erwidere.

---

7 Pyrenäen-Schäferhund

Labrit – Berger des Pyrénées

Nationalität: Frankreich

Herkunft: Er wird als der älteste der französischen Schäferhunde angesehen. Hervorgebracht und gezüchtet wurde er in der Gegend der Pyrenäen. Als eigenständige Rasse wurde er erstmals im Jahre 1921 ausgestellt.

Beschreibung: Mittelgroßer Hund (Schulterhöhe 40 bis 50 cm) mit wachem und lebhaftem Ausdruck. Sein Kopf gleicht dem eines Braunbären, mit schwarzem Nasenspiegel, kastanienbraunen Augen, schwarzgeränderten Lidern, Stehohren. Außerdem hat er trockene Läufe, gut bemuskelte Schenkel, sehr flache, ovale Pfoten. Das Fell ist lang und rauh, auf der Kruppe und an den Schenkeln besonders dicht und wollig. Erlaubte Farben: grau, silbergrau, weiß und gelb in verschiedenen Schattierungen.

Wesen: Es handelt sich um einen selbstbewußten, ungestümen, mutigen, lebhaften und intelligenten Hund.

Verwendung: Er genießt den Ruf, besonders wetterfest und widerstandsfähig gegen Virusinfektionen (wie z.B. Staupe) zu sein. Er kann auch tagelang ohne Futter auskommen und stillt dann seinen Hunger mit Gras. Im Krieg wurde er zum Aufspüren von Verwundeten eingesetzt. Heute hält man ihn entweder als ausgezeichneten Schäferhund oder als treuen, lebhaften und unkomplizierten Familienhund.

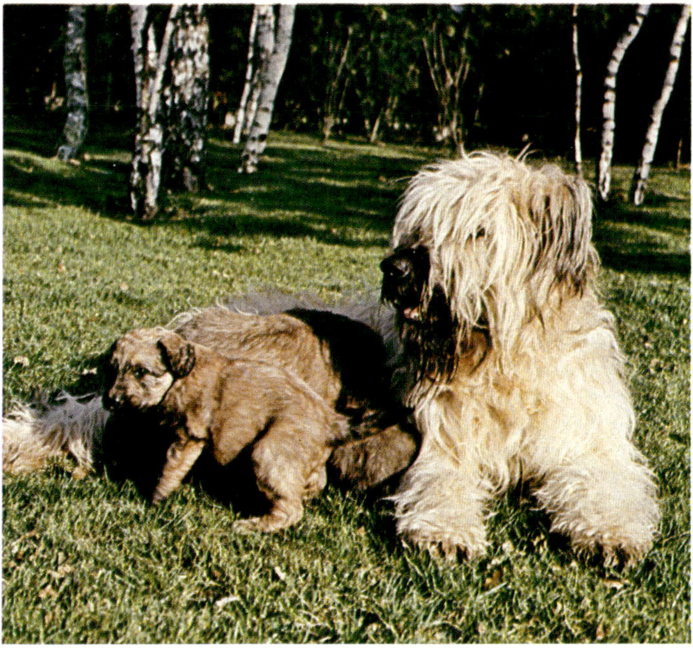

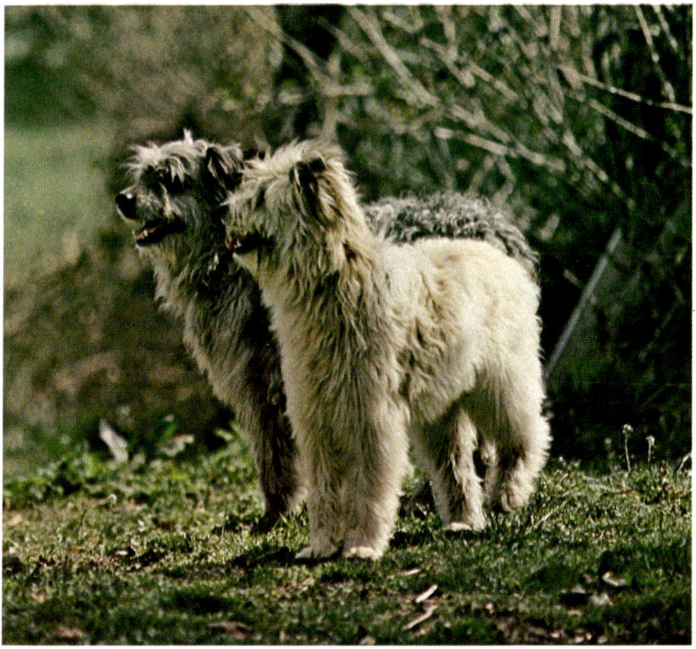

8 Pyrenäenhund

Berger des Pyrénées à museau ras

Nationalität: Frankreich

Herkunft: Hat dieselbe uralte Abstammung wie der langhaarige Pyrenäen-Schäferhund.

Beschreibung: Ähnlich wie der langhaarige Pyrenäen-Schäferhund. Dieser Schlag heißt «à museau ras», weil sein Haar, besonders an der Schnauze, kürzer ist. Dies verleiht ihm vielleicht keine besondere Schönheit, läßt aber die Augen frei, die einen besonders glänzenden und interessierten Blick haben.

Wesen: Selbstsicher, mutig, intelligent; der fröhlichste Begleiter.

Verwendung: Seit Jahrhunderten im Freien gehalten, hat er eine außerordentliche Widerstandsfähigkeit gegenüber schlechtem Wetter und Krankheiten entwickelt. Sehr geschätzt als Hüte-, aber auch als Begleithund.

Fütterung: Kann tagelang ohne auskommen, indem er Gras frißt und Wasser aus den Bächen trinkt. Diese Unterernährung muß jedoch eine Ausnahme bleiben und sich nur auf diejenigen kürzeren Zeiten beschränken, wo der Hund auf entfernten Weiden seine Herde hütet.

---

9 Berger Picard

Schäferhund der Picardie

Nationalität: Frankreich

Herkunft: Seit dem Ende des Mittelalters ist er im nördlichen Frankreich weitverbreitet; sein genauer Ursprung ist jedoch unbekannt.

Beschreibung: Mittelgroßer, ländlich aussehender, kräftiger und hübscher Hund. Er hat einen wachen Ausdruck und gleicht einem Griffon. Seine Schulterhöhe beträgt zwischen 60 und 65 cm. Sein Schädel ist breit, sein Fang kräftig, seine Nase schwarz, seine Augen dunkel mit einem fröhlichen Ausdruck; die Stehohren sind breit angesetzt; die Rute hat eine leicht gekrümmte Spitze; die Schenkel sind gut bemuskelt und die Läufe sehnig. Das Haarkleid ist grau, blaugrau, graurot in verschiedenen Schattierungen, harsch, halblang und nicht gekräuselt.

Wesen: Dieser Hund zeigt keinerlei Aggressivität, stellt sich aber seinen Feinden immer mutig, zieht dabei die Lefzen zurück und entblößt so sein starkes Gebiß.

Verwendung: Es handelt sich um einen der klassischsten Schäferhunde überhaupt. Er ist sehr zuverlässig als Hirtenhund und auch erstklassig als Hof- und Hütehund. Sein struppiges Haarkleid, das vollkommen wasserdicht ist, verleiht ihm eine große Wetterfestigkeit.

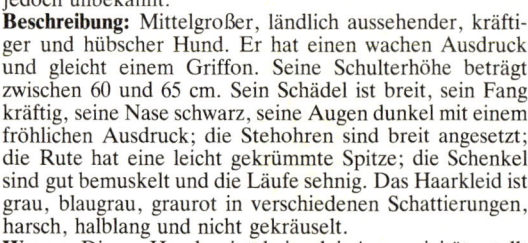

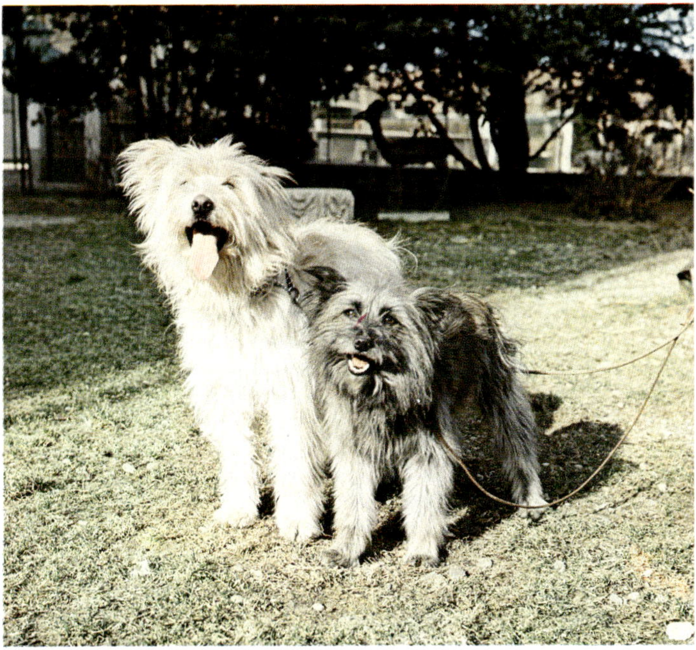

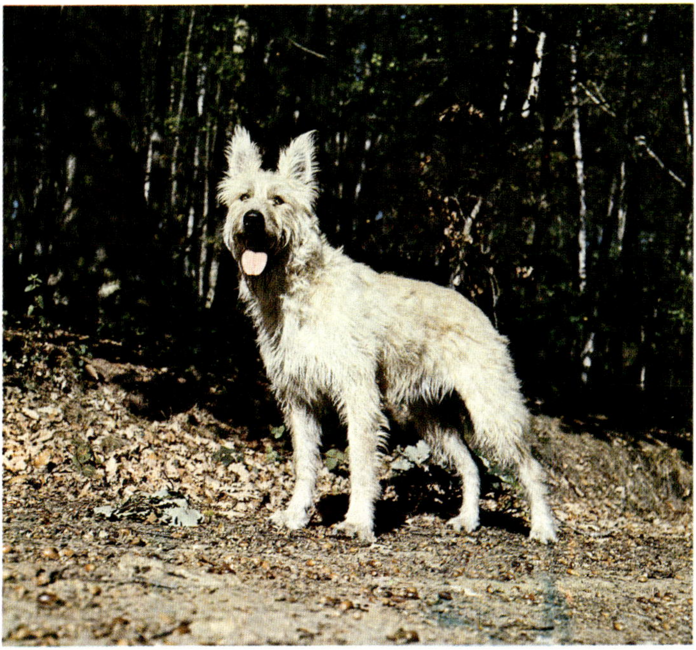

10 Gos d'Atura

Katalanischer Schäferhund

Nationalität: Spanien

Herkunft: Da er dem Pyrenäen-Schäferhund stark ähnelt, glaubt man, daß er als Hirtenhund nach Spanien eingeführt wurde und sich erst dort zu einer eigenständigen Rasse mit charakteristischen physisch-psychischen Merkmalen entwickelt hat.

Beschreibung: Die Widerristhöhe des Rüden beträgt zwischen 45 und 50 cm, diejenige der Hündin zwischen 43 und 48 cm. Der Rüde wiegt 18 kg, die Hündin 16 kg. Stumpfer, gerader Fang; sehr starkes Gebiß; ausdrucksvolle, bernsteinfarbene Augen; spitze Ohren; lange, kupierte oder kurze Rute (angeborene Stummelrute). Langes, welliges Haarkleid, grauschwarz mit crème Spitzen.

Wesen: Klug, folgsam, lebhaft, sehr arbeitsfreudig und gelehrig. Im Umgang mit anderen Tieren energisch, aber mit Menschen sehr sanft.

Verwendung: Zeichnet sich in vielen «Berufen» aus: hütet Herden, wird von Pferden und Großvieh respektiert, läßt sich als Polizeihund abrichten und ist auch ein sehr angenehmer Begleithund.

Bemerkung: Er hat in Katalonien eine ihm zusagende Umgebung gefunden, mit großen Herden sowie mit Menschen, die sich seine außergewöhnliche Intelligenz zunutze gemacht haben.

11 Nederlandse oder Hollandse Herdershond

Holländischer Schäferhund

Nationalität: Holland

Herkunft: Vom belgischen Schäferhund abstammend.

Beschreibung: Widerristhöhe zwischen 58 und 63 cm, 10 % weniger bei der Hündin; Gewicht ca. 30 kg. Körperbau muskulös und symmetrisch; langer Fang; starkes, regelmäßiges Gebiß; dunkle, leicht schräggestellte Augen; Stehohren; Rute leicht geschwungen. Den Holländischen Schäferhund gibt es in drei Schlägen: kurzhaarig (in Holland weitverbreitet), rauhhaarig (weniger häufig), langhaarig (sehr selten). Farbe: gelb, rot, braun, mit gold- oder silberfarbener Stromung.

Wesen: Folgsam, gelehrig, immer wachsam, liebt sein Zuhause und ist überaus arbeitsfreudig. Sehr genügsam, unermüdlich und wetterunempfindlich.

Verwendung: Außerhalb seiner Heimat praktisch unbekannt, wird er in Holland wegen seiner guten Eigenschaften als Hirtenhund und seiner schnellen Reflexe sehr geschätzt.

Bemerkung: In den Würfen dieser Hirtenhunde kommen manchmal stummelschwänzige, weißgescheckte Exemplare vor. Diese Fehler schließen von der Teilnahme an Ausstellungen aus, haben jedoch keinen Einfluß auf das Wesen des Hundes.

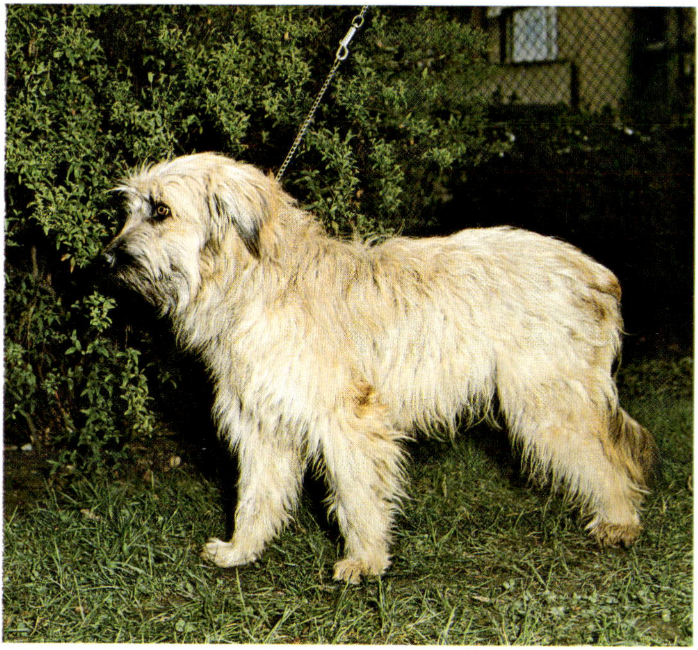

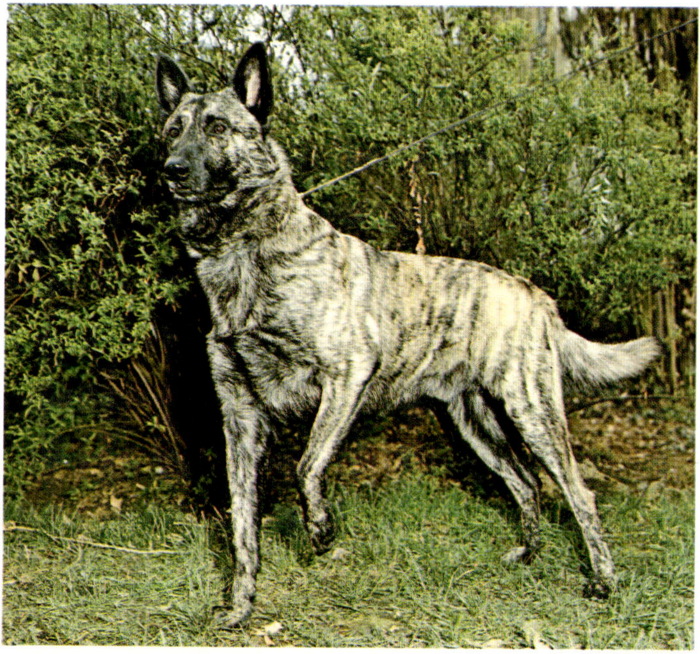

12 Komondor
Ungarischer Hirtenhund

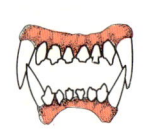

Nationalität: Ungarn

Herkunft: Der Komondor stammt von der Tibet-Dogge ab und wurde vor tausend Jahren von den magyarischen Nomaden nach Ungarn gebracht. Seine weltweite Verbreitung fing im Jahre 1920 an, nachdem er erstmals an Ausstellungen gezeigt wurde.

Beschreibung: Massiver Hund mit würdigem Gang. Kann bis 80 cm hoch und bis 60 kg schwer werden (für die Hündin sind diese Werte 10 % niedriger). Der Körper ist vollkommen durch verfilzte und zottige, ca. 20 bis 27 cm lange Haare bedeckt. Die Farbe ist immer weiß. Dunkelbraune Augen; U-förmige Hängeohren; breiter Kopf; starkes Knochengerüst; herabhängende Rute; sehr starkes Scherengebiß.

Wesen: Seinem Besitzer gegenüber anhänglich und folgsam, unerbittlich gegenüber Bären und Wölfen, die die ihm anvertraute Herde bedrohen. In wenigen Minuten gelingt es ihm, seine stärksten Gegner auszuschalten.

Verwendung: Typischer Hirtenhund für große, isolierte Herden, der besonders nachts wachsam ist. Wird auch von der Polizei mit viel Erfolg in verschneiten Gegenden eingesetzt. In letzter Zeit ist es einigen Züchtern gelungen, seinem Wesen einen sanfteren Zug zu verleihen; seither eignet er sich auch als Begleithund.

---

13 Kuvasz

Nationalität: Ungarn

Herkunft: Einige Autoren erwähnen, daß er bereits den Hunnen bekannt war. Anderen Herkunftsbeschreibungen zufolge brachten ihn Türken nach Ungarn, als sie im XIII. Jahrhundert vor den Mongolen flüchten mußten. Sein Name stammt aus dem Türkischen und bedeutet «sicherer Wächter».

Beschreibung: Robuster, gut proportionierter Hund, bis 75 cm hoch und ca. 50 kg schwer. Sehr schöner Kopf mit länglichem Nasenrücken; edler, zur Nase hin sich verjüngender Fang; mäßig entwickelter Stop; dunkelbraune, schräg eingesetzte Augen; Ohren gleich am Ansatz gebrochen und am Kopf anliegend; tief angesetzte, herabhängend getragene Fahnenrute, die im Affekt bis auf Rückenhöhe getragen wird. Weißes oder elfenbeinfarbenes Haar. Pfoten und Kopf mit kurzen, Rumpf und Läufe mit mittellangen, gewellten Haaren bedeckt, die eine Länge von 10 bis 15 cm erreichen können.

Wesen: Mutig, folgsam und gelehrig.

Verwendung: Im XV. Jahrhundert genoß er am Hofe König Matthias I. höchsten Ruhm. Dieser Herrscher pflegte zu sagen, er vertraue seinen Hunden mehr als den Menschen. Als der König starb, wurde der Kuvasz wieder zum Schäferhund des Mittelalters. Er galt als ausgezeichneter Leiter und Verteidiger der Herden gegen Wölfe. Dank seiner Schönheit und seiner Gelehrigkeit wird er heute auch als Begleithund gehalten.

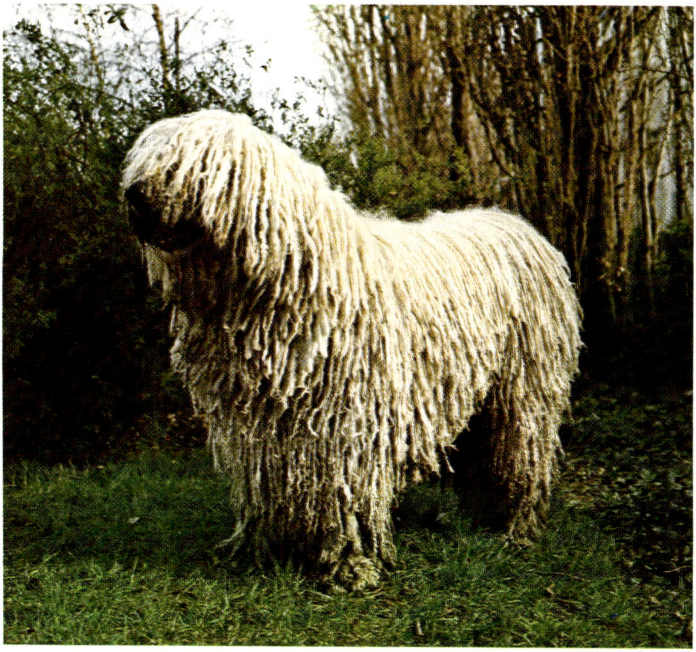

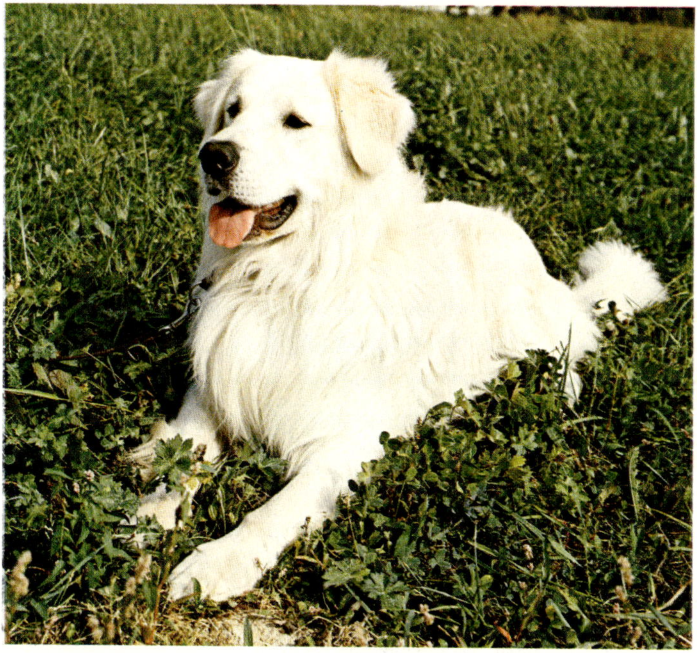

14 Mudi

Nationalität: Ungarn

Herkunft: Diese Rasse entstand vor nur einem Jahrhundert aus spontanen Kreuzungen und ist noch nicht sehr verbreitet.

Beschreibung: Mittelgroßer Hund mit einer Widerristhöhe von 35 bis 47 cm; Gewicht zwischen 8 und 13 kg. Hat einen länglichen Kopf mit einem spitzen Fang; muskulöse Kiefer; Scherengebiß; gut markierter Stop; Stirnfurche; dunkelbraune, ovale Augen; Stehohren in Form eines umgekehrten V. Tiefe Brust; kurzer und gerader Rücken; kupierte Rute oder angeborene Stummelrute. Haare kurz auf dem Fang, struppig an den Ohren, 5 cm lang auf dem Körper. Farbe: glänzend schwarz, weiß, gestromt.

Wesen: Obschon es sich um einen Schäferhund leichteren Schlages handelt, ist der Mudi voller Kraft und Mut, so daß er häufig als Gebrauchshund für Großviehherden eingesetzt wird. Er kennt keine Angst und kämpft sogar mit Wildschweinen, die er in kurzen Kämpfen besiegt.

Verwendung: Wird in Ungarn seiner Vielseitigkeit wegen sehr geschätzt: Schäfer-, Wach-, und Jagdhund (für Niederwild und Schwarzwild), großer Ratten- und Wieselfänger. Da er ein sehr folgsamer Familienhund ist, wird er auch häufig als Begleithund gehalten und bewährt sich im Bedarfsfalle auch als Schutz- und Wachhund.

---

15 Puli

Nationalität: Ungarn

Herkunft: Wurde um das Jahr 1000 von orientalischen Nomaden nach Ungarn gebracht. In der Tat ist er dem Tibet-Terrier sehr ähnlich.

Beschreibung: Der Puli ist der kleinste der ungarischen Schäferhunde. Er gleicht dem größeren Komondor wie ein Bruder, ist aber schwarz, rostrot, grau oder weiß. Erwünschte Größe: 40 bis 44 cm; Gewicht zwischen 13 und 15 kg. Quadratischer und muskulöser Körperbau; runder Kopf; kaffeebraune Augen mit äußerst lebhaftem Blick; herabhängende Ohren; nicht sichtbar getragene, gebogene Rute. Sogenannte Pusztabehaarung, das heißt der ganze Körper ist durch lange, schmale Filzplatten und Zotten bedeckt.

Wesen: Dynamisch bei der Arbeit als Schäferhund, lebhaft und anhänglich im Kontakt mit der Familie. Besitzt einen starken Schutztrieb, der ihn aggressiv werden läßt, wenn jemand sich am Besitz seines Herrn vergreifen will. Neigt zum Streunen.

Verwendung: In Ungarn weitverbreitet als energischer, aufmerksamer, unermüdlicher und neugieriger Hütehund. Da er Wasser sehr liebt, wurde er wahrscheinlich früher auch als Jagdhund in sumpfigen Gebieten verwendet.

Fütterung: Reis, Flocken, Gemüse, mindestens 300 g Fleisch täglich.

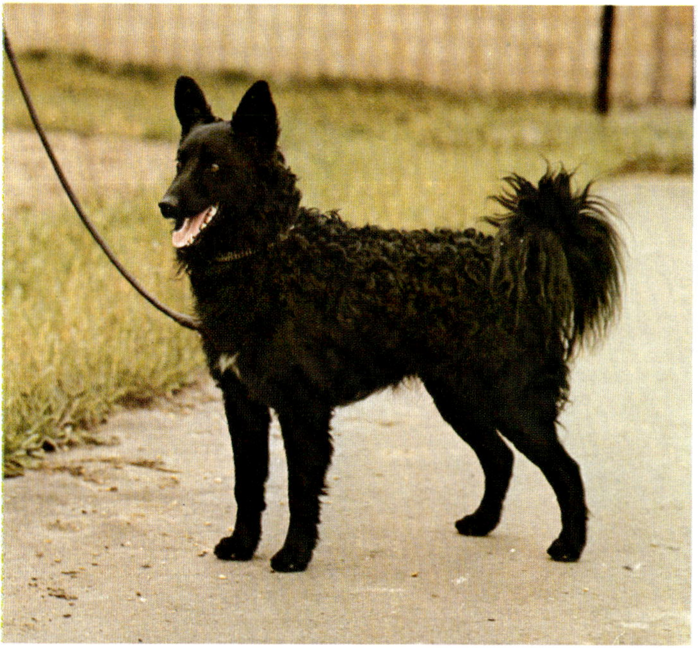

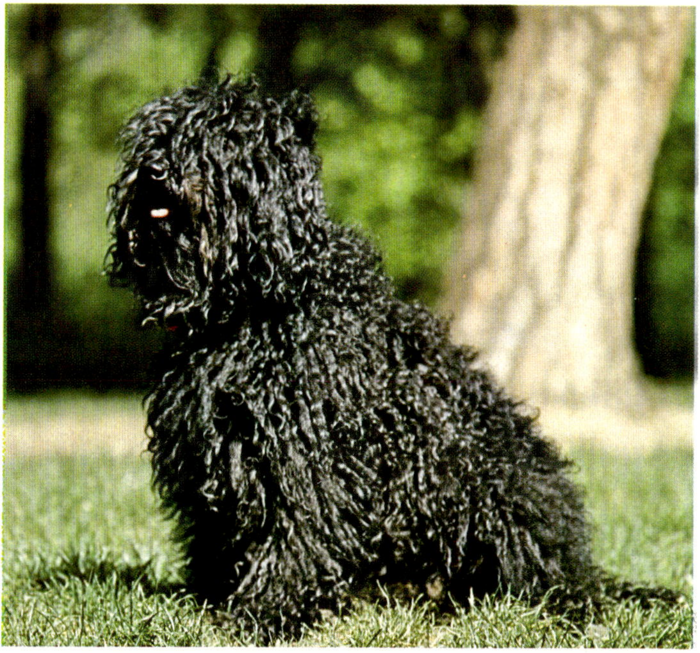

16 Pumi

Nationalität: Ungarn
Herkunft: Diese Rasse ist im XVIII. Jahrhundert entstanden, als französische und deutsche Schäferhunde mit dem Puli gekreuzt wurden. In seinen Adern fließt wahrscheinlich auch altes Terrierblut.
Beschreibung: Der Pumi ist ein mittelgroßer Hund, erreicht eine Höhe zwischen 33 und 44 cm und ein Gewicht von 8 bis 13 kg. Breiter, mit dem Fang gut harmonierender Schädel; schwarze, zugespitzte Nase; kaffeebraune Augen; bewegliche, V-förmige Ohren; Rute um zwei Drittel ihrer Länge gekürzt. Der quadratische Körper ist mit zottigem, aber nicht verfilztem, mittellangem Haar bedeckt. Farbe: schiefergrau, silbergrau, hellgrau, stumpfes schwarz, weiß, braunrot; immer nur einfarbig.

Wesen: Aggressiv, kläffend, wachsam, mit einer Tendenz zum Herumstreunen. Seinem Herrn sehr zugetan, aber Fremden nicht freundlich gesinnt.
Verwendung: Es handelt sich vor allem um einen kräftigen und widerstandsfähigen Hirtenhund, der aber auch mit viel Erfolg als Wach- und Jagdhund eingesetzt wird. Seine wahrscheinliche Terrierabstammung erklärt sein großes Interesse für jegliches Raubzeug. Äußerst wachsamer und schneller Hund, der als idealer Wachhund für isolierte Häuser oder Fabrikareale gilt.

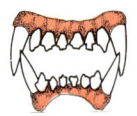

17 Anatolischer Hirtenhund

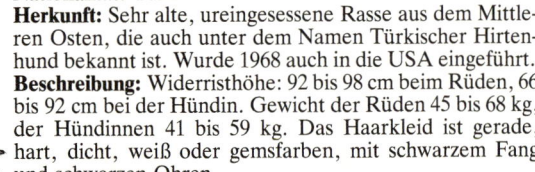

Nationalität: Türkei
Herkunft: Sehr alte, ureingesessene Rasse aus dem Mittleren Osten, die auch unter dem Namen Türkischer Hirtenhund bekannt ist. Wurde 1968 auch in die USA eingeführt.
Beschreibung: Widerristhöhe: 92 bis 98 cm beim Rüden, 66 bis 92 cm bei der Hündin. Gewicht der Rüden 45 bis 68 kg, der Hündinnen 41 bis 59 kg. Das Haarkleid ist gerade, hart, dicht, weiß oder gemsfarben, mit schwarzem Fang und schwarzen Ohren.
Wesen: Klug, gefügig, geduldig mit Kindern, empfindsam, liebesbedürftig und besitzergreifend gegenüber Haus und Eigentum. Da er argwöhnisch gegen Fremde ist, empfiehlt es sich, ihn nicht frei im Garten, sondern in einem Zwinger zu halten.

Verwendung: Während Jahrhunderten wurde er als Kampfhund im Krieg sowie als Jagdhund gehalten. Man schätzte ganz besonders seine siegreichen Kämpfe gegen Wölfe. Als Schäferhund scheute er weder Müdigkeit noch Unwetter. Noch heute wird er als Hirtenhund und als Wachhund gehalten.

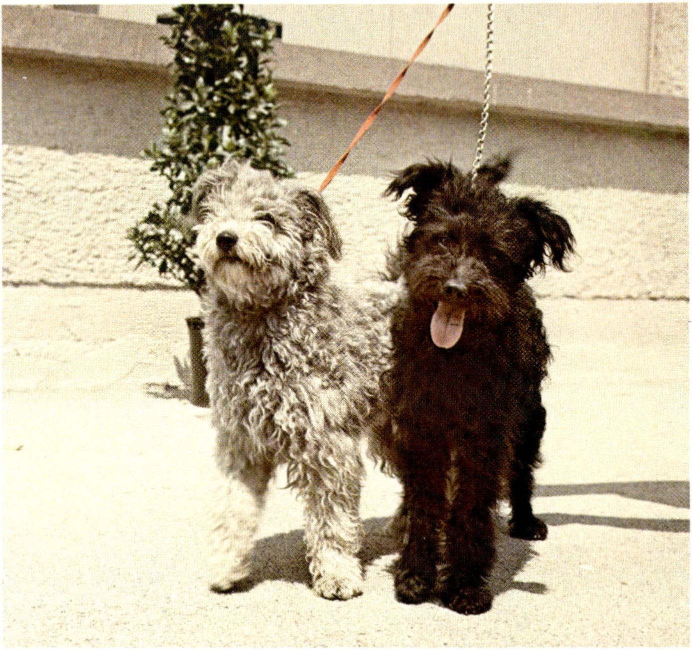

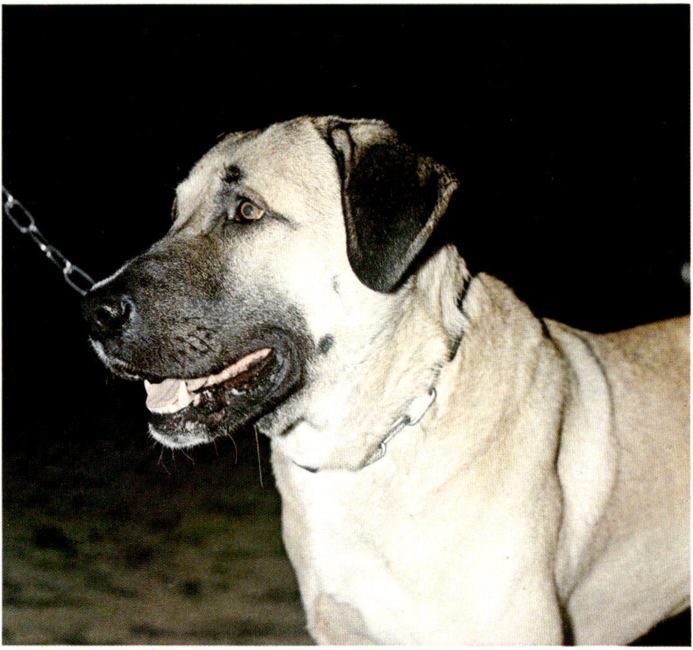

18   Bergamasker Hirtenhund

Nationalität: Italien

Herkunft: Vor über 2000 Jahren brachten die Phönizier stark behaarte Hirtenhunde nach Europa. In der Toskana sollen aus diesen Hirtenhunden der Maremmenhund und im Norden Italiens später der Bergamasker Hirtenhund entstanden sein. Sein Name stammt aus den Tälern der Provinz Bergamo. Die von den Phöniziern mitgebrachten Hunde kamen auch nach Frankreich und nach Spanien und entwickelten sich dort zu selbständigen Rassen.

Beschreibung: Mittelgroßer, urwüchsiger Hund mit einer Widerristhöhe von ca. 60 cm und einem Gewicht zwischen 32 und 38 kg. Die Hündinnen haben eine Höhe von ungefähr 56 bis 58 cm und wiegen um die 30 kg. Die Gesamtlänge des Kopfes beträgt ca. vier Zehntel der Widerristhöhe, die Länge des Fanges entspricht derjenigen des Schädels. Schwarze, offene Nase mit großen, feuchten Nasenlöchern; gut entwickelte Kieferpartie; Scherengebiß; kastanienbraune, mit der Fellfarbe harmonierende Augen; dreieckige Hängeohren; reich befranste, hängende Rute, die sich zur Spitze hin verjüngt. Gut bemuskelte und kräftige Läufe; ovale Pfoten mit schwarzen, gebogenen Krallen. Das Haarkleid des Bergamaskers muß reich, rauh, kräftig und gewellt sein. Die Zotten fallen von der Rückenlinie seitlich über die Flanken. Am Kopf sind die Haare weniger rauh und können die Augen komplett verdecken. Farbe: grau in allen Tönen, mit Flecken, oder absolut schwarz, nicht glänzend. Ein vollkommen weißer Pelz muß indessen als Fehler bewertet werden.

Wesen: Äußerst sanft und gefügig, treu, verlässlich, klug, mit ausgezeichnetem Erinnerungsvermögen, mutig, anspruchslos in seiner Behausung und Fütterung. Wegen seiner großen Starrköpfigkeit braucht er einen energischen Meister, der sich bei ihm durchzusetzen vermag.

Verwendung: Seine physischen und psychischen Eigenschaften machen ihn zum idealen Schäferhund. Er liebt seine Herde und weiß sich beim Vieh mit viel Energie durchzusetzen. Gegen jegliches Unwetter unempfindlich. Mit einem Minimum an Abrichtung kann der Bergamasker Hirtenhund auch als Wachhund (besonders für Fabrikareale und Gärten), als persönlicher Schutzhund, als zuverlässiger Helfer der Feuerwehr in dramatischen Situationen wie Feuersbrünsten und Erdbeben eingesetzt werden. Als Begleithund zeichnet sich der Bergamasker durch seine Sanftheit und seine Anhänglichkeit aus. Er ist jedoch als Wohnungshund nicht geeignet.

Fütterung: Wenn er als Arbeitshund eingesetzt wird, braucht er eine kräftige Nahrung, bestehend aus täglich 400 bis 500 g Fleisch, sowie Milch, Flocken und Gemüse. Im Winter als Hofhund gehalten, verbraucht er weniger Energie und muß demzufolge knapper gefüttert werden.

Bemerkung: Sein wolliges und zottiges Haarkleid schützt ihn vor Regen und Kälte. Dennoch muß er jährlich einige Male gewaschen werden; dabei sollten jedoch die Zotten nicht ausgekämmt werden, denn sie verleihen dem Bergamasker seine ganze aparte Schönheit.

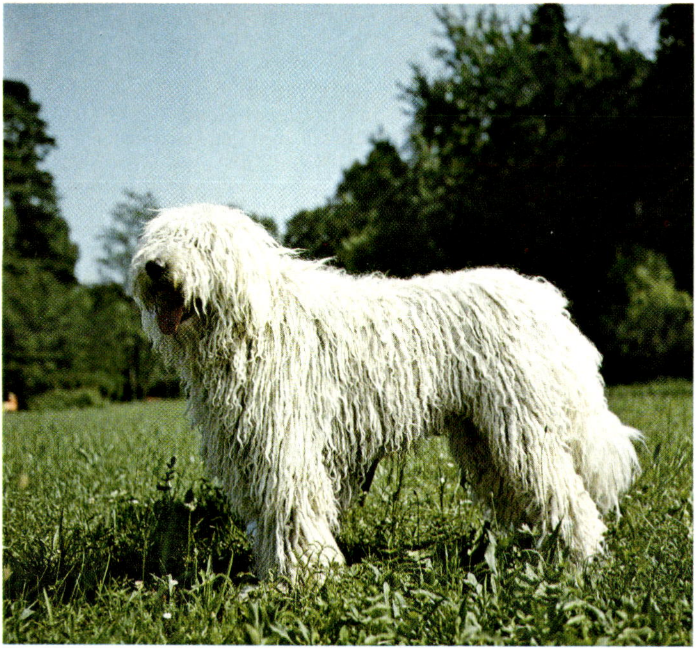

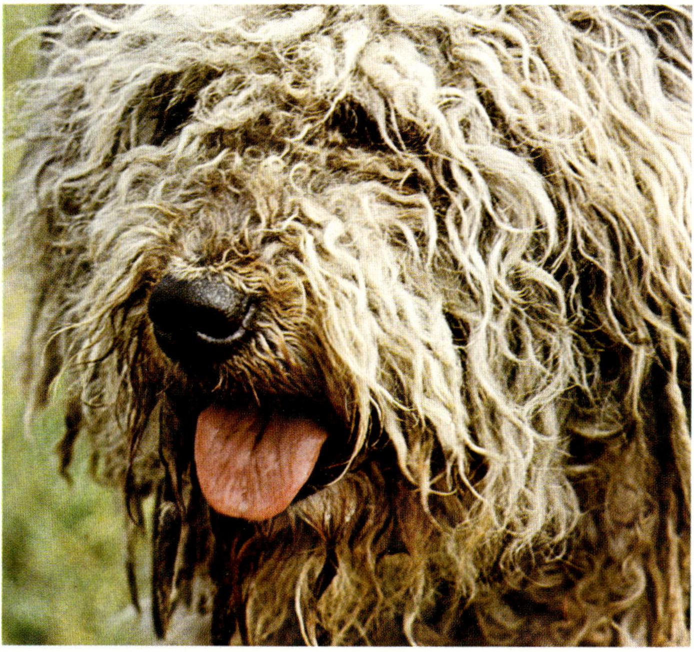

19 Maremmen-Abruzzen-Schäferhund

Pastore maremmano-abruzzese

Nationalität: Italien

Herkunft: Diese Rasse existiert seit der Mensch Schafe züchtet und einen Hirtenhund zu deren Schutz und Verteidigung brauchte, das heißt seit mehreren tausend Jahren.

Beschreibung: Die beiden Typen dieses Hundes wurden einst auseinandergehalten: der Abruzzenhund hatte einen dem Bergleben besser angepaßten, etwas längeren Körper als der Maremmenhund, der auch kürzere Haare hatte. Es handelte sich jedoch nur um nebensächliche Unterschiede, und im Jahre 1950 wurden die beiden Typen offiziell in einem einzigen Standard zusammengefaßt und erhielten den heute gültigen Doppelnamen. Es handelt sich um einen großen Hund mit einer Schulterhöhe von 65 bis 73 cm beim Rüden, 60 bis 68 cm bei der Hündin. Das Gewicht der Rüden schwankt zwischen 35 und 45 kg, dasjenige der Hündinnen zwischen 30 und 40 kg. Er besitzt ein majestätisches und würdiges Aussehen. Sein großer Kopf erinnert an einen Bären, seine Kiefer sind kräftig und er besitzt ein Scherengebiß. Das Auge ist eher klein, aber der Blick ist lebhaft und klug. Gerader Nasenrücken, brauner, nicht vorgewölbter Nasenspiegel. Die dreieckigen Hängeohren sind flach anliegend. Seinen majestätischen Ausdruck verdankt er dem wunderschönen weißen, rauhen und enganliegenden Haar. Leicht gewelltes Haar ist erlaubt.

Wesen: Ruhig, besonnen, gutmütig, folgsam, klug, schneller Verteidiger seiner Herde. Manchmal können auch aggressive Exemplare vorkommen, die einer starken Führung bedürfen.

Verwendung: Großer, äußerst arbeitsfreudiger Hirtenhund, größter Feind der Wölfe, sanft im Umgang mit Menschen. Er wird von den Hirten sehr geschätzt, ganz besonders im Gebirge, wo der Maremmen-Abruzzen-Schäferhund weder Schnee, Kälte noch Gestrüpp fürchtet. Seit einigen Jahrzehnten wird er auch als Begleithund gehalten, dank den Bemühungen englischer Züchter, die durch eine strenge Zuchtauslese wesensstarke Tiere hervorgebracht haben. Als Familienhund verteidigt er Haus und Familienmitglieder und ist ganz besonders wachsam mit Kindern. Man sollte ihn normalerweise nicht in der Wohnung halten, da er von Natur aus für das Leben in weiten, offenen Gebieten geschaffen ist. Auf alle Fälle braucht er mindestens einen Garten als Auslauf.

Fütterung: Er besitzt stets einen soliden Appetit, begnügt sich aber mit verschiedenster Nahrung. Er ist daran gewöhnt, mit den Hirten Milch und Brei zu teilen, kann aber auch Brot, Käse, Gemüse essen. Die tägliche Nahrung muß aber immer auch Fleisch enthalten.

Bemerkung: Dieser Hund leidet unter zu großer Wärme. Er muß deshalb immer einen schattigen Platz zur Verfügung haben, und eine große Schüssel Wasser darf nie fehlen.

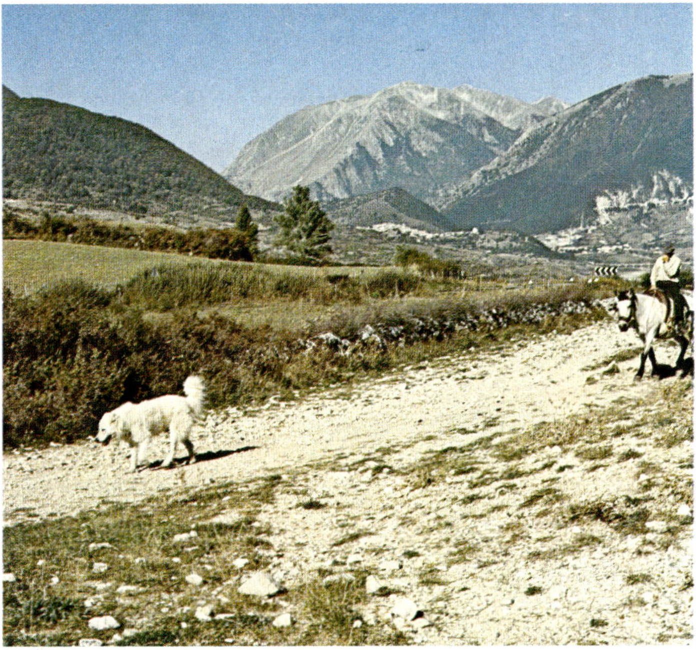

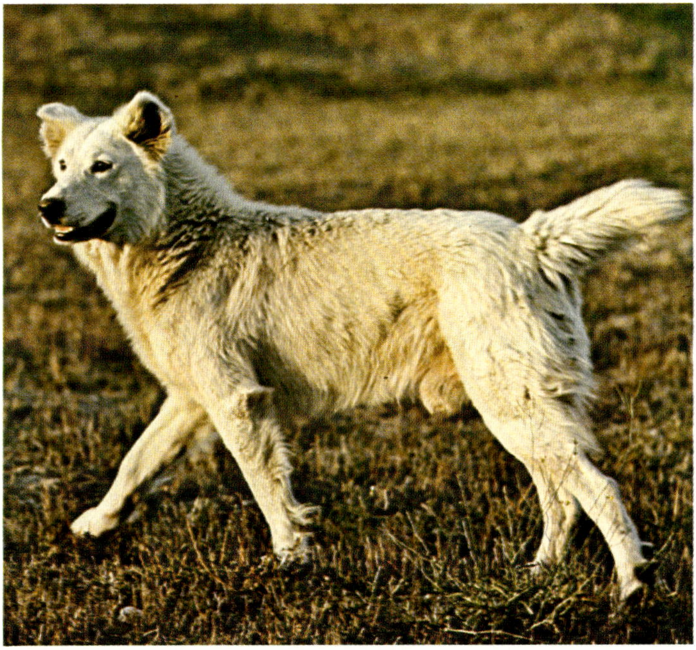

20 Polnischer Niederungshütehund

Polski Owczarek Nizinny (Pon)

Nationalität: Polen

Herkunft: Gehört zu den Nachkommen der von den Phöniziern mitgebrachten Bergamasker.

Beschreibung: Mittelgroßer, kräftiger und muskulöser Hund mit einer Widerristhöhe von 43 bis 52 cm beim Rüden, 40 bis 46 cm bei der Hündin, und einem unter 30 kg liegenden Gewicht. Gut proportionierter Kopf mit über den Augen und Backen herabhängenden Haaren; großer, schwarzer Nasenspiegel; kräftige Kieferpartie mit starkem Gebiß; herzförmige, breite Hängeohren; Rute kurz, entweder kupiert oder angewölbt. Ein üppiges Haarkleid bedeckt den ganzen Körper. Farbe: alle Fellfarben sind erlaubt, auch mit Flecken. Kraushaar unerwünscht.

Wesen: Besitzt ein außerordentliches Gedächtnis und vergißt auch nach Jahren weder eine Grobheit noch eine Liebkosung. Aber die Grundzüge seines Wesens sind Gutmütigkeit, Ruhe, Sauberkeit. Er eignet sich sehr gut zu Kindern.

Verwendung: Geborener Hirtenhund, geschätzt für sein fröhliches und gutmütiges Wesen; erfreut sich heute auch als Begleithund großer Beliebtheit. Wenn nötig, verteidigt er sein Heim und seinen Herrn mit der Autorität und der Entschlossenheit eines Wachhundes.

Bemerkung: Im Gegensatz zum Bergamasker kann das Fell dieser Rasse regelmäßig gebürstet werden, was ihm ein sehr attraktives Aussehen verleiht.

21 Tatrahund, Podhalenhund

Owczarek Podhalanski

Nationalität: Polen

Herkunft: Wie der Polnische Niederungshütehund gehört auch der Podhalenhund zur Gruppe der von den Phöniziern importierten orientalischen Hunde.

Beschreibung: Der Rüde muß mindestens 65 cm und die Hündin mindestens 60 cm hoch sein. Quadratischer Körperbau; wohlproportionierter Kopf; kurzer, schmaler Fang; Zangengebiß; dunkles, leicht schräg eingesetztes Auge; dreieckige Hängeohren; Rute meist tief getragen. Farbe: weiß oder hellcrème. Haare an Kopf und Fang kurz und geschmeidig, an Hals, Rumpf, Keulen und Rute lang.

Wesen: Klug, mutig, folgsam, lebhaft, ohne Nervosität. Ein reizbarer Podhalenhund kann an Ausstellungen disqualifiziert werden.

Verwendung: Erstklassiger Hirtenhund im Gebirge, dessen Gesundheit auch unter langen und feuchten Wintern nicht leidet. Während der letzten Jahrzehnte wurden die polnischen Gebiete der Tatra vermehrt dem Tourismus erschlossen, so daß die Schafhaltung etwas in den Hintergrund getreten ist. So wurde der Podhalenhund dank seiner unveränderten Wesenszüge vermehrt auch als Schutz- und Wachhund (besonders für Villen und Baustellen) eingesetzt.

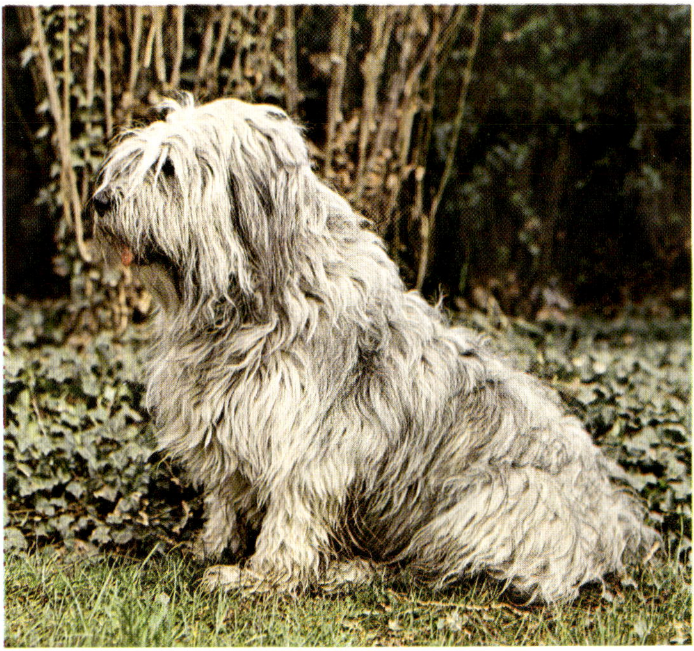

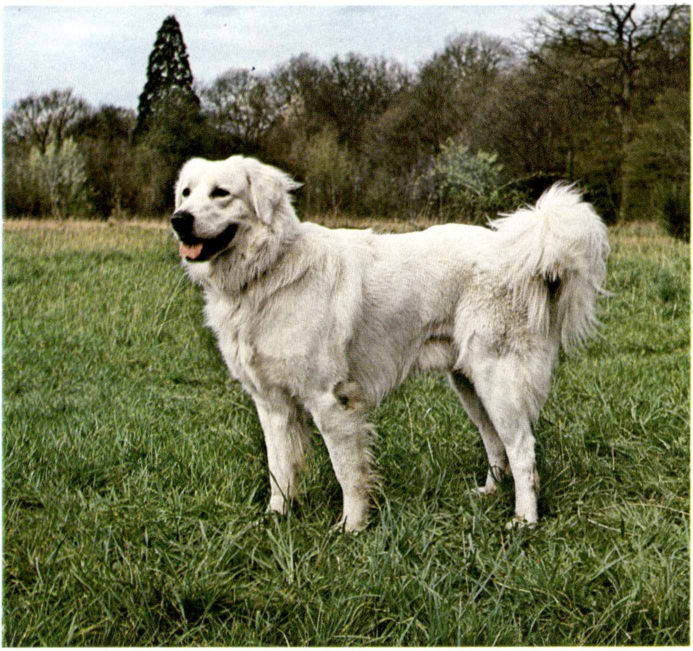

22 Norwegischer Buhund

Norsk Buhund

Nationalität: Norwegen

Herkunft: In der Geschichte der Kynologie wird sein Vorkommen im frühen Mittelalter erwähnt. Die Norweger brachten ihn im Jahre 874 nach Island, wo er zum Ahnen aller einheimischen Hunderassen wurde. Sein Name bedeutet ganz einfach Schäfer (Bu)- Hund (Hund).

Beschreibung: Besitzt einen kurzen und kompakten Körper; Schulterhöhe 42 bis 45 cm; Gewicht um die 25 kg. Breiter, keilförmiger Schädel; dunkle Augen mit energischem Ausdruck; bewegliche, zugespitzte Stehohren; stark eingerollte, breite Rute; kräftige Gliedmaßen; kleine, ovale Pfoten. Der Norwegische Buhund hat dichtes und harsches Haar, kürzer am Kopf und lang auf dem Körper. Farbe: weizenfarben, schwarz, nicht zu dunkles Rot, sand- und wolfsfarben, immer einfarbig oder mit symmetrischen Abzeichen.

Wesen: Mutig, energisch, folgsam, treu, sehr arbeitsfreudig.

Verwendung: Vielseitiger Arbeitshund, der sich sowohl als Hirtenhund, als Schutzhund für Mensch und Tier wie als Jagdhund für kleines Wild bewährt. Sein Sehvermögen, sein Gehör und sein Geruchsinn sind außerordentlich gut. Auch während der langen, dunklen Monate (arktische Nacht) bleibt der Buhund nicht inaktiv. Außer in Norwegen ist er auch in Großbritannien und in Australien verbreitet.

23 Västgötaspets

Svensk Vallhund – Schwedischer Schäferspitz

Nationalität: Schweden

Herkunft: Die schwedischen Kynologen versichern, daß es sich um einen echten Urhund Schwedens handelt. Obschon er dem walisischen Corgi sehr gleicht, darf der Schwedische Schäferspitz nicht mit ähnlichen Rassen anderer Länder verwechselt werden. Seine offizielle Anerkennung durch den schwedischen Kennel Club fand am 20. Oktober 1948 statt.

Beschreibung: Kurzbeiniger, gut bemuskelter, kühner und energischer Hund. Widerristhöhe zwischen 33 und 40 cm; Gewicht zwischen 9 und 14 kg. Flacher Kopf mit spitzer Schnauze und schwarzem Nasenspiegel; sehr dunkle, ovale Augen; zugespitzte Stehohren; waagrecht getragene, nur 10 cm lange Rute. Halblanges, dichtes, hartes Deckhaar mit dichter Unterwolle; die Farbe ist vorzugsweise grau mit dunkleren Deckhaaren auf dem Rücken, dem Nacken und den Schultern.

Wesen: Mutig, aktiv, treu, unabhängig. Wenn er vom Land in die Stadt ziehen muß, kann er große Anpassungsschwierigkeiten haben und Neurosen entwickeln.

Verwendung: Sein eigentlicher Beruf ist das Bewachen von Herden, bei Tag wie bei Nacht. Er setzt sich mit viel Autorität sogar bei Rinderherden durch. Wegen seines komischen und sympathischen Aussehens ist er zum besonders von Kindern heißgeliebten Begleithund geworden.

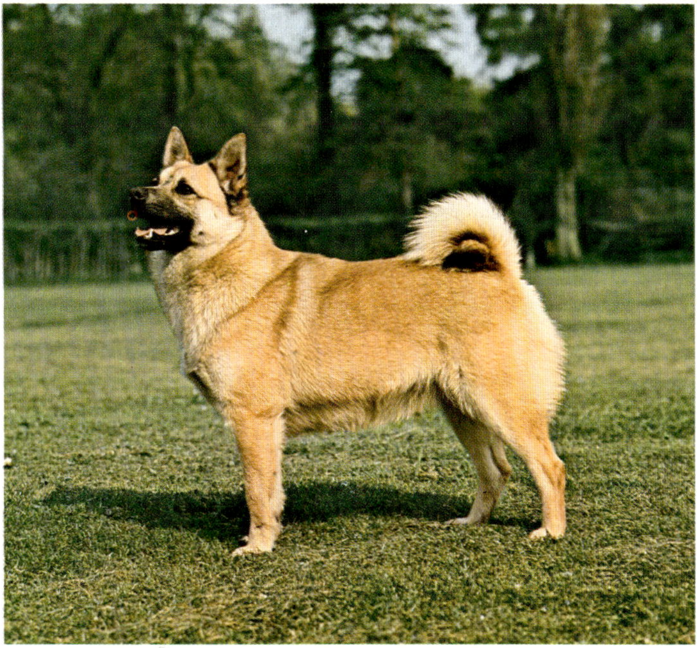

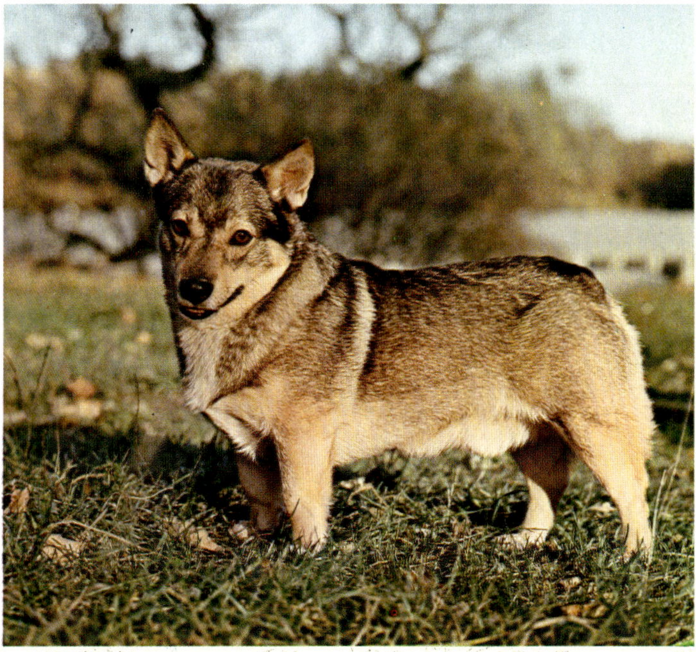

24 Sar Planina

Illyrischer Schäferhund

Nationalität: Jugoslawien

Herkunft: Der Sar Planina oder Illyrische Schäferhund stammt, wie die meisten Hirtenhunde, aus dem Orient. Durch Anpassung und Zuchtauslese hat er sich zu einer eigenständigen Rasse entwickelt und wurde 1930 offiziell anerkannt.

Beschreibung: Mittelgroßer, kräftig gebauter Hund mit einer Schulterhöhe von 55 bis 60 cm beim Rüden, 50 bis 55 cm bei der Hündin; Gewicht beider Geschlechter zwischen 25 und 35 kg. Er hat eine gewisse Ähnlichkeit mit einem Collie; rundlicher Schädel; gut entwickelter, schwarzer Nasenspiegel; sehr kräftige Kiefer und starkes Gebiß; mandelförmige, dunkle Augen mit melancholischem Ausdruck; am Kopf anliegende Hängeohren; säbelförmig abwärts getragene Rute, die in der Bewegung bis auf Rückenhöhe gehoben wird. Das dichte Haar muß mindestens 10 cm lang sein, mit guter Unterwolle. Farbe: eisengrau, manchmal mit weißem Brustfleck und weißen Abzeichen an den Läufen.

Wesen: Ausgesprochen mutig, aufmerksam, energisch. Gehorcht meist nur einem Herrn und betrachtet Fremde als Feinde.

Verwendung: Ausgezeichneter Hirtenhund, der an der adriatischen Küste Jugoslawiens – im Gebiet, das im Altertum «Illyrien» hieß – häufig anzutreffen ist. Bekämpft erfolgreich Wölfe, die er auch nachts zu vertreiben vermag.

25 Karsthund

Krašky Ovčar

Nationalität: Jugoslawien

Herkunft: Auch er stammt, wie die meisten Hirtenhunde, aus dem Orient und entwickelte sich später zu einer eigenständigen Rasse.

Beschreibung: Kräftiger, mittelgroßer Hund mit einer Schulterhöhe zwischen 55 und 60 cm und einem Gewicht von 30 bis 40 kg, 10 % weniger bei der Hündin. Breiter Kopf; sehr gut entwickeltes Gebiß; mandelförmige, kastanien- oder dunkelbraune Augen; Hängeohren; säbelförmige, bis zum Sprunggelenk reichende Rute. Dichtes Deckhaar (14 cm lang) und Unterwolle. Farbe: eisengrau mit dunklen Schattierungen.

Wesen: Häuslich, gutmütig, lebhaft, duldet jedoch nicht die geringste Bedrohung seines Herrn oder der ihm anvertrauten Herde.

Verwendung: Die Hirten schätzen ihn ganz besonders, weil er die Herden mit großem Einsatz führt und verteidigt. Er trotzt dem schlimmsten Unwetter und ist unermüdlich auch im unzugänglichsten Gebiet (das Karstgebirge ist sehr felsig). Dafür besitzt er auch runde Pfoten mit lederharten Sohlen. Der Karsthund ist außerdem ein liebenswerter Begleithund, im Gegensatz zum Sar Planina, der etwas bissig sein kann.

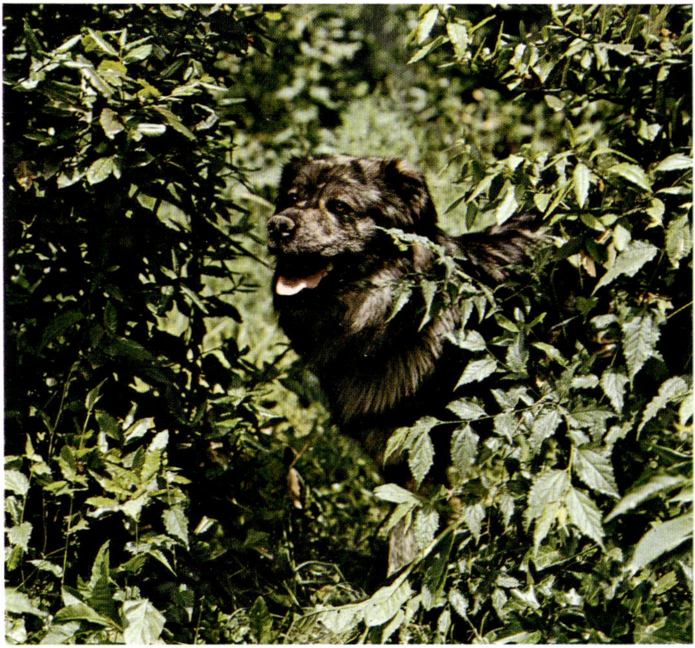

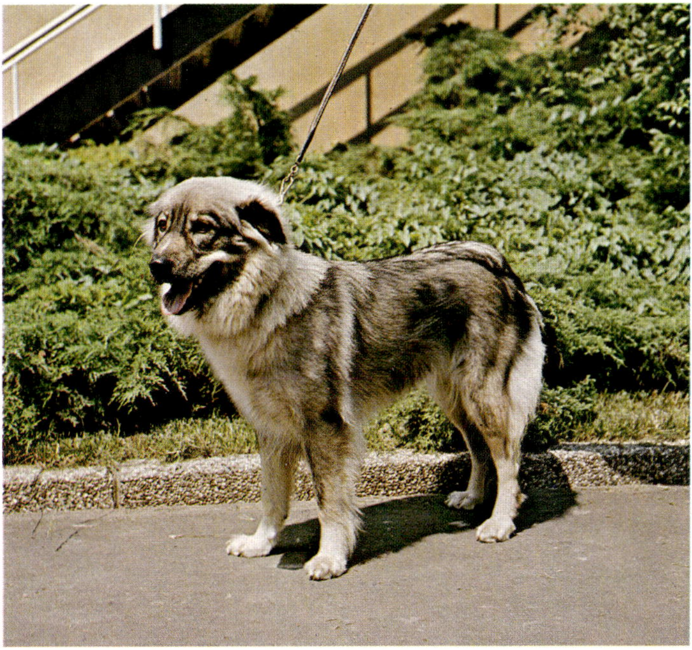

26   Bearded Collie
Bärtiger Collie

Nationalität: Großbritannien
Herkunft: Zur Zeit der römischen Invasionen war er in Schottland bereits populär. Erst anfangs des XVI. Jahrhunderts wurde er jedoch gleichermaßen von den Hirten wie vom Adel geschätzt und von den Dichtern besungen. Er ist sehr wahrscheinlich mit dem Bobtail verwandt.

Beschreibung: Robuster, aber nicht schwerfälliger Hund; Schulterhöhe zwischen 53 und 56 cm, durchschnittliches Gewicht um die 30 kg. Großer Kopf mit langem Fang; kräftiges, weißes Gebiß; gut auseinanderstehende Augen in einer mit dem Fell harmonierenden Farbe; hoch eingesetzte Hängeohren; in der Ruhe herabhängende, im Affekt hoch getragene Rute. Das Deckhaar ist rauh und hart, die Unterwolle dicht und weich. Farbe: schiefergrau, rehbraun mit rötlicher Tönung, alle Grautöne, schwarz, sandfarben, auch mit hellen Abzeichen.

Wesen: Lebhaft, gutmütig, liebenswürdig.
Verwendung: Der Bearded Collie wurde während Jahrhunderten zum Hüten der Schafherden eingesetzt. Er bleibt auch im tiefsten Winter äußerst arbeitsfreudig. Sein gefälliges Wesen, die Sympathie, die dem bärtigen Fellbündel mit der Himmelfahrtsnase entströmt, haben den Bearded Collie auch zum vielgeliebten Begleithund gemacht, der es jedoch vorzieht, immer im Freien zu übernachten. Es handelt sich um eine nicht sehr verbreitete Hunderasse.

---

27   Smooth Collie
Kurzhaariger Schottischer Schäferhund

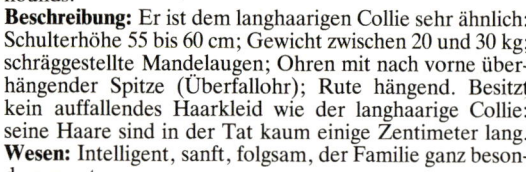

Nationalität: Großbritannien
Herkunft: Der Smooth Collie ist ein Kreuzungsprodukt zwischen langhaarigen, schwarz-weißen Collies und Greyhounds.
Beschreibung: Er ist dem langhaarigen Collie sehr ähnlich: Schulterhöhe 55 bis 60 cm; Gewicht zwischen 20 und 30 kg; schräggestellte Mandelaugen; Ohren mit nach vorne überhängender Spitze (Überfallohr); Rute hängend. Besitzt kein auffallendes Haarkleid wie der langhaarige Collie: seine Haare sind in der Tat kaum einige Zentimeter lang.

Wesen: Intelligent, sanft, folgsam, der Familie ganz besonders zugetan.
Verwendung: Diesen Hund sieht man fast ausschließlich in Großbritannien, wo seine Anhänger ihn als einen idealen Begleithund betrachten, der auch in der Wohnung gehalten werden kann. Der langhaarige Collie hat ihm aber durch seine edle Schönheit immer den Weg zum breiten Publikumserfolg versperrt.

Fütterung: Kann alles fressen; seine tägliche Nahrung muß aber immer 300 g Fleisch, dazu Reis (oder Flocken) und Gemüse enthalten.

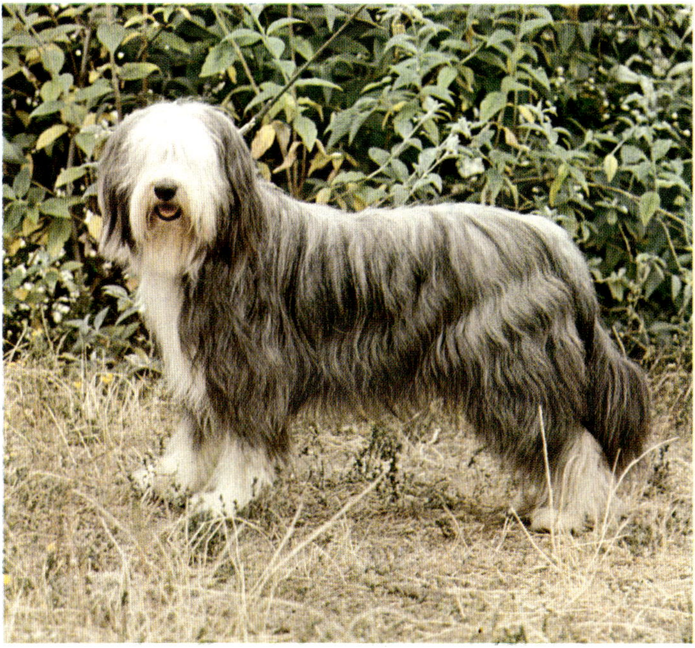

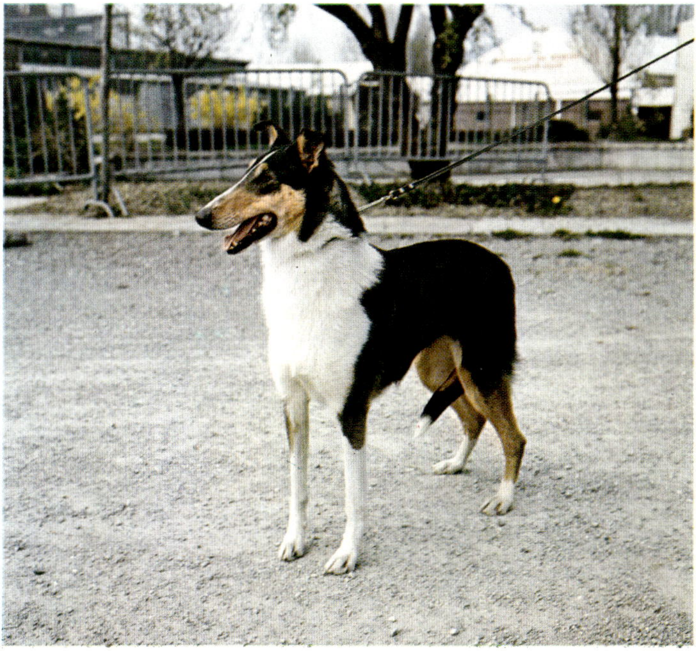

28 Rough Collie
Schottischer Schäferhund

Nationalität: Großbritannien
Herkunft: Der Collie war während Jahrhunderten ein ausgezeichneter Hütehund, wurde aber erst ab 1860 als eigentliche Rasse anerkannt und an Ausstellungen gezeigt. Der Name Collie stammt wahrscheinlich vom Coalley, einem schwarzköpfigen und schwarzfüßigen Schaf (coal = Kohle), das der Schottische Schäferhund einst zu hüten hatte.

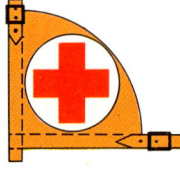

Beschreibung: Schulterhöhe ca. 55 bis 60 cm (bei der Hündin 10 % weniger), Gewicht zwischen 22 und 32 kg. Der Collie muß schön und harmonisch wirken, gleichzeitig aber auch kräftig und wendig. Der Kopf (äußerst wichtig bei der Bewertung) muß zwischen den Ohren flach sein, der Fang gerade, der Nasenspiegel immer schwarz. Der Blick soll sanft und aufmerksam sein; die eher kleinen Ohren werden in der Ruhe zurückgelegt, sonst als Kippohr (oder Überfallohr) getragen (2/3 gerade, 1/3 überhängend). Der Rumpf ist eher lang im Verhältnis zur Höhe, und die Rute reicht bis zu den Sprunggelenken, in Ruhe hängend mit leicht aufgebogener Spitze. Das Haarkleid ist üppig und ziemlich grob und formt am Hals eine wallende Mähne. Auf dem Schädel, am Fang und an den Ohrenspitzen sind die Haare kurz. Farbe: rötlich in allen Schattierungen (von sandfarben bis mahagonirot), tricolor (rot, schwarz, weiß), blue-merle (blau marmoriert).

Wesen: Zeigt gegensätzliche Wesenszüge, denn wenn er auch grundsätzlich sanft und empfindsam ist, kann er auch starrköpfig und träge sein. Sein Schutztrieb ist ziemlich ausgeprägt, ganz besonders wenn es sich um Kinder und einsame Menschen handelt. Aristokratisch, intelligent, treu, nicht aggressiv, aber mißtrauisch gegenüber Leuten, die ihm nicht gefallen. Muß mit viel Behutsamkeit und Einfühlungsvermögen erzogen werden, da er sich sonst weigert, auch die einfachsten Sachen zu lernen.

Verwendung: Als robuster, kräftiger und bewegungsfreudiger Hund wird er immer noch als Schäferhund eingesetzt, aber durch seine Intelligenz hat er sich auch als Wachhund, als Lebensretter für Ertrinkende und bei Feuersbrünsten, als Führhund für blinde Kinder bewährt. Seine außergewöhnliche Schönheit hat ihn heute jedoch fast nur zum aristokratischen und sanften Begleithund gemacht. Von ihm wurde gesagt, er sei «ein Hund mit dem Gehirn eines Mannes und dem Zauber einer Frau».

Fütterung: Er zeigt keinerlei Tendenz zur Verfettung und kann deswegen auch mehr fressen, als er wirklich braucht. Die ideale Tagesration beträgt 300 g Fleisch, 150 g gekochten Reis, sowie Gemüse.
Bemerkung: Braucht viel Bewegung, um sein wunderschönes, glänzendes Fell zu behalten. Nicht zu häufig baden. Da er unter zu großer Hitze leidet, muß er immer einen schattigen Ruheplatz zur Verfügung haben.

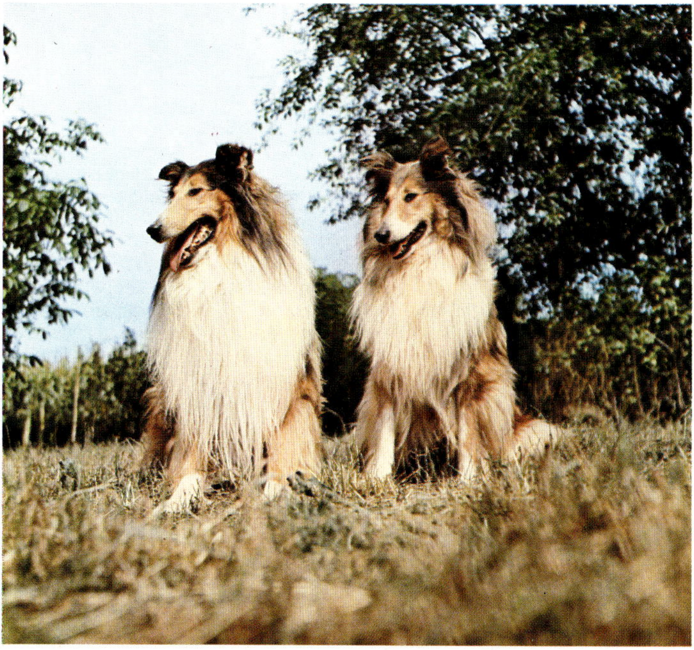

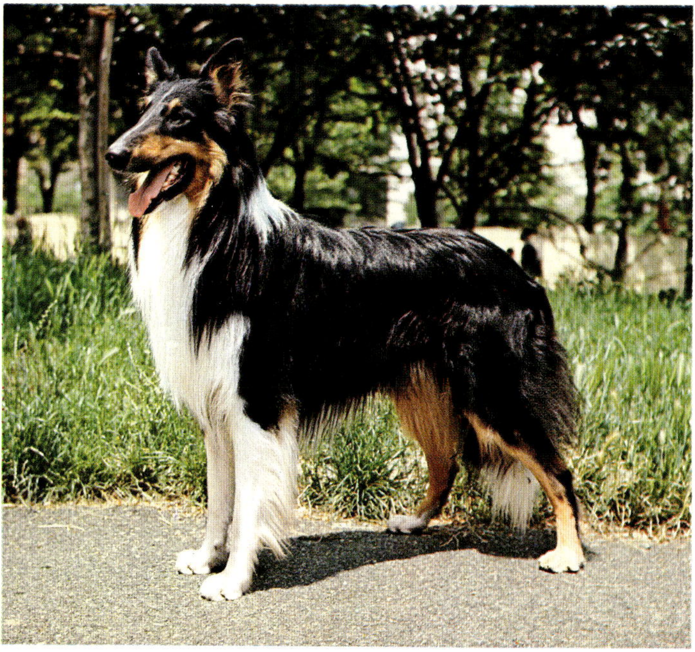

29 Border Collie

Nationalität: Großbritannien

Herkunft: Stammt von den Rentier-Hirtenhunden ab, die von den Wikingern nach Schottland gebracht wurden, und wurde später mit Polnischen Niederungshütehunden gekreuzt.

Beschreibung: Schulterhöhe 43 bis 50 cm beim Rüden, 40 bis 45 cm bei der Hündin. Gewicht: Rüde 13 bis 22 kg, Hündin 13 bis 18 kg. Der Border Collie kommt in zwei Varietäten vor: rauhhaarig (dichtes, gerades, 8 cm langes Haar), glatthaarig (2,5 cm langes Haar). Erlaubte Farben: weiß, schwarz, kastanienbraun, schwarz-weiß.

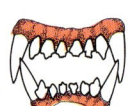

Wesen: Intelligent, ausgeglichen, bereitwillig, aufmerksam, lerneifrig.

Verwendung: Der Border Collie ist ein widerstandsfähiger, wendiger und unermüdlicher Hirtenhund, der sich für die Arbeit mit allen Herdentieren eignet. Man behauptet, er könne mit seinem Blick Rinder hypnotisieren. Er eignet sich nicht für die Stadthaltung. Als reiner Begleithund würde er mit der Zeit zu nervös werden und seine Lebhaftigkeit sowie seinen Scharfsinn verlieren.

---

30 Bobtail

Old English Sheepdog

Nationalität: Großbritannien

Herkunft: Die Abstammung des Bobtails ist sehr unklar. Einigen Autoren zufolge stammt er von einem stark behaarten russischen Hund, dem Oftscharka, ab, und wurde von baltischen Seeleuten nach Großbritannien gebracht. Andere behaupten, es handle sich um einen direkten Verwandten des Briards und des Bergamaskers, andere meinen, er sei mit Pudel und Deerhound blutsverwandt.

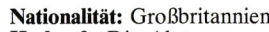

Beschreibung: Muskulöser und vierschrötiger Hund; Körper über und über mit einem dichten Fell bedeckt; elastischer Gang und wohltönende Stimme. Der Bobtail muß zwischen 56 und 58 cm hoch sein und um die 30 kg wiegen. Voluminöser, quadratischer Kopf; dunkle Augen; kleine, am Kopf anliegende Ohren. Fellfarben: alle Schattierungen von Grau, gescheckt, blau, mit oder ohne weiße Flekken. Wie der Name zeigt, handelt es sich beim Bobtail um einen schwanzlosen Hund: einst kürzten ihm die Hirten die Rute, um ihn von Luxushunden zu unterscheiden und so eine damals übliche Steuer zu umgehen, aber eines Tages kamen bereits schwanzlose Welpen zur Welt (dies natürlich nicht als Folge des Kupierens, sondern rein zufällig – Anm. der Übersetzerin). Wenn heute noch Welpen mit normaler Rute geworfen werden, muß diese kupiert werden.

Wesen: Intelligent, gutmütig, folgsam, lerneifrig.

Verwendung: Erstklassiger Hütehund, der aber auch als Wach-, Schlitten-, Melde-, und Begleithund eingesetzt wird. Er ist ganz besonders kinderfreundlich.

Bemerkung: Um Hautausschläge zu vermeiden, ist eine besonders sorgfältige Haarpflege erforderlich.

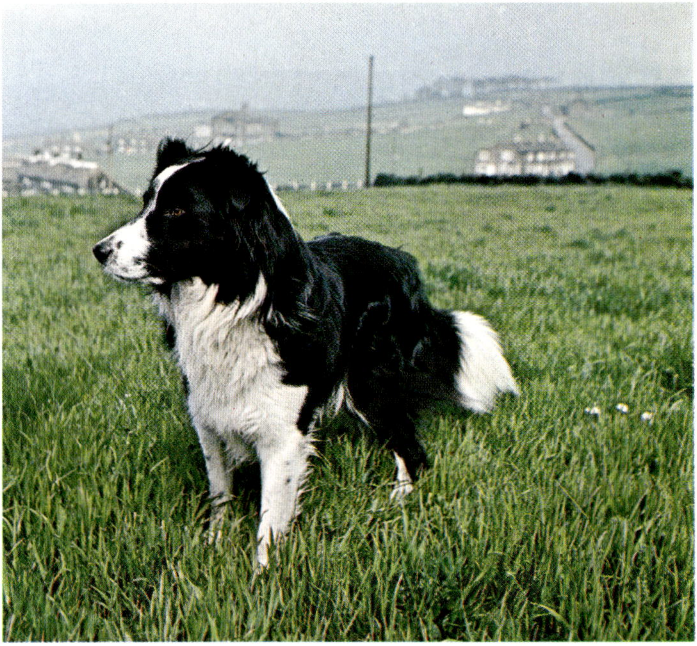

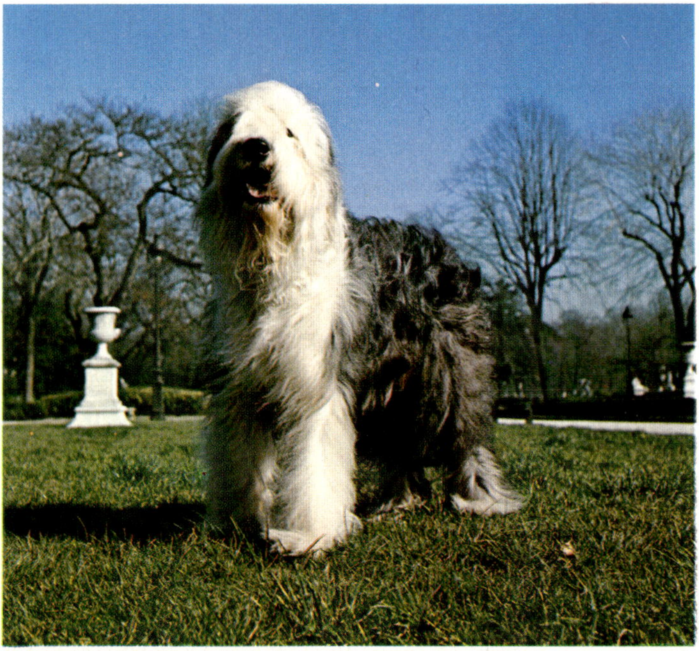

31   Sheltie

Shetland Sheepdog

Nationalität: Großbritannien

Herkunft: Wahrscheinlich stammt der Sheltie vom Collie ab. Auf den schottischen Shetland-Inseln wurde er dann mit dem Yakkin – einem kleinen, isländischen, heute nicht anerkannten Hund – gekreuzt, der mit Fischerbooten nach Shetland kam. Im XVIII. Jahrhundert war die Rasse schon weitgehend gefestigt.

Beschreibung: Er wurde wie folgt beschrieben: «Der beste Collie, den man durch einen umgekehrten Feldstecher betrachten kann.» Es handelt sich demnach um eine Art Miniaturausgabe des langhaarigen Collie. Die ideale Schulterhöhe ist 37 cm bei Rüden, 35 bei Hündinnen. Keilförmiger Kopf, schwarzer Nasenspiegel, mandelförmige Augen, sanfter Blick, halbaufgerichtete Ohren mit herabhängender Spitze; Rute, die in der Ruhe bis zu den Sprunggelenken reicht. Hartes Deckhaar mit weicher Unterwolle. Das Haarkleid ist sehr dicht und am Hals besonders üppig. Farbe: tricolor (schwarz, lohfarben, weiß), rot, blue-merle, schwarz-weiß.

Wesen: Sehr lebhaft, mißtrauisch gegenüber Fremden, der Familie sehr zugetan, besonders kinderfreundlich, eigensinnig.

Verwendung: Es handelt sich in erster Linie um einen klugen Schäferhund, der Hunderte von Schafen hüten kann. Seine Schönheit und seine sympathische Erscheinung haben ihn auch zum begehrten Begleithund gemacht.

32   Welsh Corgi

Walisischer Zwerg-Schäferhund

Nationalität: Großbritannien

Herkunft: Wahrscheinlich ist der Welsh Corgi gleicher Abstammung wie der Deutsche Dachshund. Man findet häufig Spuren von Welsh Corgis bei keltischen Zivilisationen und es waren auch die Kelten, die ihn nach Großbritannien brachten. Dort wurde er durch intelligente Züchter noch leicht «verbessert», bis sein Standard 1934 festgelegt und anerkannt wurde.

Beschreibung: Den Welsh Corgi gibt es in zwei Schlägen: den Cardigan und den Pembroke. Beide müssen eine fuchsähnliche Erscheinung haben, eine Schulterhöhe zwischen 25 und 30 cm, ein Gewicht von 10 bis 12 kg (Rüde) und 9 bis 11 kg (Hündin). Der Welsh Corgi hat den typischen Gang der kurzläufigen Hunde; breiter, flacher Schädel; haselnußbraune, mit der Haarfarbe harmonierende Augen; Stehohren. Der Cardigan besitzt eine lange Rute, der Pembroke ist fast stummelschwänzig. Der Cardigan hat kurzes, hartes Haar in allen Farben, außer reinweiß; der Pembroke hat mittellanges Haar, einfarbig rot, sandfarben, rehbraun oder rötlich-schwarz, mit weißen Abzeichen an Läufen, Brust und Hals.

Wesen: Lebhaft, liebenswürdig, intelligent, lernfreudig.

Verwendung: Einst als energischer Hirtenhund, heute beliebter Begleiter.

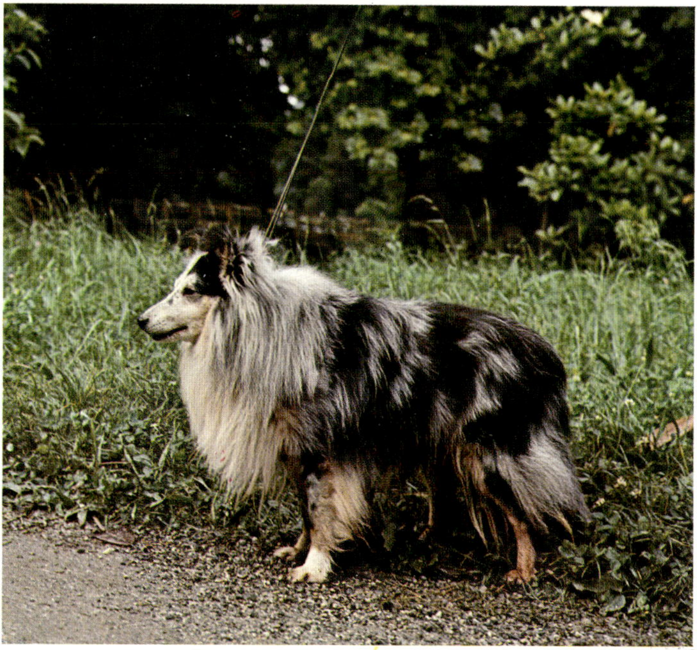

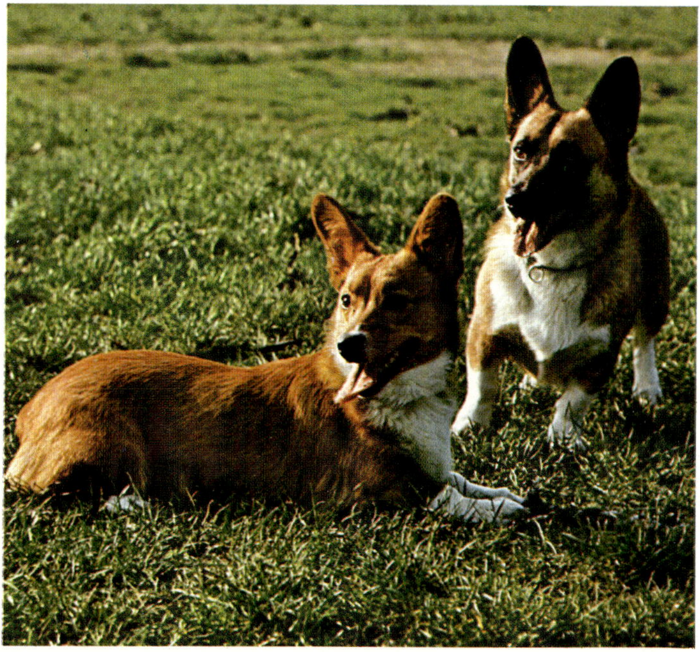

33 Rafeiro do Alentejo

Nationalität: Portugal
Herkunft: Autochthone Rasse, die nach der historisch berühmten südportugiesischen Landschaft Alentejo (an der spanischen Grenze) benannt wurde. Das lokale Klima ist wechselhaft, mit sehr heißem Sommer und kaltem Winter.

Beschreibung: Kräftiger und mächtiger Hund, bis zu 75 cm hoch und 50 kg schwer, 10% weniger bei der Hündin. Sein Körperbau ähnelt dem des Bernhardiners, aber sein Kopf erinnert eher an einen Bären; muskulöse Kieferpartie; starkes Gebiß; dunkle, sanft blickende Augen; wenig bewegliche Hängeohren; kurzer Hals mit etwas Wamme; lange Rute mit gebogener Spitze. Das Haarkleid kann halblang oder kurz sein, dicht und glatt, mit regelmäßiger Körperverteilung; Farbe: schwarz, rehbraun, gelb, wolfsfarben, gescheckt oder getigert, mit weißen Abzeichen.
Wesen: Phlegmatisch, träumerisch. mit müdem Aussehen, aber arbeitseifrig; ausdauernder Läufer.

Verwendung: Äußerst wachsamer Wachhund, unerbittlich gegenüber Raubtieren und Übeltätern, immer in Kontakt mit seinem Meister bleibend. Er kann zum ausgezeichneten Wachhund und zum energischen Schutzhund abgerichtet werden. Er ist wetterunempfindlich und kann, wenn nötig, auch mehrere Tage lang fasten.

---

34 Lapinprokoira, Lapinkoira
Lappländer Rentierhund

Nationalität: Finnland
Herkunft: Autochthone Rasse, die in der Kälte Lapplands entstanden ist.
Beschreibung: Schulterhöhe der Rüden: 49 bis 55 cm, der Hündinnen: 43 bis 49 cm; Gewicht nicht über 30 kg. Starke Muskulatur; breiter, kurzer Fang, der sich zum schwarzen, gut entwickelten Nasenspiegel hin verjüngt; vorwärtsgerichtete Stehohren; trockener, starker Hals; robuste Kruppe und eingezogener Bauch; lange, eingerollte Rute. Mittellanges, hartes und rauhes Deckhaar mit weicher und dichter Unterwolle; erwünschte Farben: schwarz mit rötlichen Schattierungen; erlaubt sind weiße Abzeichen an Kehle, Brust und Läufen.

Wesen: Energisch, arbeitsfreudig, folgsam, mit einer Tendenz zum unablässigen Kläffen.
Verwendung: Sein mutiger Einsatz gegen Wölfe, seine Schnelligkeit auf dem Schnee, seine Widerstandsfähigkeit gegen arktisches Wetter und sein Hüterinstinkt haben ihn zum wertvollen und unersetzlichen Helfer der Rentierzüchter gemacht. Es gibt ihn auch in einer langhaarigen Varietät, aber die Züchter bevorzugen den kurzhaarigen Schlag, der dem Eis trotzt und die verschneiten Gebiete in leichtem und ausdauerndem Lauf durchquert.

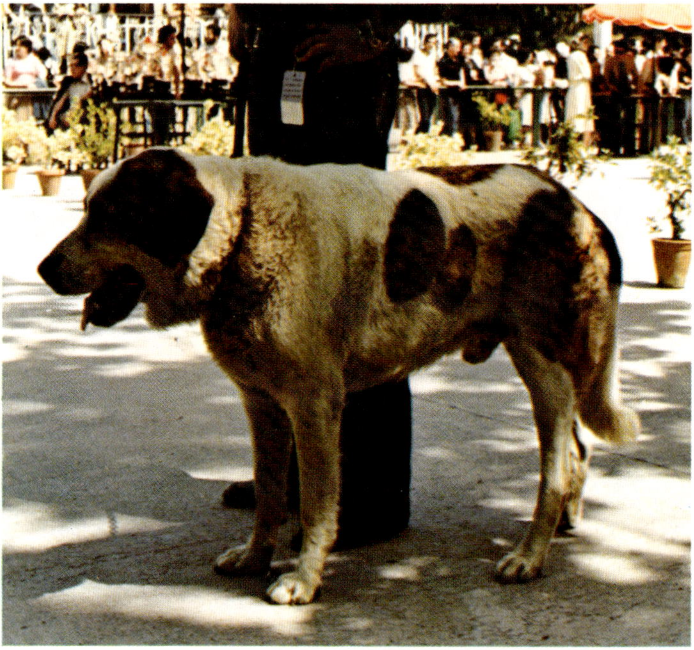

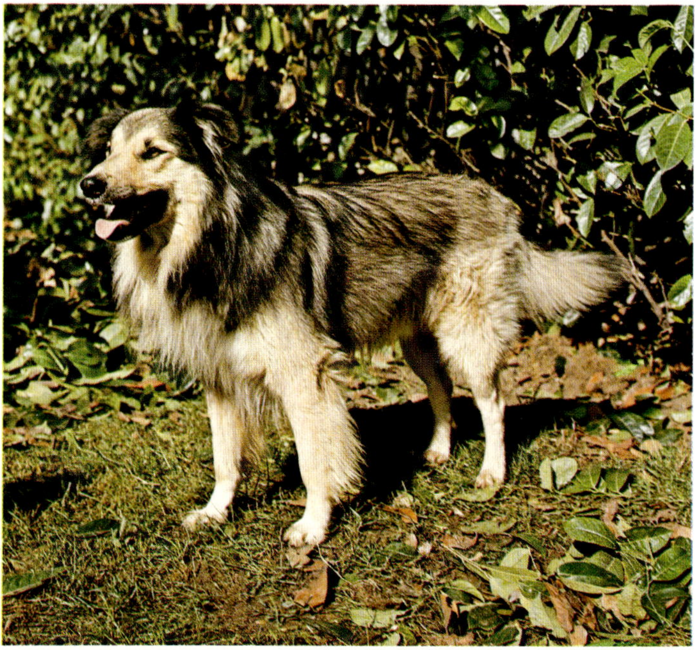

35 Lapphund, Lappenspitz

Lapplandska Spets

Nationalität: Schweden
Herkunft: Obschon seit Jahrhunderten in Schweden verbreitet, wurde er erst im Jahre 1944 von den kynologischen Kreisen anerkannt.
Beschreibung: Mittelgroßer Hund (Maximalhöhe 50 cm) mit einem keilförmigen Kopf und tiefschwarzem Nasenspiegel; Scherengebiß; große, dunkelbraune Augen; kurze, zugespitzte Stehohren, gelegentlich mit kippender Spitze. Die Rute wird normalerweise über den Rücken gerollt, aber an den Ausstellungen werden auch von Geburt an stummelschwänzige Exemplare oder solche mit nachträglich kupierter Rute angenommen. Das Deckhaar ist dicht, steif abstehend, lang; auf dem Kopf, am Fang und an den Läufen kurz. Farbe: dunkelbraun, schwarz, braunweiß; erlaubt sind weiße Abzeichen an den Läufen, an den Pfoten, am Hals.
Wesen: Diszipliniert, freundlich und geduldig mit Kindern, wachsam. Mißtrauisch gegen Fremde.
Verwendung Geborener Schäferhund, der dank seiner psychischen und physischen Qualitäten als Wach-, Schutz-, und Begleithund eingesetzt wird.
Fütterung: Wenn er in vereisten Gebieten arbeitet, braucht er eine angemessene Ernährung, die Fleisch und auch Fisch enthalten muß.

---

36 Slovensky Čuvač

Nationalität: Tschechoslowakei
Herkunft: Es handelt sich um eine Hunderasse, die sich im Laufe der Jahrhunderte in den tschechoslowakischen Bergen geformt hat. Der Veterinärfakultät von Brno gelang es, seine Merkmale zu fixieren, so daß es 1964 möglich war, einen genauen Standard aufzustellen.
Beschreibung: Tier von stattlicher Gestalt, das eine Schulterhöhe von 70 cm erreicht (die Hündinnen höchstens 65 cm). Gewicht: 35 bis 45 kg für den Rüden, 30 bis 40 kg für die Hündin. Der Schädel ist groß und verengt sich zu einem Fang, der die Hälfte der Gesamtlänge ausmacht. Starke Kiefer, Scherengebiß; dunkle, lebhafte, ovale Augen; langer, anliegend hängender Behang; stark behaarte, in der Ruhe hängende Rute. Die Haarfarbe ist vollständig weiß, das Deckhaar kann bis 10 cm lang sein.
Wesen: Mutig, wachsam bei Tag und bei Nacht, seinem Herrn sehr zugetan, unerschrocken im Kampf mit Wolf und Bär.
Verwendung: Wird als Verteidiger von Herden, von Häusern und Gehöften gebraucht. Vor allem aber äußerst geschätzt in den Bergen, in der Tatra und den Karpaten, wo seine Wetterfestigkeit ihn besonders wertvoll macht.
Bemerkung: Äußerlich gleicht diese Rasse dem ungarischen Kuvasz sehr.

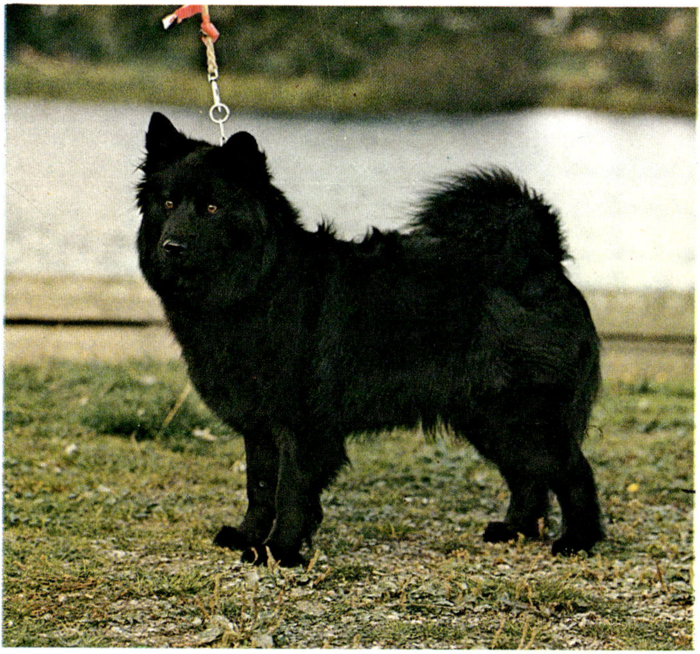

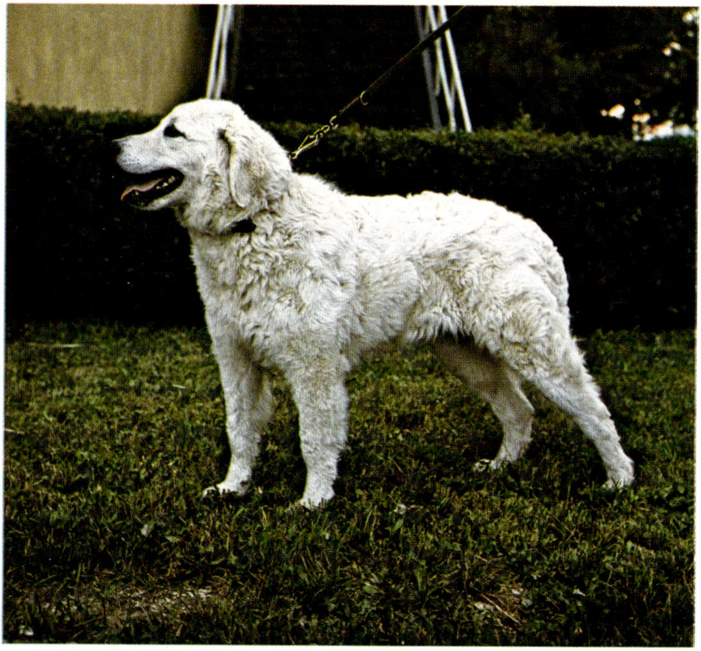

37 Kroatischer Schäferhund

Hrvatski ovčarski pes

Nationalität: Jugoslawien

Herkunft: Stammt aus dem Orient und entwickelte sich im Laufe der Jahrhunderte zu einer eigenständigen Rasse.

Beschreibung: Für Rüde und Hündin beträgt die Schulterhöhe zwischen 40 und 50 cm. Kopf mäßig groß, keilförmig, ca. 20 cm lang; mandelförmige, kastanienbraune oder schwarze Augen; lebhafter Blick; dreieckige, aufrecht getragene Ohren; hochangesetzte, herabhängend getragene Rute; erlaubt ist auch eine kurz (4 cm) kupierte Rute. Rückenhaar 7 bis 14 cm lang, an den Backen und auf der Außenseite der Ohren sehr kurz. Grundfarbe schwarz, stellenweise weiß gestichelt.

Wesen: Wachsam, streitsüchtig, mit einem ausgesprochenen Schutzinstinkt für die Herde. Folgsam und gelehrig.

Verwendung: Sein bescheidenes Aussehen hat ihn zum fast ausschließlichen Gebrauchshund gemacht (zum Hüten von Herden, Gehöften, usw.).

Fütterung: Nimmt Futter nur von seinem Herrn an und kann auch tagelang ohne Nahrung auskommen. Bei großer Kälte und schwerer Arbeit braucht er fast ungekochtes Fleisch.

---

38 Isländer Spitz

Islandsk Hund

Nationalität: Island

Herkunft: Die Rasse stammt direkt von den Hunden ab, die von den ersten Ansiedlern nach Island gebracht wurden. Sie wurde durch eine Staupeepidemie fast vollständig ausgerottet, dann aber von isländischen und englischen Züchtern wieder «aufgebaut».

Beschreibung: Dieser Hund, der zur großen Familie der Spitze gehört, erreicht eine Höhe von 33 bis 40 cm (die Hündin 30 bis 38 cm) und ein Gewicht von 11 bis 13 kg (die Hündin 9 bis 11 kg). Er besitzt eine längliche Schnauze, einen dunklen Nasenspiegel, gut bemuskelte Läufe; die Rute wird über dem Rücken getragen; mittellanges, am Körper dicht anliegendes Deckhaar mit guter Unterwolle. Farbe: kastanienbraun, fahlrot, grau, schmutzig weiß, schwarz mit weißen Abzeichen, vollkommen schwarz.

Wesen: Lebhaft, freundlich, bewegungsfreudig, klug, sympathisch. Seine Wesenszüge sind mit ca. 18 Monaten ausgereift. Er braucht einen ständigen Kontakt mit seinem Herrn.

Verwendung: Vielseitiger Gebrauchshund, der sich für vielerlei Arbeiten eignet: Hütehund, Wachhund, Begleithund. Lebt auch gern in Pferdeställen.

Fütterung: Ziemlich mäßig. Seine Abstammung macht ihn zum ausgesprochenen Fisch-Liebhaber.

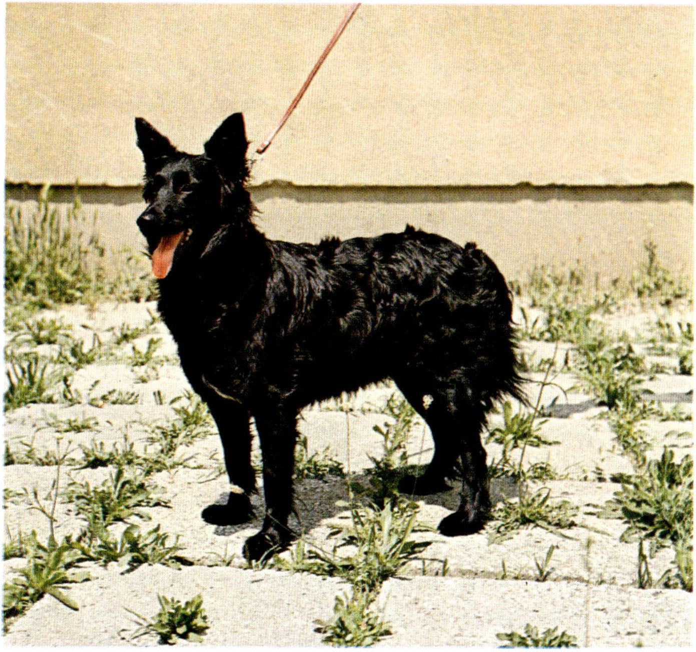

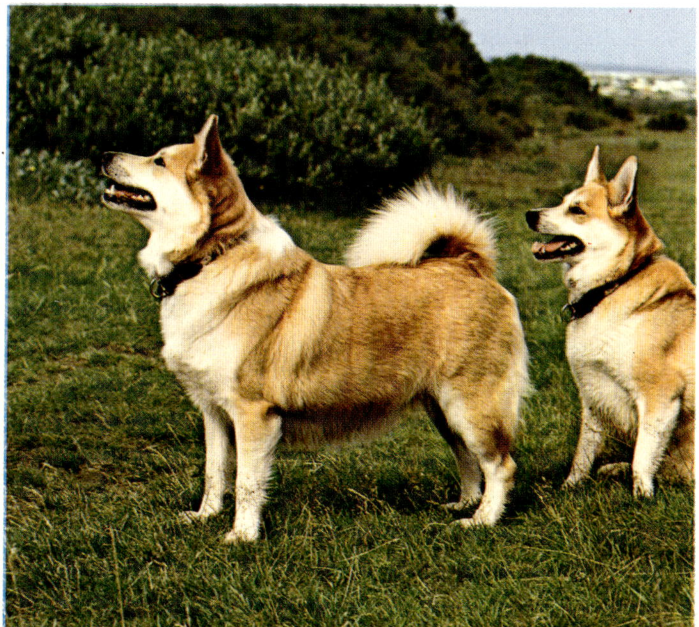

39 Australian Kelpie

Nationalität: Australien
Herkunft: Seine Ahnen sind wahrscheinlich der Border Collie und der Dingo, dem er gleicht. Er ist seit 1870 bekannt.
Beschreibung: Schöner, fuchsähnlicher Hund, kräftig und behende, mit lebhaftem und intelligentem Ausdruck. Schulterhöhe des Rüden 45 bis 50 cm, der Hündin 43 bis 48 cm. Gewicht 11 bis 13 kg, respektive 9 bis 11 kg. Haarkleid kurz, gerade, dicht. Farbe: schwarz, schwarz-braun, rot, rot-braun, fahlrot, dunkelbraun, bläulichgrau.

Wesen: Gelehrig, intelligent, ausgeglichen, folgsam, sehr arbeitsfreudig.
Verwendung: Wundervoller, widerstandsfähiger, äußerst schneller Hütehund, immer bereit, dem leisesten Wink seines Herrn zu folgen, und sei dieser noch so weit entfernt. An weite Gebiete gewöhnt, kann er nicht in der Wohnung gehalten werden.

---

40 Australian Shepherd
Australischer Schäferhund

Nationalität: Australien
Herkunft: Entstanden aus Kreuzungen zwischen australischen und neuseeländischen Schäferhunden. Kam Mitte des XIX. Jahrhunderts nach Kalifornien.
Beschreibung: Mittelgroßer, robuster und ländlich aussehender Hund. Größe des Rüden: 45 bis 58 cm, der Hündin: 43 bis 53 cm; Gewicht 13 bis 20 kg, respektive 12 bis 18 kg. Gut erhobener Kopf, Hängeohren, halb aufgerichtet getragene Rute, fast immer blaue Augen, ziemlich üppiges Haarkleid; Farbe: schwarz, rot, oder weiß mit kastanienbraunen Abzeichen.

Wesen: Treu, zärtlich, mutig, verspielt, eignet sich als Familienhund.
Verwendung: Sehr bewegungsfreudiger Schäferhund, der widerspenstige Herdentiere jeglicher Art mit viel Autorität zu führen weiß. Die kleineren Schläge werden besonders geschätzt, da sie mit viel Gewandtheit den Fußtritten der Rinder auszuweichen wissen. Seine Lautäußerung liegt zwischen Bellen und Heulen.

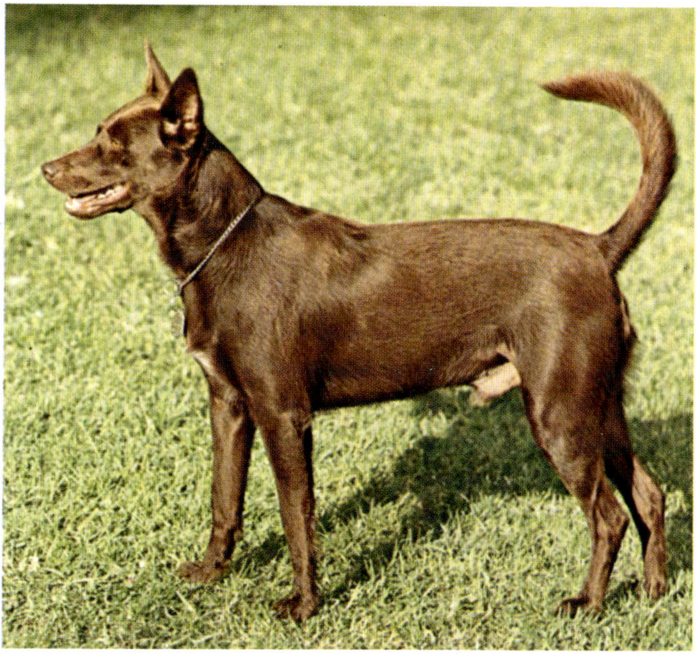

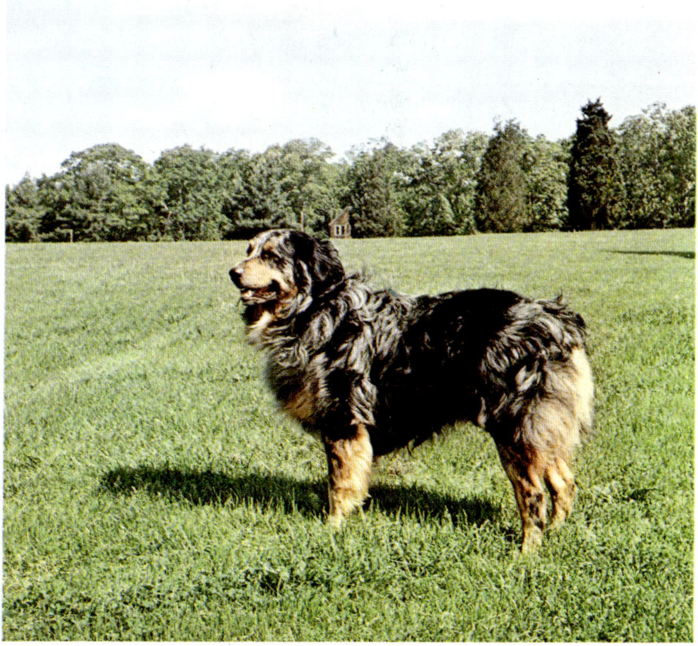

41 Bouvier des Ardennes

Ardeense Koehund, Ardennen-Treibhund

Nationalität: Belgien
Herkunft: Eigenständige Hunderasse, die wahrscheinlich im XVIII. Jahrhundert durch Kreuzungen lokaler Rassen entstanden ist.
Beschreibung: Ländliche Gesamterscheinung. Schulterhöhe ca. 60 cm und Gewicht ca. 25 kg, 10 % weniger bei der Hündin. Massiver Kopf, kurzer, bärtiger und beschnauzter Fang, starke Kiefer; dunkle Augen; Ohren stehend oder leicht vornübergeneigt; kurzer, breiter Hals; tiefer Brustkorb mit runden Rippen. Gerade Vorderläufe, abgewinkelte Hinterläufe. Normalerweise hat der Bouvier des Ardennes eine angewölfte Stummelrute, ansonsten wird sie kupiert. Struppiges, 5 cm langes Deckhaar, mit sehr dichter Unterwolle, die ihn bei schlechtem Wetter gut schützt. Alle Farben sind erlaubt.
Wesen: Rauhes Aussehen und derbes Wesen, bissig gegen Fremde, aber seinem Herrn treu ergeben und gehorsam. Bemerkenswerte Intelligenz.
Verwendung: Typischer, unverfälschter Hirtenhund, der bei jedem Wetter im Freien lebt. Obschon er auch in seiner Heimat wenig verbreitet ist, wird er wegen seiner Unermüdlichkeit und seiner Zuverlässigkeit zum Hüten der Schaf- und Rinderherden sehr geschätzt.
Fütterung: Liebt ganz besonders Milch und Gemüse.
Bemerkung: Er ist auch in seiner Heimat selten.

---

42 Cão da Serra de Aires

Nationalität: Portugal
Herkunft: Diese Rasse existiert seit ca. 100 Jahren und entstand in der Serra de Aires wahrscheinlich aus Kreuzungen von französischen Schäferhunden (Briards) mit lokalen Rassen. Sein besonderes Aussehen hat ihm auch den Spitznamen «Affenhund» eingetragen.
Beschreibung: Mittelgroßer Hund mit einer Schulterhöhe von 42 bis 48 cm und einem Gewicht von 12 bis 18 kg. Kopf stark und breit; Nase gut abgesetzt; starke Kiefer und kräftiges Scherengebiß; rundliche, dunkle Augen; dreieckige Hängeohren; tiefe und breite Brust; spitze Rute, die bis zu den Sprunggelenken reicht und hängend getragen wird. Haar lang, glatt oder leicht gewellt, Schnauzbart, vorspringende Augenbrauen. Farbe: gelb, rot, kastanien- oder rehbraun, grau, wolfsgrau, schwarz.
Wesen: Liebt nur seinen Herrn und das Vieh, das er Tag und Nacht verteidigt. Schätzt die Anwesenheit von Fremden nicht. Besitzt eine lebhafte Intelligenz, die derer vieler anderer Hunderassen überlegen ist.
Verwendung: War immer ein ausgezeichneter Hüter und Treiber von Schafen, Rindern, Pferden, Schweinen. Ein überall einsetzbarer Hirtenhund, der sich ganz besonders beim Auffinden verirrter Tiere hervorragend bewährt.
Fütterung: Ist extrem genügsam.

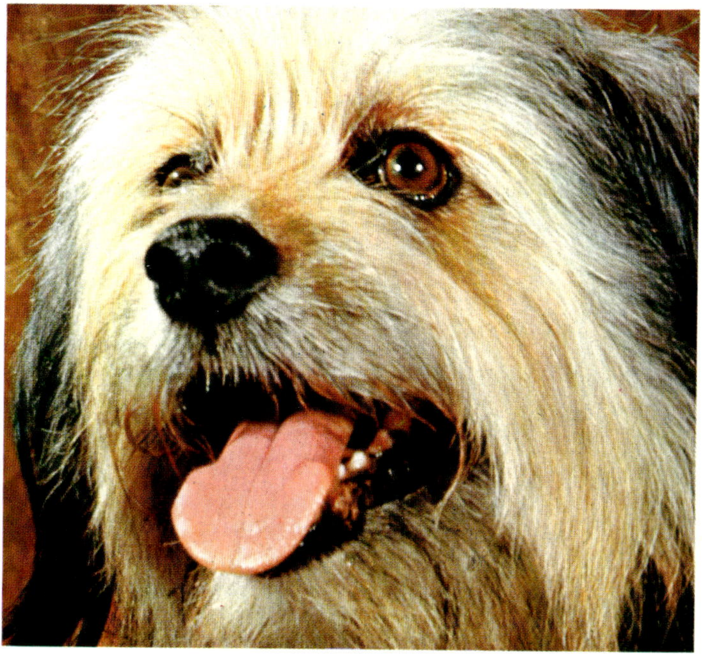

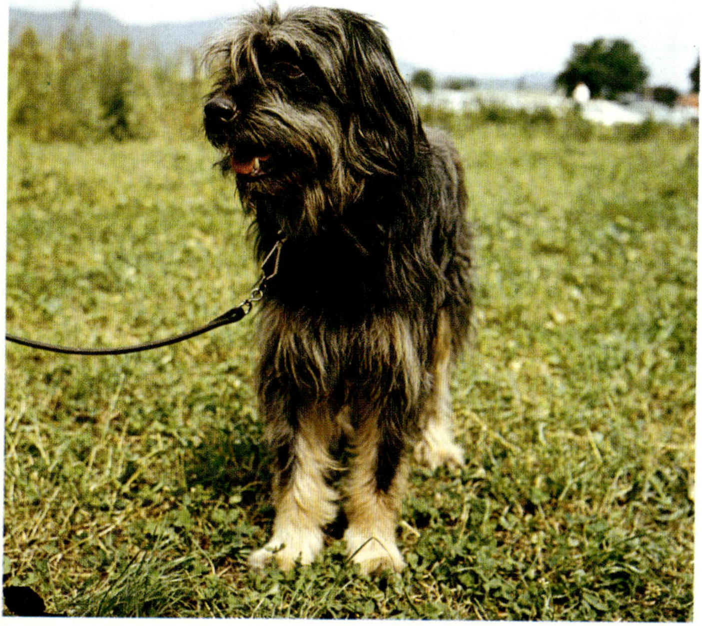

43 Bouvier des Flandres

Nationalität: Frankreich/Belgien
Herkunft: Wie seine Nationalität ist auch sein Ursprung umstritten und führt zu Diskussionen zwischen französischen und belgischen Kynologen. Sehr wahrscheinlich entstand diese Rasse aus Kreuzungen zwischen Griffons und Beaucerons. Im Ersten Weltkrieg, 1914-1918, fiel sie den blutigen Auseinandersetzungen in Flandern fast vollständig zum Opfer. Erst im Jahre 1923 wurden die wenigen Überlebenden zur Weiterzucht «eingesammelt» und die Rasse rekonstruiert.

Beschreibung: Der Bouvier des Flandres ähnelt dem Riesenschnauzer, erreicht eine Größe von 68 cm und ein Gewicht von ca. 40 kg. Massiver Kopf, mit Schnauzbart; länglicher Nasenspiegel; breiter und starker Fang; dunkle Augen mit offenem, aber energischem Blick; dreieckige, kupierte Stehohren; vollkommen gerade, gut bemuskelte Vorderläufe. Rumpf stark und kurz, kupierte Rute; drahtiges Haar. Farbe: schwarz, rehbraun, grau, Pfeffer und Salz.

Wesen: Ausgesprochen gutmütiger Hund, der sich gut als Familienhund eignet.
Verwendung: Seine eigentliche Aufgabe ist das Hüten von Rinderherden, aber seine Kraft und seine Intelligenz machten ihn zum ausgezeichneten Melde- und Sanitätshund in der Armee. Er wird auch als Wachhund gebraucht.

---

44 Appenzeller Sennenhund

Nationalität: Schweiz
Herkunft: Es existieren mehrere Theorien über den Ursprung des «Appenzellers»; er ist aber wahrscheinlich eine im Land selbst aus alten Bauernhunden autochthon entstandene Rasse.
Beschreibung: Muskulöser, aber nicht schwerfälliger Hund mit einer Schulterhöhe von 48 bis 58 cm und einem Gewicht zwischen 22 und 25 kg. Breiter, flacher Kopf, nach der Schnauze gleichmäßig zulaufend; schwarzer Nasenspiegel; dunkle, kleine Augen; Hängeohren; seitlich getragene Ringelrute; gerade, sehnige Läufe. Das Haarkleid ist kurz und dicht, glänzend mit gelb-rötlichen Schattierungen und weißen, regelmäßig symmetrischen Abzeichen. Rotbraune Abzeichen über den Brauen dürfen nicht fehlen.

Wesen: Extrovertierter, lärmiger, sympathischer und anhänglicher Hund; er ist äußerst freiheitsliebend und eignet sich somit nicht als Wohnungshund.

Verwendung: Der Appenzeller Sennenhund ist ein ausgezeichneter Treibhund, der in den Bergen jeder Gefahr auszuweichen weiß und Tag und Nacht wachsam bleibt. Er wurde auch als Zughund vor kleine Karren gespannt, mit denen Milch und Käse von den Bergtälern in die Städte gebracht wurden. Er kennt keine Faulheit: wenn er keine Herden hütet, bewacht er Haus und Hof.

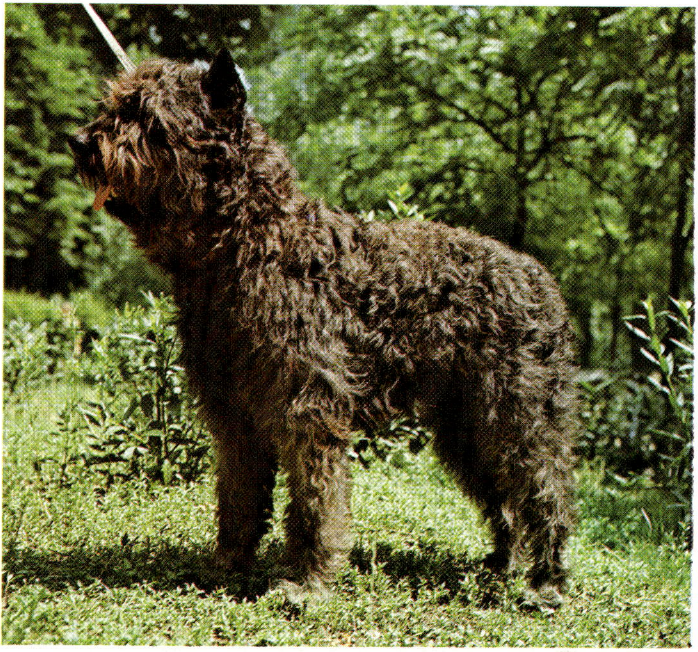

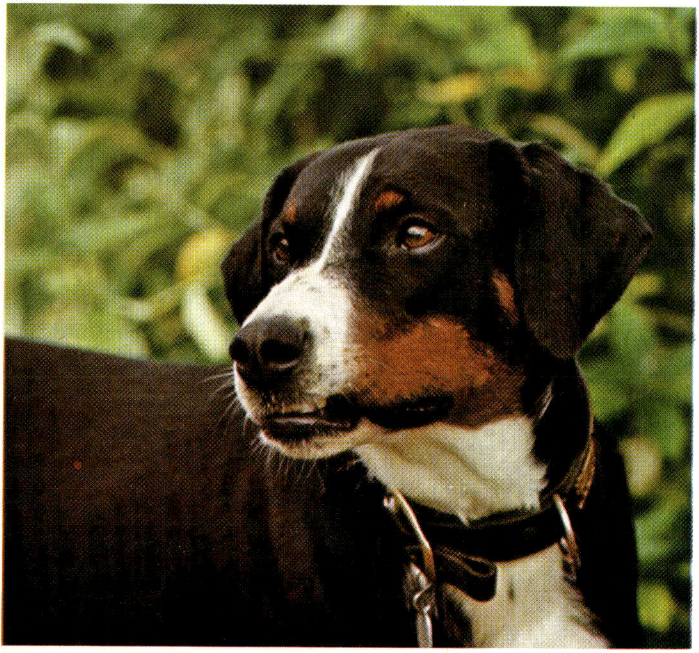

45 Berner Sennenhund

Nationalität: Schweiz
Herkunft: Entstand lokal aus alten Bauernhund-Schlägen.
Beschreibung: Starker und gut bemuskelter Hund mit einer Schulterhöhe von 64 bis 70 cm und einem Gewicht von ca. 40 kg. Massiver, kurzer Kopf; dunkle Augen mit lebhaftem Blick; V-förmige Hängeohren; buschige, langhaarige, nicht geringelte Rute; üppiges Haarkleid, glänzend schwarz mit leuchtend gelb-roten Abzeichen an den Läufen, den Bakken und über den Augen sowie weißer Blesse und weißer Brust.

Wesen: Energisch, wachsam, scharf aber nicht bissig. Nur einer Person zugetan (= Einmannhund) und mißtrauisch gegen Fremde.
Verwendung: Ausgezeichneter und unermüdlicher Viehhüter und Viehtreiber, der sich besonders in den hügeligen Gebieten der Schweiz bewährt. Wurde häufig als Zughund benützt, erträgt auch tiefste Wintertemperaturen. Guter Verteidiger von Haus und Hof. Seine gute Lernfähigkeit machten ihn auch zum auserwählten Polizeihund. Der kluge, treue und wunderschöne Berner Sennenhund wird auch in den Vereinigten Staaten gezüchtet. Begeisterte Züchter haben aus dem einst ausschließlichen Sennenhund auch einen hervorragenden Begleithund gemacht.

46 Grosser Schweizer Sennenhund

Nationalität: Schweiz
Herkunft: Wurde erst in diesem Jahrhundert aus Lokalschlägen der alten «Metzgerhunde» gezielt herausgezüchtet.
Beschreibung: Großer (bis 70 cm hoch, bis 40 kg schwer), robuster, lebhafter Hund mit starkem Scherengebiß, breiten Keulen, kurzen, runden Pfoten. Seine Augen können haselnuß- bis kastanienbraun sein, mit einem aufmerksamen und klugen Blick. Die Ohren sind dreieckig und flach anliegend; die gebogene Rute wird hängend getragen. Das Haarkleid ist hart und nicht länger als 5 cm; die Grundfarbe ist schwarz, mit symmetrischen rostroten und weißen Abzeichen. Nasenspiegel und Lefzen müssen immer schwarz sein.

Wesen: Treu, mutig, intelligent, ruhig, kinderfreundlich.
Verwendung: Seine eigentliche Arbeit ist diejenige eines Wächters und Beschützers. Er wird aber auch als Schutz- und Zughund sehr geschätzt. Es heißt, er schlafe nie: äußerst aufmerksam und auch nachts beim leisesten Geräusch hellwach. Sein angenehmes Wesen, seine Geduld und sein großes Lernvermögen haben den Großen Schweizer Sennenhund auch als Begleithund beliebt gemacht. Er braucht jedoch viel Auslauf und eignet sich nicht zum Leben in der Stadt.

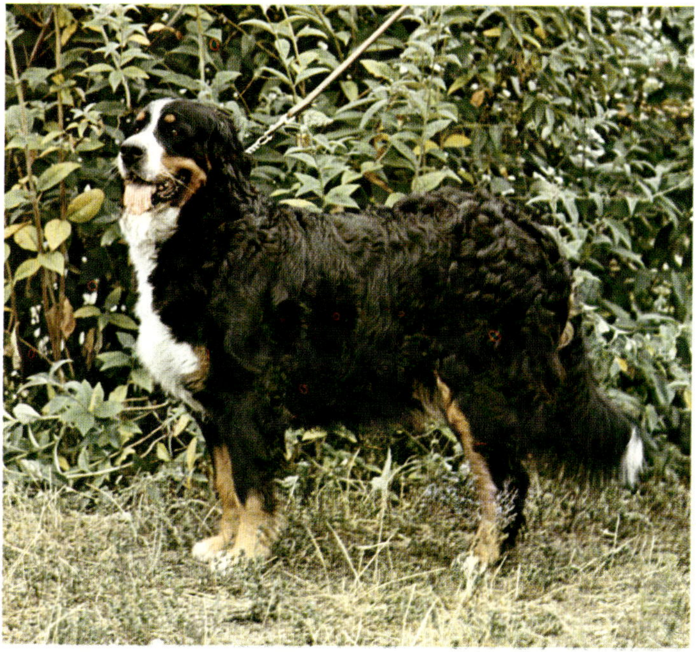

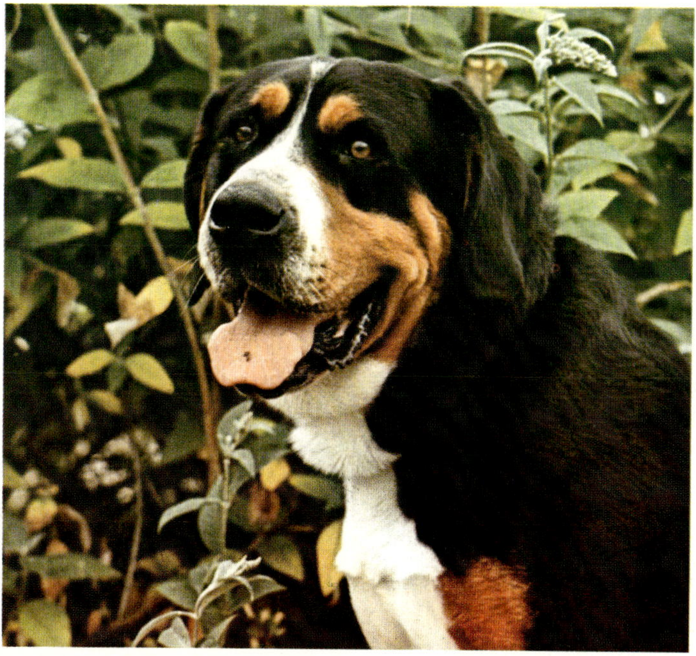

47 Entlebucher Sennenhund

Nationalität: Schweiz
Herkunft: Stammt wahrscheinlich von lokalen alten Bauernhund-Schlägen ab. Als sein ursprünglicher Lebensraum wird das Entlebuch im Kanton Luzern angenommen.

Beschreibung: Nicht höher als 50 cm, mit einem Gewicht von 25 bis 30 kg. Besitzt kräftige Kiefer, kleine, sehr lebhafte, braune Augen, unten gerundete Hängeohren. Angeborene Stummelrute. Kurzes, dichtes, fest anliegendes, hartes, glänzendes Haar. Farbe: schwarz mit gelben bis rotbraunen und weißen Abzeichen, die symmetrisch angeordnet sein müssen.

Wesen: Kann in den verschiedensten Umgebungen arbeiten. Unermüdlich und aufmerksam, streng im Umgang mit Rindern und außerordentlich gutmütig mit Kindern.
Verwendung: Genießt viel Ansehen als Hütehund, besonders im Bergland. Energischer Verteidiger von Haus, Viehbestand und Hof. Gehört zu den Sennenhunderassen, die heute noch gelegentlich als Ziehhunde für den Transport der Milchkannen und der Käselaibe vom Berg ins Tal hinunter verwendet werden. Als Haushund ist der Entlebucher Sennenhund sehr folgsam, lebhaft, unterhaltend, freundlich. Spielt überaus gern mit Kindern, die er auch ausgezeichnet verteidigt.

48 Australian Cattle Dog – Heeler
Australischer Treibhund

Nationalität: Australien
Herkunft: Durch Kreuzungen verschiedener Rassen, vor allem von Collies und Dingos entstanden.
Beschreibung: Kleiner bis mittelgroßer Hund; Schulterhöhe der Rüden 43 bis 48 cm, der Hündinnen 40 bis 45 cm; Gewicht 18 bis 22 kg, respektive 16 bis 20 kg. Gerades, ziemlich kurzes und hartes Haar. Farbe: blau, blau mit schwarzen oder braunen Flecken, rot mit schwarz gescheckter Kopf.

Wesen: Schlau, intelligent, folgsam.
Verwendung: Ist seit Jahren ein unersetzlicher Helfer der australischen Landwirte, sei es als widerstandsfähiger und äußerst schneller Treibhund, sei es als Wachhund im Haus. Arbeitet in weitläufigeren Gebieten und auf größeren Entfernungen als irgendeine andere Hunderasse.
Bemerkung: Greift Tiere (und Menschen) immer nur durch einen leichten Biß in die Ferse an. (Deshalb heißt er auch Heeler, vom engl. heel = Ferse. Anm. der Übersetzerin.)

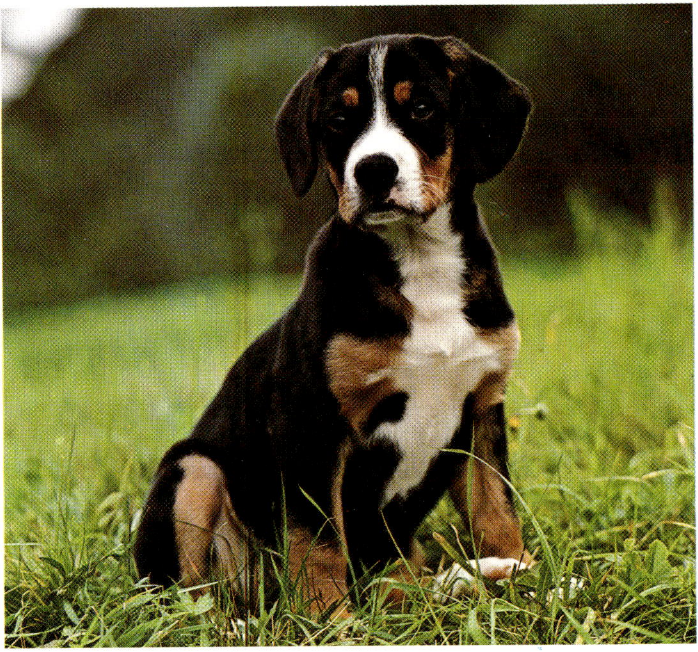

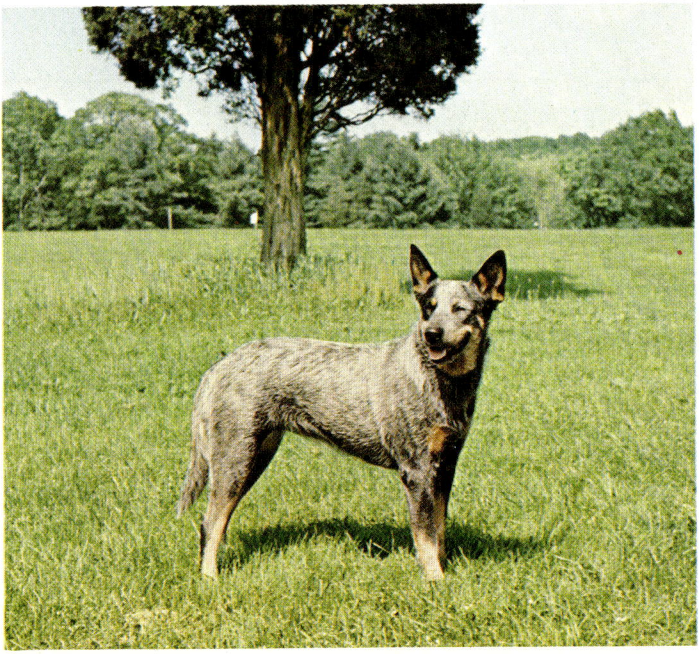

49 Catahoula Leopard Dog

Nationalität: USA
Herkunft: Wurde in Louisiana von den ersten Siedlern geschaffen. Er verdankt seinen Namen dem Umstand, daß er in der Gegend von Catahoula ganz besonders populär war und daß sein Fell dem eines Leoparden gleicht.
Beschreibung: Schulterhöhe der Rüden 55 bis 63 cm, der Hündinnen 50 bis 58 cm; Gewicht 27 bis 36 kg, respektive 22 bis 31 kg. Dichtes, kompaktes und kurzes Haarkleid. Die Farbe des Haarkleides ist normalerweise blaugrau, schwarz gesprenkelt oder gefleckt, oder rot, oder gelb. Besonders beliebt sind Hunde mit türkisblauen Augen.
Wesen: Anschmiegsam, ergeben, gelehrig, seinen Herrn über alles liebend. Als Schutzhund jedoch sehr aggressiv.
Verwendung: Wird heute noch als Viehtreiber gebraucht. Kann auch in überaus weitläufigen Gebieten für Ordnung unter den Schaf-, Rinder- und Schweineherden sorgen und wird auch mit Erfolg zur Jagd auf kleine Nagetiere eingesetzt.

50 Mittel- oder Standard-Schnauzer

Nationalität: Deutschland
Herkunft: Sein Ursprungsgebiet ist Süddeutschland, aber sein genaues Geburtsdatum ist nicht bekannt. Den Namen Schnauzer verdankt er seinem Schnauzbart.
Beschreibung: Mittelgroßer Hund mit einer Schulterhöhe zwischen 45 und 50 cm und einem Gewicht um die 15 kg. Eher kräftig als schlank, mit quadratischem Körperbau. Langgestreckter, kräftiger Kopf mit ausgeprägtem Stop; schwarzer Nasenspiegel; Scherengebiß; dunkle, ovale Augen; meist spitz kupierte Ohren. Auch die Rute wird kupiert, und zwar auf der Höhe des vierten Wirbels. Das Haarkleid des Schnauzers ist rauh, hart, steif, drahtig. Die Farbe ist entweder Pfeffer und Salz (in allen Grautönen) oder vollkommen schwarz. Sein Haar muß getrimmt werden.
Wesen: Sehr lebhaft, aber nicht unruhig. Er ist mutig und anhänglich, kühn und treu ergeben.
Verwendung: Der Schnauzer wurde früher für den Rattenfang sowie für die Jagd auf Wiesel, Marder und Iltis abgerichtet. Heute schätzt man ihn als Wach- und Schutzhund, und vor allem auch als Begleithund.
Fütterung: Die tägliche Futtermenge wird in zwei Mahlzeiten gereicht und enthält 250 g Fleisch, 150 g gekochten Reis oder Brot, 100 g Gemüse.

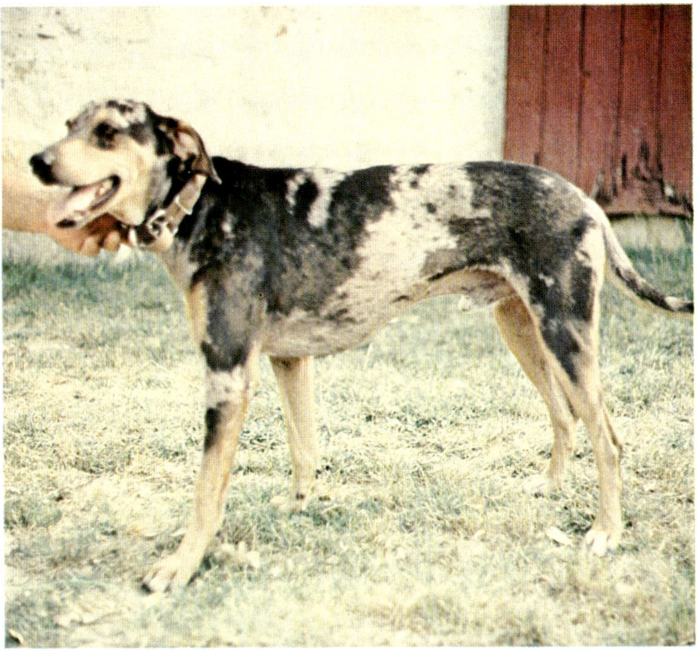

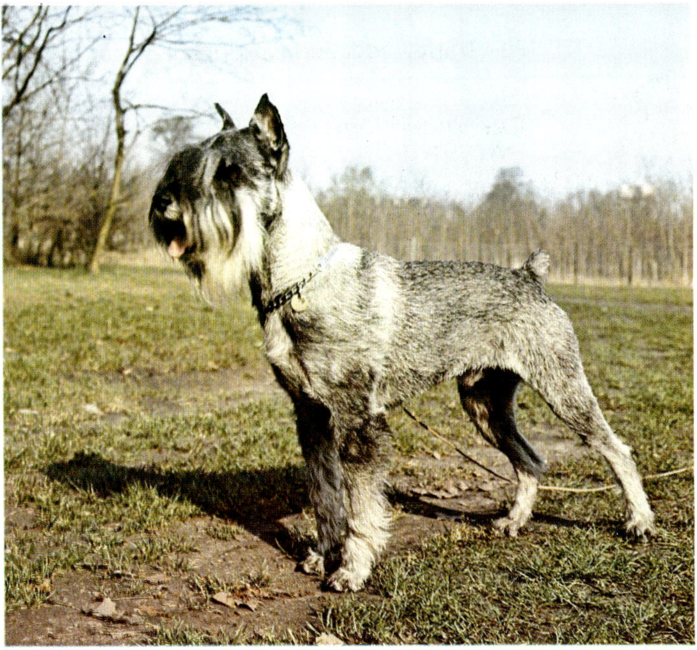

51 Schwarze Dogge
Deutsche Dogge

Nationalität: Deutschland

Herkunft: Eine griechische Münze aus dem Jahr 36 v.Chr. zeigt einen Hund, der unseren heutigen Doggen sehr ähnlich sieht. Man vermutet, daß die Deutsche Dogge hellenischen Ursprungs ist, was auch den Übernamen «Apoll der Hunde» rechtfertigen würde. Einige Jahrhunderte später findet man jedoch genauere und sicherere Spuren. Im Jahre 407 wurden Deutschland, Gallien, ein Teil Italiens und Spaniens von dem alten asiatischen Geschlecht der Alanen erobert. In ihrem Gefolge waren mächtige, doggenartige Hunde, die ganz besonders in Deutschland wegen ihres großen Mutes bei der Bärenhetze und Wildschweinjagd und auch wegen ihrer edlen Schönheit bewundert wurden. Nach dem Verschwinden der Alanen wurden diese Hunde mit irischen Windhunden gekreuzt, und das Resultat waren diese großen, schlanken, flinken und schönen Hunde, die heute unter dem Namen Doggen weltweit bekannt sind. In England nennt man sie allerdings Great Dane («großer Däne» oder Dänische Dogge), aber mit Dänemark haben sie nichts zu tun.

Beschreibung: Die Deutsche Dogge vereinigt in ihrer Gesamterscheinung bei großem, kräftigem und wohlgefügtem Körperbau Stolz, Kraft und Eleganz. Mindestgröße beim Rüden 80 cm, bei der Hündin 72 cm. Erwünscht sind wesentlich höhere Maße, Das Gewicht muß um die 60 kg betragen. Die Deutsche Dogge hat einen langgestreckten, schmalen Kopf mit stark betontem Stirnabsatz und möglichst breitem Nasenrücken; langer und gut bemuskelter Hals; Vorderläufe völlig gerade; Hinterläufe mit breiten Keulen; rundliche Pfoten; Krallen kurz, stark und möglichst dunkel. Rute mittellang, nur bis zum Sprunggelenk hinabreichend. Augen rund, möglichst dunkel, mit lebhaftem, klugem Ausdruck; die Ohren, lang und spitz kupiert, werden straff aufrecht getragen. Das Scherengebiß ist weiß und kräftig. Alle Doggen haben eine sehr kurze und dichte, glatt anliegende und glänzende Behaarung. Die verschiedenen Farben bezeichnen auch die verschiedenen Varietäten. Bei schwarzen Doggen ist die Farbe lackschwarz, glänzend, mit stets dunklen Augen. Bei der blauen Dogge sind hellere Augen zulässig.

Wesen: Ausgeglichener Charakter; aggressiv nur, wenn es die Umstände verlangen, besonders wenn ihr Herr bedroht wird. Sonst grundsätzlich sanft, liebevoll und geduldig.

Verwendung: In ihrer langen Geschichte war die Deutsche Dogge Kampfhund, Jagdhund, Begleithund, Wach- und Schutzhund. Heute wird sie als Wachhund gebraucht und, vor allem wegen ihrer Schönheit und Freundlichkeit, als «Prunkstück» im Garten gehalten.

Fütterung: Eine Dogge braucht anderthalb Kilo Fleisch täglich, dazu Reis und Gemüse. Damit sie nicht verfettet, braucht sie viel Bewegung.

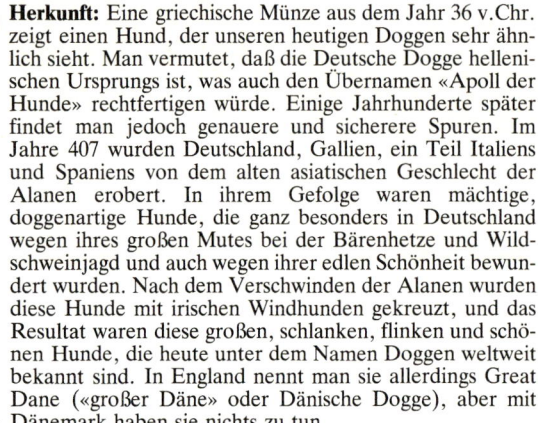

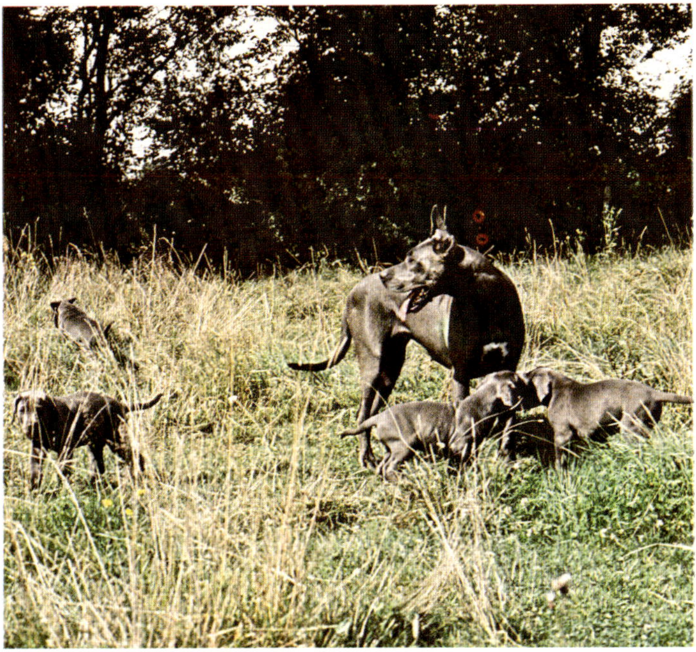

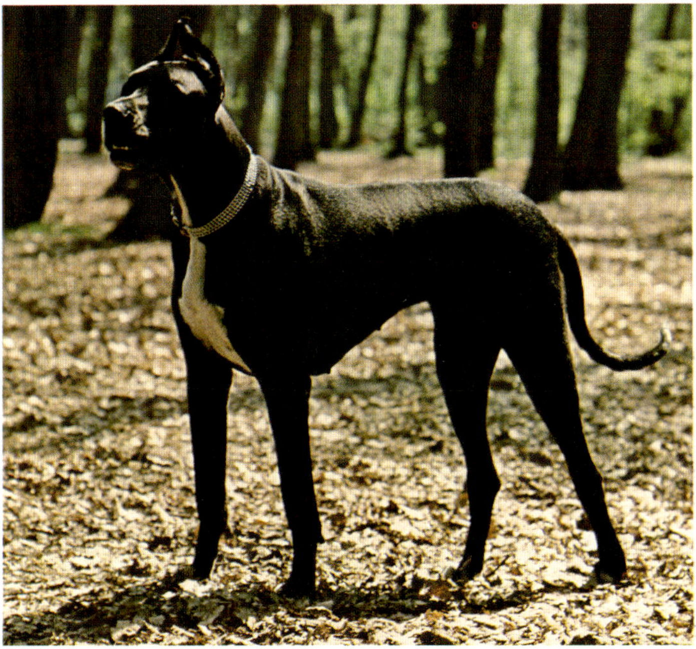

52 Gelbe Dogge

Nationalität: Deutschland

Herkunft: Dieselbe wie für die schwarze Dogge. Es handelt sich um eine Kreuzung des Mastiffs der alten Alanen und des irischen Windhundes.

Beschreibung: Die physischen und psychischen Grundzüge sind bei allen Doggen gleich. Was die verschiedenen Varietäten unterscheidet, ist natürlich die Fellfarbe, die bei der gelben Dogge ein Hellgoldgelb bis sattes Goldgelb ist, mit schwarzer Maske.

Wesen: Es besteht ein Zusammenhang zwischen der Farbe und dem Wesen der Dogge. Die gelbe Dogge ist schlanker und schneller als die schwarze Varietät. Ihr Temperament ist demzufolge ebenfalls lebhafter.

Verwendung: Einst Gebrauchshund für die Wildschweinjagd und Schutzhund, heute Wachhund für Villen und Gärten, wo sie genug Auslauf hat, um in guter körperlicher Verfassung zu bleiben.

Bemerkung: Muß regelmäßig mit einer eher harten Bürste gebürstet werden. Ihr Lager muß vor Kälte und Feuchtigkeit geschützt sein.

---

53 Gestromte Dogge

Nationalität: Deutschland

Herkunft: Die offizielle Kynologie bezeichnet sie als perfektes Kreuzungsprodukt zwischen dem mittelalterlichen Mastiff und dem irischen Wolfshund (s. schwarze Dogge).

Beschreibung: Obschon alle Deutschen Doggen ähnliche Grundmerkmale aufweisen, hat die gestromte Dogge, wie die gelbe Dogge, einen etwas schlankeren Körperbau als die schwarze Dogge. Ihre Grundfarbe reicht vom Hellgoldgelb bis zum satten Goldgelb, immer mit schwarzen, kräftigen Querstreifen gestromt. Je intensiver leuchtend die Grundfarbe und je kräftiger die Stromung, desto ansprechender die Farbe. Nicht erwünscht sind weiße Abzeichen an den Pfoten sowie helle Augen.

Wesen: Ist, zusammen mit der gelben Dogge, die lebhafteste Varietät der Deutschen Doggen. Im Wesentlichen gutmütig, geduldig mit Kindern, liebevoll mit Herrn und Familie, nicht aggressiv gegen Fremde.

Verwendung: Guter Wachhund, aber vorwiegend treuer und dekorativer Begleithund.

Bemerkung: Es ist wichtig, daß Deutsche Doggen gut erzogen werden und schnell gehorchen, damit sie niemanden erschrecken oder ungestüm umwerfen.

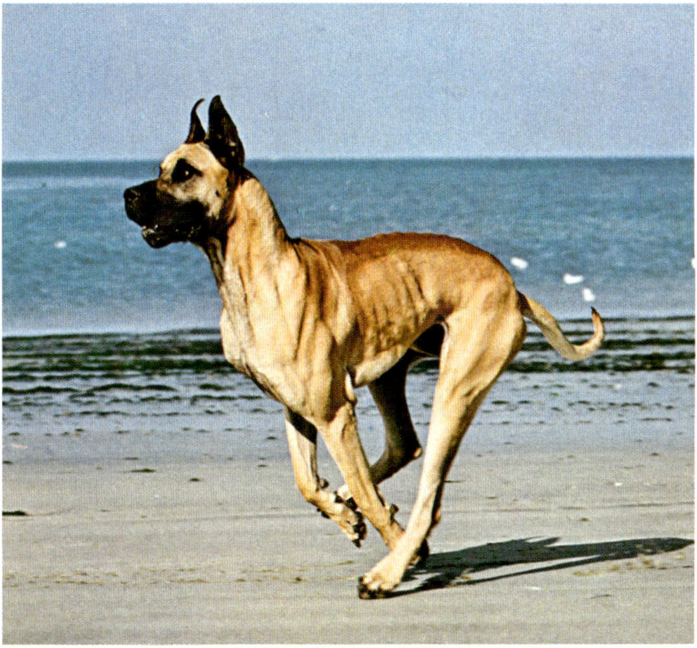

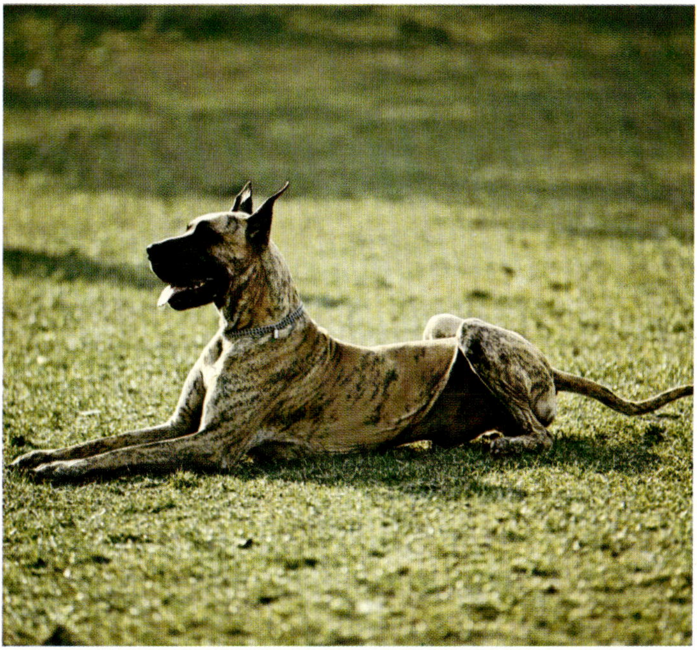

54 Schwarz-weiß-gefleckte Dogge

Harlekin- oder Tigerdogge

Nationalität: Deutschland

Herkunft: Kreuzungsprodukt von alten Mastiffs und irischen Wolfshunden. Obschon deutschen Ursprungs, wird die Deutsche Dogge in den angelsächsischen Ländern als Dänische Dogge bezeichnet (s. schwarze Dogge).

Beschreibung: Imposanteste Erscheinung unter den Deutschen Doggen. Erreicht eine fast meterhohe Größe. Die Grundfarbe muß rein weiß sein, möglichst ohne jede Stichelung, mit über dem ganzen Körper gut verteilten, zerrissenen, ungleichmäßigen, lackschwarzen Flecken. Doggen mit weißer Grundfarbe und großen schwarzen Platten (Plattenhunde) werden unter dem schwarzen Farbenschlag gerichtet, dasselbe gilt für Manteltiger, bei welchen sich das Schwarz mantelartig über den ganzen Körper legt und nur Hals, Läufe und Rutenspitze weiß läßt.

Wesen: Etwas schwerfälliger als die anderen Doggen, aber ebenso gutmütig und intelligent. Phlegmatischer und langsamer im Gehorchen.

Verwendung: Wachhund für isolierte Grundstücke. Wegen ihrer Fellfarbe mit den kontrastierenden schwarzen Flecken auf weißem Grund allgemein als originellste und dekorativste Deutsche Dogge angesehen.

Fütterung: Die Futtermenge muß in Grenzen gehalten werden, damit dieser riesige Hund nicht verfettet.

---

55 Hovawart

Nationalität: Deutschland

Herkunft: In den Schriften des Mittelalters wird er als zuverlässiger Wächter und Verteidiger des Hofes beschrieben (Hovawart = Hofwart). Im Laufe der Zeit verschwand er jedoch mehr und mehr von der (kynologischen) Bildfläche, bis er vor ca. 60 Jahren wieder auftauchte.

Beschreibung: Kraftvoller, aber nicht plumper Gebrauchshund, hart und wetterfest, mit einer starken, klangvollen Stimme. Schulterhöhe 60 bis 70 cm beim Rüden, 55 bis 65 cm bei der Hündin. Gewicht: Rüde 30 bis 40 kg, Hündin 25 bis 35 kg. Kräftiger Kopf mit gewölbter, breiter Stirn; Scherengebiß; Behang locker anliegend, die Ohröffnung verdeckend, dreieckig; kräftig behaarte Rute, bis unterhalb der Sprunggelenke reichend. Schlichtes, leicht gewelltes, eher derbes Langhaar, in folgenden Farben: schwarz, schwarz mit Brand, dunkelblond. Die Farbe von Augen, Nase und Krallen harmoniert mit der Fellfarbe.

Wesen: Klug, entschlossen, folgsam, seinem Herrn treu ergeben. Eine Abrichtung soll erst mit 3 bis 4 Jahren erfolgen, da der Hovawart spätreif ist und ein relativ langes, unbeschwertes und verspieltes Junghundestadium braucht.

Verwendung: Vorbildlicher Wachhund, besonders für Gärten, Baustellen, Landhäuser. Sehr wetterfest; guter Läufer in unwegsamem Gebiet.

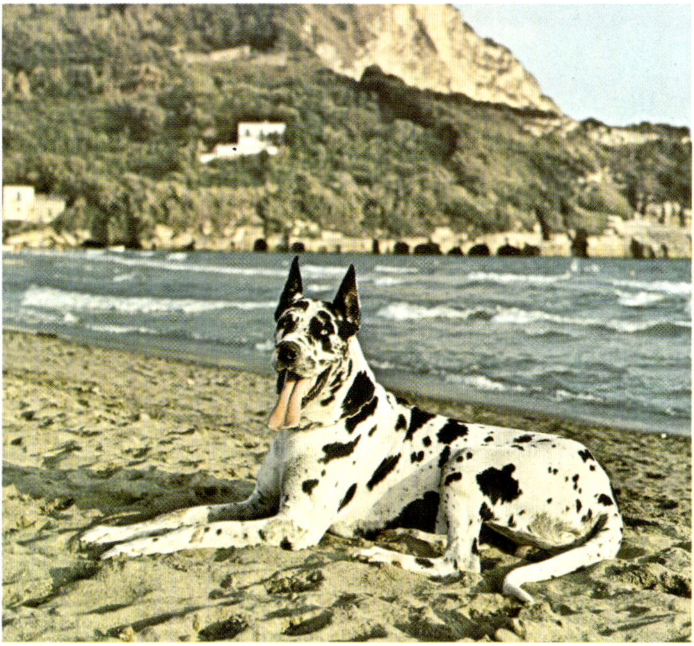

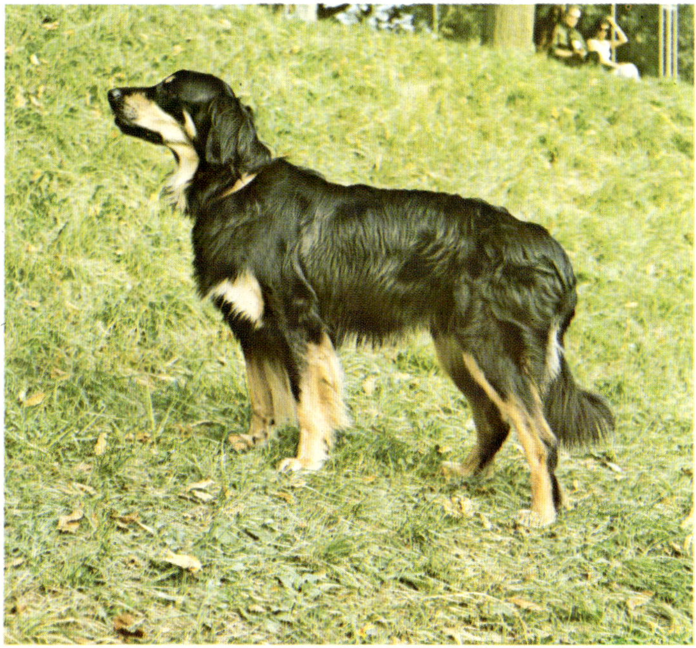

56 Mastino Napoletano

Nationalität: Italien

Herkunft: Alle europäischen Doggen stammen wohl ursprünglich von der Tibet-Dogge ab, die eine der ältesten Vertreterinnen der Hunderassen ist. Wahrscheinlich wurden die ersten asiatischen Hunde im IV. Jahrhundert v. Chr. durch Alexander den Großen von Indien nach Griechenland gebracht. Nach den Griechen lernten auch die Römer diesen Hund kennen und waren von seinen Qualitäten als Kampfhund begeistert. In der englischen Hundeliteratur wird der Mastino Napoletano allerdings als ein Hund beschrieben, der im VI. Jahrhundert v. Chr. von den Phöniziern nach England gebracht wurde und von dort aus nach Europa gelangte. Sicher ist, daß der Mastino Napoletano ein direkter Abkömmling der römischen Molosserhunde ist. Im Laufe der Zeit ist er aus fast ganz Europa verschwunden. In der Gegend von Neapel wurde diese Rasse trotz aller Kriege weiter gezüchtet, und man kann ruhig sagen, daß es sie dort seit zweitausend Jahren gab, ehe sie im Jahre 1946 erstmals in die Öffentlichkeit trat und 1949 von der FCI anerkannt wurde.

Beschreibung: Schulterhöhe beim Rüden 65 bis 75 cm, bei der Hündin 60 bis 70 cm. Sein Gewicht kann bis 70 kg betragen. Er wirkt ernst und imposant; der Kopf ist massiv mit einer unverwechselbaren, enorm großen Wamme am Hals. Haare kurz, kräftig, gleichmäßig, glänzend. Farbe: schwarz, bleigrau, grau, gestromt, gelb, manchmal mit weißen Abzeichen an Brust und Zehen. Augen möglichst in der Farbe des Fells. Nach einer antiken Tradition werden die Ohren kurz und dreieckig kupiert (der Standard erlaubt aber auch das unkupierte Ohr). Die Rute wird auf ein Drittel kupiert.

Wesen: Der recht gefährlich aussehende Hund ist im Grunde seines Wesens ein guter, anhänglicher, ergebener Begleiter, der seinen Herrn und dessen Freunde liebt. Sehr mutig und wenig schmerzempfindlich.

Verwendung: In seiner langen Geschichte war der Mastino Napoletano Kriegshund, Kampfhund in der Arena, Freund der Verbrecher und Helfer der Polizei, Zug-, Begleit- und Schutzhund. Bei entsprechender Abrichtung wird aus ihm ein ausgezeichneter Wach- und Schutzhund.

Fütterung: Der Mastino Napoletano braucht vor allem Fleisch (700 g täglich) und Reis oder Flocken. Man darf ihn nicht mit Suppe und Gemüse «vollstopfen», da er sonst faul und träge wird.

Bemerkung: Dieser Hund braucht viel Bewegung. Er kann auch in einem Haus mit Garten oder in einer Wohnung gehalten werden, falls eine kräftige Person zweimal täglich mit ihm einen längeren Spaziergang unternimmt.

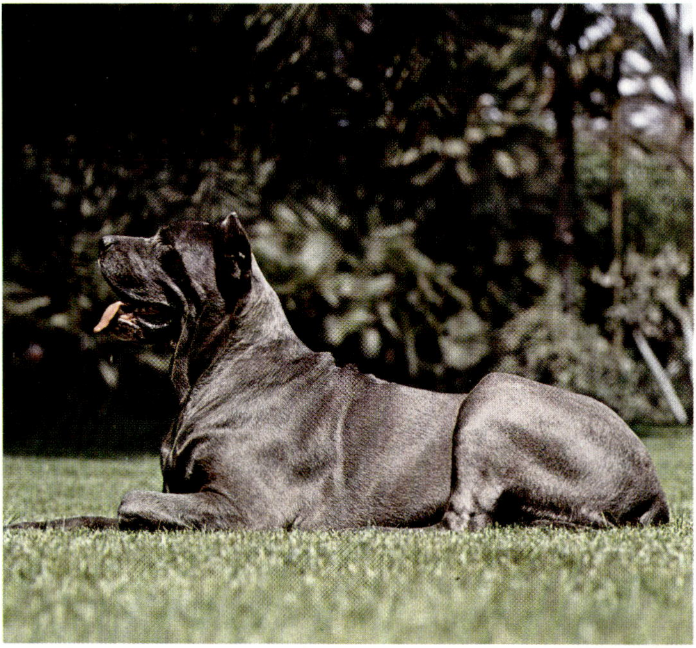
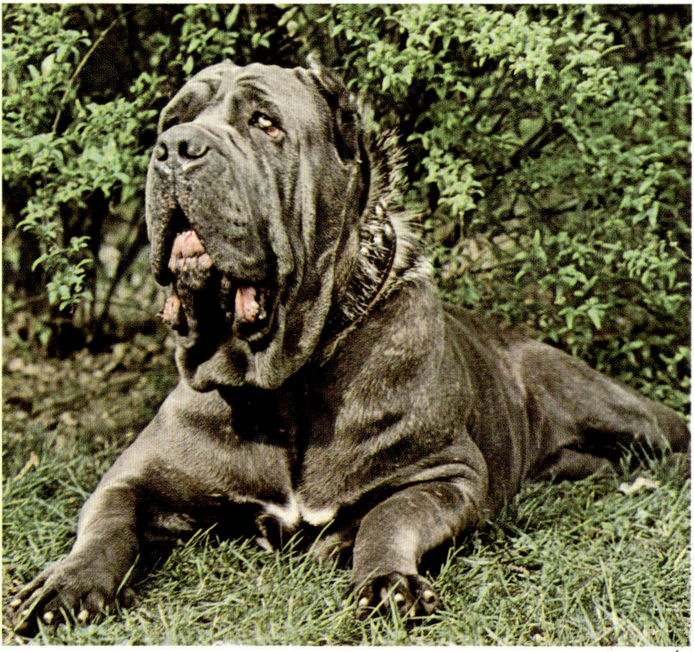

57 Bordeauxdogge

Dogue de Bordeaux

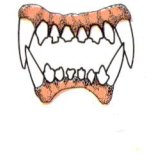

Nationalität: Frankreich

Herkunft: Über die Herkunft der Bordeauxdogge gibt es verschiedene Thesen. Einerseits wird sie auf den Molosser der Römer zurückgeführt, andererseits auf die spanischen Doggen von Burgos, auf die Hunde der Aquitaine oder auf die von den Alanen nach Europa gebrachten doggenähnlichen Hunde.

Beschreibung: Ihre Schulterhöhe erreicht 60 bis 68 cm, 10% weniger bei der Hündin, und ihr Gewicht beträgt mindestens 50 kg. Mächtiger Kopf mit kraftvollen Kiefern; muskulöser Hals, mit Wamme; breite, tiefe Brust; relativ runde Hängeohren; ovale Augen; Vorbiß zwingend vorgeschrieben. Die Farbe ist mahagonirot in allen Schattierungen, mit dunklerer Maske. Die Haare sind fein, kurz und weich.

Wesen: Durch strenge Zuchtauswahl ist es gelungen, ihr einstmaliges aggressives Wesen zu verbessern. Heute ist die Bordeauxdogge duldsam, liebenswürdig und treu.

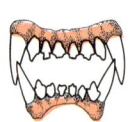

Verwendung: Früher wurde die Bordeauxdogge für die Jagd auf wehrhaftes Wild (z. B. Wildschwein und Bär) benutzt, dann als Kampfhund gegen Stiere in der Arena. Wegen ihrer Kraft und ihres Mutes wurde die Bordeauxdogge von der Polizei zum Einsatz gegen Verbrecher benutzt, wo sie sich als sehr ernstzunehmender Gegner zeigte.

---

58 Mastiff

Nationalität: Großbritannien

Herkunft: Vielleicht von Hunden abstammend, die von den Phöniziern nach Europa gebracht wurden.

Beschreibung: Großer, massiver, kräftiger und wohlgebauter Hund mit einer Schulterhöhe von 75 bis 80 cm und einem Gewicht von 70 bis 90 kg. Der Kopf ist breit, massiv und macht einen quadratischen Eindruck; Lefzen sehr gut entwickelt und leicht hängend; kleine, möglichst dunkle, haselnußbraune Augen; breite, schwarze Nase; hocheingesetzte, rundliche Hängeohren; lange Rute, die bis zum Sprunggelenk reicht. Haare seidig, glatt und kurz. Farbe: apricot, silber, rehfarben, rehfarben gestromt. Im XVIII. Jahrhundert pflegte man zu sagen: «Wie der Löwe im Vergleich zur Katze, so ist der Mastiff im Vergleich zum Hund.»

Wesen: Züchterfleiß beseitigte die einstige Wildheit und schuf einen ausgeglichenen, gutmütigen, anschmiegsamen und sehr kinderfreundlichen Hund. Entsprechend abgerichtet, stellt er Verbrecher mit äußerster Kampflust.

Verwendung: Einst ein blutdürstiger Kampfhund in der Arena, war er gleichzeitig auch ein guter Hütehund und Wachhund auf abgelegenen Gehöften. Auch heute wird er noch als Wach-, Schutz- und Begleithund gehalten.

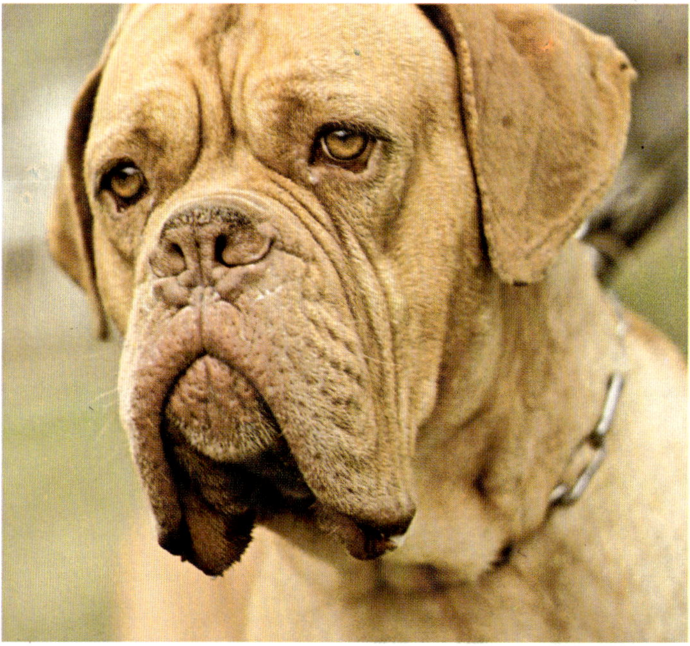

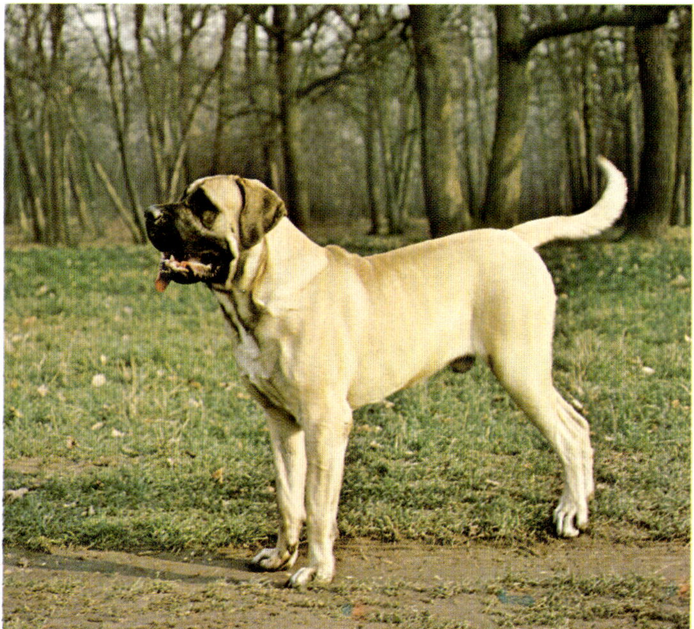

59 Bullmastiff

Nationalität: Großbritannien
Herkunft: Es handelt sich um eine neue Rasse, die erst 1924 anerkannt wurde. Sie entstand aus der Kreuzung vom englischen Mastiff mit der Bulldogge.
Beschreibung: Kräftig gebaut, aber nicht plump. Die Rüden haben eine Schulterhöhe von 63,5 bis 68,5 cm, die Hündinnen eine von 61 bis 66 cm. Das Gewicht liegt zwischen 40 und 50 kg. Breiter und quadratischer Schädel mit deutlicher Stirnfaltenbildung; Nasenspiegel mit weit geöffneten Nüstern; kräftiges und regelmäßiges Gebiß; möglichst dunkle, haselnußbraune Augen, senkrechte Stirnfurche; V-förmige, rückwärtsgetragene Ohren; Rute gerade oder wenig gebogen getragen und bis zu den Sprunggelenken reichend. Das Haar ist kurz, hart und glatt; Farbe: rot, rehbraun in allen Schattierungen, und gestromt.
Wesen: Ernst, folgsam, anhänglich und kinderfreundlich. Braucht eine absolut konsequente Erziehung und eine starke Führung.
Verwendung: Begleiter der Jagdaufseher, Gebrauchshund der Armee und der Polizei, Schutzhund in den Diamantminen Südafrikas. Wird heute vor allem als ungemein harter Wach- und Schutzhund eingesetzt. Lebt gern in der Familie, wo er sich als angenehmer Kamerad entpuppt. Braucht eine vernünftig rationierte Ernährung und viel Bewegung, um nicht zu verfetten.

60 Rottweiler

Nationalität: Deutschland
Herkunft: Wurde schon im Mittelalter als Treibhund gebraucht und besonders in der alten deutschen Reichsstadt Rottweil (Württemberg) gezüchtet. Viehhändler und Metzger schätzten ihn als wehrhaften Begleiter. 1907 begann die systematische Reinzucht.
Beschreibung: Kraftvoller und massiger Körperbau; seine Schulterhöhe beträgt zwischen 60 und 68 cm und sein Gewicht liegt bei 50 kg. Kräftiger Kopf mit stumpfem Fang; Schädel sehr breit zwischen den Ohren; gut entwickelte Kieferpartie; Scherengebiß. Dunkle, kastanienbraune Augen mit gutmütigem und treuherzigem Ausdruck; dreieckige, hoch angesetzte Ohren, die nach vorne getragen werden; Rute kurz oder gekürzt. Derbes, kurzes, gut anliegendes Stockhaar. Farbe tiefschwarz, mit dunkelbraunen Abzeichen an Backen, Schnauze, Brust, Läufen und über jedem Auge.
Wesen: Ausgeglichen, ruhig, folgsam, gelehrig, mutig. Bissig nur, wenn sein Herr bedroht wird.
Verwendung: Wird als Viehtreiber, Polizeidiensthund und vor allem als Wach- und Schutzhund eingesetzt. Genießt auch großes Ansehen als Begleithund, der besonders Kinder liebt.
Bemerkung: Es können in einem Wurf bis zu zwölf Welpen fallen.

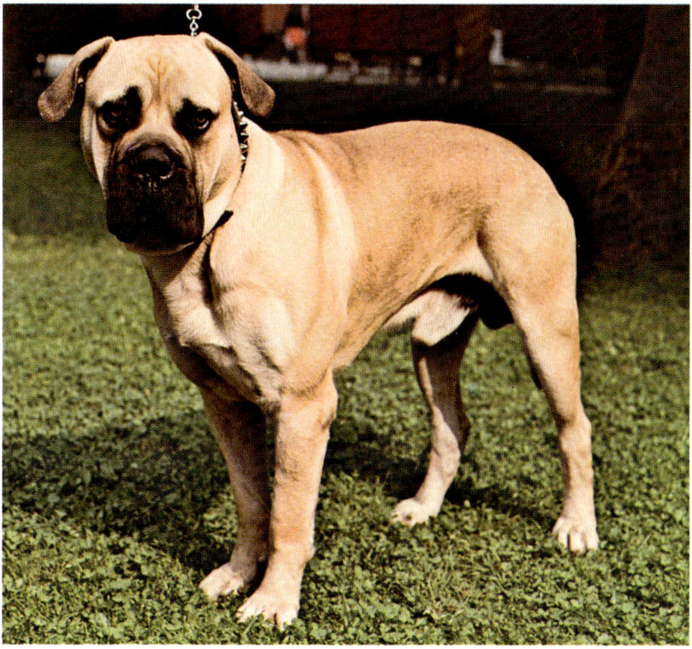

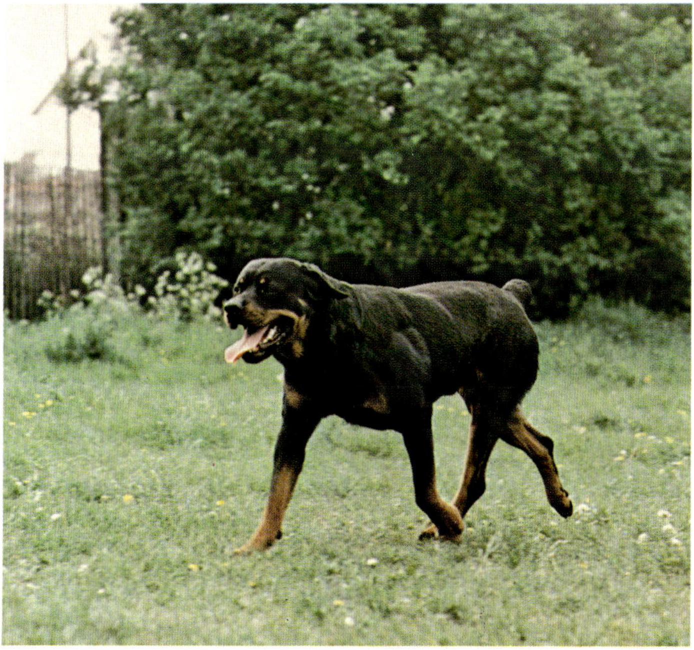

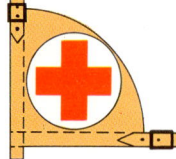

Nationalität: Deutschland

Herkunft: Das erste Bild eines Boxers erschien auf einem flämischen Wandteppich des XVII. Jahrhunderts. Wahrscheinlich handelt es sich jedoch nur um die schöpferische Phantasie eines Künstlers, denn der Boxer existierte damals vermutlich noch nicht. Der erste eigentliche Boxer wurde 1850 in München gezüchtet, aus einer Kreuzung zwischen dem alten «Bullenbeißer» und der Bulldogge. Diese Hunde wurden einst auf den Kampf mit Bären und mit Stieren dressiert. Die ersten Boxer besaßen immer noch die wilden Instinkte ihrer Vorfahren, aber intelligenten Züchtern gelang es, diese Aggressivität weitgehend auszumerzen und den nicht gerade vertrauenerweckenden Ausdruck des Boxers zu mildern. Die eigentliche Perfektion des Körperbaus und der Wesenszüge begann im Jahre 1896, dem Gründungsjahr des ersten Boxer-Clubs.

Beschreibung: Man sagt von ihm, er verkörpere eine «wunderschöne Häßlichkeit». Der Kopf muß in gutem Ebenmaß zum Körper sein, trocken und ohne Falten. Der untere Kiefer überragt den oberen und biegt sich leicht nach oben. Der Boxer ist somit ein Vorbeißer, aber die Zähne des Unterkiefers und die Zunge sollen bei geschlossenem Fang nicht sichtbar sein. Die Nase ist breit und schwarz, mit weiten Nasenlöchern. Die Ohren sind hoch angesetzt, spitz kupiert; dunkle Augen; kurzer Hals, kräftig und muskulös, ohne Wamme. Rumpf quadratisch, d. h. die Begrenzungslinien bilden mit der Bodenlinie ein Quadrat. Die Rute wird kurz geschnitten und aufwärts getragen. Die beiden Vorderläufe müssen von vorne gesehen gerade sein und parallel zueinander stehen. Beim Rüden beträgt die Schulterhöhe zwischen 57 und 63 cm, bei der Hündin zwischen 52 und 59 cm. Gewicht: 30 bis 32 kg beim Rüden, 24 bis 25 kg bei der Hündin.

Wesen: Sehr gutmütiger und redlicher Charakter. Es handelt sich um einen Hund, der nicht nachtragend ist; er ist ausgesprochen kinderfreundlich und überaus gelehrig.

Verwendung: Als Gebrauchshund wird er von der Polizei eingesetzt; außerdem ist er auch Wach-, Schutz- und Blindenführhund. Vor allem schätzt man ihn jedoch als anhänglichen, lebhaften, gutmütigen und spielerischen Begleithund, der aber etwas mißtrauisch gegen Fremde ist. Er liebt ein dynamisches Leben und braucht somit häufige und ausgedehnte Spaziergänge.

Fütterung: Der Boxer verbraucht viel Energie und sein Hunger scheint deswegen oft unersättlich. Eine der Gesundheit schadende Verfettung muß aber unbedingt vermieden werden. Ein fetter Boxer ist auch kein gerade erfreulicher Anblick. Sein tägliches Futter muß 400 g Fleisch, 300 g gekochten Reis oder Flocken und etwas Gemüse enthalten.

Bemerkungen: Der Boxer ist ziemlich kurzlebig; oft wird er nicht einmal 10 Jahre alt. Da er rheumaanfällig ist, muß er bei regnerischem Wetter immer gut abgetrocknet werden. Sein Gebiß sollte regelmäßig vom Tierarzt kontrolliert werden.

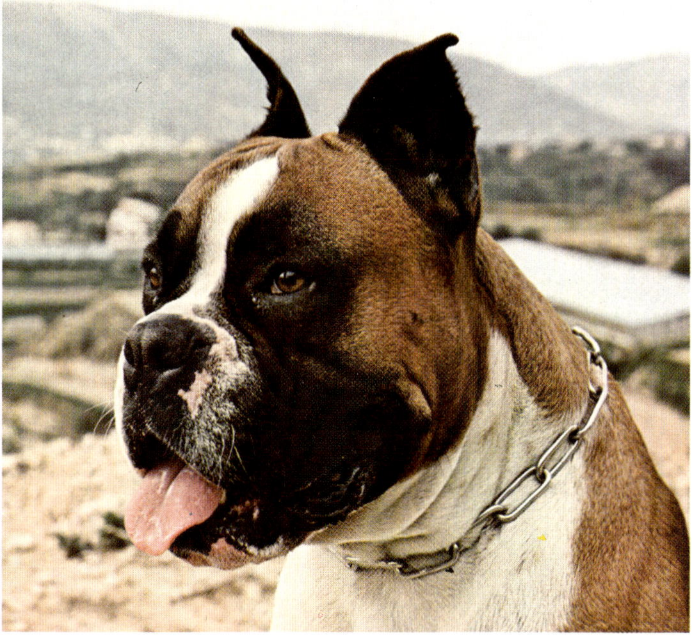

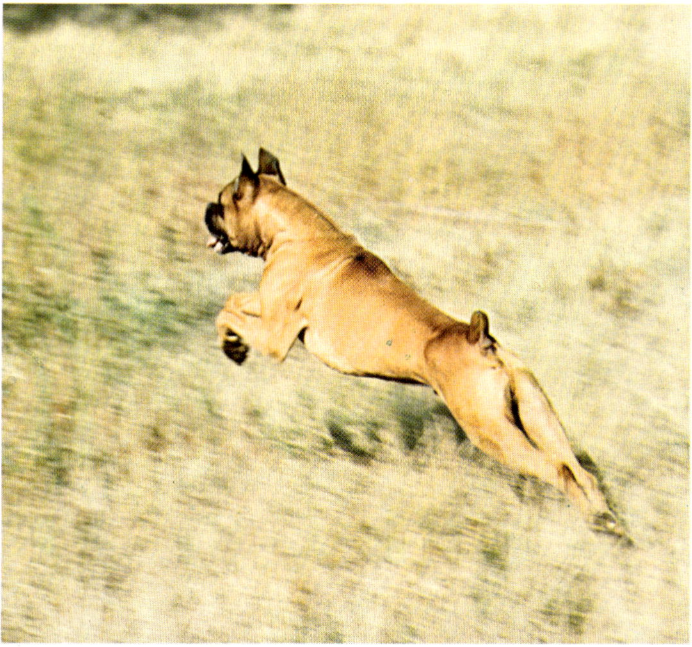

62 Gestromter Boxer

Nationalität: Deutschland
Herkunft: 1850 in München erstmals gezüchtet, aus einer Kreuzung zwischen dem Bullenbeißer und der Bulldogge.
Beschreibung: Die Grundfarbe des gestromten Boxers entspricht der der gelben Varietät; zudem hat er dunkle oder schwarze Querstreifen in der Richtung der Rippen. Diese Streifen dürfen weder zu dicht, noch vereinzelt sein und müssen sich deutlich voneinander und von der Grundfarbe abheben. Weiße Abzeichen sind nicht zu verwerfen, doch mehr als ein Drittel weiße Grundfarbe wird nicht zugelassen. Unschöne weiße Abzeichen, wie ganz oder halbseitig weißer Kopf, ebenso wenig wie ganz schwarze oder sonst andersfarbige Boxer (außer rote, gelbe und gestromte) werden nicht zu Ausstellungen zugelassen.
Das Haar des Boxers ist immer kurz, glänzend und hart anliegend. Die Maske ist schwarz, muß sich jedoch auf die Schnauze beschränken.
(Wesen, Verwendung und Fütterung sind im Kapitel «Boxer» beschrieben.)

63 Gelber oder roter Boxer

Nationalität: Deutschland
Herkunft: s. gestromter Boxer
Beschreibung: Die Grundfarbe ist gelb in verschiedenen Abtönungen, von dunkelhirschrot bis hellgelb, jedoch sind die in der Mitte liegenden Zwischenstufen am schönsten (gelbrot). Die schwarze Maske muß sich auf die Schnauze beschränken, damit das Gesicht nicht finster und unfreundlich wirkt. Weiße Flecken im gelben oder im gestromten Mantel sind fehlerhaft; auf jeden Fall müssen sie sich auf weniger als ein Drittel beschränken. Das Haar ist kurz, glänzend und hart anliegend. Der Standard des gelben Boxers ist der gleiche wie für die gestromte Varietät.
Wesen, Verwendung und Fütterung: s. unter Nr. 61 «Boxer».

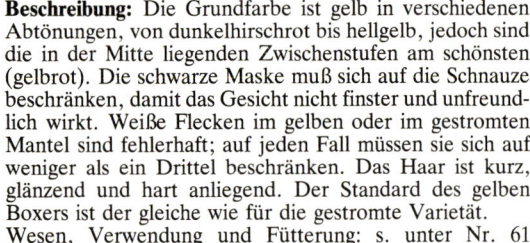

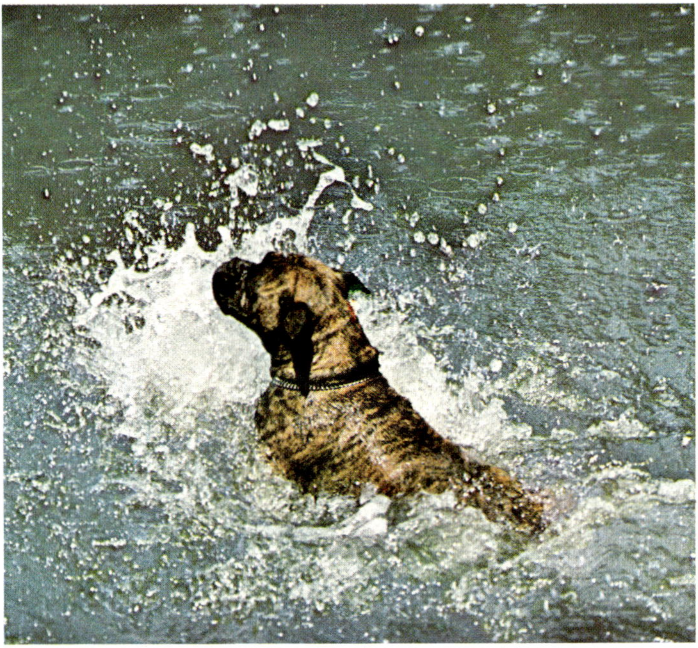

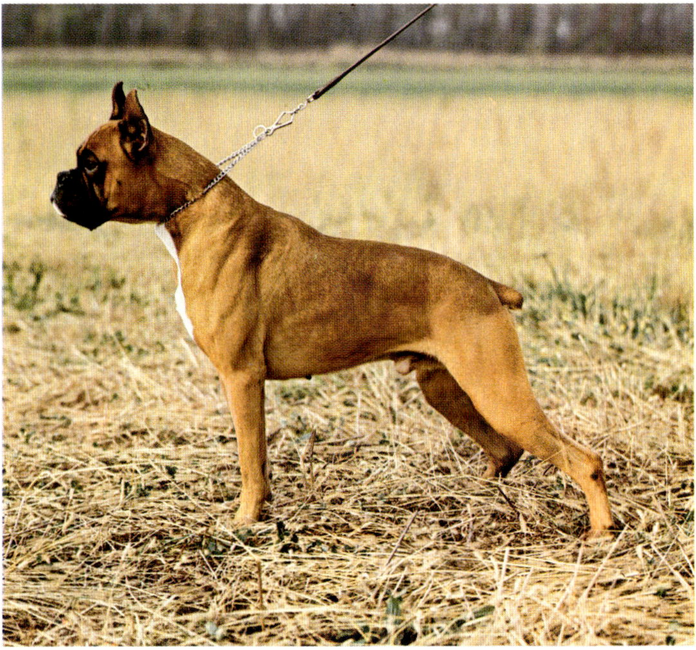

64 Dobermann

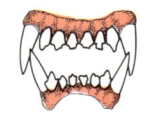

Nationalität: Deutschland

Herkunft: Es handelt sich um eine ziemlich neue Rasse, die 1860 in Deutschland wahrscheinlich aus Kreuzungen zwischen Doggen, Deutschen Schäferhunden, Rottweilern, Pinschern und vielleicht auch Beaucerons und englischen Windhunden hervorging. Verantwortlich für alle diese Mischungen war ein gewisser Thüringer Steuereintreiber, K. L. F. Dobermann. Bei seinen Dienstgängen mußte er unsichere Gegenden durchqueren und brauchte zu seinem Schutz einen besonders scharfen Hund. Unter dem Namen dieses Züchters wurde der Dobermann erstmals 1876 an einer Ausstellung gezeigt und erzielte einen schlagartigen Erfolg.

Beschreibung: Muskulöser und extrem eleganter Hund. Die Schulterhöhe beträgt beim Rüden 62 bis 68 cm, bei der Hündin 58 bis 65 cm. Das Gewicht liegt zwischen 30 und 40 kg. Der Kopf ist lang und hager mit keilförmigem, flachem Schädel und seichtem Stop; kräftiges Scherengebiß; dunkle Augen mit sehr intelligentem Ausdruck; das Ohr wird aufrecht getragen und ist geschnitten; die Rute kurz kupiert; vollkommen senkrechte Läufe. Kurzes, hartes und dichtes Haar, das fest und glatt anliegt. Farbe: schwarz, dunkelbraun oder blau mit rostrotem, scharf abgegrenztem Brand. Weiße Abzeichen sind nicht gestattet. Der Gang des Dobermanns ist elastisch, elegant und raumgreifend.

Wesen: Rüde und Hündin haben nicht die gleichen Wesenszüge. Die Hündin ist ruhig, empfindsam, anhänglich der Familie gegenüber, mißtrauisch gegen Fremde. Der Rüde ist stürmisch, äußerst intelligent, häufig scharf, und braucht die starke Führung eines Mannes. Man sagt, es gebe keinen schlechten Dobermann, sondern nur schlechte Besitzer.

Verwendung: Geborener Wach- und Schutzhund, der sich in den über hundert Jahren seiner Existenz nicht verändert hat. Der Dobermann zählt heute zu den anerkannten Diensthunden der Polizei und der Armee (die Marines brauchten ihn, um Freischärler aufzustöbern). Ausgezeichneter Wächter für Grundstücke, Baustellen, Bauernhöfe und Villen. Hündinnen können auch in einer Wohnung gehalten werden, brauchen aber täglich viel Auslauf, um ihre überschüssige Energie abzubauen.

Fütterung: Muß durch eine ausgewogene Ernährung in Form gehalten werden: 500 g Fleisch täglich, 300 g gekochten Reis und etwas Gemüse. Unbedingt zu vermeiden sind Flocken, Fett, Süßigkeiten.

Bemerkung: Die Persönlichkeit des Dobermanns entwickelt sich im zweiten Lebensjahr, aber die strenge Erziehung muß ab 10. bis 12. Lebensmonat beginnen. Der Dobermann ist ziemlich langlebig und kann 15 oder sogar 20 Jahre alt werden.

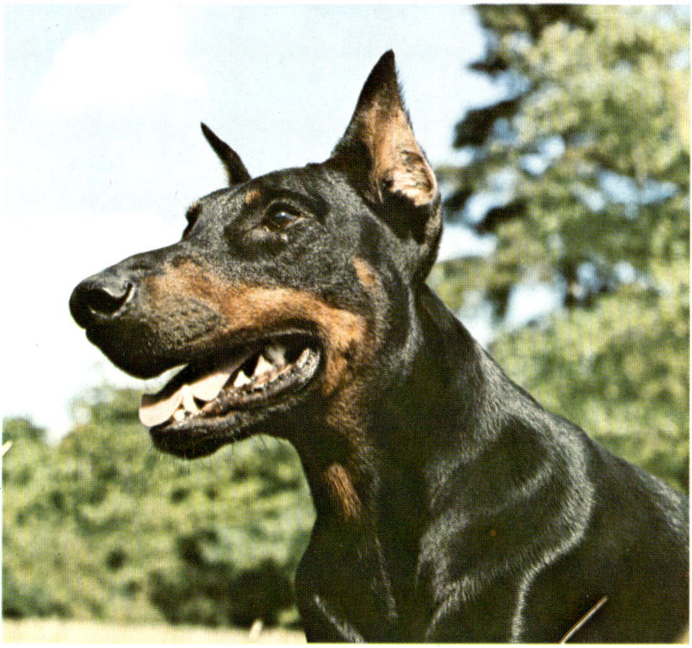

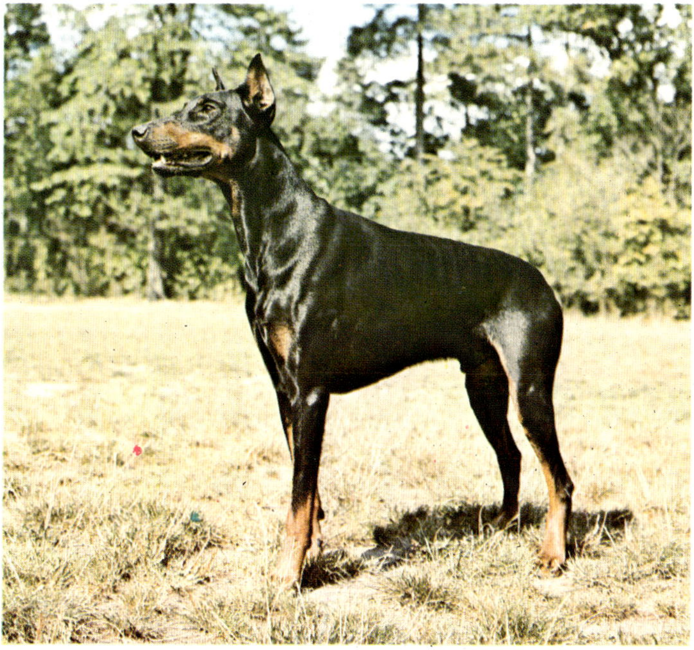

65 Riesenschnauzer

Nationalität: Deutschland
Herkunft: Stammt aus Oberbayern. Entstand wahrscheinlich durch Kreuzungen zwischen der Deutschen Dogge und dem Bouvier des Flandres.
Beschreibung: Der Riesenschnauzer ist ein vergrößertes Abbild des Mittelschnauzers. Schulterhöhe 65 bis 70 cm. Gewicht um die 35 kg, 10% weniger bei der Hündin. Kräftiger, langgestreckter Kopf, gut ausgebildete Kaumuskulatur; ovale, dunkle Augen; gleichmäßig kupierte, hoch angesetzte Ohren; Hals eines Riesen mit kräftigem Nakken. Die Vorderläufe müssen senkrecht sein. Die Rute wird in der Regel auf drei Wirbel geschnitten. Haare drahtig und hart, weiche Unterwolle. Die Hauptfarbe ist schwarz ohne jede Abzeichen, ferner Pfeffer und Salz.

Wesen: Ruhig, ausgeglichen, gelehrig, geduldiger Freund auch der Kinder.
Verwendung: Im XVIII. Jahrhundert wurde der Riesenschnauzer besonders als Wachhund der Münchner Brauereien und Metzgereien gehalten. Später wurde aus ihm ein Diensthund der Polizei und der Armee. Wegen seines respekteinflößenden Aussehens, das noch durch seine Größe unterstrichen wird, ist der Riesenschnauzer ein geschätzter Wach-, Schutz- und Begleithund. Er eignet sich aber kaum zum Halten in einer Wohnung.
Bemerkung: Muß mindestens zweimal jährlich getrimmt werden.

---

66 Leonberger

Nationalität: Deutschland
Herkunft: Wurde 1846 von dem Leonberger Stadtrat Heinrich Essig aus Bernhardiner, Landseer und Pyrenäenhund gezüchtet. Der offizielle Standard ist jedoch viel jünger und wurde erst 1949 anerkannt.
Beschreibung: Großer, muskulös gebauter, aber eleganter Hund. Schulterhöhe 76 bis 80 cm, Gewicht über 40 kg. Mäßig gewölbter Kopf; schwarzer Nasenspiegel; Lefzen glatt anliegend, nicht herabhängend, so daß kein Speichelfluß gegeben ist; kastanienbraune, mittelgroße Augen; schön abgerundete, herabhängende Ohren; sehr reich behaarte Besenrute, stets halbgesenkt getragen. Haare mittelweich bis derb, aber nie struppig. Deckhaare ziemlich lang, an Hals und Brust eine Mähne bildend. Farbe: hellgelb, goldgelb bis rotbraun, mit dunkler Maske; sandfarben, silbergrau. Weiß ist unbedingt zu verwerfen.

Wesen: Lebhaftes Temperament, ausgeglichen, anhänglich, wachsam, ehrlich, mit sanftem Ausdruck.
Verwendung: Der Leonberger besitzt einen angeborenen Rettungsinstinkt im Wasser. Braucht nur wenig Abrichtung. Sein Haarkleid ist wasserundurchlässig und seine Zehen sind meist durch Schwimmhäute verbunden. Dies macht aus ihm einen ausgezeichneten Schwimmer.

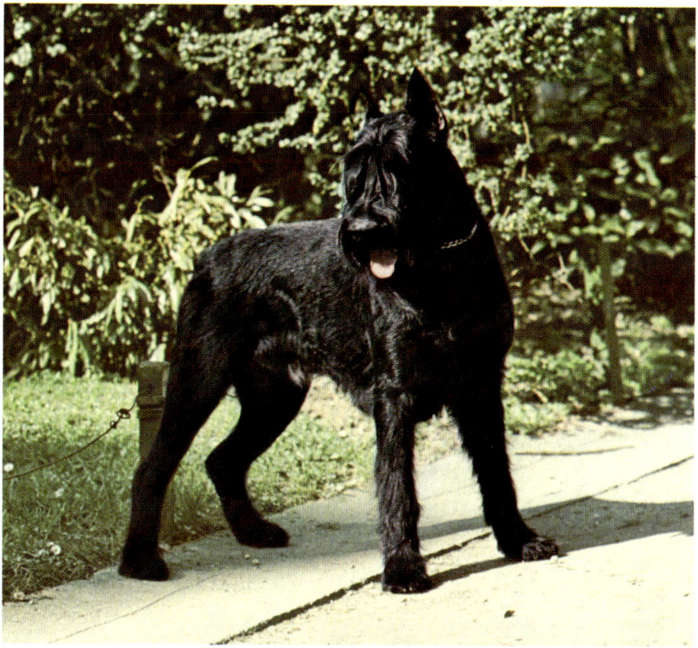

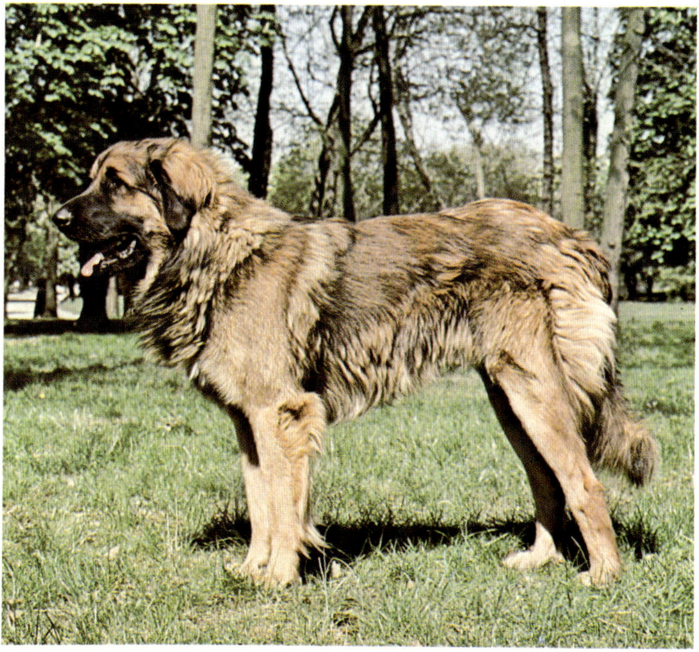

67 Langhaariger Bernhardiner
Langhaariger St. Bernhardshund

Nationalität: Schweiz

Herkunft: Nach dem bekannten Schweizer Kynologen Hans Räber, der die Herkunft der Schweizer Hunderassen gründlich erforscht hat, ist der St. Bernhardshund «ein Ast vom riesigen Baum des weitverbreiteten ‹großen Alpenhundes›, der großen Hirten- und Bauernhunde, die ... bis weit in die Neuzeit hinein ‹Mehrzweckhunde› waren.» Sie wurden vom St. Bernhard-Hospiz zunächst als Wachhunde benutzt; der erste Bericht über Rettung von Menschen aus Lawinen mit Hilfe der Hunde stammt von 1786. Die «Bernhardiner» wurden berühmt. Gegen Mitte des XIX. Jahrhunderts erst begann ihre Reinzucht.

Beschreibung: Der Bernhardiner ist ein Riese unter den Hunderassen. Er ist robust, muskulös und hat einen mächtigen Kopf. Die Mindesthöhe beträgt 70 cm beim Rüden, 65 cm bei der Hündin; das Gewicht liegt bei 50 bis 55 kg. Der Kopf ist groß und leicht gewölbt; die Stirnhaut bildet über den Augen Falten; gerader Nasenrücken, ausgeprägter Stop; Fang höher als lang; Oberlefzen stark entwickelt und hängend; vollständiges und kräftiges Scherengebiß; dunkelbraune, mittelgroße und nicht sehr tiefliegende Augen, mehr nach vorn als seitwärts gerichtet; Behang mittelgroß, der Kopfform sich anschmiegend; Hals sehr kräftig, mit ausgesprochener Wamme. Haare mittellang, glatt oder leicht gewellt, aber nie gelockt oder gekräuselt. Farbe: rot mit weißen Abzeichen, oder weiß mit roten Abzeichen, wobei das Rot in verschiedenen Tönungen vorkommt. Häufig schwarze Maske. Weiße, regelmäßige Blesse erwünscht.

Wesen: Überaus gutmütiger Hund. Folgsam, sehr treu, ruhig und bedächtig. Oft haßt er aber kleine Hunde.

Verwendung: Wie bekannt, wurde diese Rasse früher als Bergrettungshund auf dem Großen St. Bernhardpass verwendet. Heute ist der Bernhardiner fast ausschließlich Begleithund. Als Wohnungshund ist er jedoch nicht geeignet. Einige Exemplare werden heute noch als Lawinenhunde eingesetzt.

Fütterung: Die Haltung eines Bernhardiners ist etwas problematisch, da ein solcher Riese täglich 1 kg Fleisch, 400 g gekochten Reis, Flocken und Gemüse braucht.

Bemerkung: Der langhaarige Bernhardiner muß häufig mit einem weiten Kamm und mit einer harten Bürste gepflegt werden. Auch wenn er in einem Garten gehalten wird, braucht er täglich lange Spaziergänge.

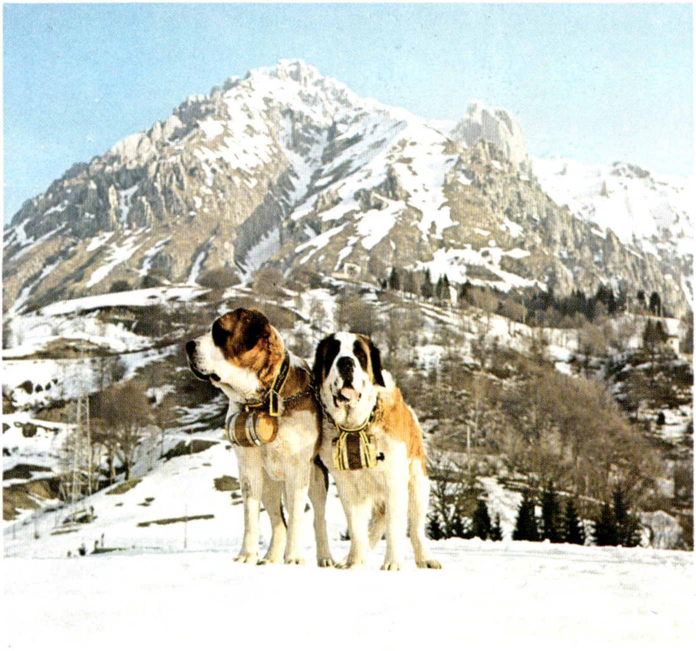

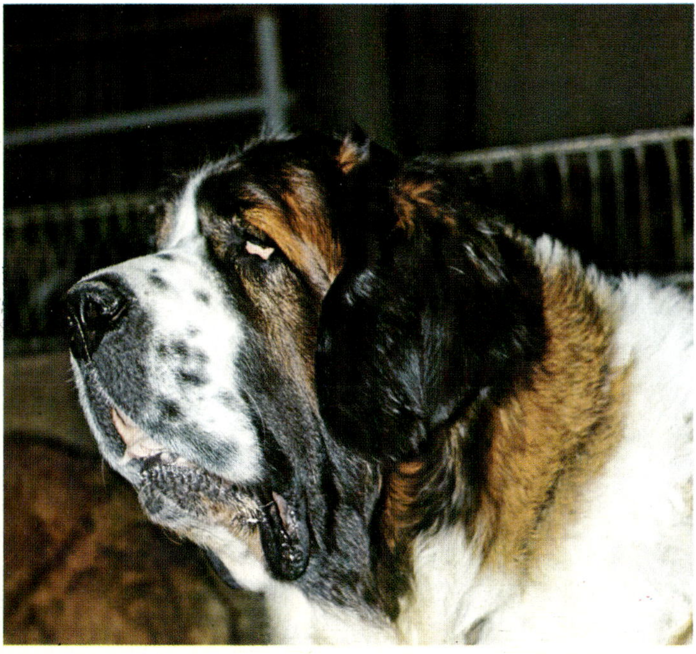

68 Kurzhaariger Bernhardiner

Nationalität: Schweiz
Herkunft: Dieselbe wie für den langhaarigen Bernhardiner.
Beschreibung: Sehr dichtes, glatt anliegendes Stockhaar; leicht behoste Keulen. Rute am Ansatz dichter und länger, gegen die Spitze allmählich kürzer behaart. An der Rute ist das Haar buschig, formt aber weder Fransen noch eine Fahne. Alle anderen Merkmale entsprechen denjenigen des langhaarigen Schlages.
Wesen: Gutmütig, treu, ruhig, folgsam.
Verwendung: Der kurzhaarige Bernhardiner erträgt ebenfalls sehr tiefe Temperaturen und wird deshalb gerne in den Bergen gebraucht. Beim langhaarigen Schlag kann sich der Schnee in den Haaren festsetzen und den Hund in seinen Bewegungen hemmen. Der kurzhaarige Bernhardiner wird nach wie vor als Lawinenhund ausgebildet und erzielt in dieser Sparte ausgezeichnete Erfolge.
Bemerkung: Wegen seiner Größe (mindestens 70 cm Schulterhöhe) und der hohen Kosten seines Unterhaltes (1 kg Fleisch täglich) eignet sich der Bernhardiner nicht als Wohnungshund. Diese Rasse erfreut sich jedoch weltweit größter Beliebtheit.

69 Pyrenäenhund
Chien des Pyrénées

Nationalität: Frankreich
Herkunft: Stammt vom ungarischen Hirtenhund Kuvasz und vom Maremmen-Abruzzen-Schäferhund ab. Wird als aristokratischer Verwandter des Bernhardiners und des Neufundländers angesehen.
Beschreibung: Großer, starker, muskulöser und trotzdem eleganter Hund. Seine mittlere Schulterhöhe beträgt zwischen 70 und 80 cm, aber es gibt auch Exemplare, die bis zu einem Meter hoch werden. Gewicht: 45 bis 55 kg, je nach Größe. Mittelgroßer Kopf, braunbärenartig. Gerader, nicht zu schmaler Fang, leicht zugespitzt; schwarzer Nasenspiegel; gut schließende Lefzen; dunkelbraune, schräg eingesetzte Augen mit ausdrucksvollem Blick; kleine, dreieckkige Hängeohren; Rute mit gebogener Spitze, im Affekt eingerollt. Haare stets sehr dicht, lang oder halblang, am Hals, an der Rute und an den Schenkeln etwas länger. Farbe: weiß (manchmal mit fahlgelben oder wolfsgrauen Abzeichen). Am Hofe des «Roi-Soleil» bezeichnete man ihn als «weißpelzigen Herrn».
Wesen: Folgsam, arbeitseifrig, anhänglich, treu, geduldig.
Verwendung: Dieser Hund ist für die Bergwelt geschaffen. Mit einem Minimum an Abrichtung wird aus ihm ein Hütehund, ein Führhund im verschneiten Gelände, Lawinenhund, Wach- und Schutzhund. Er braucht viel Bewegungsfreiheit, eignet sich aber auch als Familienhund.

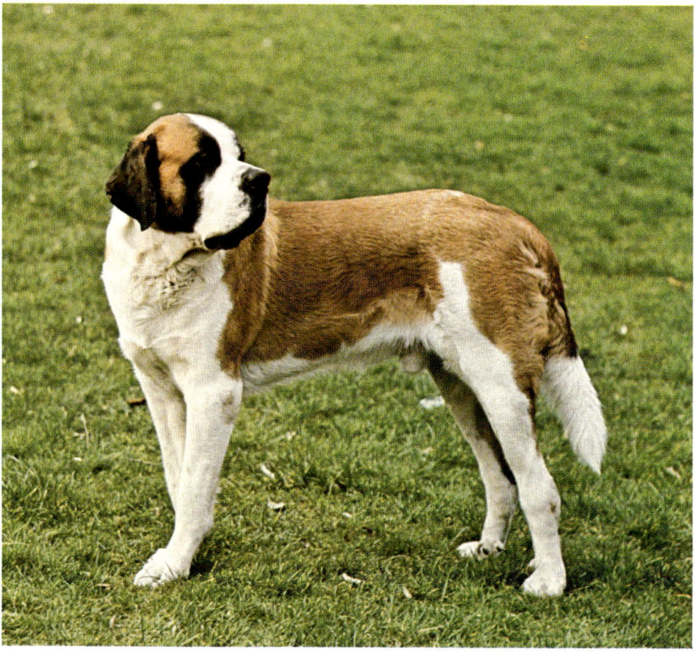

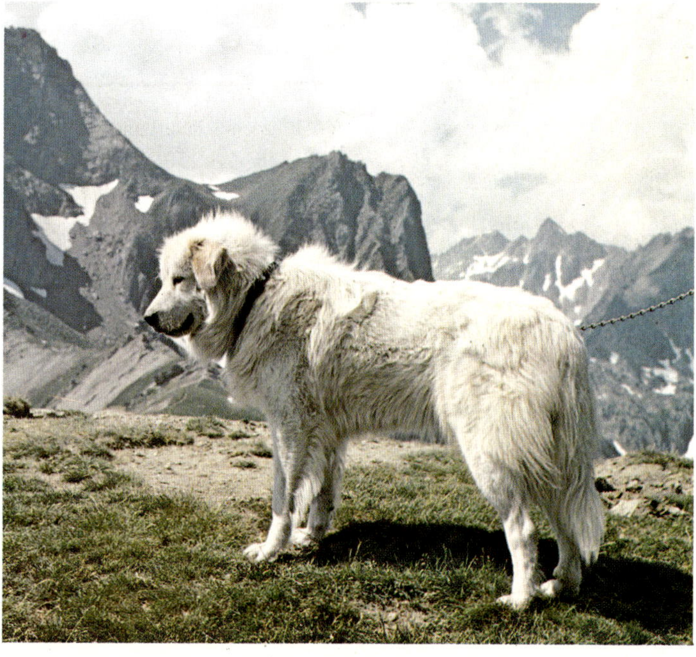

70 Neufundländer

Nationalität: Kanada

Herkunft: Über seine Herkunft gibt es zahlreiche Theorien, aber Genaues weiß man eigentlich nicht. Nach Ansicht einiger Autoren geht seine Abstammung auf nordische Hunde zurück, die im XVII. Jahrhundert nach Neufundland eingeführt wurden. Eine andere Theorie besagt jedoch, daß die Rasse britischer Abstammung ist und von den Engländern mitgebracht wurde, als sie die Insel Neufundland eroberten. Nach dieser gleichen Theorie stammten diese Hunde von Tibetdoggen ab und wurden über lange Zeit mit einheimischen Tieren gekreuzt, bis schlußendlich der Neufundländer entstand. Einer weiteren Theorie zufolge soll der Neufundländer ein direkter Verwandter des Labradors sein, einerseits weil sich die beiden Rassen sehr ähnlich sind, und andererseits weil die Küsten Neufundlands und Labradors sehr nahe beieinander liegen und es demnach durchaus möglich wäre, daß der Labrador, als guter Schwimmer, vom Festland herüberschwamm oder die vereiste See zu Fuß überquerte.

Beschreibung: Der Neufundländer ist ein großer, kräftiger, eleganter, harmonischer, beweglicher und widerstandsfähiger Hund. Die mittlere Schulterhöhe beträgt beim Rüden 70 cm und bei der Hündin 65 cm, aber diese Maße werden häufig überschritten. Das Gewicht liegt bei 60 bis 65 kg. Der Kopf ist breit und massig, der Fang kurz und quadratisch. Die Augen sind klein und dunkel, mit dichten Lidern, das heißt, es sind keine Bindehäute sichtbar wie beim Bernhardiner. Die Ohren sind eng anliegend. Die Rute ist mäßig lang und wird hängend getragen. Der Neufundländer hat flach anliegendes und leicht gewelltes, langes, rauhes und etwas fettiges Haar. Die Unterwolle ist ebenfalls fettig und wasserabstoßend. Beim Wohnungshund verliert sich diese Unterwolle. Die Hauptfarben sind blauschwarz, schwarz, weiß, bronzefarben.

Wesen: Außergewöhnlich gutmütig, mutig, intelligent, «menschlich». Lord Byron beschrieb ihn folgendermaßen: «Schönheit ohne Eitelkeit, Stärke ohne Frechheit, Mut ohne Wildheit, alle Tugenden des Menschen ohne seine Laster.» Der Neufundländer ist geduldig mit jedermann, freundlich mit Gästen, sehr anhänglich an seinen Herrn.

Verwendung: Der Neufundländer stürzt sich instinktiv ins Wasser, um ertrinkende Menschen zu retten, und sehr viele verdanken ihm ihr Leben. Im Jahre 1919 wurde einem dieser Hunde eine Medaille verliehen, weil er an die zwanzig Schiffbrüchige in einem Kahn ans Land gezogen hatte. Man bezeichnet ihn auch als «Bernhardiner des Wassers». Dank der Verbesserung der navigatorischen Hilfsmittel werden heute seine Dienste nicht mehr so häufig in Anspruch genommen, doch sind seine guten Eigenschaften noch immer vorhanden. Er fristet jetzt vor allem sein Leben als schöner, harmonischer und faszinierender Begleit- und Familienhund.

Fütterung: Täglich 1 kg Fleisch sowie 400 g gekochten Reis und Gemüse, auf zwei Mahlzeiten verteilt.

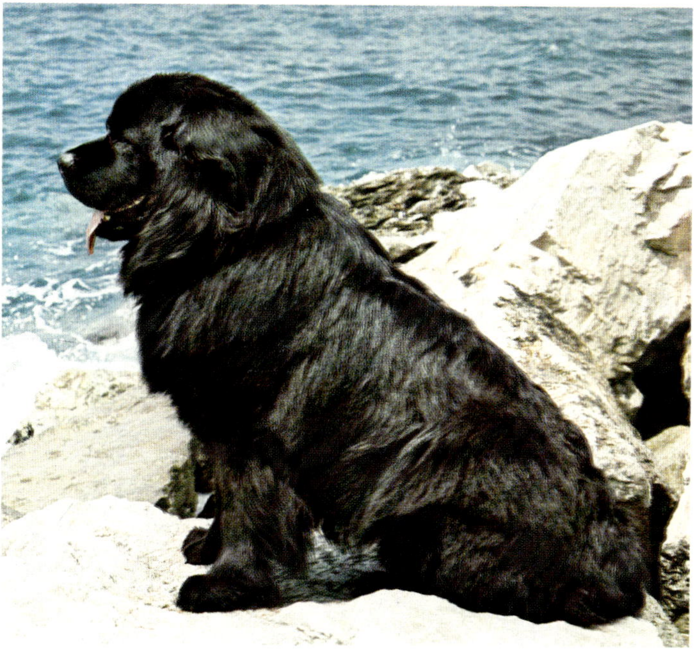

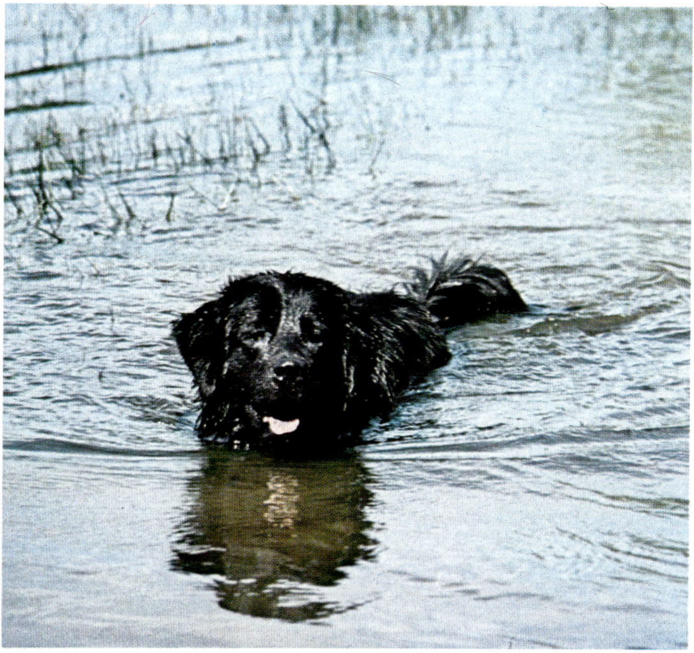

71 Landseer

Nationalität: Kanada
Herkunft: Es handelt sich um eine Abart des Neufundländers. Sein Züchter war Sir Edwin Landseer, ein berühmter Tiermaler des XIX. Jahrhunderts. In den zwanziger Jahren unseres Jahrhunderts war die Rasse praktisch ausgestorben, aber deutsche Hundefreunde «rekonstruierten» sie durch Kreuzungen zwischen Bernhardinern und Pyrenäenhunden.
Beschreibung: Großer, kräftiger, harmonisch gebauter Hund, etwas hochbeiniger als der Neufundländer, mit geräumigem und elegantem Gangwerk. Schulterhöhe 78 bis 80 cm beim Rüden, Gewicht zwischen 60 und 70 kg, Hündinnen 10% weniger. Haare lang, möglichst schlicht, dicht, sich fein anfühlend; wenn die Haare gegen den Strich gebürstet werden, fallen sie von selbst zurück. Dunkelbraune, freundlich blickende Augen; dicht anliegende Ohren; Rute abwärtshängend getragen. Farbe: weiße Grundfarbe mit schwarzen oder braunen Platten an der Brust und auf der Kruppe. Kopf immer schwarz.
Wesen: Anhänglich, mutig, intelligent, kinderfreundlich.
Verwendung: Sein Element ist das Wasser. Er wird häufig zur Unterwasserfischerei abgerichtet, außerdem zum Apportieren von abgeschossenen Sumpfvögeln und zur Rettung Ertrinkender eingesetzt. Bereits im Welpenalter ist er ein eleganter Schwimmer, und es ist ein wahres Vergnügen, mit ihm zu baden.

72 Alaskan Malamute

Nationalität: USA
Herkunft: Nordische Rasse, die vom arktischen Wolf abstammt. Seinen Namen hat er von den Mahlemuts, einem Eingeborenenvolk Alaskas, das die schönsten Schlittenhunde züchtete.
Beschreibung: Kraftvoller, gut gebauter Hund mit starkem Körperbau und einem wohlgeformten, breiten Kopf. Hat dreieckige Katzohren und kleine, mandelförmige Augen wie der Wolf, aber mit einem gutmütigen Ausdruck. Mittellanges, dichtes und hartes Stockhaar mit weicher, talgiger Unterwolle. Die Farben sind hellgrau bis schwarz in allen Schattierungen; Unterleib, Läufe und Pfoten sind stets weiß. Die Rute ist buschig und lang und wird locker über dem Rücken getragen. Schulterhöhe beim Rüden 55 bis 67 cm, bei der Hündin 50 bis 57 cm. Gewicht: 20 bis 35 kg beim Rüden und 22 bis 31 kg bei der Hündin.
Wesen: Äußerst treu, sehr intelligent, folgsam, höchst anhänglich an seinen Herrn. Außerdem ist er sehr sauber und geruchlos und bellt nicht.
Verwendung: Als Schlittenhund hat er an unzähligen Polarexpeditionen teilgenommen. Während der letzteren Jahrzehnte hat sich der Alaskan Malamute auch an das Leben im Haus angepaßt und sich als sehr angenehmer und guter Familienhund entpuppt.

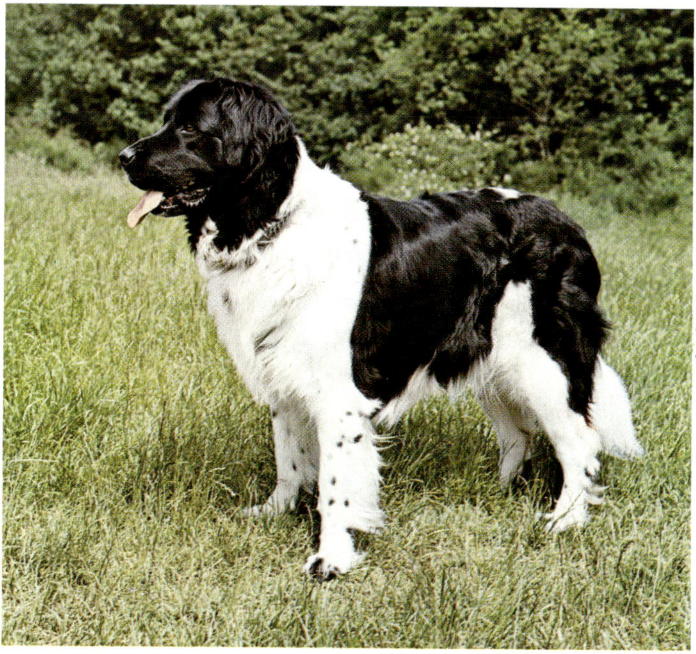

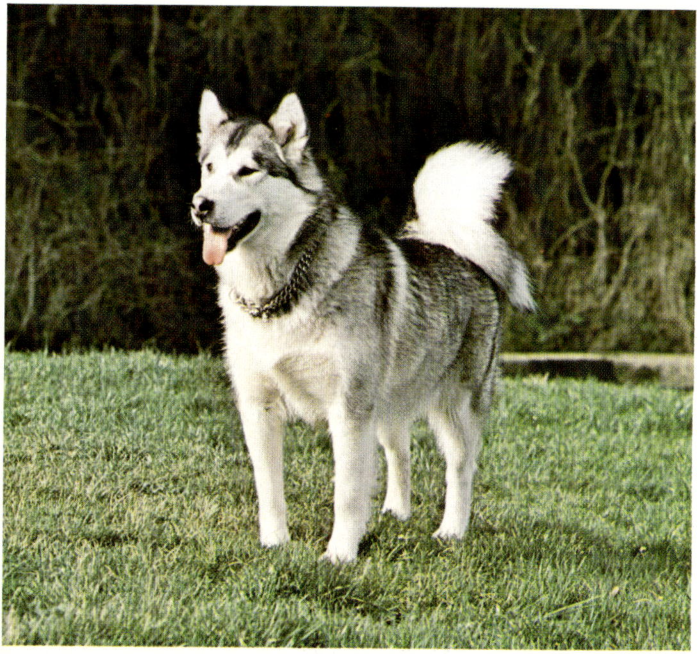

73 Eskimohund
Eskimo Dog

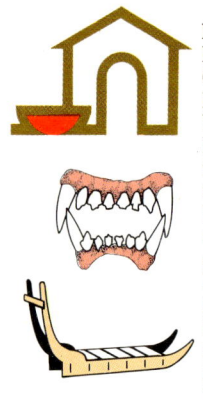

Nationalität: Kanada

Herkunft: Eigenständige Hunderasse aus Sibirien und den Gebieten innerhalb des Polarkreises. Im XIX. Jahrhundert kam sie nach Alaska und nach Grönland, wo sie ideale Umweltbedingungen fand.

Beschreibung: Großer Hund mit dem Ausdruck eines Wolfes und mit feurigem Blick. Die Rüden wiegen zwischen 30 und 50 kg, die Hündinnen zwischen 25 und 40 kg. Der Eskimohund hat einen breiten, keilförmigen Kopf, einen mittellangen Fang, starke Kiefer, tiefliegende, schräg auseinandergestellte Augen, dreieckige, kleine Ohren. Die Rute ist buschig und wird halbkreisförmig über dem Rücken getragen. Die Haare sind ca. 15 cm lang, die Unterwolle äußerst dicht und fettig, so daß die Feuchtigkeit nicht bis zur Haut vordringen kann. Der Eskimohund ist unempfindlich gegen Kälte und kann Temperaturen bis 60 und 70°C unter Null ertragen. Der Pelz kann jede beliebige Farbe haben.

Wesen: Folgsam, treu, anhänglich, unerschrocken, aber etwas schüchtern. Reagiert auf Härte mit Mißtrauen.

Verwendung: Typischer Schlittenhund in arktischen Gebieten. Zwanzig Eskimohunde können einen zwei Tonnen schweren Schlitten über 40 km ohne Ruhepause ziehen. Der Eskimohund bellt nicht, sondern heult wie ein Wolf. Er eignet sich nicht als Familienhund.

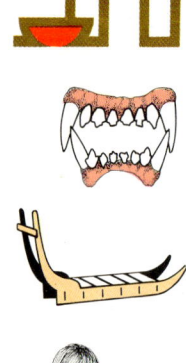

---

74 Grönlandhund

Nationalität: Skandinavische Länder

Herkunft: Stammt vom arktischen Wolf ab.

Beschreibung: Äußerst robuster Hund mit einer Schulterhöhe von 60 cm und mehr beim Rüden, 55 cm und mehr bei der Hündin. Rumpf stark und gut bemuskelt; breiter Brustkorb; vollkommen gerade, breitknochige Läufe; große, runde Pfoten mit starken Ballen; Fang keilförmig und kräftig. Der Nasenspiegel ist normalerweise schwarz, kann aber im Sommer fleischfarben sein. Äußerst starkes Scherengebiß; dunkle, leicht schräg eingesetzte Augen mit aufrichtigem Blick; ziemlich kleine, dreieckige, leicht abgerundete Stehohren; dicke und relativ kurze, über dem Rücken gerollte Rute. Die Haare sind gerade, harsch, nicht gekräuselt, ziemlich lang, und die Unterwolle ist sehr dicht. Alle Farbvarianten sind gestattet; Albinos sind ausgeschlossen.

Wesen: Wie alle nordischen Hunde ist der Grönlandhund gutmütig, heiter, anhänglich, aufrichtig. Er ist jedoch ein Meutehund, der eher an seinesgleichen als an einen Menschen gebunden ist.

Verwendung: Dank seiner großen Robustheit und Kälteunempfindlichkeit eignet er sich ganz besonders als Schlittenhund. Er kann nicht in der Wohnung gehalten werden.

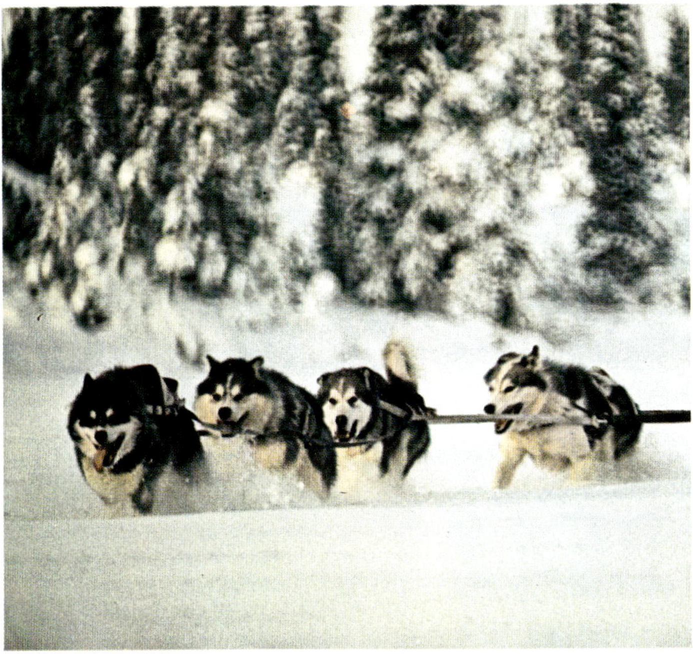

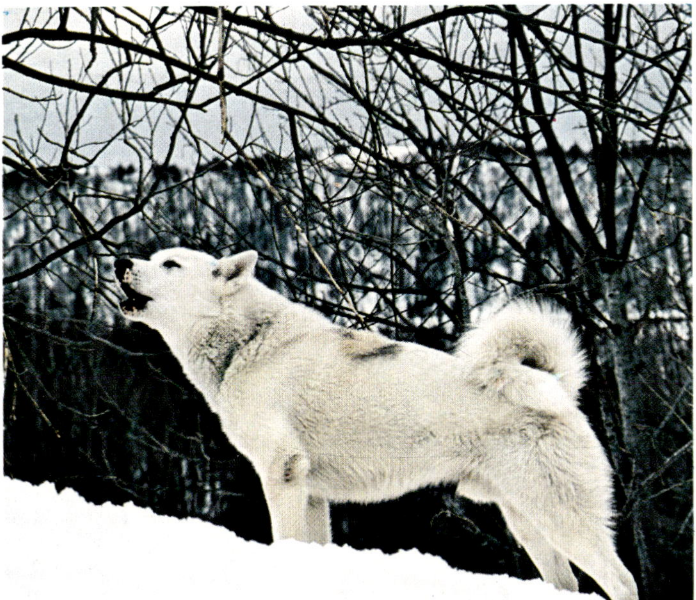

Nationalität: Skandinavische Länder

Herkunft: In Sibirien leben seit jeher die Samojeden, ein nomadisierendes Jäger- und Fischervolk. Während Jahrhunderten züchteten sie einen wunderschönen, robusten weißen Hund, der ihnen als Schlittenzieher diente. Der Forscher Robert Scott brachte 1889 die ersten Exemplare nach England. Dort wurde die Rasse unter dem Namen Samojede weitergezüchtet und fand schließlich eine weltweite Verbreitung.

Beschreibung: Kräftiger, dynamischer, aktiver Hund mit einer Schulterhöhe von 48 bis 50 cm und einem Gewicht von 20 bis 30 kg. Er hat einen mächtigen, keilförmigen Kopf, einen schwarzen oder braunen Nasenspiegel und kräftige Kiefer. Dunkle, schräggestellte, tiefliegende Augen; mittelgroße, leicht abgerundete Stehohren; Rute mittellang, buschig behaart, über den Rücken gerollt. Die Läufe sind kräftig und trocken bemuskelt, die Pfoten flach, länglich (Hasenpfoten), stark behaart. Doppelmantel mit dichter, weicher und kurzer Unterwolle und längerem, härterem, geradem Deckhaar, ohne Locken oder Wellen, der einen ausgezeichneten Schutz gegen die arktische Kälte bietet. Die Farbe ist vorzugsweise reinweiß, aber außerdem schmutzig weiß, gelb, weißgelb, schwarzweiß, schwarzbraun.

Wesen: Der Samojede ist ein ruhiger, sanfter, würdiger, folgsamer, treuer und anhänglicher Hund. In der Meute kommen diese Eigenschaften nicht immer zum Ausdruck, aber sobald er als Einzelhund gehalten wird, entpuppt er sich als guter, fröhlicher und angenehmer Gefährte.

Verwendung: Klassischer Schlittenhund, der in der Lage ist, schwere Schlitten über weite Distanzen zu ziehen. Man braucht ihn auch zur Walroßjagd, sowie als Hirtenhund und als Schutzhund. Er ist auch ein ausgezeichneter Begleithund, dem seine Schönheit und Gutmütigkeit viele Sympathien verschaffen. Er ist nicht bissig, spielt gerne mit Kindern, ist sauber. Sein einziger Fehler ist seine allzu große Bellfreudigkeit.

Fütterung: Die ideale Ernährung enthält täglich 300 g Fleisch, 150 g gekochten Reis und Gemüse. Der Samojede ist jedoch von Natur aus in der Lage, mit sehr wenig Futter auszukommen und sogar zu fasten. Er akzeptiert prinzipiell jedes Futter, außer Knochen.

Bemerkung: Unter den angenehmen Eigenschaften des Samojeden ist die, daß sein Haarkleid ohne häufiges Waschen natürlich weiß bleibt. Der Samojede muß aber täglich gebürstet werden, besonders im Sommer, wenn viele Parasiten vorkommen.

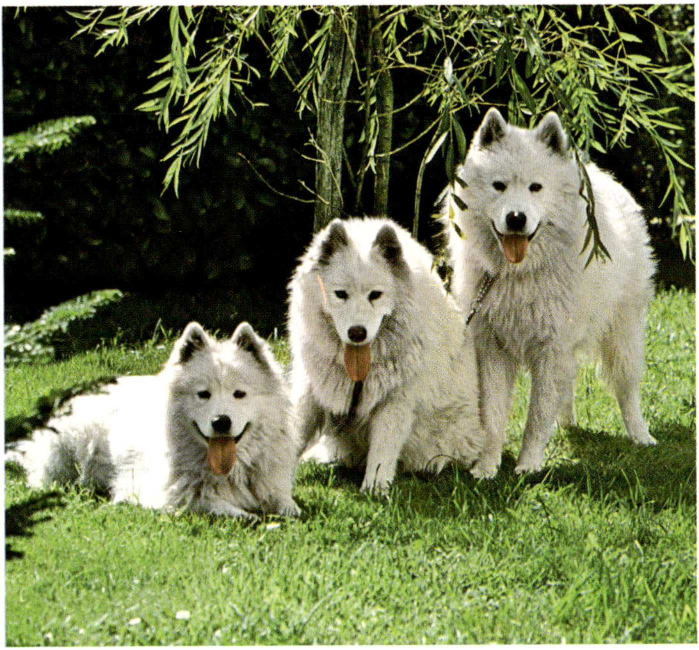

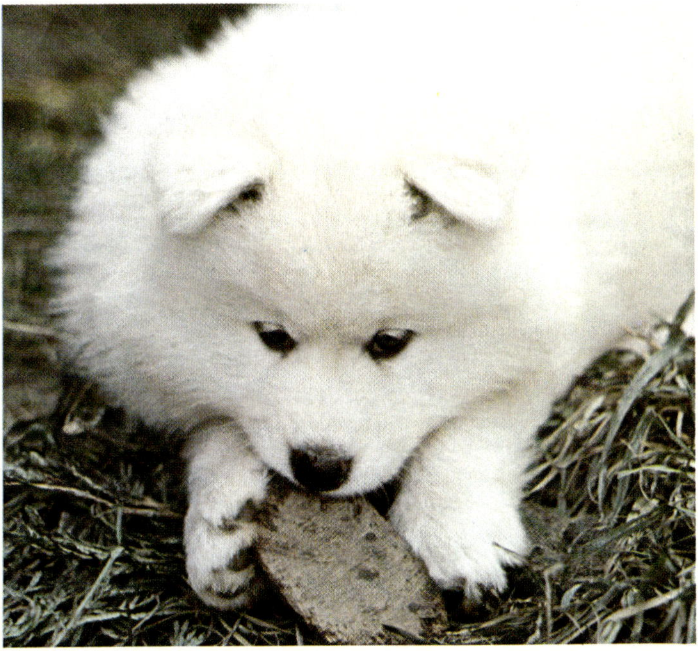

76 Sibirischer Husky

Nationalität: USA
Herkunft: Stammt aus Sibirien und kam 1909 nach Alaska.
Beschreibung: Mittelgroßer, robuster, lebhafter, sympathischer und flinker Hund. Schulterhöhe beim Rüden 53 bis 60 cm, bei der Hündin 51 bis 56 cm. Die Rüden haben ein Gewicht von 20,5 bis 27 kg, die Hündinnen ein Gewicht von 16 bis 22,5 kg. Die Augen sind braun oder hellblau, schräg eingesetzt, mit freundlichem Ausdruck; hoch angesetzte Stehohren; reich behaarte Wolfsrute, locker über dem Rücken getragen. Der Sibirische Husky besitzt einen dichten, wolligen Pelz mit weichem Deckhaar. Dieses Haarkleid erlaubt ihm, auch Temperaturen von 50 bis 60 Grad unter Null zu ertragen. Als Farben sind zugelassen Wolfsgrau, Silbergrau, Sandfarben bis zu Schwarz mit weißen Abzeichen.
Wesen: Gesellig, anhänglich, guter Gefährte.
Verwendung: Da sein geringes Gewicht ihm eine große Schnelligkeit erlaubt, wird der Sibirische Husky gerne für Schlittenrennen gebraucht, besonders in Kanada und in Nord-Amerika, wo dieser Sport sehr beliebt ist.
Fütterung: Der Sibirische Husky hat eine Vorliebe für Fisch. Sein Futter muß, besonders im Winter, genügend Fett enthalten, da der Husky einen großen Energieverbrauch hat.

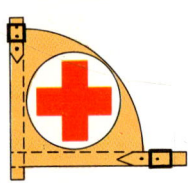

77 Kanaan-Hund

Canaan Dog

Nationalität: Israel
Herkunft: Es handelt sich um einen autochthonen Pariahund, der nur im Mittleren Osten bekannt ist. In letzter Zeit fand er auch Liebhaber in Europa und in den Vereinigten Staaten.
Beschreibung: Mittelgroßer Hund (Schulterhöhe 50 bis 60 cm, Gewicht 18 bis 25 kg). Harmonisch gebaut, lebhaft; gut ausgewogener Kopf, mäßig breiter Fang; dunkler Nasenspiegel; mandelförmige Augen; Stehohren; über den Rücken gerollte Rute; gerade Vorderläufe mit leichtem Knochenbau; robuster, aber nicht schwerfälliger Rumpf. Das mittellange Haar ist gerade und rauh; dichte Unterwolle. Farbe: sandfarben bis rostbraun, weiß, schwarz; weiße Scheckung zugelassen.
Wesen: Kämpferisch, treu, folgsam, das Familienleben besonders schätzend.
Verwendung: Vorwiegend als Wachhund, Blindenführhund, Spürhund in Bergwerken gebraucht. Während der kriegerischen Auseinandersetzungen wurde er von den Israelis als Meldehund in der Steinwüste sowie als Suchhund für Verletzte eingesetzt. Da er überaus gelehrig ist, werden ihm wahrscheinlich bald noch andere Aufgaben zugeteilt werden. Der Kanaan-Hund ist auch ein ausgezeichneter Begleithund.

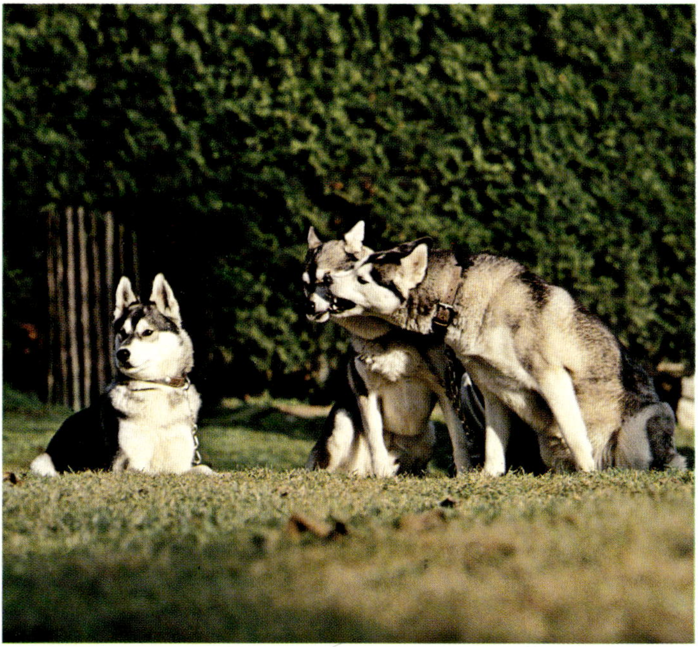

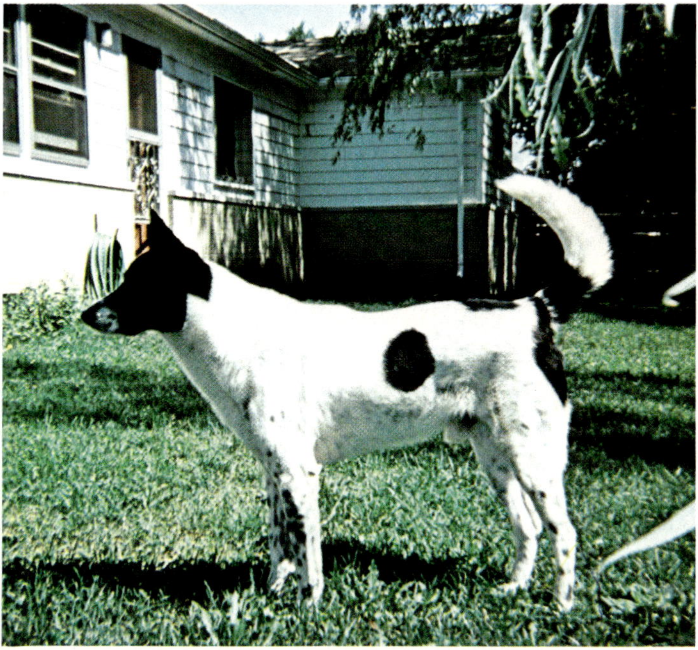

78 Cão de Agua – Estalão do Cão de Agua
Portugiesischer Wasserhund

Nationalität: Portugal
Herkunft: Ungewiß.
Beschreibung: Mittelgroß, ausgewogen, kräftig und muskulös. Schulterhöhe 50 bis 57 cm beim Rüden, 43 bis 52 cm bei der Hündin. Gewicht der Rüden 19 bis 25 kg, der Hündinnen 16 bis 22 kg. Wohlgestalteter Kopf; zum Nasenspiegel sich verjüngender Fang; starke Kiefer mit sehr kräftigem Scherengebiß; leicht schräggestellte, braune oder schwarze Augen; herzförmige, gut anliegende Behänge; gerade und gut bemuskelte Läufe. Reiches und starkes Haarkleid in zwei Varietäten: gewellt oder gelockt, ohne Unterwolle. Farbe: schwarz, weiß, braun, oder eine Mischung dieser Farben. Der Cão de Agua wird oft an Fang, Rumpf, Hinterhand und Rute löwenartig geschoren.
Wesen: Fröhlich, temperamentvoll, kampflustig, sympathisch, anhänglich, kameradschaftlich.
Verwendung: Lebte während Jahrhunderten auf den Booten der portugiesischen Fischer. Als ausgezeichneter Schwimmer wurde er dazu abgerichtet, aus den Netzen flüchtende Fische zurückzubringen. Er hilft auch den Küstenfischern unter anderem beim Einholen beschädigter Netze und aus den Booten gefallener Gegenstände und hält die Verbindung zum Land aufrecht. Einst sehr verbreitet, ist der Cão de Agua heute eher selten geworden. Er wird noch als Wach- und als Begleithund gebraucht.

---

79 Fila Brasileiro

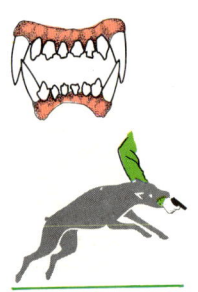

Nationalität: Brasilien
Herkunft: Stammt wahrscheinlich von der Bulldogge, vom Mastiff und vom Bloodhound ab, alles Rassen, die die portugiesischen Eroberer im XVII. Jahrhundert nach Brasilien brachten.
Beschreibung: Kräftige Muskulatur und starke Knochen, ausgewogener Körperbau. Die mittlere Schulterhöhe liegt bei 65 cm. Der Kopf ist groß und quadratisch, der Fang stark, der Nasenspiegel breit und dunkel; Scherengebiß; leicht mandelförmige Augen mit nachdenklichem Blick. Das Haar ist kurz und weich; alle Farben sind erlaubt.
Wesen: Mutig, aufmerksam, stürmisch, seinen Herrn liebend, aber mißtrauisch gegen Fremde. Vorsicht bei Kindern!

Verwendung: Er besitzt einen vorzüglichen Geruchssinn und wurde einst zur Verfolgung von flüchtigen Sklaven im Urwald eingesetzt. Später brauchte man ihn auch als ausgezeichneten Viehtreiber und Wachhund. Wegen seiner überschäumenden körperlichen Energie eignet er sich überhaupt nicht als Wohnungs- oder Stadthund, auch wenn ein Hof zur Verfügung steht. Er braucht weite Läufe auf dem Land. Er besitzt den geschmeidigen und elastischen Gang einer Großkatze. Durch seine faszinierende Haltung erntet der Fila Brasileiro immer viele Erfolge bei Hundeausstellungen.

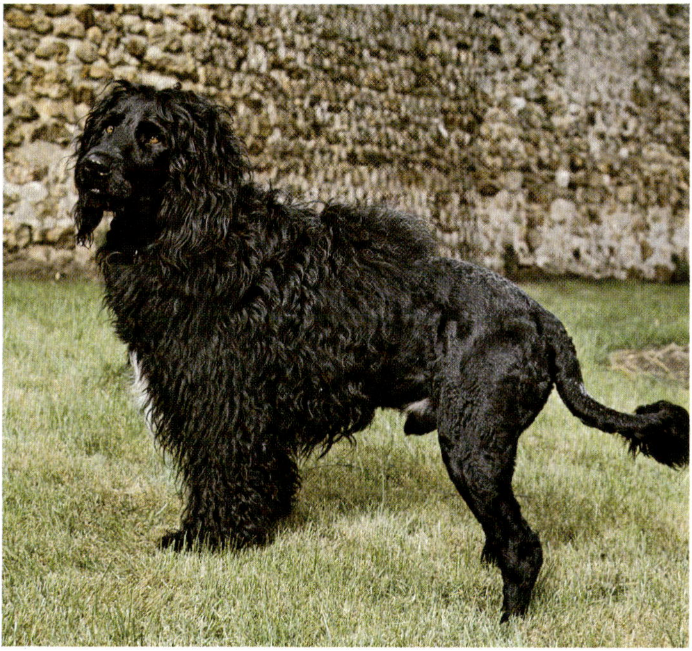

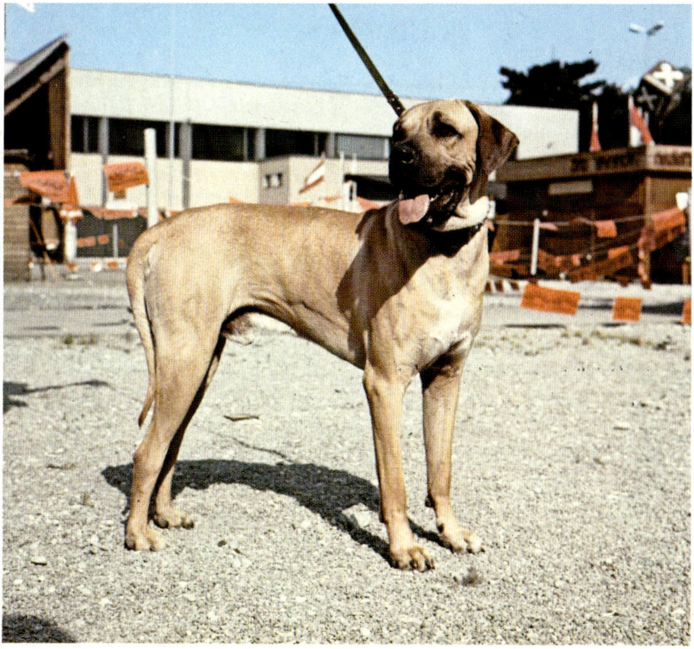

80 Mastín de los Pirineos
Pyrenäenhund

Nationalität: Spanien
Herkunft: Selbständige Rasse aus der Südseite der Pyrenäen. Man nennt ihn auch Mastín del Leon (Mastín leones) und Mastín navarro. Nicht zu verwechseln mit dem französischen Pyrenäenhund.
Beschreibung: Starker, symmetrischer Hund mit schönem, eindrucksvollem und elegantem Körperbau. Er erreicht eine Schulterhöhe von 80 cm und wiegt bis 70 kg, doch er hat einen so leichten Gang, daß seine Pfoten auf dem Boden kaum Spuren hinterlassen. Mächtiger Kopf, langer Fang, schwarzer Nasenspiegel, sehr scharfes Gebiß; kleine, dunkle Augen; spitze Hängeohren; tief getragene Fahnenrute. Das Haarkleid ist dicht, schlicht und rauh, nicht lang, in den folgenden Farben: weiß mit zwei goldenen oder dachsfarbenen Flecken am Kopf und am Halsansatz; erlaubt ist auch eine Scheckung auf der Kruppe. Weniger gefragt sind reinweiße oder schwarze Tiere.
Wesen: Schweigsam, freundlich und sehr intelligent.
Verwendung: Eignet sich für alle «Berufe»: Wach- und Jagdhund, Verteidiger, Ziehhund. Vor allem ist er aber ein ausgezeichneter, sehr exakter, strenger und kälteunempfindlicher Hütehund. Kämpft auch siegreich gegen Wölfe.

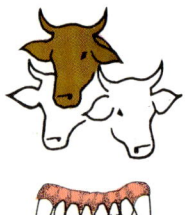

81 Mastín Español
Spanische Dogge

Nationalität: Spanien
Herkunft: Autochthone Hunderasse aus der Gegend von Estremadura. Wird auch Mastín extremo und Mastín manchego genannt.
Beschreibung: Robuster Hund von gedrungenem Körperbau und ländlichem Aussehen. Schulterhöhe 65 bis 70 cm, Gewicht 50 bis 60 kg, die Hündinnen etwas kleiner. Ausgewogener Kopf; langer Fang; kräftige Kieferpartie; Lefzen fleischig und faltig; kleine, intelligent blickende Augen; kleine Ohren mit herabhängender Spitze; hängend getragene Fahnenrute. Das Haarkleid ist dicht, aber nicht lang. Die häufigsten Farben sind rostbraun, wolfsfarben, rötlich, weiß und schwarz, weiß und goldfarben, weiß und grau, gestromt.
Wesen: Lebhaft, folgsam, anhänglich an seinen Herrn, aber mißtrauisch gegen Fremde, gelehrig.
Verwendung: Es handelt sich um einen typischen Wachhund, der besonders auf Gehöften und Baustellen gebraucht wird. Er ist aber auch ein ausgezeichneter Bewacher von Hirtenhütten und ein scharfer Gegner der Wölfe. Er wird zur Jagd auf Schwarz- und Rotwild verwendet, als Zughund auf schlecht begehbaren Strecken und, in der Armee, als Wachhund für Waffenlager.

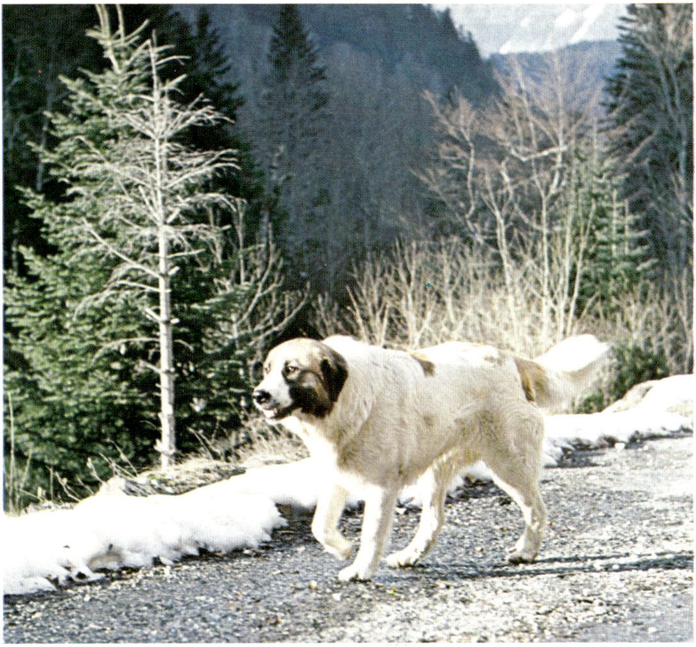

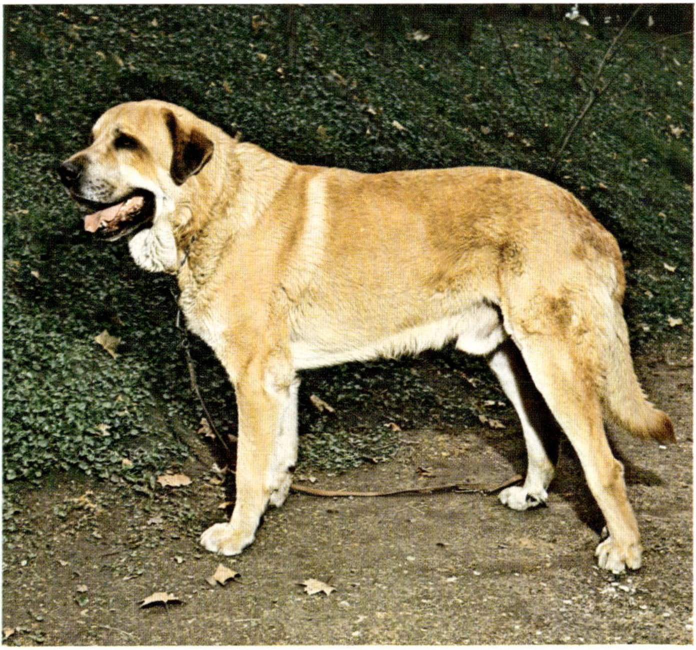

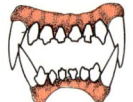

82 Österreichischer kurzhaariger Pinscher

Nationalität: Österreich

Herkunft: Die genaue Abstammung ist ungewiß. Man nennt ihn auch Österreichischer kurzhaariger Terrier, aber er darf nicht mit dem deutschen Zwergpinscher verwechselt werden, der ein kleiner Begleithund ist.

Beschreibung: Mittelgroßer, kurzer, gedrungener und bescheiden aussehender Hund. Schulterhöhe 35 bis 50 cm, Gewicht 12 bis 18 kg. In seinem Standard vorgeschrieben sind: birnenförmiger Kopf; kurzer und kräftiger Fang; kleines Knopfohr; tonnenförmig gewölbte Brust. Die Front soll breit erscheinen. Die Rute ist geringelt und wird meist über den Rücken gerollt getragen (Posthornform). Das Haar ist kurz. Farbe: semmelgelb, hirschrot, fahlgelb, schwarz und braun, auch gestromt, fast immer mit großen, weißen Abzeichen.

Wesen: Furchtlos, zäh, laut (Kläffer), wachsam, reaktionsschnell, sehr sympathisch.

Verwendung: Man betrachtet ihn als optimalen Wachhund, der jedes verdächtige Geräusch verbellt, Verbrecher unerschrocken angreift und immer nur mit einem Auge schläft. Auf dem Land zeigt er die Eigenschaften eines Terriers, gräbt gerne Löcher, erweitert Tierbauten, verfolgt wütend Füchse und Wildkaninchen. Wegen seiner Lebhaftigkeit und Freiheitsliebe fühlt er sich auf dem Lande wohler als in einer Wohnung.

83 Kyūshū

Hokkaido-Hund

Nationalität: Japan

Herkunft: Stammt aus dem bergigen Gebiet von Hokkaido, mit seinen Vulkanen, Wäldern, Flüssen, Weiden. Es handelt sich um eine sehr alte Rasse.

Beschreibung: Gut gebauter und muskulöser Hund. Größe 48,5 bis 54 cm beim Rüden, 42,5 bis 48,5 cm bei der Hündin. Gewicht unter 30 kg. Spitzer Fang, gerader Nasenrücken und dunkler Nasenspiegel; kräftiges Zangen- oder Scherengebiß; braune, schräg eingesetzte Augen; kurze, zugespitzte Ohren; Rute über den Rücken gerollt getragen. Das Haarkleid besteht aus kurzem, ziemlich rauhem Haar. Farbe: grauweiß.

Wesen: Es ist ein sehr geduldiger, intelligenter, gelehriger, schweigsamer, gutmütiger und anhänglicher Hund.

Verwendung: Durch seine Intelligenz ist er imstande, alles in kürzester Zeit zu lernen. Man kann ihn als Jäger, Schäfer, Wächter, Begleithund halten, und auch die Fischer nehmen gerne seine Hilfe in Anspruch. Er ist seit Jahrhunderten an steinige Gegenden gewöhnt, kälteunempfindlich und sehr genügsam.

Bemerkung: Der Kyūshū ist äußerst sauber, hat keinen Körpergeruch und ist absolut stubenrein.

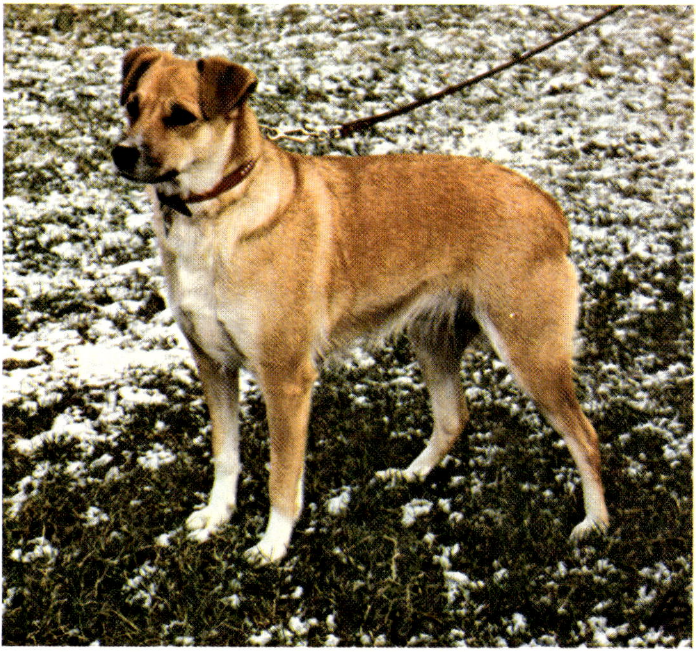

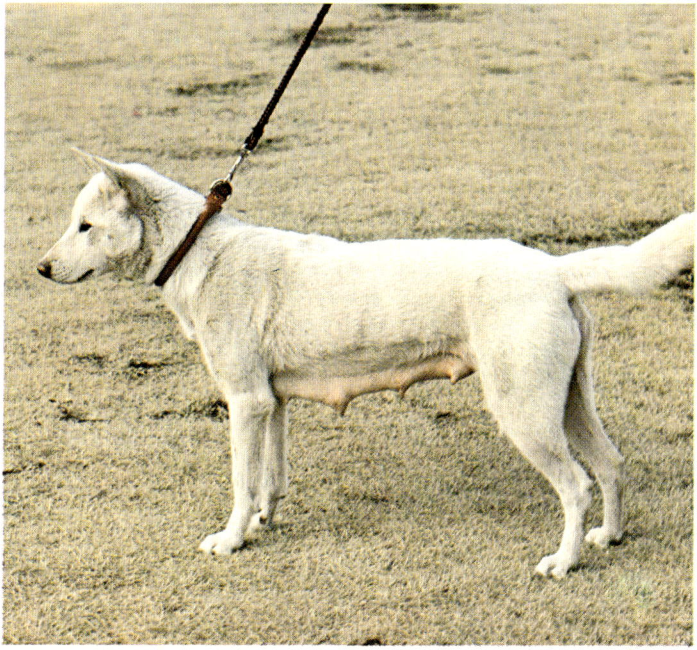

84 Norrbottenspets

Nationalität: Schweden
Herkunft: Nordischer Hund ungewisser Abstammung.
Beschreibung: Kleiner Hund, durchschnittlich 40 cm hoch.

Er ist kompakt, leicht, hat eine schöne Körperhaltung und macht einen sehr aufgeweckten Eindruck. Sein Kopf ist keilförmig; zugespitzter Fang mit ausgeprägtem Stop; schwarzer Nasenspiegel; feine Lefzen; Scherengebiß. Die dunklen, mittelgroßen Augen haben einen sehr wachen Ausdruck; bewegliche Stehohren; gut bemuskelter Hals;

quadratischer Körper; seitwärts eingerollte Rute, deren Spitze die Mitte des Schenkels berührt. Dichtes, mittellanges, rauhes Deckhaar mit weicher Unterwolle. Alle Farben sind erlaubt, bevorzugt werden aber Exemplare mit weißer Grundfarbe und roten oder gelben, scharf abgegrenzten Abzeichen.
Wesen: Anhänglich, treu und wachsam.
Verwendung: Man braucht ihn als Zughund für kleine

Karren und als Wachhund. Seine elegante Haltung und seine sympathische Lebhaftigkeit haben ihn auch zum begehrten Begleithund gemacht. Er ist sauber, liebt Familie und Haus und wirkt abschreckend auf Einbrecher.

85 Hokkaido-Hund

Hokkaido Ken, Ainu Ken

Nationalität: Japan
Herkunft: Das uralte Volk der Ainu kam im X. Jahrhundert v. Chr. nach Japan, und in seinem Gefolge robuste

Schlittenhunde. Diese vor 3000 Jahren existierenden Hunde waren die Vorfahren der heutigen Hokkaido Ken, die zahlenmäßig als wichtigste japanische Hunderasse gelten können.
Beschreibung: Derb aussehender, muskulöser, trockener Hund. Stürmisch, schnell, leichtfüßig. Die Höhe der Rüden liegt unter 50 cm und das Gewicht bei 25 kg; bei den

Hündinnen sind diese Werte 10% niedriger. Der Kopf ist quadratisch; gerader Nasenrücken; gesundes und kräftiges Gebiß ohne Vorbiß; dreieckige, schwarze Augen mit klugem Blick; zugespitzte Stehohren; breiter Hals mit leichter Wamme; geringelte, sichelförmige Fahnenrute. Das Deckhaar ist hart, gerade, und die Unterwolle weich und dicht. Farben: rot, weiß, schwarz, Pfeffer und Salz, braun.
Wesen: Eigensinnig, mutig, folgsam, treu, das Haus liebend.

Verwendung: Seit jeher ist er ein ausgezeichneter Jagdhund für Großwild (und auch besonders für Bären), sowie ein Wach- und Schlittenhund. Er besitzt einen ausgezeichneten Orientierungssinn und findet auch über lange Strecken den Weg nach Hause zurück.

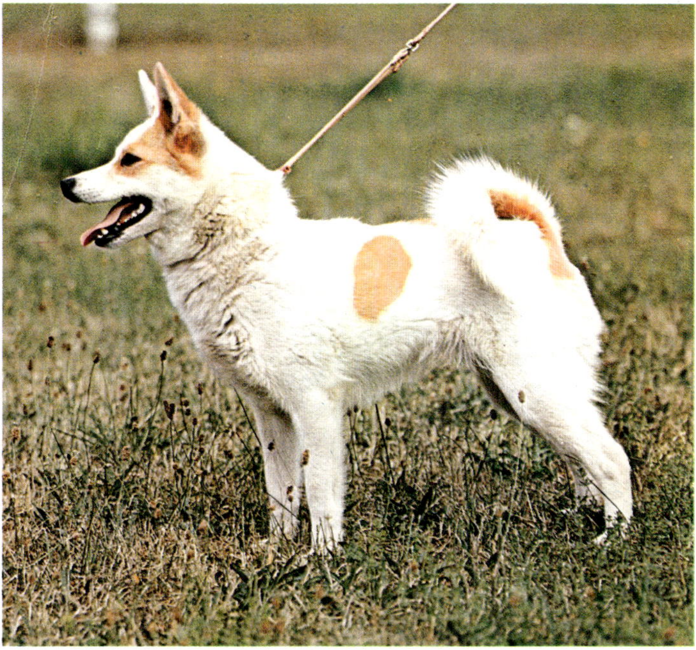

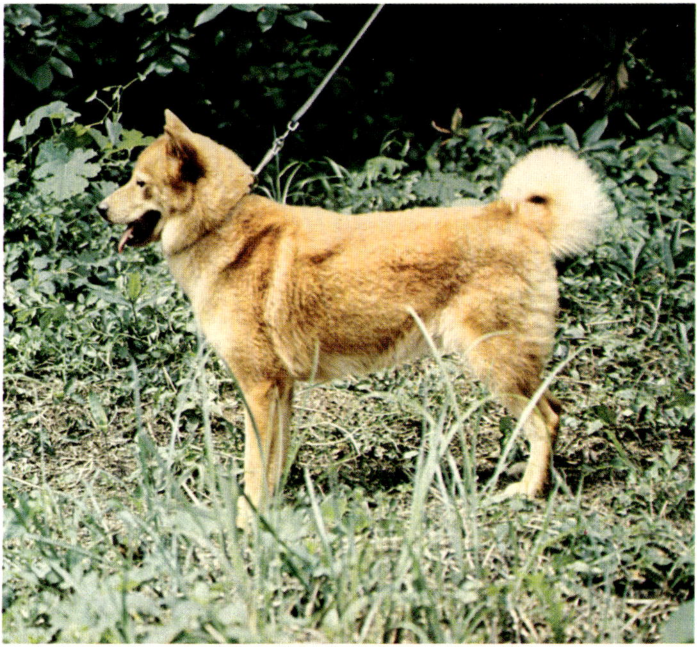

86 Tosa-Hund

Tosa Inu

Nationalität: Japan

Herkunft: Moderne Rasse, die in den Jahren 1868 bis 1912 aus Kreuzungen zwischen in der Provinz Kochi beheimateten Hunden und Bulldoggen, Bullterriers, Deutschen Doggen und Bernhardinern.

Beschreibung: Großer, beinahe grober, starker Hund. Die Schulterhöhe des Rüden liegt über 60 cm, bei einem Gewicht von mindestens 37,5 kg. Mittellange Schnauze mit kräftiger Kieferpartie und sehr starkem Gebiß; rotbraune, kleine Augen mit durchdringendem Blick; feine, anliegende Hängeohren; muskulöser Hals mit Wamme; bis zu den Sprunggelenken reichende Rute. Das Haarkleid ist kurz, kräftig, dicht, einfarbig rot. Erlaubt sind aber auch rote Scheckungen auf weißer oder andersfarbiger Grundfarbe.

Wesen: Aggressiv, mutig, grimmig aussehend, doch folgsam und, bei guter Führung, gelehrig.

Verwendung: Ursprünglich nur Kampfhund, in der Folge auch Wach- und Schutzhund. Er ist kämpferisch, aber geduldig und deswegen auch als Begleit- und Familienhund beliebt. Er zeigt sich gegen Fremde jedoch mißtrauisch.

Fütterung: Wie alle japanischen Hunde liebt er außer Fleisch auch Fische.

---

87 Akita Inu

Nationalität: Japan

Herkunft: Über Jahrhunderte reingezüchtete Rasse aus der Region Akita, auf der Insel Honsu.

Beschreibung: Imposant, kräftig gebaut, ausgewogen und vornehm aussehend. Schulterhöhe beim Rüden 63,5 bis 69,5 cm, bei der Hündin 57,5 bis 63,5 cm. Das Gewicht liegt zwischen 35 und 40 kg. Fang spitz zulaufend und kräftig; Nasenrücken gerade und kurz; kräftiges Scherengebiß; dunkle, leicht dreieckige Augen; die hoch angesetzten, dreieckigen Ohren stehen aufrecht, leicht nach vorn geneigt. Die Rute ist breit und kräftig und reicht bis zu den Sprunggelenken, bildet aber einen Kreis. Das Deckhaar ist hart und mittellang, die Unterwolle fein. Farbe: Pfeffer und Salz, roter Pfeffer, schwarzer Pfeffer, gestromt, weiß oder mit Abzeichen.

Wesen: Gefügig, aber manchmal stürmisch; vorsichtig, anhänglich, klug und mutig.

Verwendung: Diente während Jahrhunderten (1603–1925) als Kampfhund und starb deswegen fast vollständig aus. Doch die japanische Regierung beschloß, diese nationale Hunderasse zu retten und verbot die grausamen Schauspiele. Der Akita Inu wurde auch für die Jagd auf Großwild eingesetzt. Heute wird er hauptsächlich als sympathischer Begleithund gehalten, und er hat Liebhaber auch in Amerika und in Europa gefunden.

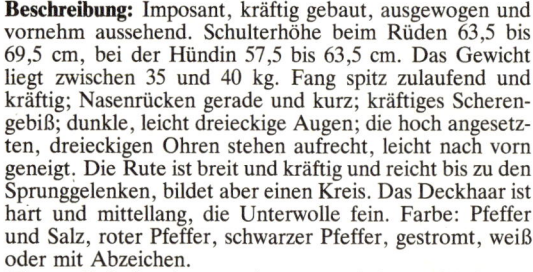

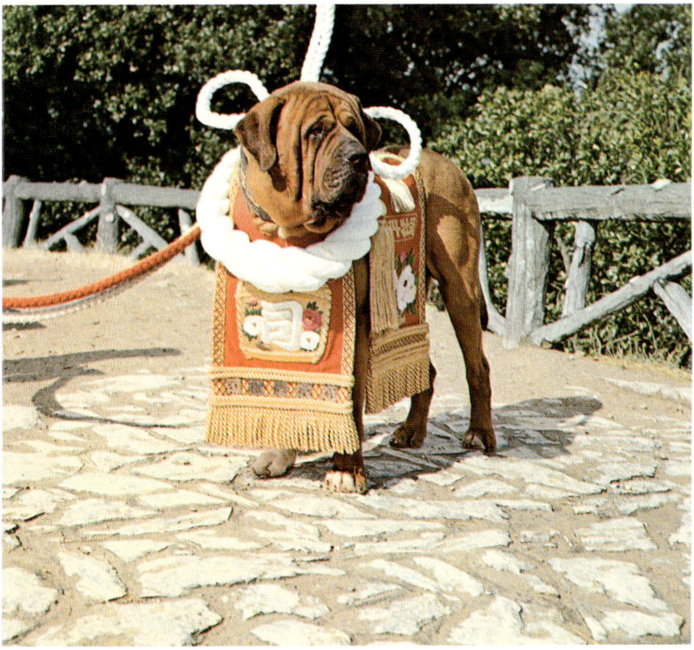

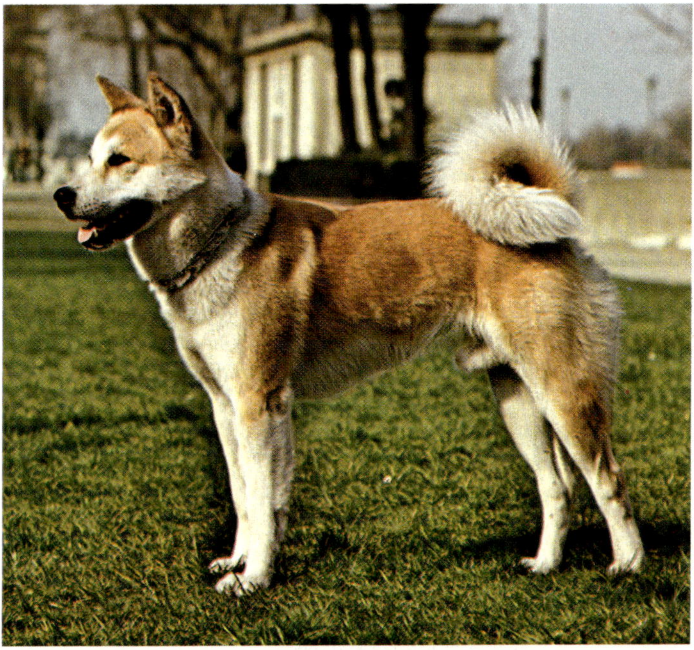

88   Sanshu-Hund

Sanshu Ken

Nationalität: Japan

Herkunft: Moderne Rasse, die 1912 durch Einkreuzung des alten Stammes der Aichi mit dem chinesischen Chow-Chow herausgezüchtet wurde.

Beschreibung: Sehr robuster Hund, der äußerst wetterfest ist. Von der Seite gesehen ist er fast quadratisch. Die Schulterhöhe beträgt beim Rüden 50 bis 55 cm und bei der Hündin 45 bis 50 cm; er erreicht ein Gewicht von 20 bis 25 kg. Keilförmiger, robuster Fang; etwas abgeflachter Schädel; schwarzer Nasenspiegel; dunkle, mandelförmige Augen; kleine, dreieckige Stehohren; großer und kräftiger Hals. Das Fell ist mittellang, hart und grob mit einem dichten Unterpelz. Farbe: rotbraun bis grau. Es gibt auch

einen kleineren Schlag, dessen Schulterhöhe 3 cm weniger beträgt, der sich sonst nicht vom größeren Sanshu-Hund unterscheidet.

Wesen: Gehorcht seinem Herrn, anhänglich, äußerst sauber in der Wohnung und im Freien (er respektiert sogar den Garten).

Verwendung: Seine Vorfahren, die Aichi, waren Jagd- und Wachhunde. Auch der Sanshu ist ein sehr zuverlässiger Wachhund, zugleich aber auch ein sehr angenehmer Begleithund, der auch außerhalb Japans mehr und mehr Freunde gewinnt.

89   Aïdi

Berger de l'Atlas, Marokkanischer Schäferhund

Nationalität: Marokko

Herkunft: Seine Abstammung ist ungewiß. Wahrscheinlich stammten seine Vorfahren aus einer marokkanischen Ortschaft aus der Sahara.

Beschreibung: Robuster und ländlich aussehender Hund, der eine gewisse Ähnlichkeit mit dem Airedale aufweist. Seine Schulterhöhe beträgt 52 bis 62 cm beim Rüden, 45 bis 58 cm bei der Hündin; sein Gewicht liegt über 30 kg. Kurzer, keilförmiger, bärenartiger Fang; sehr kräftiges Gebiß; dunkle Augen, deren Farbe der Fellfarbe angepaßt ist; halb aufgerichtete Ohren; muskulöser Hals ohne Wamme; lange, buschige Rute, die bis zu den Sprunggelenken reicht. Das dichte Haar ist ca. 6 cm lang. Farbe: sandfarben, fahlrot, weiß, rötlich mit rußigem Anflug, trikolor, usw.

Wesen: Neugierig, nervös, guter Gefährte, sehr gelehrig.

Verwendung: Außerhalb Marokkos sehr wenig bekannt. In seinem Land wird er als Hirtenhund, als Wach- und Schutzhund, als Jagdhund für Schakale und als Meldehund für Giftschlangen eingesetzt. Sein dichtes Haarkleid und seine Mähne schützen ihn vor zu starker Sonneneinwirkung und vor der nächtlichen Kälte im Gebirge. Er wird besonders von den Nomaden und Jägern geschätzt.

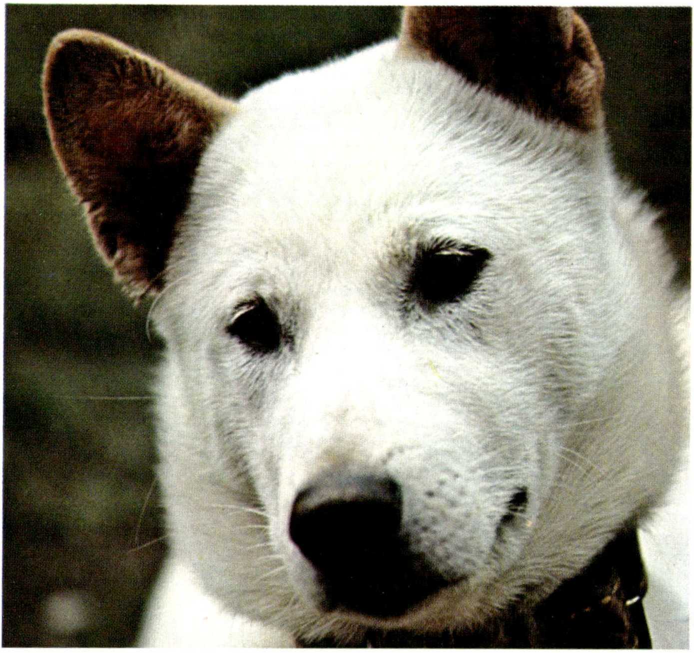

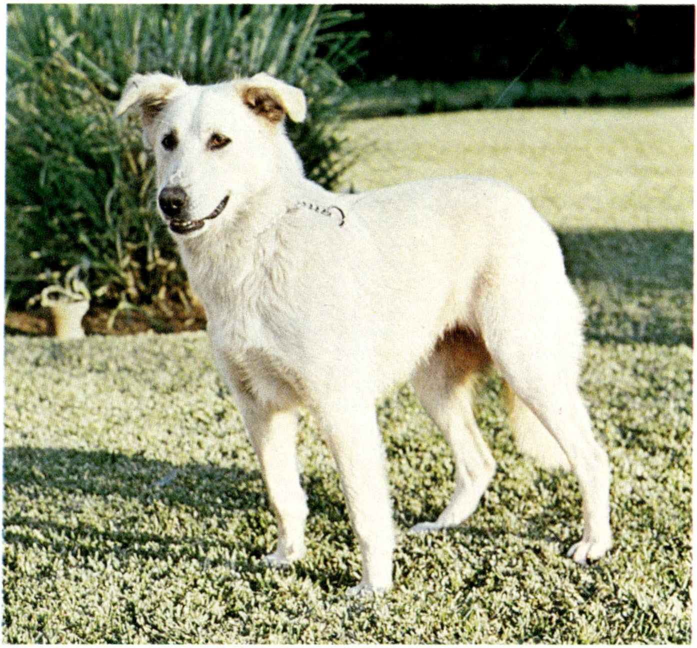

90   Cão da Serra da Estrêla

Nationalität: Portugal
Herkunft: Eine der ältesten Rassen der Iberischen Halbinsel. Ihren Namen hat sie vom Gebirgsland der Serra da Estrêla.

Beschreibung: Schwerer Hund mit äußerst kräftigen Schultern und mächtigem Kopf. Der Brustumfang beträgt 80 cm. Die Läufe sind senkrecht und gut bemuskelt. Schulterhöhe beträgt 65 bis 72 cm beim Rüden, etwas weniger bei der Hündin. Sein Gewicht: 40 bis 50 kg. Dunkle Augen mit weit offenen, leicht ovalen Lidschlitzen; kluger und heiterer Blick; kleine, feine Hängeohren; dicke, dicht behaarte Säbelrute. Haare stark und etwas rauh, sehr dicht, ähnlich wie Ziegenhaar; feine und kurze Unterwolle. Farbe: erlaubt ist nur rehbraun, wolfsgrau, gelb, einfarbig oder mit Abzeichen.

Wesen: Äußerst gehorsam seinem Herrn gegenüber, sehr bissig gegen Fremde; intelligent, gelehrig, kämpferisch.
Verwendung: Wird als Verteidiger der Herden abgerichtet, außerdem als Zughund zum Transport von Milch und Käse, als Wachhund, der auch Wölfe bekämpft; als Begleithund genießt er nicht den allerbesten Ruf.

91   Cão de Castro Laboreiro

Nationalität: Portugal
Herkunft: Uralte portugiesische Rasse, genannt nach dem Dorf Laboreiro im Norden des Landes, wo sie besonders häufig angetroffen wird.
Beschreibung: Kräftiger, wolfsartiger Hund, der zugleich leichtfüßig und edel wirkt. Die Schulterhöhe beträgt 56 bis 60 cm beim Rüden, 52 bis 57 cm bei der Hündin. Gewicht 30 bis 40 kg, respektive 25 bis 35 kg. Der Kopf ist kräftig entwickelt, aber nicht schwerfällig; schwarze Nase mit weiten Löchern; kräftige Kiefer mit weißem, starkem Gebiß; breiter und tiefer Brustkorb; Bauch eingezogen; lange, stark behaarte Rute; kastanienbraune Mandelaugen; dreieckige, abgerundete Ohren. Das Haar ist grob, sehr widerstandsfähig, gleichmäßig deckend. Farbe: wolfsfarben, in allen Tönungen, zum Teil mit rötlichen oder braunen Haaren vermischt.

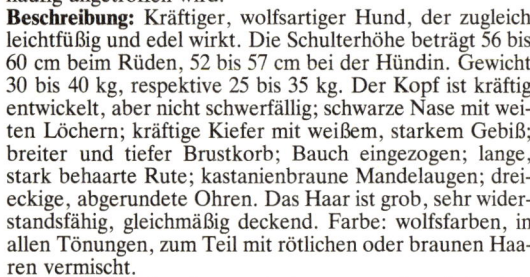

Wesen: Unerschrocken, gefügig, treu, anhänglich. Sein typisches Bellen fängt mit tiefen Tönen an und geht in einen hohen Heulton über.
Verwendung: Guter Wach- und Schutzhund für Schaf- und Rinderherden, der besonders Wölfe unerbittlich bekämpft. Scheut weder unwegsames Gelände. Er wird auch als Wachhund für entlegene Häuser gehalten. In der Familie zeigt er sich als angenehmer Gefährte, gegen Fremde ist er jedoch ziemlich mißtrauisch.

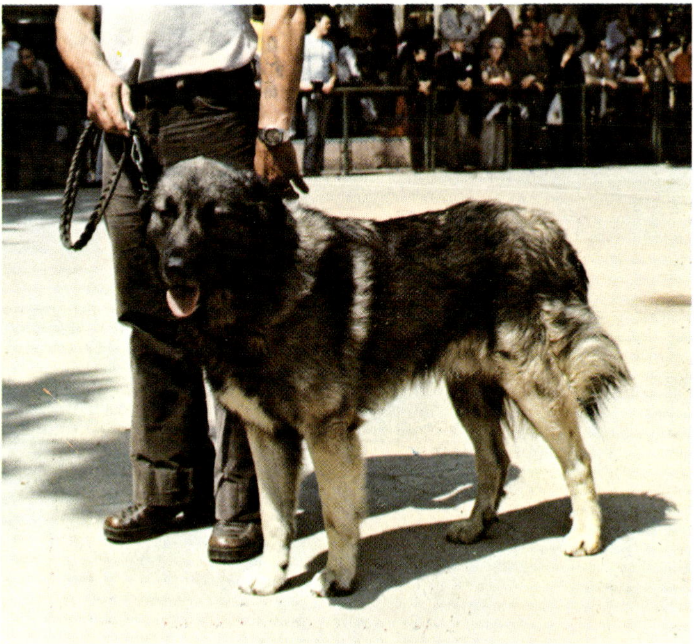

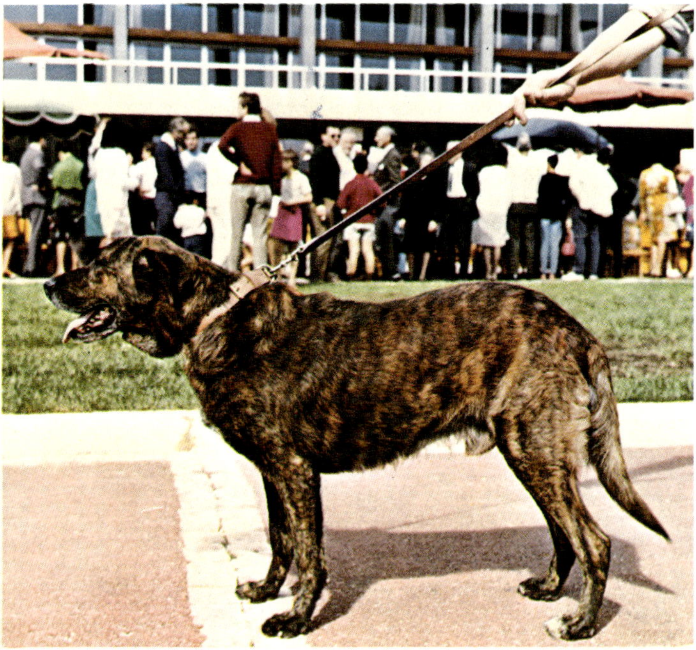

92 Tibet-Dogge
Tibet Mastiff

Nationalität: Großbritannien
Herkunft: Ihr Urahne ist der alte Tibethund, von dem auch die meisten europäischen Doggen und viele Berghunde abstammen. Die Engländer haben sich der Rasse angenommen, nachdem sie im Osten fast ausgestorben war.
Beschreibung: Kräftiger Hund mit schwerem Knochenbau. Er kann eine Schulterhöhe von 80 cm und ein Gewicht von fast 50 kg erreichen. Marco Polo beschrieb ihn als einen Hund «so hoch wie ein Esel und mit einer Stimme so stark wie die eines Löwen». Kopf massig; Fang doggenartig, aber leichter als beim Mastiff; kräftige Kiefer; braune, mittelgroße Augen; herzförmige Hängeohren; mächtiger Hals; Rute seitwärts über den Rücken gerollt getragen. Langes, gerades Deckhaar mit schwerer, dichter Unterwolle. Farbe: reinschwarz und lohfarben.
Wesen: Die wenigen im Tibet verbliebenen Exemplare sind wild und gefährlich, mit unberechenbarem Verhalten, und nur schwer abrichtbar. Die in Großbritannien gezüchteten Tiere sind folgsamer und zeigen sich anhänglicher gegenüber ihrem Herrn.
Verwendung: Ausgezeichneter Hirtenhund, der die Leoparden und Bären unerbittlich bekämpft, sobald sie die Herde bedrohen. Bewacht ganze Dörfer und abgelegene Häuser. Er kann auch in einer zivilisierten Umgebung leben, doch braucht er mindestens einen Garten zu seiner Verfügung.

93 Keeshond

Nationalität: Niederlande
Herkunft: Stammt aus dem Norden und ist ein Kreuzungsprodukt von Samojede, Chow-Chow, Elkhound und Spitz. Während der Französischen Revolution wurde er zum Symbol des Freiheitskampfes und deshalb nach dem Vornamen des holländischen Freiheitskämpfers Kees de Gyselaer benannt. Die Rasse geriet später fast in Vergessenheit und wurde erst ab 1920 wieder regelrecht gezüchtet.
Beschreibung: Mittelgroßer Hund. Die Schulterhöhe beträgt 44 bis 48 cm beim Rüden, 10% weniger bei der Hündin. Das Gewicht liegt zwischen 25 und 30 kg. Er gleicht dem Samojeden, seinem Ahnen, hat schräg eingesetzte, kastanienbraune Augen, dreieckige Stehohren, eine nicht zu lange, über dem Rücken getragene Rute. Üppige Behaarung aus gesträubten, harten Deckhaaren und reichlicher Unterwolle. Das Fell sieht immer wie frisch gewaschen und gebürstet aus. Die Farbe ist eine Mischung von grau und schwarz.
Wesen: Lebhaft, aktiv, intelligent, anhänglich, mißtrauisch gegen Fremde und immer wachsam.
Verwendung: Da er ein guter Schwimmer ist, wurde er früher von den Flußschiffern als Bootshund gehalten. Heute ist er ein Stadthund und ein sehr wachsamer Wächter.

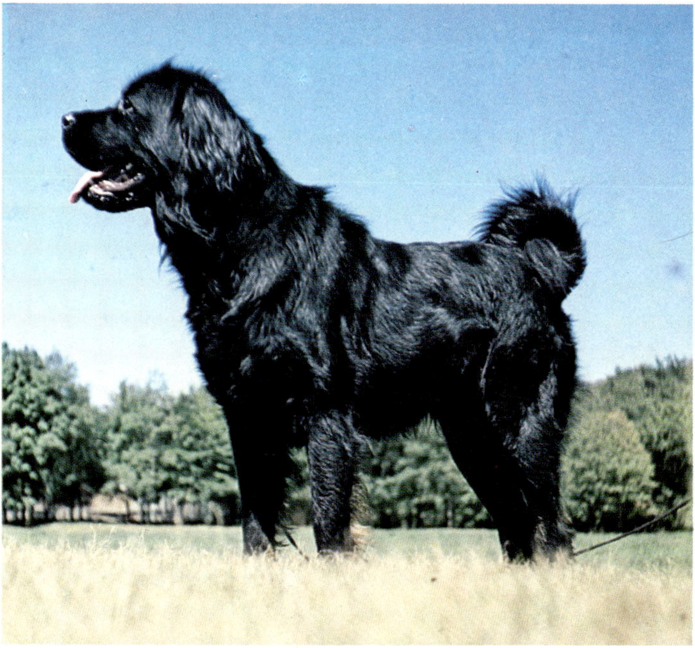

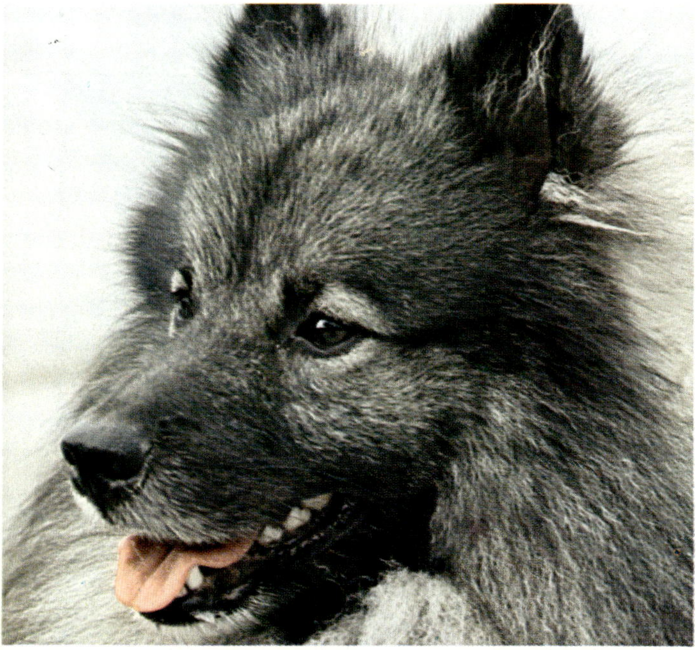

Terrier

94 Glatthaar-Foxterrier

Nationalität: Großbritannien

Herkunft: Die Terrier sind uralte Hunde. In seiner Naturgeschichte (Naturalis historia) schrieb Plinius der Ältere, daß die Römer im Jahre 55 v. Chr. Großbritannien erobert und dort zu ihrem Erstaunen kleine Hunde vorgefunden hätten, die ihre Beute bis in deren Bauten verfolgten. Auch Marco Polo berichtet, daß Dschingis-Khan viele Jagdhunde hielt und darunter kleine Erdhunde, die er besonders schätzte. Der erste echte Terrier wurde jedoch von John Caius, einem bedeutenden englischen Humanisten und Arzt aus Cambridge, im Jahre 1570 beschrieben. Seither gibt es in der Kynologie zahlreiche Berichte über Terrier, über ihr Temperament und über die vielen erstaunlichen Varietäten, die die ganze Welt erobert haben.

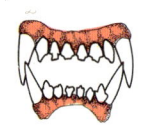

Um die heutigen Formen der Terrier zu erhalten, kreuzten Züchter den alten deutschen Dachshund und englische Laufhunde ein, und später auch den Foxhound und den Beagle. Der erste offizielle Standard des Glatthaar-Foxterriers stammt aus dem Jahre 1876.

Beschreibung: Dieser Hund besitzt besonders gefährliche Waffen: kräftige Kiefer, stark entwickeltes Gebiß, viel Schwung, eine große Körperkraft und vor allem Mut. Gut gebaut, mit viel Substanz, elegant, mit einer Schulterhöhe nicht über 40 cm und einem Gewicht von ca. 8 kg, Hündinnen etwas kleiner. Der Schädel ist lang und flach, der Fang verjüngt sich zum schwarzen Nasenspiegel hin. Kleine, dunkle, tiefliegende Augen mit äußerst lebhaftem Blick; V-förmige, nach vorn fallende Ohren; trockener, muskulöser Hals; die Rute, die normalerweise auf einen Viertel der Gesamtlänge kupiert wird, wird aufrecht getragen. Dichtes Glatthaar. Grundfarbe weiß mit brauner und/oder schwarzer Kopfzeichnung und Körperplatten.

Wesen: Schon seine äußere Erscheinung läßt unschwer erkennen, daß es sich beim Glatthaar-Foxterrier um einen lebhaften, fröhlichen, aktiven und attraktiven Hund handelt. Er ist etwas rauflustig mit anderen Hunden, spielt aber fürs Leben gern, ganz besonders mit Kindern. Er zeigt sich sehr anhänglich an seine Familie und wahrt eifersüchtig seine Rechte.

Verwendung: Der Foxterrier ist ein geborener Erdhund, der im Kampf dem Fuchs ebenbürtig ist. Sein Name selbst, Fox (Fuchs) Terrier (Erdhund), besagt alles! Sein Jagdinstinkt ist immer noch ausgeprägt, obschon er heute eher als Begleithund gehalten wird. Im Hause verschmäht er weiche Kissen; er ist intelligent, neugierig, kampflustig, nimmt freudig an jedem Geschehen in der Familie teil. Da er gerne bellt, wird er auch als guter Wächter von Wohnung und Auto geschätzt.

Fütterung: Als sehr dynamischer Hund verbraucht der Foxterrier natürlich ziemlich viel Energie. Demnach erhält er täglich 250 g Fleisch, sowie Reis und Gemüse.

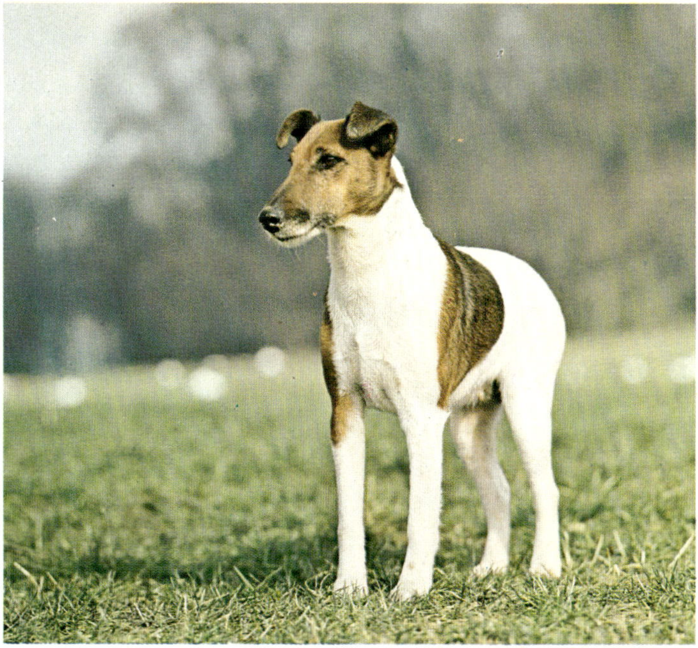

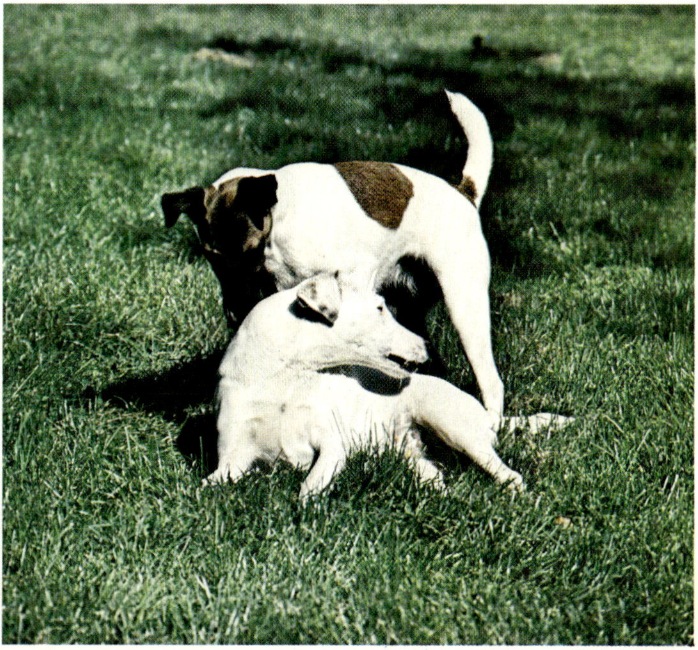

95 Drahthaar-Foxterrier

Nationalität: Großbritannien
Herkunft: Dieselbe wie für den Glatthaar-Foxterrier.
Beschreibung: Man sagt von ihm, er sei ein gut gekleideter Bruder des Glatthaar-Foxterriers. Aber obschon sie so eng verwandt sind, werden sie von den Kynologen als zwei verschiedene Rassen angesehen. Auch beim Drahthaar-Foxterrier geht es um Zentimeter und sogar um Millimeter: seine Schulterhöhe darf 39,37 cm nicht übersteigen; sein erlaubtes Höchstgewicht ist 8,208 kg. Außer in seinem Haarkleid unterscheidet sich der Drahthaar-Foxterrier nicht von seinem glatthaarigen Bruder. Das Haar ist dicht und hart wie die Kokosnußfasern und darf nicht allzu stark gekraust sein. Die Grundfarbe ist auch hier weiß, mit schwarzen und braunen Markierungen. Die Rute wird geschoren und das ganze Haarkleid getrimmt, so daß der Hund wie ein Plüschtier aussieht.

Wesen: Vergleichbar mit dem des glatthaarigen Foxterrier.
Verwendung: Geborener Erdhund, der heute jedoch wegen seines äußerst ansprechenden Aussehens nur noch als Begleithund gehalten wird. Nützlich als Wächter für Haus und Auto.

---

96 Airedale Terrier

Nationalität: Großbritannien
Herkunft: Diese Rasse wurde vor einem Jahrhundert in der Grafschaft York aus Kreuzungen zwischen dem alten Arbeits-Terrier (Working Terrier), dem Otterhound, einem Lauf- und Wasserhund, u. a. m. geschaffen. Seinen Namen hat der Airedale Terrier von dem Tal des Aireflusses im Yorkshire.
Beschreibung: Sieht wie ein riesiger Rough Terrier aus. Sein Mantel ist lohfarben mit großem schwarzem Sattel. Das Haarkleid besteht aus drahtigem Haar, das die Feuchtigkeit abstößt und getrimmt werden muß. Schulterhöhe 59 bis 61 cm, Gewicht ungefähr 20 kg. Kleine, dunkle, lebhafte Augen; V-förmige, nach vorn fallende Ohren; hoch getragene, kupierte Rute.

Wesen: Er wurde früher zur Bären- und Wolfsjagd gebraucht. Durch die hundertjährige Zuchtauslese machte man aus ihm einen richtigen «Gentleman», geduldig, lebhaft, anhänglich. Er braucht viel Liebe und Zuneigung.
Verwendung: Er ist nicht, wie die kleineren Terriers, ein Erdhund, eignet sich jedoch für die Jagd auf Fischotter in sumpfigen Gebieten sowie auf Hirsche und Wildschweine. Im Krieg war er ein ausgezeichneter Meldehund, Wächter, Angreifer, Rattenfänger und wurde auch als Polizei- und Schutzhund abgerichtet. Heute wird er aber, sicher zu Unrecht, fast nur noch als Begleithund verwendet.

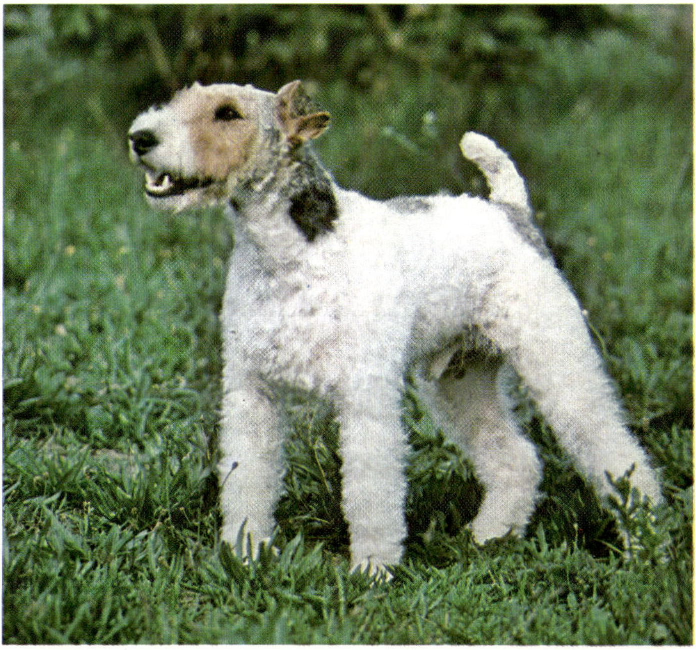

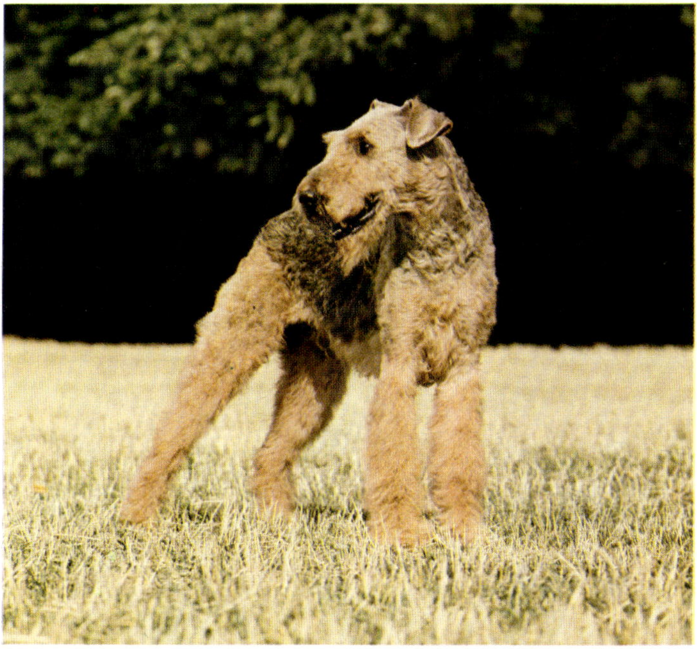

97 Bedlington Terrier

Nationalität: Großbritannien

Herkunft: Die Rasse entstand Ende des XVIII. Jahrhunderts. Englische Bergleute brauchten einen Hund als Rattenvertilger in den Schächten. So züchteten sie, wahrscheinlich aus Dandie Dinmont Terriers, Otterhounds und Whippets, den Bedlington Terrier, der 1885 offiziell anerkannt wurde. Seinen Namen verdankt er einer kleinen nordenglischen Ortschaft.

Beschreibung: «Ein Löwenherz im Fell eines Schäfchens». Er gleicht tatsächlich sehr einem Schaf. Birnenförmiger Kopf; langer Fang; Zangen- oder Scherengebiß; kräftige Zähne; kleine, tiefliegende Augen; Ohren tief angesetzt und dicht an den Wangen herabhängend; Rute zur Spitze sich verjüngend; gerade Vorderläufe; Hasenpfoten. Das Haarkleid ist dicht und wattig und muß geschoren werden. Farbe: blau, blau und lohfarben, sand- und leberfarben. Schulterhöhe 38 bis 40 cm; Gewicht 10 bis 11 kg.

Wesen: Obschon er wie ein Schaf aussieht, war der Bedlington Terrier ursprünglich aggressiv. Dank Zuchtauswahl gilt er heute als anhänglicher, ergebener Hund.

Verwendung: Geborener Rattenfänger, Erdhund, Jagdhund, der auch heute noch nichts von seinen Instinkten eingebüßt hat. Er wird aber vor allem als Wohnungshund und wachsamer Wächter gehalten.

---

98 Border Terrier

Nationalität: Großbritannien

Herkunft: Diese Rasse entstand im frühen XIX. Jahrhundert im englisch-schottischen Grenzgebiet und wurde hauptsächlich zur Fuchsjagd verwendet. Sie wurde 1920 offiziell anerkannt.

Beschreibung: Einer der kleinsten und unscheinbarsten Vertreter der großen Terrierfamilie. Schulterhöhe 25 bis 35 cm, Gewicht zwischen 6 und 7 kg. Typischer, fischotterähnlicher Kopf; kurzer, kräftiger Fang; Scherengebiß; dunkle Augen mit lebhaftem Ausdruck; Ohren V-förmig, klein, nach vorn fallend; Rute breit an der Wurzel, nicht zu lang, fröhlich getragen; gerade Läufe, nicht zu grob im Knochenbau. Harsches und dichtes Haar über kurzer, enganliegender Unterwolle. Farbe: rot, weizenfarben, grizzle und tan (schwarzgrau meliert mit Lohfarbe), blau-lohfarben.

Wesen: Draufgängerisch, äußerst vital, unermüdlicher Jäger, sehr freundlich zur Familie und besonders liebevoll mit Kindern.

Verwendung: Als typischer, widerstandsfähiger, schmerzunempfindlicher, schlanker und zäher Terrier wurde er jahrzehntelang fast ausschließlich zur Fuchsjagd verwendet. Wie den meisten Terriers erging es auch ihm: die Tore der Familie öffneten sich für ihn und er wurde, dank seines Temperamentes und seiner Anpassungsfähigkeit, zum vielgeliebten Begleithund. Trotz seiner Raubzeugschärfe kann er sich mit Haustieren gut anfreunden.

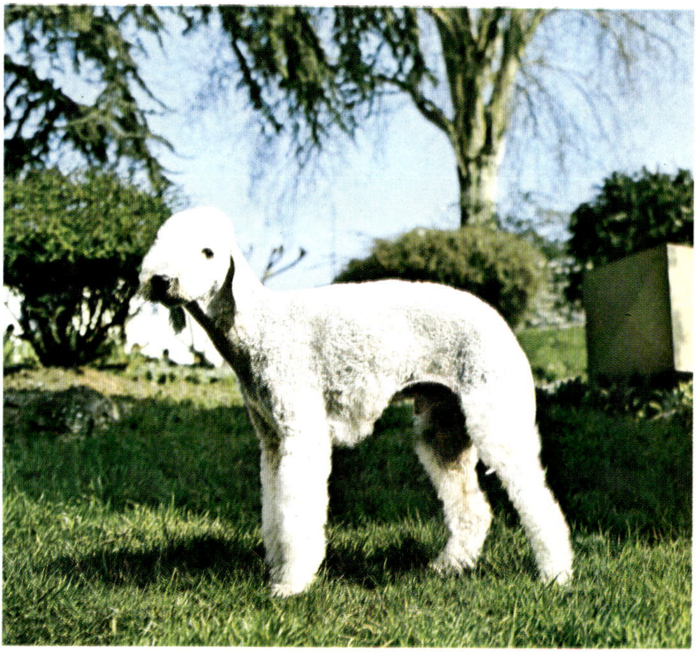

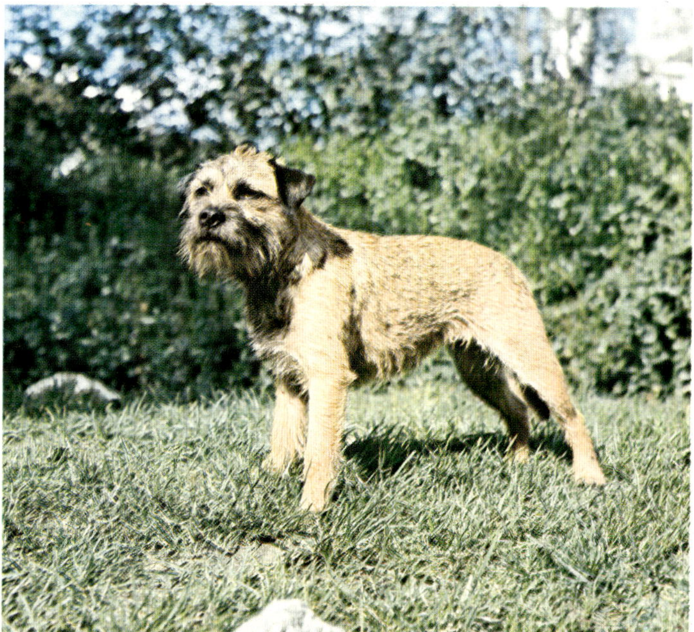

99　Bullterrier

Nationalität: Großbritannien

Herkunft: Um 1830, als blutige Schaukämpfe, bei denen Hunde auf Stiere gehetzt wurden, noch sehr beliebt waren, kamen Anhänger dieser «Sportart» auf die Idee, einen neuen Kampfhund zu züchten, der wendiger als seine Widersacher sein sollte. Zu diesem Zweck kreuzte man die Bulldogge mit dem alten englischen Terrier und führte auch das Blut des spanischen Pointers hinzu.

Beschreibung: Langer, eiförmiger Schädel ohne Stop; äußerst kräftige Kiefermuskulatur; gesundes, starkes und regelmäßiges Gebiß; dunkle, sehr kleine, mandelförmige Augen; starke und muskulöse Schultern; Körper mit ausgeprägter Rippenwölbung und großer Brusttiefe; kurze, waagrecht getragene Rute. Haarkleid kurz, hart, glänzend. Farbe: reinweiß, weiß mit schwarzen oder gestromten Markierungen am Kopf, gestromt, rötlich, schwarz, tricolor. Die Schulterhöhe wird im Standard nicht festgelegt. Das Gewicht beträgt 23,5 bis 28 kg.

Wesen: Durch eine kluge Zuchtauswahl wurde der einst äußerst scharfe Hund viel umgänglicher. Heute ist er liebenswürdig, treu, gut erziehbar und folgsam.

Verwendung: Der geborene Gladiator wurde im Laufe der Zeit auch als Wächter und Verteidiger von Schafherden, als Rattenfänger, Begleithund und Schutzhund gehalten.

100　Cairn Terrier

Nationalität: Großbritannien

Herkunft: Diese Rasse war schon im XVI. Jahrhundert bekannt; auf Ausstellungen erschien sie aber erst im Jahre 1902, und richtig populär wurde sie in den zwanziger Jahren. In Schottland wurden einst zahlreiche Steinhaufen errichtet, um die Gutsgrenzen oder um Gräber zu markieren. Diese kleinen Anhäufungen – «cairn» genannt – wurden sehr schnell zu beliebten Behausungen für allerlei kleines Raubzeug. So züchtete man einen kleinen Erdhund, der in solche Steinhaufen kriechen konnte, um dort die Jagd auf die Eindringlinge aufzunehmen. So entstand der Cairn Terrier.

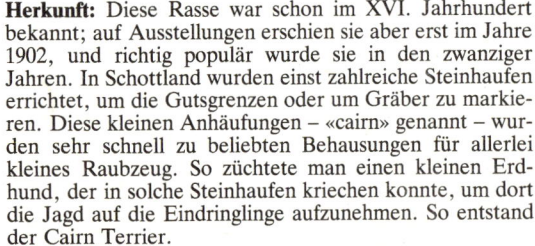

Beschreibung: Der Cairn Terrier hat einen fuchsigen Ausdruck. Sein Fang ist kräftig, aber nicht schwerfällig; Scherengebiß; breiter und robuster Kopf; tiefliegende, dunkelhaselnußbraune Augen; spitze Stehohren; kurze, aufrecht getragene Rute; kurze Läufe mit gutem Knochenbau. Die Schulterhöhe beträgt maximal 30 cm bei einem Idealgewicht von 6,3 kg. Üppiges, rauhes Deckhaar über dichter, pelziger Unterwolle. Farbe: rot, sandfarben, grau, Pfeffer und Salz, fast schwarz.

Wesen: Lebhaft, munter, anhänglich, gelehrig und attraktiv.

Verwendung: Trotz rauher Vergangenheit hat er sich sehr gut an das Leben in der Wohnung gewöhnt und ist von allen Terriers der leinenführigste.

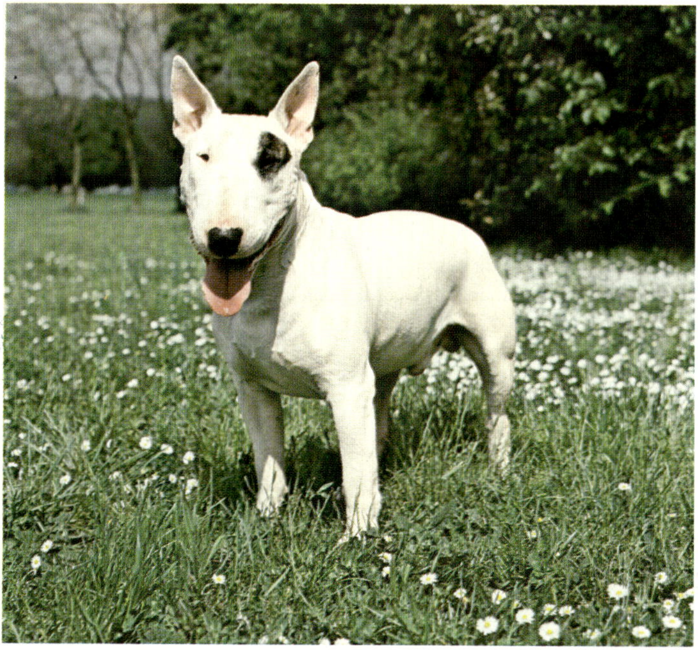

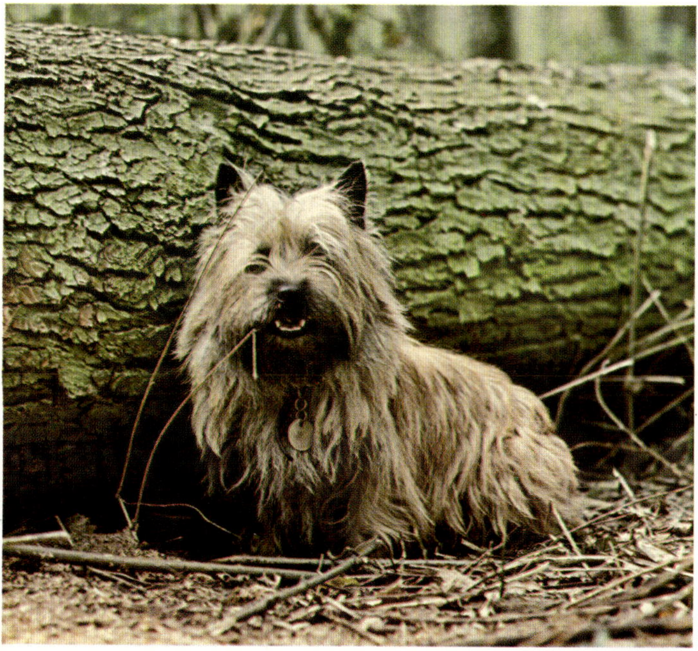

101   Dandie Dinmont Terrier

Nationalität: Großbritannien
Herkunft: Diese alte Rasse entstand aus Kreuzungen zwischen Scottish Terrier, Skye Terrier und Bedlington und wurde hauptsächlich von Zigeunern gezüchtet und gehalten. Seine Popularität verdankt er einem Roman von Walter Scott, der 1814 erschien und dessen Held der Farmer und Jäger Dandie Dinmont war. Letzterer besaß kleine Terriers, deren Beschreibung auf den heutigen Dandie Dinmont Terrier paßte, und so kam der sympathische Hund zu seinem Namen.
Beschreibung: Schulterhöhe 20 bis 25 cm bei einem Gewicht von ca. 8 kg. Der Kopf ist stark und breit gebaut; schwarzer Nasenspiegel und haarloser Nasenrücken; glänzende und lebhafte, nicht hervortretende Augen; Hängeohren; Körper lang und biegsam; Rute 20 bis 25 cm lang; kurze, stark bemuskelte Läufe; kräftige Schenkel. Mischhaar aus harschem und weichem Haar, am Körper etwa 5 cm lang. Farbe: dunkler Pfeffer, silberblau, senffarben, rötlichbraun.
Wesen: Der Dandie Dinmont ist sehr verspielt und anhänglich. Er ist ein äußerst angenehmer Gefährte mit überaus lustigem Ausdruck.
Verwendung: Sein sehr ansprechendes Aussehen (langgestreckter Körper, sehr kurze Läufe, lustiger Stirnschopf) hat ihn auch zum beliebten Begleithund gemacht.

---

102   Irish Terrier

Nationalität: Irland
Herkunft: Seine überlieferte Rassegeschichte ist zweitausend Jahre alt. Die erste bekannte Abbildung stammt aus dem XVIII. Jahrhundert.
Beschreibung: Er gleicht stark dem Drahthaar-Foxterrier, und die Verwandtschaft mit ihm erscheint klar. Seine Schulterhöhe beträgt 46 cm und sein Idealgewicht 12,3 kg. Flacher und enger Oberkopf; lange Schnauze; kräftiger Fang; Scherengebiß; kleine, dunkle Augen; V-förmige, nach vorn fallende Ohren; kupierte Rute, die aufrecht getragen wird. Gerade, gut bemuskelte Vorderläufe mit starkem Knochenbau. Doppeltes Haarkleid: Deckhaar hart und drahtig, sehr leicht gewellt, rot, wie es die Tradition bei manchen irischen Hunden will. Die verschiedenen Tönungen sind feuerrot, rotweizen, gelbweizen. Das Haarkleid muß getrimmt werden.
Wesen: Man nannte ihn früher «Teufelskerl» seines außergewöhnlichen Mutes wegen. Heute ist er freundlich, anhänglich, gelehrig und würdevoll.
Verwendung: Man braucht ihn als Erdhund, als Retriever (zum Aufstöbern und Apportieren von geschossenen Kaninchen), zum Aufsuchen von Fischottern und Ratten im Gewässer, als Meldehund während des Krieges.
Heute ist der Irish Terrier ein beliebter Begleithund, der sich auch in der Stadt und in jedem Klima wohlfühlt.

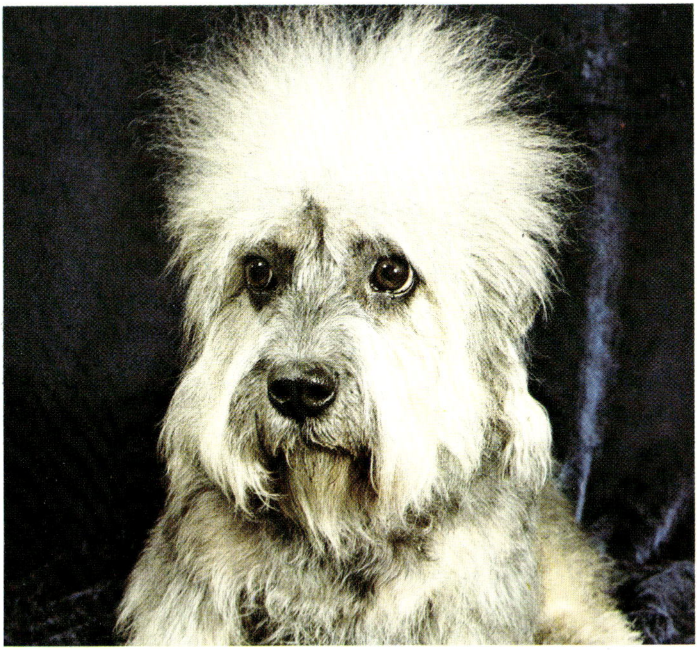

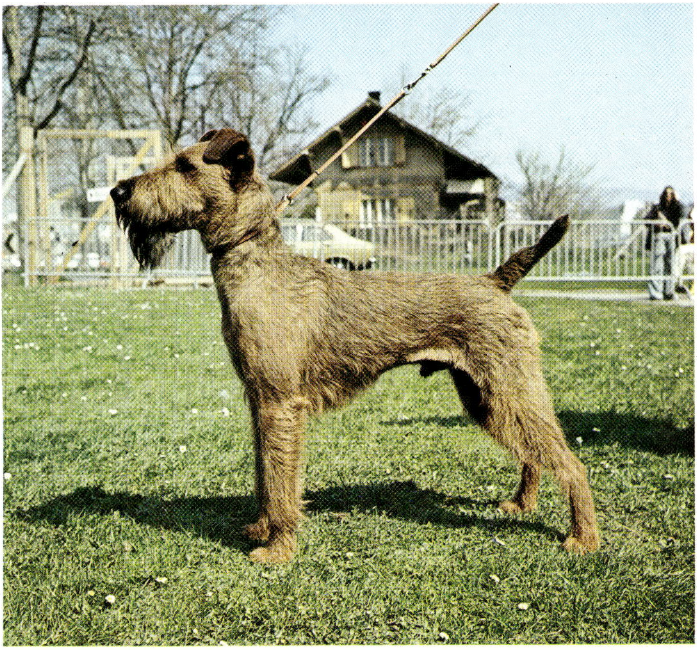

103 Jack Russell Terrier

Nationalität: Großbritannien

Herkunft: Der Jack Russell Terrier wurde im letzten Jahrhundert vom anglikanischen Pfarrer Jack Russell, einem berühmten Terrierzüchter und Kynologen, erschaffen.

Beschreibung: Es handelt sich um eine offiziell nicht anerkannte Rasse und so gibt es auch keinen maßgebenden Standard. Er gleicht einem Foxterrier auf kürzeren Läufen. Seine Schulterhöhe beträgt ungefähr 30 cm. Er hat dunkle, tiefliegende Augen, hoch angesetzte, nach vorn oder seitlich fallende Ohren, ein drahtiges Haarkleid. Die Farbe ist hauptsächlich weiß, mit rötlichen Abzeichen am Kopf und auf dem Körper. Man kennt zwei Schläge: einen glatthaarigen und einen rauhhaarigen Schlag.

Wesen: Mutig, munter, ergeben und folgsam.

Verwendung: Wie alle kleinen Terriers wird er zur Jagd unter der Erde gebraucht. Sein Mut und seine Schnelligkeit machen ihn unübertroffen bei dieser Arbeit, und er soll sich besonders auch für sehr enge Bauten eignen. Diese Rasse ist bei uns nicht sehr gut bekannt, aber auch ihre Vertreter figurieren unter der Schar der Begleithunde.

Bemerkung: Nach dem Tod von Rev. Jack Russell im Jahre 1883 fiel der vormals sehr beliebte Hund etwas in Vergessenheit. Es gibt aber heute noch in England rein gezüchtete Vertreter dieser Rasse, die genau dem Typ entsprechen, den ihr erster Züchter festgelegt hatte.

104 Kerry Blue Terrier

Nationalität: Irland

Herkunft: Der Kerry Blue Terrier wurde im XVIII. Jahrhundert von irischen Hirten aus der Grafschaft Kerry aus Kreuzungen zwischen Irish Terrier, Dandie Dinmont und Bedlington erschaffen. Sein Standard wurde Ende des Ersten Weltkrieges aufgestellt. Zusammen mit dem Kleeblatt ist er heute ein Symbol Irlands.

Beschreibung: Schulterhöhe beim Rüden 46 bis 48 cm, bei der Hündin etwas weniger. Gewicht: 15 bis 17 kg. Der Kerry Blue Terrier ist ein kräftiger, kompakter, anmutiger Hund mit einem langen und geraden Kopf, einem starken Fang und einem leichten Stop. Die Augen sind sehr dunkel, die V-förmigen Ohren fallen nach vorn, der Hals ist lang und breit, die (kupierte) Rute wird aufrecht getragen. Er hat gerade und starkknochige Läufe. Das Haarkleid ist seidig, weich, üppig und gewellt, in allen Schattierungen von Blau, vom hellen Silberblau bis zum dunklen Stahlblau.

Wesen: Kampflustig, aber gelehrig und anhänglich. Ein liebes, aber etwas dickköpfiges Familienmitglied.

Verwendung: Man erwähnt ihn häufig als guten Erdhund, als Retriever für Wildgeflügel, als Verteidiger von Schaf- und Rinderherden, als Wachhund, Rattenfänger und Diensthund der Polizei.

Bemerkung: Als Ausstellungshund muß er geschoren werden.

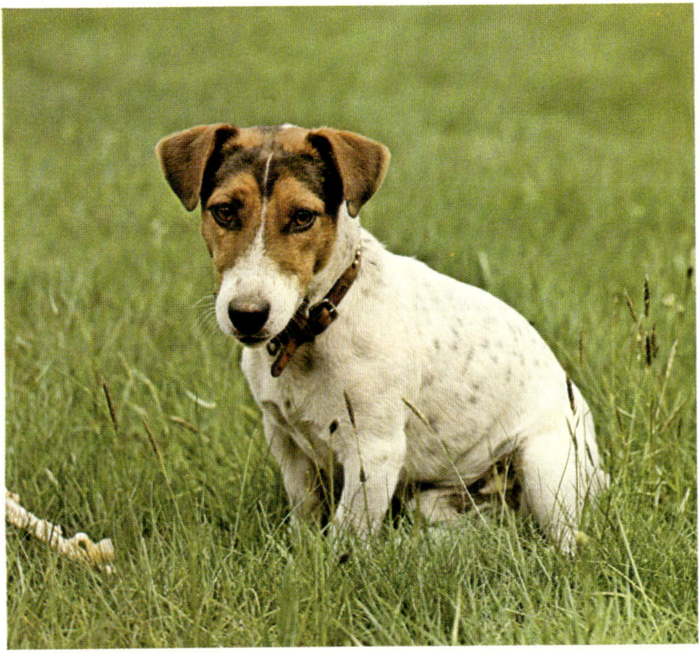

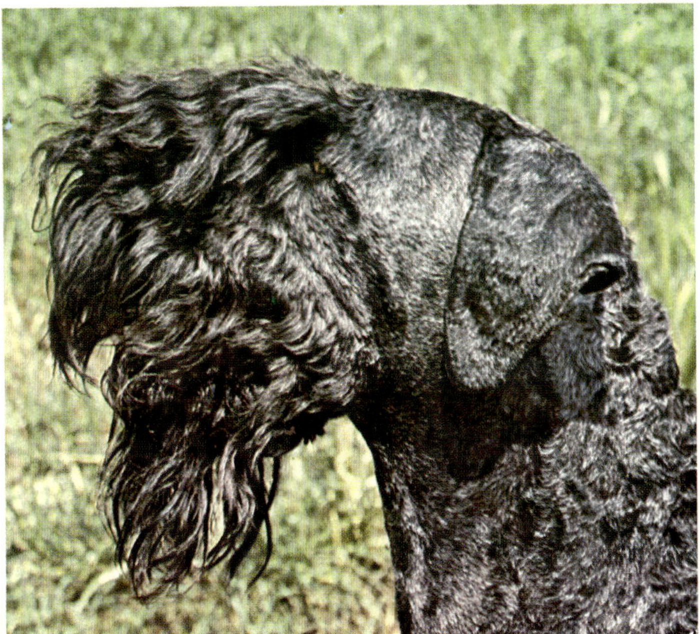

105   Lakeland Terrier

Nationalität: Großbritannien

Herkunft: Die Rasse entstand im XIX. Jahrhundert, wahrscheinlich aus Kreuzungen zwischen Bedlington Terrier und alten rauhhaarigen englischen Terrier. 1921 wurde sie anerkannt.

Beschreibung: Elegant, mit einem schönen, länglichen Kopf und geraden, grobknochigen Läufen. Die Schulterhöhe darf 36,8 cm nicht übersteigen, bei einem Gewicht von 7,7 kg beim Rüden und 6,8 kg bei der Hündin. Kräftiger Fang; dunkelbraune oder haselnußbraune Augen; kleine, V-förmige Ohren; kupierte und aufrecht getragene Rute; hartes, dichtes und witterungsunempfindliches Deckhaar über dichter Unterwolle. Farbe: schwarz-lohfarben, blaulohfarben, rötlich, weizenfarben, pfeffersalz-lohfarben (grizzle), leberfarben, blau, schwarz. Weiße Abzeichen an Brust und Pfoten werden nicht als Fehler bewertet. Das Haarkleid muß getrimmt werden.

Wesen: Anhänglich, lebhaft, munter, empfindsam, eigensinnig, wachsam und zähe.

Verwendung: In seiner Heimat, im englischen Seendistrikt (Lakeland) wurde er mit viel Erfolg bei der Jagd auf Fischotter und als Erdhund für Fuchs- und Dachsbauten eingesetzt und eignete sich ganz besonders für steinige und unwegsame Gegenden. Seine Schönheit und sein angenehmes Wesen haben ihn heute zum beliebten, seltenen Haus- und Luxushund gemacht.

106   Manchester Terrier

Nationalität: Großbritannien

Herkunft: Diese Rasse stammt aus dem XIX. Jahrhundert, aus der Gegend von Manchester. Sie entstand aus Kreuzungen zwischen dem Black and Tan Terrier und dem italienischen Windspiel.

Beschreibung: Durchschnittliche Schulterhöhe: 25 cm; Gewicht: 8 kg beim Rüden, 7,7 kg bei der Hündin. Elegant und kompakt, mit einem langen, keilförmigen Kopf; feiner Fang, Scherengebiß; V-förmige Ohren; kleine, längliche Augen; kurze, aber nicht kupierte Rute. Das Haar ist dicht, glatt und glänzend und benötigt keiner Spezialpflege. Die Farbe ist tiefschwarz mit mahagoniroten Abzeichen an Läufen und Fang.

Wesen: Intelligent, äußerst lebhaft, treu.

Verwendung: Dank seiner geringen Größe und seines gewinnenden Wesens wird er heute als Begleithund sehr geschätzt. Seine Popularität nimmt jedoch langsam ab, sogar in seiner Heimatstadt.

Bemerkung: Seit 1879, dem Gründungsjahr des Clubs für Manchester Terriers, wurden zwei Schläge unterschieden: einen größeren (Rattenfänger) und einen kleineren (Wohnungshund), dessen Nachkomme der kleine englische Terrier mit kurzem Haar (Black and Tan Toy Terrier) ist.

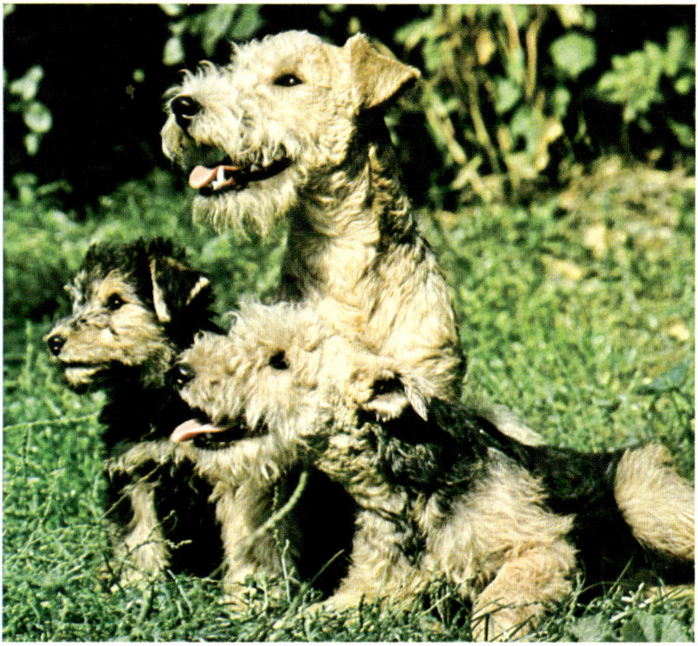

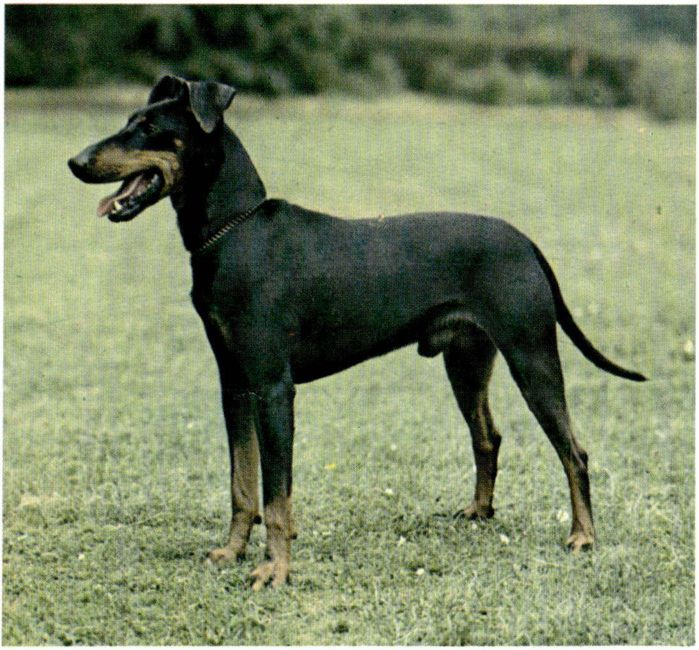

107 Norfolk Terrier

Nationalität: Großbritannien
Herkunft: Dieser Hund stammt aus der Gegend von Norfolk, ist dem Norwich Terrier eng verwandt und wurde erst 1964 als selbständige Rasse anerkannt.

Beschreibung: Einer der kleinsten Terrier (Schulterhöhe 25 cm), niederläufig, massig, grobknochig. Fang fuchsig und kräftig mit starkem Scherengebiß; dunkle, äußerst lebhafte Augen; kleine, seitlich der Wangenpartie nach vorn fallende Ohren; kurz kupierte Rute; gerade, kräftige Vorderläufe; sehr muskulöse Hinterhand. Das Haar ist hart, rauh, gerade, eng anliegend. Farbe: alle Töne von rot bis weizenfarben, schwarz, schwarz und lohfarben, und meliert (grizzle).

Wesen: Aktiv, mutig, anhänglich, ausgeglichen, ohne Nervosität und Aggressivität.
Verwendung: Für die Karnickeljagd gezüchtet, erzielte der Norfolk Terrier große Erfolge dank seiner außerordentlichen Wendigkeit. Man braucht ihn für die Jagd auf Fuchs, Fischotter und Wildkaninchen. Er kann auch gut in der Wohnung gehalten werden, ist aber noch wenig bekannt.

108 Norwich Terrier

Nationalität: Großbritannien
Herkunft: Erschien in der zweiten Hälfte des XIX. Jahrhunderts unter dem Namen Jones Terrier (nach dem Namen seines ersten Züchters). Später wurde er offiziell Norwich Terrier genannt, nach seiner Geburtsstadt. Im Ersten Weltkrieg war die Rasse fast ausgestorben, man mußte sie nachträglich durch Kreuzungen zwischen Bedlington, Bullterrier und Irish Terrier wieder aufbauen.

Beschreibung: Seine ideale Schulterhöhe ist 25 cm. Dies macht ihn zu einem der kleinsten Terrier. Er besitzt kurze, grobknochige Läufe, einen fuchsigen Fang, große, starke Zähne; seine Augen sind dunkel und ausdrucksvoll. Stehohren; kompakter Körper; kurz kupierte Rute. Das Haar ist hart, rauh, gerade, körperanliegend, kurz und weich am Kopf sowie an Ohren und Fang. Farbe: rot, weizenfarben, schwarz-lohfarben, Pfeffer und Salz.

Wesen: Guter, aufrichtiger, treuer und überaus lebhafter Hund.
Verwendung: Einst nur Erdhund, jetzt sympathischer Begleithund, der ganz besonders gut zu jungen und sportlichen Leuten paßt. Er ist das Maskottchen der Studenten von Cambridge.
Bemerkung: Die Hündinnen zeigen sich sehr besitzergreifend gegenüber ihren Welpen, die sie scharf verteidigen.

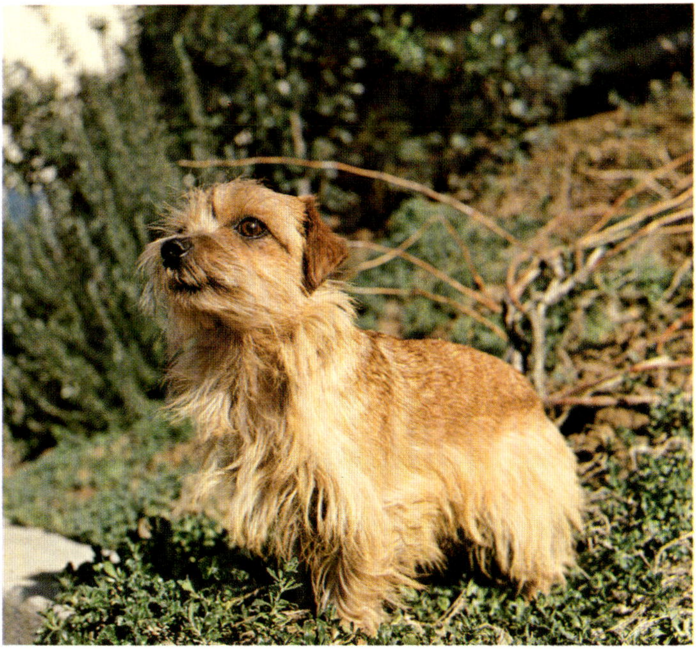

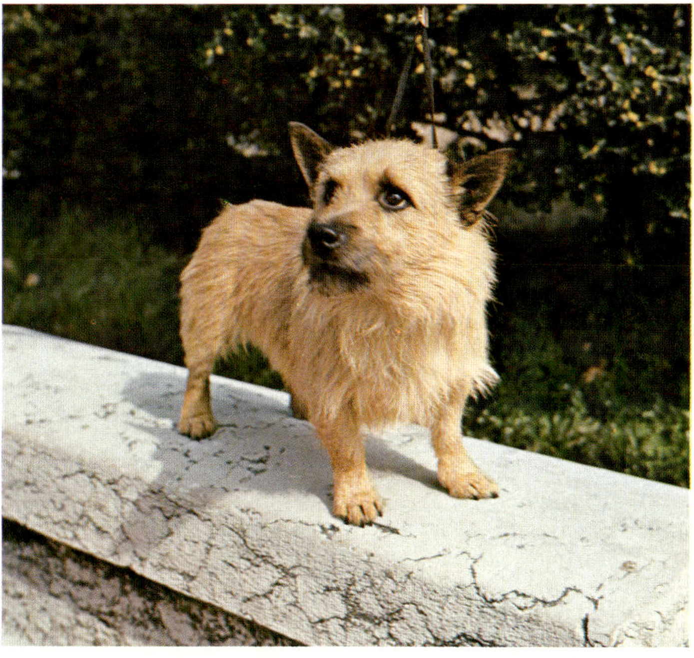

109 Scottish Terrier

Nationalität: Großbritannien

Herkunft: Stammt aus dem Schottland des XVIII. Jahrhunderts; seine heutige Form ist jedoch neueren Ursprungs (1890). Früher war sein Name Aberdeen Terrier, nach der schottischen Stadt, aus der er stammt.

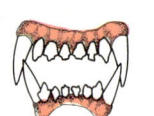

Beschreibung: Kräftig, kompakt, robust, kurzläufig, «ein großzügiger Hund in einem kleinen Format». Seine Idealmaße sind 25 bis 28 cm für die Schulterhöhe, bei einem Gewicht von 8,5 bis 10,5 kg. Langer, aber ausgewogener Kopf; großer Nasenspiegel; Stop zwischen Schädel und Nasenrücken; kräftiges Gebiß; dunkle, mandelförmige Augen; spitze Stehohren; muskulöser Hals; kräftige Hinterhand; mittellange, aufrecht getragene, gerade oder leicht gebogene Rute. Hartes, dichtes, rauhes Deckhaar über weicher Unterwolle, die ihn wetterunempfindlich macht. Farbe: schwarz, gestromt, weizenfarben.

Wesen: Lebhaft, draufgängerisch, stolz, unabhängig, intelligent, würdevoll. Er schenkt seine Zuneigung fast ausschließlich den Familienangehörigen und bleibt Fremden gegenüber gleichgültig. Man hat ihn einen Hund genannt, der überall hingehen und alles machen kann. Da er sehr empfindsam ist, muß er mit besonderer Behutsamkeit erzogen werden.

Verwendung: Der absolut furchtlose, keine Gefahr scheuende und erbarmungslose Jäger wurde lange als Erdhund verwendet, der sich ganz besonders für die Jagd auf Fuchs, Dachs, Fischotter und Wildkaninchen eignete. Doch sein originelles Aussehen, sein drolliges Wesen und sein romantischer Bart haben den Scottie zum sympathischen und originellen Begleithund gemacht. Man schätzt besonders seine Spielfreudigkeit mit Kindern, seine geringe Neigung zum Bellen, seine Wachsamkeit als Wächter. Sein ansprechendes Äußeres wirbt auf Etiketten für schottischen Whisky, erscheint auf Glückwunschkarten und wird von Spielzeug- und Glücksbringerfabrikanten verwendet.

Fütterung: Wegen seines schweren Körperbaus benötigt er täglich 150 bis 200 g Fleisch, sowie Reis und Gemüse.

Bemerkung: Um gesund zu bleiben, braucht der Scottish Terrier öfters ausgedehnte Spaziergänge. Damit seine Schönheit voll zur Geltung kommt, muß er mindestens zweimal jährlich getrimmt werden. Sein Fell kräuselt sich sehr schnell.

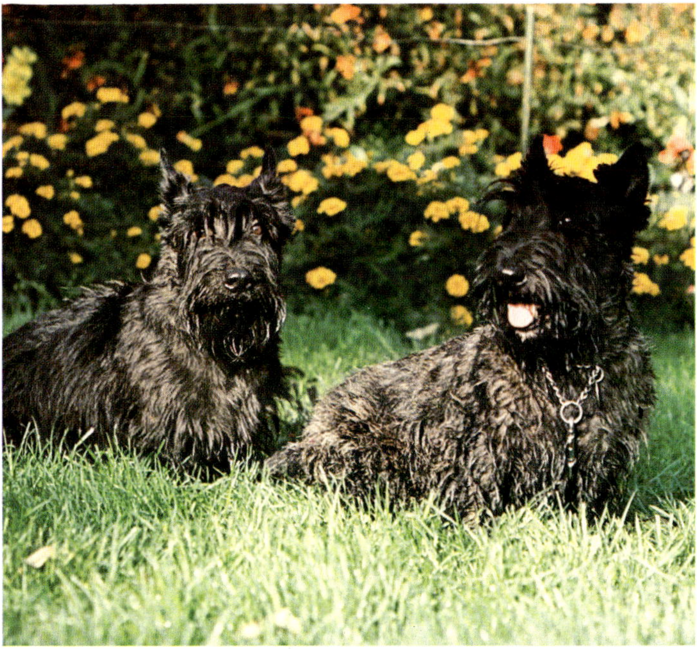

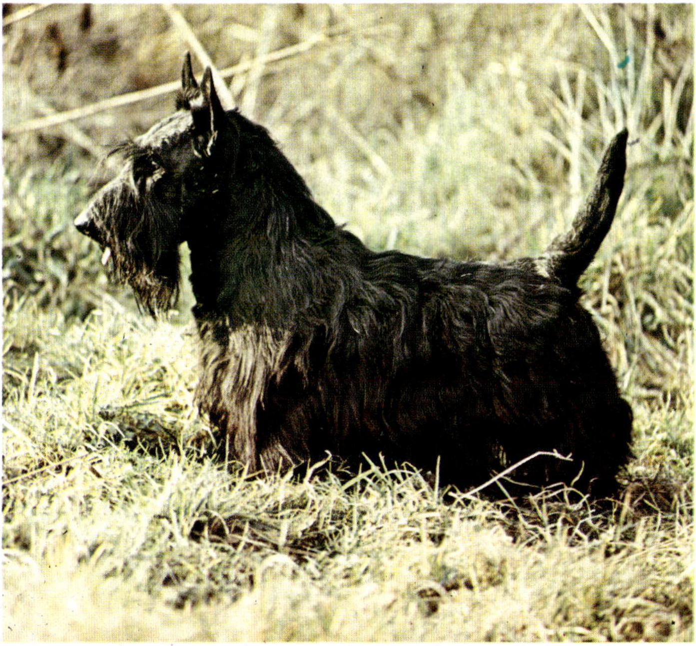

110   Sealyham Terrier

Nationalität: Großbritannien
Herkunft: Die Rasse wurde in der Mitte des vorigen Jahrhunderts von dem englischen Züchter Captain John Edwards auf seinem Landsitz Sealyham aus Kreuzungen zwischen Laufhunden, Dandie Dinmont, Französischen Bassets, Corgi, West Highland Terrier und Drahthaar-Foxterrier geschaffen. Die Rasse wurde 1910 offiziell anerkannt.

Beschreibung: Schulterhöhe nicht über 30 cm, Maximalgewicht 9 kg für den Rüden, 8,1 kg für die Hündin. Schwarzer Nasenspiegel; kräftiger Fang; gesundes Gebiß mit besonders langen Eckzähnen; gewölbter Schädel; runde, dunkle Augen; ziemlich große Ohren, die seitlich der Wangenpartie herabfallend getragen werden; langer und muskulöser Hals; aufrecht getragene und kupierte Rute; Vorderläufe kurz und gerade, Hinterläufe kräftig, mit guter Winkelung; hartes, langes Deckhaar, das regelmäßig getrimmt werden muß. Farbe: reinweiß oder weiß mit gelblichen Zeichen.

Wesen: Munter, kämpferisch, anhänglich und aristokratisch. Man sagt von ihm, er sei eine «glückliche Verbindung zwischen Fröhlichkeit und Mut».
Verwendung: Seine Schönheit, sein «Humor», sein lustiger Bart und sein fröhliches Wesen haben aus ihm, wie aus so vielen anderen Terriers, einen begehrten Begleithund werden lassen.

111   Skye Terrier

Nationalität: Großbritannien
Herkunft: Die Geburt des Skye Terriers wird von der Legende mit einem Schiffbruch in Verbindung gesetzt. Im frühen XVII. Jahrhundert soll ein spanisches Schiff an der Insel Skye vor Schottland gestrandet sein. Unter den Überlebenden waren angeblich einige Malteserhunde, die mit alten Terrierschlägen gekreuzt wurden und so eine neue Rasse entstehen ließen. In Wirklichkeit handelt es sich um einen der zahlreichen Lokalschläge schottischer Terriers.

Beschreibung: Er ist ungefähr viermal so lang wie hoch. Bei einer Schulterhöhe von 25,5 cm beträgt seine Körperlänge über 1 m. Sein Gewicht liegt bei 11,5 kg. Die Maße der Hündinnen sind 10% geringer. Kräftiger Fang; schwarzer Nasenspiegel; dunkelbraune Augen; Steh- oder Kippohren; Rute eher hängend getragen und nie gekrümmt. Die Unterwolle ist weich, aber das Deckhaar ist lang, hart, gerade, nicht kraus. Farben: blaugrau oder silbergrau, sektfarben, Ohren immer schwarz.
Wesen: Sehr anhänglich, freundlich und liebenswürdig.

Verwendung: Wie alle kurzläufigen Terriers war auch er ursprünglich ein Erdhund. Aber die große Schönheit seines langen Haarkleides, das ihn von Kopf bis Fuß bedeckt, hat ihn schon früh zum Begleithund gemacht.

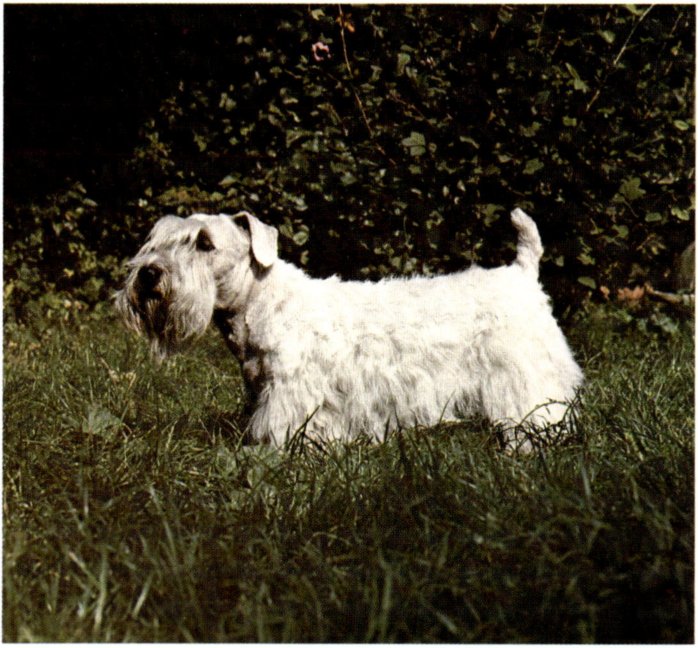

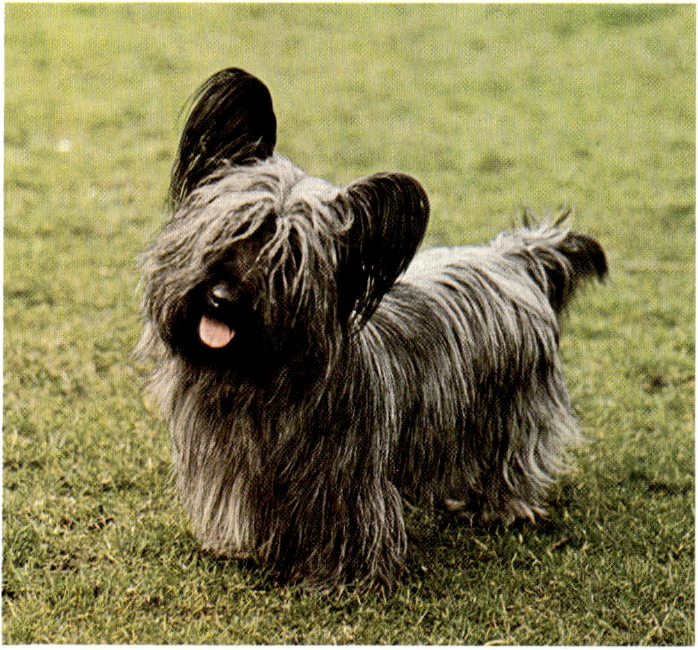

112 Soft Coated Wheaten Terrier

Nationalität: Irland
Herkunft: Jüngster Vertreter der großen Terrierfamilie. Er wurde erstmals 1933 ausgestellt. Außerhalb der Grafschaft Kerry ist er nicht sehr bekannt.

Beschreibung: Besonders robuster Hund mit eleganten Bewegungen. Schulterhöhe über 40 cm; Idealgewicht 15,8 kg. Der Fang ist ziemlich kurz, mit einer kräftigen Kieferpartie; starkes Gebiß; dunkelhaselnußfarbene Augen; kleine, nach vorn fallende Ohren; kupierte Rute, die waagrecht getragen wird; gerade Vorderläufe, kräftig bemuskelte Hinterhand mit tiefen Sprunggelenken. Die Haare sind seidenweich (soft) und ohne Unterwolle, gewellt oder gekräuselt. Eine einzige Farbe: weizenfarben (wheaten). Der Name Soft Coated Wheaten bedeutet soviel wie «weicher, weizenfarbener Mantel».

Wesen: Mutig, aktiv, unternehmungslustig, beweglich und widerstandsfähig gegen Müdigkeit und Witterung.
Verwendung: In Irland betrachtet man ihn als vielseitigen Gebrauchshund: Wach- und Schutzhund, Herdenführer, Erdhund. Er ist ebenfalls ein guter Haus- und Gartenhund.

113 Staffordshire Bullterrier

Nationalität: Großbritannien
Herkunft: Entstand im frühen XIX. Jahrhundert in der Gegend von Staffordshire, aus Kreuzungen zwischen Bulldoggen und verschiedenen Terriers. Nachdem er lange in Vergessenheit gefallen war, erschien er 1935 wieder auf einer Ausstellung.

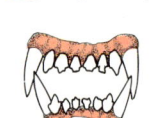

Beschreibung: Kräftiger und muskulöser, aber aktiver und sehr beweglicher Hund. Schulterhöhe: 35 bis 40 cm; Gewicht 12,5 bis 17 kg beim Rüden, 10,8 bis 15 kg bei der Hündin. Kurzer und breiter Kopf; muskulöse Wangenpartie; sehr ausgeprägter Stop; eng schließendes Scherengebiß; rundliche, dunkle Augen; Rosenohren oder halb aufrecht getragene Ohren; kurzer und muskulöser Hals; tiefe Brust; mittellange, tief angesetzte, immer gerade Rute; gerade, weit auseinanderstehende Läufe (breiter Stand). Haare: dichtes, kurzes, anliegendes Glatthaar. Farbe: rot, beige, weiß, schwarz, blau, oder jede dieser Farben mit weiß; auch gestromt.

Wesen: Kämpferisch aber ausgeglichen, folgsam, geduldig mit Kindern, bereit, für seinen Herrn sein Leben herzugeben, hartnäckig.

Verwendung: Als einstiger Matador der englischen Hundekämpfe geriet er, nach dem Verbot dieser grausigen Schauspiele, fast in Vergessenheit, wird aber heute wieder von zahlreichen Clubs gehegt. Der Staffordshire Bullterrier amerikanischen Typs ist etwas größer als sein europäischer Bruder.

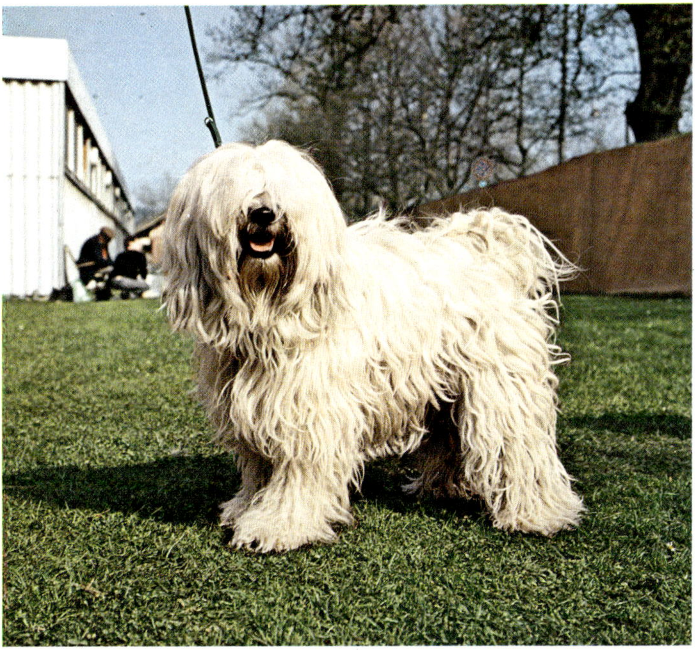

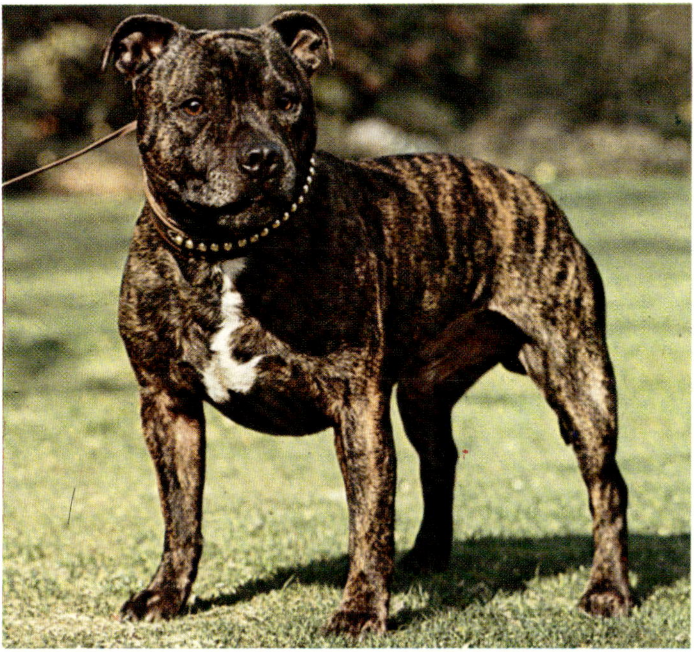

114 Welsh Terrier

Nationalität: Großbritannien

Herkunft: Die Rasse wurde erstmals 1885 ausgestellt, wurde jedoch schon viel länger in Wales als Jagdhund gezüchtet.

Beschreibung: Er sieht aus wie ein verkleinerter Airedale Terrier, stammt jedoch aus Kreuzungen zwischen verschiedenen alten Terriers. Die Schulterhöhe beträgt höchstens 39 cm, bei einem Gewicht von 9 bis 9,5 kg. Schwarzer Nasenspiegel; kräftiges Scherengebiß; Kopf nicht so schmal wie beim Foxterrier; kleine, dunkle Augen; V-förmige, nach vorn fallende Ohren; hoch getragene (kupierte) Rute; gerade, gut bemuskelte Läufe; kleine, rundliche Katzenpfoten. Hartes, dichtes, glattes Deckhaar; Farbe: vorzugsweise schwarz-lohfarben, aber auch grau-schwarz-lohfarben. Schwarze Abzeichen unterhalb des Sprunggelenkes nicht erwünscht.

Wesen: Lebhaft, unabhängig, munter, anhänglich, folgsam und mutig.

Verwendung: Ursprünglich als Erdhund gezüchtet, jagte er auch mit Erfolg zusammen mit Laufhunden. Heute ist er nur noch Begleithund. Er hat sich überaus gut an das Leben als Wohnungshund gewöhnt und leistet gute Dienste als Wachhund. Er ist seinem Herrn sehr ergeben, zeigt sich aber abweisend gegen Fremde. Er muß selten gebadet, dafür aber täglich gebürstet und zwei- bis dreimal jährlich getrimmt werden.

115 West Highland White Terrier

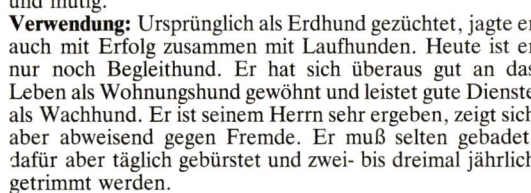

Nationalität: Großbritannien

Herkunft: Mitte des vergangenen Jahrhunderts traten in einer Cairn Terrier Zucht in der Grafschaft Argyll plötzlich weiße Welpen in sonst normalfarbigen Würfen auf. Diese wurden konsequent weiter gezüchtet, und schließlich war eine neue Rasse entstanden. Der West Highland White Terrier war somit ursprünglich nichts anderes als ein weißer Cairn Terrier.

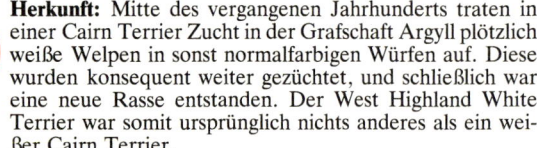

Beschreibung: Kleiner, robuster Terrier mit tiefer Brust und gut bemuskelten Läufen. Schulterhöhe ca. 28 cm; Gewicht zwischen 7 und 10 kg. Kurzer, gut schließender Fang; Scherengebiß; ausgeprägter Stop; Schädel leicht gerundet; dunkle, tiefliegende Augen mit durchdringendem Blick; kleine Stehohren; nicht kupierte, 12,5 bis 15 cm lange Rute. Das Haarkleid ist immer reinweiß und besteht aus weicher und dichter Unterwolle und aus schlichtem, etwa 5 cm langem Deckhaar.

Wesen: Mutig, ausdauernd, sehr anhänglich, lernfreudig.

Verwendung: Wie viele andere Terriers war er ursprünglich ein Erdhund. Der selbstbewußte und eigensinnige Kobold wurde sehr schnell zum ausgesprochenen Familienliebling. Er lebt gerne in der Wohnung, doch schätzt er es ganz besonders, wenn eine Terrasse oder ein kleiner Garten zu seiner Verfügung steht.

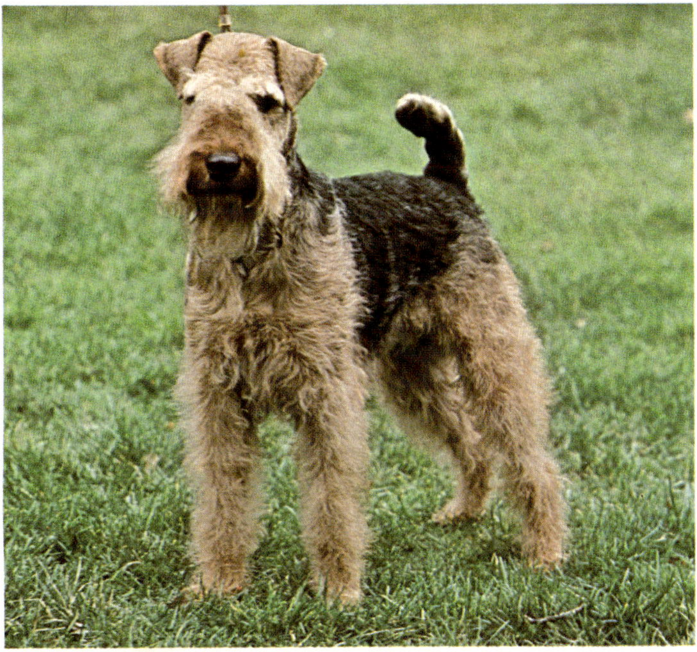

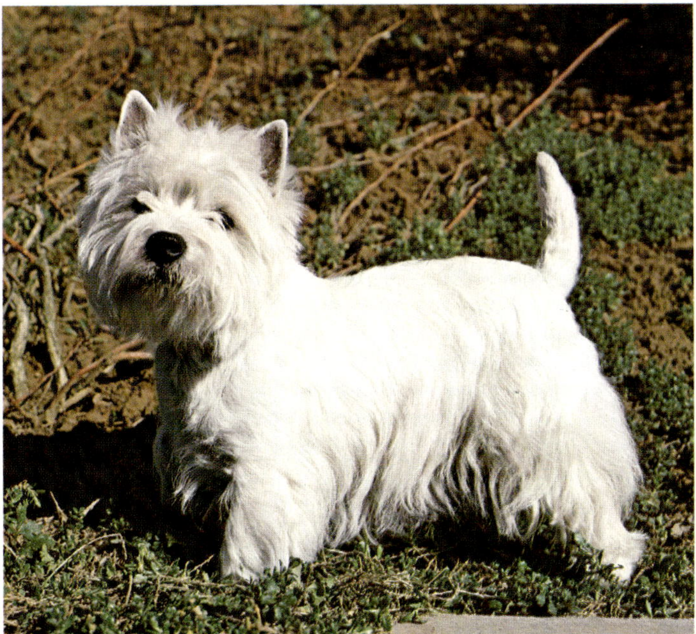

116   Glen of Imaal Terrier

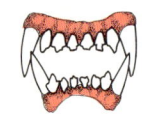

Nationalität: Irland
Herkunft: Wurde erstmals an einer irischen Hundeausstellung im Jahre 1933 dem Publikum vorgestellt und 1968 nach Amerika exportiert.
Beschreibung: Wurde als robuster Erdhund gezüchtet und verwendet. Sein Haarkleid ist hart und kraus. Schulterhöhe 35,5 cm beim Rüden, 33 cm bei der Hündin, Gewicht 13 bis 16 kg beim Rüden und ungefähr 13 kg bei der Hündin. Kleiner und kompakter Hund mit einem schönen Kopf, kurzen Läufen, fröhlich getragener, kupierter Rute, kastanienbraunen Augen. Farbe: weizenfarben oder blaugrau. Jagt stumm.

Wesen: Kämpferisch und zäh wie alle Terriers, anhänglich gegenüber Familienmitgliedern, bissig gegen andere Tiere, intelligent.
Verwendung: Begleithund, der sich auch als Rattenfänger nützlich erweist. Er kann leicht zur Jagd auf Fuchs und Dachs abgerichtet werden.

117   Deutscher Jagdterrier

Nationalität: Deutschland
Herkunft: Diese Rasse wurde in diesem Jahrhundert aus Kreuzungen zwischen englischen Erdhunden geschaffen.
Beschreibung: Die Schulterhöhe sollte 40 cm nicht überschreiten. Erwünschtes Arbeitsgewicht 9 bis 10 kg für den Rüden, 7,5 bis 8,5 kg für die Hündin. Kräftiger Fang mit ausgesprochenen Backen; Unterkiefer stark, mit ausgeprägtem Kinn; sehr kräftiges Gebiß; der Schädel ist flach und breit zwischen den Ohren. Die Augen sind dunkel, tiefliegend, klein und von entschlossenem Ausdruck;

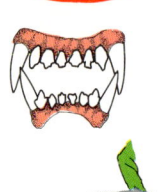

V-förmige, nach vorn fallende Ohren; Vorderläufe gerade, Mittelhandknochen leicht gewinkelt; waagrecht getragene Rute. Es existieren zwei Schläge: der rauhhaarige und der glatthaarige Deutsche Jagdterrier. Farben: vorwiegend schwarz, schwarz-grau-meliert oder schwarz-lohfarben.
Wesen: Mutig, aggressiv, starrköpfig, gehorcht nur einem Herrn.

Verwendung: Einer der seltenen Terriers, die immer noch fast ausschließlich zur Jagd über und unter der Erde und zur Arbeit im Wasser gebraucht werden. Er scheut sich nicht, jede Art von Wild anzugreifen; sogar vor dem gefährlichen Wildschwein schreckt er nicht zurück. Außerdem ist er ein ausgezeichneter Wächter für Haus und Auto. Er ist als echter Einmannhund nicht als Begleithund geeignet.

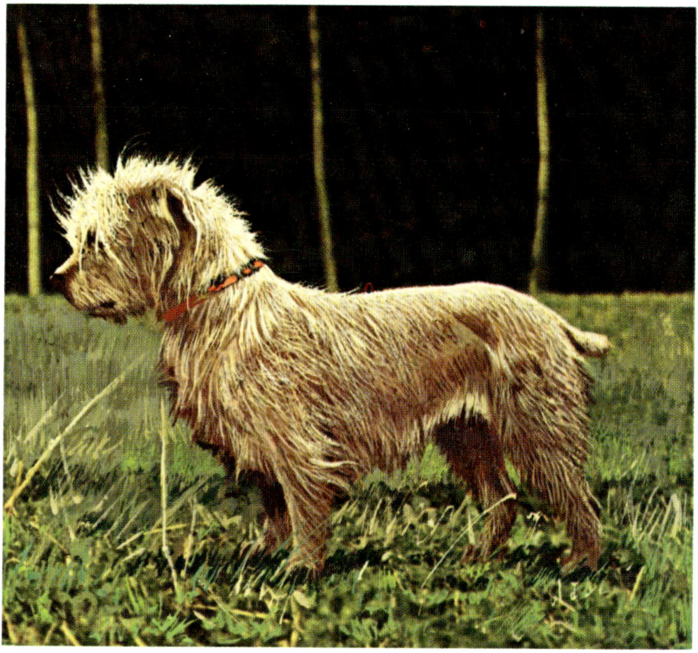

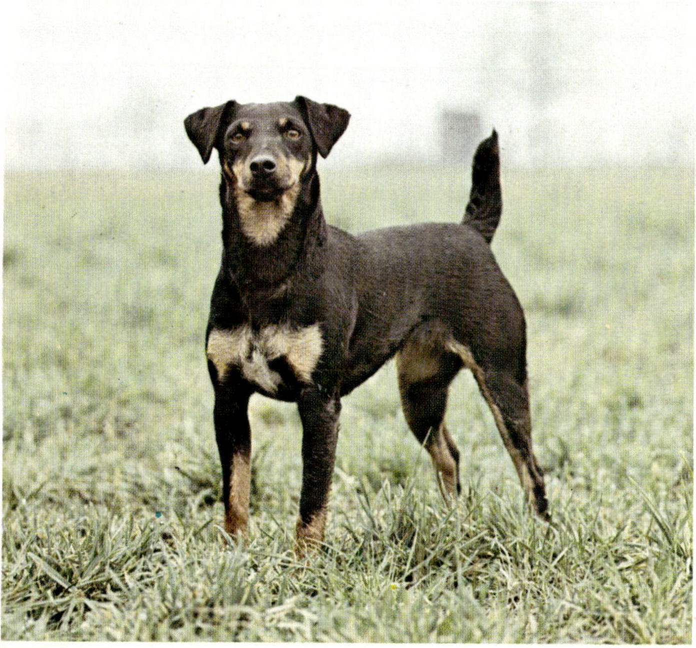

118 Český Terrier

Nationalität: Tschechoslowakei
Herkunft: Diese Rasse wurde von Dr. František Horák durch Kreuzung von Sealyham und Scottish Terriers geschaffen und 1963 offiziell anerkannt.

Beschreibung: Niederläufig, aber wendig und widerstandsfähig. Relativ langer Kopf mit gut entwickeltem Nasenspiegel (schwarz oder leberfarben); robuster Fang; tiefliegende Augen mit gutmütigem Ausdruck; Ohren nach vorn fallend und seitlich der Wangenpartie getragen; muskulöse Schulterpartie und kräftige Läufe; 18 bis 20 cm lange Rute, die im Affekt waagrecht getragen wird. Schulterhöhe 27 bis 33 cm, bei einem Gewicht von 6 bis 9 kg. Das graublaue oder hellbraune Haar wird regelmäßig geschoren. Bart und Augenbrauen werden lang belassen.

Wesen: Gutmütig, gehorsam, treu, geduldig und mutig.
Verwendung: Ursprünglicher Erdhund, der sich ganz besonders als Rattenfänger bewährt hat. Freund aller Haustiere, spielerisch, gelehrig, mit ansprechendem Äußern. Er ist heute ein ausgezeichneter Begleithund, der gern mit Kindern spielt und auch ein vorzüglicher Wächter des Hauses ist.

---

119 American Staffordshire Terrier

Nationalität: USA
Herkunft: Im XIX. Jahrhundert entstand, im englischen Staffordshire, der Staffordshire Bullterrier (s. dort). Dieser muskulöse, aktive und kämpferische Hund kam nach Amerika und wurde von den dortigen Züchtern etwas verändert, indem sie ihm ein schwereres Gewicht und einen mächtigeren Kopf anzüchteten.

Beschreibung: Schulterhöhe 44 bis 46 cm beim Rüden (10% weniger bei der Hündin), bei einem Gewicht von 17 bis 20 kg. Er besitzt einen kräftigen und muskulösen, aber gleichzeitig sehr wendigen Körper. Runde, vorzugsweise dunkle Augen; kupierte Stehohren; kurze, horizontal getragene Rute. Das Haarkleid besteht aus hartem, glattem und glänzendem Haar. Erlaubt ist jede Farbe; das Weiß sollte jedoch 80% der Körperoberfläche nicht überschreiten.

Wesen: Absolut furchtloser Hund (er stammt von alten Kampfhunden ab). Voller Lebenskraft. Durch ein Minimum an Erziehung kann man aus ihm einen ruhigen, gutmütigen und folgsamen Hund machen, der mühelos zwischen guten und bösen Absichten eines Fremden unterscheiden kann.
Verwendung: Er ist ein ausgezeichneter Wächter und wird auch als Begleithund sehr geschätzt.

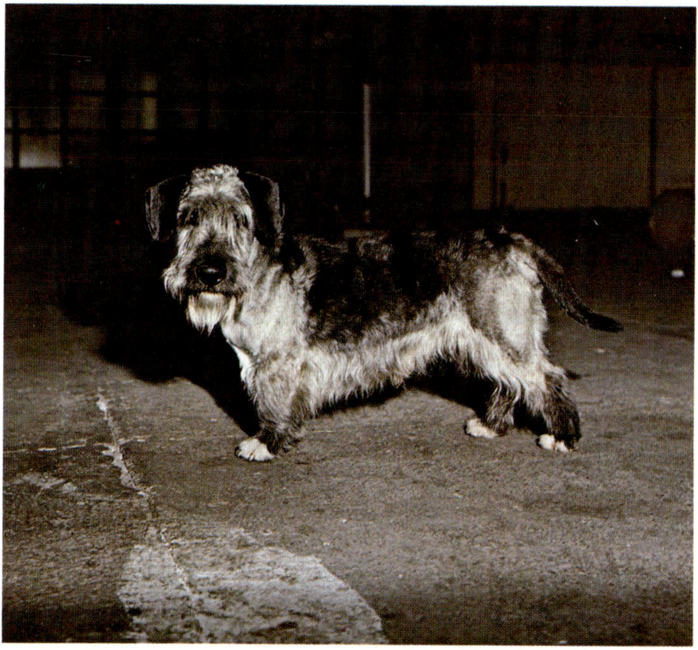

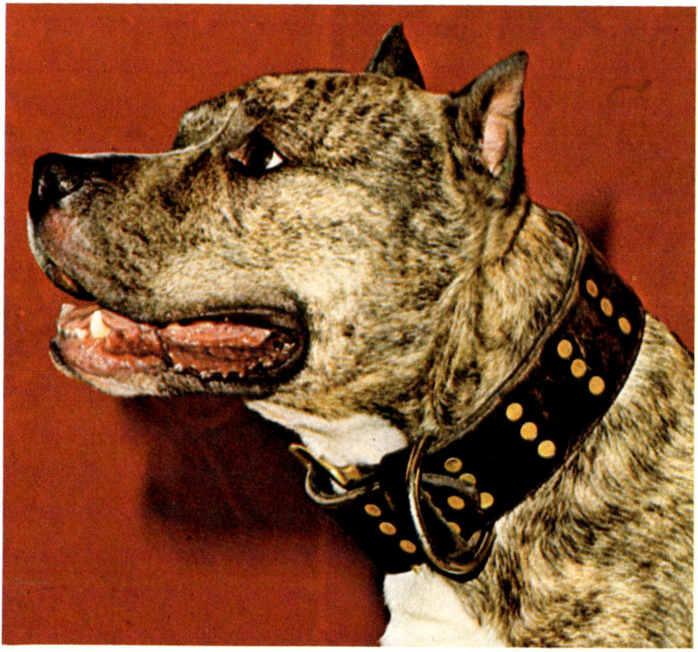

120 Boston Terrier

Nationalität: USA
Herkunft: Er stammt aus Kreuzungen zwischen englischen und französischen Bulldoggen, Bullterrier und Boxer. Es handelt sich somit um einen amerikanischen Hund englischer und französischer Abstammung. Die Rasse wurde in Boston 1889 erstmals ausgestellt.
Beschreibung: Das Gewicht ist von der Größe abhängig und variiert zwischen 6,75 und 11,3 kg. Die Höhe ist, wie gesagt, proportional. Breiter, flacher und glatter Kopf, großer Nasenspiegel, kurzer und quadratischer Fang; dunkle, große und rundliche Augen mit sanftem und intelligentem Ausdruck; kleine, feine Stehohren; leicht gebogene Nackenlinie; breiter Brustkorb; gerade und gut bemuskelte Läufe; kurze oder Schraubenrute. Kurzes Glatthaar, glänzend und fein in der Textur. Farbe: vorzugsweise schwarzgestromt mit weißen Abzeichen an Fang, Oberkopf, Hals, Brust, Vorderläufen und Hinterläufen unterhalb der Sprunggelenke.

Wesen: Sehr anhänglicher Hausgenosse, geduldig mit Kindern, aus Instinkt wohlerzogen, sehr intelligent.
Verwendung: Der Boston Terrier ist ein perfekter Begleithund, der sich überall wohlfühlt. Bemerkenswert ist auch seine Wachsamkeit. Es handelt sich um einen der meistverbreiteten Hunde Amerikas, der besonders seines angenehmen Wesens wegen sehr geschätzt wird.

121 Tibet Terrier

Nationalität: Tibet
Herkunft: Uralte Rasse, eigentlich kein Terrier, weil nie zur Jagd, auch nicht als Wächter gebraucht.
Beschreibung: Er gleicht einem verkleinerten Bobtail. Seine Schulterhöhe beträgt 30 bis 40 cm. Mittellanger Schädel, Kopf mit langem Haar bedeckt, das über die Augen fällt; Zangengebiß; ausgeprägter Stop; große, dunkle Augen; gut behaarte Hängeohren; kompakter und kräftiger Körper; über den Rücken gerollte, vollbehaarte Rute; langes, schlichtes oder gewelltes Deckhaar über dichter Unterwolle, Farben: weiß, gold, rauchgrau, schwarz; bicolor oder tricolor. Es sind alle Tönungen, ausgenommen schokoladebraun, erlaubt.

Wesen: Lebhaft, anhänglich, sanft, intelligent, mißtrauisch gegen Fremde.
Verwendung: Man betrachtet ihn vornehmlich als Begleithund, aber er ist verhältnismäßig selten und erst seit 1960 stark im Kommen.

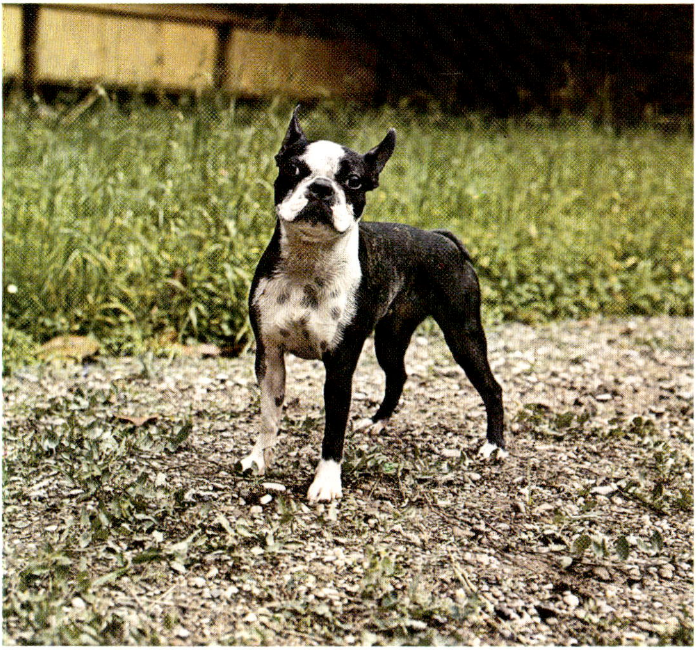

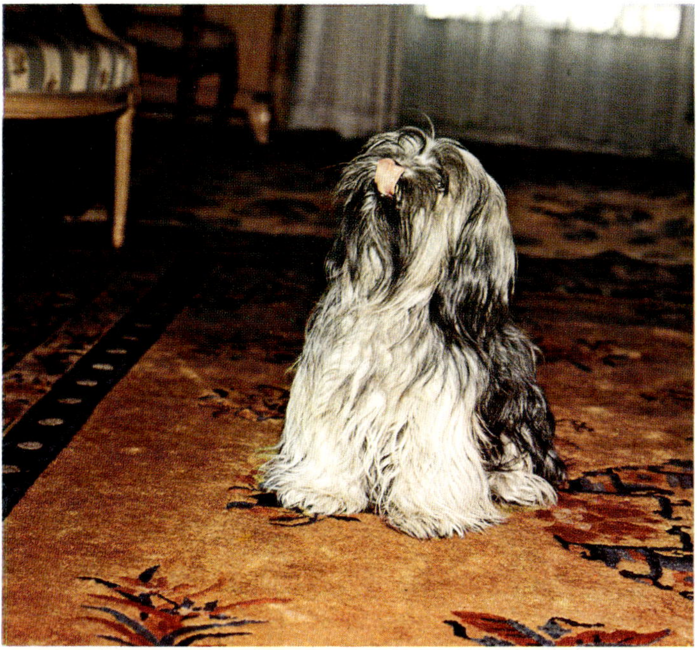

Jagdhunde

122 Dachshund

Kurzhaariger Dackel, Teckel

Nationalität: Deutschland

Herkunft: Die «Wurstform» des Dackels hat ihm während hunderten von Generationen erlaubt, ohne Mühe in Fuchs- und Dachsbauten zu jagen. Dieser ursprünglich abnormale Zwergwuchs wurde später durch gezielte Zuchtauswahl noch verstärkt im Bemühen, einen noch längeren und noch niedrigeren Hund zu erhalten, und somit noch bessere Jagdleistungen zu erzielen. Die ersten Abbildungen eines angeblichen «Dackels» sind 5000 Jahre alt und stammen aus einem ägyptischen Pharaonengrab. Die Rasse ist aber nach neuerer Ansicht wahrscheinlich aus der alten Bracke entstanden.

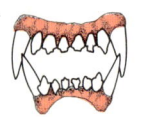

Beschreibung: Es werden drei Schläge unterschieden: der Kurzhaar-Dackel, der Rauhhaar-Dackel und der Langhaar-Dackel. Für jeden dieser Schläge werden drei verschiedene Größen gezüchtet: schwer, über 7 kg; leicht (Normalschlag), bis 7 kg; Zwerg, bis 4 kg. Sehr niedrig gestellter, langgestreckter, kräftiger und muskulöser Hund mit stolzer Körperhaltung und intelligentem Ausdruck. Der Kopf ist langgestreckt, der Oberkopf nur flach gewölbt; Augenjochbogen kräftig hervortretend; Nasenknorpel und Nasenkuppe lang und schmal; stark entwickelte Kiefer mit straff gespannten Lefzen; Zangen- oder Scherengebiß mit kräftigen, genau ineinandergreifenden Eckzähnen.

Die Augen sind oval, mit klarem, energischem und doch freundlichem Ausdruck; Farbe leuchtend dunkelrotbraun bis schwarzbraun; bewegliche Ohren, deren vorderer Saum dicht an der Wange anliegt. Das Brustbein ist derb und stark hervorspringend, der Bauch ist mäßig aufgezogen; die Rute wird in derselben Linie wie das Rückgrat getragen. Die Behaarung des kurzhaarigen Dachshundes ist kurz, dicht, glänzend, glatt anliegend. Farbe: die einfarbigen Dackel sind rot, rotgelb, gelb, alles mit oder ohne Stichelung. Es gibt auch gefleckte, gestromte, zweifarbige und sonst andersfarbige Dackel.

Wesen: Mutig, zäh, lebhaft, anhänglich, schlau, aufrichtig, ohne Komplexe.

Verwendung: Jagdlich hervorragender Erdhund, der heute noch in verschiedenen Ländern besonders zu diesem Zweck gezüchtet wird (Großbritannien, Deutschland, Schweiz). Das Zuchtziel der meisten Züchter ist aber ein sympathischer, intelligenter und lustiger Begleithund.

Fütterung: Der als Wohnungshund gehaltene Dackel neigt zur Verfettung, deshalb erhält er täglich nur 200 g Fleisch und 80 bis 100 g Reis und Gemüse; Zwerg- und Kaninchendackel erhalten entsprechend weniger.

Bemerkung: Der Dachshund gibt gern Laut und gilt als guter Wächter.

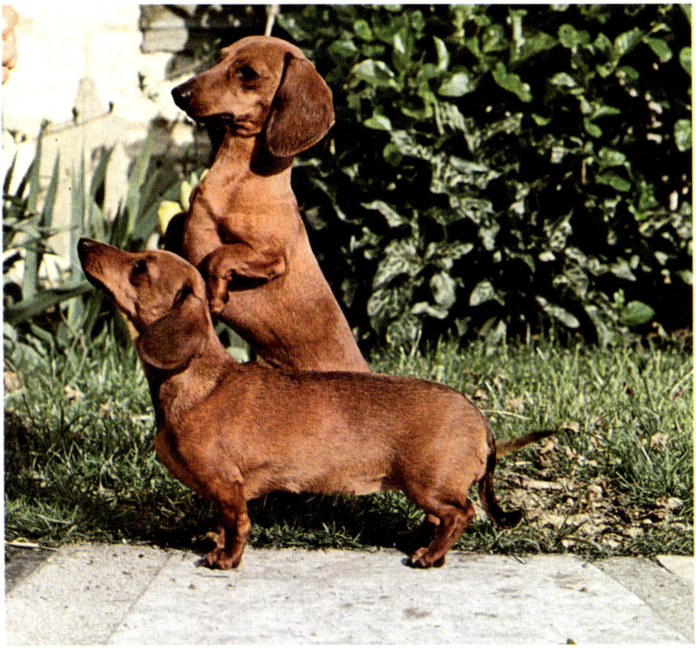

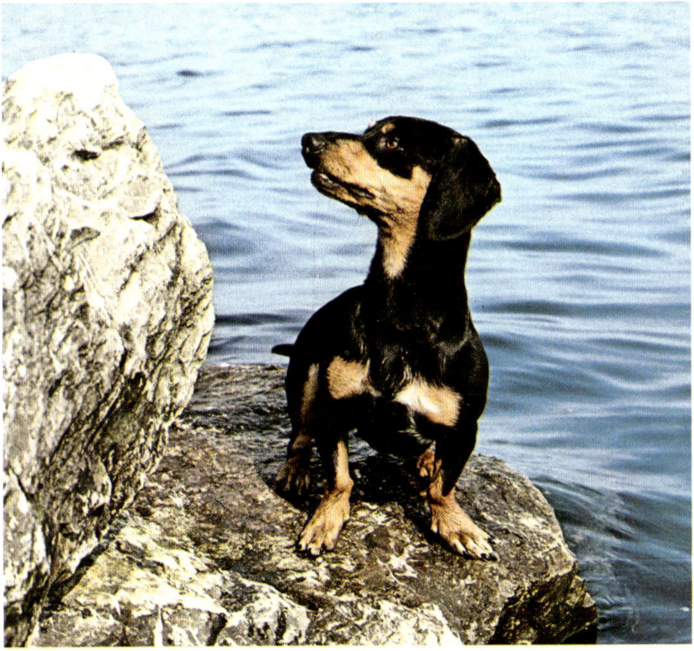

123 Langhaariger Dachshund

Nationalität: Deutschland

Herkunft: Sehr wahrscheinlich ist er aus Kreuzungen zwischen kurzhaarigen Dachshunden und langhaarigen Stöberhunden hervorgegangen.

Beschreibung: Er unterscheidet sich vom vorherigen Typ nur durch sein Haarkleid, das weich, glatt und glänzend sein soll. Es verlängert sich unter dem Halse, der ganzen Unterseite des Körpers, namentlich aber an den Ohren, an der Hinterseite der Läufe und an der Unterseite der Rute zu einer hervorragenden Feder. Die Farben des Haarkleids sind die gleichen wie beim kurzhaarigen Schlag.

Wesen: Etwas ruhiger, folgsamer und weniger bellfreudig als der kurzhaarige Dachshund, vielleicht wegen seines Stöberhundblutes.

Verwendung: Seine Schönheit hat ihn zum fast ausschließlichen Begleithund gemacht.

Bemerkung: Das dichte Haarkleid schützt ihn gut vor kalter Witterung. Er braucht einen täglichen Spaziergang.

124 Rauhhaariger Dachshund

Nationalität: Deutschland

Herkunft: Diese Rasse existiert seit ungefähr 100 Jahren und entstand aus Kreuzungen zwischen kurzhaarigen Dakkeln, Zwergschnauzer und Dandie Dinmont Terrier.

Beschreibung: Die allgemeine Erscheinung ist die des kurzhaarigen Dachshundes. Behaarung: mit Ausnahme von Fang, Augenbrauen und Behang am ganzen Körper vollkommen ausgeglichene, mit Unterwolle durchsetzte, anliegende, dichte, drahtige Jacke. Am Fang bildet sich ein Bart. Die Augenbrauen sind buschig. Alle Farben sind zulässig, aber weiße Abzeichen sind nicht erwünscht. Er muß zweimal jährlich getrimmt werden.

Wesen: Ruhig, anhänglich, empfindsam, immer wachsam, von faszinierender Persönlichkeit.

Verwendung: Sein großer Mut und seine unermüdliche Ausdauer machen ihn heute noch zum unersetzlichen Erdhund, Schweißhund am langen Riemen und spurlauten Brackierer. Aber auch als Wohnungshund ist er sehr geschätzt. Da es sich um einen sportlichen Hund handelt, sind tägliche längere Spaziergänge und ab und zu auch freie Läufe auf dem Land nötig.

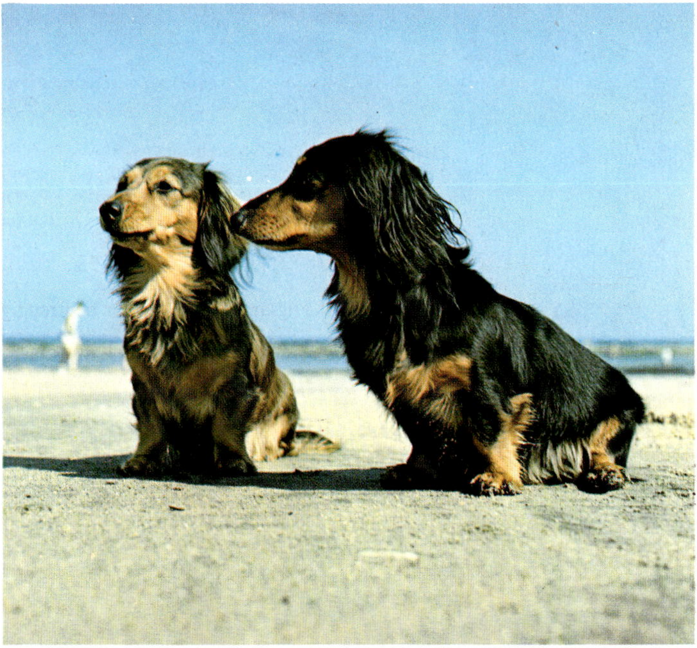

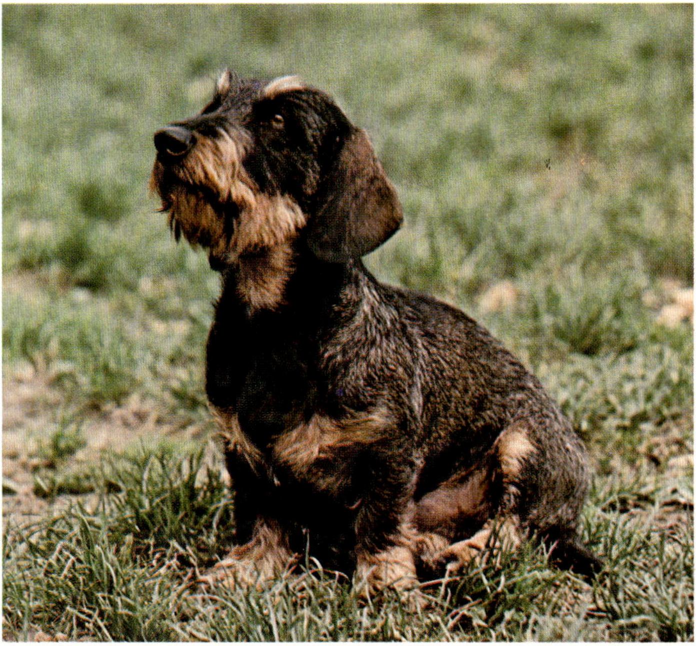

125 Hannoverscher Schweißhund

Nationalität: Deutschland
Herkunft: Die Rasse wurde im XIX. Jahrhundert von den Wildhütern der Stadt Hannover aus Kreuzungen zwischen der schwedischen Solinger Bracke, der Roten Heidbracke und einem leichten Harzer Brackenschlag geschaffen.

Beschreibung: Schulterhöhe beim Rüden 60 cm, bei der Hündin 56 cm; Gewicht 38 bis 45 kg. Es handelt sich demnach um einen mittelgroßen, niederläufigen, aber robust gebauten Hund. Seine faltige Stirn verleiht ihm einen sympathischen und melancholischen Ausdruck. Der Kopf ist mittelgroß, der Oberkopf breit; der Nasenspiegel ist ausgesprochen groß (schwarz, braun oder rot), die Lefzen breit überfallend; tiefliegende, braune Augen mit energischem Ausdruck; lange, sehr breite, unten abgerundete und dicht am Kopf herabhängende Ohren; lange, leicht gekrümmte und meist schräg abwärts getragene Rute. Das Haar ist dicht und voll, glatt und elastisch. Farbe: graubraun mit schwarzbraunen Abzeichen, rotbraun, rotgelb, ockergelb, dunkelfahlgelb oder braun, meistens mit dunkleren Abzeichen.

Wesen: Folgsam, zäh, anhänglich.
Verwendung: Der Hannoversche Schweißhund ist spezialisiert auf die Verfolgung von angeschossenem Schalenwild.

---

126 St. Hubertushund

Bluthund, Bloodhound

Nationalität: Belgien
Herkunft: Die Rasse ist mehr als tausend Jahre alt. Sie wurde von den Mönchen des St. Hubertusklosters, in den belgischen Ardennen, verbessert, wenn nicht erschaffen. Später wurde sie wahrscheinlich von den Normannen nach England gebracht.

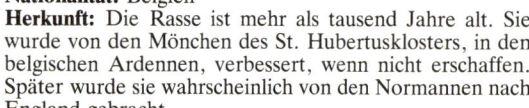

Beschreibung: Massive, imponierende Gestalt; langsamer, aber vorzüglicher Schweißhund. Die Schulterhöhe beträgt 67 cm beim Rüden, 60 cm bei der Hündin, bei einem Gewicht von 40 bis 48 kg. Der Kopf ist sehr kräftig, aber nicht zu breit; schwarzer Nasenspiegel; sehr lange, hängende Lefzen; starke Hautfalten an Stirn und Wangen. Man hat von ihm schon gesagt, er sei ein Hund, der hinter einer Nase läuft. Dunkelbraune Augen mit gutmütigem Ausdruck; sehr lange, tief und schmal angesetzte Behänge; leicht und elegant gebogene Rute. Haare: am Körper kurz und hart, an den Ohren und am Oberkopf jedoch fein und seidig. Farbe: schwarz-lohfarben, oder einheitlich rötlich-braun.

Wesen: Friedfertig, ruhig, schüchtern, gutmütig und sympathisch.
Verwendung: Der Bloodhound besitzt einen hervorragenden Geruchssinn, so daß er nicht nur zum Aufstöbern von Wild, sondern auch zur Suche von vermißten Personen eingesetzt wird. Er wird auch als Begleithund empfohlen. Wegen seiner großen Gutmütigkeit kann er nicht als Wachhund abgerichtet werden.

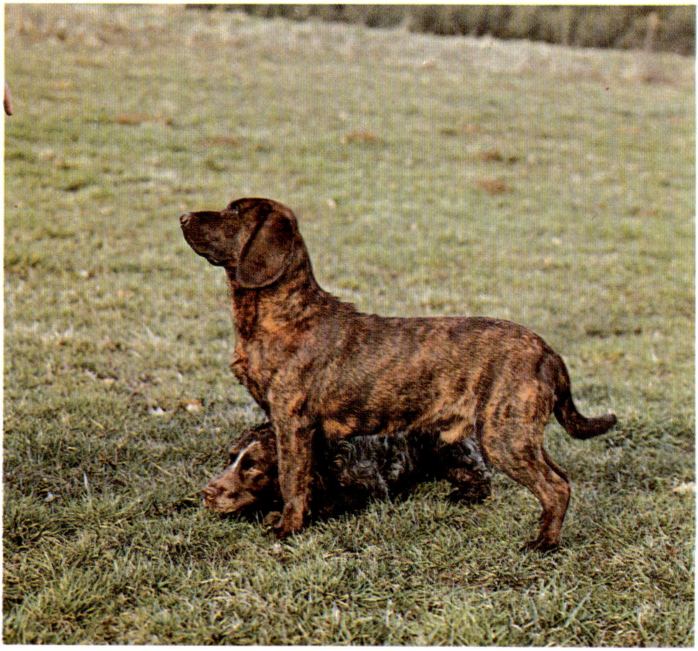

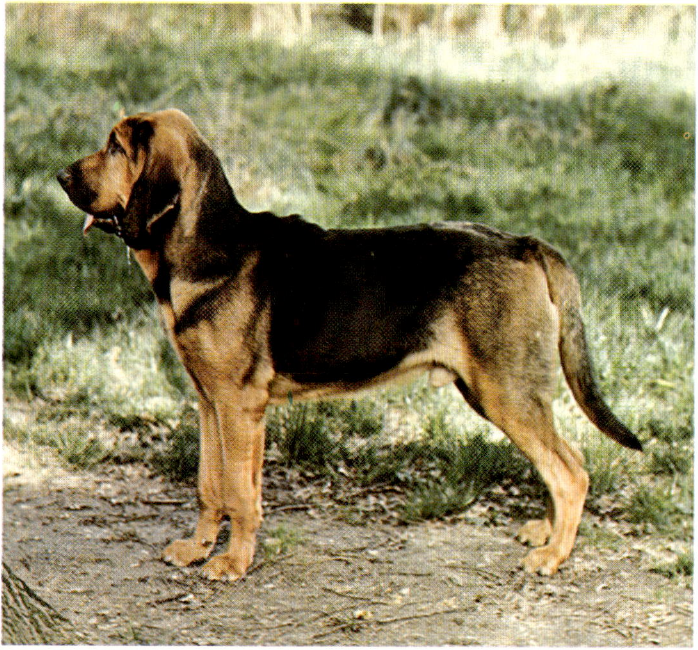

127   Karelischer Bärenhund

Karjalan Karhukoira

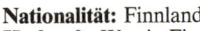

Nationalität: Finnland
Herkunft: War in Finnland schon seit einigen Jahrhunderten bekannt, wurde teils durch Einkreuzung von russischen Schäferhunden verbessert.
Beschreibung: Mittelgroß (Schulterhöhe 54 bis 60 cm), robust, von leichtem Rechteckformat, mit keilförmigem Kopf, geradem Nasenrücken, gut entwickeltem, schwarzem Nasenspiegel, feinen Lefzen. Die Augen sind klein und braun, mit lebhaftem Blick; die Ohren sind mittelgroß und werden aufrecht stehend, aber etwas nach außen gedreht getragen. Er hat muskulöse Schultern und kräftige Läufe, einen breiten Brustkasten, eine aufgebogene Rute oder eine Ringelrute, gerades und steifes Deckhaar über weicher Unterwolle. Farbe: schwarz, mit weißen Abzeichen oder Flecken an Kopf, Hals, Brust und Pfoten.
Wesen: Äußerst mutig, aggressiv, seinem Herrn gehorchend.
Verwendung: Geborener Elchjäger, der durch Zuchtauswahl noch robuster gemacht und auch für die Jagd auf Bären eingesetzt wurde. Diese schlägt er entweder in die Flucht oder stellt und bekämpft sie mit äußerster Kampflust.

128   Grand Bleu de Gascogne

Blauer Gascogner

Nationalität: Frankreich
Herkunft: Von den Phöniziern nach Europa gebrachter Laufhund, der in Gallien eine neue Heimat fand. Im Laufe der Jahrhunderte wurde die Rasse durch Einkreuzung von Bloodhounds verbessert. Er soll «der edelste und imposanteste Laufhund der Welt» sein.
Beschreibung: Schulterhöhe 63 bis 70 cm; das Gewicht wird im Standard nicht festgelegt. Langer, schmaler Kopf mit Falten auf den Wangen; hängende Lefzen; gewölbter Oberkopf; dunkelbraune, traurige und sanfte Augen; sehr lange, tief angesetzte Ohren mit typischer Faltung; breite und lange Rute, die säbelartig getragen wird; nicht sehr kurzes, genügend dickes und reichliches Haar. Farbe: schwarze Flecken auf weißem Grund, der infolge der starken Tüpfelung schieferblau reflektiert. Im allgemeinen zwei schwarze Flecken, die Ohren und Augen einfassen. Manchmal fehlen die großen schwarzen Flecken auf dem Körper.
Wesen: Kühn und zähe bei der Arbeit, sanft, anhänglich und aristokratisch außerhalb der Jagd.
Verwendung: Wurde früher als Wolfs- und Hasenjäger verwendet. Er ist einer der besten Laufhunde und besitzt einen ausgezeichneten Geruchssinn. Durch sein moduliertes Bellen zeigt er über weite Strecken die Laufrichtung des Wildes an.

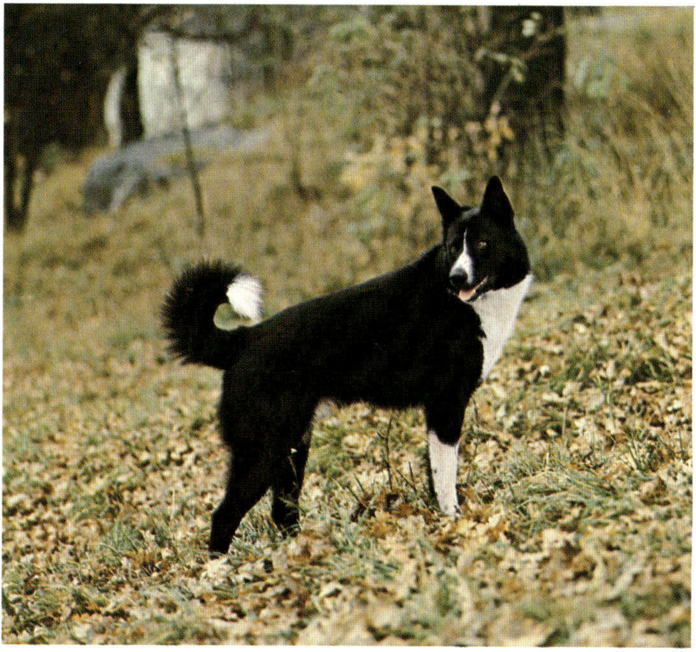

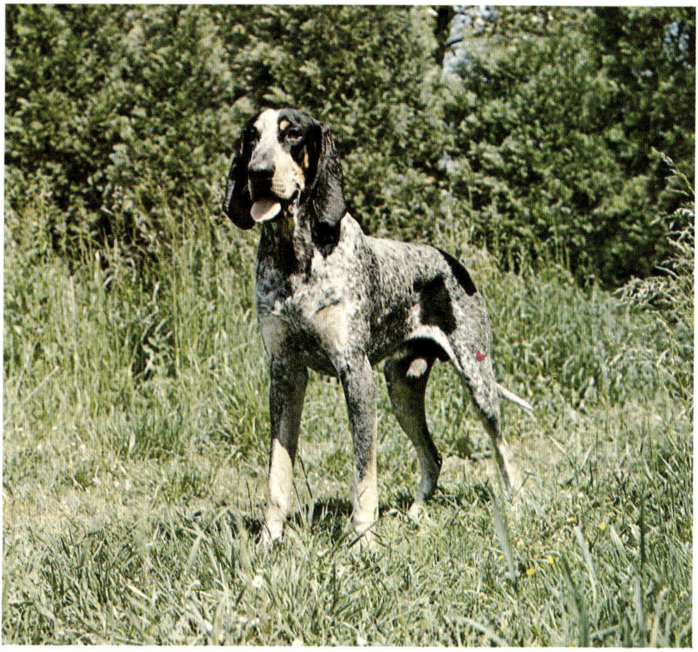

129 Grand Gascon Saintongeois

Nationalität: Frankreich

Herkunft: Der Schöpfer dieser Rasse war der Baron De Virelade. Er kreuzte die besten französischen Jagdhunde: Saintongeois, Gascon Bleu, Ariégeois. Man kennt den Grand Gascon Saintongeois auch unter dem Namen des Barons: Virelade.

Beschreibung: Schulterhöhe 63 bis 70,5 cm beim Rüden, 60 bis 65 cm bei der Hündin, bei einem im Standard nicht festgelegten Gewicht. Kopf lang und trocken; gut entwickelter, schwarzer Nasenspiegel; hängende Lefzen; dunkle (kastanienbraune) Augen; lange, gefaltet hängende Ohren; tiefe Brust; kräftiger Rücken; elegant getragene, lange Rute. Die Haare sind kurz und dicht. Weiße Grundfarbe mit schwarzen Sprenkeln und Tupfen und unregelmäßig verteilten schwarzen Flecken. Hellrote Abzeichen beidseits rund um die Augen, am Behang und auf den Wangen.

Wesen: Kühn, widerstandsfähig, aristokratisch, anschmiegsam außerhalb der Jagd.

Verwendung: Besitzt einen äußerst entwickelten Geruchssinn und einen wunderschönen, ausholenden Galopp. Er wird immer zur Hetzjagd auf kleines Wild, aber auch auf Rehe und auf Hirsche, eingesetzt. Leider ist dieser ausgezeichnete Laufhund allzu selten geworden.

---

130 Poitevin

Nationalität: Frankreich

Herkunft: Die Rasse wurde 1692 vom Marquis François de Larrye durch Kreuzungen zwischen verschiedenen Laufhunden und dem Foxhound geschaffen. Während der französischen Revolution starb sie fast ganz aus und wurde nach und nach wieder neu herausgezüchtet.

Beschreibung: Dieser Hund zeigt eine ideale Verbindung von Kraft und Eleganz. Seine Schulterhöhe beträgt 60 bis 70 cm. Der Kopf ist lang, der Nasenspiegel groß und gewölbt, der Fang schmal. Große, braune, schwarz umrandete Augen; feine, leicht gefaltete Ohren; langer Hals ohne Wamme; sehr tiefe Brust und muskulöser Rücken; feine, leicht gebogene Rute; gerade, trockene Läufe; kurze, glänzende Haare. Farbe: tricolor, mit schwarzer Schabracke.

Wesen: Kräftiger und athletischer, aber sanfter Arbeiter.

Verwendung: Ausgezeichneter Laufhund auf ebenem, unwegsamem und sumpfigem Gelände. Der Poitevin ist unermüdlich und immer elegant. Die französischen Jäger betrachten ihn als den besten Laufhund für die Wolfsjagd, da er seine Beute einen ganzen Tag lang verfolgen kann, ohne auszuruhen.

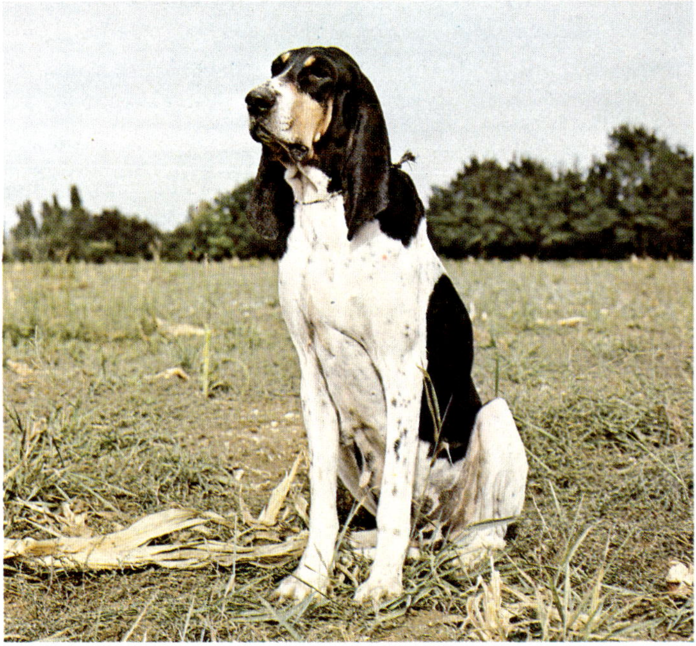

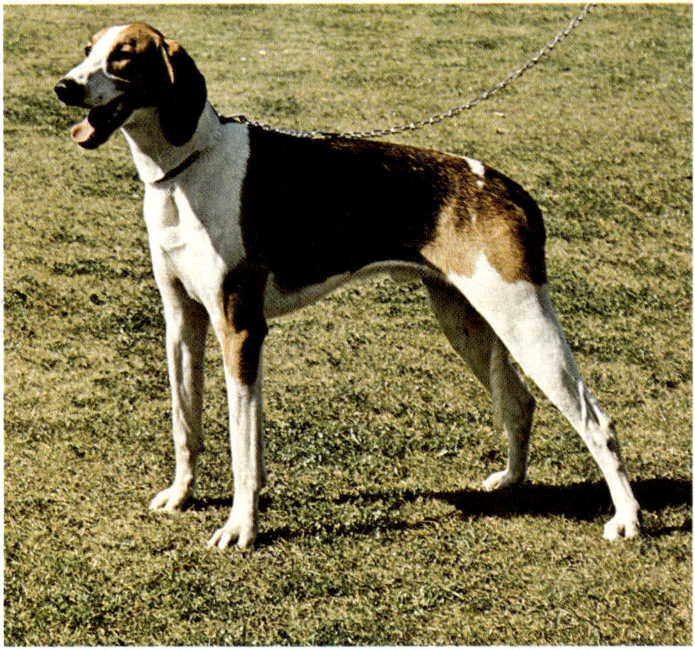

131 Billy

Nationalität: Frankreich
Herkunft: Diese Rasse soll auf drei alte französische Jagdhunderassen zurückgehen: Céris (weiß-oranger Hund, der
zur Jagd auf Hasen und auf Wölfe eingesetzt wurde),
Montaimboeuf (robuster und schneller Wildschweinjäger),
Larrye (Laufhund mit ausgezeichnetem Spürsinn).
Beschreibung: Gut gebaut, edel, vornehm, kräftig und
leicht. Schulterhöhe 61 bis 66 cm beim Rüden, 58 bis 62 cm
bei der Hündin. Kopf mittellang, fein geformt, mit trocke-
nem Schädel; ziemlich quadratischer Fang; sehr gut entwik-
kelter Nasenspiegel, ausgeprägter Stop; Augen lebhaft,
dunkel und offen; Ohren flach angelegt, mit leichter cha-
rakteristischer Wendung; lange, starke Hängerute. Haare
glatt, hart im Griff. Farbe: reinweiß oder weiß mit milchkaffeebraun, auch weiß mit zitronengelbem oder helloran-
gefarbenem Mantel. Schwarze Flecken im Fell sind disqua-
lifizierend.

Wesen: Schlau, mutig, unermüdlicher Arbeiter, folgsam.
Außerhalb der Jagd ist er etwas zänkisch.
Verwendung: Meisterhafter Rotwildjäger. Sein sehr ange-
nehmes Bellen zeigt die Anzahl der gesichteten Rehe an.

---

132 Anglo-Français

Nationalität: Frankreich
Herkunft: Entstand aus Kreuzungen zwischen dem Gas-
con-Saintongeois und dem englischen Foxhound. Die öf-
fentliche Anerkennung stammt aus dem Jahre 1957.
Beschreibung: Eleganter, muskulöser und ausgewogener
Hund. Schulterhöhe: 65 bis 72 cm. Der Oberkopf ist gewölbt, der Kopf länglich. Schwarzer Nasenspiegel; weit
geöffnete Nasenlöcher; dunkle Augen mit intelligentem
und gutmütigem Ausdruck; langer Behang mit charakteri-
stischer Wendung; breit angesetzte, elegant getragene Rute; starke Läufe mit trockenen, widerstandsfähigen Pfoten.
Es existieren drei Farbschläge: Anglo-Français blanc et
noir, Anglo-Français tricolore, Anglo-Français blanc et
orange. An Ausstellungen gilt für alle drei Schläge der
gleiche Standard, ausgenommen für kleine Details und,
natürlich, die Farbe.

Wesen: Mutig und furchtlos, scharfer Jäger, der an jedem
Wild interessiert, aber auf Rot- und Schwarzwild spezialisiert ist.
Bemerkung: Von den drei Farbschlägen des Anglo-Français ist der Blanc et Noir der heute verbreitetste, gefolgt
vom Tricolore und, mit etwas Abstand, vom Blanc et
Orange.

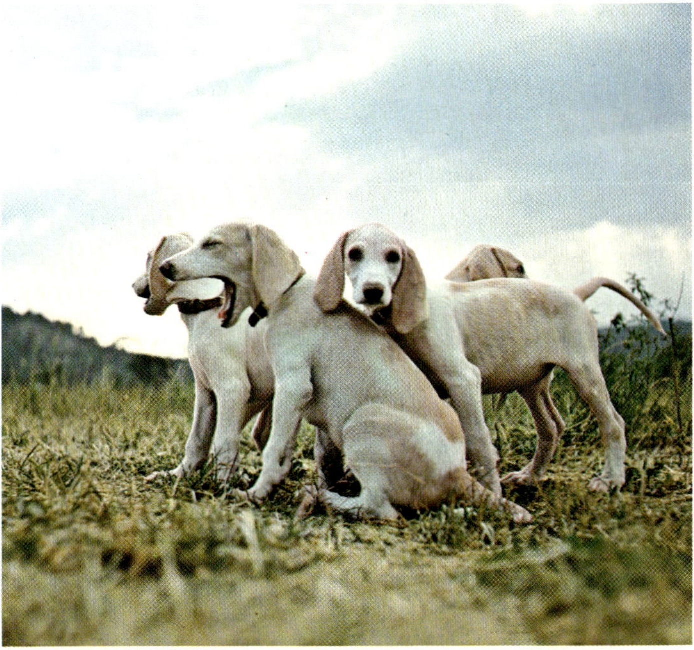

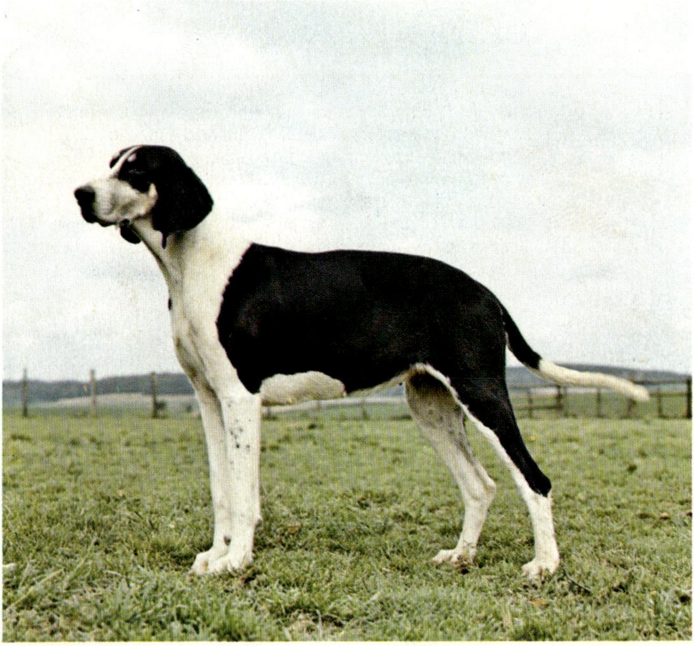

133 Jämthund

Großer schwedischer Elchhund

Nationalität: Schweden

Herkunft: Wahrscheinlich eine sehr alte Hunderasse, die im Norden schon zur Steinzeit domestiziert wurde.

Bemerkung: Wolfsähnlicher, großer Hund mit einer Schulterhöhe von 58 bis 63 cm und einem Gewicht von 30 kg. Kopf langgestreckt und trocken; breiter Nasenspiegel; gerader Nasenrücken; kleine, dunkle Augen mit lebhaftem und heiterem Ausdruck; Ohren aufrechtstehend, spitz und beweglich; Hals lang und robust; Rute gut geringelt über dem Rücken getragen; gerade Läufe mit gut gewinkelten Gelenken. Längeres und kräftiges, aber ziemlich anliegendes Deckhaar über weicher und heller Unterwolle. Farbe: dunkelgrau oder hellgrau mit crèmefarbigen Stellen.

Wesen: Ausgeglichen, schlau, folgsam.

Verwendung: Einst wurde er für die Jagd auf Elche und Wölfe eingesetzt, aber er hat sich auch als ausgezeichneter Jäger von Marder, Hermelin und Auerhahn entpuppt. Er nähert sich der Beute indem er auf dem Schnee kriecht, bis er das Opfer packen kann, oder er schneidet ihm den Weg ab und treibt es in die Richtung des Jägers. Der große schwedische Elchhund wird auch als Hirten-, Wach-, Schlitten- und Armeehund gebraucht.

Bemerkung: Dieser Hund lebt vorwiegend in kälteren Gegenden. In warmem Klima leidet er leicht an Ekzemen.

---

134 English Foxhound

Nationalität: Großbritannien

Herkunft: Der Foxhound entsprang einer günstigen Mischung einheimischer Laufhunde mit Windhunden, Bulldoggen, Fox Terriers u. a. m. Von seinen Ahnen hat er Schnelligkeit, Kraft, Durchhaltevermögen und Jagdleidenschaft geerbt.

Beschreibung: Harmonisch gebauter, aber kräftiger und zäher Hund. Die Schulterhöhe beträgt 56 bis 63 cm beim Rüden und 53 bis 61 cm bei der Hündin. Das Gewicht wird im Standard nicht festgelegt. Kopf und Hals lang und trocken; große, sanft blickende Augen; anliegender Behang; fröhlich getragene Rute; lange Läufe mit starken Knochen; sehr kräftige Schenkel; Katzenpfoten; Haare kurz, dicht, derb und glänzend. Farbe: tricolor (schwarz, weiß, lohfarben) oder bicolor mit weißer Grundfarbe.

Wesen: Mutig, energisch, kämpferisch, unermüdlich, gutmütig und seinem Herrn gehorchend.

Verwendung: Als Meutehund für die berittene Fuchsjagd. Er kann ohne anzuhalten 5 bis 6 Stunden durch Gestrüpp, Sümpfe und Schluchten laufen. Als Familienhund wenig geeignet.

Bemerkung: Da der Foxhound bei der Arbeit sehr viel Energie verbraucht und Tausende von Kilometern zurücklegt, erreicht er mit 7 bis 8 Jahren schon das Pensionsalter.

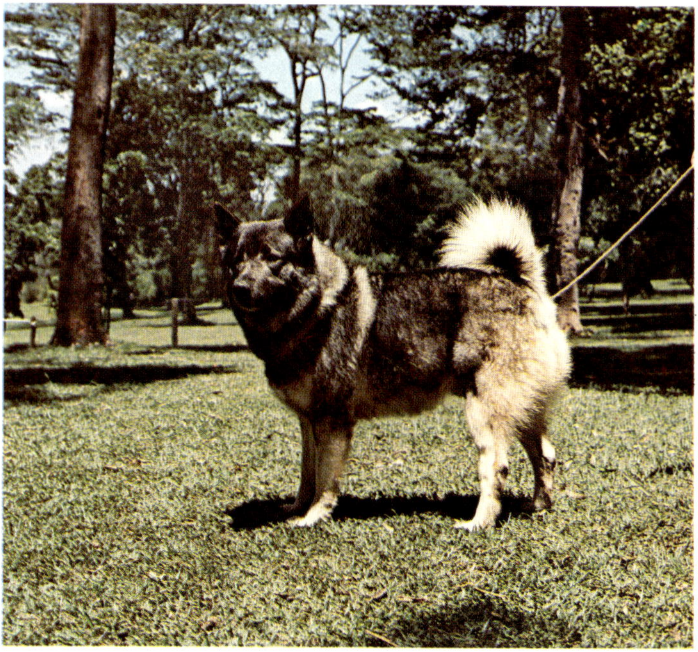

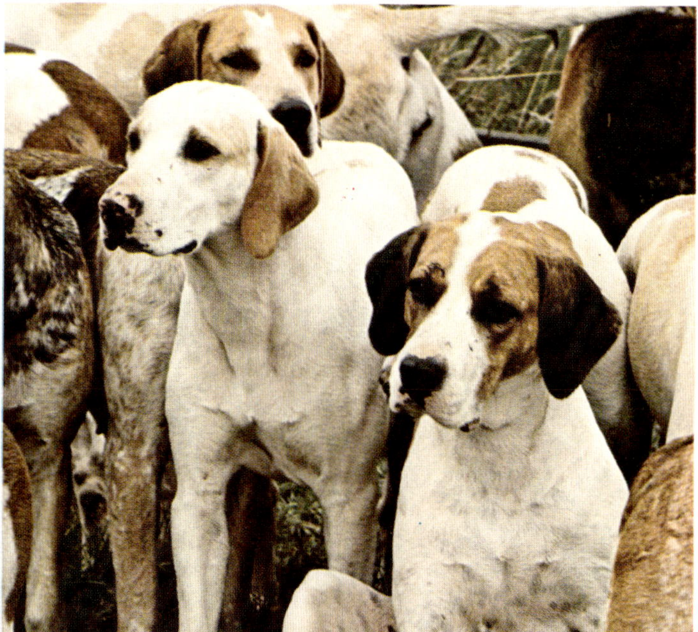

135 American Foxhound

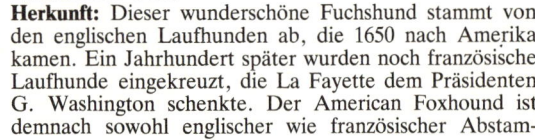

Nationalität: USA

Herkunft: Dieser wunderschöne Fuchshund stammt von den englischen Laufhunden ab, die 1650 nach Amerika kamen. Ein Jahrhundert später wurden noch französische Laufhunde eingekreuzt, die La Fayette dem Präsidenten G. Washington schenkte. Der American Foxhound ist demnach sowohl englischer wie französischer Abstammung.

Beschreibung: Er gleicht seinem englischen Vetter, die Züchter wollten aber einen leichteren und schnelleren Hund mit noch besserem Spürsinn. Die Schulterhöhe beträgt 55 bis 63 cm beim Rüden und 53 bis 60 cm bei der Hündin. Ziemlich langer und breiter Schädel mit gewölbtem Hinterhauptbein; große, braune, weit auseinanderstehende Augen mit sanftem und bittendem Ausdruck; breite, anliegende Ohren; fröhlich getragene Rute mit Bürste am Ende. Hartes Haar (typisch für Laufhunde); alle Farben zulässig.

Wesen: Kämpferisch bei der Jagd, anhänglich und sanft, wenn er nicht arbeitet.

Verwendung: Im XVII. Jahrhundert war er dazu abgerichtet, Indianer aufzustöbern, aber später wurde aus ihm einer der besten und unermüdlichsten Lauf- und Spürhunde. Der American Foxhound ist imstande, ein 200 km² weites Gebiet von morgens bis abends zu durchstöbern und bei der Rückkehr immer noch frisch und munter zu sein.

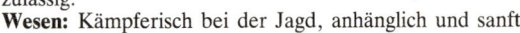

136 Trigg Hound

Nationalität: USA

Herkunft: Familienzucht eines Colonel Hayden Trigg in Kentucky, entstanden aus Kreuzungen zwischen Walker Hounds und irischen Jagdhunden.

Beschreibung: Gut gebauter, feiner, edler, aber robuster und schneller Laufhund. Die Schulterhöhe beträgt 58 bis 64 cm beim Rüden, 51 bis 56 cm bei der Hündin. Längliche Schnauze, Hängeohren, lange, gerade Läufe. Weiches, feines und dichtes Haar. Alle Farben sind erlaubt.

Wesen: Mürrisch, zäh, gehorsam.

Verwendung: Für die Jagd geschaffener Hund mit gutem Spürsinn und großer Widerstandsfähigkeit.

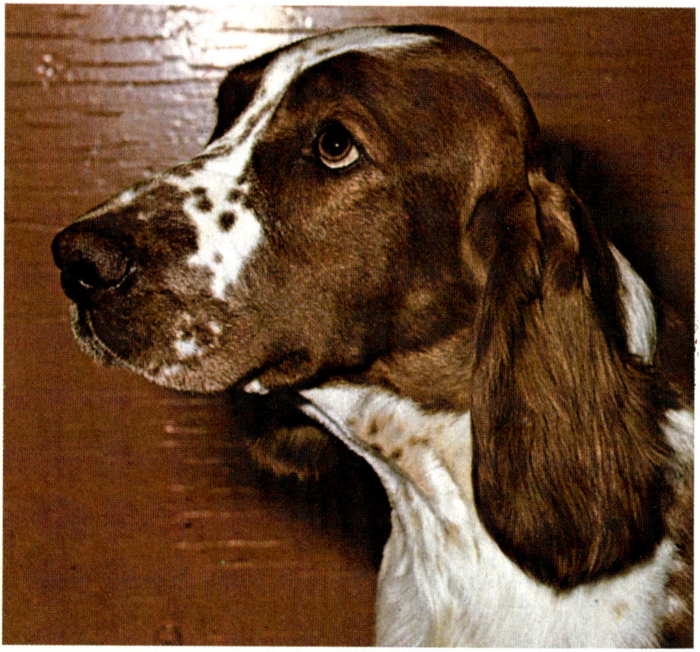

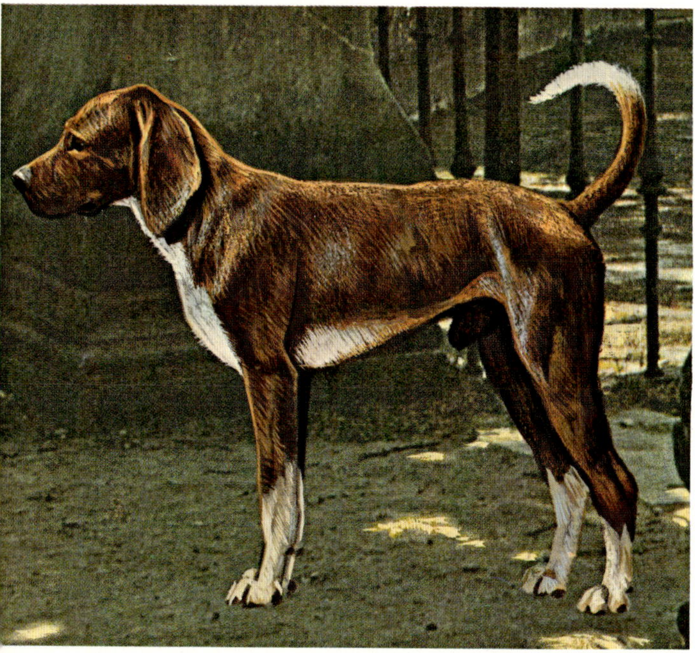

137 Plott Hound

Nationalität: USA
Herkunft: Die deutschen Ahnen dieser Rasse waren ausgezeichnete Wildschweinjäger. Durch Jonathan Plott wurden sie 1750 in die Vereinigten Staaten gebracht und dort weiter gezüchtet.
Beschreibung: Schwerer und muskulöser Hund mit großen Ohren und langer Rute. Die Schulterhöhe beträgt 55 bis 63 cm beim Rüden und 53 bis 60 cm bei der Hündin, bei einem Gewicht von 22 bis 29 kg (18 bis 25 kg bei der Hündin). Das Haar ist weich, fein, glatt und glänzend. Farbe: gestromt, mit schwarzem Sattel.
Wesen: Entschlossen, mutig, stolz.
Verwendung: Ausschließlicher Jagdhund, der besonders für die Jagd auf Wolf, Kojote, Puma und Hirsch eingesetzt wird. Er ist sehr widerstandsfähig und besitzt einen hervorragenden Jagdinstinkt.
Bemerkung: Die Nachkommen Jonathan Plotts haben diese Rasse nur sehr wenig verbreitet; obschon sie 1946 offiziell anerkannt wurde, ist sie heute außerhalb der USA noch kaum bekannt.

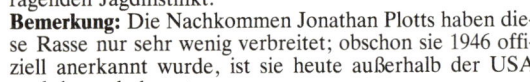

138 Dachsbracken

Nationalität: Deutschland, Österreich
Herkunft: Sie ist seit Ende des XVIII. Jahrhunderts bekannt und wurde 1896 offiziell anerkannt.
Beschreibung: Es gibt sie in zwei Schlägen, die als eigene Rassen anerkannt sind: die Westfälische Dachsbracke (Widerristhöhe von 30 bis 35 cm) und die Erzgebirgisch-alpenländische Dachsbracke (Widerristhöhe von 34 bis 42 cm). Sie hat einen flach gewölbten Oberkopf; gut schließendes Zangengebiß mit kräftigen Fangzähnen und gut geschlossenen, schmalen Lefzen; braune Augen (je nach Haarfarbe des Hundes mehr dunkel- oder hellbraun); breiter, glatt und dicht herabhängender Behang; Rücken gerade und etwas langgestreckt; aus der gut gewölbten Brust tritt das Brustbein deutlich hervor; robuste und muskulöse Läufe mit schwacher Biegung aufwärtsgetragene Rute. Das Haar ist kurz, dicht, anliegend. Farbe: tiefschwarz mit rostroten Abzeichen, braun mit lichteren Abzeichen, hirschrot, rostrot, rotgelb. Typisch für die westfälische Dachsbracke sind weiße Abzeichen.
Wesen: Eigensinnig und kämpferisch bei der Jagd, sonst freundlich und anhänglich.
Verwendung: Sie wird für die Jagd auf Hase, Fuchs Hirsch, Rotwild und Wildschwein eingesetzt, sowie zum Apportieren von Federwild. Sie arbeitet zuverlässig in schwierigem Gelände und ist schnell und unermüdlich im Gebirge. Ihr Geruchsinn erlaubt ihr, die Beute schon in weiter Entfernung ausfindig zu machen.

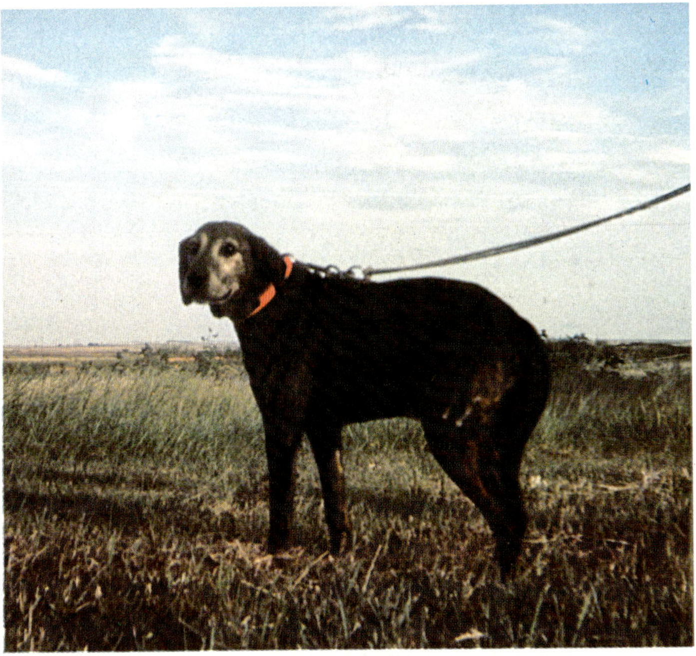

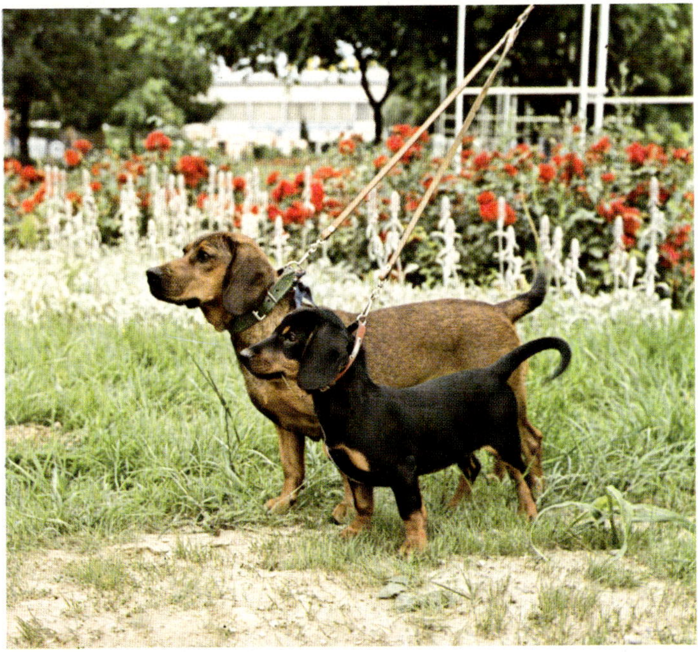

139 Deutscher Wachtelhund

Nationalität: Deutschland
Herkunft: Der Deutsche Wachtelhund wurde um die Jahrhundertwende vom Züchter Friedrich Roberth durch Kreuzungen von mittleren und kleineren langhaarigen Hunden mit bewiesener Jagdpassion erschaffen. Das genaue «Rezept» blieb jedoch immer geheim.

Beschreibung: Schulterhöhe: 45 bis 52 cm bei Rüde und Hündin. Fang lang und breit; Nasenspiegel braun mit weiten Nüstern; Zangen- oder Scherengebiß; feine, dichte Lefzen ohne Speichelfluß; sehr ausdrucksvolle, dunkelbraune Augen; breite, flache Hängeohren; hoch angesetzte, gerade Rute, die nie über dem Rücken getragen wird (um höchstens ⅓ kupiert). Farben: schwarz, braun oder hirschrot, mit Abzeichen, braunschimmel, rot- und orangeschimmel, dreifarbig. Das Haar ist kräftig, glänzend, gewellt, mit dichter Unterwolle.

Wesen: Anhänglich und folgsam seinem Herrn gegenüber, heftig und scharf bei der Jagd. Der Deutsche Wachtelhund ist ein griffsicherer Würger.
Verwendung: Er jagt besonders Füchse und Hasen in jedem Gelände (auf hartem Boden, auf Schnee, im Morast und im Sumpf, usw.). Der Deutsche Wachtelhund ist besonders mutig und widerstandsfähig und wird meist im Zwinger gehalten.

---

140 Tiroler Bracke

Nationalität: Österreich
Herkunft: Stammt von einheimischen alten Jagdhunden ab. Durch Zuchtauswahl schufen Tiroler Züchter einen Jagdhund, der sich ganz besonders für die Jagd in bergigen Gegenden, auf Schnee und unter der Erde eignet.

Beschreibung: Schulterhöhe 40 bis 48 cm, Gewicht 15 bis 22 kg. Es gibt auch einen kleineren Schlag, dessen Schulterhöhe 30 bis 39 cm beträgt. Der Kopf ist länglich, leicht im Skelett, mit mäßig gewölbten Stirnbeinen und ausgeprägtem Stop. Kräftiges Gebiß; große, dunkle und lebhafte Augen; breite, feine Hängeohren, nicht schraubig gedreht; lange, gerade Rute. Dichtes Glatthaar oder Rauhhaar in den Farben schwarz, rot oder rotgelb mit weißen Abzeichen, auch dreifarbig.
Wesen: Lebhaft, mutig, spursicher, folgsam.
Verwendung: Die Tiroler Bracke wird als Bracke oder Schweißhund verwendet. Sie ist muskulös, äußerst schnell, feinnasig, widerstandsfähig, ihrer natürlichen Umgebung perfekt angepaßt. Dank ihrer geringen Größe kann sie leicht im Auto oder auf dem Motorrad bis zu den Jagdgebieten mitgenommen werden, wo sie ohne zu zögern ihren regelmäßigen, raumgreifenden und schnellen Lauf einschlägt.

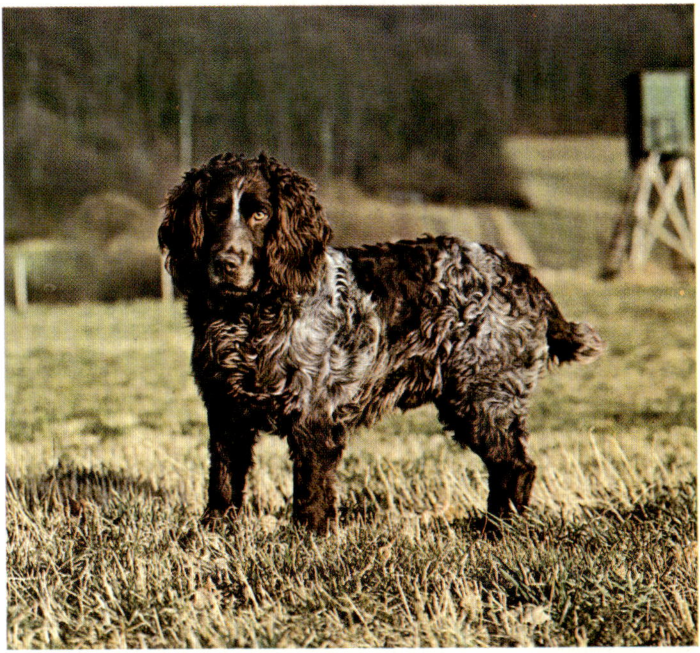

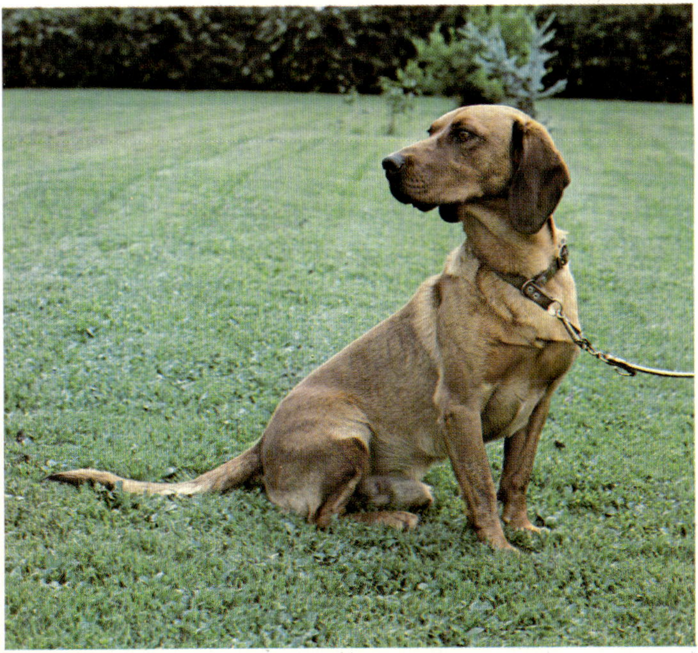

141 Steirische Rauhhaarige Hochgebirgsbracke

Nationalität: Österreich
Herkunft: Entstand aus der Kreuzung von Hannoverschen Schweißhunden mit rauhhaarigen Istrianer Bracken.
Beschreibung: Mittelgroßer Hund, mit ernstem und klugem Ausdruck. Kräftige Muskulatur, Schulterhöhe von 40 bis 50 cm. Gutes Gebiß, schwarzer Nasenspiegel, klare, meist braune bis gelbe Augen; glatt anliegende Ohren mit glatter und weicher Behaarung; kräftiger, etwas nach aufwärts gebogener Hals; mittellange, nie aufgerollte Rute; gerade gestellte, muskulöse Läufe. Das Haar ist grob, rauh und nur wenig gekrümmt. Farben: rot und fahlgelb, manchmal mit einem weißen Brustfleck.

Wesen: Ausdauernd und hart bei der Jagd, gutmütig und anhänglich an ihren Herrn, freundlich und sauber.
Verwendung: Die Steiermark ist eine Gegend mit alpinem Klima und hartem Winter, aber dieser kräftige, unermüdliche, kälteunempfindliche Hund ist seiner Umwelt bestens angepaßt. Wegen ihrer großen Intelligenz und ihrer feinen Nase wird diese Bracke auch von den deutschen und jugoslawischen Jägern sehr geschätzt. Sie eignet sich ganz besonders für die Suche nach Kleinwild. Dank ihrer geringen Größe kann sie leicht auf Wochenendausflügen mitgenommen werden.

142 Finnenspitz

Suomen Pystykorvat

Nationalität: Finnland
Herkunft: Wird seit Jahrhunderten in Finnland gezüchtet. Sein erster Standard stammt aus dem Jahre 1812. Er wird auch im Nationalen Epos Kalevala erwähnt.
Beschreibung: Hund mit angenehmer Erscheinung und stolzer Haltung. Spitzer Fang, Stehohren; rötlicher Mantel, der wie eine Mischung von Wolfspelz und Chow-Chow-Behaarung wirkt. Die Schulterhöhe beträgt 44 bis 50 cm beim Rüden, ungefähr 10% weniger bei der Hündin. Der Hals ist muskulös und kurz, die Brust tief, der Bauch eingezogen. Lebhafte, möglichst dunkle Augen. Über den Rücken gerollte Rute. Kurzes und anliegendes Deckhaar über hellerer Unterwolle. Farben: rotbraun (fuchsig) oder gelbrot; weiße Abzeichen an Brust und Pfoten erlaubt.

Wesen: Treu, freundlich, mutig.
Verwendung: Die Lappen brauchten ihn einst, um Weißbär und Elch zu jagen. Später wurde er für die Jagd auf Birk- und Auerwild eingesetzt. Daher stammt auch seine Bezeichnung «Barking Bird Dog», der Hund, der Vögel verbellt. Der Finnenspitz ist aber auch ein ausgezeichneter Wachhund.

Bemerkung: Die Welpen sind sehr empfindlich und brauchen viel Pflege.

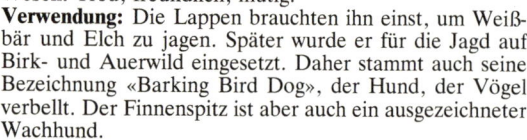

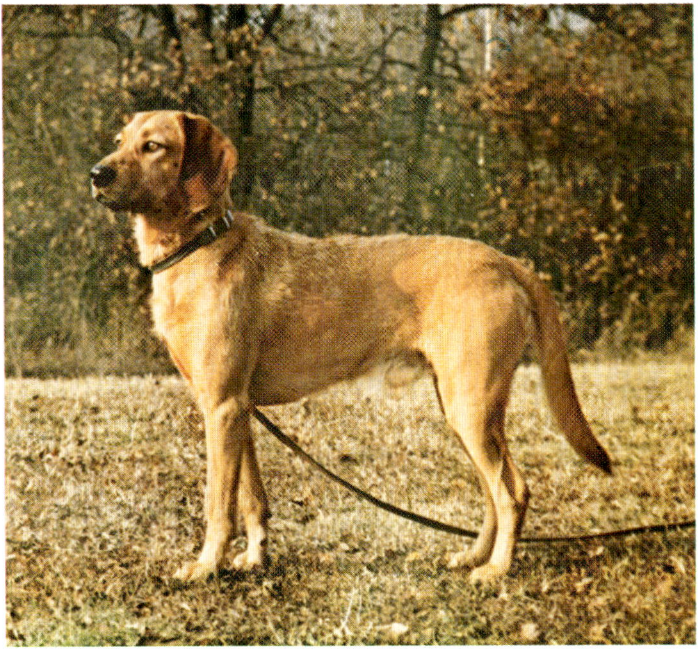

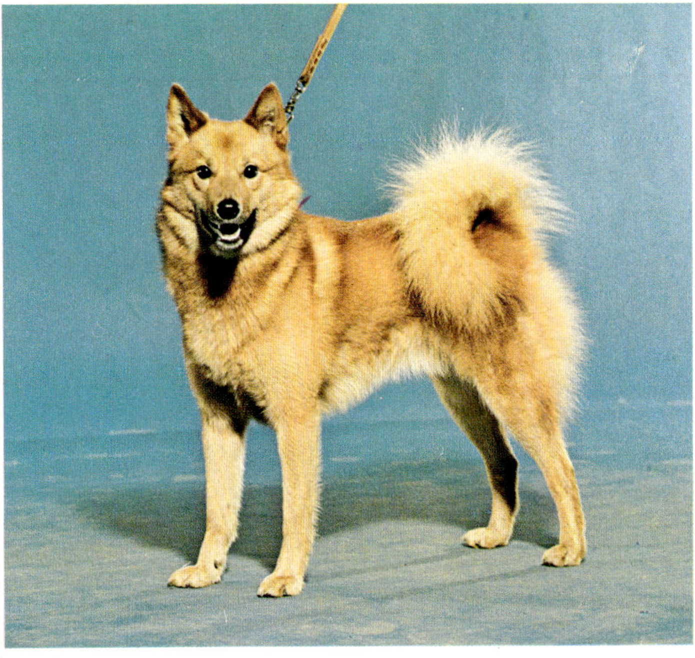

143 Finnenbracke

Suomenajokoira

Nationalität: Finnland
Herkunft: Wurde in Finnland aus nordischen, schweizerischen, deutschen und englischen Laufhunden gezüchtet.
Beschreibung: Mittelgroße Bracke (Schulterhöhe 55 bis 61 cm beim Rüden, 52 bis 58 cm bei der Hündin) mit länglichem Körperbau. Robust, aber leicht wirkend. Kopf trocken und edel, mit großem Nasenspiegel und gut geöffneten und beweglichen Nasenlöchern. Sehr apart wirkt der Behang: hoch angesetzte, mäßig lange Ohren mit dicht anliegendem Vorderrand herabhängend. Der Standard fordert außerdem kräftige Kiefer, einen geraden, mittellangen und trockenen Hals, eine lange und tiefe Brust, einen hochgezogenen Bauch, starke und muskulöse Läufe, elastische Pfotenballen, eine ziemlich lange und sich verjüngende Rute, die die Sprunggelenke berührt. Das Haar ist dicht und rauh. Farbe: schwarzer Mantel, leuchtend lohfarben an Kopf, Bauch, Schenkel, Läufen, mit weißen Abzeichen an Schnauze, Hals, Brust, unterem Teil der Läufe und Rutenspitze.
Wesen: Friedlich und gutmütig zuhause, leidenschaftlich bei der Jagd.
Verwendung: Wird in den Sommermonaten vor allem für die Jagd auf Hase und Fuchs eingesetzt. Im Winter bleibt sie zuhause in der Familie. Dieser Jagdhund wird in seiner Heimat sehr geschätzt, ist aber im Ausland wenig bekannt.

---

144 Steinbracken

Nationalität: Deutschland
Herkunft: Ein Sammelname für mehrere in Deutschland entstandene kleinere Brackenschläge, die außerhalb ihrer Heimat wenig bekannt sind.
Beschreibung: Mittelgroß, robust aber nicht schwerfällig, mit leichtem, länglichem Kopf; dunkelbraune, klare Augen mit freundlichem Ausdruck; breite, am Kopf anliegende Hängeohren; kräftiges, gut schließendes Gebiß; hoch eingesetzte Rute, die unten eine Bürste bildet; grobknochige Läufe mit stark entwickelten Schenkeln; ovale, dicht behaarte Pfoten. Haarkleid schwarz und lohfarben, oder weiß mit dunklem Rücken; das Haar ist dicht und hart.
Wesen: Sehr kämpferischer und unermüdlicher Jagdhund, der zuhause anhänglich und sanft ist.
Verwendung: Die Steinbracken sind meist auf Hasen spezialisiert, können aber durchaus auch größeres Wild bekämpfen.

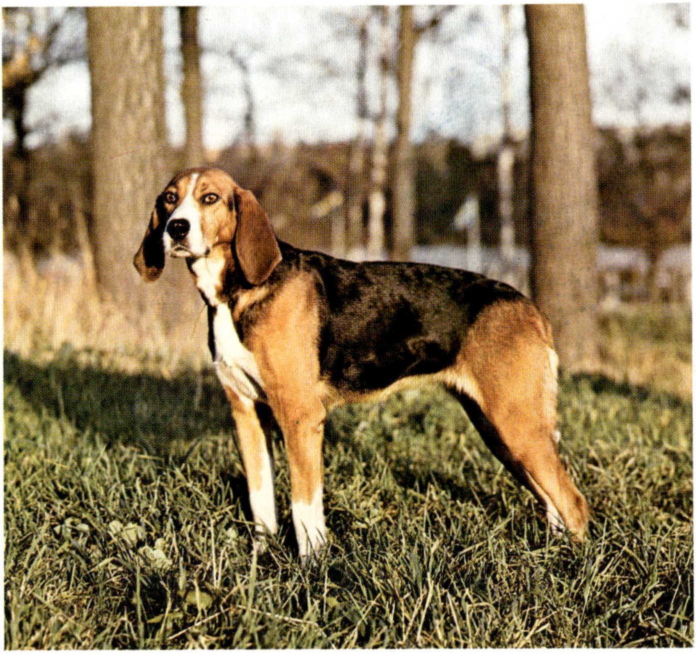

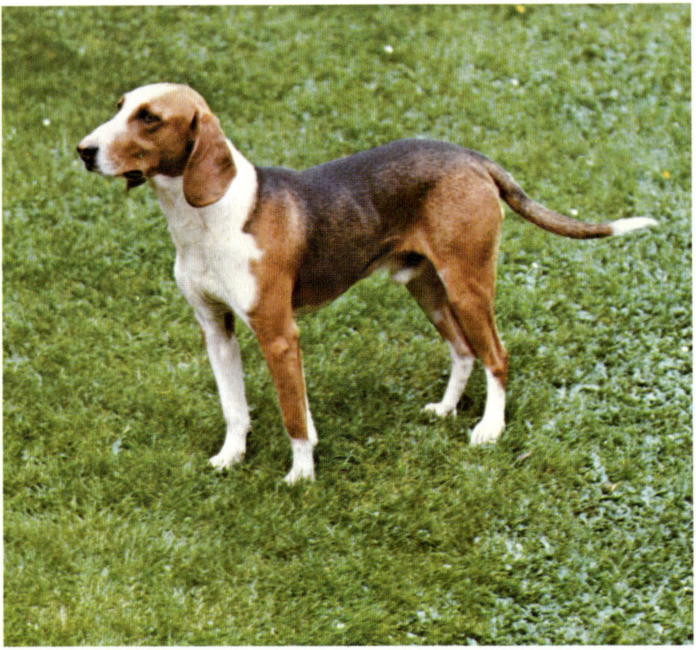

145 Polski Ogar
Polnischer Laufhund

Nationalität: Polen
Herkunft: Polnischer Herkunft.
Beschreibung: Gut gebauter Laufhund mit einer Schulterhöhe von 56 bis 65 cm beim Rüden und einem Gewicht von 25 bis 35 kg; 55 bis 60 cm bei der Hündin, bei einem Gewicht von 20 bis 26 kg. Edler, rechteckiger Kopf; großer, dunkler Nasenspiegel; untere Lefzen hängend; kräftige, fleischige Kieferpartie; Stirnrunzeln; große, ein wenig schräg liegende, braune Augen mit ruhigem Blick; eng anliegende Hängeohren; breite Rute mit etwas längerem Haar als auf dem Körper. Farben: schwarz, dunkelgrau, dunkelbraun in den verschiedensten Nuancierungen. Besitzt eine klangvolle, helle Stimme.

Wesen: Kräftig, aber nicht zu wild auf der Jagd, sonst folgsam und anhänglich.
Verwendung: Sein Gang ist etwas langsam und schwerfällig, doch der Polski Ogar ist sehr ausdauernd und gewissenhaft bei der Arbeit und wird deshalb, und auch seiner ausgezeichneten Nase wegen, sehr geschätzt. Er eignet sich für jede Jagd, auch in schwierigem Gelände und bei schlechter Witterung.

---

146 Österreichische Bracke
Brandl-Bracke

Nationalität: Österreich
Herkunft: Autochthone Rasse.
Beschreibung: Mittelgroßer Hund, 46 bis 58 cm hoch, von sehr kräftigem und doch elastischem Bau. Hoher Kopf mit geradem Nasenrücken; gut entwickelte Lefzen; braune, klare Augen mit intelligentem Blick; unten abgerundete Hängeohren; mittellanger, sehr kräftiger Hals, breite Brust; Hängerute, die bei der Jagd hoch getragen wird; gut schließendes Zangen- oder Scherengebiß. Das Haar ist glatt anliegend und seidig glänzend, schwarz mit rostrotem oder gelbem Brand. Nur kleiner weißer Bruststreifen zulässig.

Wesen: Empfindsam, folgsam, ernst bei der Arbeit, anhänglich in der Familie.
Verwendung: Als guter Laufhund mit ausgezeichneter Nase wird sie für alle Jagdzwecke verwendet.

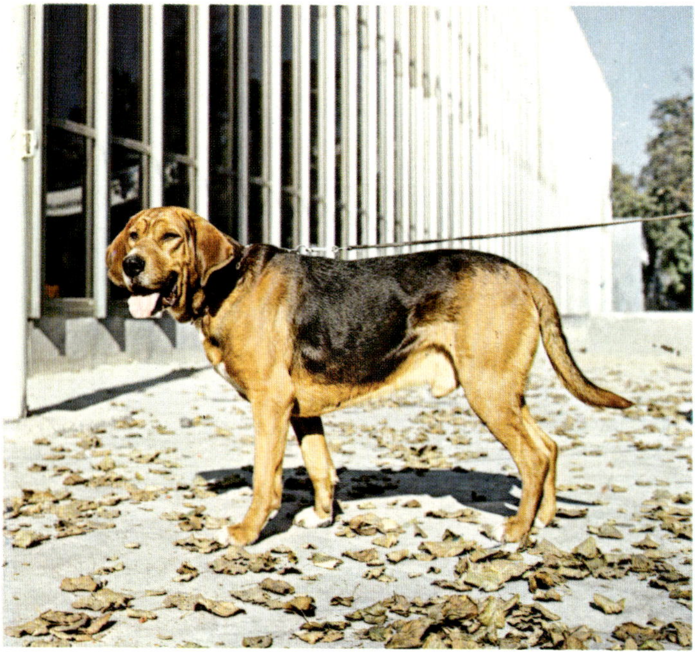

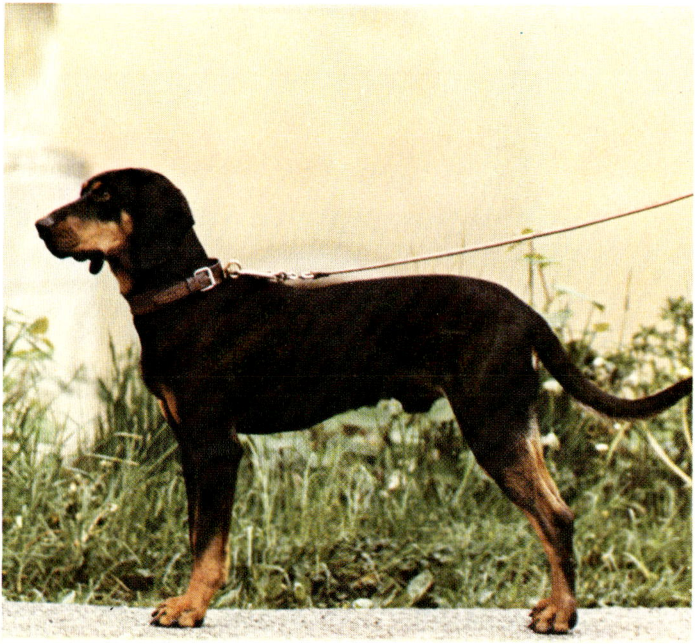

147 Bayerischer Gebirgsschweißhund
Bayerische Gebirgsbracke

Nationalität: Deutschland
Herkunft: Entstand aus Kreuzungen zwischen alten Bayerischen Bracken und Hannoverschen Schweißhunden.
Beschreibung: Die allgemeine Erscheinung ist die eines leichteren, aber muskulösen Hundes, dessen Schulterhöhe nie 50 cm übersteigt. Der Oberkopf ist flach gewölbt und breit; schwarzer oder brauner Nasenspiegel; Lefzen gut überfallend; klare, braune Augen; an den Kopfseiten herabhängende Ohren; Hals und Rücken sehr kräftig; Bauch hinten leicht aufgezogen. Das Haar ist dicht, kurz, mäßig rauh, feiner an Kopf und Behang. Farben: tiefrot, hirschrot, rotbraun, rotgelb, ockergelb, auch fahlgelb bis semmelfarbig, rotgrau.
Wesen: Lebhaft, mutig, folgsam während der Jagd, sehr anhänglich zuhause.
Verwendung: Bei der Zuchtauswahl achtete man besonders darauf, daß aus dieser Rasse ein gewandter Kletterer und ein widerstandsfähiger, instinktsicherer Jagdhund wurde. In den bayerischen Bergen wird er besonders für die Jagd auf Hase und Federwild eingesetzt.

148 Petit Bleu de Gascogne

Nationalität: Frankreich
Herkunft: Es handelt sich um den kleineren Bruder des Grand Bleu de Gascogne. Beide stammen vom Bloodhound ab.
Beschreibung: Die Schulterhöhe des Grand Bleu beträgt 70 cm, diejenige des Petit Bleu ungefähr 50 cm. Der kleinere Wuchs verleiht ihm Leichtigkeit und Homogenität. Der Kopf ist lang und edel, mit einer schwarzen, weit offenen Nase. Der Oberkopf ist trocken und gerade; Augen kastanienbraun mit schwarz umrandeten Lidern; Ohren fein und leicht gefaltet; Rute lang und fein; grobes, nicht zu kurzes Haar. Das Blau des Haarkleids rührt von der starken Tüpfelung des weißen Grundes her.
Wesen: Schlau, kühn, zäh bei der Arbeit, sanft und anhänglich zuhause.
Verwendung: Besonders gut für die Pirsch (Hasen und Wildkaninchen). Es heißt, mit einem Petit Bleu de Gascogne kehre man nie ohne Beute von der Jagd zurück. Die Jäger schätzen besonders seine äußerst feine Nase und daß er leicht zu transportieren ist.

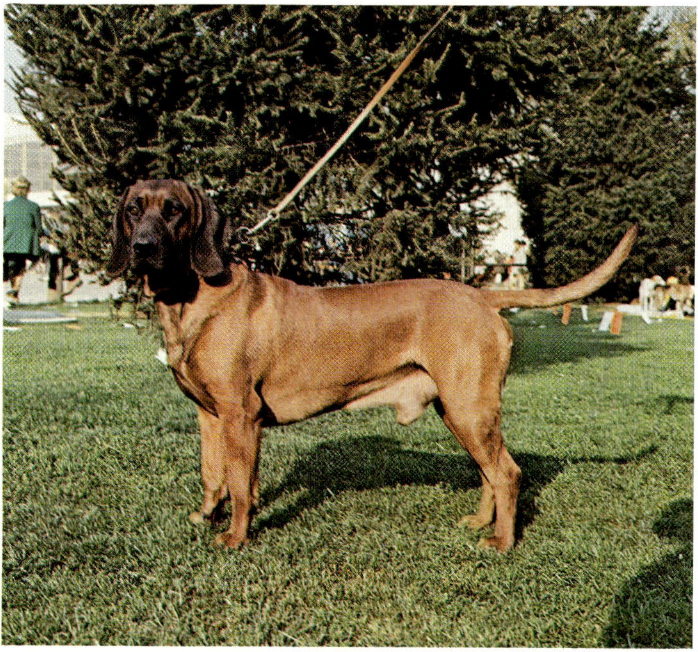

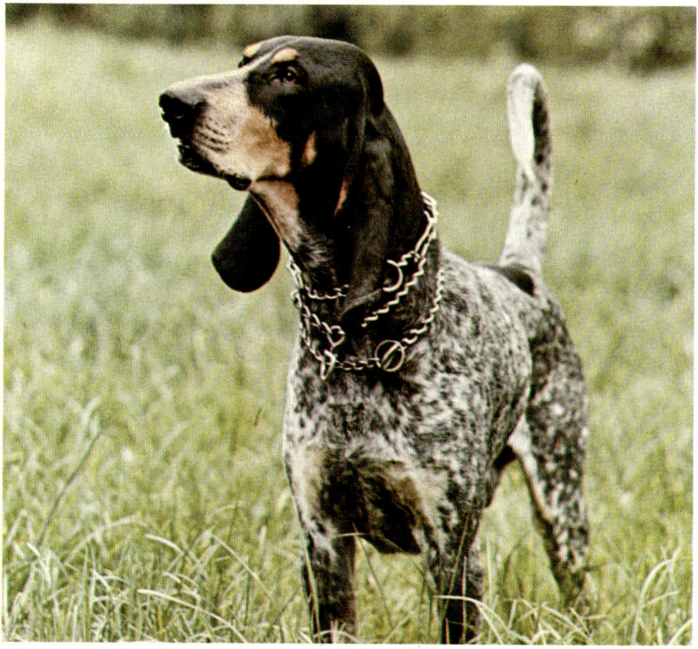

149 Ariégeois

Nationalität: Frankreich
Herkunft: Französischer Laufhund aus der Ariège, der aus der Kreuzung zwischen Bleu de Gascogne, Gascon Saintongeois und Briquet hervorgegangen ist. Sein offizielles Geburtsjahr ist 1912.

Beschreibung: Leichte und vornehme Gesamterscheinung. Schulterhöhe beim Rüden: 55 bis 60 cm, etwas weniger bei der Hündin. Der Kopf ist trocken, länglich, ohne Falten oder Wamme. Schwarzer Nasenspiegel mit weit geöffneten Nasenlöchern; dunkle Augen mit sanftem Ausdruck; nicht zu lange, weiche und gefaltete Behänge; schlanker Hals mit leichtem Schwung; säbelförmig getragene Rute; feines und dichtes Haar; Farben: weiß und schwarz, mit hellen lohfarbenen Abzeichen an den Backen und über den Augen.
Wesen: Leidenschaftlich bei der Jagd, ruhig und anhänglich in der Familie.

Verwendung: Ausgezeichneter Hasenmeutehund auf ebenem, hügeligem und steinigem Gelände. Er ist schnell, widerstandsfähig, besitzt eine sehr laute Stimme, ein leichtes Gangwerk und eine gute Nase. Trotzdem ist er fast ausschließlich im Süden Frankreichs bekannt.

150 Basset Artésien-Normand

Nationalität: Frankreich
Herkunft: Er wurde auf Kurzläufigkeit gezüchtet, um sich besser zur Stöberjagd im Gestrüpp und im Gebüsch zu eignen. Von dieser Rasse existieren zwei Schläge: der in Flandern gezüchtete Artésien und der im Artois gezüchtete Normand. Die Unterschiede sind so minim, daß bei Kreuzungen beider Schläge immer identische Nachkommen gezeugt werden.

Beschreibung: Seine Schulterhöhe liegt zwischen 26 und 36 cm. Der Rumpf ist doppelt so lang wie die Schulterhöhe. Der Kopf ist imponierend, kuppelförmig gewölbt; faltige Wangen; große, dunkle Augen mit ruhigem, ernstem Blick; Ohren sehr lang, korkzieherartig, spitz endend; Hals mit geringer Wamme; breite Brust mit gewölbten Rippen und vorstehendem Brustbein; eher lange, an der Wurzel kräftige, dünn auslaufende Säbelrute; kurze, aber nicht mißgebildete Läufe; kurze Haare, bicolor (weiß und gelb) oder tricolor (weiß, dunkelrot, gelb).
Wesen: Mutig und eigensinnig auf der Jagd. Wegen seiner Gutmütigkeit wird er häufig auch als Begleithund gehalten.
Verwendung: Wird für die Jagd auf Fuchs und Hase verwendet, manchmal auch zusammen mit hochläufigen Laufhunden. Wenn die größeren Hunde nicht ins Gestrüpp eindringen können, kommt der kleine Basset Artésien-Normand zum Zuge. Wie der Dachshund und die Terrier kann auch er unter der Erde arbeiten.

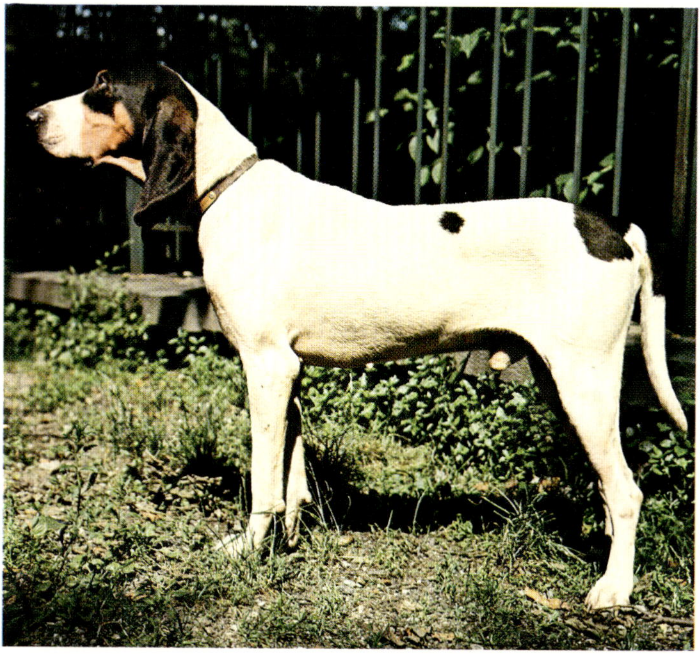

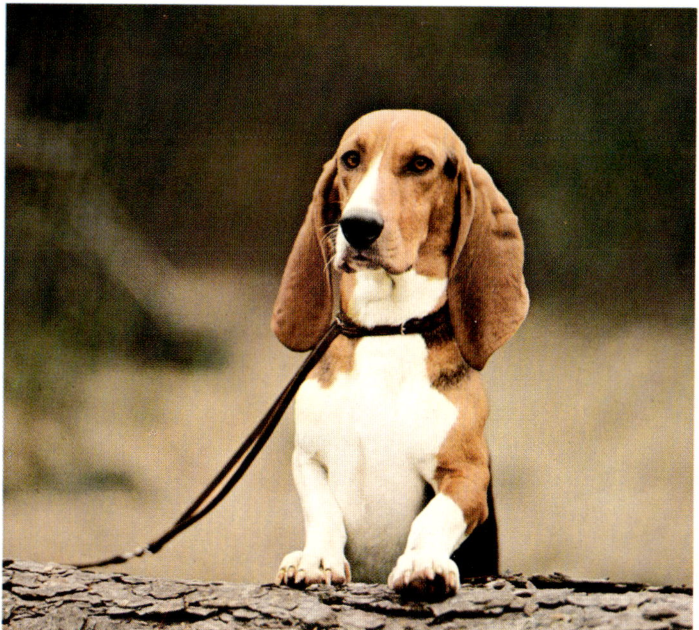

151 Basset Bleu de Gascogne

Nationalität: Frankreich
Herkunft: Entstand – durch gezielte Zuchtauslese – aus dem Grand Bleu de Gascogne.
Beschreibung: Kleinster Vertreter der Familie der Bleu de Gascogne. Seine Schulterhöhe beträgt 30 bis 38 cm. Der niedrige Wuchs gibt ihm ein eigentümliches Aussehen, ohne daß die rachitischen Läufe seine noble Herkunft verdecken würden. Sein Kopf ist länglich, mit leicht gewölbtem Nasenrücken; schwarzer Nasenspiegel; dunkelbraune Augen mit sanftem und traurigem Ausdruck; lange, gefaltete Ohren; fröhlich getragene Rute; Farbe: blau oder weiß mit verschieden großen schwarzen Flecken; über den Augen und auf den Wangen lohfarbene Abzeichen. Der Standard fordert überdies krumme Läufe, schwarze Krallen, besonders große Pfoten mit festen Ballen.

Wesen: Kühn, neugierig, sympathisch, liebevoll.
Verwendung: Er ist aufmerksam, gewandt, schnell, hat einen ausgezeichneten Geruchssinn und ist hervorragend bei der Jagd auf Federwild und auf Niederwild. Mit einem Basset Bleu de Gascogne zu jagen ist ein wahrer Genuß, denn er ist äußerst lebhaft, begeistert, fröhlich, angenehm aussehend, und stürzt sich beim feinsten Geruch und bei der spärlichsten Spur mit Feuereifer in seine Arbeit.

---

152 Basset Griffon Vendéen

Nationalität: Frankreich
Herkunft: Er entstand aus Kreuzungen zwischen dem weißen Hubertushund, der weiß-roten italienischen Bracke und dem «Weißen Hund des Königs», dem Grand Griffon Vendéen.
Beschreibung: Durch Zuchtauswahl erhielt man einen länglichen Hund mit einer Schulterhöhe zwischen 38 und 42 cm. Er hat einen langen, stark behaarten Fang; große, dunkle Augen mit intelligentem und sanftem Blick; weiche, lange, ovale Behänge; lange Säbelrute; grobknochige Vorderläufe; gut bemuskelte Schenkel; harsches, aber nicht zu langes Haar, das nie seidig oder wollig sein darf. Farben: einfarbig fahlrot, grauweiß; weiß und orange, weiß und schwarz, weiß und grau, weiß und lohfarben, weiß und wildfarben, oder dreifarbig.

Es gibt auch einen kleineren Schlag, dessen Schulterhöhe 34 bis 38 cm beträgt.
Wesen: Mutig, kräftig, zäh. Außerhalb der Jagd ist er anhänglich, gefügig, treu und sympathisch.
Verwendung: Ob in der Meute oder einzeln, immer ist er einer der besten französischen Laufhunde, der auf Rotwild und auf Wildschweine spezialisiert ist. Seines guten Wesens und seines lustigen Aussehens wegen wird er auch vielerorts als Begleithund gehalten.

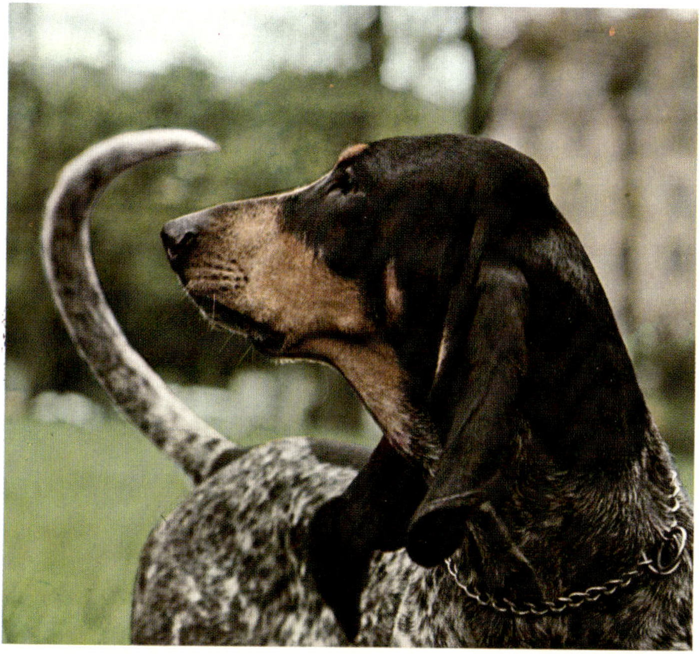

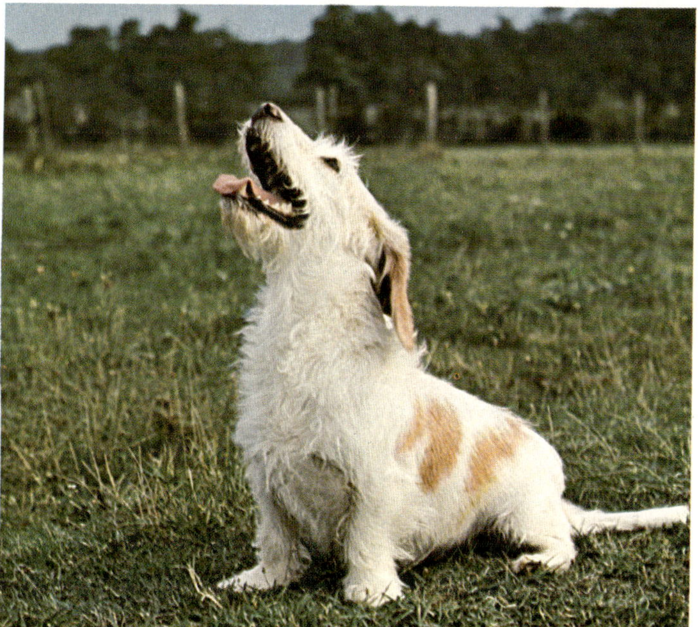

153 Basset Fauve de Bretagne

Nationalität: Frankreich
Herkunft: Entsprang aus vielen Kreuzungen zwischen dem Grand Griffon fauve de Bretagne und dem Basset Vendéen.
Beschreibung: Schulterhöhe 32 bis 36 cm, gedrungene Erscheinung mit leicht krummen Läufen; länglicher Kopf, schwarze Nase mit weit offenen Nasenlöchern; lebhaft blickende Augen; mittellanger, ovaler Behang; Hals kurz und muskulös; mittellange, sichelförmige Rute. Haarkleid: harsches, dichtes, kurzes Haar. Farbe: weizenfarben bis rötlichbräunlich; ein weißer Brustfleck ist erlaubt.

Wesen: Ruhig, liebenswert, sauber.
Verwendung: Es handelt sich um einen zähen, kräftigen und widerstandsfähigen Laufhund, der besonders für die Jagd in der Hochebene, im Heideland und im Gestrüpp geschaffen wurde. Auch als Begleithund hat er sich einen guten Platz erobert. Außerhalb seiner Heimat ist er jedoch weithin unbekannt geblieben.

154 Griffon Nivernais

Nationalität: Frankreich
Herkunft: Sein Vater war der Chien gris de Saint Louis, ein großer, heute ausgestorbener Laufhund aus der Zeit des Sonnenkönigs.
Beschreibung: Seine allgemeine Erscheinung ist etwas bäurisch und derb. Er gleicht dem Spinone, ist aber etwas kleiner. Er hat feine, aber starke Muskeln; seine Schulterhöhe beträgt 50 bis 60 cm. Kopf hager und lang; Lefzen und Kinn bärtig; dunkle Augen mit durchdringendem Blick; geschmeidige, leicht gefaltete Hängeohren; mittellange Säbelrute. Die Haare sind lang, hart, borstig und struppig. Farbe: graublau, wolfsgrau, saufarben, mit roten Abzeichen am Gesicht.
Wesen: Eigensinnig, zäh, aktiv.
Verwendung: Wegen seiner guten Arbeitsweise auch in schwierigem Gelände wird er besonders vom Sonntagsjäger geschätzt. Er braucht keine besondere Überwachung, scheut keinen Regen, geht gerne ins Wasser, ist unempfindlich gegen Hitze und Kälte.

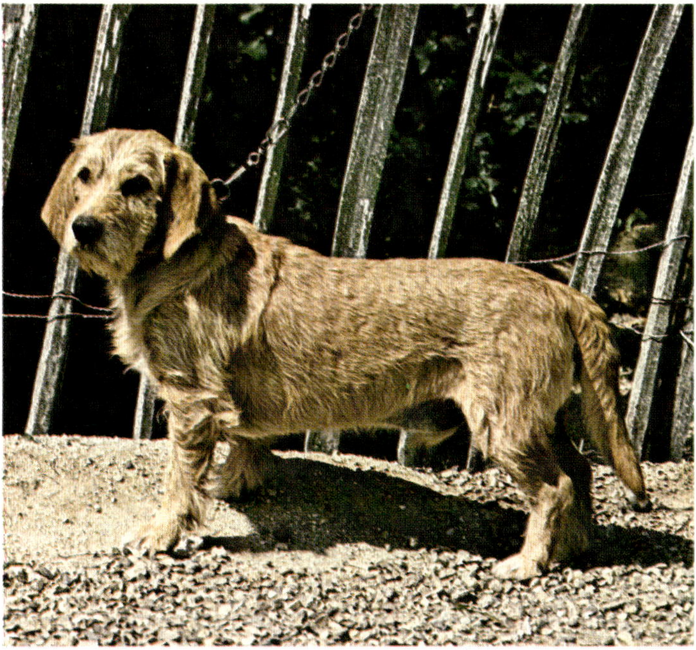

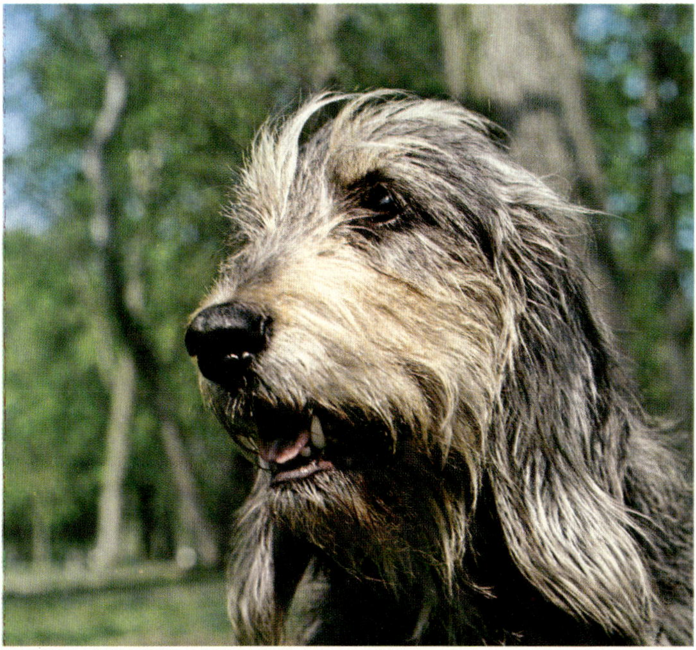

155 Harrier

Nationalität: Großbritannien
Herkunft: Der Name geht auf das normannische *harier* zurück, was «Jagdhund» bedeutete. Der Harrier entstand aus Kreuzungen zwischen Windhunden, Bulldoggen und Foxterrier und gleicht dem Foxhound.

Beschreibung: Seine Schulterhöhe beträgt ungefähr einen halben Meter. Er ist kompakt gebaut, ist ausgesprochen schnell und widerstandsfähig und besitzt eine äußerst feine Nase. Sein Kopf ist breit, der Fang spitz; schwarzer, gut entwickelter Nasenspiegel; kleine, ovale Augen; V-förmige, flache Hängeohren; tiefe Brust mit guter Rippenwölbung; mittellange, ziemlich hoch getragene Rute; Haare mäßig kurz und grob. Farbe: weißer Grund mit schwarzen und roten Flecken, manchmal mit schwarzem Sattel.
Wesen: Lebhaft, vornehm, fröhlich.

Verwendung: Sein Name Harrier oder Hasenhund besagt alles! Weder Hase noch Fuchs können seiner ausgezeichneten Nase, seiner Schlauheit oder seiner unvergleichlichen Ausdauer entkommen. Seine Opfer legen sich manchmal, nach einer langen Hetzjagd, vollkommen erschöpft auf den Boden.

---

156 Beagle

Nationalität: Großbritannien
Herkunft: Er stammt wahrscheinlich aus der Zeit Elisabeths I. und entstand aus alten englischen Laufhunden.
Beschreibung: Er gleicht dem Harrier, hat aber kürzere Läufe. Er ist widerstandsfähig und äußerst aktiv. Seine Schulterhöhe beträgt 33 bis 40 cm. Sein Kopf ist kraftvoll, aber nicht grob; schwarze, breite Nase; gewölbter Schädel; stumpfer Fang; sehr deutlicher Stop. Die Augen sind braun oder haselnußfarben und haben einen milden Ausdruck; die Ohren sind lang, in einer Falte dicht der Wange anliegend; ziemlich langer Hals mit leichter Wamme; sehr muskulöse Schenkel; Pfoten rund und stark. Was das Haarkleid betrifft, existieren zwei Schläge: Kurzhaar, glatt, sehr dicht, nicht zu fein, und Rauhhaar, sehr dicht und drahtig. Farbe: blau mit schwarzer Stromung, weiß, schwarz, lohfarben, orange, tricolor, alle Houndfarben.

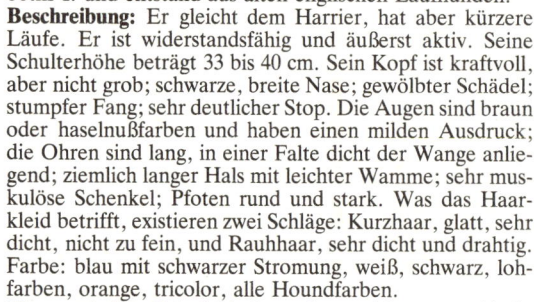

Wesen: Anhänglich, lebhaft, sauber, ruhig, sympathisch, mit angenehmer Stimme.
Verwendung: Er wird besonders für die Jagd auf Hase, Fasan, Wachtel, und für den Fischfang verwendet. Als Haushund war er eine zeitlang sehr beliebt.
Bemerkung: Es gibt noch einen kleineren Beagle, den Elisabeth-Beagle, dessen Schulterhöhe nicht über 30 cm liegt bei einem Gewicht von knapp 10 kg, und einen Zwergbeagle, den Pocket Beagle, mit einer Schulterhöhe unter 25 cm, den die Jäger früher auf dem Sattel zur Jagd trugen.

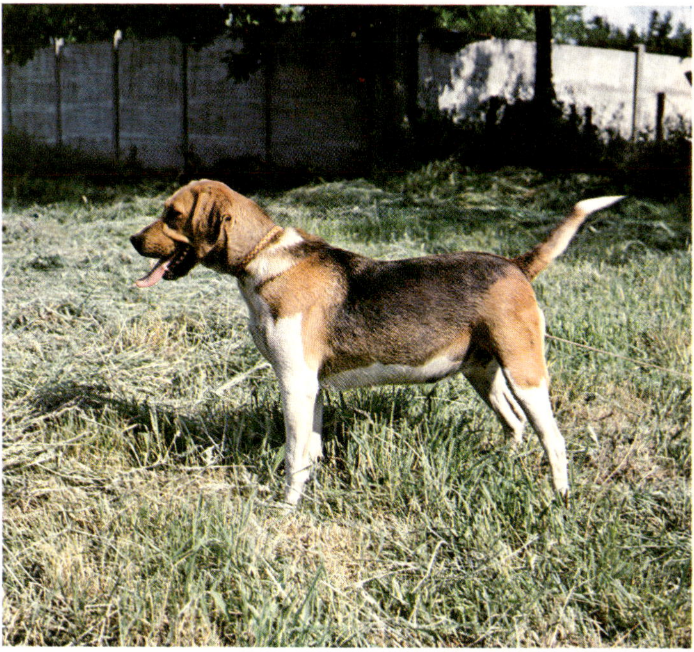

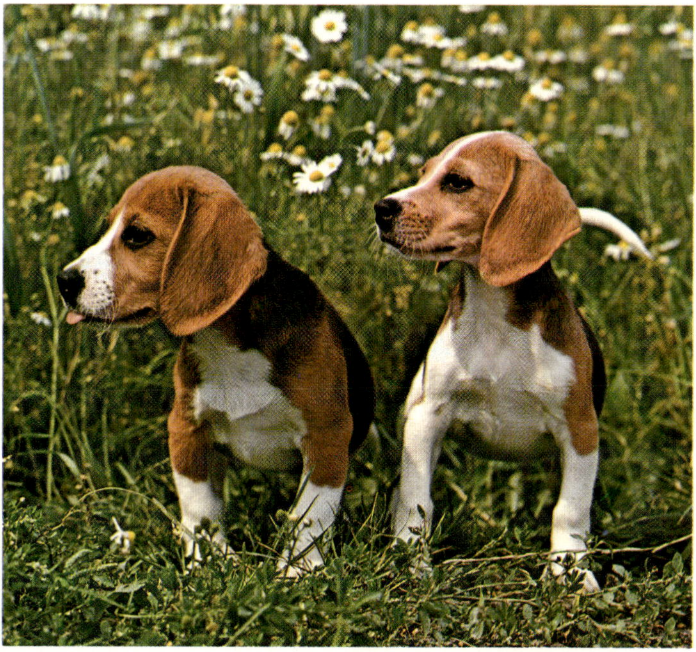

157 Beagle Harrier

Nationalität: Großbritannien
Herkunft: Wie sein Name besagt, handelt es sich um eine Kreuzung zwischen Beagle und Harrier. Sein erster Züchter war der französische Baron Gérard.
Beschreibung: Gesamterscheinung harmonisch, edel und ausgeglichen. Vom Beagle hat er die Jagdpassion, die Lebhaftigkeit und die angenehme Stimme geerbt; vom Harrier die feine Nase, die Schlauheit, die Widerstandsfähigkeit. Seine Schulterhöhe beträgt 43 bis 48 cm. Breiter Schädel; der Fang ist weniger stumpf als beim Beagle; dunkle Augen mit intelligentem Ausdruck; V-förmige, fast vollkommen flache, nicht allzu lange Hängeohren; Rumpf kurz und muskulös; fröhlich getragene Rute; gerade Vorderläufe und muskulöse Schenkel; Haarkleid oft glatt, meist dreifarbig, mit lohfarbenen oder dunklen Abzeichen.
Wesen: Mutig, lebhaft, energisch, intelligent, elegant, aufrichtig, anhänglich. Ängstlichkeit wird als großer Fehler bewertet.
Verwendung: Seine besten Eigenschaften kommen vor allem auf der Hasen- und Rotwildjagd zum Ausdruck.

158 Otterhound

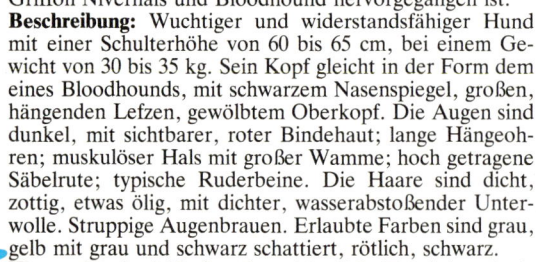

Nationalität: Großbritannien
Herkunft: Es handelt sich um eine sehr alte Rasse, die aus Kreuzungen zwischen rauhhaarigen Terriers, Harrier, Griffon Nivernais und Bloodhound hervorgegangen ist.
Beschreibung: Wuchtiger und widerstandsfähiger Hund mit einer Schulterhöhe von 60 bis 65 cm, bei einem Gewicht von 30 bis 35 kg. Sein Kopf gleicht in der Form dem eines Bloodhounds, mit schwarzem Nasenspiegel, großen, hängenden Lefzen, gewölbtem Oberkopf. Die Augen sind dunkel, mit sichtbarer, roter Bindehaut; lange Hängeohren; muskulöser Hals mit großer Wamme; hoch getragene Säbelrute; typische Ruderbeine. Die Haare sind dicht, zottig, etwas ölig, mit dichter, wasserabstoßender Unterwolle. Struppige Augenbrauen. Erlaubte Farben sind grau, gelb mit grau und schwarz schattiert, rötlich, schwarz.
Wesen: Mutig, lebhaft, zäh, anhänglich. Er wird auch als Begleithund geschätzt.
Verwendung: Otter bedeutet hier Fischotter, und auf die Jagd auf solche ist der Otterhound spezialisiert. Seine Nase ist so empfindlich, daß er imstande ist, am Morgen der nächtlichen Spur eines Fischotters im Wasser zu folgen. Er verfolgt seine Beute auch unter Wasser.

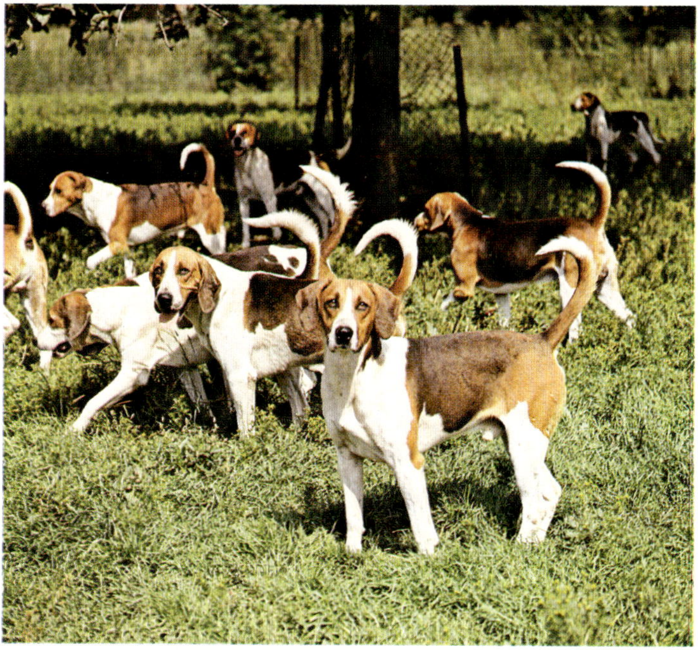

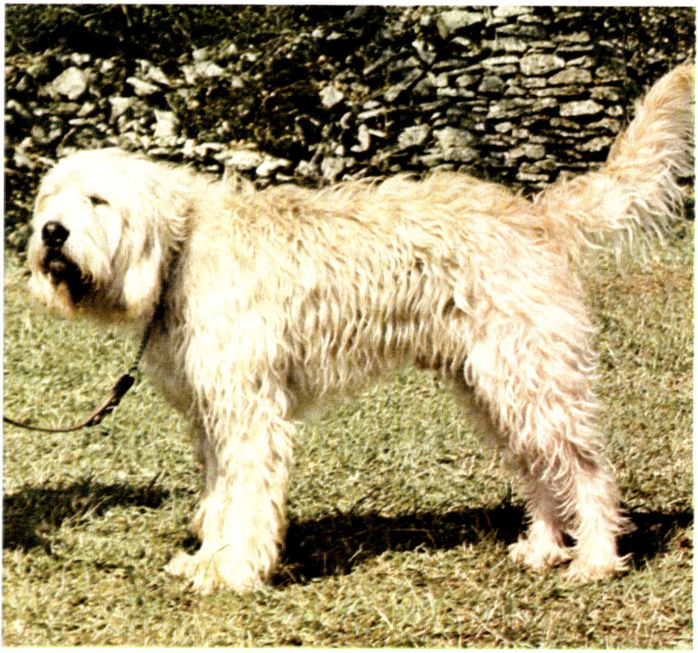

159 Basset Hound

Nationalität: USA

Herkunft: Ziemlich alte Rasse, die in direkter Linie vom Bloodhound abstammt. Berühmt wurde er 1883, als er in Paris ausgestellt wurde. Im gleichen Jahr wurde er vom englischen Kennel Club anerkannt. Die englischen Züchter konnten sich jedoch später in einer wichtigen Frage nicht mehr einigen, nämlich ob der Basset Hound ein echter Jagdhund bleiben sollte oder ob man aus ihm einen etwas grotesk aussehenden Begleithund machen sollte. Zu diesem Zeitpunkt schalteten sich amerikanische Züchter ein. Durch Zuchtwahl gelang es ihnen, einen äußerst sympathischen Luxushund zu erschaffen, der jedoch nichts von seinen jagdlichen Fähigkeiten verloren hat. In den fünfziger Jahren trat er seinen Siegeszug in die ganze Welt an.

Beschreibung: Kurzläufiger und schwerknochiger, aber wendiger Hund. Durchschnittliche Schulterhöhe: 35,5 cm, bei einem Gewicht von 18 bis 23 kg. Der Kopf ist mächtig, aber ausgewogen; gewölbter Oberkopf mit ausgeprägtem Hinterhauptbein; am ganzen Kopf viel lose Haut, die runzelig über Gesicht und Backen fällt. Der Nasenspiegel ist schwarz, die Lefzen hängend; kräftiges Scherengebiß; starker Hals mit schwerer Wamme. Der Basset Hound hat dunkle, sanfte und traurige Augen; seine Ohren sind sehr lang und reichen bis über die Nasenspitze. Die leicht säbelförmige Rute wird fröhlich und flott getragen. Das Haar ist kurz, hart, glatt. Es sind keine besonderen Farben vorgeschrieben, aber in der Regel ist das Haarkleid weiß, mit braunen, schwarzen oder sandfarbenen Flecken.

Wesen: Sanft, aber nicht schüchtern, sehr anhänglich zu seinem Herrn und äußerst kinderfreundlich. Er hat eine starke Beißhemmung und eine angenehme Stimme; er ist etwas dickköpfig.

Verwendung: Er jagt unter und über der Erde (besonders im Dickicht) und wird für die Jagd auf Fuchs, Hase, Wildschwein und Fasan eingesetzt. Er besitzt einen ausgezeichneten Geruchssinn, seine Reflexe sind jedoch etwas langsam. Die amerikanischen Züchter haben den Basset Hound aber vor allem als originellen und gutmütigen Haushund berühmt gemacht.

Fütterung: Um seine ohnehin schon schwerfällige Erscheinung in erträglichen Grenzen zu halten, muß seine Nahrung nicht allzu reichlich bemessen sein. Täglich braucht er 300–400 g Fleisch sowie gekochten Reis mit Gemüse.

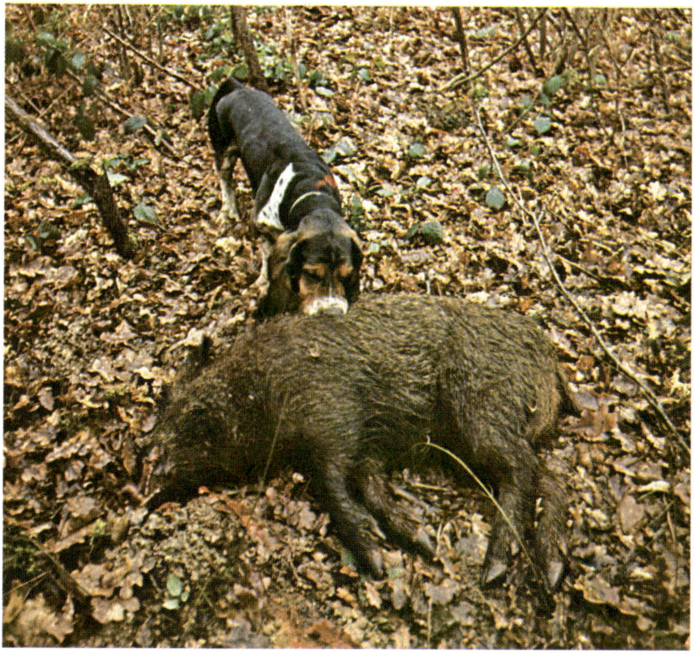

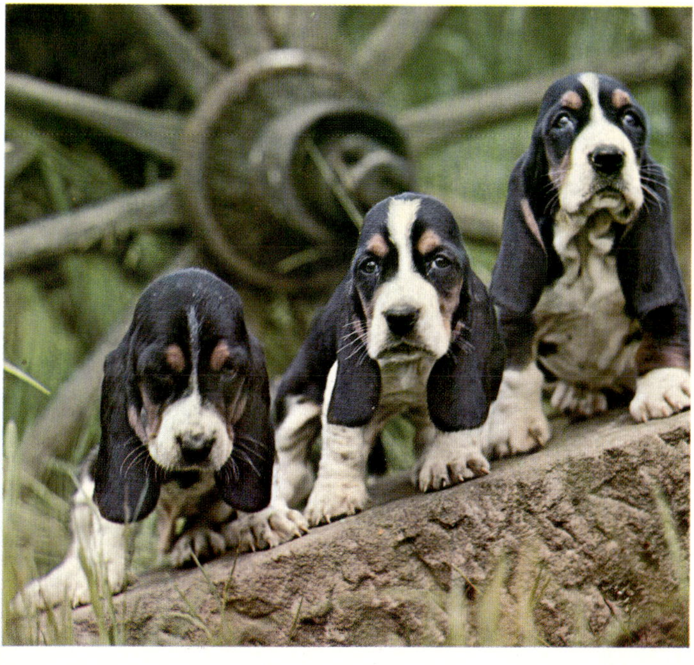

160 Segugio Italiano
Segusier, italienischer Laufhund

Nationalität: Italien

Herkunft: Im alten Gallien wurde er aus Kreuzungen zwischen ägyptischen Laufhunden (die mit den Phöniziern nach Europa kamen) und römischen Molossern erschaffen. In der Renaissance verbesserten italienische Züchter seine jagdlichen und körperlichen Eigenschaften, und er wurde bald in allen Volksschichten gehalten. Später starb er fast aus und konnte erst anfangs dieses Jahrhunderts wieder rein herausgezüchtet werden. Verschiedene Organisationen bemühten sich fortan, seine schöne Erscheinung und seine gute Arbeit wieder populär zu machen.

Beschreibung: Starke, muskulöse Erscheinung, ohne jegliches Fett. Die Schulterhöhe beträgt 52 bis 58 cm beim Rüden und 48 bis 56 cm bei der Hündin. Das Gewicht liegt zwischen 18 und 28 kg. Die Länge des Fanges beträgt genau die Hälfte der Gesamtlänge des Kopfes. Der Schädel ist trocken, mit sichtbarem Hinterhauptstachel. Schwarzer Nasenspiegel mit weit geöffneten Nasenlöchern; der Nasenrücken ist leicht gewölbt (sog. Ramsnase); feine, schwarz umrandete Lefzen; große, leuchtende Augen mit dunkler, ockerfarbener Iris; dreieckige, glatte und breite Hängeohren; trockener Hals ohne Wamme; Rute sichel- oder säbelartig getragen.

Vom Segugio Italiano gibt es zwei Schläge: den kurzhaarigen und den rauhhaarigen. Beim kurzhaarigen Typ ist das Haar dicht, glänzend und fein; beim rauhhaarigen Typ ist es dicht und rauh und auf dem Körper nicht länger als 5 cm. Alle anderen Merkmale sind bei beiden Schlägen gleich. Erlaubte Farben: einfarbig rotgelb in allen Schattierungen und schwarz mit roten Abzeichen am Kopf (Maske), über den Augen, auf der Brust und an den Läufen. Die rotgelben Hunde können auch weiße Abzeichen am Fang, am Oberkopf, auf der Brust, an den Pfoten und an der Rutenspitze haben.

Wesen: Lebhaft, kühn, nicht bissig, sehr genügsam. Er scheint nicht sehr anschmiegsam, braucht aber die konstante Anwesenheit und Anerkennung seines Meisters.

Verwendung: Es handelt sich um einen ausschließlichen Jagdhund. Er ist robust, eigensinnig, unermüdlich und kann in jedem Gelände arbeiten. Er neigt aber etwas zur Unabhängigkeit und muß bereits in seiner frühesten Jugend abgerichtet werden. Seine Stimme ist sympathisch und harmonisch.

Fütterung: Er kann sich mit sehr wenig Futter begnügen, aber während der Jagdzeit verbraucht er viel Energie und braucht täglich 300 g Fleisch und 150 g Reis mit gekochtem Gemüse.

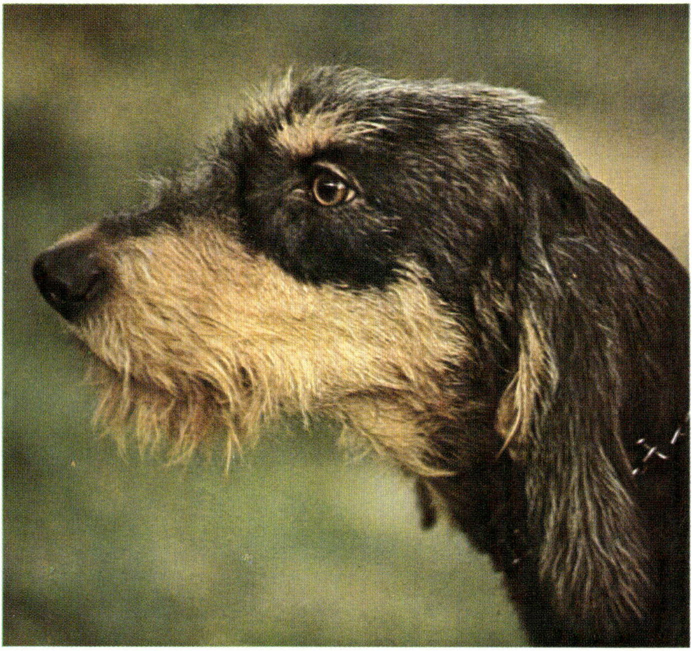

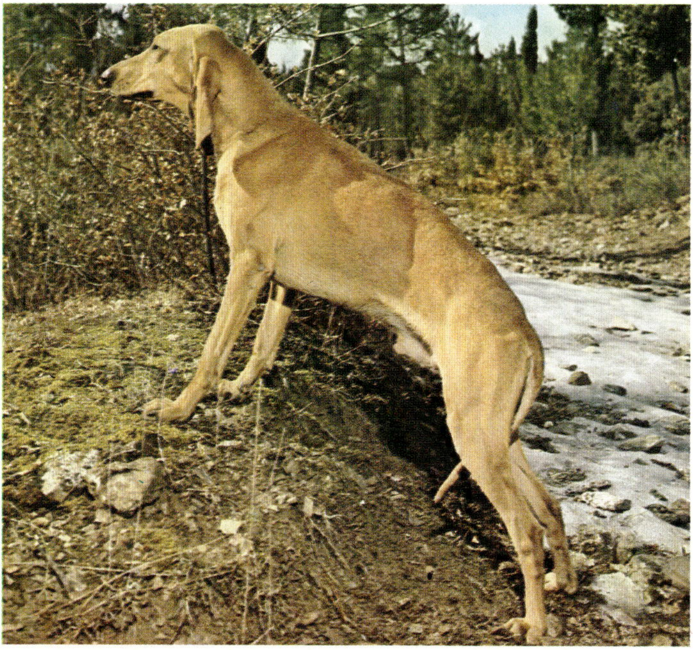

161   Cirneco dell'Etna
Sizilianische Bracke

Nationalität: Italien
Herkunft: Vor dreitausend Jahren kam er aus Cirene, in Nordafrika. Er zählt zu den Nachkommen jener Windhunde, die einst von den Phöniziern nach Europa gebracht wurden. Das Klima rund um den Aetna behagte ihm ganz besonders, und er entwickelte sich dort zu einer einheimischen und selbständigen Rasse, die man oft auf den Lavahalden des Aetna jagend antrifft.

Beschreibung: Widerristhöhe: 46 bis 56 cm beim Rüden, 42 bis 46 cm bei der Hündin. Gewicht: 10 bis 12 kg, respektive 8 bis 10 kg. Er besitzt das klassische Aussehen des Windhundes, mit schmalem Kopf, spitzem Fang, fleischfarbenem Nasenspiegel, geradem Nasenrücken, gut schließendem Gebiß. Die tiefliegenden Augen sind dunkel-ockergelb, bernsteinfarben oder grau; dreieckige, spitze Stehohren; Sichelrute, die im Affekt posthornartig über dem Rücken getragen wird; kurzes Haar, einfarbig fahlrot mit isabell- bis sandfarbenen Schattierungen und einer weißen Linie auf der Brust.

Wesen: Dynamisch, würdevoll, intelligent, treu, unermüdlich, folgsam.
Verwendung: Er nähert sich den Hasen geräuschlos. Er lernt auch sehr schnell, Federwild zu apportieren. Obschon dynamisch und sportlich, kann er sich gut an das Stadtleben gewöhnen. Man schätzt ihn dort als eleganten und ernsten Begleithund.
Fütterung: Er erhält täglich 250 bis 300 g Fleisch und 150 g Reis mit gekochtem Gemüse.

162   **Podenco Portugués Grande**

Nationalität: Portugal
Herkunft: Eine im Norden Portugals vorkommende windhundeartige Rasse, die von den Pharaonenhunden abstammen könnte.
Beschreibung: Schulterhöhe zwischen 55 und 70 cm; länglicher Körperbau; Kopf pyramidenförmig; honigfarbene oder braune Augen (je nach Fellfarbe); sehr bewegliche Stehohren; leicht gebogene, im Affekt senkrecht getragene Rute; Farben: gelb, fahlrot, dunkelgrau, weiß gefleckt.

Wesen: Lebhaft, zäh, folgsam.
Verwendung: Wird in der Meute oder einzeln für die Jagd auf Wildkaninchen gebraucht. Auch ausgezeichneter Wachhund.
Bemerkung: Es handelt sich um eine seltene Rasse, die bald ausgestorben sein wird.

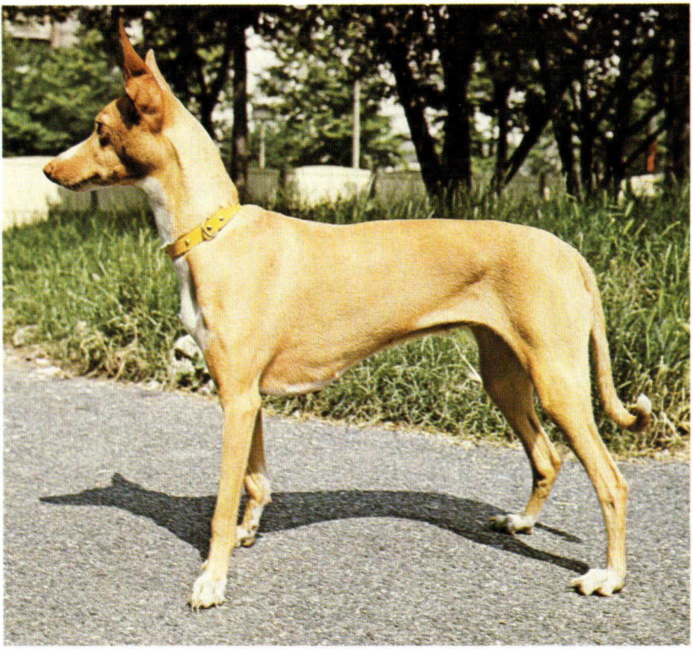

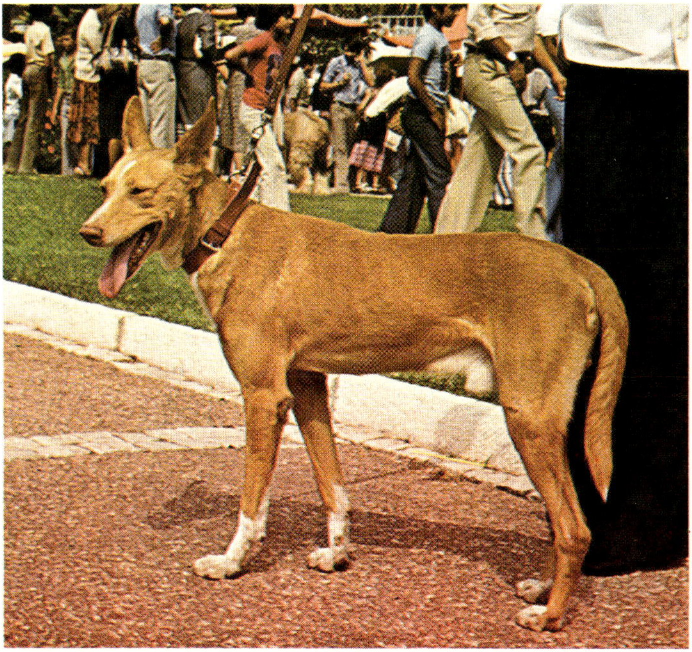

163 Podenco Portugués Medio

Nationalität: Portugal
Herkunft: Man besitzt keine präzisen Angaben über seine Herkunft. Es handelt sich um eine windhundeartige Rasse, die vom großen Podenco Portugués abstammt.
Beschreibung: Schulterhöhe: 40 bis 55 cm; Gewicht: 16 bis 20 kg. Gutes Knochengerüst und kräftige Muskulatur. Pyramidenförmiger Kopf; gut schließende Lefzen; honigfarbene oder braune Augen mit lebhaftem Ausdruck; sehr bewegliche, etwas nach vorne abgeknickte Stehohren; starker, gut bemuskelter Hals ohne Wamme; in Ruhe hängend, im Affekt vertikal getragene Rute. Es gibt zwei Varietäten: Podenco Portugués medio mit kurzem und glattem Haar, und Podenco Portugués medio mit langem und rauhem Haar. Farbe: gelb, fahlrot in verschiedenen Schattierungen, schwarzgrau. Einfarbig oder mit weiß gescheckt.
Wesen: Lebhaft, folgsam, mutig, anhänglich, intelligent.
Verwendung: Man braucht ihn für die Kaninchen- und Hasenjagd sowie als Wachhund.

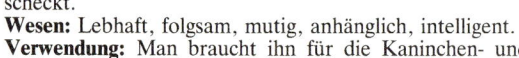

164 Podenco Portugués Pequeno

Nationalität: Portugal
Herkunft: Kleine, windhundeartige Rasse, welche vom mittleren Podenco Portugués abstammt.
Beschreibung: Schulterhöhe 20 bis 30 cm; Gewicht 4 bis 5 kg. Er hat einen gewölbten Kopf, einen spitzen Fang, hellbraune Augen mit lebhaftem Ausdruck; offene, äußerst bewegliche Stehohren; starker Hals ohne Wamme; Körper mehr lang als hoch; Hängerute, die in der Bewegung horizontal getragen wird und etwa 16 bis 18 cm lang ist; kurze Läufe; Vorderhand gerade oder leicht krumm; Haar kurz, glatt und anliegend. Farben: gelb, fahlrot in verschiedenen Schattierungen, schwarz gesprenkelt, einfarbig oder mit weißen Abzeichen.
Wesen: Intelligent, lebhaft, anhänglich.
Verwendung: Er wird normalerweise für die Jagd auf Wildkaninchen in steinigem Gelände eingesetzt. Er lebt gern im Haus und ist ein angenehmer Begleithund.

165 Hamiltonstövare

Nationalität: Schweden
Herkunft: Nach dem Züchter A. P. Hamilton benannt und aus der Holsteiner Bracke und der Hannoverschen Heidbracke unter Einkreuzung der Kurländer Bracke und des Foxhounds herangezüchtet.
Beschreibung: Angenehme Gesamterscheinung. Kräftig und widerstandsfähig, mit einer Schulterhöhe nicht über 60 cm und nicht unter 50 cm. Der Kopf ist länglich, trocken, quadratisch, mit einem schwarzen Nasenspiegel und breiten Nasenlöchern. Kräftiges Scherengebiß; gewölbter Oberkopf; kastanienbraune Augen mit ruhigem Ausdruck; hoch eingesetzte Hängeohren; in der Fortsetzung der Rückenlinie getragene, gerade Rute; lange, muskulöse Schenkel; lange und breite Oberarme und gerade Läufe. Im Winter besonders dichtes Deckhaar über weicher Unterwolle. Farbe: Oberseite des Halses und Rücken schwarz; Kopf, Läufe, Vorderteil des Halses und der Brust kastanienbraun; weiß an Fang- und Halsunterseite, an Vorderbrust, Rutenspitze und auf den Pfoten.
Wesen: Mutig, aggressiv, hart zubeißend, intelligent und folgsam.
Verwendung: Wird vor allem für die Jagd auf Reh, Wildschwein und besonders in schwierigem und verschneitem Gelände eingesetzt.

---

166 Drever

Schwedische Dachsbracke

Nationalität: Schweden
Herkunft: Aus verschiedenen Bracken und Laufhunden gezüchtet; 1947 offiziell anerkannt.
Beschreibung: Schulterhöhe 35 bis 37 cm (Hündinnen bis 5 cm kleiner); langgestreckter Kopf; schwarzer Schwamm auf weißem Fang; kräftiges Scherengebiß; klare und ausdrucksvolle, kastanienbraune Augen; breite, mittellange Ohren; langer, kräftiger Hals; Rute hängend, im Affekt waagrecht getragen. Das Haar ist glatt anliegend und dicht, etwas länger am Hals, auf dem Rücken und auf den Schenkeln. Alle Farben in der Kombination mit weiß gestattet.
Wesen: Mutig, schlau, folgsam.
Verwendung: Man braucht ihn für die Jagd auf Hase und Fuchs, aber er ist imstande, sich todesmutig sogar dem Wildschwein zu stellen. Er stöbert, greift an und verbellt das Wild. Einer der meistverbreiteten Hunde Schwedens, der im Ausland jedoch wenig bekannt geworden ist.

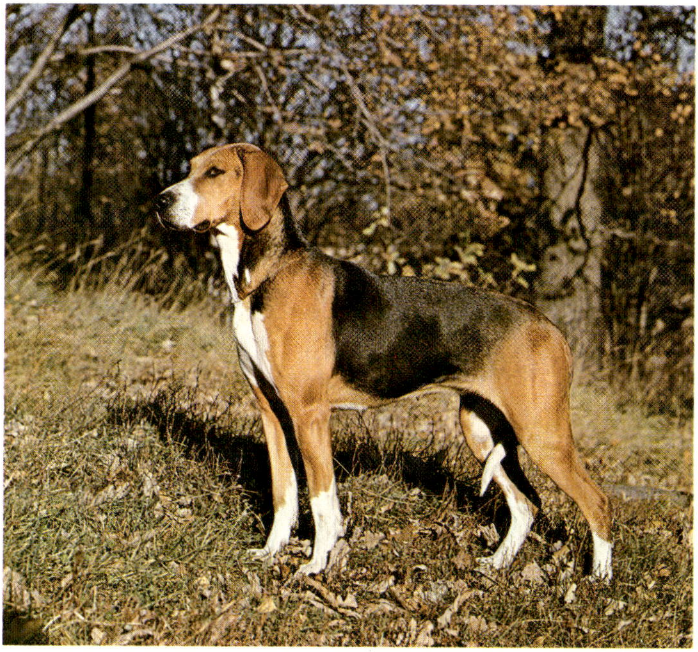

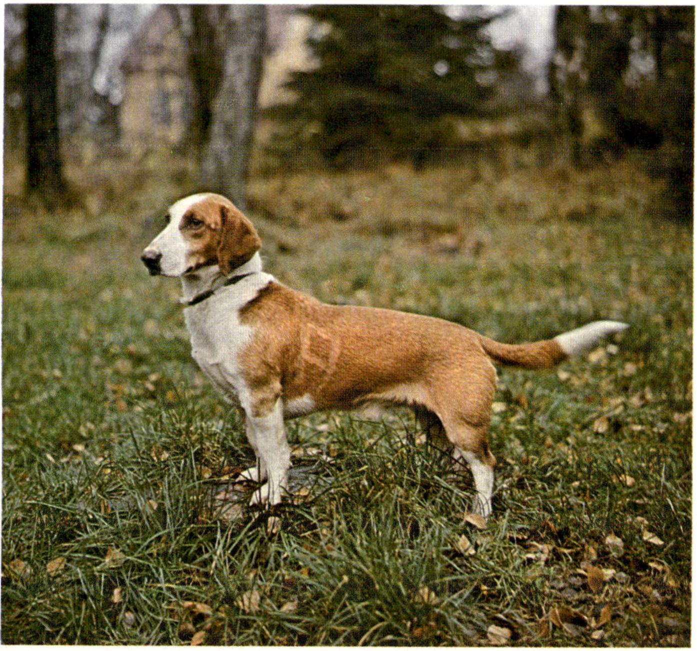

167 Schweizer Laufhund

Nationalität: Schweiz
Herkunft: Er stammt vermutlich von den keltischen Brak-ken ab, die mit Jagdhunden vermischt wurden, die römi-sche Legionäre in die Schweiz brachten.
Beschreibung: Mittelgroßer Hund mit einer Schulterhöhe von mindestens 40 cm, ziemlich langgestreckt, mit trocke-nem, wohlgeformtem Kopf. Schwarzer Nasenspiegel mit breiten Nasenlöchern; sehr kräftige Kieferpartie; dunkle, sanft blickende Augen; sehr lange, gefaltete Hängeohren; horizontal getragene oder leicht gebogene Rute; starkkno-chige Läufe; derbe und harte Ballen; sehr dichtes und hartes Haar. Farbe: Grundfarbe weiß mit unregelmäßig verteilten gelbroten oder tiefroten Platten; rote Mantel-hunde gestattet.

Wesen: Kämpferischer, unermüdlicher und intelligenter Jäger. Äußerst sanft, ruhig und anhänglich in der Familie.
Verwendung: Feinnasiger Hund, der mit großer Sicherheit die Fährte hält. Er kämpft sogar gegen Wildschweine. Ein perfekter Arbeiter auch in schwierigem Gelände und bei jeder Witterung.

---

168 Jura Laufhund

Bruno

Nationalität: Schweiz
Herkunft: Gleich wie Schweizer Laufhund.
Beschreibung: Mittelgroßer Hund mit einer Schulterhöhe von mindestens 40 cm. Langgestreckter Körper, trockener Kopf, kräftiger Fang; dunkle, sanft blickende Augen; gut eingesetzter, sehr langer und gefalteter Behang; horizontal getragene oder leicht gebogene Rute; sehr dichtes und kurzes Haar, einfarbig braun, gelb, rötlich, oder mit schwarzem Sattel, oder schwarz mit lohfarbenen Abzei-chen, manchmal mit weißem Brustfleck.
Wesen: Intelligenter, zäher und leidenschaftlicher Jäger; als Familienhund ruhig und äußerst anhänglich.
Verwendung: Absolut fährtensicher auch in schwierigem Gelände.
Bemerkung: Es gibt auch einen Jura Laufhund vom St. Hubertus-Typ. Er ist grobknochiger, hat eine Wamme und einen mächtigen Kopf.

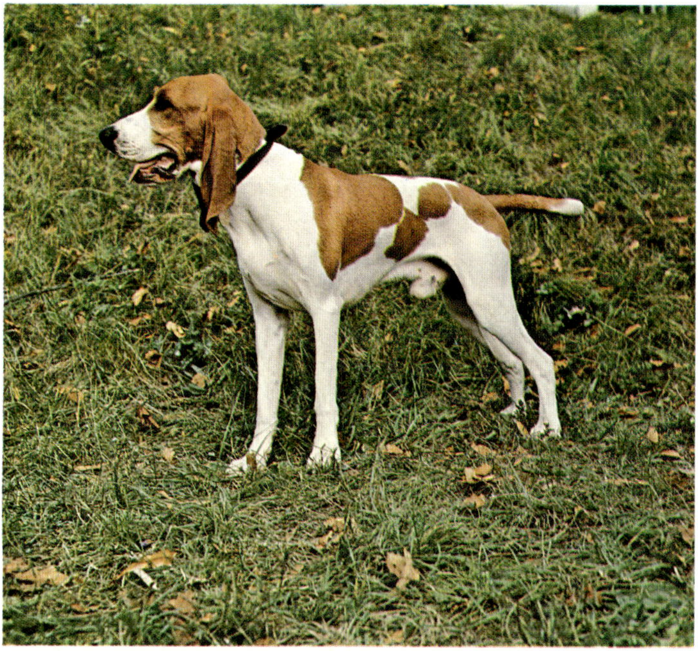

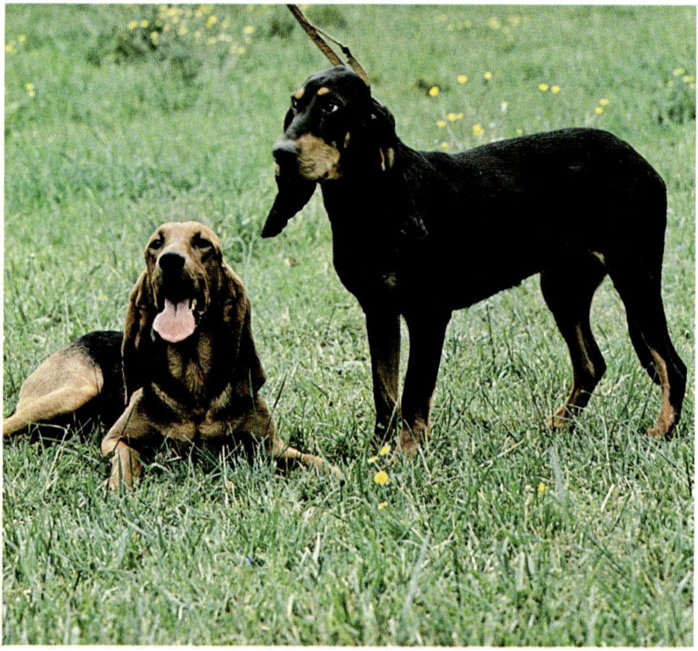

169 Berner Laufhund

Nationalität: Schweiz
Herkunft: Die gleiche wie bei allen vier Schweizer Laufhunderassen.
Beschreibung: Mindestens 40 cm hoch; langgestreckter Körper; trockener Kopf mit kräftigem Fang; dunkle, sanft blickende Augen; sehr lange, gefaltete Hängeohren; waagrecht gestreckte oder mit einer schwachen Biegung getragene Rute. Sehr dichtes, kurzes Haar. Mantel immer dreifarbig: weiß, schwarz und braun, gelb oder rostbraun, weiß mit schwarzen Tupfen.
Wesen: Zäh, schlau, unermüdlich auf der Jagd, sonst sanft und ruhig.
Verwendung: Jagdhund für alle Arten von Wild.

170 Luzerner Laufhund

Nationalität: Schweiz
Herkunft: Eine der vier schweizerischen Laufhunderassen, die besonders in der Region Luzerns gezüchtet wird.
Beschreibung: Mindestens 40 cm hoch; langgestreckter Körper; trockener Kopf mit kräftigem Fang; dunkle, sanft blickende Augen; sehr lange, gefaltete Hängeohren; waagrecht oder mit einer leichten Biegung getragene Rute; Grundfarbe weiß mit grauen oder blauen Punkten und großen dunklen oder schwarzen Platten. An Kopf und Körper außerdem lohfarbene oder gelbe Flecken. Wenn das Fell naß ist, verschwindet das Weiß.
Wesen: Intelligent, zäh auf der Jagd; in der Familie ruhig und anhänglich.
Verwendung: Sehr feinnasig und zuverlässig bei der Arbeit. Wird für jede Art Wild eingesetzt, auch in besonders schwierigem Gelände.

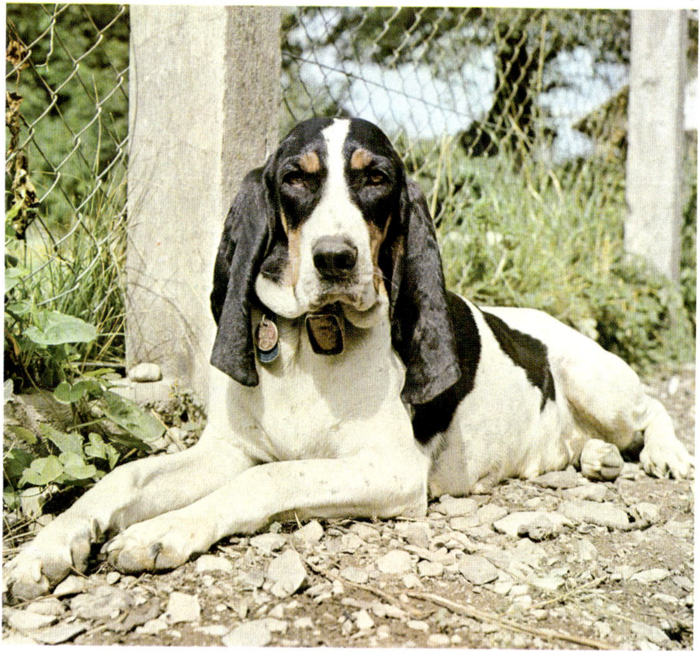

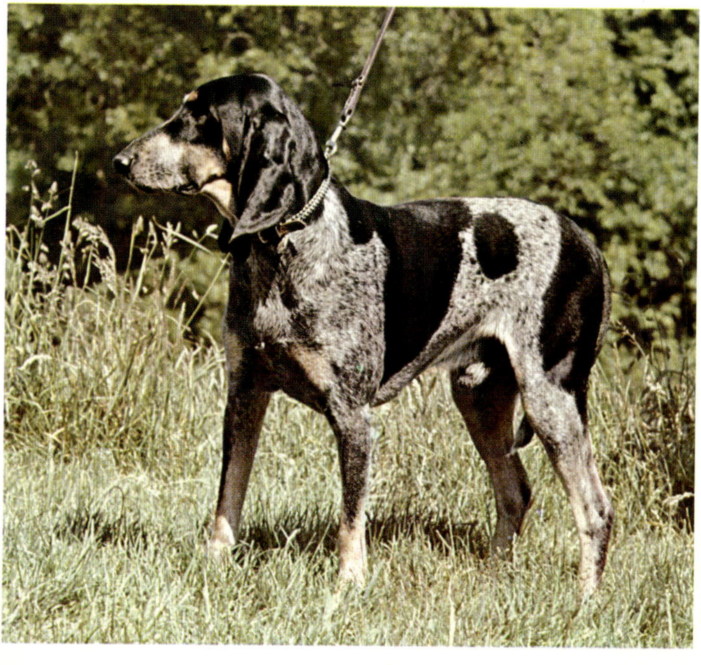

171 Schweizer Niederlaufhund

Nationalität: Schweiz
Herkunft: Es handelt sich um die kurzläufige Form des Schweizer Laufhundes.
Beschreibung: Der Schweizer Niederlaufhund wird in 4 Farbvarietäten gezüchtet, entsprechend den Schweizer Laufhunden gleichen Namens. Alle besitzen den gleichen Standard, und der einzige Unterschied ist die Farbe des Haarkleides. Ihre Schulterhöhe beträgt 30 bis 38 cm; der Kopf ist gewölbt, die Augen groß und dunkel, die Ohren sehr lang, der Hals elegant und der Brustkorb schmal. Die Rute wird hängend, ohne nennenswerte Biegung, getragen.

Wesen: Aktiv auf der Jagd, sonst intelligent und sanft.
Verwendung: Die gleiche Verwendung für alle Laufhunde: vielseitig verwendbare Jagdgebrauchshunde, auch in schwierigem Gelände.
Bemerkung: Alle Schweizer Niederlaufhunde besitzen eine mächtige Stimme (lauter Hals), die während der ganzen Jagd ertönt.

172 Istrianer Bracke

Istrski goniči

Nationalität: Jugoslawien
Herkunft: Sehr alte Rasse, die vorwiegend in Jugoslawien bekannt, deren genaue Herkunft aber unklar ist.
Beschreibung: Edle Gesamterscheinung. Schöner, länglicher Kopf; muskulöse Läufe; Schulterhöhe: 46 bis 58 cm; ovale Augen mit wachem Ausdruck; Ohren ohne Faltenbildung herabhängend; mittellange, leicht nach oben gebogene, möglichst feine Rute. Das Haar ist fein, dicht und glänzend. Farbe: schneeweiß mit orangegelbem Behang. Es gibt auch einen rauhhaarigen (Haare ca. 10 cm lang), leicht größeren Schlag. Alle übrigen Merkmale sind bei beiden Schlägen gleich.

Wesen: Leidenschaftlicher Jagdhund, ruhig und anhänglich außerhalb der Jagd.
Verwendung: Ist sehr feinnasig und wird besonders für die Hasen- und Rotwildjagd verwendet. Er jagt zu zweit oder in der kleineren Meute, besonders in steinigem Gelände und im Gestrüpp. Während der Jagd bellt er andauernd mit einer angenehmen Stimme.

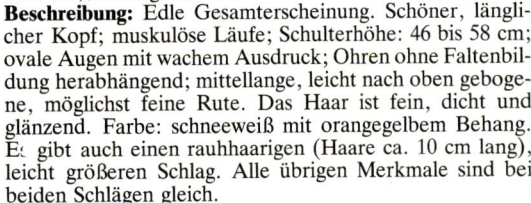

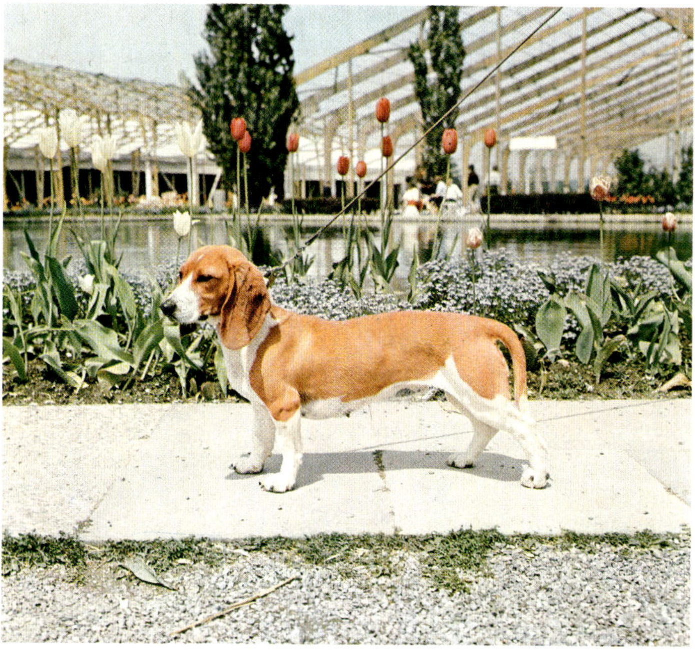

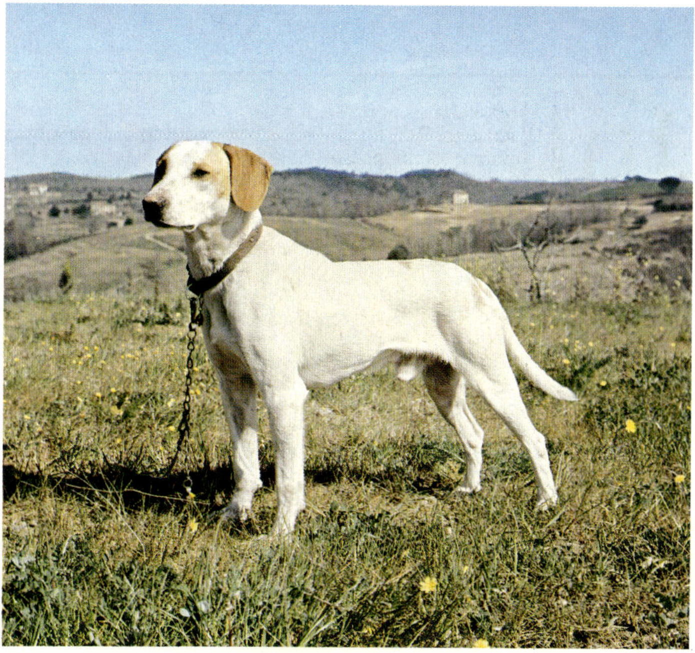

173 Save-Bracke

Posavski Goniči, San-Bracke

Nationalität: Jugoslawien
Herkunft: Jugoslawischer Laufhund steirisch-kroatischer Züchtung, der außerhalb seiner Heimat fast unbekannt ist.
Beschreibung: Widerristhöhe: 46 bis 56 cm; Gewicht: etwa 18 kg. Kopf lang mit großem schwarzem oder dunkelbraunem Nasenschwamm; Scherengebiß; wacher Blick; eng anliegender Behang mit abgerundeten Spitzen; muskulöser, wohlgestalteter Hals; gerade oder säbelartig getragene, manchmal leicht befranste Rute. Dichtes Stockhaar, ca. 2 bis 4 cm lang. Farbe: rötlich, weizengelb bis fuchsrot, mit oder ohne weiße Flecken an Brust, Bauch, Pfoten.
Wesen: Immer selbstsicher, folgsam, lebhaft, sympathisch, anhänglich an Familie.
Verwendung: Besitzt eine ausgezeichnete Nase, ist unermüdlich und schnellfüßig auch im steinigen Gelände; ein leidenschaftlicher, kräftig Laut gebender Fährtenfolger, der besonders für die Jagd auf Hasen und Rotwild verwendet wird.

---

174 Rhodesian Ridgeback

Nationalität: Südafrika
Herkunft: Diese Rasse wurde Ende des XIX. Jahrhunderts von den Buren aus mitgebrachten und einheimischen Hunden gezüchtet.
Beschreibung: Seinen Namen verdankt der Rhodesian Ridgeback seinem besonderen Kennzeichen: seine Haare sind über der Wirbelsäule bürstenartig und symmetrisch nach vorne gerichtet (engl. «ridge» = Grat). Schulterhöhe beim Rüden höchstens 69 cm und bei der Hündin 61 bis 66 cm. Das Idealgewicht des Rüden ist 33,9 kg, der Hündin 29,4 kg. Der Kopf ist mittellang; Nasenspiegel schwarz oder braun, je nach Farbe des Haarkleids; sehr kräftiger Fang mit mächtigen Fangzähnen; flacher Schädel mit markantem Stop. Die Augen sind rundlich, glänzend, intelligent, die Ohren breit und anliegend; die Rute wird leicht nach oben gekrümmt getragen; muskulöse Läufe. Das Haar ist kurz, dicht, glatt und glänzend, hell weizengelb bis fuchsrot. Kleine weiße Abzeichen an Brust und Pfoten sind gestattet.
Wesen: Wild auf der Jagd, aber zuhause ein ruhiger, folgsamer und gutmütiger Hund.
Verwendung: Er erträgt die größte Hitze sowie die feuchten, kalten Nächte, ist unempfindlich gegen Insektenstiche und kann lang ohne Wasser und Futter ausharren.

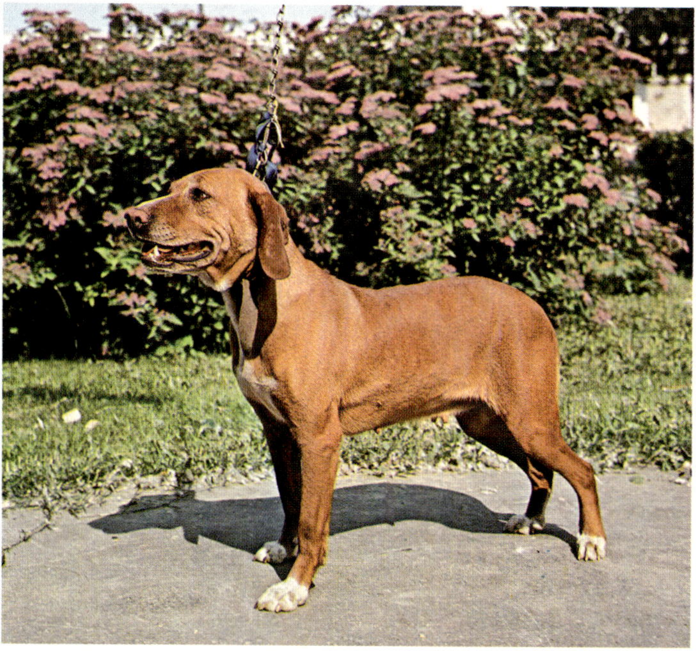

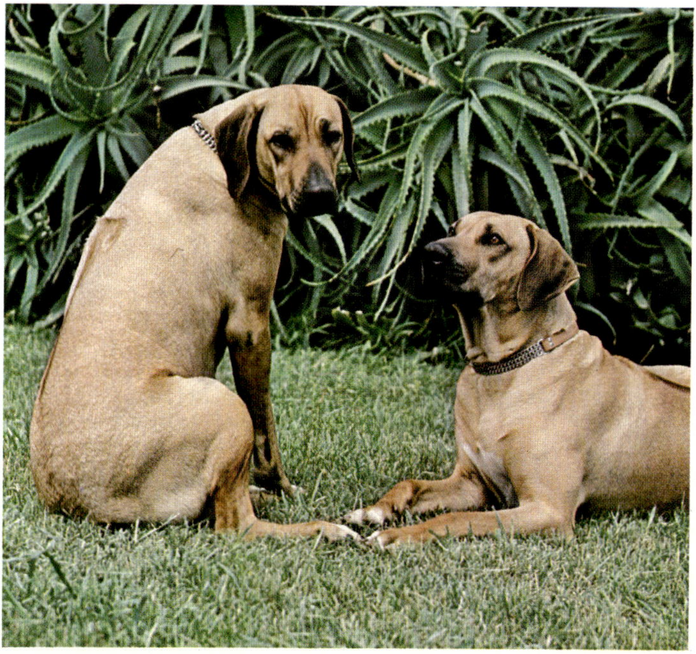

175 Basenji

Nationalität: Südafrika
Herkunft: Der uralte Typ der Schensihunde wurde schon
vor 5000 Jahren auf ägyptischen Gräbern und Skulpturen
dargestellt. Man nennt ihn auch Kongo-Buschhund oder
Kongo Terrier. Nach Europa kam er erst 1934.

Beschreibung: Er sieht lebhaft und intelligent aus, obschon
seine tiefen Kummerfalten auf der Stirn ihm den nachdenk-
lichen Ausdruck eines Greises verleihen. Seinem Standard
entnimmt man folgende Daten: Schulterhöhe 42,5 cm beim
Rüden, 40 cm bei der Hündin; Gewicht 10,8 kg, respektive
9,9 kg. Flacher Schädel mit zugespitztem Fang; schwarzer
oder leicht rosafarbener Nasenspiegel; kastanienbraune,
gelbe oder hellblaue, mandelförmige Augen; zugespitzte,
mit der Öffnung stets nach vorn getragene Ohren; hoch
angesetzte, über der Kruppe ein- bis zweimal gerollte
Rute; muskulöse Oberschenkel; Haar seidig und kurz,
meist fuchsrot mit weißen Abzeichen, aber auch weiß und
schwarz, gelegentlich mit roten Flecken; Haut elastisch,
trabender Gang (mit gestreckten Läufen).

Wesen: Fröhlich, anhänglich, kinderlieb, spielfreudig. Der
Basenji ist ein äußerst sauberer Hund, der sich wie eine
Katze putzt, überhaupt nicht bellt und bei grosser Freude
nur jodelnd heult.
Verwendung: In Afrika wird er als Führer im Wald, als
Warnhund vor wilden Tieren, als Kleinwildjäger einge-
setzt. In Europa und in Amerika betrachtet man ihn als
ausgezeichneten Begleithund.

---

176 Black and Tan Coonhound

Nationalität: USA
Herkunft: Entstand aus Kreuzungen zwischen u.a. dem
Bloodhound und dem Foxhound und wurde in den Verei-
nigten Staaten 1945 offiziell anerkannt.

Beschreibung: Dieser Arbeitshund ist ca. 63 bis 68 cm
hoch. Er ist von sehr ausgewogenem Körperbau, mit einem
fein geformten Kopf. Er hat eine offene, schwarze Nase,
kastanienbraune, rundliche Augen, anmutig gefaltete Hängeohren, eine frei getragene Rute. Das Haar muß kurz
aber dicht sein, um den Hund wetterfest zu machen. Farbe:
schwarz mit reichen lohfarbenen Abzeichen über den Augen, an Schnauze, Brust und Läufen.
Wesen: Äußerst eifrig bei seiner Arbeit; intelligent, wachsam, aggressiv, aber seinem Herrn gehorchend.

Verwendung: Wie der Name Coonhound (coon = Waschbär) besagt, war dieser Hund ursprünglich auf Waschbären
spezialisiert, aber er wird auch ohne weiteres auf Hirsch,
Puma, Bär u.a. in besonders schwierigem Gelände eingesetzt. Winterkälte und größte Sommerhitze können ihm
nichts ausmachen. Ein scheues oder nervöses Tier kann auf
Ausstellungen disqualifiziert werden.
Bemerkung: Waschbären kommen in Nordamerika und
ganz besonders in Kanada sehr häufig vor und richten
Schaden an.

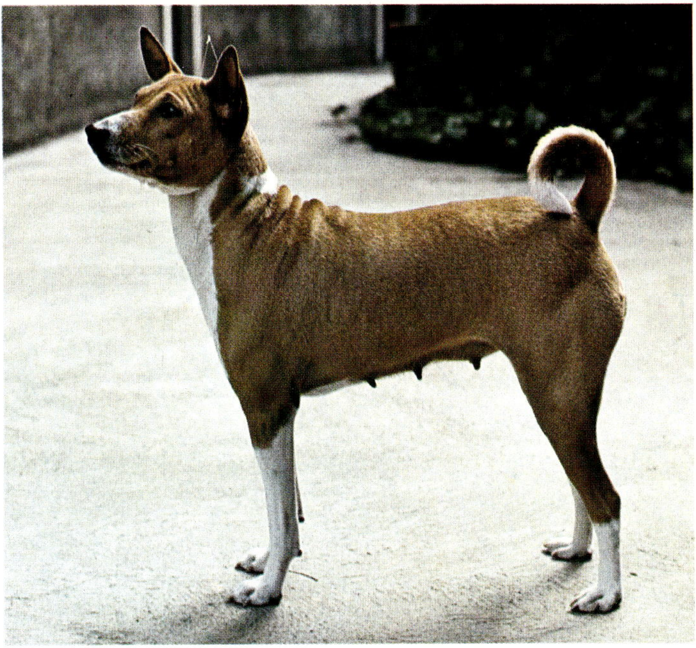

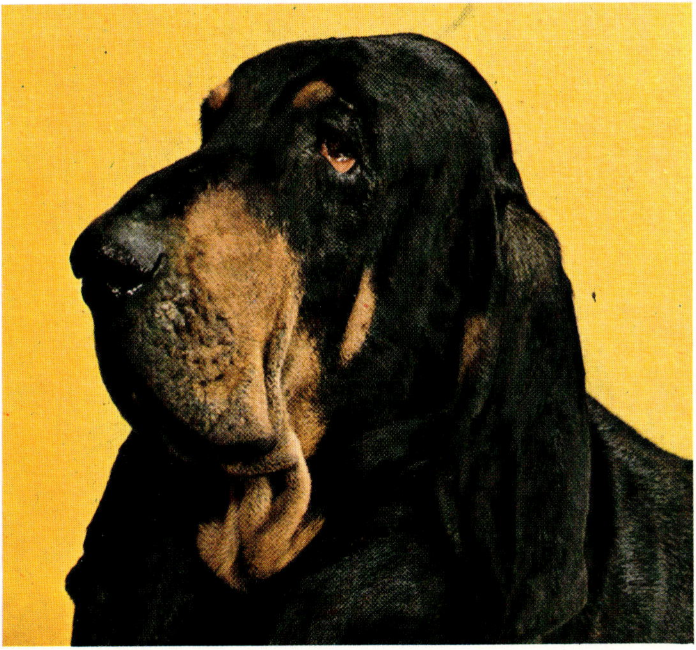

177 Bluetick Coonhound
Englischer Waschbärhund

Nationalität: USA
Herkunft: Entstand aus Kreuzungen zwischen Foxhound und Black and Tan Coonhound und wurde besonders für die Jagd auf Waschbären selektioniert.
Beschreibung: Schulterhöhe 56 bis 68 cm beim Rüden, 50 bis 63 cm bei der Hündin. Gewicht 25 bis 36 kg, respektive 20 bis 29 kg. Er hat das typische Aussehen eines Laufhundes, mit länglichem Kopf, Hängeohren, horizontal getragener Rute, mittellangem, weichem, glattem und glänzendem Haar. Farbe: weiß, stark blauschwarz gefleckt oder getüpfelt; lohfarbene Abzeichen an Kopf und Behang.
Wesen: Gutmütig; leidenschaftlicher Jäger; kinderfreundlich.

Verwendung: Er besitzt einen großen Jagdinstinkt, und seine Abrichtung ist deshalb sehr leicht. Er ist äußerst wendig, aufmerksam, erträgt schwierige Klimaverhältnisse und arbeitet auch in schwierigem Gelände. Wie der Black and Tan Coonhound ist auch er auf Waschbären spezialisiert; außerdem jagt er auch Füchse. Er lebt gerne im Haus, wo er ein guter Wachhund ist.

---

178 Redbone Coonhound

Nationalität: USA
Herkunft: Die Rasse wurde in Georgia geformt, wahrscheinlich aus Kreuzungen zwischen Bloodhound und alten irischen Laufhunden.
Beschreibung: Der Redbone Coonhound hat einen robusteren Körperbau als die anderen Waschbärhunde. Seine Schulterhöhe beträgt 56 bis 66 cm (Hündinnen 53 bis 63 cm) und sein Gewicht 22 bis 32 kg (Hündinnen 20 bis 29 kg). Er hat den schönen länglichen Kopf der Laufhunde, Hängeohren, eine lange, fröhlich getragene Rute. Sein Haar ist glatt, hart, mittellang und dicht. Farbe: bevorzugt wird einfarbiges Rot (weiße Spuren auf der Brust und an den Pfoten sind erlaubt).
Wesen: Munter, friedlich, liebenswürdig, äußerst leidenschaftlicher Jäger.
Verwendung: Er besitzt einen ausgezeichneten Geruchssinn, ist sehr widerstandsfähig, seine Stimme tönt angenehm. Er ist auf Waschbären spezialisiert, wird aber auch häufig für die Jagd auf Wildkatzen, Pumas, usw. verwendet.

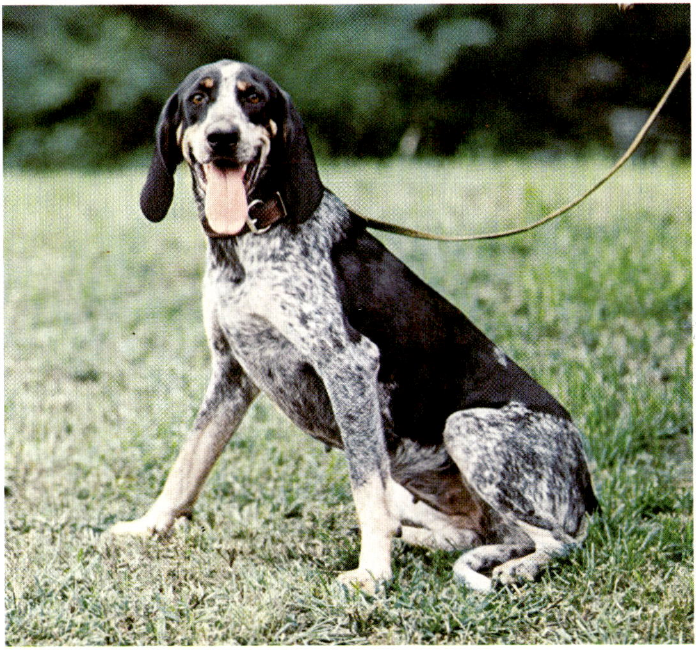

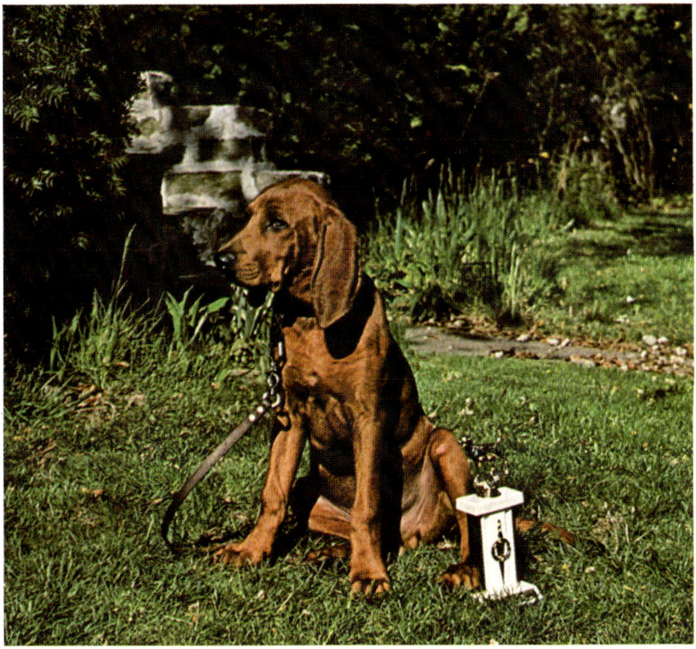

179 Redtick Coonhound

Nationalität: USA
Herkunft: Er entstand aus Kreuzungen zwischen verschiedenen Laufhunden und kann als direkter Verwandter des Bluetick Coonhounds angesehen werden.
Beschreibung: Schulterhöhe 56 bis 68 cm beim Rüden, 50 bis 63 cm bei der Hündin. Gewicht 25 bis 36 kg, respektive 20 bis 30 kg. Massiger Kopf mit länglichem Fang; Hängeohren; horizontal getragene Rute; kurzes, ziemlich rauhes, aber weiches und glänzendes Haar; Farbe: dicht gesprenkeltes Rötlich-Kastanienbraun.
Wesen: Sanft, folgsam, anhänglich, kinderlieb; leidenschaftlicher Jäger.
Verwendung: Er ist schnell, widerstandsfähig, besitzt eine ausgezeichnete Nase und jagt gerne Waschbär, Fuchs und Puma. Er ist sehr gelehrig und arbeitet auch ausgezeichnet in den verschiedensten Wetterverhältnissen und Geländen. Als Haushund ist er ein guter Wächter.

180 Treeing Walker Coonhound

Nationalität: USA
Herkunft: Stammt aus gezielten und wiederholten Kreuzungen zwischen Laufhunderassen aus Kentucky und Virginia.
Beschreibung: Er besitzt das edle Aussehen von französischen Laufhunden. Seine Bewegungen sind energisch aber graziös. Die Schulterhöhe beträgt 56 bis 68 cm beim Rüden und 50 bis 63 cm bei der Hündin, bei einem Gewicht von 22 bis 34 kg, respektive 18 bis 30 kg. Sein Kopf ist robust, der Fang trocken, länglich, mit weit offener Nase. Die Augen haben einen träumerischen Ausdruck; Hängeohren; hoch getragene Rute. Das Haarkleid ist weich, fein, dicht und glänzend. Grundfarbe weiß, mit schwarzen und kastanienbraunen Flecken.
Wesen: Mutig, unermüdlich, ehrgeizig, sehr aufmerksam, folgsam und anhänglich.
Verwendung: Sein Name besagt, daß es sich um einen Waschbärenhund handelt, der sogar auf Bäume klettert, um sein Opfer zu fangen. Er besitzt eine ausgezeichnete Nase und ist schnell. Er jagt mit viel Enthusiasmus und kennt weder Angst noch Müdigkeit.

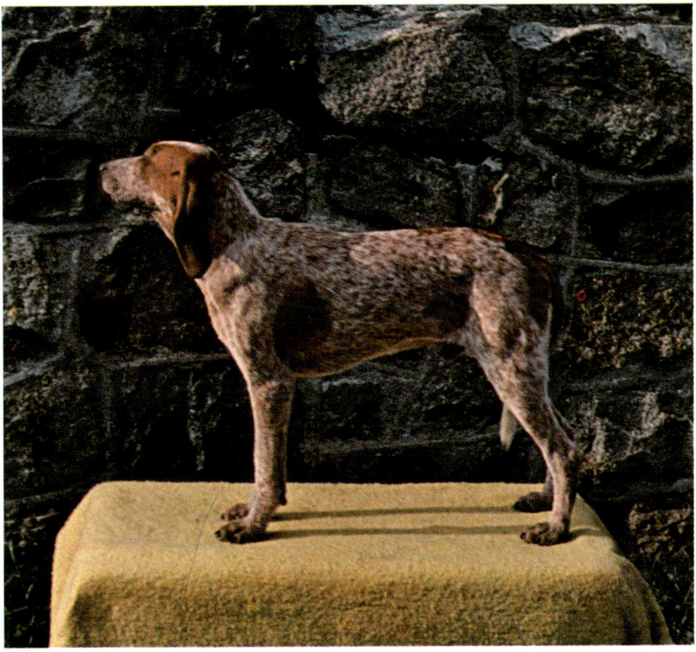

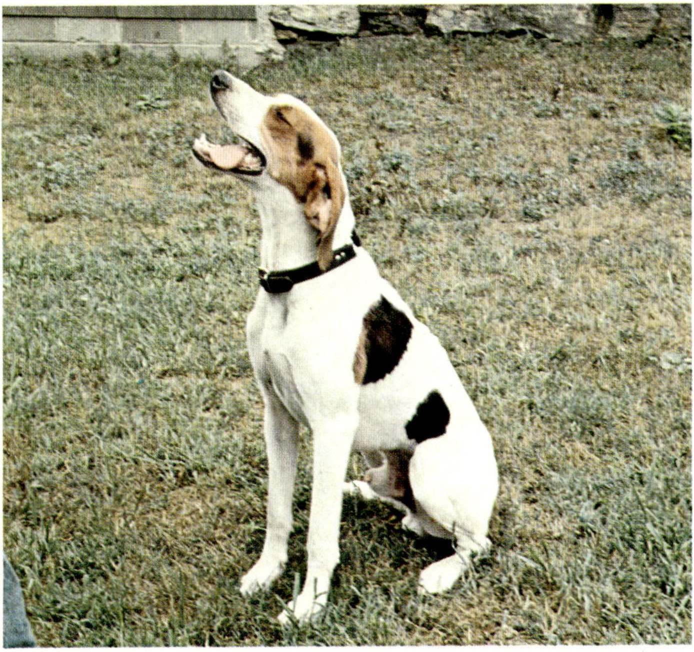

181 Tennessee Treeing Brindle

Nationalität: USA
Herkunft: Sehr junge Rasse, die jedoch von alten Berghunden, die von den Indianern für die Jagd verwendet wurden, abstammt.
Beschreibung: Er besitzt einen robusten Körperbau wie die Bracken. Seine Schulterhöhe beträgt 46 bis 61 cm (Hündinnen 40 bis 56 cm), bei einem Gewicht von 18 bis 30 kg (Hündinnen 16 bis 26 kg). Sein Kopf ist robust, der Fang kräftig mit leicht hängenden Lefzen. Die Vorderhand ist senkrecht, die Hinterhand gut bemuskelt. Das Haar ist weich, kurz, leicht gekräuselt. Farbe: gestromt oder schwarz gestreift.

Wesen: Leidenschaftlicher, aber sehr anhänglicher Jäger. Er kann in jeder Umgebung gehalten werden, schätzt jedoch die häusliche Wärme ganz besonders.
Verwendung: Wie seine indianischen Vorfahren besitzt auch er einen ausgezeichneten Geruchssinn. Seine Opfer verfolgt er oft auch bis auf die Bäume. Er ist besonders auf Waschbären spezialisiert.
Bemerkung: Obschon ganz neu, ist diese Rasse in Amerika innert wenigen Jahren sehr populär geworden.

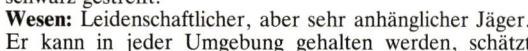

182 Westfälische Dachsbracke

Nationalität: Deutschland
Herkunft: Vornehmlich auf die kleinen Steinbracken und auf den Dachshund zurückgehend.
Beschreibung: Schulterhöhe 30 bis 35 cm. Robuster und mäßig langer Hund mit edlem, langgestrecktem Kopf, leicht gewölbtem Nasenrücken, hängenden Lefzen. Die Augen sind braun, klar, mit lebhaftem und fröhlichem Ausdruck; Behang mittellang und breit, unten stumpf abgerundet; kräftiges Zangen- oder Scherengebiß; säbelförmig aufwärts getragene Rute; gerade Vorderläufe, kräftig entwickelte Hinterläufe. Das Haar ist sehr dicht und grob. Alle Farben der deutschen Bracke mit mehr oder weniger Weiß an Hals, Brust, Fang, Pfoten und Rutenspitze, dazu rote Abzeichen, sind zulässig.

Wesen: Kämpferisch, intelligent, freundlich.
Verwendung: Sie vereinigt die Jagdeigenschaften der Brakke und des Dachshundes und wird vorwiegend zur kleinen Brackierjagd auf Fuchs und Hase verwendet. Sie verfolgt ihre Beute bis in deren Bauten. Ihr sympathisches Aussehen und ihr melancholischer Ausdruck haben sie auch zum beliebten Begleithund gemacht. Diese Rasse ist jedoch wenig verbreitet und nur äußerst selten an Ausstellungen anzutreffen.

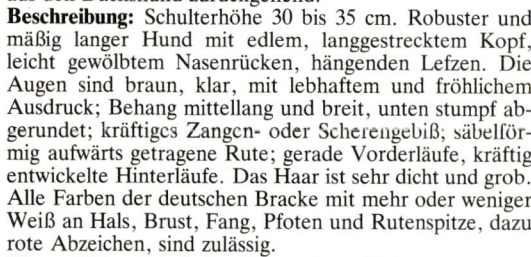

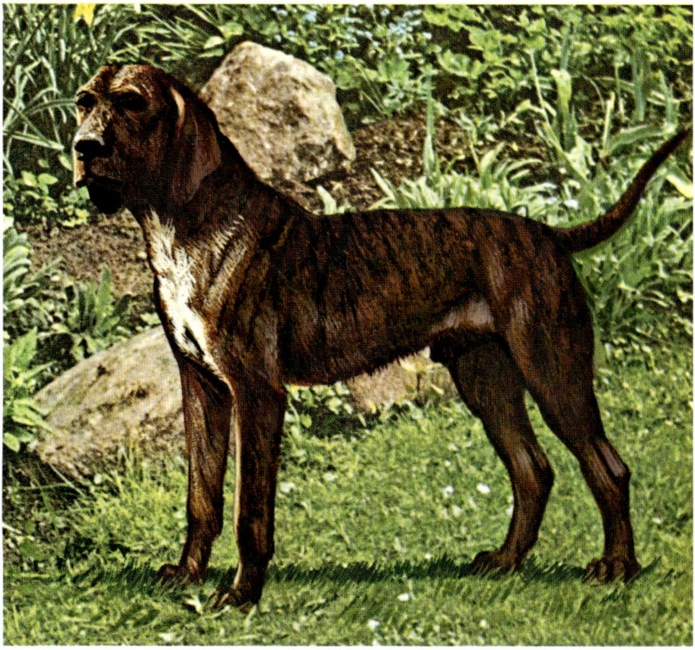

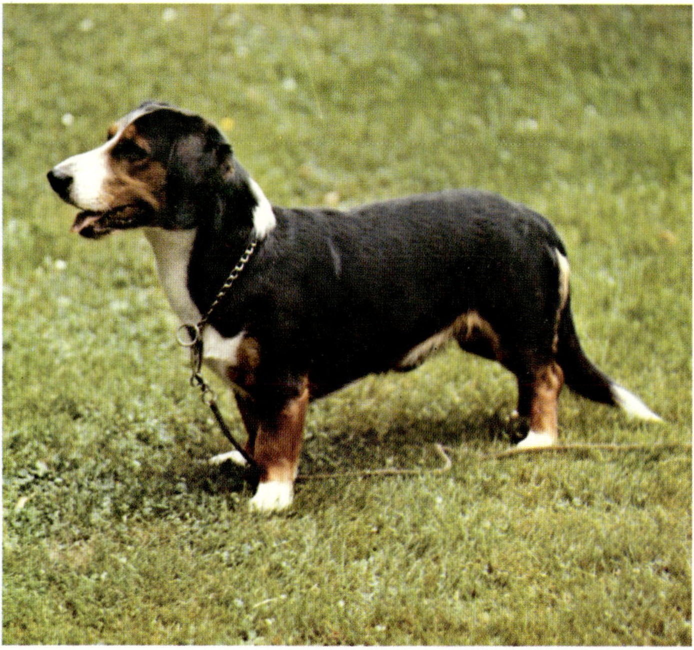

183 Bosnische Bracke

Basanski Ostrodlaki Gonič-barak

Nationalität: Jugoslawien
Herkunft: Diese Rasse formte sich im letzten Jahrhundert und ist außerhalb Jugoslawiens unbekannt.
Beschreibung: Die Schulterhöhe beträgt 46 bis 56 cm, bei einem Gewicht von 16 bis 24 kg. Der Standard verlangt eine Körperlänge, die die Widerristhöhe um 10 % übersteigt. Der Fang ist kräftig und rechteckig, mit Schnauz und Bart; der Stop ist ausgeprägt, der Nasenspiegel schwarz, mit gut entwickelten Nasenflügeln; kräftiges Scherengebiß; ovale, kastanienbraune Augen mit lebhaftem Blick; fleischige Hängeohren; leicht aufwärts gebogene Rute; Deckhaar hart und harsch, mit ca. 10 cm langem, abstehendem Grannenhaar; Unterwolle kurz, reich und weich. Farbe: weizengelb, rötlichgelb, erdgrau, schwärzlich; ein-, zwei- oder dreifarbig; erlaubt sind weiße Abzeichen.
Wesen: Mutiger und sehr leidenschaftlicher Jäger, aber ruhiger Familienhund.
Verwendung: Unermüdlich bei ihrer Arbeit, eignet sich für jede Art von Jagd, auch in unwegsamem Gelände. Ihre Stimme ist angenehm und wohltönend.

184 Jugoslawische Bergbracke

Jugoslavenski Planinski Gonič

Nationalität: Jugoslawien
Herkunft: Ziemlich alte lokale Rasse, die im Ausland wenig bekannt, aber im Herkunftsland sehr beliebt ist.
Beschreibung: Schulterhöhe 45 bis 55 cm; elastischer, quadratischer Körper; breiter Kopf mit keilförmigem Fang; schwarzer, gewölbter Nasenspiegel; kräftiges Gebiß mit besonders großen Fangzähnen; dunkle Augen mit intelligentem Ausdruck; flache Hängeohren mit gerundeter Spitze; säbelförmige Rute, die bis auf die Sprunggelenke reicht; dichtes, grobes, flach anliegendes Haar mit weicher Unterwolle. Die Grundfarbe ist schwarz, mit lohfarbenen oder roten Abzeichen über den Augen und nach dem black-and-tan Muster. Ein grauweißer Brustfleck ist erlaubt. Sicherer und elastischer Gang.
Wesen: Kühn, intelligent, widerstandsfähig, auch während dramatischen Jagdszenen ruhig bleibend, gutmütig und anhänglich.
Verwendung: Wie ihr Name es besagt, wird diese Bracke hauptsächlich für die Jagd in den Bergen, im Gebüsch und in unwegsamem Gelände eingesetzt. Sie besitzt eine ausgezeichnete Nase und eine gute Stimme.

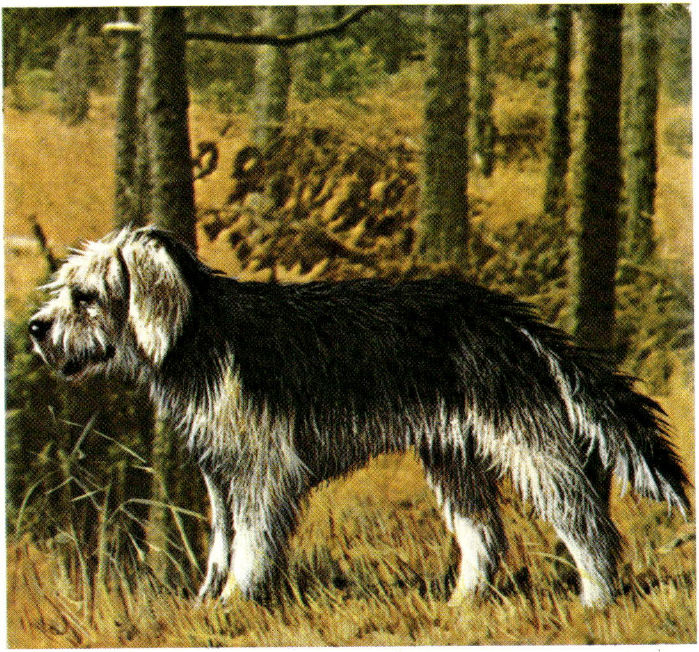

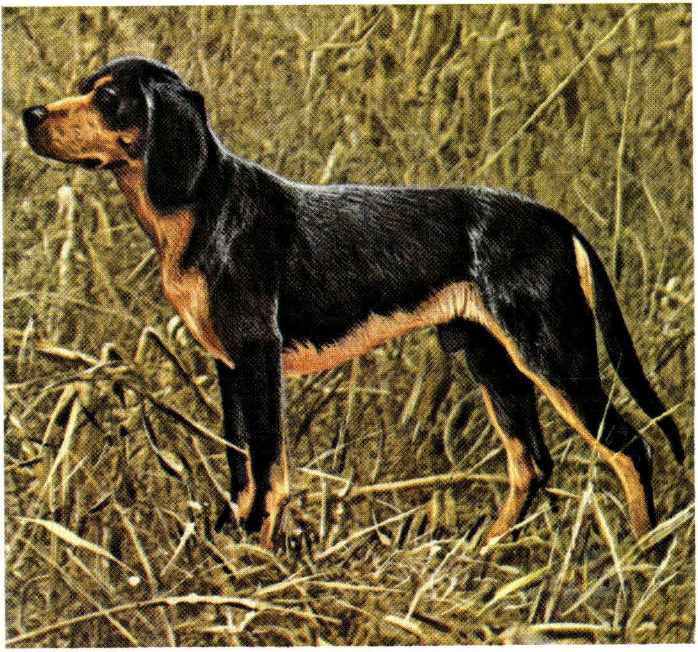

185 Mazedonische Bracke

Jugoslavenski Drobojni Gonič

Nationalität: Jugoslawien
Herkunft: Lokale Rasse
Beschreibung: Mittelgroßer (Schulterhöhe 45 bis 55 cm), gut gebauter Hund mit kräftigem und harmonischem Körperbau. Ziemlich langer Kopf, gut entwickelte, schwarze Nase; breiter Nasenrücken; dunkelbraune oder schwarze Augen mit sanftem Ausdruck; am Kopf anliegende Hängeohren; gerade oder leicht gebogene Rute; muskulöse Schenkel und solide Ballen; Haar kurz, dicht, glänzend. Diese Bracke ist dreifarbig und wird manchmal auch Tricolor-Bracke genannt. Die Hauptfarbe ist schwarz, mit roten und gelben (oder weißen) Flecken.
Wesen: Kühn, ausgeglichen, gutmütig, anhänglich.
Verwendung: Sie eignet sich für jeden Jagdzweck. Sie hat eine sehr feine Nase, und ihre Widerstandsfähigkeit ist sprichwörtlich, auch in schwierigem Gelände und in extremen Wetterverhältnissen.

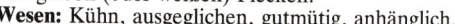

186 Slowakische Schwarzwild-Bracke

Nationalität: Tschechoslowakei
Herkunft: Tschechoslowakische Nationalbracke uralter Abstammung, die jedoch erst nach dem zweiten Weltkrieg offiziell anerkannt wurde.
Beschreibung: Quadratischer und ziemlich leichter Körperbau (Schulterhöhe 45 bis 50 cm); rundlicher Kopf; spitze, schwarze Nase; kräftiger Fang und gut entwickeltes Gebiß; der Stop formt einen Winkel von 45°. Die Augen sind immer dunkel, tiefliegend, mit einem Blick, der Mut und Lebhaftigkeit verrät; der Behang ist abgerundet und anliegend hängend; die Rute wird sichelförmig hängend getragen und reicht bis zu den Sprunggelenken; die Haare sind 2 bis 5 cm lang, derb, dicht und anliegend mit guter Unterwolle. Farbe immer schwarz, mit braunen bis mahagonifarbenen Abzeichen an Lefzen, Wangen, Kehle, Brust, über den Augen und an den Läufen.
Wesen: Unabhängig, intelligent, gelehrig; besitzt einen ausgeprägten Orientierungssinn.
Verwendung: Dieser Hund ist für die Jagd auf Schwarzwild, d.h. auf Wildschweine, spezialisiert. Man findet ihn besonders häufig in den tschechoslowakischen Bergen. Seine Hartnäckigkeit macht ihn auch zum guten Wachhund.

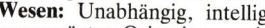

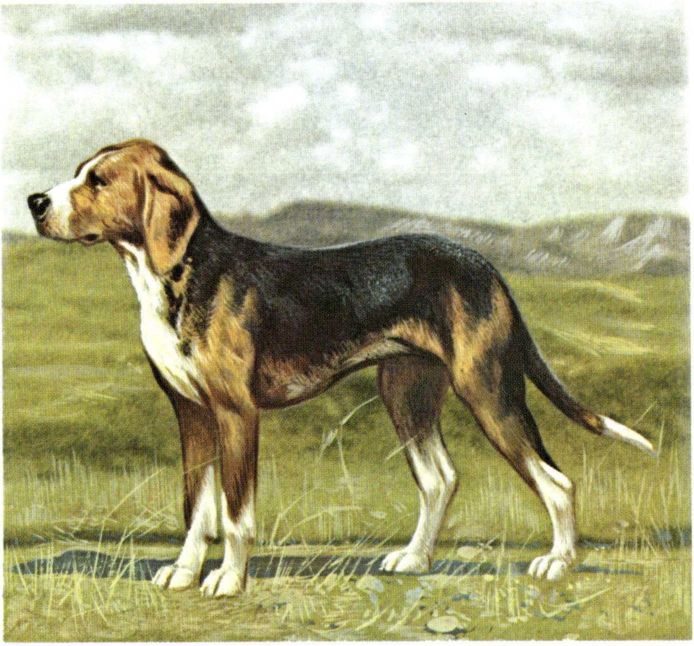

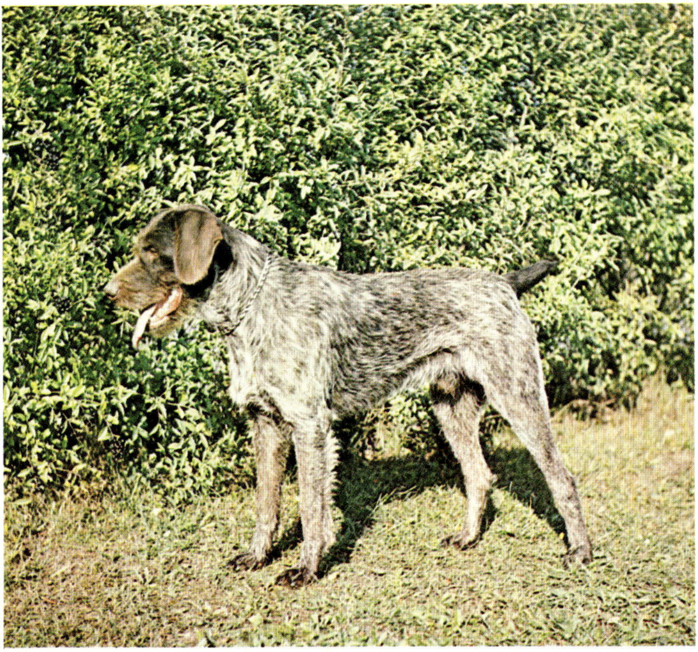

187 Grand Anglo-Français

Nationalität: Frankreich
Herkunft: Die Rasse entstand aus Kreuzungen zwischen verschiedenen französischen Laufhunden und dem Englischen Foxhound.
Beschreibung: Eleganter Hund mit einer Schulterhöhe von 60 bis 68 cm; edler, langgestreckter Kopf; dunkle Augen mit sanftem Ausdruck; nicht allzu lange Hängeohren; die Rute wird mit einer leichten Biegung hängend getragen. Unter dem Begriff Anglo-Français lassen sich folgende drei Arten einreihen: der Anglo-Français tricolore, der Anglo-Français blanc et noir, und der Anglo-Français blanc et orange. Jede dieser drei Arten wird ihrerseits in drei Größen unterteilt: groß, mittel, klein. Das Haarkleid des Anglo-Français ist dicht, anliegend, in den Farben weiß mit schwarzen Abzeichen, weiß mit orangen Abzeichen und dreifarbig (schwarz, weiß, orangenfarben).

Wesen: Mutig, energisch, zäh; äußerst leidenschaftlich bei der Jagd, sanft in der Ruhe.
Verwendung: Dieser Laufhund kann für jeden Jagdzweck eingesetzt werden. Die französischen Jäger schätzen seinen ausgezeichneten Geruchssinn und seinen vorzüglichen Jagdinstinkt. Diese Rasse hat noch eine große Zukunft und wahrscheinlich eine besondere Spezialisierung vor sich.

188 Porcelaine

Porzellanhund der Franche-Comté

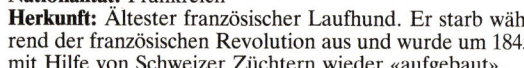

Nationalität: Frankreich
Herkunft: Ältester französischer Laufhund. Er starb während der französischen Revolution aus und wurde um 1845 mit Hilfe von Schweizer Züchtern wieder «aufgebaut».
Beschreibung: Den Namen Porcelaine oder Chien de porcelaine verdankt er seinem zart gefärbten und glänzenden Haarkleid, das ihn einer Porzellanstatue gleichen läßt. Die Schulterhöhe beträgt 55 bis 58 cm beim Rüden, 53 bis 56 cm bei der Hündin. Sehr eleganter Hund mit zierlich modelliertem Kopf, gut entwickelter und sehr schwarzer Nase, flacher Stirn, dunklen Augen mit aufmerksamem, sanftem Blick. Die Ohren sind fein, gefaltet und spitz, der Hals lang und leicht. Rute mittellang, zur Spitze sich verjüngend. Haare glatt, fein, dicht und glänzend, schneeweiß mit rundlichen, orangefarbenen Flecken.

Wesen: Energisch, ungestüm und bissig auf der Jagd, sonst ruhig.
Verwendung: Kräftig und unermüdlich, mit sehr guter Nase und wohltönender Stimme. Ausgezeichneter Allzweckhund; einer der wenigen französischen Jagdhunde, die auch im Ausland bekannt sind.

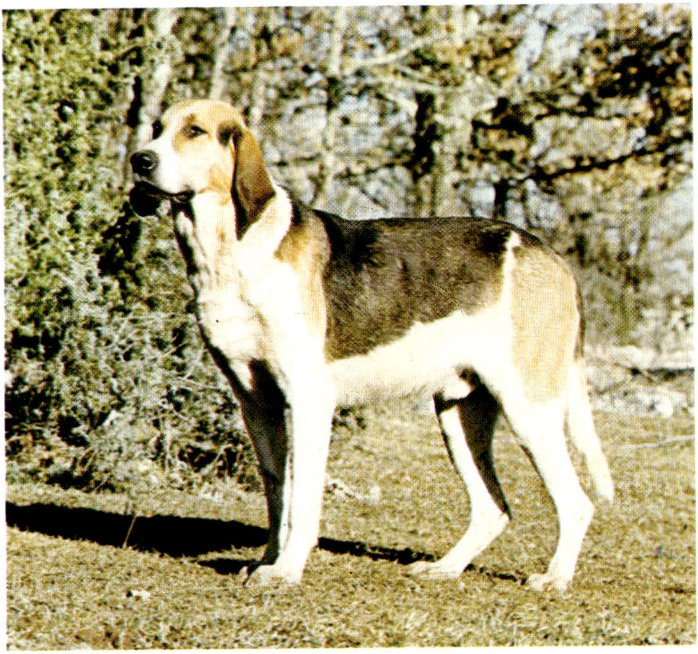

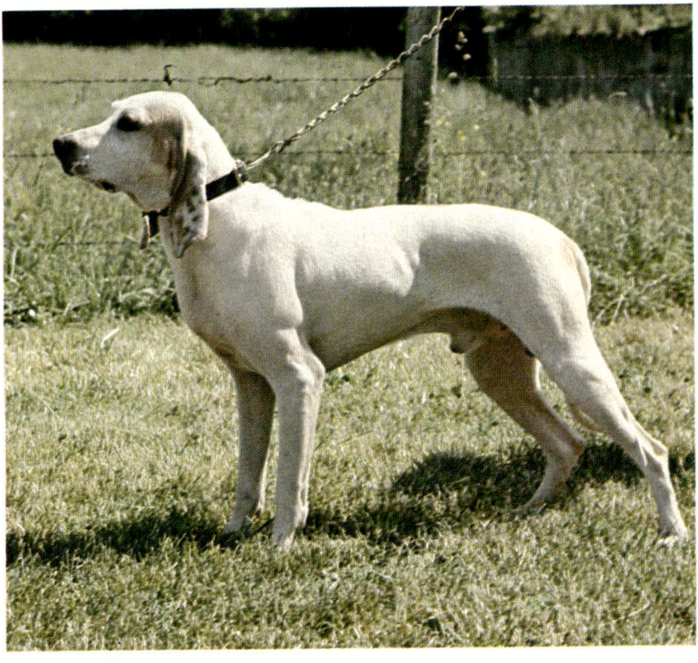

189 Anglo-Français Tricolore

Nationalität: Frankreich
Herkunft: Er entstand aus Kreuzungen zwischen französischen Laufhunden (Poitevin, Porcelaine) und dem englischen Harrier.
Beschreibung: Schulterhöhe ungefähr 50 cm; kleine, rundliche, dunkle Augen; V-förmige Hängeohren; sichelförmig getragene Rute. Nicht zu kurzes, glattes Haar, tricolor (weiß, schwarz, orange). Es gibt noch keinen offiziellen Standard für diese Rasse, aber seit 1957 werden die Anglo-Franzosen in die drei Arten Tricolore, Blanc et Noir und Blanc et Orange unterteilt.
Wesen: Klug, unermüdlich, folgsam.
Verwendung: Schneller Laufhund mit ausgezeichneter Nase und angenehmer Stimme. Er wird für die Jagd auf Niederwild in jedem Gelände verwendet.

190 Petit Anglo-Français

Nationalität: Frankreich
Herkunft: Entstand durch Kreuzungen zwischen mittelgroßen französischen Laufhunden und dem Beagle.
Beschreibung: Er wird offiziell nicht anerkannt und hat deshalb keinen Standard. Im allgemeinen beträgt seine Schulterhöhe 40 bis 45 cm, bei einem Gewicht von 16 bis 20 kg. Die Augen sind dunkelhaselnußbraun, der Behang nicht allzu lang; fröhlich getragene Rute; glattes Haar. Normalerweise dreifarbig: weiß, schwarz, orangenfarben. Es gibt jedoch auch weiß-schwarze und weiß-orangenfarbene Tiere.
Wesen: Reserviert aber sympathisch.
Verwendung: Guter Laufhund, der besonders für die Jagd auf Hase, Fasan und Wachtel verwendet wird. Er ist aktiv, seine Bewegungen sind elegant, seine Stimme wohltönend. Er lebt gerne im Haus, wo er immer ruhig und sauber ist.

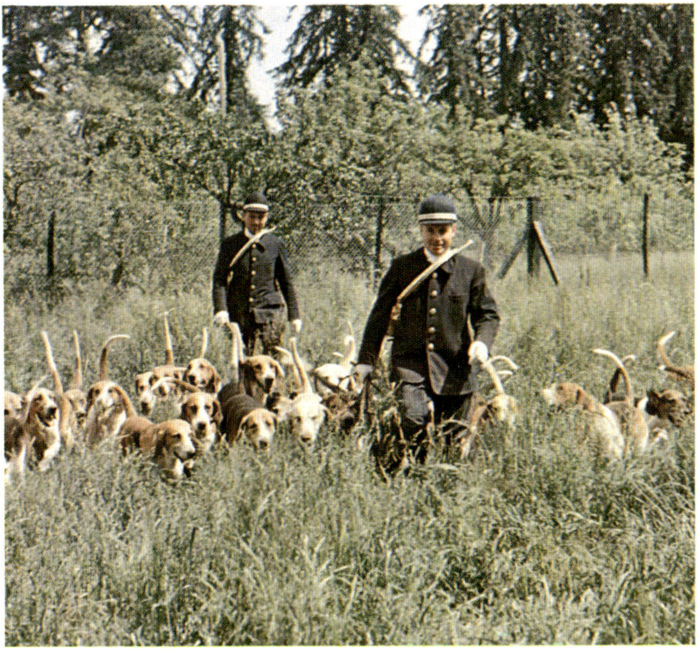

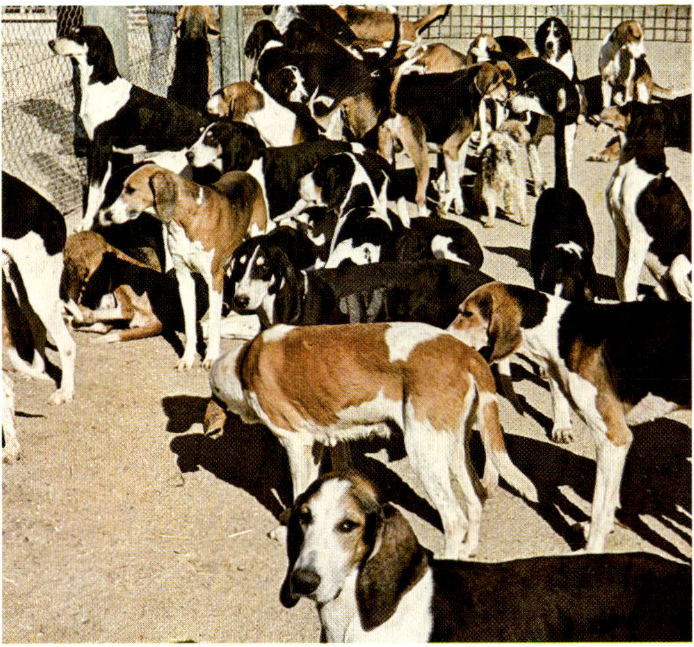

191 Erdélyi Kopó
Ungarische Bracke

Nationalität: Ungarn
Herkunft: Diese Rasse soll aus Kreuzungen zwischen brak-
kenähnlichen Hunden, die im IX. Jahrhundert von den
Magyaren mitgebracht wurden, und einheimischen Jagdhunderassen sowie polnischen Laufhunden entstanden
sein.
Beschreibung: Mittelgroße Bracke mit einem Gewicht von
30 bis 35 kg. Sie wird in zwei Schlägen gezüchtet: dem
hochläufigen Schlag, mit einer Schulterhöhe von 55 bis
65 cm, und dem niederläufigen mit einer Schulterhöhe von
45 bis 50 cm. Der Kopf ist kurz und stumpf; glatte Haut
ohne Faltenbildung; gerader Fang; gut entwickeltes und
kräftiges Gebiß; schräg eingesetzte, dunkelbraune Augen;
ungefaltete Hängeohren; gut gebaute, gerade Gliedmaßen;
Rute, die in der Ruhe hängend und während der Jagd über
den Rücken gerollt getragen wird. Das Haar ist kurz, hart
und anliegend, mit dichter Unterwolle. Beim hochläufigen
Schlag ist die Grundfarbe schwarz, mit lohfarbenen Abzeichen auf der Stirn, an der Brust, auf den Pfoten und an der
Schwanzspitze. Beim niederläufigen Schlag ist die Grundfarbe rotbraun, mit lohfarbenen Abzeichen.
Wesen: Mutig, zäh, folgsam, gelehrig, gutmütig, mit einem
ausgezeichneten Orientierungssinn.
Verwendung: Der Erdélyi Kopó findet sich in jedem Gelände zurecht und jagt sowohl im tiefen Winter wie im
heißen Sommer.

192 Gråhund
Kleiner grauer Elchhund

Nationalität: Schweden
Herkunft: Uralter Elchhund. Archäologen fanden Spuren
solcher Hunde, die bereits vor sechstausend Jahren lebten.
Beschreibung: Kompakter, fuchsähnlicher Hund mit quadratischem Körperbau und einer Schulterhöhe von 52 cm
(49 cm bei der Hündin). Keilförmiger, eleganter Kopf mit
geradem Nasenrücken; gut geschlossene Lefzen; etwas zugespitzter Fang; Scherengebiß; dunkelbraune Augen; straff
aufrecht getragene, spitze Ohren; geringelte, kurze Rute,
die vorzugsweise über dem Rücken getragen wird. Dichtes,
reiches, glattes Deckhaar über weicher und heller Unterwolle. Farben des Haarkleids: grau mit schwarzen Haar-
spitzen, heller an Brust, Bauch, Läufen und Rutenuntersei-
te. Die Ohren und der Fang sind dunkler.
Wesen: Ausgeglichen, folgsam, gutmütig.
Verwendung: Der Gråhund wird seit Jahrhunderten vor
allem auf Elch, Hirsch, Reh, Bär, Luchs in schwierigem
Gelände und über große Strecken angesetzt. Seine Gutmütigkeit und sein herzliches Wesen haben ihn auch als Begleithund beliebt gemacht. Wenn er in einem wärmeren
Land lebt, muß er häufig gebürstet und gebadet werden.

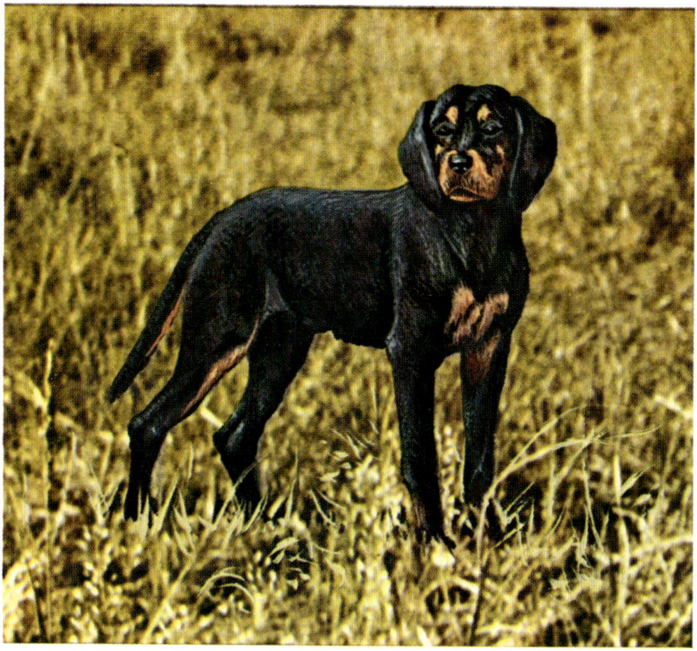

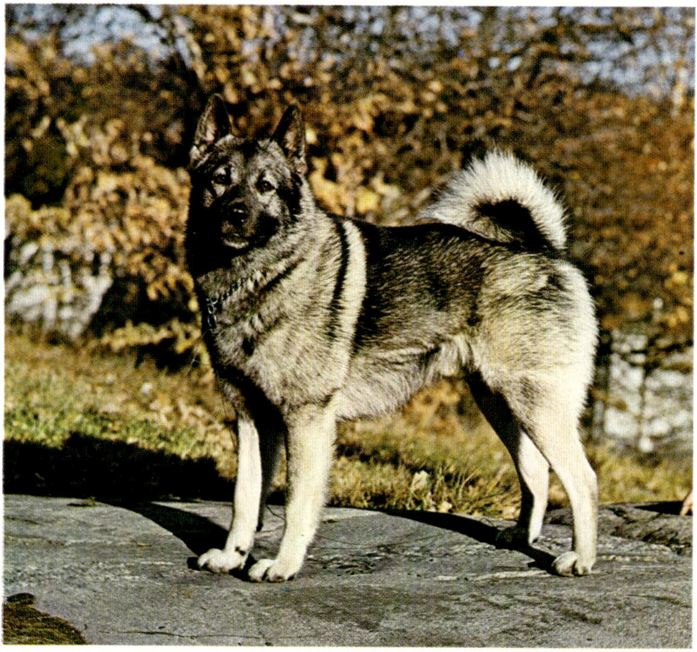

193 Balkan-Bracke
Balkanski Goniči

Nationalität: Jugoslawien
Herkunft: Sie gehört zur großen Dynastie der von den Phöniziern nach Europa gebrachten Laufhunde. In Jugoslawien hat sie sich akklimatisiert und wurde weitergezüchtet.
Beschreibung: Schulterhöhe: 46 bis 54 cm beim Rüden, 44 bis 52 cm bei der Hündin; durchschnittliches Gewicht: 20 kg. Robuster, mittelgroßer Hund mit langgestrecktem Kopf und breiter Stirn; wenig betonter Stop; Scherengebiß mit besonders stark entwickelten Fangzähnen; kastanienbraune, klare Augen mit intelligentem Blick; flacher, abgerundeter Behang; gerade Rute, die bis zu den Sprunggelenken reicht; muskulöse Schenkel und Gliedmaßen; rundliche Pfoten mit starken Krallen; dickes und dichtes Deckhaar mit weicher Unterwolle. Farbe: fuchsrot oder rötlichbraun, mit großem schwarzem Sattel.

Wesen: Zäh, energisch, intelligent.
Verwendung: Vielseitiger Jagdhund, der in jedem Gelände und in jedem Klima eingesetzt werden kann. Besitzt eine angenehme und volltönende Stimme. Wird besonders für die Brackierjagd auf Hase, Reh und Wildschwein eingesetzt.

194 Lundehund
Lunnehund

Nationalität: Norwegen
Herkunft: Autochthone Hunderasse von zwei Inseln vor Nordnorwegen.
Beschreibung: Schulterhöhe 32 bis 36 cm beim Rüden, 30 bis 34 cm bei der Hündin; Gewicht um die 6 kg. Braune, nicht hervortretende Augen; aufrecht stehende Ohren; nach vorn geöffnete Ohrmuscheln; kurze, meist geringelte Rute, die über dem Rücken getragen wird; langes, hartes Haar; Farbe: schwarz, grau, braun, kombiniert mit weiß.
Wesen: Lebhaft, zäh, aufmerksam, intelligent.

Verwendung: Laufhund besonderer Art: er jagt Papageitaucher (norweg. Lunne), die ihre Nester am Felshang haben. Der Lundehund klettert über schroff abfallende Felsen, weicht den scharfen Schnäbeln der Vögel aus, verjagt die Vögel und bringt Eier oder Junge seinem Herrn. Zwei besondere Körpermerkmale vereinfachen ihm diese Arbeit: er besitzt an jeder Pfote fünf voll entwickelte Zehen und sehr harte Ballen. Wenn er in Höhlen arbeitet, kann er die Knorpel im oberen Gehörgang verschließen und so sein Ohr gegen das Eindringen von Wasser schützen.

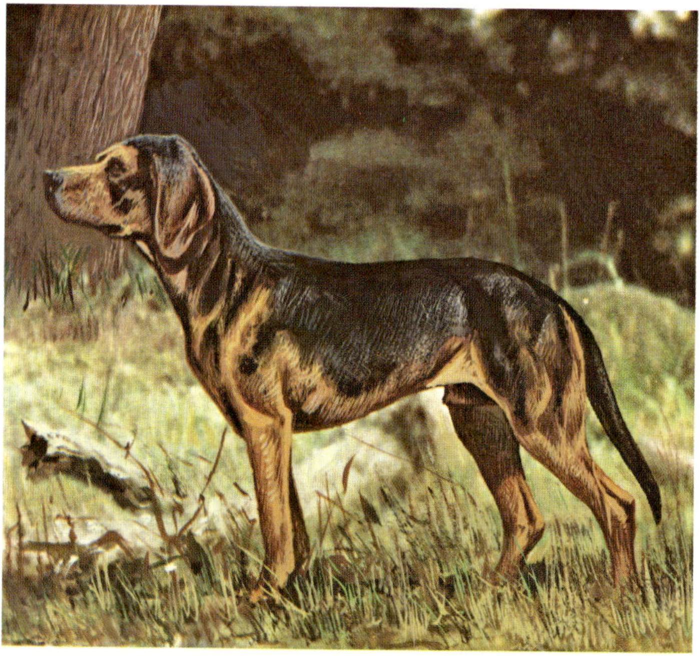

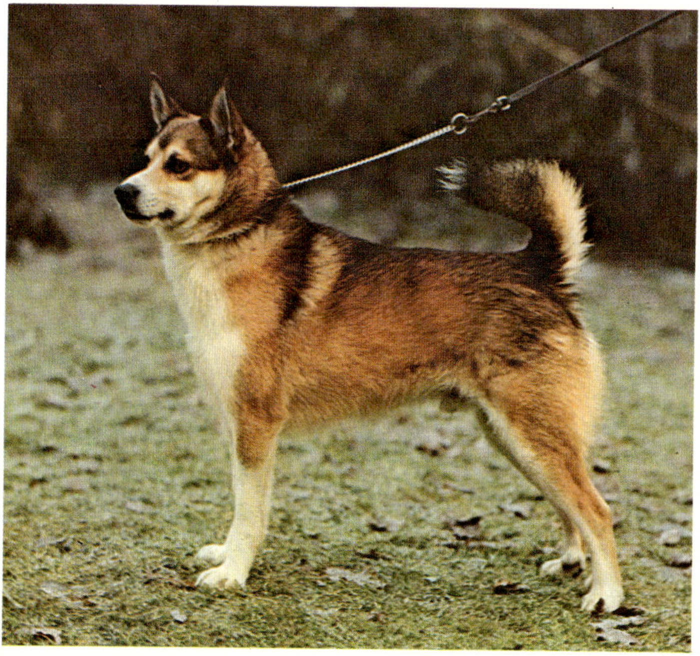

195 Norsk Elghund

Norwegischer Elchhund

Nationalität: Norwegen
Herkunft: Uralte Rasse, die den Menschen seit Jahrtausenden begleitet.

Beschreibung: Vom Norsk Elghund gibt es zwei Schläge: den grauen und den schwarzen. Für den grauen Schlag lautet der Standard wie folgt: Schulterhöhe: 52 cm beim Rüden, 49 cm bei der Hündin; kompakter und starker Rumpf; mittellanger Fang; bewegliche Spitzohren; kräftige Kieferpartie; dunkelbraune Augen mit freundlichem Ausdruck; geringelte Rute, die über dem Rücken getragen wird; dichtes, reiches, glattes Haar, grau in verschiedenen Tönen. Schwarzer Schlag: Schulterhöhe 45 bis 50 cm; kurzer und kompakter Körper; leichter, keilförmiger Kopf; dunkle, energisch blickende Augen; sehr bewegliche Spitzohren; über den Rücken geringelte Rute; dichtes und rauhes, glänzend schwarzes Haar.

Wesen: Treu, anhänglich, gelehrig, sauber, folgsam.
Verwendung: Spezialisiert für die Jagd auf Elche, die er bis auf eine Entfernung von mehreren Kilometern riecht. Er wird auch als Schlittenhund sehr geschätzt; im Krieg kann das norwegische Verteidigungsministerium alle Elghunde in Privatbesitz zum aktiven Dienst einziehen. Der Elghund liebt die Jagd, aber dank seines hervorragenden Wesens und seiner großen Anpassungsfähigkeit kann er auch als angenehmer Begleithund und großer Kinderfreund gehalten werden.

196 Schillerstövare

Nationalität: Schweden
Herkunft: Laufhund, der seit Ende des Mittelalters bekannt ist. Die Rasse wurde durch Per Schiller perfektioniert – daher der Name. Offiziell wurde sie erst 1952 anerkannt.

Beschreibung: Robuste, aber edle, leichte und dynamische Allgemeinerscheinung. Die optimale Schulterhöhe beträgt 57 cm beim Rüden, 53 cm bei der Hündin. Langgestreckter Kopf, der von oben gesehen keilförmig wirkt. Der Nasenspiegel ist schwarz und gut entwickelt; anliegende, trockene Lefzen; Scherengebiß; ausgeprägter Stop; kastanienbraune, lebhafte Augen; weicher Behang; gerade oder leicht säbelförmig getragene Rute; muskulöse Schenkel; elastische Pfoten und robuste Ballen. Das Haarkleid besteht aus hartem glattem Deckhaar und dichter Unterwolle. Farbe: schwarz und lohfarben. Schwarz sind insbesondere Hals, Schulter, seitliche Brust und Rutenoberseite.
Wesen: Lebhaft, aktiv, intelligent, gutmütig.
Verwendung: Besonders zur Jagd in verschneitem Gelände.

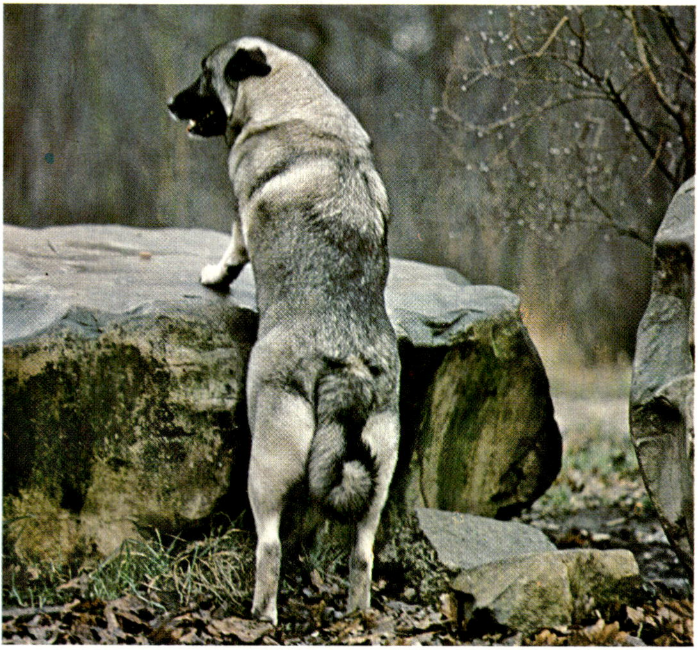

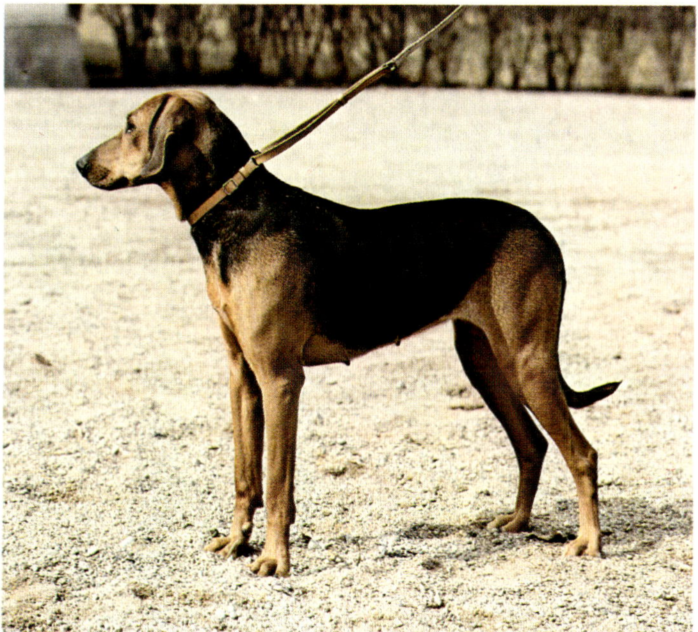

197 Griechischer Laufhund
Ellenikós Ichnilátis

Nationalität: Griechenland
Herkunft: Einheimische selbständige Rasse, deren Vorkommen auf Griechenland beschränkt ist.
Beschreibung: Schulterhöhe 47 bis 55 cm beim Rüden, 45 bis 53 cm bei der Hündin; Gewicht 17 bis 20 kg. Der Kopf ist langgestreckt, der Nasenrücken leicht gewölbt. Schwarzer Nasenspiegel; wenig ausgeprägter Stop; kräftiges, weißes Gebiß; kastanienbraune Augen mit intelligentem Ausdruck; flacher Behang; nicht zu lange, säbelförmige Rute; kurzes, dichtes, etwas hartes Haar; Farben: schwarz und lohfarben, manchmal mit einem kleinen weißen Brustfleck.
Wesen: Lebhaft, sehr aktiv, gutmütig.
Verwendung: Er besitzt eine äußerst feine Nase, läuft auch in steinigem Gelände, wird als allgemein gebräuchlicher Jagdhund einzeln oder in der Meute eingesetzt. Seine Stimme ist kräftig und harmonisch.

198 Smålandsstövare

Nationalität: Schweden
Herkunft: Autochthone Rasse Mittelschwedens. Der Standard stammt aus dem Jahr 1921 und wurde 1952 erweitert.
Beschreibung: Kompakter, robuster Hund mit edlem Aussehen; Schulterhöhe 50 cm; trockener Kopf; schwarzer Nasenspiegel mit weit geöffneten Nasenflügeln; kräftiges Gebiß; nicht zugespitzter Fang; dunkle Augen mit ruhigem Ausdruck; flacher Behang; leicht gewölbte Hinterhand; muskulöser, aufgezogener Bauch. Die Rute kann bis zu den Sprunggelenken reichen, aber auch als angeborene Stummelrute vorkommen. Das Deckhaar ist dicht, grob, aber glatt und glänzend. Farbe: schwarz mit lohfarbenen Abzeichen über den Augen, an den Extremitäten und in der Aftergegend.
Wesen: Ausgeglichen, intelligent und anhänglich.
Verwendung: Wird vor allem für die Jagd auf Fuchs und Hase gebraucht. Er besitzt eine ausgezeichnete Nase, ein leichtes Gangwerk, das ihm ermöglicht, mühelos in jedem Gelände und bei jeder Jahreszeit zu jagen.

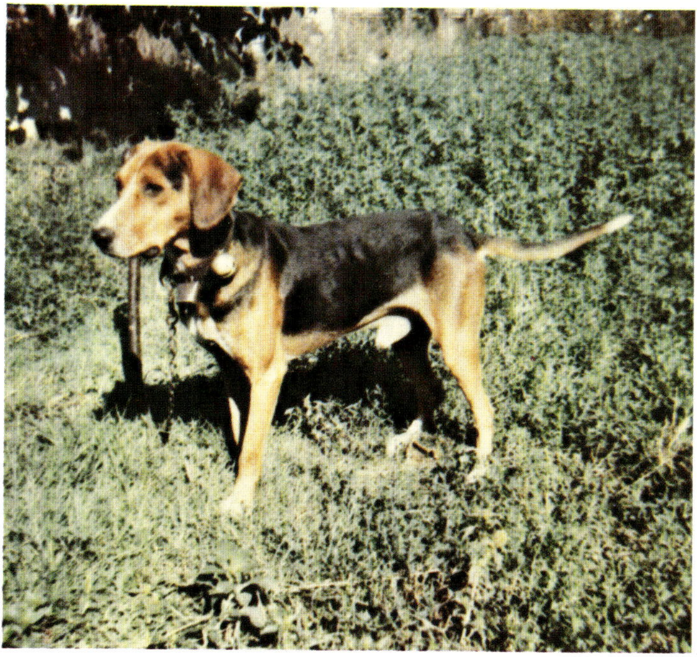

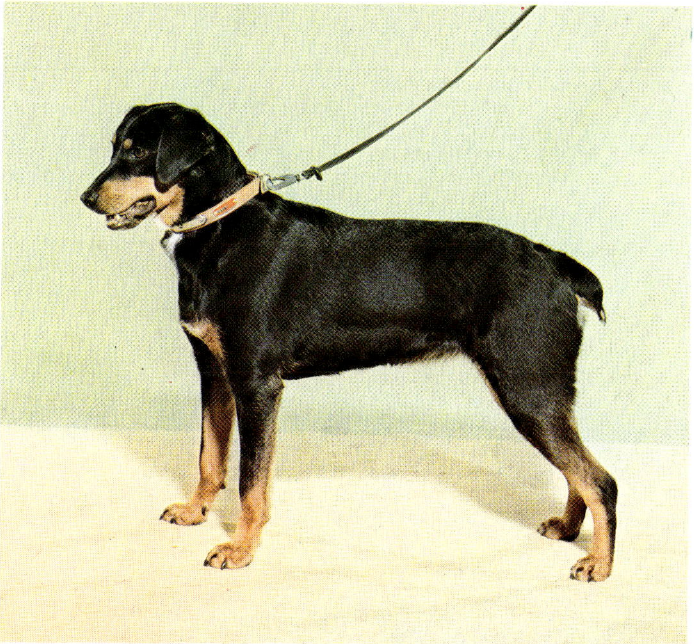

199 Hygenhund

Nationalität: Norwegen
Herkunft: Autochthone Rasse, die im Herkunftsland weitverbreitet, im Ausland aber wenig bekannt ist.
Beschreibung: Schulterhöhe 47 bis 55 cm, bei kräftigen
Rüden manchmal bis 60 cm. Die Hündinnen sind etwas
kleiner. Regelmäßiger, keilförmiger Kopf; schwarzer Nasenspiegel; gerader Nasenrücken; geschlossene Lefzen;
Scherengebiß; gut markierter Stop; dunkle, mit der Farbe
des Haarkleids harmonierende Augen; weicher, breiter
Behang, der bis zur Mitte des Fanges reicht; fröhlich
getragene, aber nicht über dem Rücken gerollte Rute;
solide, trockene Läufe; breite, muskulöse Schenkel; gerades, dichtes, glänzendes und nicht zu kurzes Haar. Farbe:
kastanienbraun, rotgelb (mit oder ohne schwarze Schattierungen), schwarz mit Abzeichen; es gibt auch mit Weiß
kombinierte Farben.
Wesen: Lebhaft, aber ausgeglichen, aktiv, gutmütig.
Verwendung: Er besitzt eine ausgezeichnete Nase, ist unermüdlich: als ausdauernder Läufer wird er für jeden Jagdzweck und in extremen Gelände- und Wetterverhältnissen
gebraucht.

200 Haldenstover

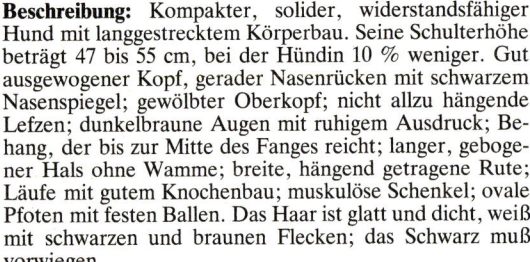

Nationalität: Norwegen
Herkunft: Sehr alte Rasse, die in Norwegen entstanden
und außerhalb ihrer Heimat unbekannt geblieben ist.
Beschreibung: Kompakter, solider, widerstandsfähiger
Hund mit langgestrecktem Körperbau. Seine Schulterhöhe
beträgt 47 bis 55 cm, bei der Hündin 10 % weniger. Gut
ausgewogener Kopf; gerader Nasenrücken mit schwarzem
Nasenspiegel; gewölbter Oberkopf; nicht allzu hängende
Lefzen; dunkelbraune Augen mit ruhigem Ausdruck; Be-
hang, der bis zur Mitte des Fanges reicht; langer, geboge-
ner Hals ohne Wamme; breite, hängend getragene Rute;
Läufe mit gutem Knochenbau; muskulöse Schenkel; ovale
Pfoten mit festen Ballen. Das Haar ist glatt und dicht, weiß
mit schwarzen und braunen Flecken; das Schwarz muß
vorwiegen.
Wesen: Ausgeglichen, aktiv, intelligent, gutmütig.
Verwendung: Sein Körperbau ermöglicht ihm eine große
Schnelligkeit im offenen Gelände. Allgemein gebräuchli-
cher Jagdhund, der auch in schwierigem Gelände und im
Schnee eingesetzt wird.

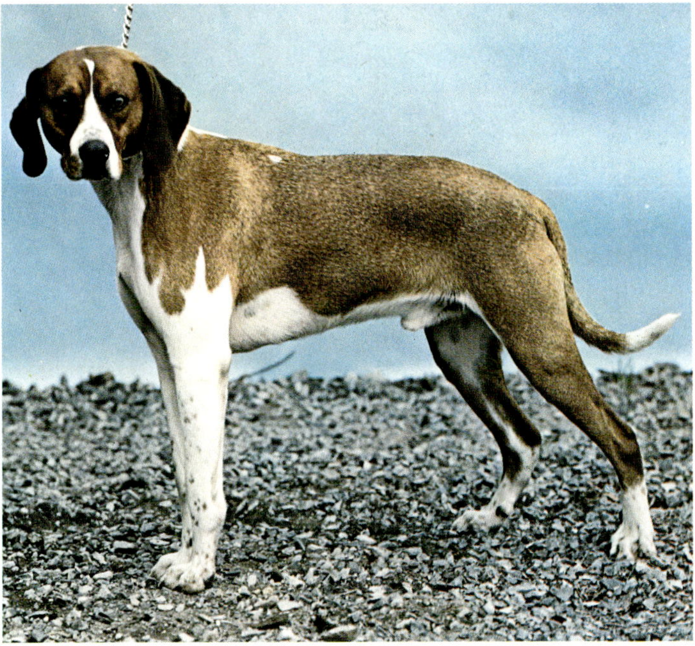

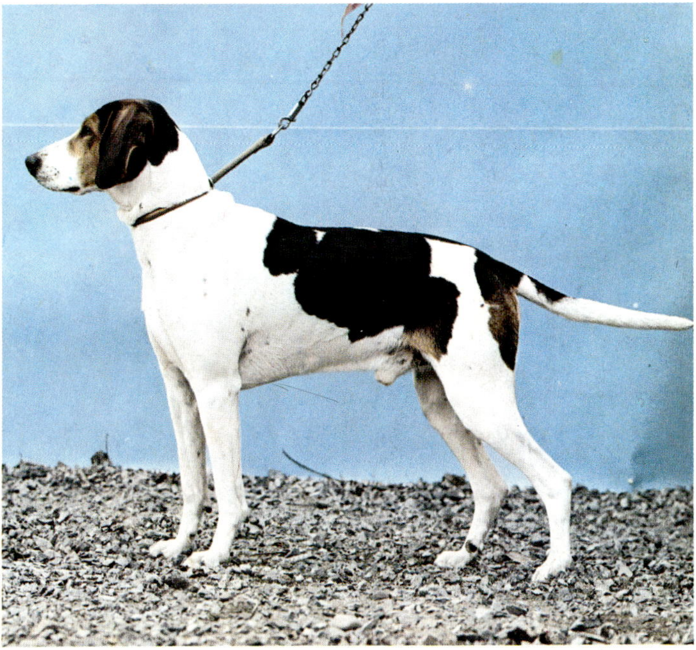

201 Dunker

Nationalität: Norwegen
Herkunft: Autochthone Laufhunderasse, die außerhalb Norwegens unbekannt ist.
Beschreibung: Quadratischer Körperbau; kräftiger, aber nicht schwerfälliger Hund. Die Schulterhöhe des Dunkers beträgt 47 bis 55 cm. Schöner, langgestreckter Kopf; schwarzer Nasenspiegel mit breiten Nasenflügeln; trockene Wangen; Scherengebiß; große, dunkle Augen mit ruhigem Ausdruck; mittellange, weiche Behänge, die anliegend getragen werden; langer Hals ohne Hautfalten; breite, nie geringelte Rute; starkknochige Läufe; kompakte Pfoten mit dicken Ballen; dichtes, gerades Haar. Farben: schwarz oder blau marmoriert.
Wesen: Ausgeglichen, ruhig, gutmütig.
Verwendung: Man schätzt ihn mehr seiner ausdauernden Arbeitsweise als seiner Schnelligkeit wegen. Er paßt sich jedem Gelände an und erträgt tiefe Temperaturen gut.

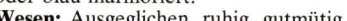

202 Somerset Harrier

West Country Harrier, farbiger Harrier

Nationalität: Großbritannien
Herkunft: Er entstand im XIX. Jahrhundert aus wiederholten Kreuzungen zwischen verschiedenen Laufhunderassen und dem Harrier.
Beschreibung: Kräftiger, gut gebauter Hund; Schulterhöhe ungefähr 55 cm; mittellanger Kopf; gerader Nasenrücken; gut entwickelter, schwarzer Nasenspiegel; breiter Schädel mit schwachem Stop; kastanienbraune oder dunkelhaselnußbraune Augen mit lebhaftem und intelligentem Blick; flache, nicht sehr lange, feine und weiche Hängeohren; Hals mit leichter Wamme; Flanken und Läufe mit gutem Knochenbau; dichtes und glattes Haar. Farbe: vollkommen weiß, weiß und hellrot, weiß-orangenfarben, weiß und grau, weiß und lohfarben, auch mit schwarz.
Wesen: Lebhaft, vornehm, fröhlich und intelligent.
Verwendung: Er besitzt eine ausgezeichnete Nase, ist sehr schnell, widerstandsfähig, schlau und eignet sich ganz besonders für die Hasen- und Fuchsjagd.

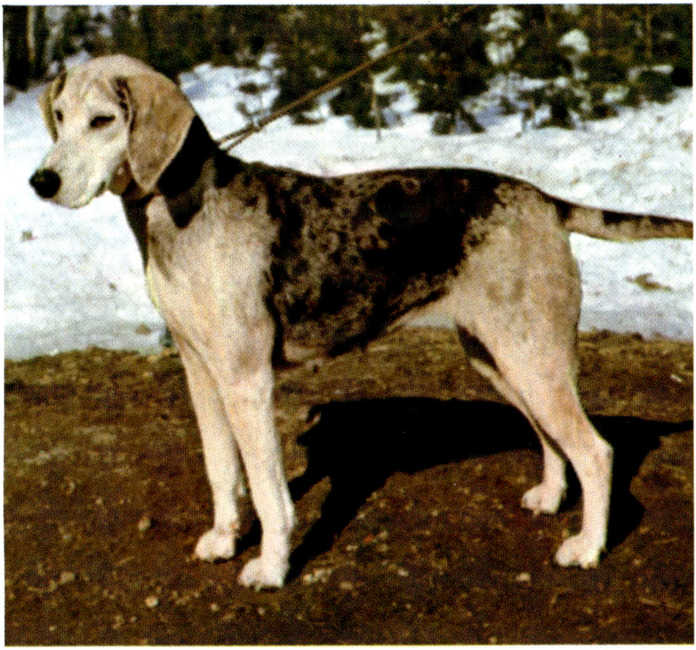

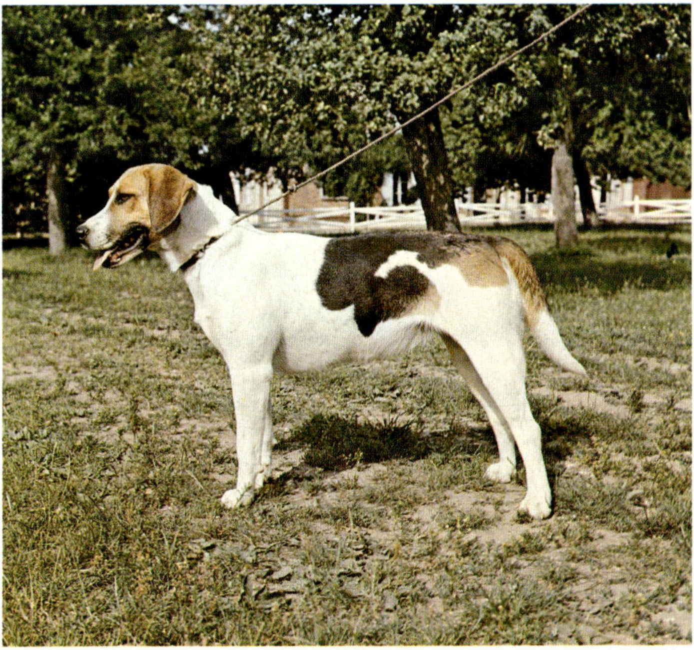

203 Sabueso Español

Spanischer Schmecker

Nationalität: Spanien
Herkunft: Stammt von alten Keltenbracken ab und hat sich auf der Iberischen Halbinsel langsam weiterentwickelt und verändert.
Beschreibung: Kräftiger, schlanker Hund mit einer Schulterhöhe von 51 bis 56 cm (49 bis 52 cm bei der Hündin). Langgestreckter Kopf; großer, pigmentierter Fang mit weit offener Nase; mächtiger, gewölbter Schädel; leicht hängende, manchmal eine Tasche formende Lefzen; kastanienbraune Augen; sehr langer, geschmeidiger Behang; bis zu den Sprunggelenken reichende Rute; feines Haarkleid ohne Fransen; Farbe meist weiß, mit runden, orangenfarbenen oder schwarzen Flecken. Es gibt noch einen leichteren Schlag, den Lebrero, der kleiner und leichter gebaut ist und eine feine, elastische Haut besitzt. Sein Haar ist kurz, glatt, glänzend. Farbe: weiß mit roten oder schwarzen Flecken, die manchmal so ausgedehnt sind, daß sie den ganzen Körper, mit Ausnahme des Halses, des Fanges und der Brust, bedecken.
Wesen: Ausgeglichen, aber lebhaft, treu und anhänglich.
Verwendung: Erstklassiger, allgemein gebräuchlicher Laufhund, der auch bei sehr heißem Wetter tagelang jagen kann.

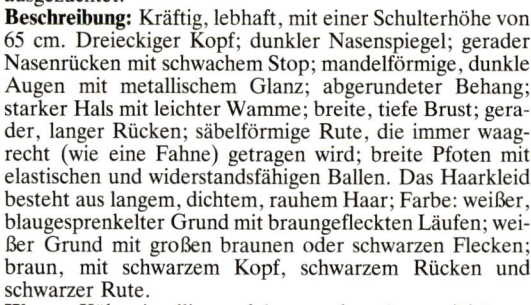

204 Rastreador Brasileiro

Nationalität: Brasilien
Herkunft: Geht auf den alten brasilianischen Jagdhund Urrador Brasileiro zurück und wurde durch Einkreuzungen von amerikanischen Foxhounds und Coonhounds herausgezüchtet.
Beschreibung: Kräftig, lebhaft, mit einer Schulterhöhe von 65 cm. Dreieckiger Kopf; dunkler Nasenspiegel; gerader Nasenrücken mit schwachem Stop; mandelförmige, dunkle Augen mit metallischem Glanz; abgerundeter Behang; starker Hals mit leichter Wamme; breite, tiefe Brust; gerader, langer Rücken; säbelförmige Rute, die immer waagrecht (wie eine Fahne) getragen wird; breite Pfoten mit elastischen und widerstandsfähigen Ballen. Das Haarkleid besteht aus langem, dichtem, rauhem Haar; Farbe: weißer, blaugesprenkelter Grund mit braungefleckten Läufen; weißer Grund mit großen braunen oder schwarzen Flecken; braun, mit schwarzem Kopf, schwarzem Rücken und schwarzer Rute.
Wesen: Kühn, intelligent, folgsam, ohne Aggressivität.
Verwendung: Er wurde früher für die Jaguarjagd verwendet. Mit großer Ausdauer verfolgte er den Jaguar im Gebüsch, durch Sümpfe und im schwierigsten Gelände.

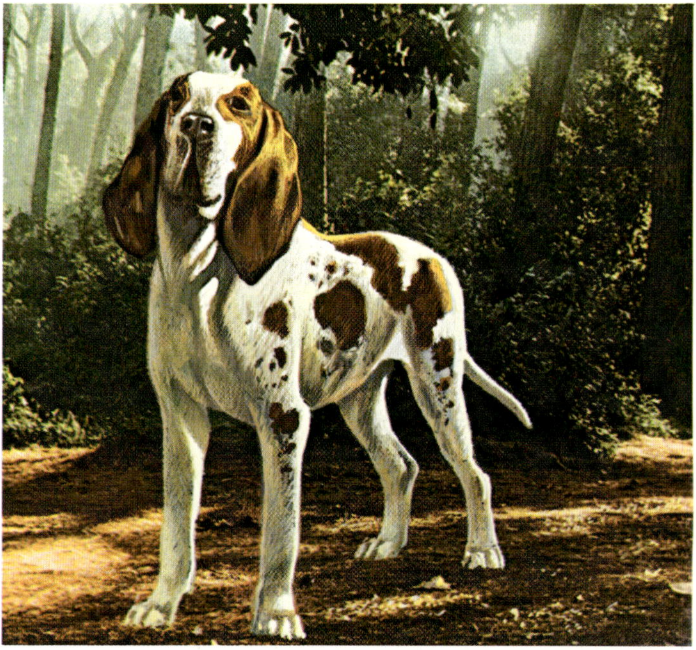

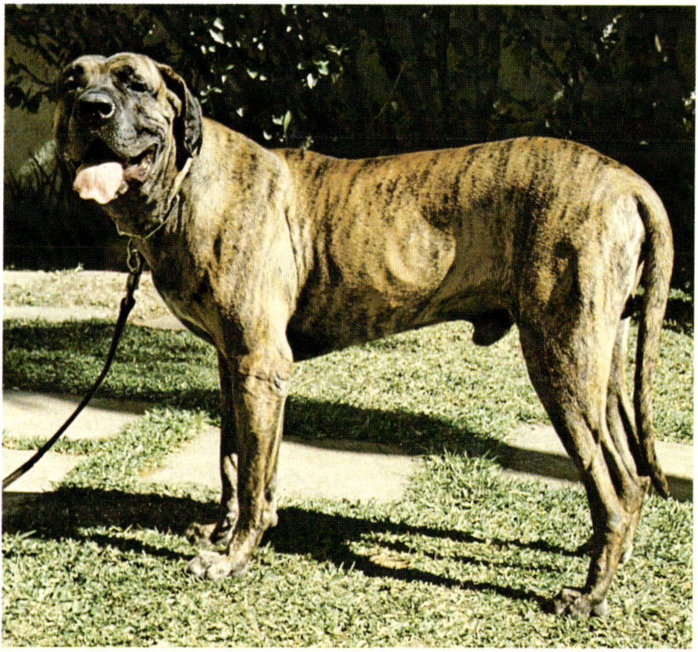

205 Levesque

Nationalität: Frankreich
Herkunft: Wurde 1873 durch einen gewissen Rogatien Levesque durch Kreuzungen zwischen Foxhound, Bleu de Gascogne, Gascon-Saintongeais und Vendéen herausgezüchtet. Er ist heutzutage äußerst selten.
Beschreibung: Schlanker und lebhafter Hund mit kräftigem Knochenbau. Schulterhöhe 65 bis 72 cm. Langgestreckter Kopf, rundlicher Schädel; große, hängende Lefzen; dunkle, tiefliegende Augen mit intelligentem und ruhigem Ausdruck; leicht gefalteter Behang; kurzer, breiter Hals mit leichter Wamme; lange, gebogene Rute; muskulöse Schultern und Oberschenkel; kurzes, dichtes Haar. Farbe: immer weiß und schwarz (das Schwarz manchmal blau reflektierend).
Wesen: Überschäumender, anhänglicher und leidenschaftlicher Jagdhund.
Verwendung: Geborener Meutehund mit vorzüglichem Geruchssinn, großer Schnelligkeit und Widerstandsfähigkeit. Die wenigen noch existierenden Exemplare werden für die allgemeine Stöberarbeit gebraucht.

206 Briquet Griffon Vendéen

Nationalität: Frankreich
Herkunft: Im Departement der Vendée gezüchtet.
Beschreibung: Kurz, aber gut proportioniert, mit einer Schulterhöhe von 50 bis 55 cm beim Rüden, 48 bis 53 cm bei der Hündin. Der Kopf ist kurz und eher leicht gebaut; weit geöffnete Nasenflügel; breiter, gerader Nasenrücken; bärtige Lefzen; dunkle, große Augen mit lebhaftem Ausdruck; weicher, spitzer, nicht allzu langer Behang; tiefe Brust; muskulöse Kruppe; sichelförmige Rute; guter Knochenbau; nicht zu stark entwickelte Pfoten mit harten Ballen; langes und dichtes, gelocktes Deckhaar mit weicher Unterwolle; Farbe: lohfarben, hasenfarben, weiß und orangenfarben, weiß und grau, oder dreifarbig.
Wesen: Energisch, aktiv und intelligent.
Verwendung: Er kann jegliche Art Wild in jedem Gelände (sandig, hügelig, manchmal überflutet) aufspüren. Er wird in kleineren Gruppen, oder als Einzelhund eines Jägers, eingesetzt.

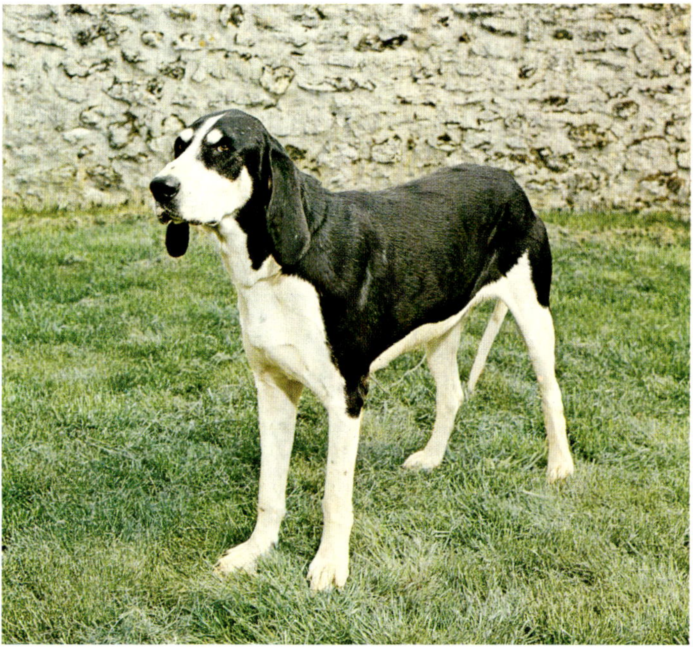

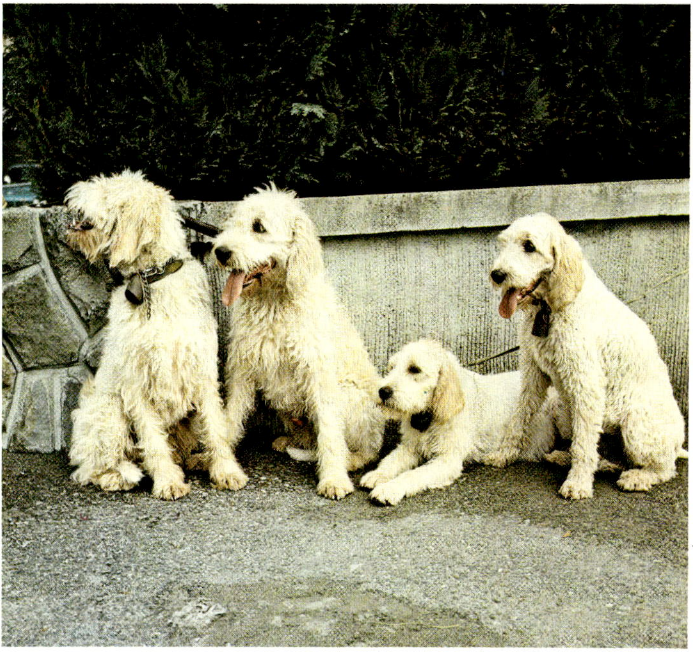

207 Petit Griffon Bleu de Gascogne

Nationalität: Frankreich
Herkunft: Er stammt aus Kreuzungen zwischen dem rauhhaarigen Griffon und dem Bleu de Gascogne.
Beschreibung: Schulterhöhe: 43 bis 52 cm; gerader oder
leicht gewölbter Nasenrücken; schwarzer Nasenspiegel;
Augen kastanienbraun mit goldenen Punkten; ausdrucks-
voller Blick; nicht sehr langer, etwas gefalteter Behang;
schlanker Hals mit leichter Wamme; kurze Kruppe; lange,
sich stark verjüngende Rute. Das Haar ist rauh und glatt
auf dem Körper, gewellt auf den Oberschenkeln und auf
der Brust. Grundfarbe weiß, schwarz gesprenkelt und gefleckt, mit Abzeichen auf den Wangen, auf der Brust, an
den Pfoten. Die Allgemeinerscheinung ist eher rustikal.

Wesen: Kühn, aber folgsam.
Verwendung: Allgemein gebräuchlicher Jagdhund, der sowohl für Feder- wie für Haarwild eingesetzt wird. Er jagt in
jedem Gelände (Grasflächen, Sumpf, Gebüsch), ist ein
methodischer und unermüdlicher Arbeiter und besitzt eine
ausgezeichnete Nase.

---

208 Griffon Fauve de Bretagne

Nationalität: Frankreich
Herkunft: Im Mittelalter war er weitverbreitet und in der
zweiten Hälfte des XIX. Jahrhunderts sogar berühmt.
Heutzutage ist er zwar in seiner Heimat bekannt, kommt
aber im Ausland selten vor.
Beschreibung: Schulterhöhe 50 bis 55 cm beim Rüden,
47 bis 52 cm bei der Hündin. Muskulöser Hund mit starkem Knochenbau. Langgestreckter Fang; schwarzer oder
brauner Nasenspiegel; dunkle, lebhafte Augen; spitzer,
langer Behang; mittellange, häufig ährenartig behaarte
Rute; das Haar ist ziemlich lang, sehr hart, nicht gelockt.
Farben: golden weizenfarben, kräftiges Rotbraun, lohfarben.

Wesen: Mutig, zäh und intelligent.
Verwendung: Früher war er besonders auf Wölfe spezialisiert, die in der Bretagne die Schafherden angriffen; ein
knappes Dutzend Griffon Fauve genügten, um den stärksten Feind abzuwehren. Später wurde aus ihm ein guter
Laufhund, der besonders für die Jagd auf Hase und Fuchs
gebraucht wird.
Bemerkung: Da die Rasse durch allzu viele Einkreuzungen
gefährdet wurde, stellte man einen strengen Standard auf,
der an Ausstellungen keine Exemplare mit kurzem Fang,
breitem Schädel, hängenden Lefzen, zu kurzen oder zu
langen Ohren, zu rundlichen Oberschenkeln, weichen und
breiten Pfoten oder grazilem Aussehen zuläßt.

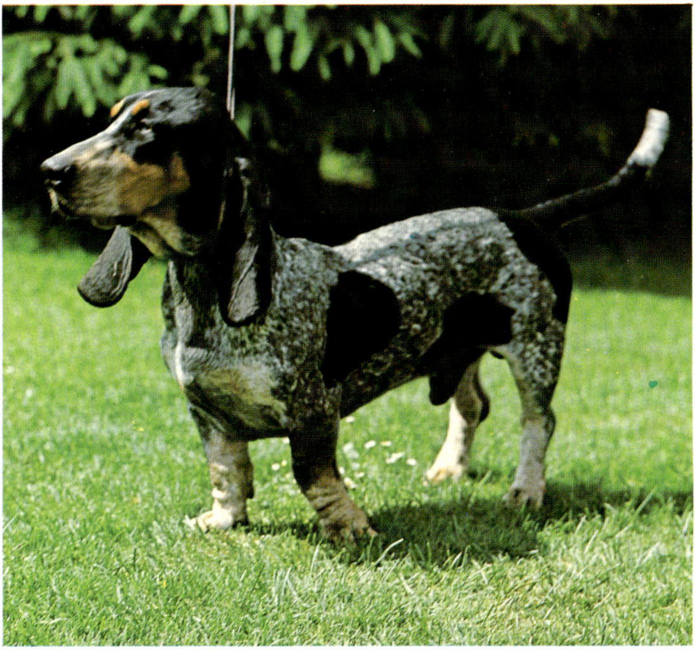

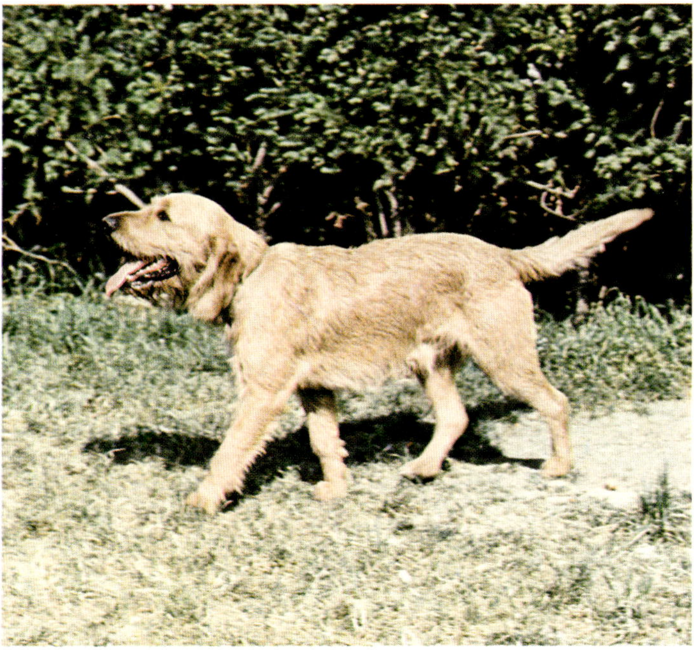

Nationalität: Deutschland

Herkunft: Dieser Deutsche Vorstehhund stammt von der spanischen Bracke ab, die im XVII. Jahrhundert von den flämischen Jägern nach Deutschland gebracht wurde. In den folgenden Jahrhunderten wurde durch Einkreuzung der italienischen Bracke und des englischen Pointers eine höhere Schnelligkeit und eine größere Ausdauer angezüchtet. Der moderne Deutsch-Kurzhaar ist in ganz Europa verbreitet.

Beschreibung: Edle und harmonische Gesamterscheinung. Schulterhöhe 62 bis 64 cm. Hunde, die noch höher sind, haben zu lange Läufe und somit eine verminderte Widerstandskraft. Nach dem sehr ausführlichen Standard muß der Deutsch-Kurzhaar einen mittelstarken, trockenen, markanten Kopf mit einem breiten Schädel und flachen Jochbogen besitzen. Der Nasenspiegel ist braun und sehr gut entwickelt (eine fleischfarbene Nase ist unerwünscht); leicht hängende Lefzen; kräftiges, gut schließendes Gebiß; braune Augen (gelbe Augen sind fehlerhaft); mittellanger, flacher, anliegender und unten abgerundeter Behang; Brust breiter als tief, mit gut gewölbten Rippen (aber nicht faßförmig). Um Verletzungen während der Jagd zu vermeiden, wird die Rute um ein Drittel gekürzt. Das Haar ist kurz, dicht und rauh. Erlaubte Farben: einfarbig braun; braun mit kleinen weißen Flecken auf der Brust und an den Läufen; dunkler Braunschimmel mit braunem Kopf und braunen Platten oder Tupfen; weiß mit brauner Maske, braunen Flecken und braunen Tupfen; schwarz mit braunen Schattierungen. Ein gelber Brand ist zugelassen.

Wesen: Munter, gelehrig, offen, entschlossen, intelligent, fröhlich, folgsam und kinderfreundlich.

Verwendung: Die Jäger brauchen ihn als Vorstehhund, als leichtfüßigen Laufhund und als Wächter. Es handelt sich um einen Hund mit außerordentlichem Jagdinstinkt, sei es im Gebirge, im Gebüsch, im Sumpf. Er paßt sich jedem Klima an. Da seine Allgemeinerscheinung etwas ungehobelt wirkt, wird er nicht oft als Haushund gehalten, obschon er ein ausgezeichnetes Wesen besitzt. Er kann sich jedoch jeder Gegebenheit anpassen, wenn ihm außerhalb der eigentlichen Jagdzeit genügend Bewegungsmöglichkeit im Freien geboten wird.

Fütterung: Sein Verdauungsapparat ist sehr wirksam; um eine Verfettung zu vermeiden, muß eine ausgewogene Fütterung geboten werden. Eine optimal zusammengesetzte Nahrung sollte täglich 300 bis 350 g klein geschnittenes und kaum gekochtes Fleisch, 200 g Flocken oder Reis sowie gekochtes Gemüse enthalten. Während der Jagdzeit muß der Anteil an Fleisch erhöht und derjenige an Flocken und Reis reduziert werden.

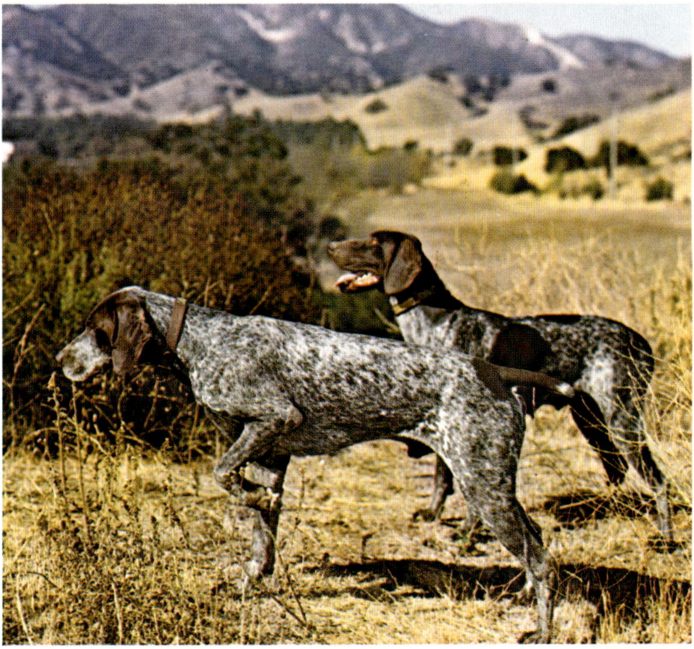

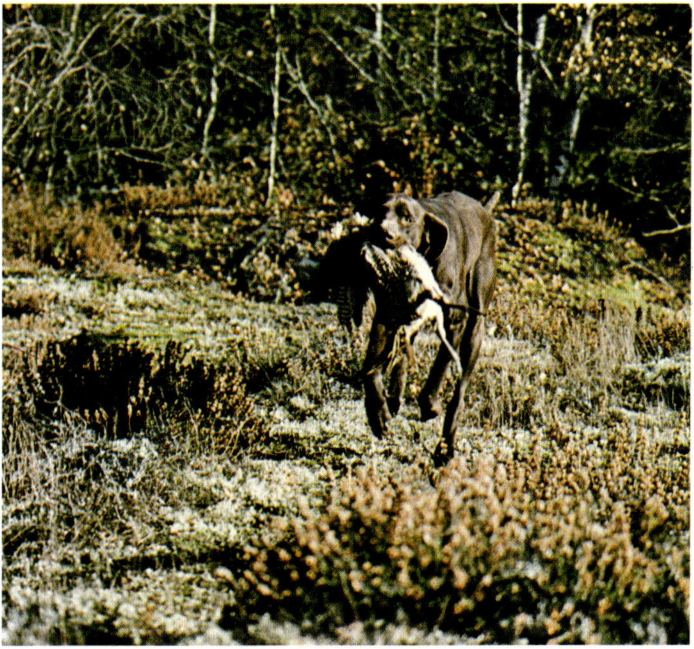

210 Deutsch-Drahthaar

Nationalität: Deutschland
Herkunft: Der Deutsch-Drahthaar entstand anfangs des
XX. Jahrhunderts durch planmäßige Kreuzungen zwischen
der Deutschen Bracke, dem rauhhaarigen Griffon, dem
Pointer, Laufhunden und dem Airedale. Der deutsche
Klub für den Deutsch-Drahthaar erlaubt nur eine Aufzucht
von höchstens sechs Welpen pro Wurf, um die Rasse auf
einem konstant hohen Niveau zu halten.
Beschreibung: Schulterhöhe 60 bis 67 cm beim Rüden,
56 bis 62 cm bei der Hündin. Breiter, langer und robuster
Fang; kräftiges Scherengebiß; nicht hängende Lefzen;
dunkle, klare Augen; mittelgroßer Behang; schlanker, robuster Hals; breite und tiefe Brust; kurzer Rücken; Rute
auf mittlere Länge gekürzt; stacheliges, hartes Drahthaar,
buschige Augenbrauen und Bart. Farbe: dunkles Kastanienbraun bis Mittelbraun.
Wesen: Ausgeglichen, lebhaft, kräftig. Er ist seinem Herrn
sehr zugetan und auf andere Hunde eifersüchtig.
Verwendung: Von allen seinen Ahnen hat er die besten
Eigenschaften geerbt: eine ausgezeichnete Nase, Spursicherheit, wache Intelligenz, harmonisches Aussehen.
Diese Rasse wird den Anforderungen aller Jäger gerecht.

211 Großer Münsterländer

Nationalität: Deutschland
Herkunft: Die ersten Züchter des Münsterländers lebten
anfangs XX. Jahrhunderts und stammten aus der deut-
schen Stadt Münster. Die Ahnen dieser Rasse waren lokale
Vorstehhunde sowie Spaniels und der Deutsch-Langhaar.
Beschreibung: Schulterhöhe 58 bis 62 cm; langgestreckter
Kopf; trockener Fang; dunkle Augen mit eng schließenden
Lidern; leichte, sehr gut behaarte Ohren; waagrecht getragene Rute, die um einige Zentimeter gekürzt wird; glattes
Haar; weiße Grundfarbe mit schwarzen Flecken, oder weiß
mit Flecken und Tupfen. Ein vollkommen schwarzes Haarkleid ist unerwünscht.
Wesen: Mutig, fröhlich, intelligent, folgsam.
Verwendung: Überall einsetzbarer, allgemein gebräuchlicher Jagdhund (Tal, Feld, Wald, Wasser). Er ist unermüdlich und wetterfest und wird besonders für seine Spursicherheit und sein exaktes Apportieren geschätzt. Er erweist sich als ein gefährlicher Feind der Raubvögel, wenn
diese Haus- und Hoftiere bedrohen. Der Große Münsterländer wird außerdem auch als guter Wachhund geschätzt.

212 Kleiner Münsterländer

Nationalität: Deutschland

Herkunft: Entstand in Münster, Westfalen, um die Jahrhundertwende, durch Kreuzungen lokaler Rassen mit Spaniels und Deutsch-Langhaar.

Beschreibung: Schulterhöhe 48 bis 56 cm beim Rüden, 44 bis 52 cm bei der Hündin. Edler, trockener Kopf; brauner Nasenspiegel ohne fleischfarbene Flecken; langgestreckter Fang mit anliegenden Lefzen; dunkle, gutmütig blickende Augen; wolliger, spitzer Behang; gewölbter und muskulöser Hals; großer Brustkasten mit gut gewölbten Rippen; leicht gebogene Fahnenrute; kräftige und gerade Vorderläufe; muskulöse Hinterhand. Das Haar ist glatt und anliegend. Farben: weiß und braun.

Wesen: Mutig, fröhlich, folgsam.

Verwendung: Unempfindlich gegen Müdigkeit und schlechtes Wetter; absolut wesensfester und überall einsetzbarer Jagdhund. Er besitzt eine gute Spursicherheit und große Bringfreude. Der Kleine Münsterländer ist außerdem auch ein angenehmer Begleithund. Seine schönen, breiten Ohren, die ihn immer aufmerksam erscheinen lassen, seine edle Haltung, seine große Sauberkeit und seine fröhlich getragene, immer in Bewegung bleibende Rute machen ihn ganz besonders sympathisch und attraktiv.

213 Deutsch-Langhaar

Nationalität: Deutschland

Herkunft: Der Ursprung dieser Rasse liegt mindestens ein Jahrtausend zurück. Man vermutet, daß sie durch Kreuzungen zwischen Bracken und Settern entstanden ist.

Beschreibung: Schulterhöhe zwischen 63 und 70 cm; gewölbter Oberkopf und langgestreckter Fang; flacher, brauner Nasenspiegel; kräftige Kieferpartie mit starkem Gebiß; dunkle Augen; anliegender Behang mit abgerundeten Enden; kurzer und robuster Rücken; robuster und muskulöser, aber edler Körperbau; leicht gekürzte Fahnenrute. Den Namen verdankt die Rasse ihrem längeren Haarkleid, das aber nur etwa 5 cm lang ist, kurz am Kopf und mit Fransen an den Läufen; Farbe: braun.

Wesen: Ausgeglichen, gelehrig, gefügig und sehr folgsam. Er sucht immer den herzlichen Kontakt mit seinem Meister.

Verwendung: Der Deutsch-Langhaar ist ausschließlich in Deutschland bekannt, wo er seiner großen Jagdpassion wegen sehr geschätzt ist. Er besitzt eine sehr gute Nase, ist ein äußerst ausdauernder Spürhund und bleibt selbst im dramatischsten Geschehen ruhig.

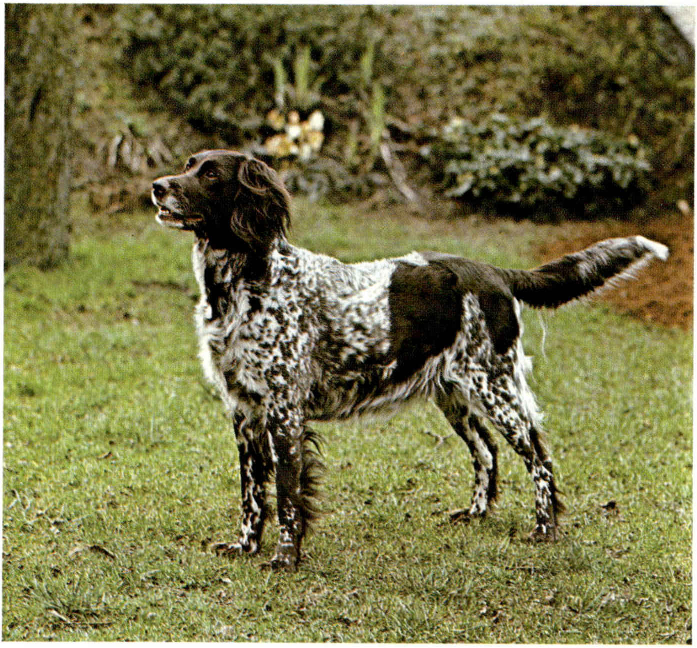

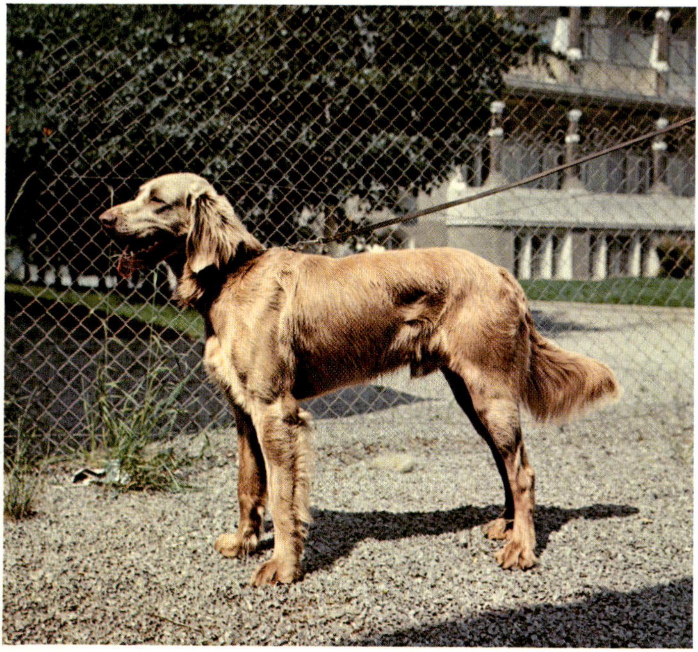

214 Weimaraner

Weimaraner Bracke

Nationalität: Deutschland
Herkunft: Einige Jahrhundert alte Rasse, die bereits auf einem Gemälde Van Dycks aus dem frühen XVI. Jahrhundert erscheint. Über deren Ursprung gehen die Meinungen auseinander: einer zufolge soll es sich um eine Mutation (Albinismus) handeln, die bei der alten Deutschen Bracke aufgetreten sein soll. Andere vertreten die Ansicht, daß der Weimaraner vom Bracken, einem deutschen Laufhund, abstammt, und andere wiederum sehen in ihm das Produkt von Kreuzungen, die Großherzog Karl-August von Weimar zwischen einer Bracke und einem bestimmten gelben Pointer veranlaßte.

Beschreibung: Mittelgroßer, schwerer Hund mit einer schönen Gesamterscheinung und einer Schulterhöhe von 59 bis 70 cm (57 bis 65 cm bei der Hündin); breiter, trockener Kopf; dunkelfleischfarbener Nasenspiegel; langer und kräftiger Fang; angedeuteter Stop; bernsteingelbe Augen mit intelligentem Blick; breiter und langer Behang mit abgerundeter Spitze; im Alter von zwei Tagen auf 4 cm gekürzte Rute; lange, muskulöse Läufe; kurzes, feines Haar, in den Farben: silbergrau, rehgrau, mausgrau; Kopf und Ohren etwas heller.
Wesen: Lebhaft, lenkbar, fröhlich, anhänglich.
Verwendung: Er ist sehr widerstandsfähig, besitzt eine gute Nase, ist ein leidenschaftlicher Arbeitshund.

---

215 Perdiguero de Burgos

Burgos-Hühnerhund

Nationalität: Spanien
Herkunft: Sehr alte Jagdhunderasse aus der nördlichen spanischen Provinz Burgos.
Beschreibung: Grobknochiger, muskulöser und zäher Hund mit einem massigen Kopf, ausgeprägter Wamme und hängenden Lefzen. Seine Schulterhöhe beträgt 65 bis 75 cm, bei einem Gewicht von 25 bis 30 kg. Sein Fang ist fast viereckig; dunkler, aber nicht schwarzer Nasenspiegel; dunkle, melancholisch blickende Augen; kurzes, feines Haar. Farbe: vorwiegend weiß mit leberfarbenen Tupfen oder Flecken, oder leberfarben mit weißer Tüpfelung.

Wesen: Fügsam, anhänglich, sympathisch.
Verwendung: Äußerst passionierter, allgemein brauchbarer Jagdhund, der aber besonders für die Jagd auf Fasan, Hase und Reh eingesetzt wird. Er ist leicht abzurichten, wetterunempfindlich und arbeitet auch in schwierigem Gelände; seine Nase ist äußerst fein. Guter Vorstehhund mit großer Bringfreude. Der heiße spanische Sommer scheint ihm überhaupt kein Unbehagen zu verursachen.

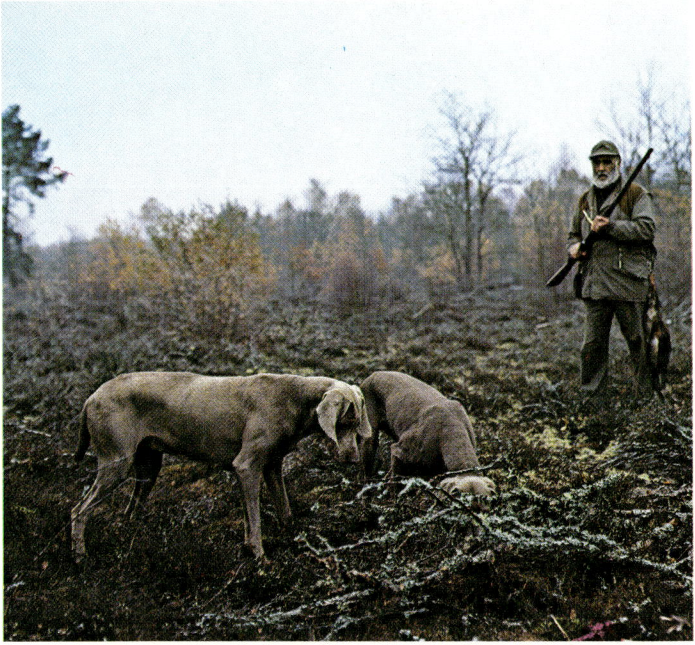

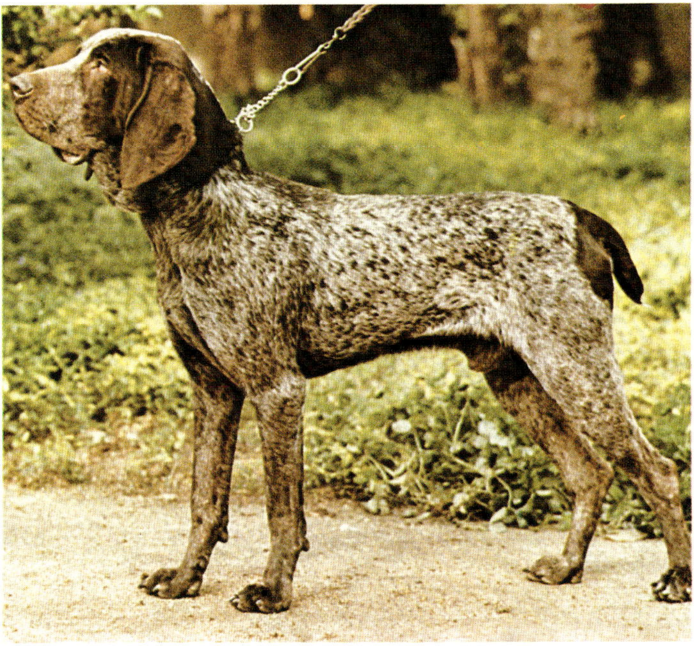

216   Podenco Ibicenco
Balearen-Laufhund, Pharaonenhund

Nationalität: Spanien
Herkunft: Autochthone, windhundeartige Rasse der Baleareninsel Ibiza (daher der Name).
Beschreibung: Schulterhöhe 60 bis 66 cm beim Rüden, 57 bis 63 cm bei der Hündin. Gewicht der Rüden ungefähr 22,5 kg, der Hündinnen 19 kg. Er hat einen langen, geraden Kopf mit gut entwickelter, fleischfarbener Nase; leicht aufgeworfener Nasenrücken; feine, straffe Lefzen; sehr gesundes Gebiß; schrägstehende, hellbernsteingelbe Augen; aufrecht getragene, steife Stehohren; langer, leicht geschwungener Hals; lange Hängerute, die im Affekt zum Kreis gebogen über der Kruppe getragen wird. Der Podenco Ibicenco kommt in drei Varietäten vor: glatthaarig, rauhhaarig und langhaarig. Farbe: weiß und rot, weiß und löwenfarbig, einfarbig weiß oder rot.
Wesen: Äußerst lebhaft und aktiv, intelligent, eigenwillig; der Rüde verträgt sich nicht mit anderen Rüden.
Verwendung: Er ist sehr schnell, leichtfüßig und äußerst schlau und wird daher besonders für die Kaninchen- und Hasenjagd verwendet. Er jagt nachts bei Mondschein wie am hellichten Tag.
Bemerkung: Wenn er ca. hundert Kaninchen apportiert hat, scheint ihm die Jagd Widerwillen einzuflößen, und er entfernt sich dann einfach von der Jagdszene.

---

217   Braque de l'Ariège
Ariège-Bracke

Nationalität: Frankreich
Herkunft: Uralte Rasse aus dem Departement der Ariège (in der Nähe der Pyrenäen), die durch Einkreuzung der Saint-Germain-Bracke verändert wurde.
Beschreibung: Solider und eindrucksvoller, doch eleganter Körperbau. Übermittelgroß, mit einer Schulterhöhe von 60 bis 67 cm. Etwas gewölbter Schädel, vierkantiger Fang, rosa oder hellkastanienbraune Nase; große, offene, intelligente Augen; langer, gefalteter Behang; langer Hals mit leichter Wamme; stark kupierte Rute; nervige Sprunggelenke. Das Haarkleid besteht aus feinem, nicht glänzendem Haar. Farbe: weiß mit orangenfarbenen oder kastanienbraunen Flecken und leichter Tüpfelung.
Wesen: Lebhaft und unabhängig. Sie braucht eine sorgfältige Erziehung und einen strengen Meister.
Verwendung: Es handelt sich um den kräftigsten französischen Vorstehhund. Die Braque de l'Ariège ist eine ausdauernde Läuferin mit einer großen Widerstandskraft gegen Krankheiten. Sie besitzt einen erstklassigen Geruchssinn und ist auch sehr bringfreudig. Man kann sie zur Jagd auf jegliche Art Wild einsetzen, auch im Gebirge oder in sehr schwierigem Gelände. Sie ist besonders in Frankreich verbreitet.

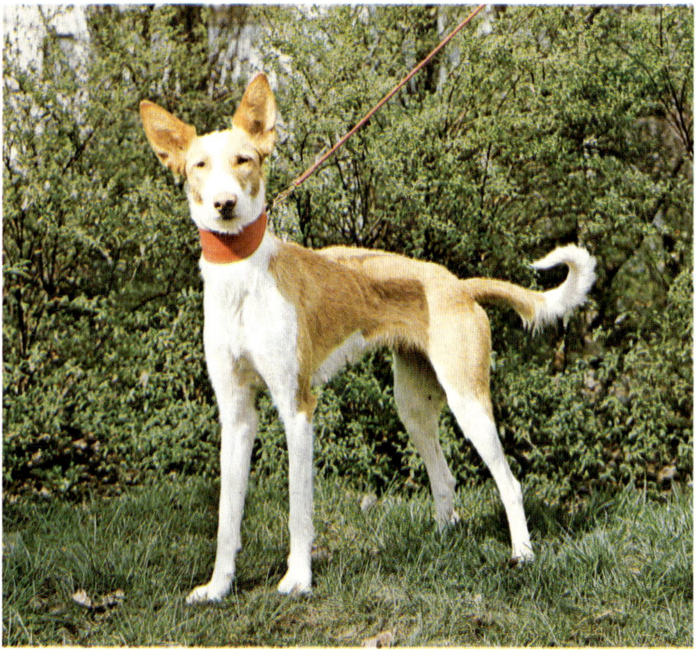

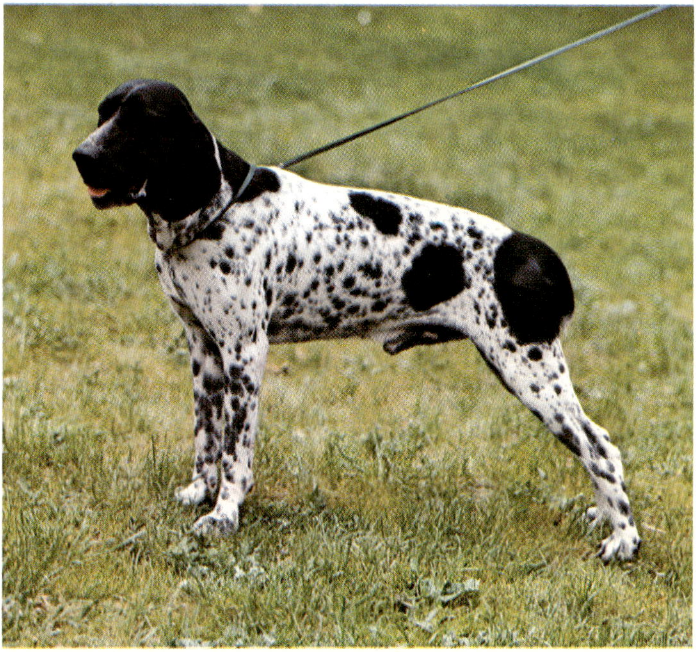

218 Braque Bleu d'Auvergne
Blaue Auvergne-Bracke

Nationalität: Frankreich
Herkunft: Die Meinungen über ihre Herkunft gehen auseinander: autochthone Rasse aus der Auvergne, die von der alten französischen Bracke abstammen soll, oder Rasse, die von den Malteser Rittern importiert worden sein soll.
Beschreibung: Mächtiger Hund mit soliden Läufen, aber trotzdem elegant, mit einer Schulterhöhe von 57 bis 63 cm (Hündinnen 55 bis 60 cm); langgestreckter Kopf; glänzender Nasenspiegel mit gut geöffneten Nasenflügeln; viereckiger Fang; kräftiges, weißes Gebiß; ovaler Hirnschädel

mit starken Augenwülsten; große, dunkelbraune Augen mit ehrlichem Ausdruck; leichter, feiner, langer und etwas gefalteter Behang; kräftiger, leicht gebogener Hals; kurzer und gerader Rücken; um zwei Drittel gekürzte Rute mit einer Ideallänge von 15 bis 20 cm; kurzes und glattes, nicht sehr hartes Haar. Farbe: weißer Grund mit oder ohne schwarze Platten sowie gesprenkelte Flecken; dunkles, sogenannt verkohltes Fell (robe charbonnée), mit mehr schwarzen als weißen Haaren. Der Kopf muß immer große schwarze Flecken aufweisen.
Wesen: Lebhaft, empfindsam, folgsam und anhänglich.
Verwendung: Sie besitzt einen schnellen und eleganten Lauf dank einer starken und sehr beweglichen Muskulatur. Es handelt sich um einen französischen «Provinzler», der sowohl für die Wald- wie für die Wasserjagd geeignet ist und sich in jedem Gelände wohlfühlt.

219 Braque Français
Französische Bracke

Nationalität: Frankreich
Herkunft: Obschon viele Autoren der Meinung sind, daß alle Vorstehhunde aus Italien stammen (als Abkömmlinge der Molosser und der Laufhunde), sind andere überzeugt, daß die Französische Bracke eine autochthone Rasse ist.
Beschreibung: Mächtiges, aber nicht schwerfälliges Tier mit einer edlen Gesamterscheinung. Kräftiger Kopf, großer, kastanienbrauner Schwamm; rechteckiger Fang; nur leicht gewölbter Schädel; kastanienbraune oder dunkelgelbe Augen mit nachdenklichem und freundlichem Blick; leicht gefalteter Behang; meist kurz kupierte Rute; breite und tiefe Brust; sehr muskulöse Schultern und Läufe.

Schulterhöhe: 56 bis 65 cm, bei einem Gewicht von 25 bis 32 kg. Dichtes und feines Haar, an Kopf und Behang besonders fein. Farbe: weiß mit kastanienbraunen Flecken, manchmal forellenartig gesprenkelt.
Wesen: Folgsamer, treuer und ruhiger Familienhund.
Verwendung: Sie besitzt einen ausgezeichneten Geruchssinn, kann sich auch schwierigem Gelände gut anpassen und wird für jeden Jagdzweck eingesetzt. Sie hat leider die unangenehme Eigenschaft, das Wild zu stark zu beißen.

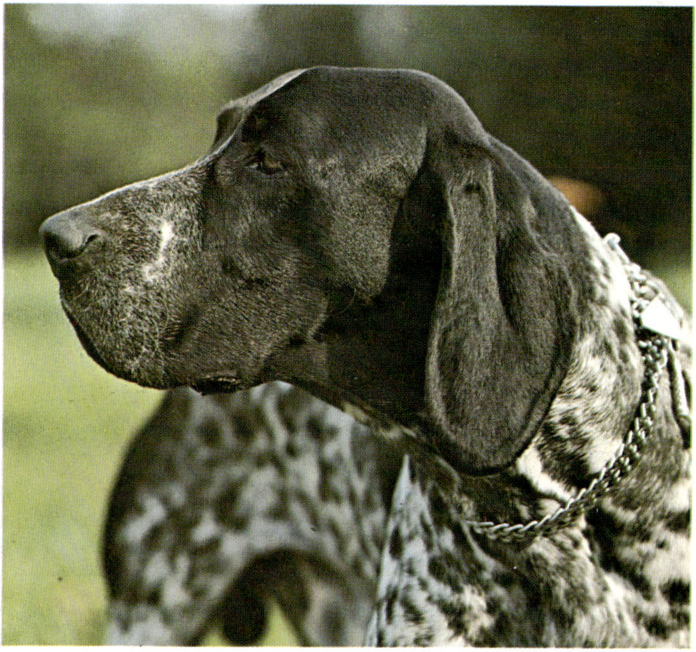

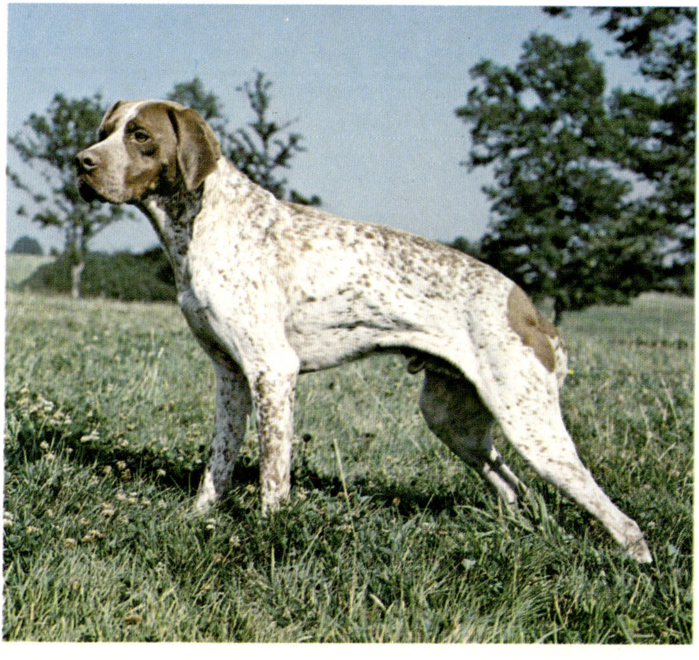

220 Barbet

Nationalität: Frankreich
Herkunft: Äußerst seltener Hund, der vom alten *canis aquaticus* abstammt. Sein Name läßt sich aus dem französischen Ausdruck «barbe» = Bart ableiten.
Beschreibung: brackenartiger Hund mit einer Schulterhöhe von 45 bis 55 cm. Haare lang, dicht, Schnüre und Locken bildend. Farbe: schmutzig-weiß, dunkelgrau mit schwarz, milchkaffeebraun, weiß mit braun, weiß mit schwarz.
Wesen: Munter, folgsam und intelligent.
Verwendung: Ausgezeichneter Hund für die Wasserjagd, der seinen Ahnen alle Ehre macht, aber der ausschließlich in Frankreich und auch dort nur von einigen Kennern zur Wasserjagd gebraucht wird.
Bemerkung: Zahlreiche Hunderassen zählen ihn zu ihren Ahnen, und er wird zum Beispiel oft als Vorfahr des Pudels erwähnt.

221 Magyar Vizsla
Ungarischer Vorstehhund

Nationalität: Ungarn
Herkunft: Soll aus der transsilvanischen Bracke und dem gelben türkischen Jagdhund hervorgegangen sein. In jüngerer Zeit wurden noch die Deutsche Bracke und der Pointer eingekreuzt.
Beschreibung: Mittelgroßer, edler, robuster und doch leichter Hund mit elastischer Gangart. Sein Gewicht beträgt 22 bis 28 kg und seine Schulterhöhe 57 bis 64 cm (Hündinnen 53 bis 60 cm). Quadratischer Fang mit dunkelbraunem Schwamm, kräftiger Kieferpartie und porzellan-weißem Gebiß; die Augenfarbe harmoniert mit der Fellfarbe; langer Behang mit abgerundeten Enden; muskulöser Hals ohne Wamme; um ein Drittel gekürzte Rute; ganzer Körper gut bemuskelt; kurzes, dicht anliegendes, reichliches Haar; Farbe: gelblichbraun in allen Schattierungen (dunkelbraun gilt als fehlerhaft). Außer dieser kurzhaarigen Varietät gibt es noch einen drahthaarigen Schlag, den Vizsla Drotszörü, eine spontane Mutation, die durch Einkreuzungen mit dem Deutsch-Drahthaar gefestigt wurde.

Wesen: Intelligent, gelehrig, ausgeglichen, folgsam und anhänglich.
Verwendung: Eignet sich für jeden Jagdzweck. Er besitzt einen guten Geruchssinn und sein Apportiervermögen ist meisterhaft, auch in schwierigem Gelände und in sumpfigen Gebieten. Er ist auch außerhalb Ungarns bekannt und als Begleithund geschätzt.

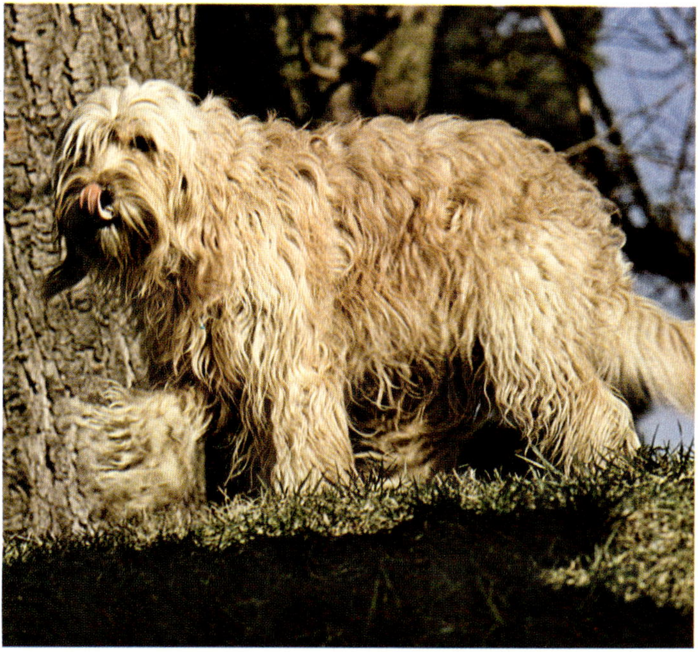

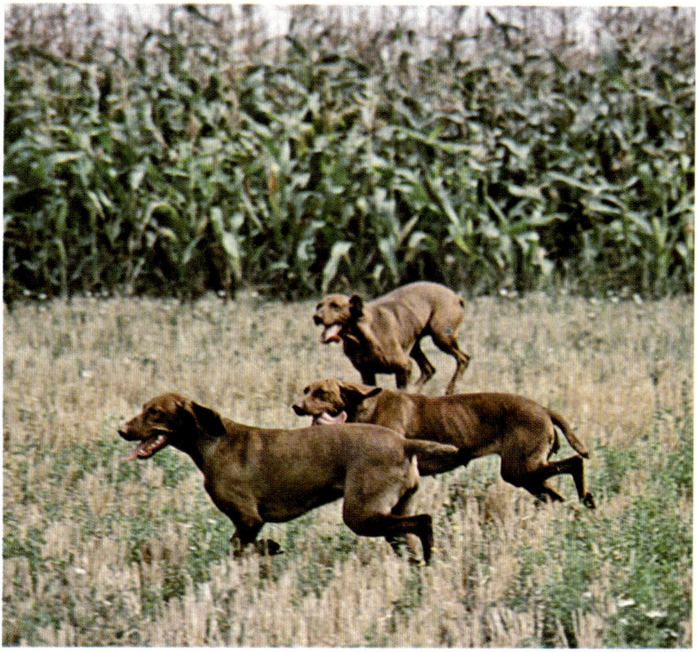

222 Epagneul Breton

Nationalität: Frankreich

Herkunft: Über die Herkunft des Epagneul Breton wird eifrig diskutiert. Es gibt Kynologen, die ihn als autochthonen bretonischen Rassehund betrachten. Epagneul (Spaniel) bedeutet nicht «spanisch», sondern läßt sich vom Tätigkeitswort «espanir» ableiten, das «sich flach auf den Boden legen» bedeutet. Dies ist ein typisches Verhalten dieser Hunde beim Anschleichen der Beute. Andere Autoren sehen den Epagneul Breton als das Produkt von Kreuzungen zwischen weiß-orangenfarbenen Settern und nicht näher bestimmten französischen Hunden. Der Epagneul Breton erschien zum ersten Mal öffentlich anläßlich einer französischen Hundeausstellung im Jahre 1896 und wurde 1938 offiziell anerkannt.

Beschreibung: Schulterhöhe 48 bis 51 cm (Hündinnen 47 bis 50 cm). Eleganter und vierschrötiger, kräftiger Hund mit intelligentem Ausdruck. Er hat einen mittellangen, rundlichen Schädel mit einem geraden oder leicht gewölbten Nasenrücken, ausgeprägtem Stop, mehr oder weniger dunklem Schwamm, je nach Farbe des Haarkleids; ausdrucksvolle, bernsteingelbe Augen; eher kurze, etwas abgerundete, leicht befranste Ohren; kurzer Rücken mit kurzen Lenden und etwas abfallender Kruppe; Rute nicht länger als 10 cm; muskulöse Schultern und Flanken. Das Haar ist immer dicht und fein, glatt, etwas wellig. Farbe: weiß mit orange oder mit kastanienbraun oder mit schwarz, dreifarbig.

Wesen: Intelligent, gelehrig, leicht führbar, sehr expansiv und spielerisch. Bei zu straffer, schroffer Führung wird er scheu.

Verwendung: Er jagt in jedem Gelände: Gebüsch, Ebene, Hügel; unempfindlich gegenüber Kälte und Feuchtigkeit; er eignet sich insbesondere für die Jagd auf Moorschnepfen und Hasen; er ist immer aktiv, enthusiastisch und unermüdlich. Er gilt auch als idealer Apportierhund im tiefen Wasser. Der Epagneul Breton erfreut sich größter Beliebtheit bei unzähligen Jägern, da er eher klein ist und deswegen mit Leichtigkeit transportiert werden kann (auch zum Beispiel auf dem Motorrad). Sein heiteres Wesen hat ihm als Begleithund viel Sympathie eingebracht. Obschon er immer ein sportlicher Hund bleibt, kann er auch in der Wohnung gehalten werden.

Fütterung: Er neigt etwas zur Fettleibigkeit; sein tägliches Fressen muß deshalb strikte in Grenzen gehalten werden: 200 bis 250 g Fleisch, 150 g Reis mit gekochtem Gemüse.

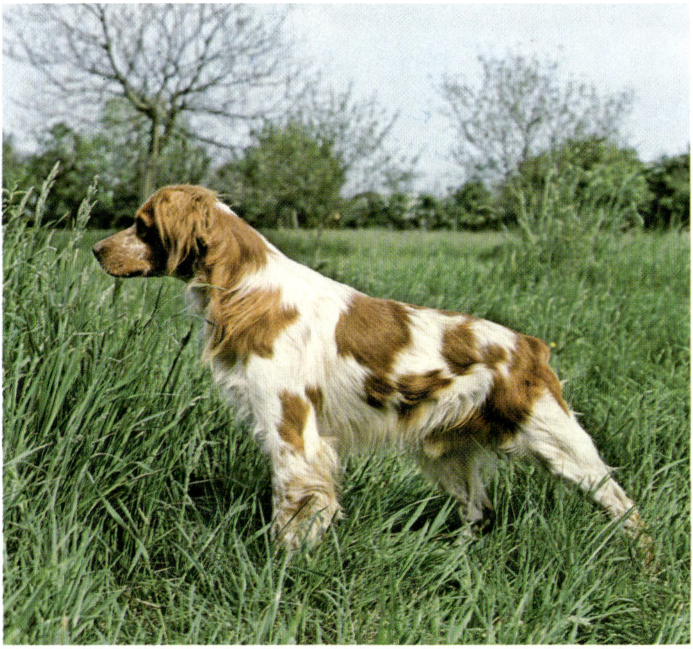

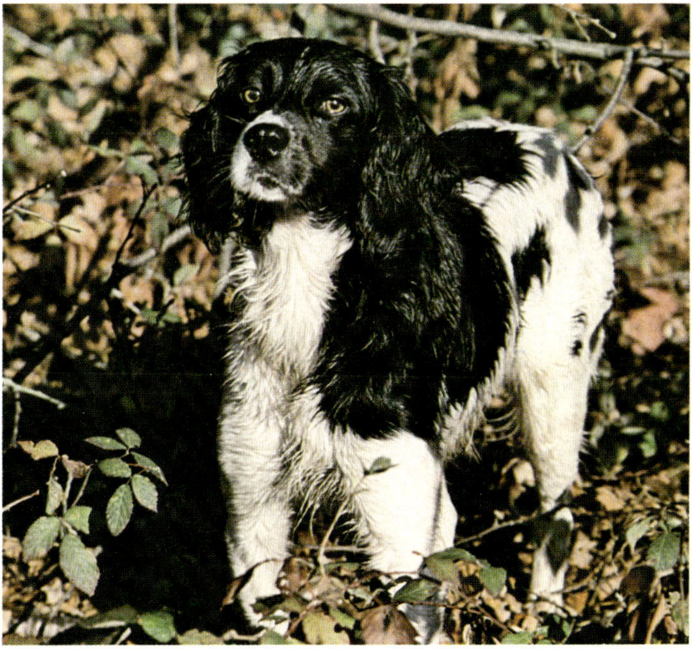

223 Epagneul Français

Nationalität: Frankreich
Herkunft: Über seine Herkunft existieren gegensätzliche Theorien. Er könnte aus Spanien stammen, aber dort ist er wohl nicht entstanden.

Beschreibung: Kräftiger, elegant und harmonisch gebauter Jagdhund. Schulterhöhe 55 bis 60 cm beim Rüden, 54 bis 58 cm bei der Hündin. Sein Schädel ist leicht gewölbt; wuchtiger Kopf mit langgestrecktem Fang; etwas gewölbter Nasenrücken; kastanienbrauner Nasenschwamm mit offenen Nasenflügeln; große, dunkelbernsteingelbe Augen mit sehr sanftem Ausdruck; lange Ohren mit seidigen, reichen Fransen und abgerundeten Enden; S-förmige Fahnenrute; trocken bemuskelte Schultern und Schenkel; langes, weiches, glattes oder gewelltes Haar, das an den Ohren, am Hals, an den Läufen und am Rutenansatz leicht lockig sein darf. Grundfarbe immer weiß mit kastanienbraunen Flecken und Platten.

Wesen: Gefügig, expansiv, intelligent und gelehrig.
Verwendung: Arbeitsfreudiger Apportierhund für Feder- und Haarwild. Man schätzt ihn auch, weil man ihn leicht transportieren kann. Außerhalb Frankreichs ist er nur wenig bekannt.

224 Epagneul Picard

Nationalität: Frankreich
Herkunft: Autochthone Rasse der alten französischen Provinz Picardie. Gegen Ende des XIX. Jahrhunderts war sie fast ausgestorben, aber in neuerer Zeit haben sich wieder Züchter dieser Rasse angenommen.
Beschreibung: Schulterhöhe 55 bis 60 cm; rundlicher und breiter Schädel; leicht gewölbter Nasenrücken mit braunem Nasenspiegel; Augen dunkelbernsteingelb und sehr ausdrucksvoll; Behang mit gewellten Fransen; Hals, Schultern und Schenkel gut bemuskelt; schöne Fahnenrute; grobes, leicht gewelltes Haar. Farbe: graugetüpfelt mit braunen Flecken am ganzen Körper.
Wesen: Sehr gutmütig, fröhlich, intelligent und empfindsam.
Verwendung: Er hat eine ausgezeichnete Nase und große Widerstandskraft und wird für die Hasenjagd (und auch für anderes Wild) in Feld, Wald und Sumpf gebraucht. Man kennt ihn fast ausschließlich in Frankreich.

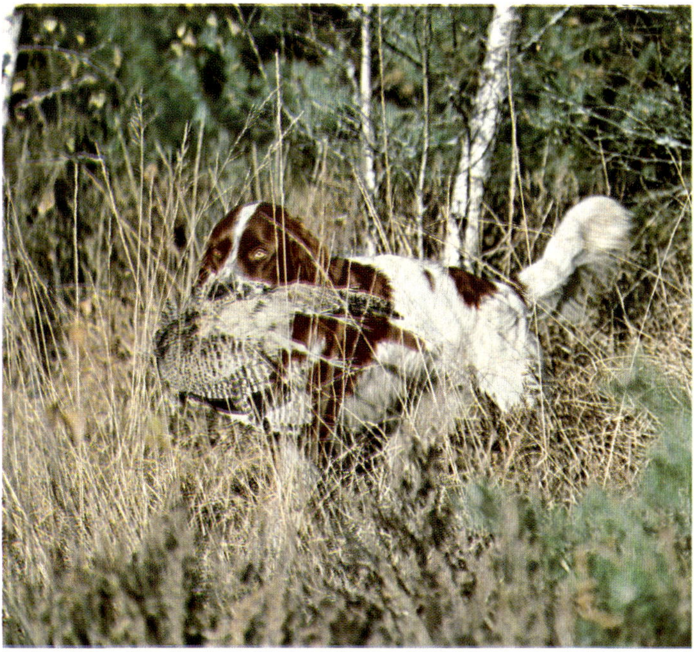

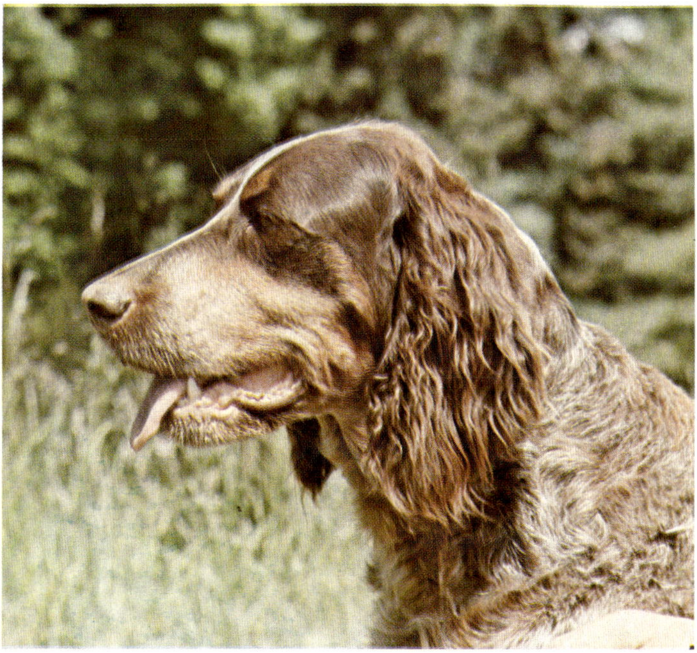

225   Epagneul de Pont-Audemer

Nationalität: Frankreich
Herkunft: Er ist aus Kreuzungen zwischen dem ausgestorbenen Epagneul Normand und dem Irish Water Spaniel
hervorgegangen und wurde hauptsächlich in Pont-Aude-
mer gezüchtet.
Beschreibung: Kräftiger Hund mit einer Schulterhöhe von
51 bis 58 cm; rundlicher Kopf mit Hinterhauptstachel;
braune, spitze Nase; leicht gewölbter Nasenrücken; kleine,
dunkelbernsteingelbe Augen mit sanftem Ausdruck; Ohren mit dichtem Kraushaar bedeckt, das ihn wie eine alte
Dame aussehen läßt; um ein Drittel gekürzte Rute, die
immer in Bewegung ist; reichliches, leicht rauhes und
glänzendes Haar. Farbe: kastanienbraun, bevorzugt mit
grauem Schimmer.
Wesen: Kräftiger Arbeitshund und sanfter Haushund.
Verwendung: Durch seine direkte Abstammung vom Irish
Water Spaniel und durch seinen Herkunftsort in der Nähe
des Audeflusses ist er zur Wasserarbeit geradezu prädesti-
niert. Er gilt aber auch als vielseitig verwendbarer Jagdhund für schwieriges Gelände. Sein sympathisches Aussehen und sein sanfter Blick haben ihn auch als Begleithund
beliebt gemacht. Trotzdem ist er fast nur in Südfrankreich
bekannt.

226   Griffon à Poil Laineux
Wollhaar-Griffon, Boulet

Nationalität: Frankreich
Herkunft: Wurde ab 1872 von Emmanuel Boulet durch
Kreuzungen zwischen Schäferhunden, Pudeln und alten
französischen Griffons erschaffen. Die ersten Exemplare
der neuen Rasse waren weiß, aber nach langem Experi-
mentieren gelang es Boulet schließlich, den von ihm ge-
wünschten herbstlaubfarbenen Ton zu erreichen.
Beschreibung: Schulterhöhe 55 bis 60 cm beim Rüden,
50 bis 55 cm bei der Hündin; langer und breiter, bärtiger
Fang; blonder oder brauner Nasenspiegel mit weit offenen
Nasenflügeln; gelbe Augen und buschige Brauen; gut behaarter Behang; breiter Brustkorb und robuste Kruppe;
gerade, gut getragene Rute; glattes oder gewelltes, aber nie
krauses Haar. Farbe: herbstlaubfarben mit oder ohne weiße Flecken (große weiße Flecken sind fehlerhaft).
Wesen: Aktiv, intelligent, fröhlich und sanft.
Verwendung: Besonders leistungsfähiger Vorsteh- und
Wasserhund mit guter Nase, der auch als Begleithund sehr
geschätzt wird.
Bemerkung: Ende des XIX. Jahrhunderts trug der französische Präsident Sadi Carnot öffentlich eine Weste, die aus
dem Haar des Wollhaar-Griffons gewoben war.

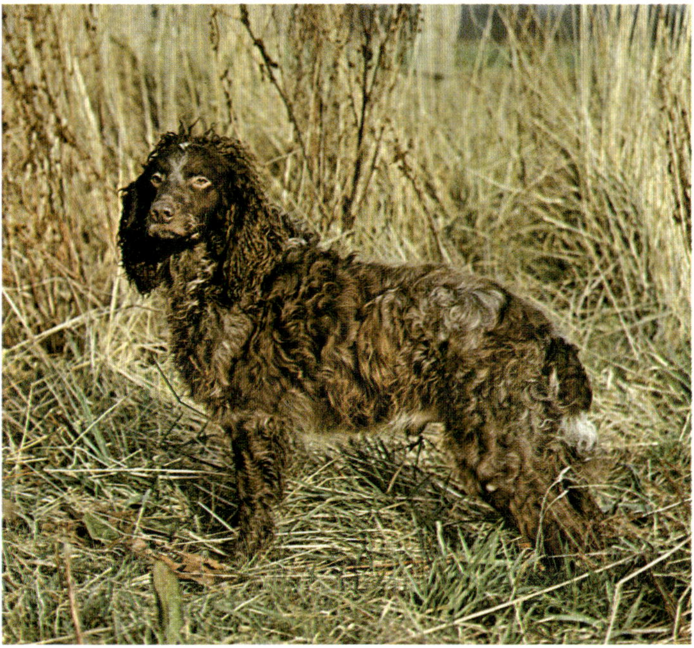

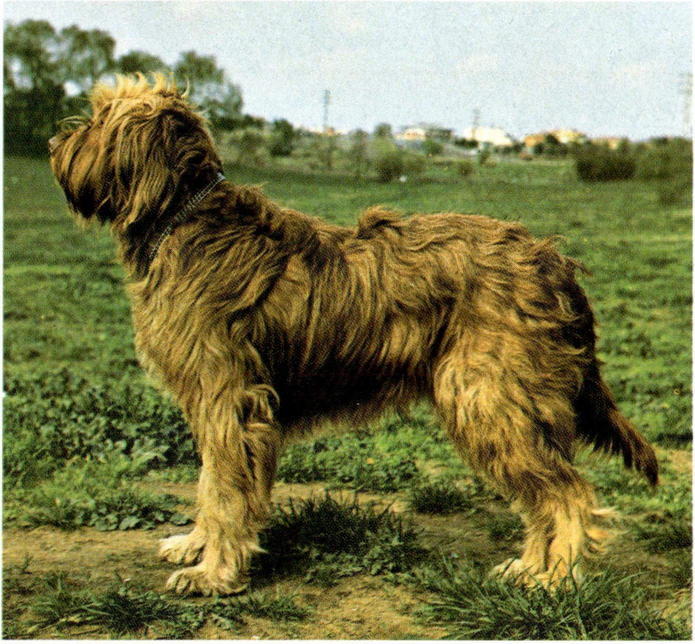

227 Korthals-Griffon
Rauhhaariger Griffon

Nationalität: Frankreich
Herkunft: Der holländische Kynologe Edward Karel Korthals hat diese Rasse 1870–1873 in Hessen durch Kreuzungen verschiedener französischer Jagd- und Wasserhunde gezüchtet.
Beschreibung: Schulterhöhe 55 bis 60 cm beim Rüden, 50 bis 55 cm bei der Hündin. Großer und langer, bärtiger Kopf mit starken Augenbrauen; große, hell- bis dunkelbraune Augen mit wachem und sanftem Ausdruck; Hängeohren; Hals ziemlich lang, ohne Wamme; kupierte, waagrecht getragene Rute; kräftige und muskulöse Läufe; Haare hart und rauh wie die eines Wildschweins, mit dichter Unterwolle. Farbe: stahlgrau mit braunen Flecken, oder weiß mit braun, oder weiß mit gelb.
Wesen: Lebhaft, intelligent, aktiv und anhänglich.
Verwendung: Er hat eine sehr feine Nase und ist ein leidenschaftlicher Jäger. Obschon ihn die Franzosen den «bon à tout faire», das heißt das «Mädchen für alles» nennen, eignet er sich ganz besonders für die Jagd auf Wachtel und Hase.

228 Grand Griffon Vendéen

Nationalität: Frankreich
Herkunft: Diese Rasse entstand schon vor langer Zeit in Frankreich, wo sie zu den ältesten Rassen gezählt wird. Ihre engere Heimat ist die Gegend der Vendée.
Beschreibung: Ausgewogener Körperbau, elegantes Gangwerk; Schulterhöhe 60 bis 65 cm; langgestreckter Kopf, großer, schwarzer Nasenspiegel; bärtige Lefzen; dunkle, große, lebhaft blickende Augen; weicher, ovaler Behang; solider, kurzer Rücken; gerade Lendenpartie; säbelförmig getragene Rute; starkknochige Läufe. Das Haarkleid besteht aus langem, struppigem Haar. Farbe: rehbraun, hasenfarben, weiß und orangenfarben, weiß und schwarz, weiß und hasenfarben, dreifarbig. Wollige Behaarung führt zur Disqualifikation an Ausstellungen.
Wesen: Energisch, klug und sympathisch.
Verwendung: Geborener Jagdhund: aktiv, passioniert, mit vorzüglichem Geruchssinn, mutig und in jedem Gelände einsetzbar. Er hat jedoch die Eigenschaft, sogleich in Schwung zu kommen, um schon nach einigen Stunden stark zu ermüden. Das Wild entweicht ihm dann, und der Jäger muß ihm eine Ruhepause gönnen. Aus diesem Grund wird er hauptsächlich von Jägern gebraucht, die nur halbtags jagen.

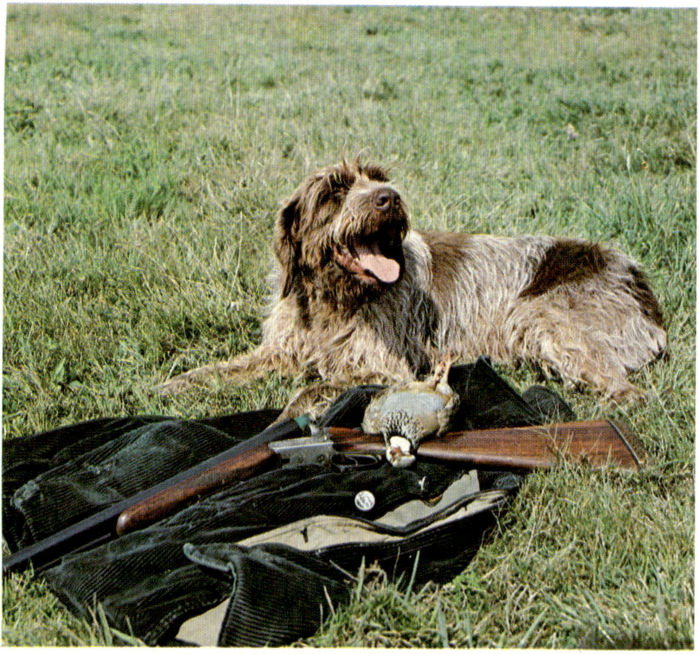

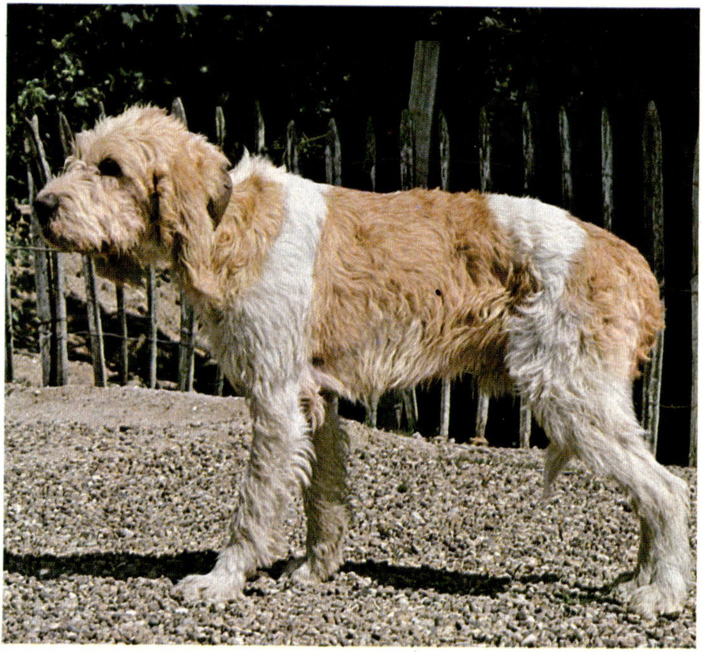

229 Chien d'Artois

Nationalität: Frankreich
Herkunft: Ist aus Kreuzungen zwischen Laufhunden und Bracken hervorgegangen und trägt den Namen der Provinz Artois, im nördlichen Frankreich, wo er hauptsächlich gezüchtet wurde.

Beschreibung: Mittelgroßer (Schulterhöhe 52 bis 58 cm), wohlgebauter und muskulöser Hund mit breitem Kopf, quadratischem Fang und schwarzem Nasenspiegel; dunkle, melancholisch blickende Augen; breiter, flacher Behang; langer, kräftiger Hals; lange, sichelförmig getragene Rute; Rücken, Schultern, Flanken und Oberschenkel sehr muskulös; kurzes, dichtes, hartes Haar. Farbe: dreifarbig, das heißt weiß, dunkelrehbraun und schwärzlich.
Wesen: Aktiv, intelligent und fröhlich.
Verwendung: Er besitzt die Wesenszüge der Bracken und der Laufhunde, von denen er abstammt, hat einen ausgeprägten Orientierungssinn, eine erstklassige Nase und eine große Spursicherheit. Er wurde einst besonders für die Rotwildjagd, heute aber mehr für die Jagd auf Hase und Wildkaninchen gebraucht. Er jagt auch in unwegsamem Gelände.

230 Gammel Dansk Honsehund

Nationalität: Dänemark
Herkunft: Autochthone Rasse.
Beschreibung: Schulterhöhe 52 bis 58 cm (Hündinnen 48 bis 54 cm). Kräftige Konstitution; breite und muskulöse Oberschenkel; elastischer Gang; ziemlich kurzer Kopf; gut entwickelter, leberfarbener Nasenspiegel; leicht hängende Lefzen; Scherengebiß; haselnußbraune, helle oder dunkle Augen; sehr langer, abgerundeter Behang; kräftiger, muskulöser Hals mit Wamme; breit angesetzte, sich allmählich verjüngende Rute; dichtes, kurzes, anliegendes Haar; Farbe: weiß mit hellen oder dunklen leberfarbenen Flecken.
Wesen: Die dänischen Züchter haben sich bemüht, einen zähen, ruhigen und anhänglichen Hund zu schaffen.
Verwendung: Vielseitig verwendbarer Jagdhund, der immer optimale Resultate aufweist. Trotzdem ist er außerhalb von Dänemark unbekannt geblieben.

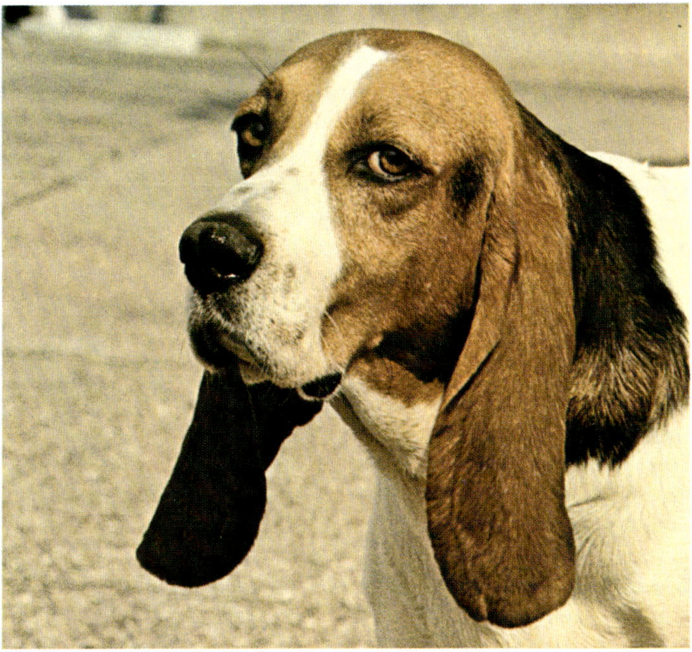

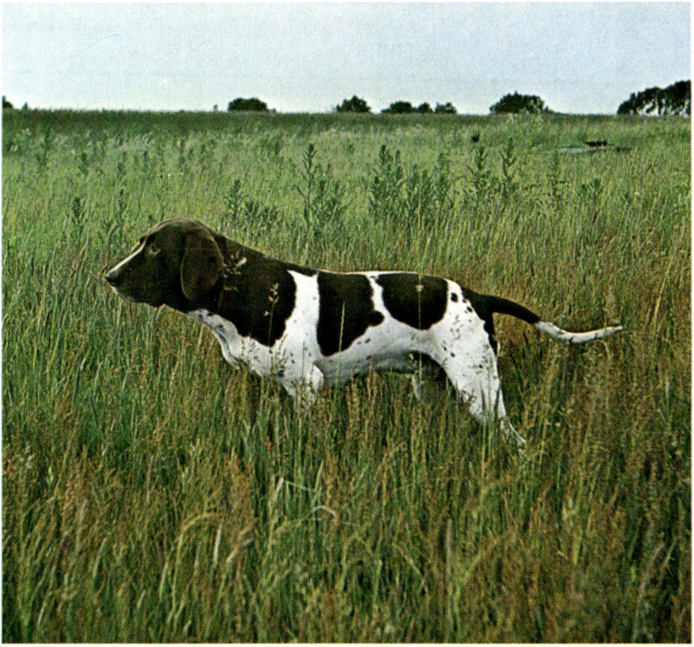

231 Wetterhond
Friesisches Lockenhaar

Nationalität: Holland
Herkunft: Antike, autochthone Rasse.
Beschreibung: Schulterhöhe 55 cm; trockener, kräftiger Kopf; Fang sich allmählich verjüngend, ohne jedoch spitz zu wirken; gerader Nasenrücken; gut geschlossene Lefzen; kräftiges Scherengebiß; mittelgroße, schräg eingesetzte braune Augen; löffelförmige Ohren mit gewellten Haaren; Rute spiralig gerollt. Der ganze Körper ist mit dichten Locken bedeckt (außer am Kopf); auf der Brust ist das Haar leicht fettig; Farbe: schwarz, braun-weiß und blau-weiß.
Wesen: Aktiv, mutig und aggressiv.
Verwendung: Einst wurde er mit Vorliebe zur Otterjagd verwendet; heute gilt er als vielseitiger Jagdhund. Durch sein starkes Temperament eignet er sich auch als Wachhund.

232 Stabyhond

Nationalität: Holland
Herkunft: Nicht ganz abgeklärt; wahrscheinlich autochthone Rasse.
Beschreibung: Langgestreckter Körperbau; Schulterhöhe maximal 50 cm; trockener Kopf, der sich gegen den (schwarzen) Nasenspiegel zu allmählich verjüngt; breiter, gerader Nasenrücken; kräftiges Gebiß; braune Augen (gelbe Augen gelten als schlimmer Fehler); Behang mit gut behaarter oberer Hälfte; lange, hängende Rute, die im Affekt höher getragen wird. Haar am Kopf kurz, auf dem Körper lang und glatt. Farbe: schwarzbunt, blaubunt, braunbunt und orangebunt.
Wesen: Sanft, ruhig, treu, offen, folgsam, intelligent und nicht bissig.
Verwendung: Einfacher, aufmerksamer und passionierter Vorstehhund für den Sonntagsjäger. Sein ausgezeichnetes Wesen hat ihn aber auch als Begleithund beliebt gemacht, und er versteht sich vorzüglich mit Kindern.

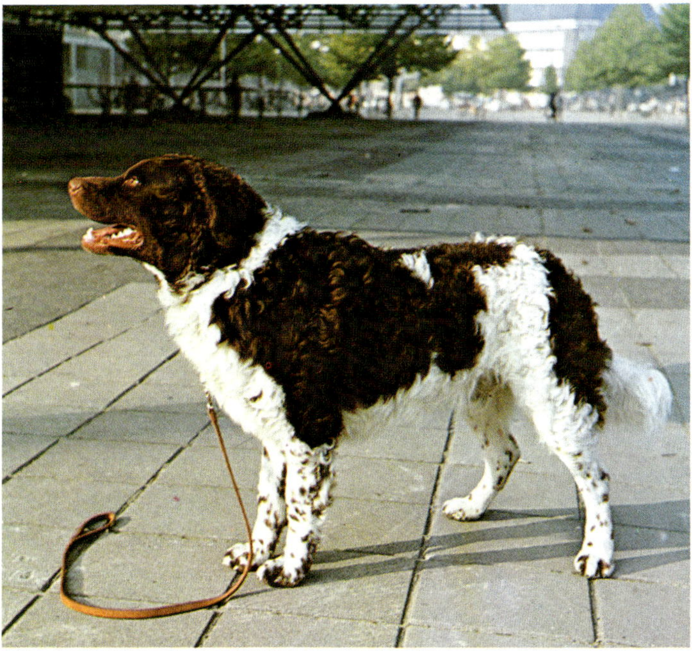

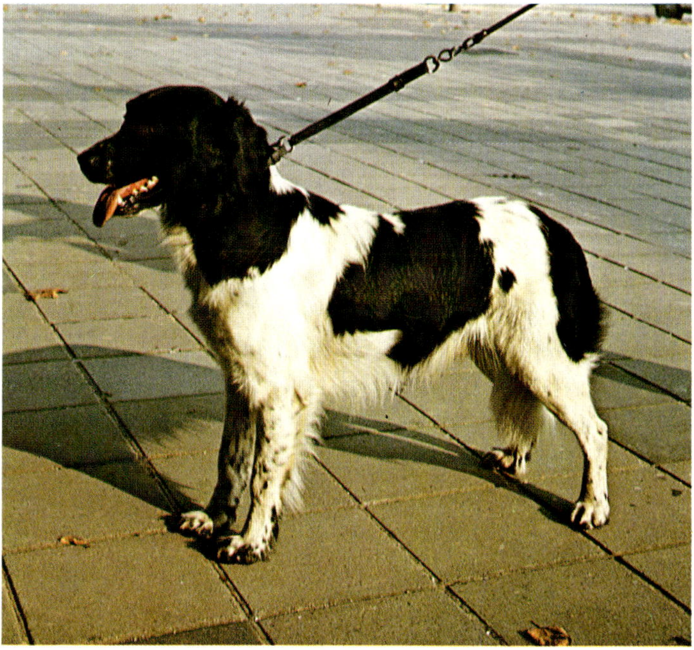

233 Spinone Italiano

Nationalität: Italien

Herkunft: Es heißt, es handle sich um einen direkten Abkömmling des rauhhaarigen Jagdgriffons. Er wurde im XVII. Jahrhundert im Piémont gezüchtet und emigrierte dann nach Frankreich, wo er zum Ahnherrn des französischen Griffons wurde. Aus dem XV. Jahrhundert stammt übrigens ein Bild des Malers Mantegna, auf dem ein dem Spinone sehr ähnlicher Hund abgebildet ist.

Beschreibung: Robuster und solider Hund mit starkem Knochenbau und kräftiger Muskulatur. Die im Standard vorgeschriebene Schulterhöhe beträgt 60 bis 70 cm beim Rüden und 58 bis 65 cm bei der Hündin. Das Gewicht des Rüden soll 32 bis 37 kg, das der Hündin 28 bis 32 kg betragen. Die Gesamtlänge des Kopfes muß 4/10 der Schulterhöhe betragen. Großer, fleischfarbener oder brauner Nasenspiegel (je nach Fellfarbe); kräftiger Fang, gut schließendes Scherengebiß; Augen dunkelgelb oder ockerfarben; dreieckiger Behang, der höchstens bis 5 cm unter die Kehle reichen darf. Schließlich müssen die Körperlänge und die Schulterhöhe gleich sein.

Der Name Spinone wird von «spino», Dorn, abgeleitet, weil das Haar dieser Rasse hart und stachlig, dicht und anliegend ist. Es ist etwas länger an den Brauen, auf der Brust und an den Lefzen, wo es einen charakteristischen Bart formt. Farbe: reinweiß, weiß mit orangefarbenen oder kastanienbraunen Flecken, oder ebenso getupft (Braunschimmel).

Wesen: Gesellig, geduldig, anhänglich, mutig. Er kann sowohl als Hof- wie als Haushund gehalten werden.

Verwendung: Im XVIII. Jahrhundert war er der Liebling des Volkes und des Adels, und bis zur Französischen Revolution wurde er für jeden Jagdzweck verwendet. Längere Zeit hörte man fast nichts mehr von ihm, bis Ende des XIX. Jahrhunderts seine Popularität wieder anstieg. Heute erfreut er sich großer Beliebtheit. Er ist außerordentlich robust und unermüdlich. Man schätzt sein ausgezeichnetes Vorstehen und seinen guten Geruchssinn. Er ist ein vorzüglicher Schwimmer, und sein fettiges und rauhhaariges Fell schützt ihn vor Kälte und Nässe. Für den modernen Jäger ist er der ideale Gefährte. Nach der Jagdzeit kann der Spinone sehr gut im Haus gehalten werden, denn er ist ruhig, sauber, freundlich und äußerst gutmütig. Niemand ist je von einem Spinone gebissen worden.

Fütterung: Er ist genügsam und bescheiden und stellt keine großen Ansprüche an sein Fressen. Doch während der Jagdzeit muß er täglich 350 g Fleisch, 250 g Flocken oder Reis und etwas Gemüse erhalten.

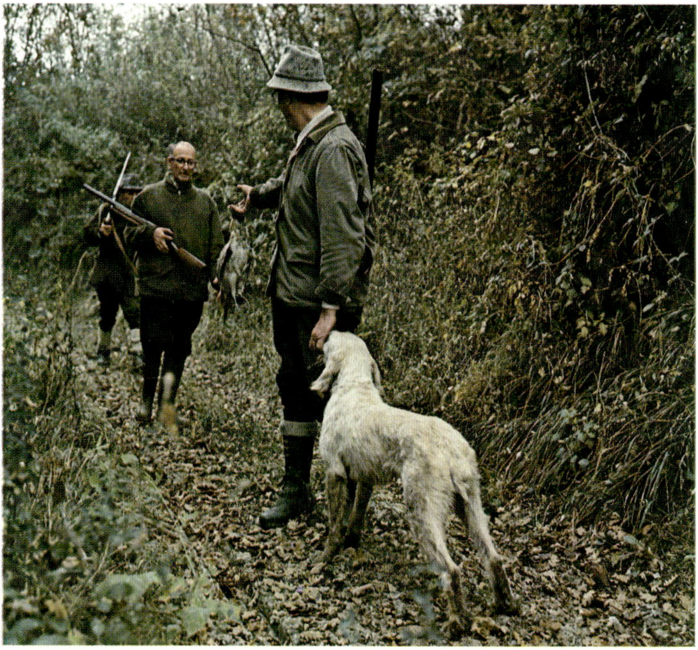

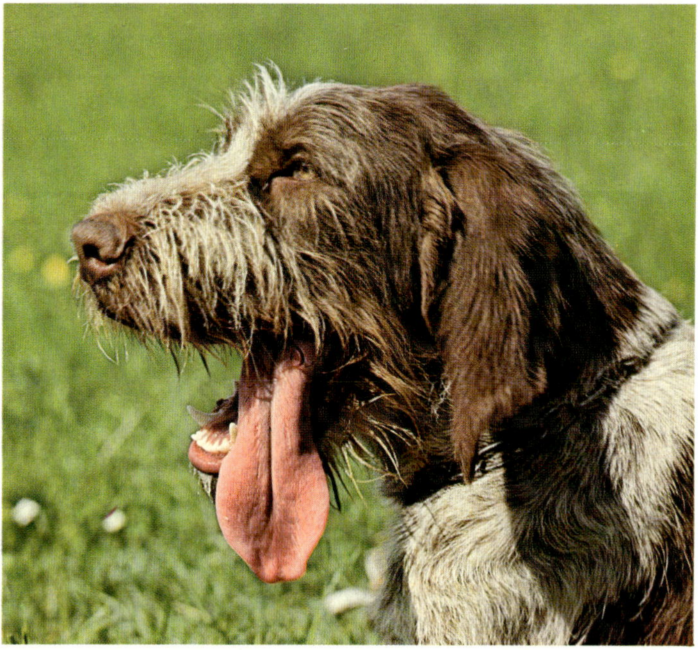

234 Italienische Bracke

Nationalität: Italien

Herkunft: Ältester Vorstehhund Europas. Xenophon, Plinius, Dante und Cellini haben diese Rasse gekannt und beschrieben. Richtig populär ist sie seit dem XVI. Jahrhundert, nachdem die Jagd mit Feuerwaffen eingeführt wurde.

Beschreibung: Ihr Aussehen ist harmonisch und kräftig, ihr Ausdruck ernst, ihr Gang weit ausgreifend und elastisch. Der Standard erwähnt eine Schulterhöhe von 55 bis 67 cm, bei einem Gewicht von 25 bis 40 kg; langgestreckter, eckiger Kopf mit etwas vorstehender Stirn und ausgeprägtem Jochbogen; großer, fleischfarbener oder brauner Schwamm; Lefzen leicht überfallend; gelbe oder ockerfarbene Augen, je nach Fellfarbe, mit gutmütigem Ausdruck; gut entwickelte und geschmeidig nach vorne eingerollte Ohren; Rute auf 15 bis 25 cm kupiert; kurzes, feines Haar; Farbe: reinweiß, weiß mit orangenfarbenen, bernsteingelben oder kastanienbraunen Flecken, weiß mit orangenfarbenen oder kastanienbraunen Tupfen. Eine zu ausgeprägte Wamme gilt als fehlerhaft.

Wesen: Nachdenklich, gefügig, folgsam, gelehrig und nicht allzu überschwenglich.

Verwendung: Ausgezeichneter Stöberhund mit sehr gutem Vorstehen und großer Bringfreude. Er eignet sich für alle Jagdzwecke und formt mit dem Jäger eine vorzügliche Einheit. Er ist ruhig und sauber und kann deswegen auch als Familienhund gehalten werden.

Fütterung: Während der Jagdzeit 400 g Fleisch pro Tag, mit Reis und gekochtem Gemüse.

---

235 Perdigueiro Portugués
Portugiesischer Hühnerhund

Nationalität: Portugal

Herkunft: Stammt von der Italienischen Bracke ab.

Beschreibung: Harmonisch aussehender, solider und schlanker Hund mit einer Schulterhöhe von 56 cm (52 cm bei der Hündin) und einem Gewicht von 20 bis 27 kg; großer, aber nicht knochiger Kopf; langer, gerader Nasenrücken; hängende Lefzen; sehr markanter Stop; kastanienbraune, ausdrucksvolle Augen; Behang ca. 15 cm lang und ca. 11 cm breit, fein und weich; Rute normalerweise um ein Drittel kupiert; Haar kurz, dicht und ziemlich rauh, regelmäßig, am Kopf und am Behang feiner; Farbe: gelb oder kastanienbraun, einfarbig oder gefleckt.

Wesen: Äußerst leidenschaftlicher Jagdhund; lebhaft, schlau und intelligent; verträgt sich nicht mit anderen Hunden.

Verwendung: Sein Vorstehen ist sehr plastisch und fast ein wenig theatralisch. Er eignet sich für alle Jagdzwecke. Die mangelnde Schnelligkeit kompensiert er durch Lautlosigkeit, Ausdauer, perfekte Zusammenarbeit mit dem Jäger, Unermüdlichkeit und ausgezeichneten Geruchssinn.

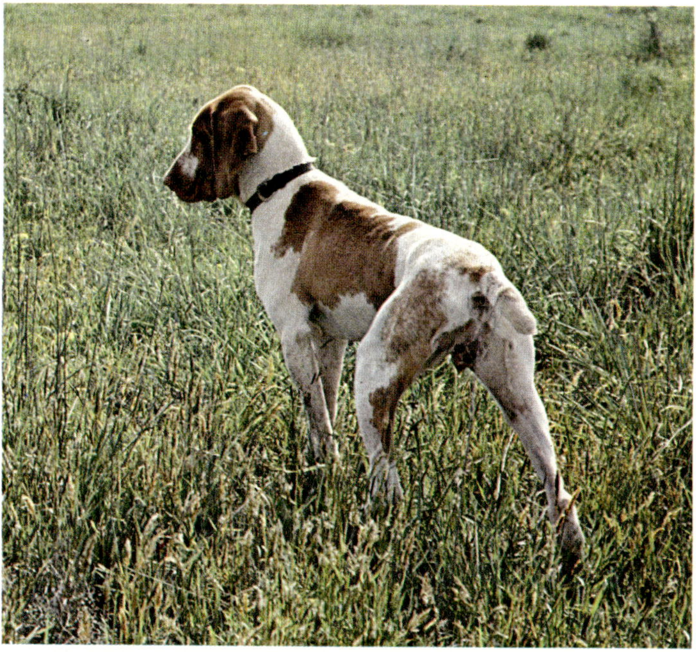

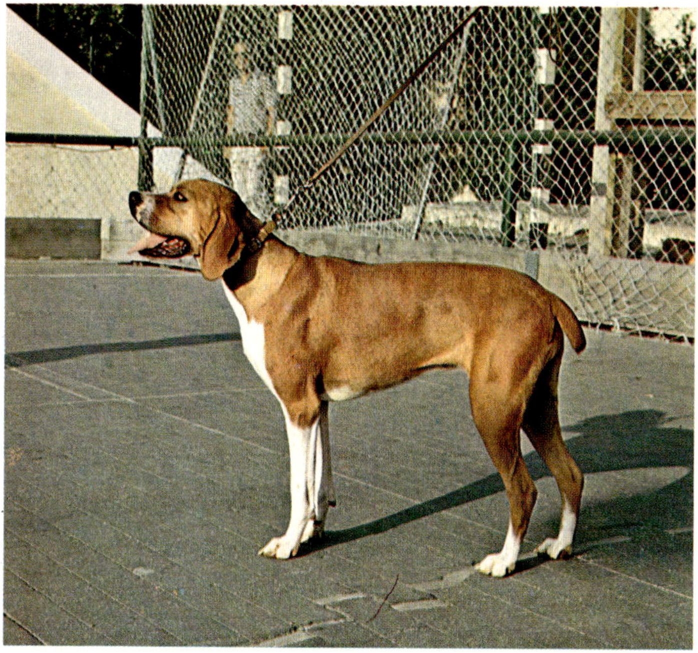

236 Český Fousek
Böhmisch-Rauhbart

Nationalität: Tschechoslowakei
Herkunft: Autochthone böhmische Rasse, die Mitte des XIX. Jahrhunderts und bis zum ersten Weltkrieg sehr populär war. Nach dem Krieg war der Bestand der Rasse sehr gefährdet und der Český Fousek wurde in den dreißiger Jahren mit Hilfe des Deutsch-Drahthaars wieder ergänzt.

Beschreibung: Edel aussehend, mit einer Schulterhöhe von 60 bis 66 cm (58 bis 62 cm bei der Hündin) und einem Gewicht von 28 bis 34 kg (22 bis 28 kg bei der Hündin); trockener, langgestreckter Kopf; leicht gewölbter Nasenrücken (Ramsnase); Nasenspiegel immer dunkelbraun; kräftiger Fang; starkes Scherengebiß; Augen dunkelbernstein- bis kastanienfarben mit gutmütigem Blick; breit angesetzter, zugespitzter Behang; um 3/5 kupierte Rute. Das Haarkleid besteht aus dichter, 1½ cm langer Unterwolle und rauhem, 3–4 cm langem Deckhaar, das auf der Brust, auf dem Rücken und in der Leistengegend seidig, glatt und 5 bis 7 cm lang ist. Farbe: schmutzig weiß mit oder ohne braune Flecken, braun einfarbig oder mit melierten Abzeichen.

Wesen: Aristokratisch, ungestüm und anhänglich.
Verwendung: Sehr schneller Stöberhund, der in jedem Gelände einsetzbar ist (auch im Wasser) und in jedem Klima unermüdlich arbeitet. Er befolgt alle Anweisungen des Jägers und wird für alle Jagdzwecke sehr geschätzt.

---

237 Drentse Partrijshond

Nationalität: Niederlande
Herkunft: Stammt wahrscheinlich von Bracken und Settern ab.
Beschreibung: Mittlere Schulterhöhe: 65 cm; geöffnete und gut entwickelte Nase; gerader Nasenrücken; keilförmiger Fang; kräftiges Gebiß; breiter, flacher Schädel; bernsteinfarbene, intelligent blickende Augen; leichter, ohne Falten anliegender, reichlich behaarter Behang; kurzer, kräftiger Hals ohne Wamme; tiefe Brust mit langen Rippen; die Rute wird nur im Affekt erhoben. Das Haar erscheint länger als es in Wirklichkeit ist, weil es auf der Brust und am Hals Fransen bildet; Farbe: weiß, mit braunen oder orangenfarbenen Platten oder Flecken.

Wesen: Folgsam und gefügig, scharfsinnig, überaus treu, leichtführig, instinktiv wohlerzogen.
Verwendung: Eignet sich für jeden Jagdzweck und in jedem Gelände. Man schätzt ganz besonders seinen guten Charakter, seinen ausgezeichneten Geruchssinn, seine lautlose Arbeitsweise. Trotz seiner hervorragenden Jagdeigenschaften ist er außerhalb der Niederlande praktisch unbekannt.

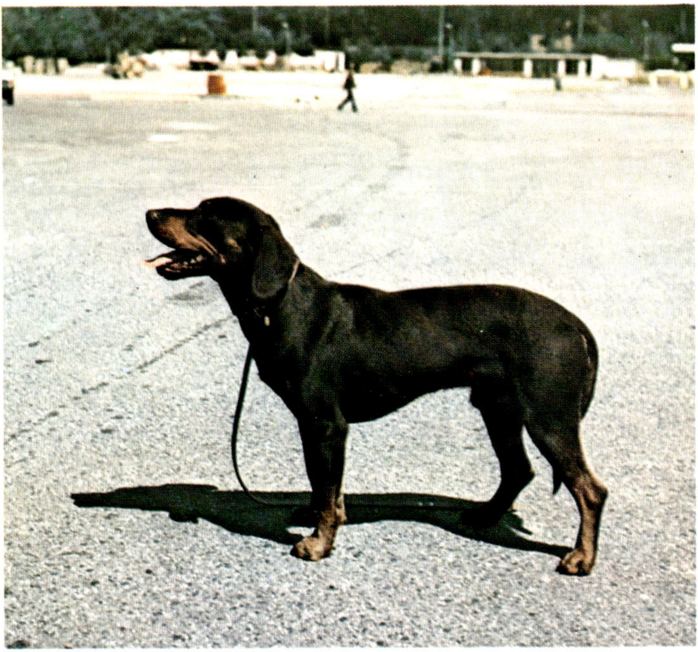

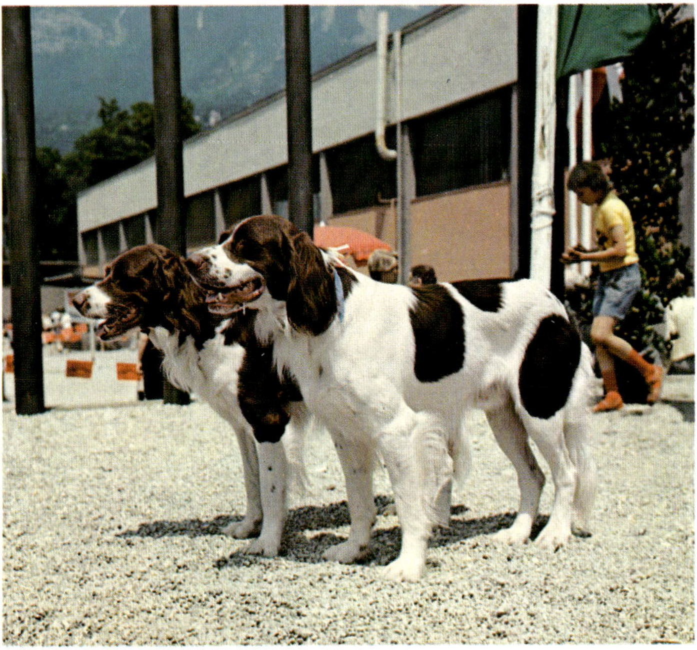

238 Pointer

Nationalität: Großbritannien

Herkunft: Nach der wahrscheinlichsten Theorie entstand der Pointer vor zweihundert Jahren aus Kreuzungen zwischen italienischen Bracken, Foxhounds, Bullterriers, Windhunden, Neufundländern, Settern und Bulldoggen. Es handelt sich um einen unglaublichen Cocktail, der jedoch ein optimales Produkt hervorgebracht hat. Der moderne Pointer hat sich seit ca. 80 Jahren nicht mehr verändert.

Beschreibung: Kraftvolle Gesamterscheinung mit langgestreckter Muskulatur; kräftiger und wendiger Hund. Die Schulterhöhe des Pointers beträgt 55 bis 62 cm (54 bis 60 cm bei der Hündin) bei einem Gewicht von 20 bis 30 kg. Sein wunderschöner Kopf zeigt viel Glut und Intelligenz. Von der Seite her gesehen verlängert der Schwamm den geraden Nasenrücken; die Oberlefzen sind groß, aber anliegend; perfekt schließendes Scherengebiß. Der Standard schreibt außerdem haselnuß- oder kastanienbraune Augen vor, je nach Fellfarbe; mittellanger, anliegender Behang; hoch angesetzte, sich allmählich verjüngende Rute; gerade und solide Vorderläufe; kräftige Hinterhand mit gut bemuskelten Oberschenkeln; kräftige, ovale Pfoten. Das Haarkleid besteht aus feinem, kurzem, glatt anliegendem und glänzendem Haar ohne jegliche Fransen. Die erlaubten Farben sind: weiß und zitronengelb, weiß und orangenfarben, weiß und leberfarben, weiß und schwarz, aber auch einfarbige und dreifarbige Tiere sind zulässig. Die Farbe des Nasenspiegels muß der dunkleren Farbe des Haarkleids angepaßt sein.

Wesen: Aristokratisch, geduldig mit Kindern, anhänglich, intelligent, sauber, mit viel Jagdeifer. Als Haushund ist er eher reserviert, brav und sehr anpassungsfähig. Bei verdächtigem Geräusch gibt er Laut, aber er ist kein eigentlicher Wachhund.

Verwendung: Sein Name kommt vom englischen «to point», hinweisen. Bei der Jagd zeigt er verstecktes Wild an, indem er einen Vorderlauf hebt und wie zur Statue erstarrt. Das Vorstehen des Pointers ist immer sehr spektakulär und von großer Schönheit. Der Pointer besitzt eine erstaunliche Ausdauer und eine vorzügliche Nase, ist folgsam. Er bevorzugt Federwild wie Schnepfe, Wachtel, Rebhuhn, Fasan, kann aber auch zur Nachsuche und zur Jagd z.B. auf Schalenwild gebraucht werden.

Fütterung: Während der Jagdzeit braucht der Pointer täglich 350 bis 400 g klein geschnittenes, rohes oder gesottenes Fleisch, dazu Reis, Gemüse und eventuell ein vom Tierarzt verschriebenes Vitaminpräparat. In der Ruhezeit muß die Ernährung etwas reduziert werden, um eine Verfettung des Hundes zu vermeiden.

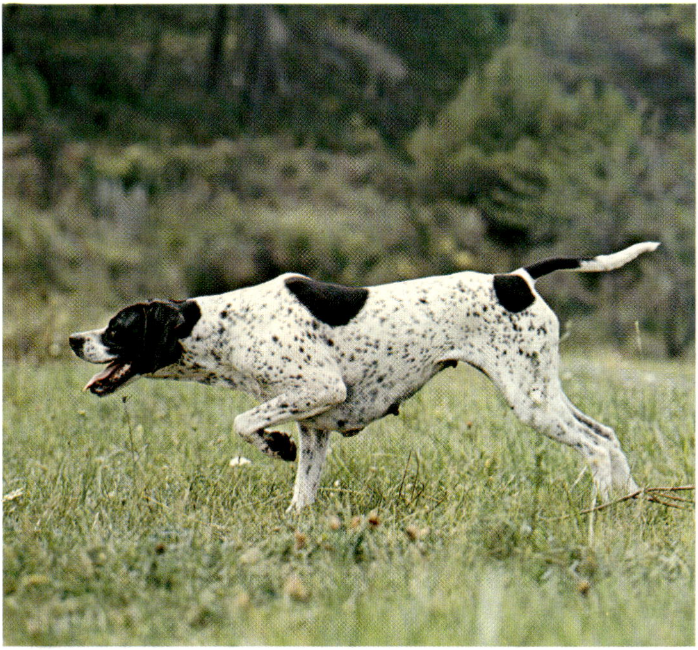

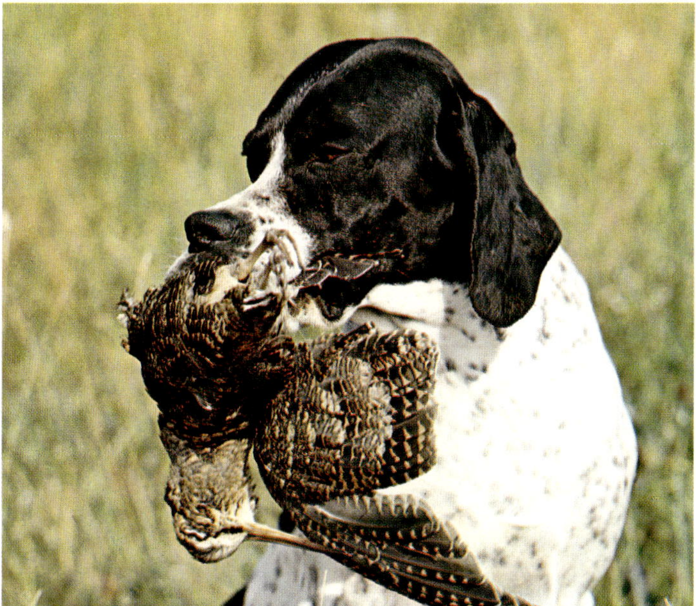

239 English Setter
Laverack Setter

Nationalität: Großbritannien

Herkunft: Die ersten, primitiven Setter entstanden in Frankreich, im XVI. Jahrhundert, aus Kreuzungen zwischen spanischen Perdigueros und französischen Pointers. Nach Großbritannien gekommen, begegnete die Rasse drei Jahrhunderte später ihrem eigentlichen Schöpfer, dem äußerst talentierten Züchter Edward Laverack. Dieser schuf den wunderschönen Hund mit dem vorzüglichen Wesen, den wir heute kennen.

Beschreibung: Starke und schlanke Allgemeinerscheinung; Schulterhöhe 56 bis 62 cm beim Rüden, 53 bis 58 cm bei der Hündin; langgestreckter Kopf mit markantem Stop; langer Fang, der die Hälfte der gesamten Kopflänge ausmacht; gut entwickelte, aber nicht hängende Lefzen; gut schließendes Scherengebiß; großer, breiter, schwarzer oder leberfarbener Schwamm; große, glänzende, haselnußbraune Augen mit sanftem Ausdruck; fein gefalteter Behang; leicht gebogene Fahnenrute. Das Haar muß glatt und seidenweich sein, nie kraus oder gelockt, am unteren Teil des Halses, am hinteren Teil der Läufe und an den Schenkeln lange Fransen formend. Die häufigsten Farbkombinationen beim English Setter sind schwarz und weiß, weiß und zitronengelb, weiß und orangefarben, weiß und kastanienbraun, dreifarbig (schwarz, weiß, lohfarben). Die Tupfen können mehr oder weniger zahlreich und die Flecken mehr oder weniger groß sein.

Wesen: Sanft, empfindsam, fröhlich, freundlich, mit prompten Reflexen, anhänglich, diszipliniert, aber überschwenglich. Bei gutem Einfühlungsvermögen und Geduld seines Meisters ist er gut abrichtbar.

Verwendung: Der Name Setter leitet sich von «sitting» ab, was auf das Finden der Beute hinweist. Der Setter nimmt dann eine unbewegliche, statuenhafte Stellung ein. Eine seiner hervorragendsten Eigenschaften ist sein ausgezeichneter Geruchssinn, der ihm ermöglicht, mehreren Stunden alten Fährten mit Leichtigkeit zu folgen. Außerdem ist der English Setter schnell, unermüdlich, bewegungsfreudig und kräftig. Er eignet sich für jedes Gelände, auch für sumpfige Gebiete und Gewässer, und ist wetterunempfindlich. Er eignet sich auch für jeden Jagdzweck und arbeitet besonders zuverlässig, wenn er Befehle nur von einem – von seinem – Herrn erhält.

Fütterung: Der Setter erfreut sich eines sehr guten Appetites und hat die Tendenz, schnell zu verfetten. Sein tägliches Futter sollte während der Jagdzeit aus 300 g Fleisch, 200 g Reis und etwas gekochtem Gemüse bestehen.

Bemerkung: Der English Setter zeigt sich im Haus und im Garten als wohlerzogener Hund. Er versucht jedoch gerne, über den Zaun zu entweichen oder ihn zu untergraben, um einige Stunden frei herumstreunen zu können.

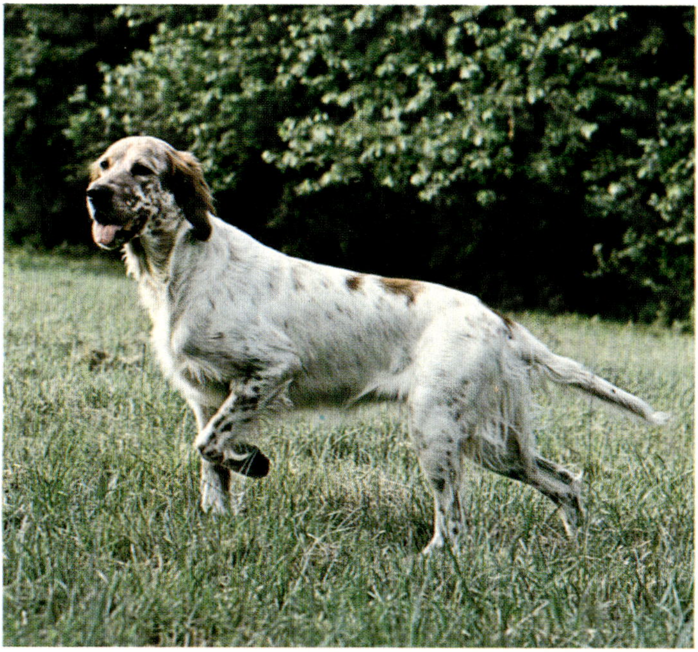

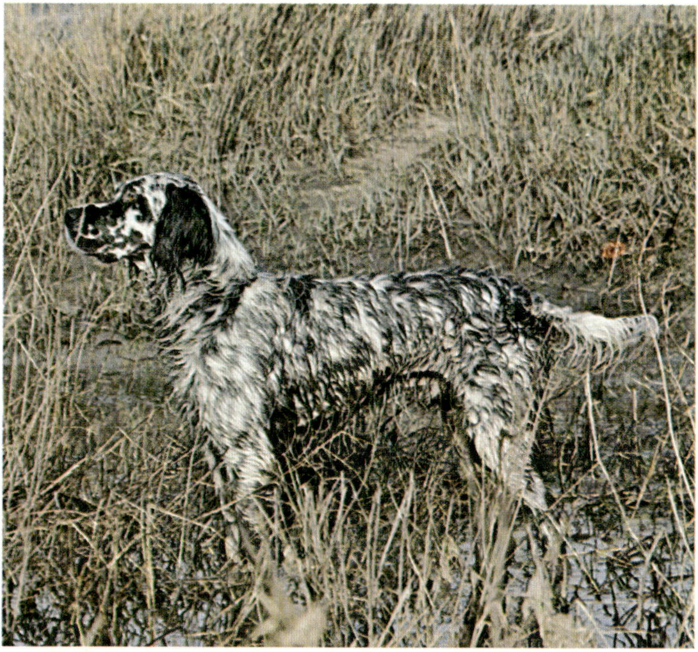

240 Irish Setter
Irish Red Setter

Nationalität: Irland

Herkunft: Es handelt sich um den wahrscheinlich ältesten der englischen und irischen Vorstehhunde, deren gemeinsamer Ahne u.a. die spanische Bracke ist.

Beschreibung: Beim Rüden beträgt die Schulterhöhe mindestens 54 cm und höchstens 62 cm, bei der Hündin 52 bis 60 cm. Der Rüde wiegt 18 bis 25 kg, die Hündin 15 bis 22 kg. Der Fang ist genau halb so lang wie der ganze Kopf. Der Nasenrücken ist gerade; schwarzer oder dunkler Schwamm; gut schließendes, kräftiges Gebiß; wenig markierter Stop; kastanien- oder dunkelhaselnußbraune Augen; dreieckige, feine Hängeohren; ziemlich flache Brust mit tiefem Brustkorb; die Fahnenrute wird waagerecht getragen. Das Haar ist lang, seidig, am Kopf kurz und fein; auch die Läufe und Pfoten müssen gut behaart sein. Farbe: einfarbig mahagonirot, goldig und glänzend, ohne jeglichen schwarzen Anflug.

Wesen: Energisch und sentimental, expansiv, unabhängig. Fremde mag er nicht besonders.

Verwendung: Er besitzt eine große Schnelligkeit, einen vorzüglichen Geruchssinn, eine große Widerstandskraft in jedem Gelände und in jedem Klima.

Bemerkung: Langlebige Rasse, die nicht selten 18 bis 20 Jahre alt wird.

---

241 Gordon Setter
Schottischer Setter

Nationalität: Großbritannien

Herkunft: Der schottische Herzog Alexander IV. von Richmond und Gordon begann um 1820 mit der Zucht dieser Rasse.

Beschreibung: Er unterscheidet sich vom englischen und vom irischen Setter durch seinen kräftigeren Körperbau, seinen massigeren Kopf, seine längeren Lefzen, seine Haarfarbe und sein seidiges und gewelltes Haar. Die Schulterhöhe beträgt 59 bis 64 cm bei Rüden, 56 bis 61 cm bei der Hündin. Der Oberkopf ist leicht gerundet; gerader Nasenrücken mit ausgeprägtem Stop; schwarze, offene Nase; kräftige Kiefer und schwarzer Gaumen; braune, lebhafte, intelligent blickende Augen; leicht zugespitzter, flacher Behang; gerade oder sichelförmige Fahne. Farbe: tiefschwarz mit mahagoniroten Abzeichen; ein kleiner weißer Brustfleck ist erlaubt.

Wesen: Intelligent, fleißig, hilfsbereit, liebenswürdig; angenehmer Kamerad.

Verwendung: Obschon er weniger wendig und weniger schnell als seine englischen und irischen Vettern ist, gilt er trotzdem als einer der zuverlässigsten und intelligentesten Vorstehhunde. Er besitzt einen ausgezeichneten Geruchssinn und eine große Bringfreude. Eine andere angenehme Eigenschaft ist seine allgemein gute Gesundheit. Er eignet sich auch als Wachhund und als Familienhund.

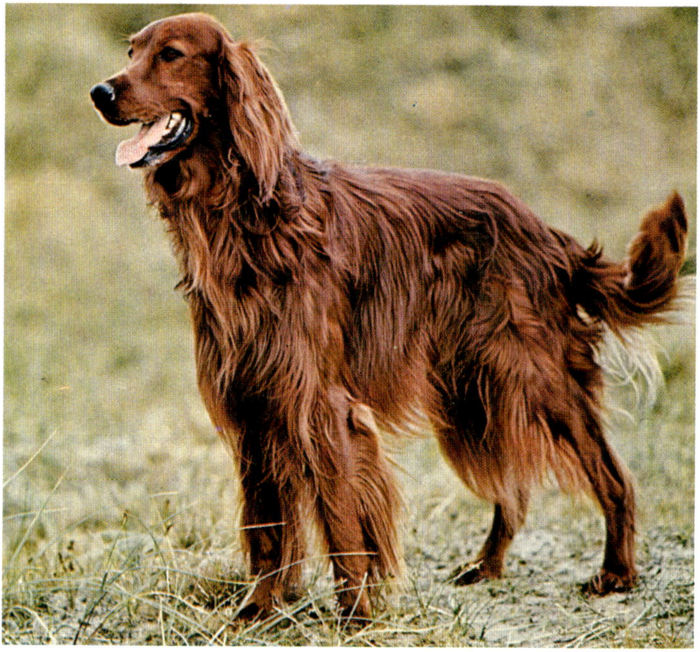

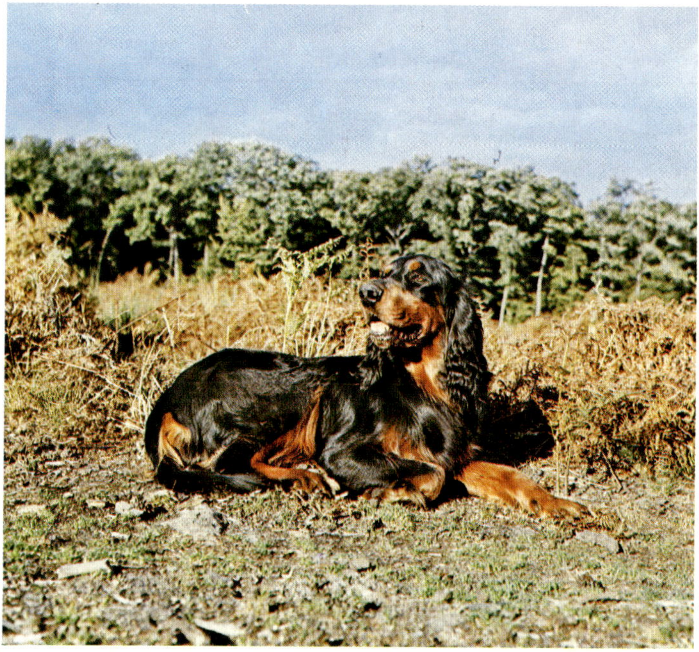

242 Braque du Bourbonnais

Bourbonnaiser Bracke

Nationalität: Frankreich

Herkunft: Französischer Hund aus der Provinz Bourbonnais, der vornehmlich aus Kreuzungen zwischen der Brakke und dem Pointer hervorgegangen ist.

Beschreibung: Charakteristisch für diese Rasse ist, daß sie ohne Rute oder mit einer maximal 8 cm langen Rute zur Welt kommt. Die Schulterhöhe beträgt durchschnittlich 55 cm; Kopf und Fang sind langgestreckt; der Nasenrücken ist gerade, der Schwamm braun; leicht hängende Lefzen; dunkelbernsteinfarbene Augen mit gutmütigem Ausdruck; leicht gefalteter Behang; kurzer und muskulöser Hals mit leichter Wamme; tiefer Brustkasten; gewölbte Rückenlinie; gerade Vorderläufe; gut bemuskelte Hinterhand; kurzes, hartes Haar; Grundfarbe weiß oder hellkastanienbraun mit unzähligen dunkleren Punkten.

Wesen: Ruhig, sanft und anhänglich.

Verwendung: Sie eignet sich für jeden Jagdzweck. Geschätzt wird sie ganz besonders für ihre gute Nase, ihr beeindruckendes Vorstehen sowie ihre große Anpassungsfähigkeit an jedes Gelände. Trotzdem sind nur sehr wenige Exemplare außerhalb Frankreichs anzutreffen.

---

243 Braque Dupuy

Dupuy-Bracke

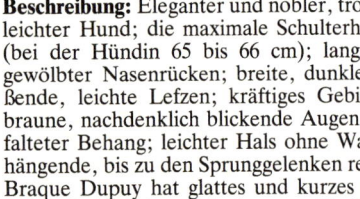

Nationalität: Frankreich

Herkunft: Die Rasse ist seit Ende des XVIII. Jahrhunderts bekannt. Während der Französischen Revolution wurde sie von einem Jagdaufseher namens Dupuy vom Aussterben gerettet. Wahrscheinlich ist sie aus Kreuzungen zwischen französischen Bracken und Hasenmeutehunden hervorgegangen.

Beschreibung: Eleganter und nobler, trocken gebauter und leichter Hund; die maximale Schulterhöhe beträgt 68 cm (bei der Hündin 65 bis 66 cm); langer, gerader Kopf; gewölbter Nasenrücken; breite, dunkle Nase; gut schließende, leichte Lefzen; kräftiges Gebiß; goldgelbe oder braune, nachdenklich blickende Augen; langer, schön gefalteter Behang; leichter Hals ohne Wamme; mittelgroße hängende, bis zu den Sprunggelenken reichende Rute. Die Braque Dupuy hat glattes und kurzes Haar; Grundfarbe weiß mit dunkelkastanienbraunen Flecken oder kastanienbrauner Marmorierung.

Wesen: Lebhaft, intelligent und vornehm.

Verwendung: Sie besitzt einen ausgezeichneten Geruchssinn und eine große Schnelligkeit, eignet sich für jeden Jagdzweck, wird aber besonders in weitläufigem, flachem Gelände eingesetzt.

Bemerkung: Es existieren nur noch sehr wenige Exemplare von dieser Rasse, die vom Aussterben bedroht ist.

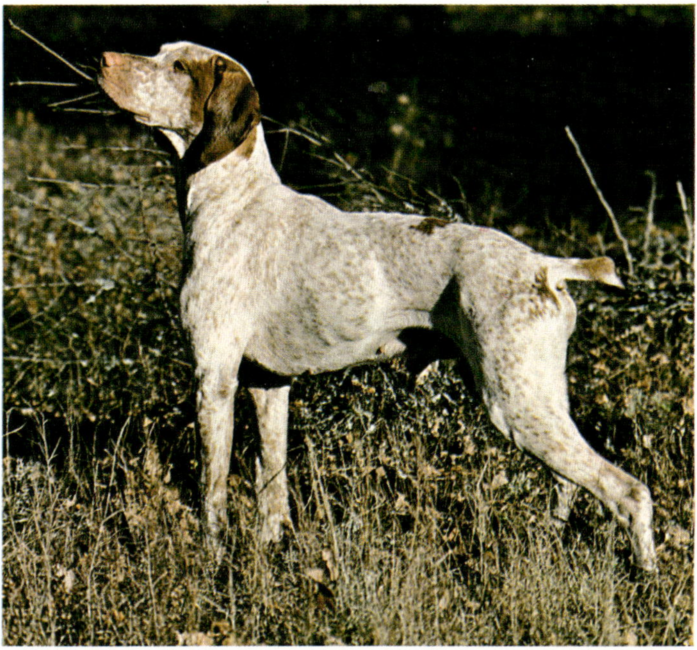

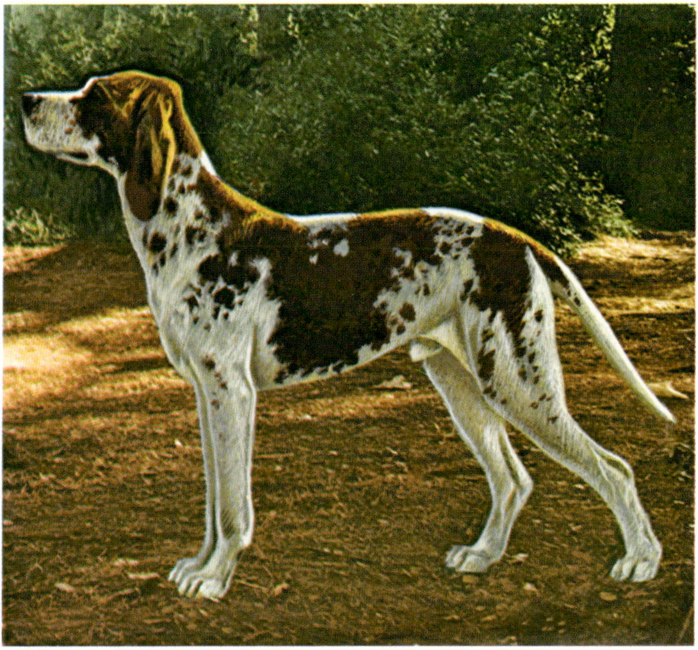

244 Braque Saint-Germain
Saint-Germain-Bracke

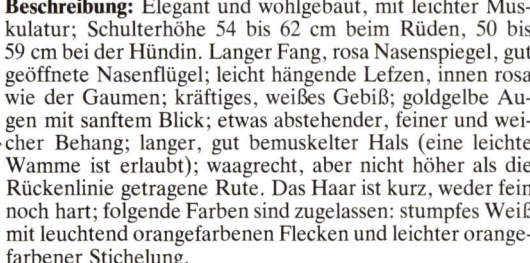

Nationalität: Frankreich
Herkunft: Sie entstand Mitte des XIX. Jahrhunderts aus Kreuzungen zwischen einer männlichen französischen Bracke und einer gelbgefleckten Pointer-Hündin.
Beschreibung: Elegant und wohlgebaut, mit leichter Muskulatur; Schulterhöhe 54 bis 62 cm beim Rüden, 50 bis 59 cm bei der Hündin. Langer Fang, rosa Nasenspiegel, gut geöffnete Nasenflügel; leicht hängende Lefzen, innen rosa wie der Gaumen; kräftiges, weißes Gebiß; goldgelbe Augen mit sanftem Blick; etwas abstehender, feiner und weicher Behang; langer, gut bemuskelter Hals (eine leichte Wamme ist erlaubt); waagrecht, aber nicht höher als die Rückenlinie getragene Rute. Das Haar ist kurz, weder fein noch hart; folgende Farben sind zugelassen: stumpfes Weiß mit leuchtend orangefarbenen Flecken und leichter orangefarbener Stichelung.
Wesen: Sanft, intelligent, anhänglich, eigensinnig.
Verwendung: Wird besonders für die Jagd auf Fasan und Kaninchen gebraucht. Im Gebüsch zeichnet sie sich durch ihre Schnelligkeit und aufmerksame Sucharbeit aus. Die Rasse ist nicht sehr bekannt und bleibt einigen Kennern vorbehalten.

245 Deutsch-Stichelhaar

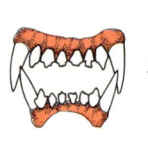

Nationalität: Deutschland
Herkunft: Im frühen XX. Jahrhundert in Frankfurt am Main durch Kreuzungen zwischen nicht näher bezeichneten rauhhaarigen Vorstehhunden und alten deutschen Hirtenhunden entstanden.
Beschreibung: Robuster, aber nicht schwerfälliger Hund mit einer Schulterhöhe von 60 bis 66 cm; leicht gebogener Oberkopf; langer, breiter und gerader Nasenrücken mit weit offener Nase; ziemlich quadratischer Fang; nicht sehr ausgeprägter Stop; ovale, kastanienbraune (nie gelbe) Augen mit starken Augenbrauen; anliegender Behang, der ohne Drehung herabfällt; mittellange, manchmal kupierte Rute. Das Haar ist ca. 4 cm lang und seidig. Farbe: kastanienbraun und weiß gemischt, oder mit größeren kastanienbraunen Flecken.
Wesen: Hart und unbeugsam, aggressiv gegen Unbekannte und von großer Schärfe. Anerkennt nur einen einzigen Meister.
Verwendung: Die Rasse eignet sich für jeden Jagdzweck und in jedem Gelände, ist jedoch nie populär geworden.

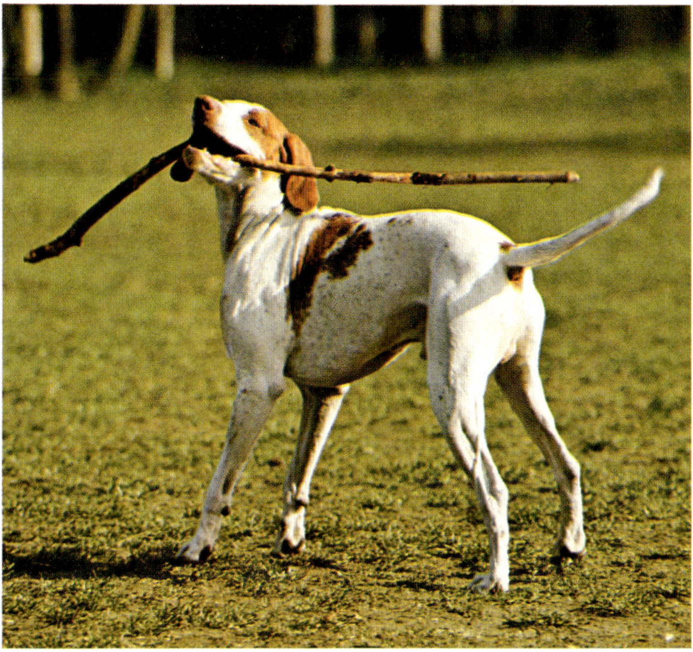

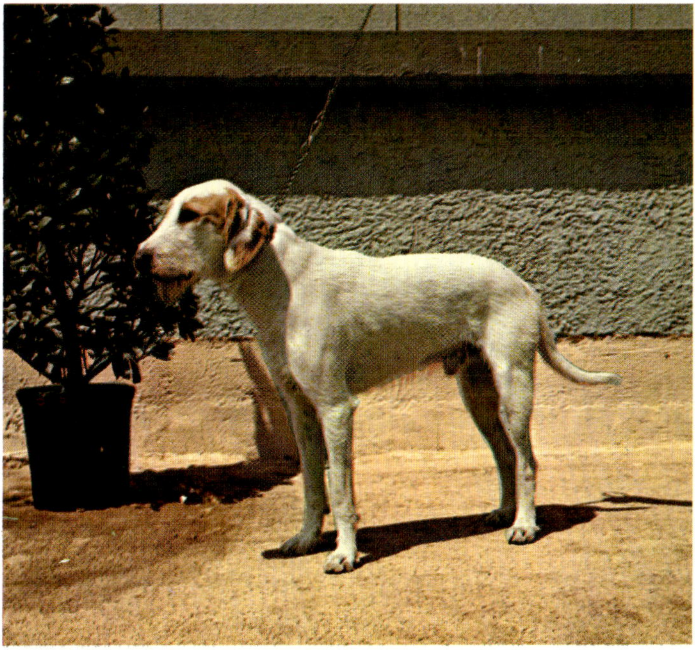

246 Pudelpointer

Nationalität: Deutschland
Herkunft: Entstand Ende des XIX. Jahrhunderts aus Kreuzungen zwischen dem französischen Großpudel und dem englischen Pointer. Von beiden Rassen hat der Pudelpointer die besten charakterlichen und jagdlichen Eigenschaften geerbt.
Beschreibung: Er gleicht einem schweren Pointer; seine Schulterhöhe beträgt 60 bis 65 cm. Mittellanger Kopf mit dichten Brauen und bärtigem Fang; rundliche, lebhafte, gelbe oder gelbbraune Augen; flacher, anliegender und dicht behaarter Behang; trockener und muskulöser, im Nacken gebogener Hals; waagrechte Rute mit harter Behaarung. Das gesamte Haarkleid ist hart, rauh, dicht und struppig. Farbe: kastanienbraun oder herbstlaubfarben.

Wesen: Lebhaft, voll Enthusiasmus, energisch, anhänglich, intelligent, folgsam und treu.
Verwendung: Vielseitiger Hund, ein richtiges «Mädchen für alles»: Laufhund und Retriever, überall und bei jeder Temperatur einsetzbar; seine Spezialität ist die Jagd auf Rebhuhn, Wildkaninchen, Fuchs und Sumpfvögel. Seine Leidenschaft für die Wasserarbeit hat er vom Pudel geerbt.

247 Curly-Coated Retriever

Nationalität: Großbritannien
Herkunft: Entstand im XIX. Jahrhundert aus Kreuzungen zwischen dem Irish Water Spaniel, dem Labrador Retriever und dem Pudel.
Beschreibung: Wendiger, eleganter, widerstandsfähiger Hund mit einer Schulterhöhe von ca. 66 cm und einem Gewicht von ca. 31,5 bis 36,2 kg. Wohlproportionierter Schädel; schwarze, weit offene Nase; nicht zugespitzter Fang; kräftiges Gebiß. Die Augen sind groß, schwarz oder braun; kleine, anliegende Ohren, die mit dichten Locken bedeckt sind; muskulöse Läufe; das Haarkleid besteht aus reich gelocktem Haar, das den ganzen Körper bedeckt. Farbe: schwarz oder leberfarben.

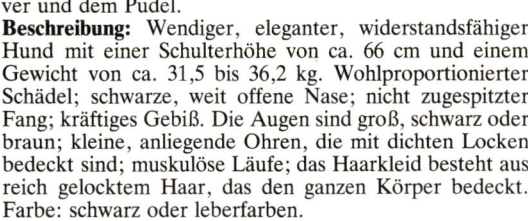

Wesen: Anhänglich, treu und gelehrig.
Verwendung: Sein englischer Name Retriever (to retrieve = zurückbringen) zeigt, daß es sich um einen Apportierhund handelt, der abgeschossenes Wild sucht und dem Jäger bringt. Der Curly Coated Retriever hat die Eigenschaft, das tote oder verletzte Wild mit sehr leichtem Biß zu tragen. Er ist äußerst zuverlässig in schwierigstem Gelände, auch im Sumpf und im Wasser (guter Schwimmer). Sein dichtes Haarkleid schützt ihn vor Feuchtigkeit und Dornen.

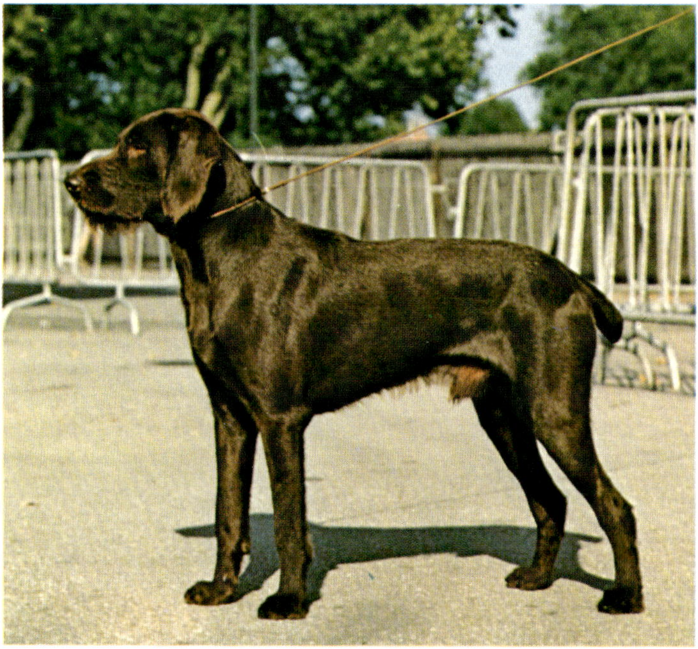

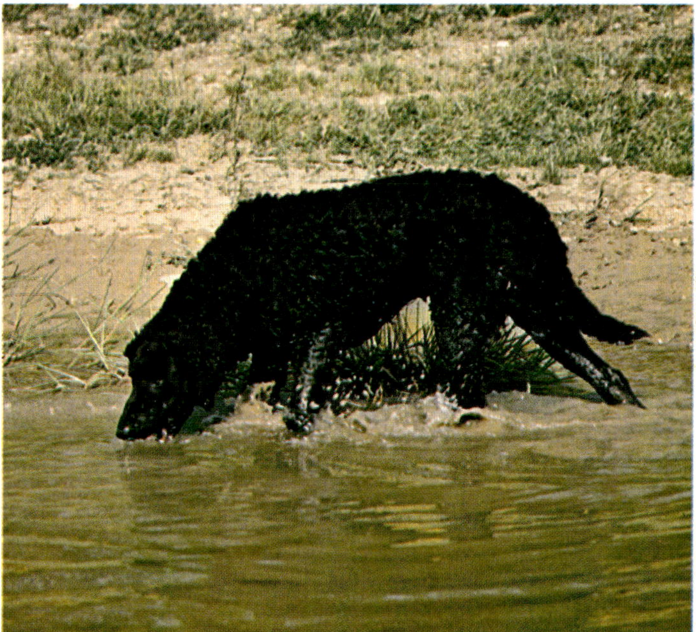

248   Flat Coated Retriever

Nationalität: Großbritannien

Herkunft: Die Rasse wurde im XIX. Jahrhundert durch Kreuzung von Labrador, Irish Setter, Curly-Coated Retriever und wahrscheinlich Neufundländer geschaffen.

Beschreibung: Schulterhöhe 56 bis 61 cm; Kopf lang und gut geformt; kräftige Kiefer; kastanienbraune oder dunkelbraune Augen mit intelligentem Ausdruck; kleine, am Kopf anliegende Behänge; breiter, tiefer Brustkorb; kurzer, quadratischer Rücken; schräg aufwärts getragene Rute; Vorderläufe gradlinig, Hinterläufe muskulös; Pfoten rund und kräftig; Haarkleid dicht, fein und glatt; Farben: schwarz oder leberfarben.

Wesen: Gehorsam, gut erziehbar, intelligent, liebenswürdig, geduldig mit Kindern.

Verwendung: Als großartiger Spürhund ist er für Kenner ideal. Er wird vor allem als Retriever verwendet und bewährt sich auch in Wald und Gebüsch. Da er ausgezeichnet schwimmt, eignet er sich auch zur Jagd in sumpfigem Gebiet und am Wasser.

---

249   Golden Retriever

Nationalität: Großbritannien

Herkunft: Er soll aus dem Bloodhound und aus nicht mit Sicherheit bekannten Hunden hervorgegangen sein, die ein goldenes Fell besaßen und einem russischen Zirkus gehörten, der sich Mitte des XIX. Jahrhunderts in England aufgehalten haben soll.

Beschreibung: Die Schulterhöhe beträgt beim Rüden 56 bis 61 cm, bei der Hündin 51 bis 56 cm, das Gewicht 29,5 bis 31,7 kg, respektive 25 bis 27,2 kg. Breiter, kräftiger Fang; Scherengebiß; deutlicher Stop; dunkle Augen mit freundlichem Blick; mittelgroßer Behang; muskulöser Hals; kurze Lendenpartie und tiefe Brust; lange, nie gerollte Rute; gut bemuskelte und starkknochige Gliedmaßen. Das Haarkleid besteht aus glattem oder leicht gewelltem Deckhaar mit Fransen und wasserdichter Unterwolle. Farbe: alle Goldtöne oder weizenblond. Rötliche Töne sind fehlerhaft.

Wesen: Aktiv, sanft, wohlerzogen, anhänglich und sympathisch.

Verwendung: Als solider und kräftiger Hund mit ausgezeichneter Nase eignet er sich als Stöber- und Apportierhund auf Federwild, aber auch als Wasserhund. Seine große Schönheit und sein angenehmes Wesen haben ihn auch als Begleit- und Familienhund sehr beliebt gemacht.

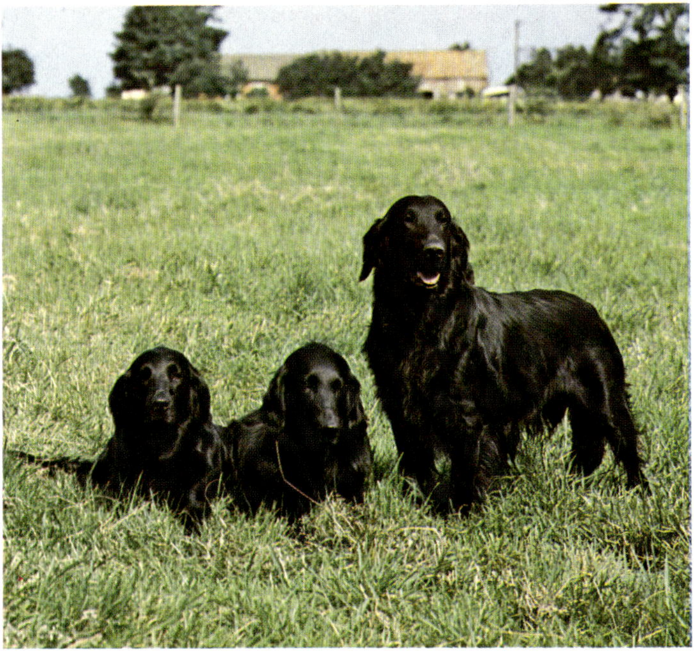

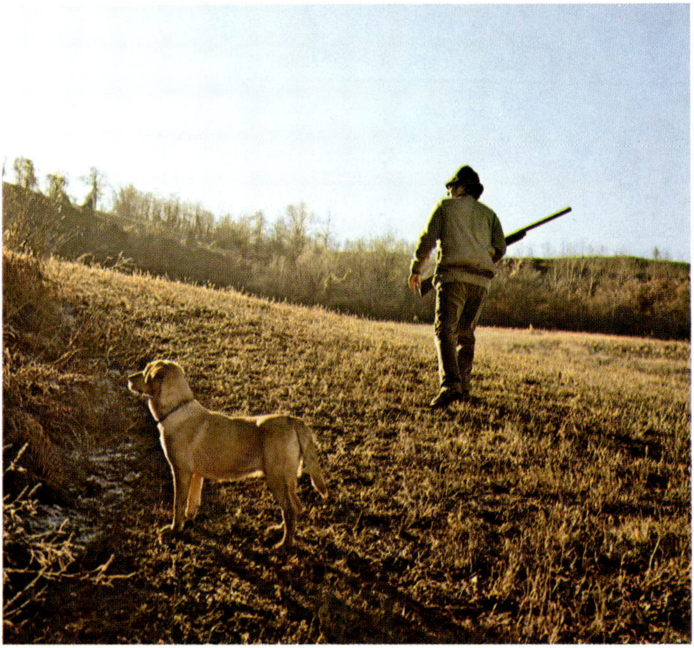

250 Labrador Retriever

Nationalität: Großbritannien

Herkunft: Autochthone Rasse Neufundlands, die im XIX. Jahrhundert durch englische Seeleute aus Labrador nach England gebracht wurde.

Beschreibung: Kurzer und kräftiger Körperbau; Schulterhöhe 55 bis 62 cm beim Rüden, 54 bis 60 cm bei der Hündin. Breiter Oberkopf; breite Nase; Scherengebiß; deutlicher Stop; kastanienbraune oder haselnußbraune, intelligent blickende Augen; anliegender Behang; kräftiger Hals; die Rute ist mittellang und vollständig mit dichtem, kurzem Haar (Otterschwanz) bedeckt; starkknochige Gliedmaßen; hartes und dichtes, nicht gewelltes Deckhaar mit wasserabstoßender Unterwolle. Farbe: schwarz, leberfarben, gelb, immer einfarbig. In jedem schwarzen Wurf können gelbe Welpen vorkommen.

Wesen: Lebhaft, anhänglich und sympathisch.

Verwendung: Er besitzt einen außergewöhnlich guten Geruchssinn, und seine Zusammenarbeit mit seinem Herrn ist bemerkenswert. Er ist ein ausgezeichneter Apportierhund in Salz- und Süßwasser. Während Jahrhunderten half er den Fischern, ihre Netze einzuziehen. Gesunder, widerstandsfähiger und vollblütiger Hund.

---

251 Chesapeake Bay Retriever

Nationalität: USA

Herkunft: Im Winter 1807 strandete ein englisches Schiff mit zwei Neufundländer Hunden an der Küste des Staates Maryland. Die beiden Hunde wurden von einer hundefreundlichen Familie aufgenommen und später mit lokalen Retrievern gekreuzt. Die neu entstandene Rasse jagte erstmals in der Chesapeake Bay, und die Hunde erwiesen sich als vorzügliche Apportierer.

Beschreibung: Die Schulterhöhe der Rüden liegt zwischen 58 und 66 cm, diejenige der Hündinnen zwischen 53 und 61 cm. Gewicht 29 bis 34 kg, respektive 25 bis 29 kg. Breiter, gewölbter Kopf; kurzer, zugespitzter Fang; anliegende Lefzen; gelbliche Augen; kurzer Behang; sehr muskulöser Hals; kräftige, tiefe und breite Brust; mittellange Rute (30 bis 37,5 cm). Das Haarkleid besteht aus kurzem, dichtem Deckhaar mit feiner Unterwolle. Gestattet sind alle Farbtöne von dunkel- bis hellbraun, auch gelblichherbstlaubfarben.

Wesen: Fröhlich, lebhaft, eifriger Jäger, leicht abrichtbar, anhänglich und mutig.

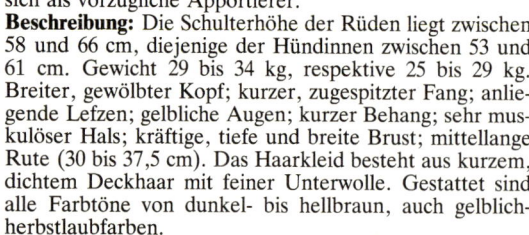

Verwendung: Diese Rasse liebt das Wasser über alles und wird bei jeder Witterung, auch in eiskaltem Wasser und bei hohem Seegang, als Wasserhund eingesetzt. Außerdem wird der Chesapeake Bay Retriever auch im Gestrüpp und im Schilf gebraucht. Sein talgiges, dichtes Fell wird nur oberflächlich naß und die wenigen anhaftenden Wassertropfen werden ganz einfach abgeschüttelt.

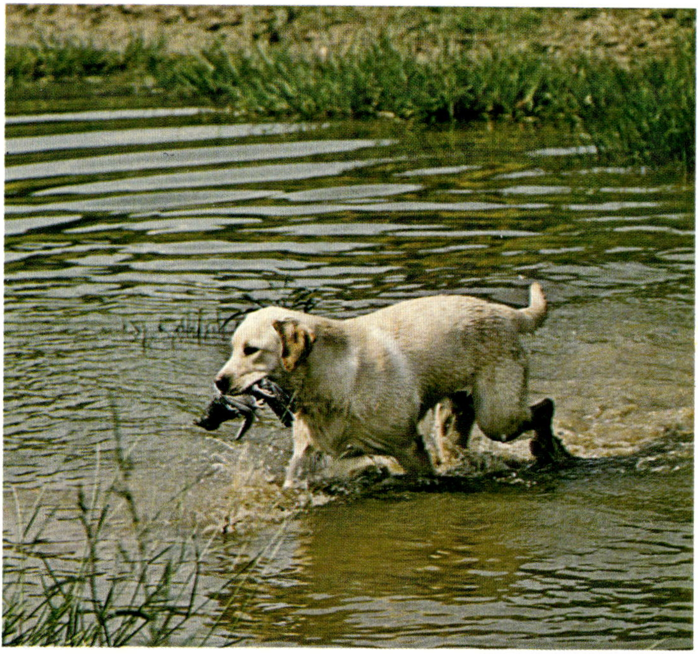

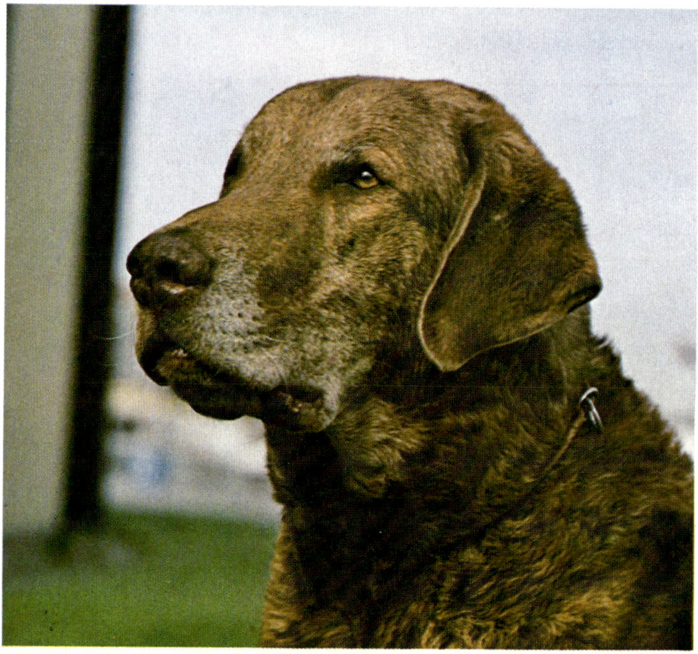

252 Englischer Cocker Spaniel

Nationalität: Großbritannien

Herkunft: Die Rasse läßt sich bis zum XIV. Jahrhundert zurückverfolgen. Gaston III., Graf von Foix, Vicomte von Béarn, genannt Phoebus, beschrieb den Cocker Spaniel in seinem bemerkenswerten «Livre de chasse». Erst 500 Jahre später wurden die englischen Spaniels in sieben Rassen unterteilt: Clumber Spaniel, Sussex Spaniel, Welsh Springer Spaniel, English Springer Spaniel, Field Spaniel, Irish Water Spaniel, Cocker Spaniel. Alle stammen von den Epagneuls ab, die lang zuvor aus Frankreich eingeführt worden waren.

Beschreibung: Fröhlich, robust, sportlich, von ausgeglichener Gesamterscheinung. Der Englische Cocker Spaniel hat eine Schulterhöhe von 39,5 bis 41 cm (Hündinnen 38 bis 39,5 cm) und ein Gewicht von 12,7 bis 14,5 kg. Rechteckiger Fang mit deutlichem Stop; breite Nase; kräftige Kiefer; Scherengebiß; braune, glänzende Augen mit munterem Blick; tief (auf Augenhöhe) angesetzte, mit seidenartigen Haaren bedeckte Ohren; muskulöser Hals zwischen schräggestellten Schultern; tief angesetzte, leicht kupierte Rute, die fröhlich getragen wird; schön befranste Gliedmaßen mit gutem Knochenbau; katzenähnlich runde Pfoten. Das Haar ist glatt und seidig, aber nicht gewellt; die Läufe sind reichlich befedert. Viele Farben sind gestattet: bei einfarbigen Tieren ist an der Brust ein kleiner weißer Fleck erlaubt.

Wesen: Gutmütiger, sanfter, anhänglicher und sehr kinderliebender Hund, der freundlich zu Fremden ist und wenig bellt. Er ist außerdem folgsam und sehr leichtführig.

Verwendung: Er war früher vor allem ein ausgezeichneter Stöberhund. Sein Name stammt von «woodcock», Waldschnepfe, ab. Er wird auch wegen seiner Ausdauer, seiner Unermüdlichkeit, seiner Fähigkeit, auch in unwegsamem Gelände gut vorwärtszukommen sowie seines perfekten Apportierens mit zartem Biß geschätzt. Auch heutzutage ist der Cocker Spaniel ein leidenschaftlicher und vielseitiger Jagdhund geblieben, aber die allermeisten Vertreter dieser Rasse sind zu vielgeliebten Begleithunden geworden. Es handelt sich um einen empfindlichen und emotiven Hund, der mit viel Liebe erzogen werden muß. Demütigende Strafen und Schläge sollten ihm erspart werden.

Fütterung: Da er die Tendenz hat, schnell Fett anzusetzen und als Haushund faul zu werden, muß der Cocker Spaniel mit Verstand gefüttert werden: 200 bis 250 g Fleisch, 60 bis 80 g Reis und gekochtes Gemüse täglich.

Bemerkung: Sein seidiges Haarkleid erfordert eine sorgfältige Pflege. Während der Sommermonate müssen die Behänge häufig kontrolliert werden, da sie den Boden streifen und dabei oft Zecken und anderes Ungeziefer auflesen, die dann Ohrenentzündungen verursachen können.

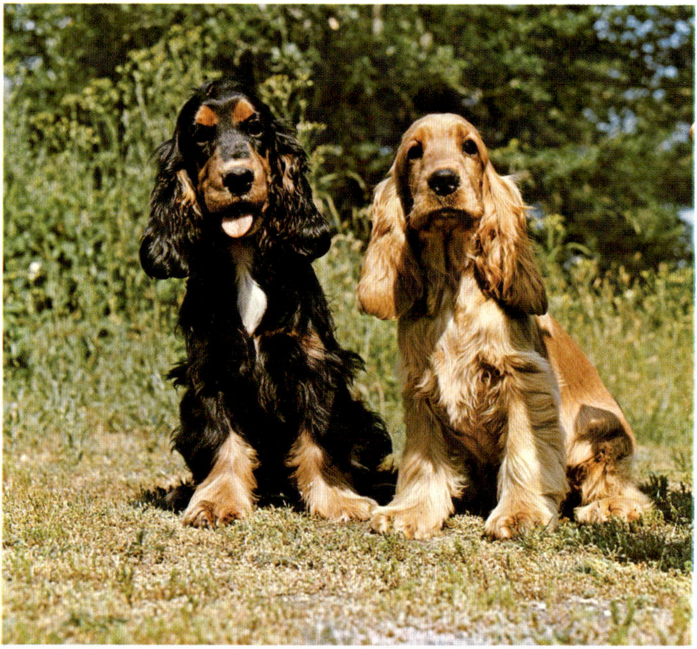

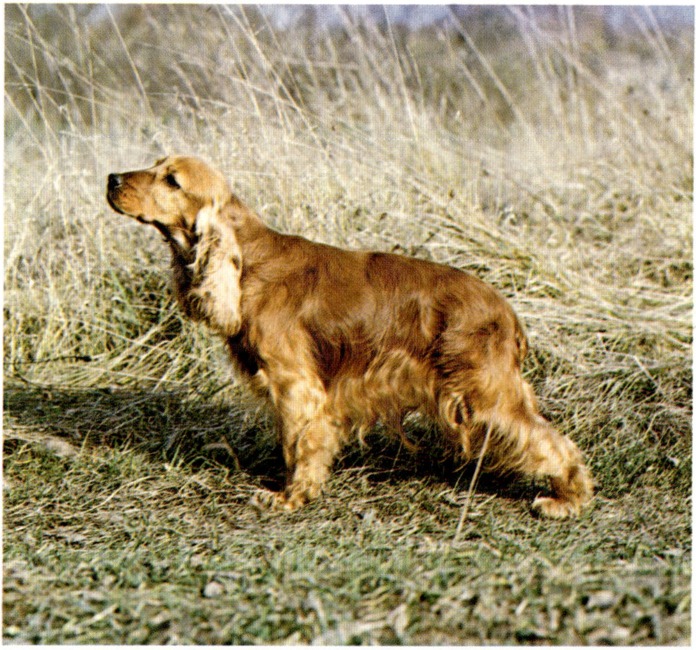

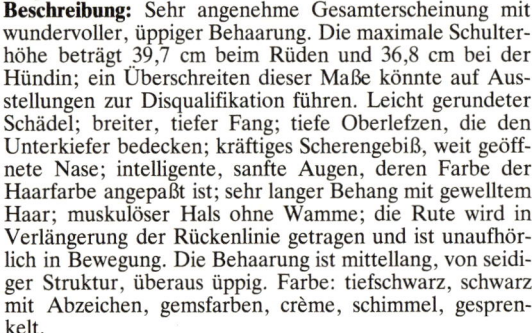

Nationalität: USA

Herkunft: Wurde aus dem Englischen Cocker Spaniel herausgezüchtet.

Beschreibung: Sehr angenehme Gesamterscheinung mit wundervoller, üppiger Behaarung. Die maximale Schulterhöhe beträgt 39,7 cm beim Rüden und 36,8 cm bei der Hündin; ein Überschreiten dieser Maße könnte auf Ausstellungen zur Disqualifikation führen. Leicht gerundeter Schädel; breiter, tiefer Fang; tiefe Oberlefzen, die den Unterkiefer bedecken; kräftiges Scherengebiß, weit geöffnete Nase; intelligente, sanfte Augen, deren Farbe der Haarfarbe angepaßt ist; sehr langer Behang mit gewelltem Haar; muskulöser Hals ohne Wamme; die Rute wird in Verlängerung der Rückenlinie getragen und ist unaufhörlich in Bewegung. Die Behaarung ist mittellang, von seidiger Struktur, überaus üppig. Farbe: tiefschwarz, schwarz mit Abzeichen, gemsfarben, crème, schimmel, gesprenkelt.

Wesen: Munter, sanft, ausgeglichen, ohne Nervosität, intelligent, geduldig, sehr kinderfreundlich, folgsam und leichtführig.

Verwendung: Obschon er ursprünglich ein Jagdhund war, ist er zum fast ausschließlichen Begleit- und Ausstellungshund geworden, der besonders in Amerika weitverbreitet ist.

Fütterung: Sein reiches Haarkleid läßt den amerikanischen Cocker Spaniel fett erscheinen, auch wenn er es in Wirklichkeit nicht ist. Seine tägliche Fütterung muß jedoch in Grenzen gehalten werden, damit er nicht tatsächlich verfettet. Er braucht außerdem viel Bewegung, um nicht träge zu werden.

Bemerkung: Der lange, reich behaarte Behang kann sich leicht im Kontakt mit dem Boden beschmutzen und muß deshalb täglich gebürstet werden. Die Gehörgänge sollten oft kontrolliert werden, um eingedrungene Fremdkörper baldmöglichst zu entfernen, die sonst Entzündungen verursachen könnten.

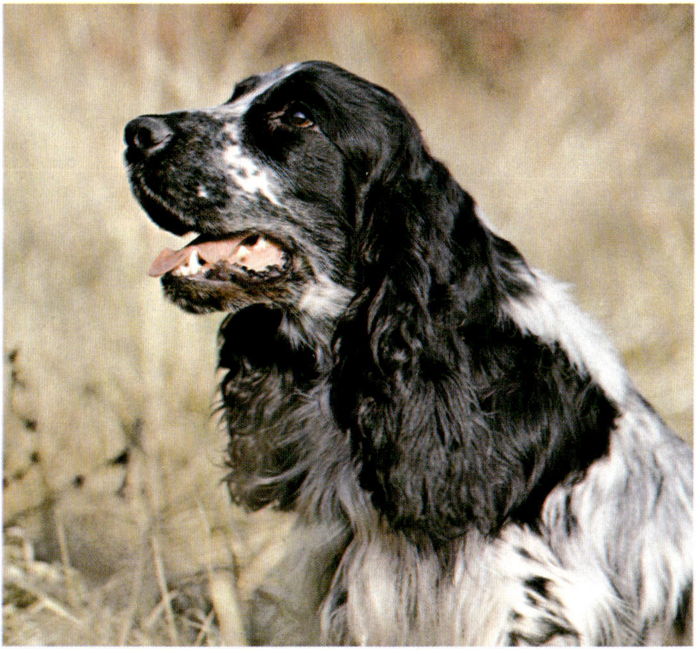

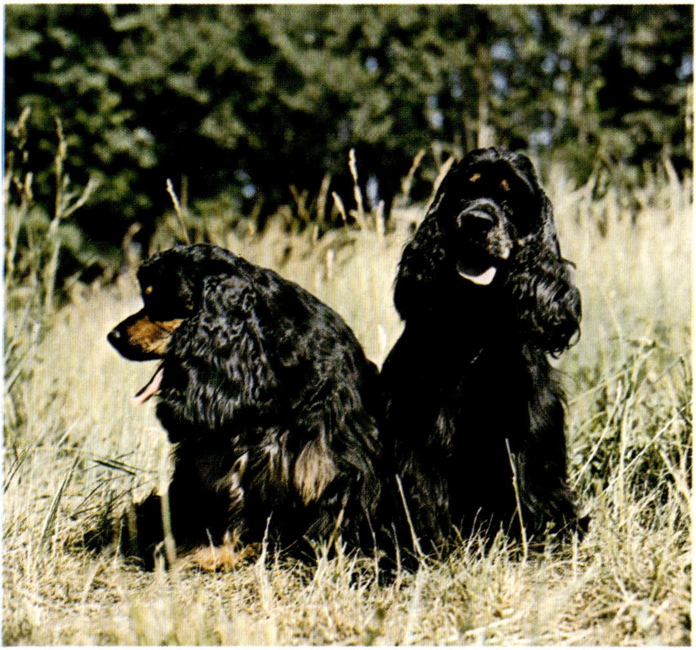

254 Clumber Spaniel

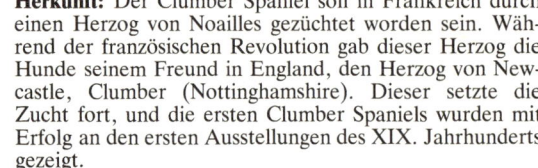

Nationalität: Großbritannien

Herkunft: Der Clumber Spaniel soll in Frankreich durch einen Herzog von Noailles gezüchtet worden sein. Während der französischen Revolution gab dieser Herzog die Hunde seinem Freund in England, den Herzog von Newcastle, Clumber (Nottinghamshire). Dieser setzte die Zucht fort, und die ersten Clumber Spaniels wurden mit Erfolg an den ersten Ausstellungen des XIX. Jahrhunderts gezeigt.

Beschreibung: Massiv gebauter Hund mit einer Schulterhöhe von 30 bis 35 cm und einem Gewicht von 25 bis 31,5 kg. Großer und wuchtiger Kopf mit breitem, flachem Schädel; breiter, fleischfarbener Schwamm; ausgeprägter Stop; gut entwickelte Lefzen; dunkelbernsteinfarbene, etwas tiefliegende Augen; große, weinblattförmige, leicht nach vorn hängende, gut behaarte Ohren; großer und schwerer Hals mit einer Halskrause; kurze, befederte Rute, die auf Rückenhöhe getragen wird; robuste und muskulöse Schultern; kurze, gerade, starkknochige Läufe. Das Haar ist reich, gerade, seidig. Farbe: reinweiß mit zitronengelben Abzeichen.

Wesen: Ernst, schweigsam, intelligent und sympathisch.

Verwendung: Einst wurde er in kleineren Meuten gehalten, aber heute jagt er auch gerne allein. Er wird mit Vorliebe für die Jagd auf Fasan und Rebhuhn eingesetzt. Er lebt auch gern als wohlerzogener Familienhund.

---

255 Englischer Springer Spaniel

Nationalität: Großbritannien

Herkunft: Er gehört zu den ältesten englischen Stöberhunden. In der Renaissance war er der ideale Begleiter der europäischen Jäger. Seine Popularität in Amerika stammt aus dem XVIII. Jahrhundert.

Beschreibung: Symmetrisch gebauter, kräftiger und kompakter Hund mit einer durchschnittlichen Schulterhöhe von 50 cm, bei einem Gewicht von 22 bis 24 kg. Breiter, mäßig gerundeter Schädel; kräftige Backen und gut entwickelte Lefzen; weit geöffnete Nasenflügel; kräftige Kiefer; dunkelnußbraune Augen, die der Farbe des Haarkleids angepaßt sind; Behang gut angelegt hängend; kräftiger, gut bemuskelter Hals. Mittellanges Haar mit Fransen an Brust und Brustkorb. Farbe: bevorzugt wird weiß und leberfarben, weiß und schwarz, mit oder ohne lohfarbene Abzeichen.

Wesen: Fröhlich, mutig, gewissenhaft, anhänglicher Familienhund, gutmütig und ehrlich.

Verwendung: Aufmerksamer und präziser Stöberer und Apportierer. Er wird in jedem Gelände eingesetzt, zeichnet sich aber ganz besonders im Gestrüpp aus. Da er robust und hochläufig ist, ist er auch kräftiger und schneller als die anderen Spaniels. Als Familienhund gleicht er dem Cocker Spaniel.

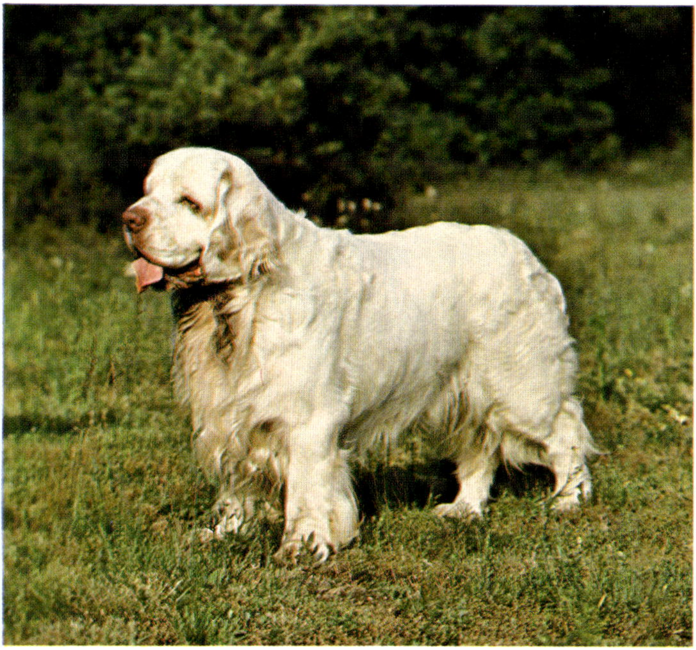

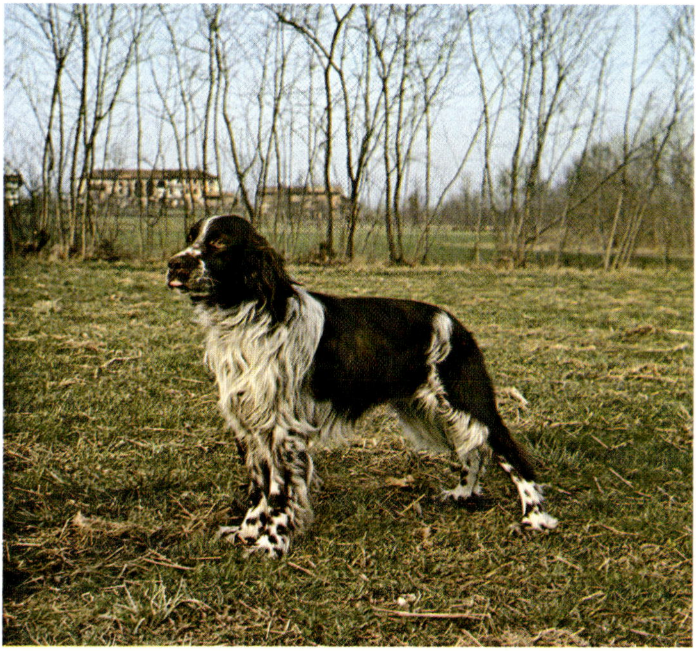

256 Welsh Springer Spaniel

Nationalität: Großbritannien
Herkunft: Er stammt von Spaniels ab, die ausschließlich zur Jagd gebraucht wurden.
Beschreibung: Robuster und kompakter Hund mit einem Gewicht von 15,75 bis 20,25 kg. Die Schulterhöhe ist im Standard nicht festgelegt. Mittellanger, ziemlich quadratischer Fang mit kräftigen Kiefer und ausgeprägtem Stop; dunkelhaselnußbraune Augen; Behang reich befedert, wie beim Setter; langer und muskulöser Hals ohne Wamme; tief angesetzte, leicht befederte Rute; Haar gerade, dicht, seidig; Farbe: weiß und satt dunkelrot.
Wesen: Munter, empfindsam, unabhängig.
Verwendung: Erstklassiger Stöberer und Apportierer, in jedem Gelände und bei jedem Wetter einsetzbar. Man sagt, für den Welsh Springer Spaniel scheine immer die Sonne. Er fürchtet auch eiskaltes Wasser nicht und kann stundenlang arbeiten, ohne Ermüdungserscheinungen zu zeigen.
Bemerkung: Er neigt dazu, sich etwas zu weit und zu lange von den Jägern zu entfernen und muß deshalb bereits im frühesten Welpenalter erzogen werden.

257 Irish Water Spaniel
Irischer Wasserspaniel

Nationalität: Irland
Herkunft: Die Rasse entstand im frühen XIX. Jahrhundert, vermutlich aus Kreuzungen zwischen Pudeln und irischen Settern.
Beschreibung: Kompakter, wohlgebauter, unermüdlicher Hund mit einer Schulterhöhe von 53 bis 58 cm (51 bis 56 cm bei der Hündin); ziemlich großer Kopf und breite, gut entwickelte Nase; langer, eckiger Fang; hochgewölbter Oberkopf; kleine, braune, glänzende Augen; an den Backen eng anliegende, reichlich mit Locken behaarte Ohren; kräftiger Hals; breit angesetzte, sich verjüngende Rute; gerade, starkknochige Vorderläufe; lange, muskulöse Hinterläufe. Das Haarkleid besteht aus dichten, gekräuselten Ringellocken, aber das Gesicht ist fein behaart. Das Haar ist ölig und deshalb wasserabstoßend. Farbe: satte Leberfarbe mit purpurnem Ton.
Wesen: Munter, folgsam, intelligent.
Verwendung: Der Irish Water Spaniel liebt Wasser und wird daher als Jagdhund besonders für die Wasserarbeit in Sümpfen und Seen eingesetzt.
Bemerkung: Obschon er von zwei Rassen mit vorzüglichem Wesen abstammt, hat er selber keine große Verbreitung gefunden, da sein reiches Haarkleid sehr schwierig zu pflegen ist.

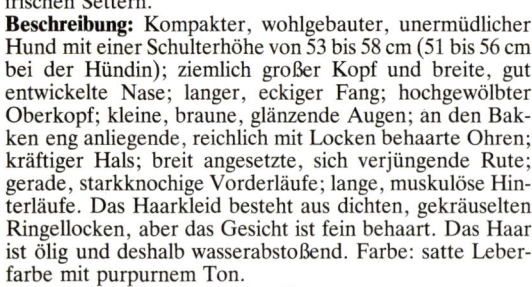

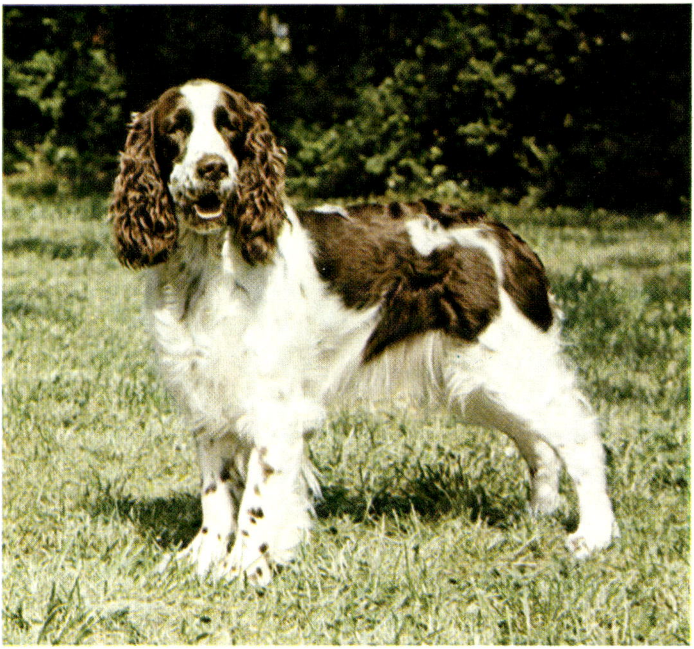

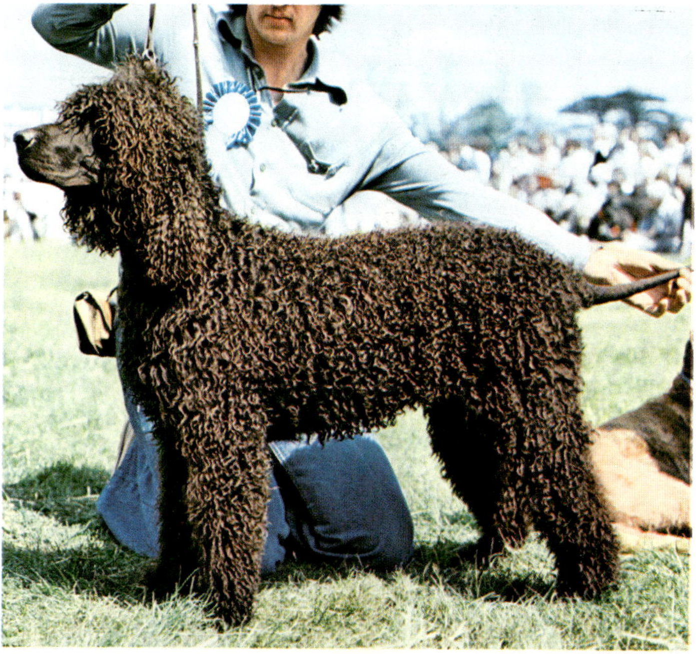

258 Sussex Spaniel

Nationalität: Großbritannien
Herkunft: Im XIX. Jahrhundert in der Grafschaft Sussex gezüchtet, 1885 offiziell anerkannt.

Beschreibung: Massiver und kräftiger Hund mit einer Schulterhöhe von 38 bis 40 cm und einem Gewicht von 18 bis 20 kg. Einige Auszüge aus dem Standard: ausgewogener Kopf, leberfarbener Nasenspiegel; Scherengebiß; betonter Stop; haselnußbraune, sanft blickende Augen; ziemlich großer, anliegender, mit weichem und gewelltem Haar bedeckter Behang; leicht gebogener Hals; tiefe und gut entwickelte Brust; auf 12,5 bis 17,5 cm kupierte Rute; üppiges, flaches, nicht gelocktes Haarkleid; Farbe: lebergoldfarben.

Wesen: Ruhig und wohlerzogen zuhause, enthusiastisch und streitsüchtig bei der Arbeit.
Verwendung: Bei der Jagd hat er einen charakteristischen Spurlaut und eine schaukelnde Gangart. Er eignet sich für die Suche und das Apportieren von kleinem Wild besonders im Unterholz. Außerdem ist er ein guter Begleithund.
Bemerkung: Die rotgoldene Färbung seines Mantels lassen ihn, besonders bei Sonnenuntergang, im Gebüsch fast wie jagdbares Wild erscheinen, so daß er nicht selten irrtümlich erschossen wird. Dies könnte einer der Gründe sein, weshalb diese Rasse nicht sehr verbreitet ist.

259 Field Spaniel
Englischer Feldspaniel

Nationalität: Großbritannien
Herkunft: Dieselbe wie beim Cocker Spaniel.
Beschreibung: Er gleicht dem Cocker Spaniel, ist aber etwas langgestreckter und höher. Mittlere Schulterhöhe: 46 cm; Gewicht: 16 bis 22,5 kg. Regelmäßiger, nicht zu breiter und nicht zu schmaler Fang; langer Nasenrücken; weit geöffnete Nase; unter den Augen besonders trocken und mager (es handelt sich um eine wichtige Charakteristik der Rasse).

Dunkelhaselnuß- oder kastanienbraune, nachdenklich blickende Augen; ziemlich langer und breiter, wie beim Setter befederter Behang; kräftiger und muskulöser Hals; tief getragene Fahnenrute; flaches oder leicht gewelltes – aber nie krauses –, dichtes und seidiges Haarkleid mit reichen Fransen an der Brust, an der Rumpfunterseite und an den Gliedmaßen. Farbe des Haarkleids: immer einfarbig schwarz, leberfarben, goldbraun, mahagonirot, manchmal mit Abzeichen.
Wesen: Es handelt sich um den Spaniel mit dem angenehmsten Wesen: sanft, anhänglich, ruhig und intelligent.

Verwendung: Als resistenter, schneller, wendiger und aktiver Hund eignet er sich ganz besonders für die Niederjagd im offenen Gelände (field = Feld). Dank seines ungewöhnlich sanften Wesens und seiner angenehmen häuslichen Eigenschaften erfreut sich der Field Spaniel – besonders in Großbritannien und in Amerika – großer Beliebtheit auch als Familienhund.

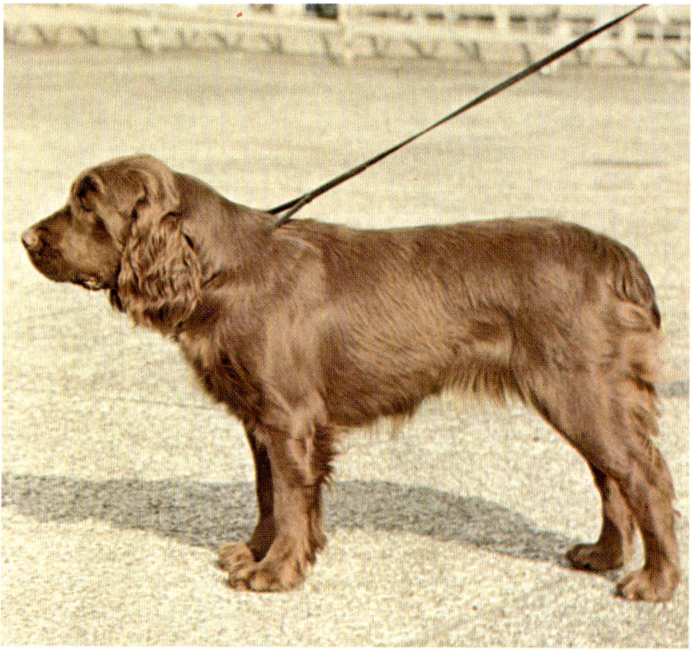

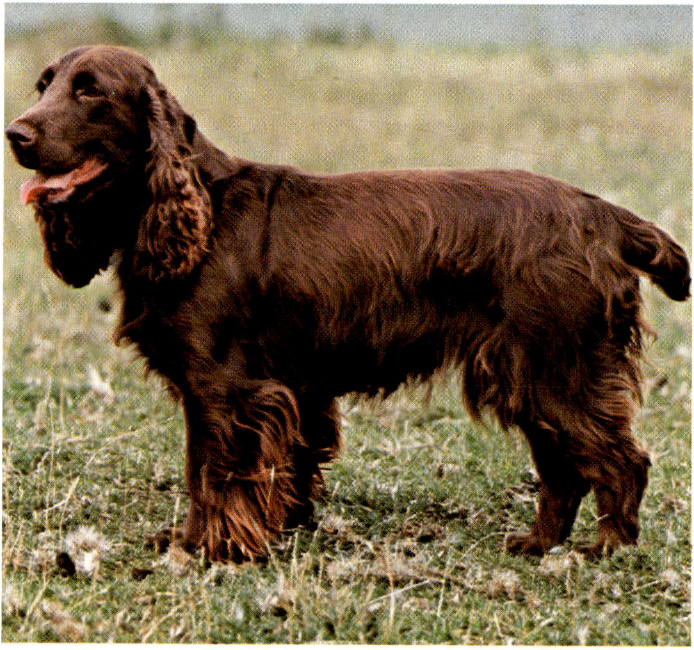

260 American Water Spaniel

Nationalität: USA

Herkunft: Über seine Herkunft existieren nur Vermutungen. Wahrscheinlich ist er aus dem irischen Water Spaniel und dem Curly-Coated Retriever hervorgegangen. 1940 wurde er vom amerikanischen Kennel Club offiziell anerkannt.

Beschreibung: Aktiver, muskulöser und widerstandsfähiger Hund mit einer Schulterhöhe von 38 bis 45 cm und einem Gewicht von 13 bis 20 kg. Schädel ziemlich breit und voll, mit ausgeprägtem Stop; mittellanger, quadratischer Fang; gerade, wohlgeformte Zähne; breite Nase mit weiten Nasenlöchern; haselnuß- oder kastanienbraune Augen mit intelligentem Ausdruck (gelbe Augen gelten als schwerer Fehler); breiter und langer Behang; starker Rumpf mit soliden Gliedmaßen; mittellange, leicht gebogene Rute; das Haarkleid ist dicht und lockig, nicht rauh, und wasserabstoßend. Farbe: leberfarben oder schokoladebraun; kleine weiße Abzeichen an Brust und Zehen sind erlaubt.

Wesen: Unternehmungslustiger, zäher, folgsamer, anhänglicher und sehr gelehriger Arbeitshund.

Verwendung: Sehr guter Stöber- und Apportierhund in Schilf und Wasser, im Gestrüpp, in unebenem Gelände. Er eignet sich besonders für die Jagd auf Ente, Wachtel, Fasan, Rebhuhn und Kaninchen. Ebenfalls guter Wach- und Familienhund.

---

261 Boykin Spaniel

Nationalität: USA

Herkunft: Vermutlich aus Kreuzungen zwischen Cocker Spaniel und American Water Spaniel entstanden.

Beschreibung: Er gleicht dem American Water Spaniel sehr. Seine Schulterhöhe beträgt 38 bis 43 cm und sein Gewicht 13 bis 17 kg, bei der Hündin etwas weniger. Langgestreckter Fang; kastanienbraune Nase; gelbe Augen; langer, mit krausem Haar bedeckter Behang; gebogene Fahnenrute; Haare wellig oder kraus, wasserabstoßend; Farbe: dunkelmahagoni oder leberfarben.

Wesen: Fröhlich, folgsam und empfindsam.

Verwendung: Er arbeitet vorwiegend im Wasser und ist ein begeisterter Apportierer von Enten und Tauben. Dank seiner vortrefflichen Nase wird er aber auch als Stöberhund im Unterholz eingesetzt. Er ist ebenfalls ein guter Begleithund, der sich bei Gelegenheit sogar als Wachund betätigt.

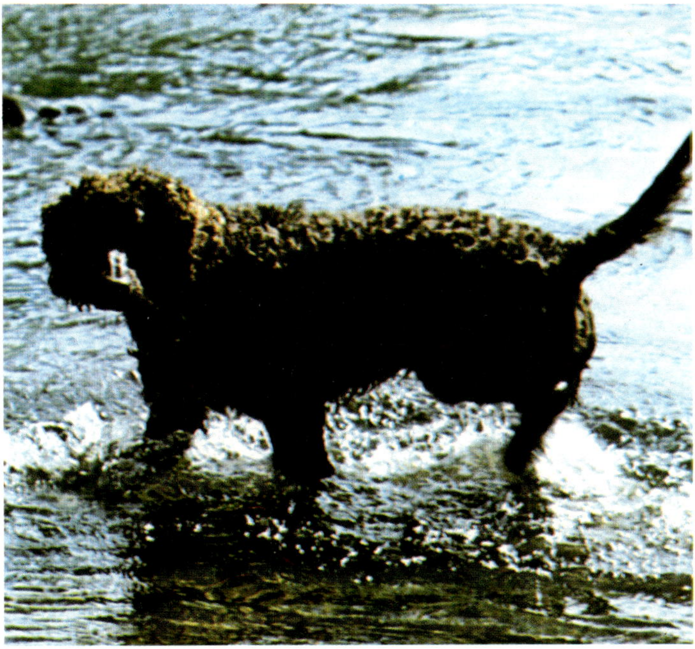

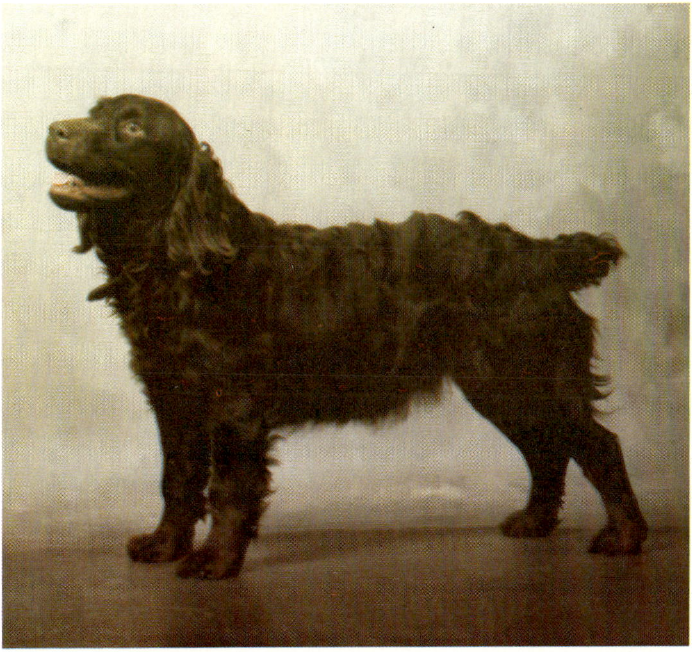

262 Pudel
Caniche

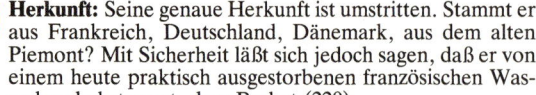

Nationalität: Frankreich

Herkunft: Seine genaue Herkunft ist umstritten. Stammt er aus Frankreich, Deutschland, Dänemark, aus dem alten Piemont? Mit Sicherheit läßt sich jedoch sagen, daß er von einem heute praktisch ausgestorbenen französischen Wasserhund abstammt, dem Barbet (220).

Beschreibung: Anerkannt sind drei Schläge: der Großpudel mit einer Schulterhöhe von 45 bis 55 cm (max. 60 cm), der Mittelpudel, mit einer Schulterhöhe von 35 bis 45 cm; der Zwergpudel, mit einer Schulterhöhe bis zu 35 cm. Das Gewicht dieser drei Schläge beträgt respektive 22, 12 und 7 kg. Der Kopf des Pudels ist elegant, geradlinig, wohlproportioniert; die Nase ist schwarz bei schwarzen, grauen oder weißen Tieren, aber braun bei braunen Tieren. Flache Wangen; Scherengebiß; schwarze oder braune Augen mit sehr lebhaftem Ausdruck; anliegender Behang mit reicher Behaarung; kräftiger, leicht gebogener Hals; stolz getragener Kopf; hoch angesetzte, um die Hälfte oder auf ein Drittel kupierte Rute; Locken oder Schnüre formende Haare; Farbe: schwarz, weiß, kastanienbraun, grau, immer einfarbig. Bei den Zwergpudeln sieht man auch abricotfarbene oder blaue Tiere. Das Haar des Pudels muß regelmäßig geschoren werden. Offiziell anerkannt werden die Löwenschur und die moderne Schur, genannt Toilette 1960. Anders geschorene Pudel werden von den Ausstellungen ausgeschlossen.

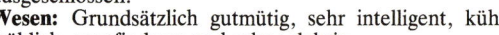

Wesen: Grundsätzlich gutmütig, sehr intelligent, kühn, fröhlich, empfindsam und sehr gelehrig.

Verwendung: In Frankreich wird er caniche genannt; dieser Name leitet sich von canard (Ente) ab, und ursprünglich war der Pudel ein ausgezeichneter Apportierhund für Wassergeflügel. Seine Bringfreude und große Wasserpassion hat er von seinem Vorfahren, dem Barbet, geerbt. Sein geselliges und sympathisches Wesen, seine Schönheit und seine große Intelligenz haben ihn schnell zum ausschließlichen Begleithund werden lassen. Er hat ein sehr feines Gehör und einen ausgezeichneten Orientierungssinn; mehr als andere Hunde versteht er den Sinn der Worte; er ist geduldig beim Baden und Scheren; er spielt fürs Leben gern mit Kindern. Was er jedoch nicht akzeptiert, ist eine gewaltsame Dressur.

Fütterung: Zwergpudel täglich 100 g Hackfleisch. Mittelpudel: 200 g klein geschnittenes Fleisch; Großpudel: 300 g klein geschnittenes Fleisch. Zusätzlich, in angemessenen Mengen, gut gekochter Reis und Gemüse.

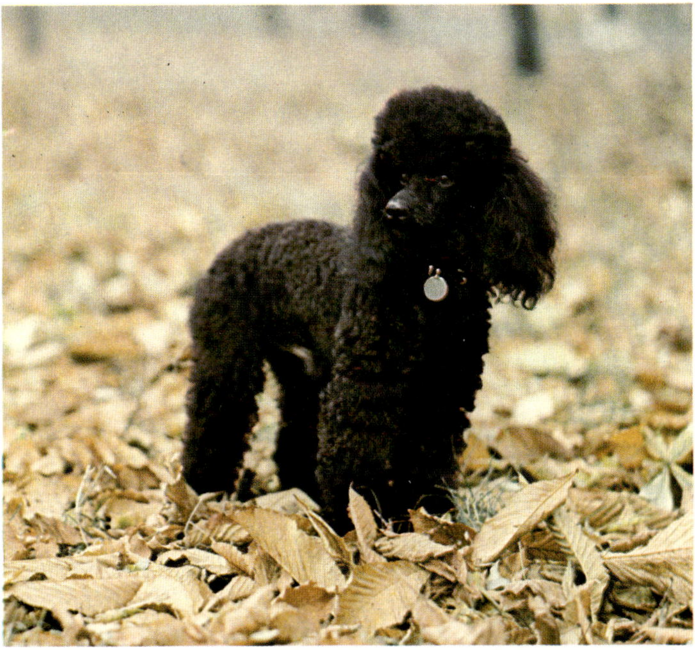

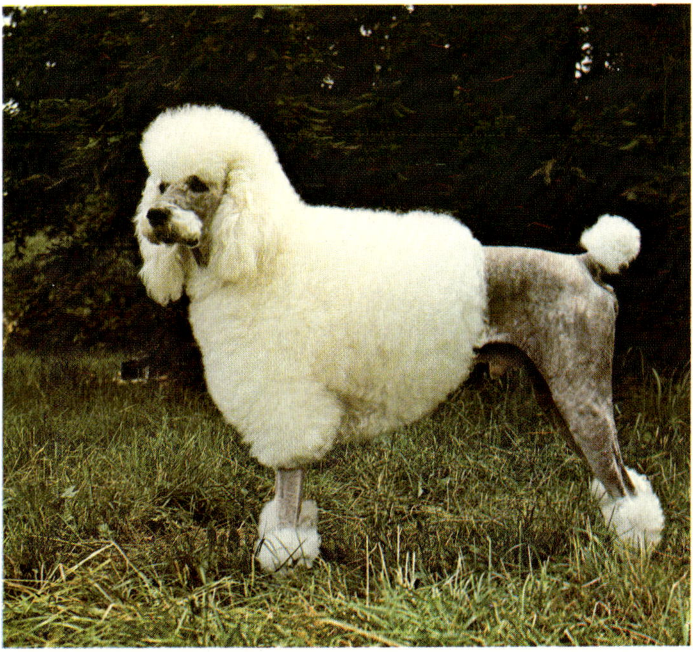

263 Großspitz

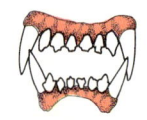

Nationalität: Deutschland

Herkunft: Er stammt vom *Canis familiaris palustris* ab und kann als Ahnherr aller Hunderassen angesehen werden. In Asien, Afrika und Nordeuropa hat man mehrere zehntausend Jahre alte, fossile Resten dieser Rasse gefunden.

Beschreibung: Seine Schulterhöhe liegt nie unter 40 cm. Der Kopf ist mittelgroß, mit einem keilförmigen Schädel. Der Nasenspiegel ist rundlich und leicht abgeflacht, schwarz oder braun je nach Fellfarbe; die Augen sind dunkel, schräg eingesetzt; die Ohren sind klein, zugespitzt, dreieckig, und werden immer aufrecht getragen; die Rute wird über den Rücken gerollt getragen. Üppiges Haarkleid auf dem ganzen Körper, kurze Haare am Fang, an den Ohren, an den Pfoten. Je nach Fellfarbe unterscheidet man zwischen folgenden Varietäten: Wolfsspitz (silbergrau mit schwarzen Schattierungen), Großspitz (Haut, Unterwolle und Deckhaar blauschwarz); Weißer Spitz (schneeweiß, ohne jegliche gelbe Spuren); Brauner Spitz (dunkelbraun, einfarbig). Der Wolfsspitz kann etwas größer als die anderen Spitze sein.

Wesen: Lebhaft, treu, intelligent; Kläffer; mißtrauisch gegen Fremde.

Verwendung: Es handelt sich um einen Begleithund, der sein Haus sehr liebt und der es wie ein echter Wachhund zu verteidigen versteht. Er ist erst mit drei Jahren körperlich und psychisch erwachsen.

Fütterung: Wie alle Wolfsartigen liebt auch der Großspitz fast nur Fleisch. Man muß ihn aber schon im Welpenalter an eine gemischte Kost mit Flocken, Reis und gekochtem Gemüse gewöhnen, um Ernährungsmängeln vorzubeugen.

Bemerkung: Für seine Körperpflege genügen zwei oder drei Vollbäder jährlich. Man muß ihn jedoch so häufig wie möglich bürsten und striegeln; am besten verwendet man dazu eine Bürste mit kurzen, harten Borsten und einem Metallkamm mit weit auseinander stehenden Zähnen.

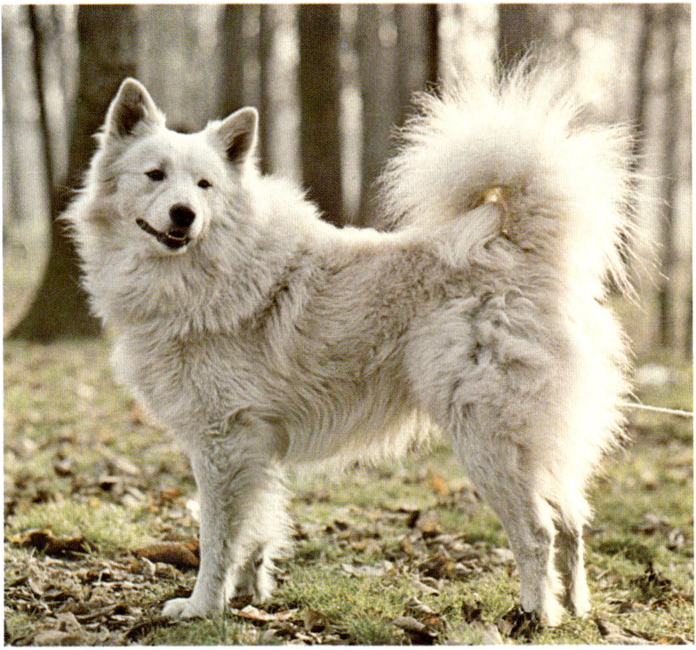

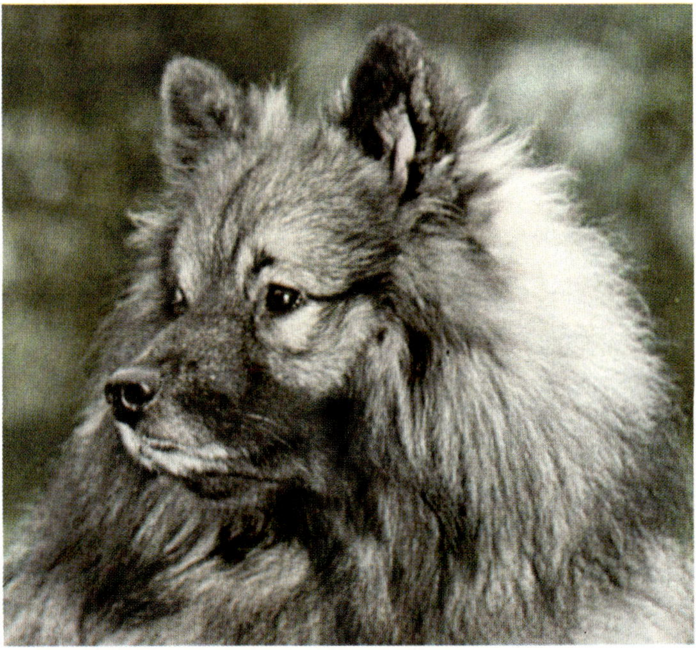

264   Zwergspitz

Nationalität: Deutschland
Herkunft: Die gleiche wie beim Großspitz.
Beschreibung: Der Zwergspitz ist eine verkleinerte Kopie des Großspitzes. Seine Schulterhöhe soll nicht über 28 cm liegen und sein Gewicht nicht über 3,75 kg betragen. Keilförmiger Schädel; dunkle, leicht mandelförmige Augen; spitze, aufgerichtete Ohren; über den Rücken getragene Ringelrute. Sein überaus üppiges Haarkleid läßt ihn wie ein Spielzeug erscheinen. Der Standard unterscheidet zwischen 5 Varietäten, je nach Fellfarbe: schwarzer, weißer, kastanienbrauner, wolfsgrauer und orangenfarbener Zwergspitz.

Wesen: Äußerst anhänglich der Familie gegenüber, mißtrauisch gegen Fremde, intelligent, schlau, Kläffer.
Verwendung: Er besitzt alle jene Eigenschaften wie Schönheit, angenehmes Wesen, usw., die einen ausgezeichneten Begleithund ausmachen. Er liebt sein Heim und verteidigt es gegen jeglichen Eindringling.

Bemerkung: Der Zwergspitz ist sehr widerstandsfähig gegen Krankheiten, aber seine Ernährung muß sorgfältig überwacht werden (Fleisch, Reis, Gemüse und keinerlei zusätzliche Leckerbissen), um Darmstörungen zu vermeiden.

265   Volpino Italiano
Italienischer Kleinspitz

Nationalität: Italien
Herkunft: Er hat die gleiche Abstammung wie alle anderen Wolfsartigen. Im XVIII. Jahrhundert war er unter dem Namen Volpino di Firenze und im XIX. Jahrhundert unter dem Namen Cane del Quirinale bekannt.
Beschreibung: Zwischen dem Volpino Italiano und dem deutschen Zwergspitz existieren nur winzige Unterschiede. Der italienische Kleinspitz hat einen etwas robusteren Kopf, größere Augen und ein weißes oder rotes Fell; der deutsche Spitz hingegen kann außerdem auch grau, schwarz und orangenfarben sein. Auszüge aus dem Standard: Schulterhöhe 27 bis 30 cm beim Rüden, 25 bis 28 cm bei der Hündin; pyramidenförmiger Kopf; Nase immer schwarz und feucht; weißes, regelmäßiges Gebiß; ausgeprägter Stop; ockerfarbene Augen mit lebhaftem und intelligentem Ausdruck; dreieckige, aufrecht getragene Ohren; ca. 14 cm lange, reich behaarte Rute, die über den Rücken gerollt getragen wird.

Wesen: Lebhaft, überschwenglich, lärmig, anhänglich zur Familie, mißtrauisch gegen Fremde.
Verwendung: Sympathischer Begleithund, der widerstandsfähig gegen Krankheiten und langlebig ist.

Bemerkung: Sein dichtes, langes und gerades Fell muß sehr häufig gebürstet werden. Wenn das Fell der weißen Spitze sich gelblich verfärbt, kann es eingepudert und dann leicht ausgebürstet werden.

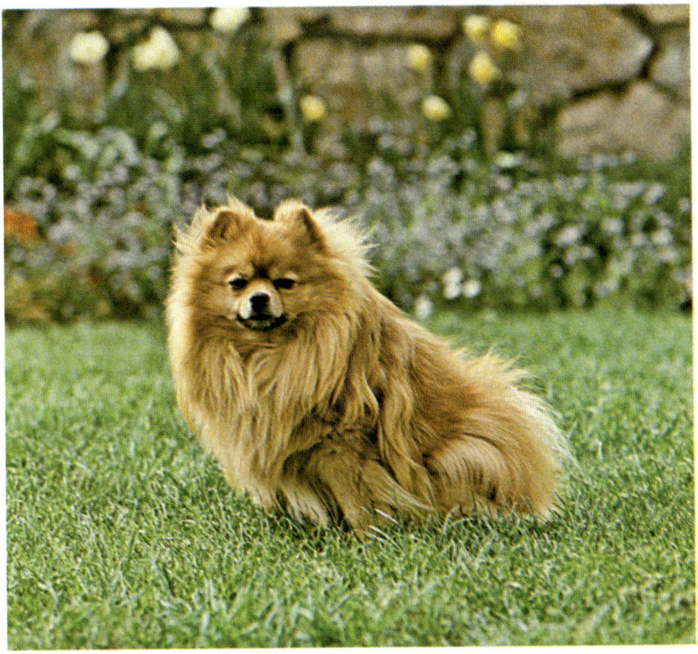

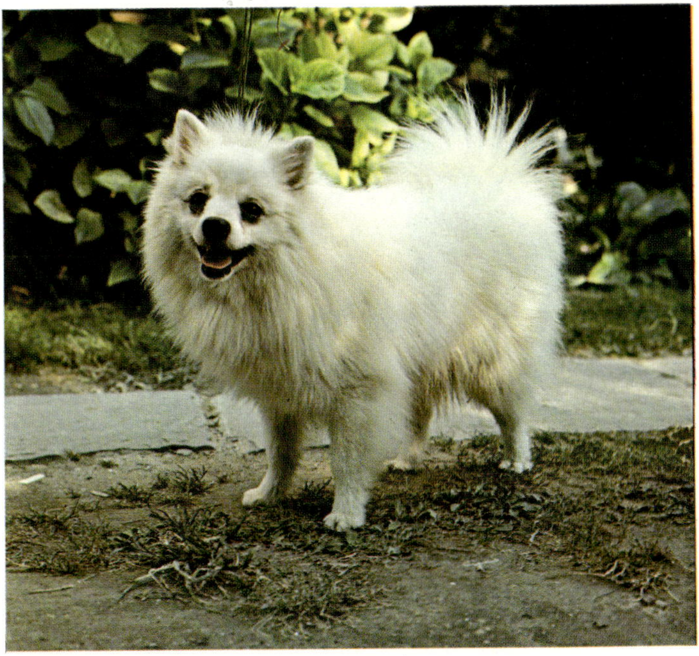

266 Japan-Spitz

Nationalität: Japan

Herkunft: Direkter Nachkomme des nordischen Spitz. Er kam vor Jahrhunderten nach Japan, wo sich ausgezeichnete Züchter seiner annahmen und wo er sich bald großer Beliebtheit erfreute.

Beschreibung: Die Schulterhöhe beträgt 30 bis 40 cm beim Rüden, 25 bis 35 bei der Hündin. Der Kopf ist eher groß; kleiner, schwarzer Nasenspiegel; spitzer Fang; kräftiges Gebiß; wenig ausgeprägter Stop; schräggestellte dunkle Augen; kleine, spitze Stehohren; reich behaarte Rute, die über den Rücken gerollt wird. Sein dichtes Haarkleid ist immer reinweiß.

Wesen: Fröhlich, äußerst kühn, schlau, sehr intelligent; liebt seinen Herrn und ist, wie alle wolfsartigen Hunde, mißtrauisch gegen Fremde.

Verwendung: Sehr sympathischer Begleithund, der sein Heim mit beherztem Bellen gegen Eindringlinge verteidigt. Er braucht viel Fellpflege: häufiges Bürsten und seltenes Baden.

---

267 Harlekinpinscher

Nationalität: Deutschland

Herkunft: Es handelt sich um eine alte Rasse, die aus dem deutschen kurzhaarigen Pinscher hervorgegangen ist.

Beschreibung: Etwas rauhe Allgemeinerscheinung; trokken, muskulös, mit einer durchschnittlichen Schulterhöhe von 30 bis 35 cm; mittellanger Kopf; Schädel und Fang eine Einheit formend; schwarzer Nasenspiegel; Ober- und Unterbiß gelten als Fehler; dunkle, der Fellfarbe angepaßte Augen; kleine Stehohren, manchmal mit leicht kippender Spitze; kupierte, ziemlich hoch getragene Rute; kurzes, flaches, anliegendes Haar; Grundfarbe weiß oder grau, mit schwarzen oder dunklen Flecken, die den Namen «Harlekinpinscher» rechtfertigen.

Wesen: Lebhaft, anhänglich, unterhaltend.

Verwendung: Sein originelles Fell, seine edle Haltung, sein angenehmes Wesen machen ihn zum idealen Begleithund. Er bleibt am liebsten zuhause.

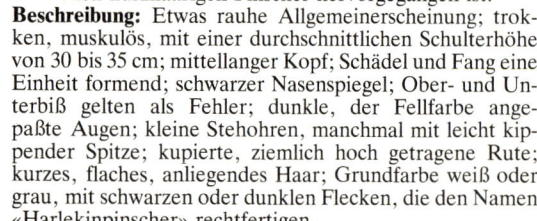

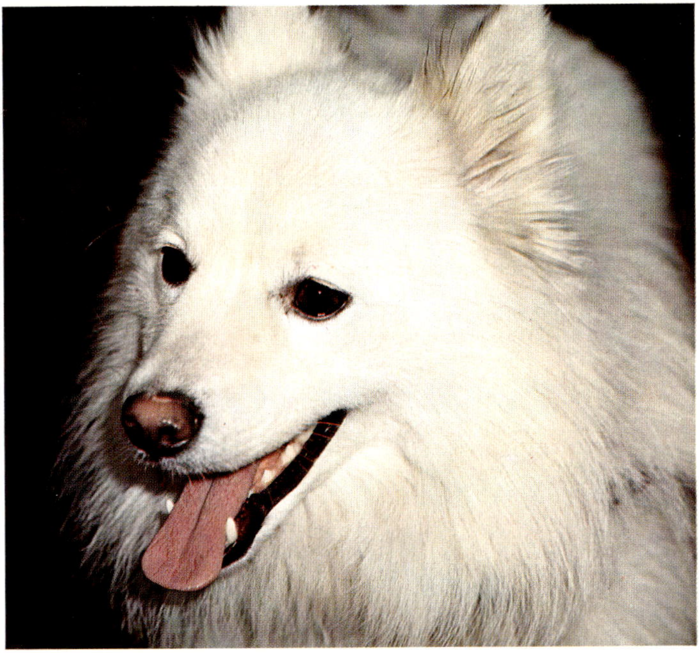

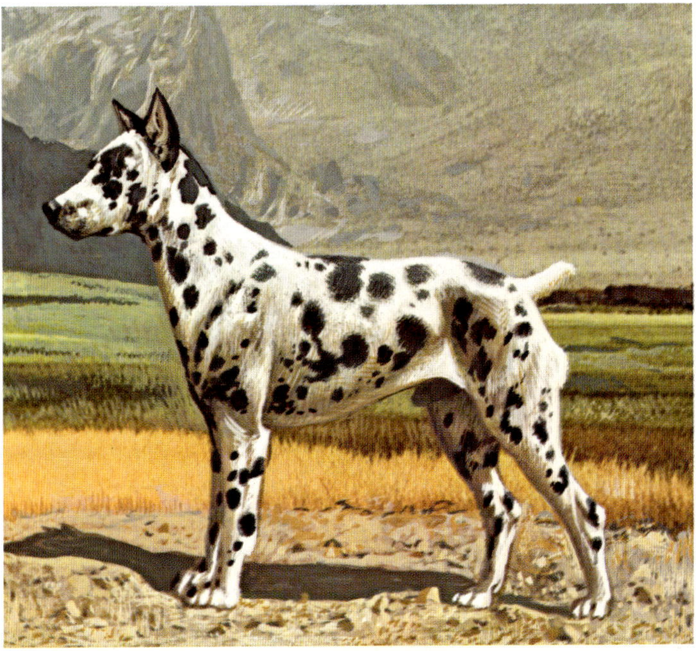

268 Dalmatiner

Nationalität: Jugoslawien

Herkunft: Über seine Herkunft gehen die Meinungen absolut auseinander. Es handelt sich sicherlich um eine äußerst alte Rasse, denn sie wurde bereits in ägyptischen Basreliefs und in griechischen Fresken abgebildet. Im XVIII. Jahrhundert gab es in England einen ähnlichen Hund mit dem Namen Bengalbracke.

Beschreibung: Muskulöser Hund mit symmetrischem Körperbau; Schulterhöhe 55 bis 60 cm (50 bis 55 cm bei der Hündin), bei einem Gewicht von ca. 25 kg. Etwas länglicher Kopf; kräftiger Fang; nicht sehr ausgeprägter Stop; schwarzer oder brauner Nasenspiegel (je nach Fellfarbe). Die schwarzen oder braunen Augen sind rundlich, glänzend und haben einen intelligenten Ausdruck; feiner anliegender Behang; breit angesetzte, sich verjüngende, leicht nach oben gebogene Rute. Das Haar des Dalmatiners ist kurz, hart, dicht, glänzend. Die Grundfarbe ist immer reinweiß, mit schwarzen und leberfarbenen Flecken und Punkten. Hunde mit dichter Tüpfelung werden vorgezogen. Bei der Geburt sind die Welpen reinweiß.

Wesen: Heiter, treu, unabhängig, aber leicht erziehbar und äußerst empfindsam. Er braucht die Gesellschaft des Menschen, sonst wird er melancholisch. Er spielt gern und viel mit Kindern, besitzt ein ausgezeichnetes Gedächtnis und vergißt auch nach Jahren kein ihm zugefügtes Unrecht.

Verwendung: Im Mittelalter wurde er als Laufhund gebraucht. Im XIX. Jahrhundert stieg seine Popularität mit einem Mal, da er zum «Spazierhund» avancierte; er folgte seinem Herrn mit außergewöhnlicher Ausdauer und Widerstandsfähigkeit, sei die Meister zu Fuß, hoch zu Roß oder im Wagen. In der Folge sicherte er sich einen guten Platz als Begleithund, und heute auch als Wachhund. Er ist sauber, ordentlich, vermeidet Pfützen und liebt Wasser und Seife.

Fütterung: Täglich 300 bis 350 g Fleisch, 200 g Reis, gekochtes Gemüse. Er frißt ungern Büchsenfutter. Um nicht zu verfetten, muß er viel und häufig spazierengehen.

Bemerkung: Ein Zeichentrickfilm von Walt Disney machte den Dalmatiner weltweit berühmt und beliebt.

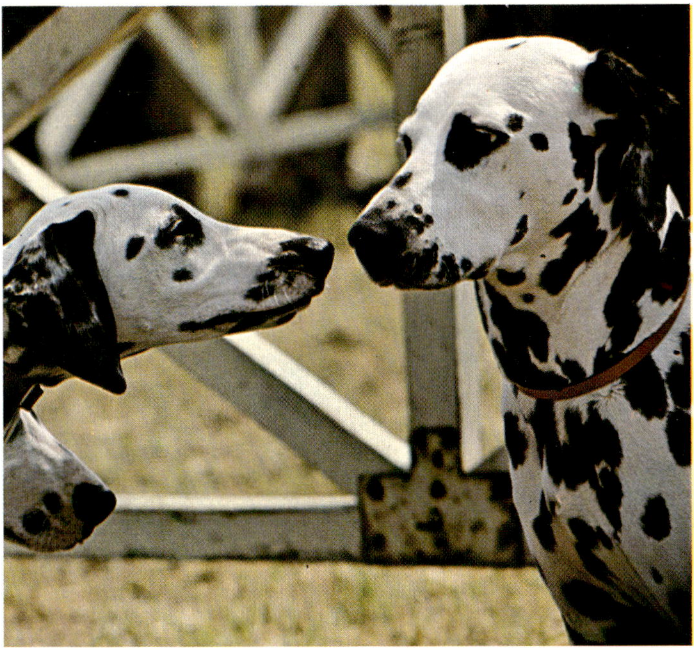

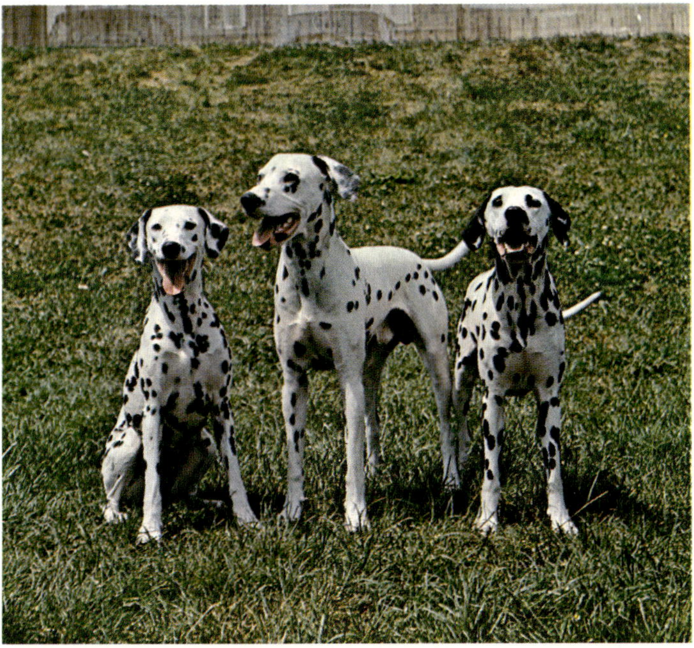

269 Kromfohrländer

Nationalität: Deutschland
Herkunft: Der Kromfohrländer entstand im XIX. Jahrhundert. Die Rassen, aus denen er hervorgegangen ist, sind nicht bekannt.
Beschreibung: Schulterhöhe 38 bis 46 cm; langgestreckter, keilförmiger Kopf; weit geöffneter, schwarzer Nasenspiegel; Scheren- oder Zangengebiß; ovale, dunkle Augen; dreieckige, anliegende Ohren; leicht gebogener Hals; senkrechte Vorderhand; leicht gebogene Rute. Es existieren drei Schläge: der rauhhaarige, der kurz- und rauhhaarige sowie der lang- und rauhhaarige Kromfohrländer. Farbe: weiße Grundfarbe mit hellbraunen Flecken; schwarz nicht erlaubt.

Wesen: Lebhaft, treu und folgsam.
Verwendung: Obschon er fast ausschließlich als Begleit- und Wohnungshund gehalten wird, ist er auch als Wach- und Schutzhund sehr beliebt. Er besitzt ein hervorragendes Gehör und das kleinste Geräusch weckt ihn aus dem tiefsten Schlaf.

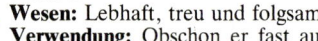

270 Pinscher

Nationalität: Deutschland
Herkunft: Sehr alten Ursprungs; wurde aber erst Ende des XIX. Jahrhunderts offiziell anerkannt.
Beschreibung: Mittelgroß, elegante Erscheinung. Seine Widerristhöhe beträgt 45 bis 48 cm; langer, schmaler Kopf; gerader Nasenrücken; kräftiges Gebiß; ovale und dunkle Augen; aufrecht getragene (kupierte) Ohren; langer, gebogener und trockener Hals; rechteckiger Körper; kupierte (1. bis 3. Wirbel), waagrecht getragene Rute; kurzes, hartes, glänzendes und anliegendes Haar. Farbe: schwarz mit lohfarbenen Abzeichen, reinschwarz, kastanienbraun, hirschrot, blaugrau mit Abzeichen, Pfeffer und Salz.

Wesen: Obschon der Name «Pinscher» einen bissigen Hund vermuten läßt (to pinch = kneifen, klemmen), handelt es sich um einen leichtführigen, ergebenen, anhänglichen, sauberen und intelligenten Hund. Er ist aber auch ein grimmiger Kläffer, und gegen verdächtige Fremde setzt er auch sein scharfes Gebiß ein.
Verwendung: Begleithund, der als Wachhund für Haus, Garten und Auto gehalten wird.
Bemerkung: Es existiert eine Zwergvarietät des Pinschers, die unter dem Namen Rehpinscher bekannt ist. Farbe: schwarz und lohfarben oder einfarbig rehfarben. Der Rehpinscher wiegt nur um die 4 kg, ist aber muskulös und robust.

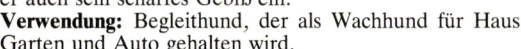

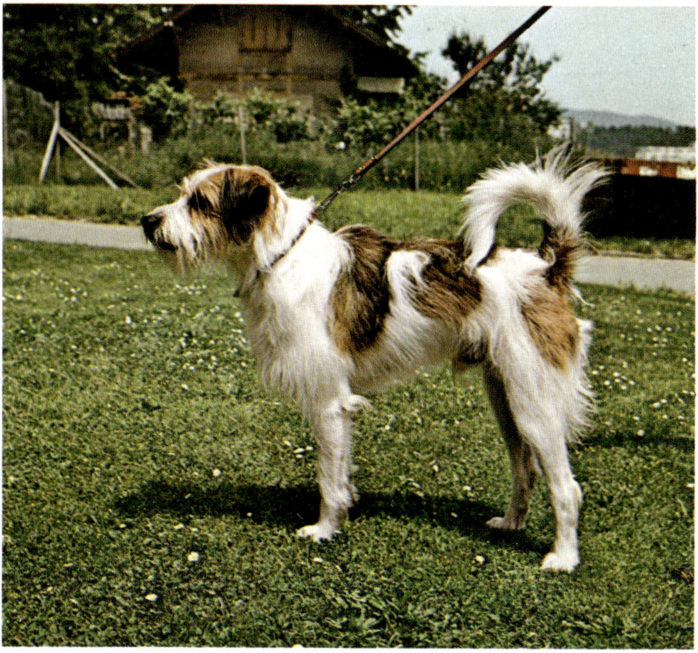

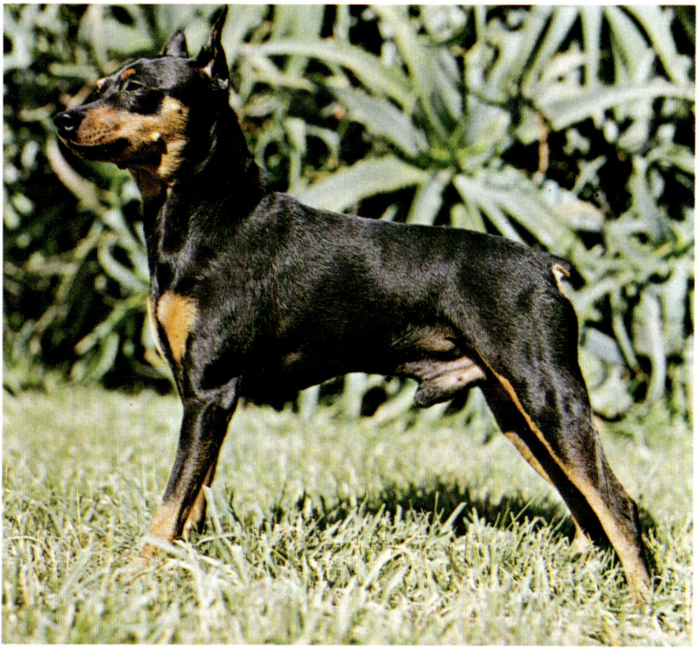

271 Zwergschnauzer

Nationalität: Deutschland
Herkunft: Wie seine größeren Brüder, Riesenschnauzer und Mittelschnauzer, ist er aus alten Terriers hervorgegangen. Außerdem führt er auch das Blut vom Affenpinscher.
Beschreibung: Seine Schulterhöhe beträgt 30 bis 35 cm (sowohl beim Rüden wie bei der Hündin); zwergenhafte Verkümmerungen werden als Defekt angesehen. Langer Kopf und kräftiger Fang, gut entwickelter Nasenspiegel; Scherengebiß; dunkle, ovale Augen; kupierte, spitze Ohren; langer, gebogener, eleganter Hals; beim dritten Wirbel kupierte Rute. Das Haar ist hart und rauh; borstige Brauen und struppiger Bart; Farbe: schwarz oder pfeffersalz.

Wesen: Sehr anhänglich, energisch, kläffend, folgsam, gelehrig, sympathisch.
Verwendung: Er besitzt nicht nur die verkleinerten ästhetischen Eigenschaften der beiden anderen Schnauzer, sondern ist auch ein sehr aufmerksamer Wächter und großer Rattenfänger. Er wird aber als ausschließlicher Haushund angesehen.

272 Schipperke

Nationalität: Belgien
Herkunft: Der Schipperke entstand in Flandern dank den Bemühungen des Marinekommandanten Renssens. Er wurde erstmals 1880 ausgestellt und hat seither eine weltweite Verbreitung gefunden.
Beschreibung: Es existieren drei verschiedene Schläge: groß, 5 bis 9 kg; mittel, 3 bis 5 kg; Zwerg, weniger als 3 kg. Die Schulterhöhe wird im Standard nicht festgelegt. Wolfskopf, mit zugespitztem Fang und kleiner Nase; breite, leicht rundliche Stirn; ovale, dunkelbraune Augen; dreieckige, sehr bewegliche Stehohren; kurzer, gedrungener Körper; vollständig fehlende Rute; reiches und hartes Haarkleid, kurz am Kopf und an der Vorderseite der Läufe; breite Mähne. Die einzige Farbe, die vom belgischen Standard zugelassen wird, ist rein schwarz.

Wesen: Überschwenglich, gelehrig, intelligent, neugierig, mißtrauisch gegen Fremde; starker Kläffer.
Verwendung: Er war früher der Hund der belgischen Schiffer und Schuhmacher, die ihn als Wasser-, Wach- und Jagdhund abgerichtet hatten. Heute ist er ein Begleithund, der einen etwas abweisenden Eindruck hinterläßt, aber seinem Herrn äußerst zugetan ist. Zu seinen besten Eigenschaften zählen die Zähigkeit, mit der er das Haus gegen Eindringlinge verteidigt, und seine große Kinderfreundlichkeit.

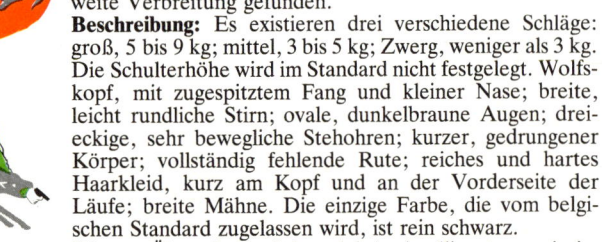

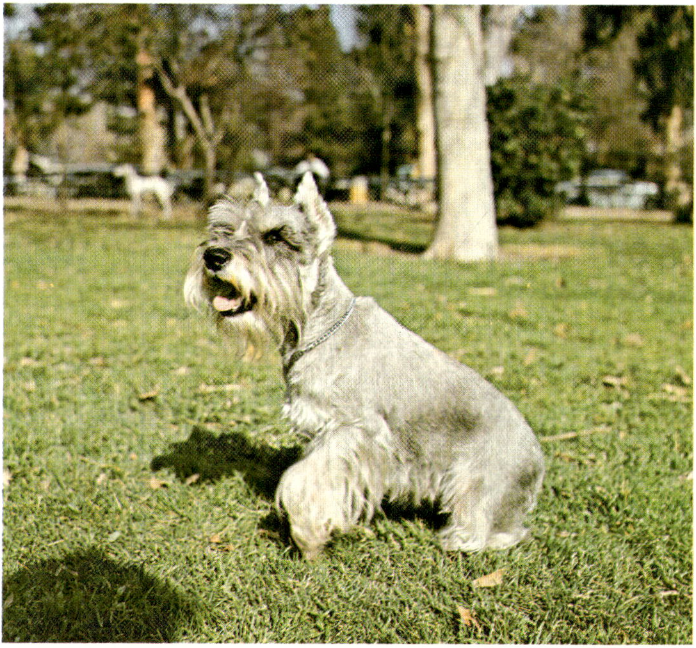

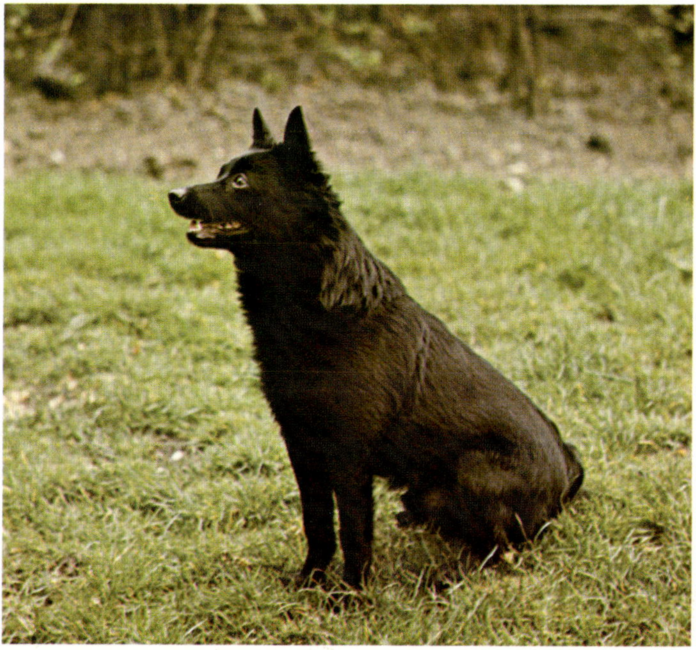

273 Belgischer Griffon
Griffon Belge

Nationalität: Belgien
Herkunft: Entstand im XIX. Jahrhundert aus Kreuzungen zwischen Yorkshire Terrier, Affenpinscher, Zwergschnauzer und Mops.
Beschreibung: Laut Standard darf der kleine Schlag nicht über 5 kg wiegen. Es handelt sich demnach um einen winzigen Hund, mit rundlichem Kopf und gewölbter Stirn; breite, schwarze Nase; kurzer, bärtiger Fang mit struppigem Schnauzbart; die unteren Zähne beißen vor; große, rundliche, dunkle Augen; gerade, spitz kupierte Ohren; starker Hals und tiefer Brustkorb; auf zwei Drittel gekürzte, hoch getragene Rute; hartes, reiches, unordentliches Haar. Farbe: schwarz, schwarz-loh, schwarz und rot gemischt. Er muß zweimal jährlich getrimmt werden.

Wesen: Trotz seines mürrischen Aspektes ist er eher sanft, anhänglich, folgsam, gelehrig und sehr lebhaft.
Verwendung: Geborener Hof- und Stallhund, großer Rattenfänger, der gerne in Gebüsch und Feld umherstreift, der aber auch als angenehmer Begleithund gehalten wird. Kinder liebt er nicht besonders.
Bemerkung: Die Geburten werden durch den rundlichen Schädel der Welpen erschwert, und häufig sind sie nur durch Kaiserschnitt möglich.

274 Griffon Brabançon
Brabanter Griffon, Belgischer Zwerggriffon

Nationalität: Belgien
Herkunft: Dieselbe wie beim Griffon Belge.
Beschreibung: Dieselbe wie beim Griffon Belge, mit Ausnahme des Haarkleids, das kurz, und der Fellfarbe, die rot (manchmal mit dunklen Abzeichen) oder schwarz-lohfarben ist.
Wesen: Anhänglich, lebhaft, neugierig, intelligent, etwas launisch.
Verwendung: Sympathischer, ziemlich seltener Begleithund, leidenschaftlicher Rattenfänger und Wächter des Hauses.

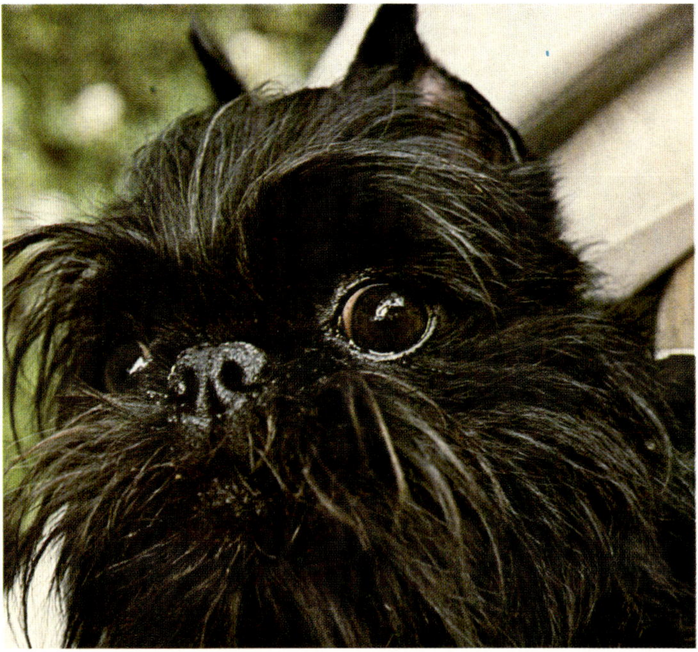

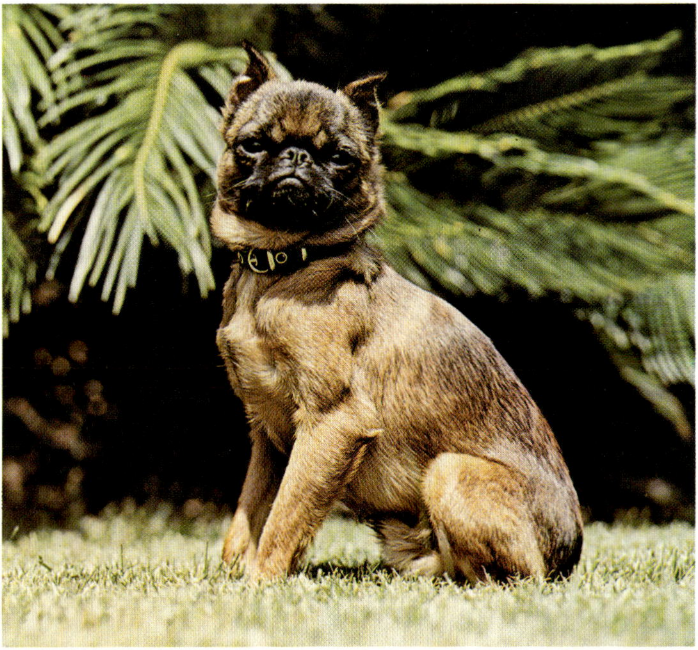

275 Bulldog

Englische Bulldogge

Nationalität: Großbritannien

Herkunft: Die Rasse ist aus dem alten asiatischen Mastiff hervorgegangen. Der Name Bulldogge stammt aus dem Mittelalter und bezieht sich nicht nur auf den robusten Aspekt des Hundes, der ihn einem kleinen Stier gleichen läßt, sondern hauptsächlich auf seine Stärke und auf die Tatsache, daß er als grimmiger Kampfhund sich in der Arena mit der Kraft eines Stieres zu messen hatte. Diese blutigen Kämpfe wurden im XIX. Jahrhundert verboten.

Beschreibung: Kleinwüchsig, breit, kompakt, mit breitem und massigem Kopf. Das optimale Gewicht liegt bei 24 bis 25 kg (22–23 kg bei der Hündin). Die Schulterhöhe wird im Standard nicht festgelegt; sie beträgt meist zwischen 30 und 35 cm. Der Schädel muß breit sein (je breiter, je besser), mit rundlichen Backen, die seitswärts über die Augen herausragen; außerdem formt die Haut breite und hohe Wülste mit tiefen Falten. Der Fang ist stark verkürzt und nach oben gekrümmt; breiter, schwarzer Nasenspiegel mit weiten Nasenflügeln; herabhängende Oberlefzen; der Unterkiefer muß den Oberkiefer stark überragen. Rundliche, weit auseinandergestellte, sehr dunkle Augen; kleine, dünne Ohren, als Rosenohren hinten etwas gefaltet; Hals mit guter Nackenwölbung und breiter Wamme; hängende Rute; kurzes, feines Haar; Farbe: fahlrot und weiß, auch weiß gesprenkelt oder gestromt; schwarz ist nicht gestattet.

Wesen: Bis zum XIX. Jahrhundert, als es sich noch um einen Kampfhund handelte, war sie enorm aggressiv. Während der letzten hundert Jahre haben sich die Züchter bemüht, der Bulldogge ihre kraftstrotzende und etwas mürrische Gesamterscheinung zu lassen, sie selbst aber in einen gutmütigen, zurückhaltenden, würdevollen, treuen, häuslichen, sauberen und aristokratischen Hund zu verwandeln.

Verwendung: Als ihre Karriere als Gladiator zu Ende war, wurde sie als Gebrauchshund für Wachleute, für Polizisten und für die Armee eingesetzt. In den Vereinigten Staaten erhielt eine Bulldogge fünf Kriegsauszeichnungen und Bronzemedaillen, und eine andere wurde zum Korporal ernannt. Heute ist sie zu einem vorzüglichen Kameraden des Menschen geworden.

Fütterung: Um nicht zu verfetten, erhält sie täglich 300 g Fleisch, 250 g gekochten Reis und Gemüse.

Bemerkungen: Der breite Kopf der Welpen ist ein großes Geburtshindernis und Kaiserschnitte sind häufig notwendig. Außerdem sind viele Hündinnen steril. Dies sind Gründe, die eine Bulldogge teuer machen.

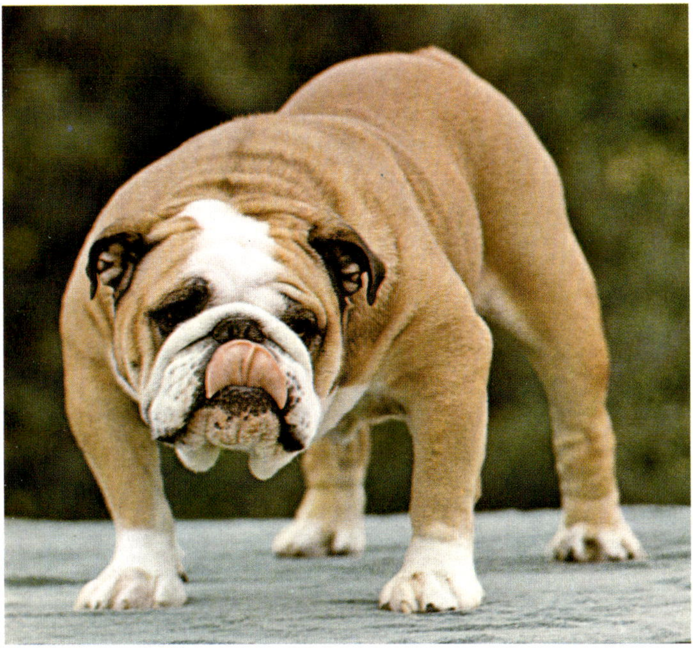

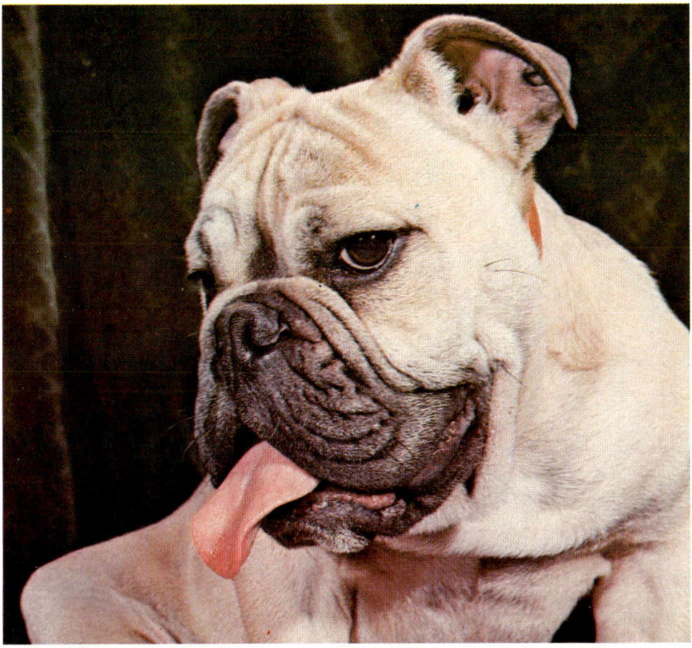

276 Französische Bulldogge
Bully

Nationalität: Frankreich

Herkunft: Autochthone, französische Rasse, die das Blut von der englischen Bulldogge führt und die in der zweiten Hälfte des XIX. Jahrhunderts am weitesten verbreitet war.

Beschreibung: Kleiner Hund mit einem Gewicht von 6 bis 12 kg; breiter und eckiger Schädel; verkürzte und zurückgestoßene Schnauze; schwarze, dicke und gut schließende Lefzen, die das Gebiß decken; breite, kräftige Kiefer; sehr ausgeprägter Stop; dunkle, rundliche und etwas hervortretende Augen; breit angesetzte, oben abgerundete, aufrecht getragene Fledermausohren; Hals ohne Wamme; tonnenförmiger Brustkasten mit gewölbten Rippen; tief getragene Rute, manchmal angeborene Korkzieherrute; Haar kurz, glänzend und weich. Farbe: sog. bringé (schwarz und nicht zu dunkel rotgelbgestromt) und caille (weiße Grundfarbe und gescheckt).

Wesen: Mutig, aktiv, ausgeglichen, anhänglich, feinfühlig, intelligent, drollig und aufgeweckt.

Verwendung: Begleithund, der auch als Wächter des Hauses gute Dienste erweist. Außerdem ist er ein ausgezeichneter Rattenfänger.

Fütterung: Man muß vermeiden, daß er verfettet, denn er würde unter Atemschwierigkeiten leiden.

---

277 Bologneser
Bichon bolognais, Bolognese

Nationalität: Italien

Herkunft: Er entstand vor Jahrhunderten in Bologna. Schon seit Ende des XIII. Jahrhunderts bekannt, erfreute er sich größter Beliebtheit im Mittelalter, während der Renaissance am Hofe der Medici, der Gonzaga, der Estensi.

Beschreibung: Schulterhöhe der Rüden 27 bis 30 cm, Hündinnen 25 bis 28 cm; Gewicht 2,5 bis 4 kg. Gedrungener, quadratischer Körper; mittellanger Kopf mit geradem Nasenrücken; schwarzer, feuchter und kühler Nasenspiegel; gut schließendes Gebiß; große Augen mit intelligentem Ausdruck; hochangesetzte, lange, etwas abstehende Hängeohren; über dem Rücken getragene Rute. Das Haar ist gekräuselt und in Büscheln gruppiert und bedeckt den ganzen Körper. Farbe: rein weiß.

Wesen: Sehr ernst, aber äußerst anhänglich, sehr intelligent und mit der Familie eng verbunden.

Verwendung: Obschon er gerne das Haus gegen Eindringlinge verteidigt, ist der Bologneser von Anfang an immer ein reizender Begleithund gewesen. Heute ist er leider ziemlich selten geworden.

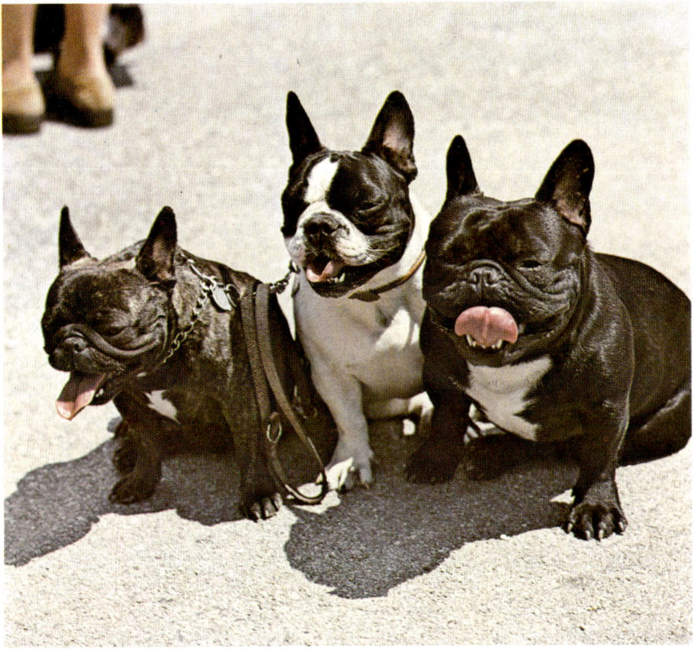

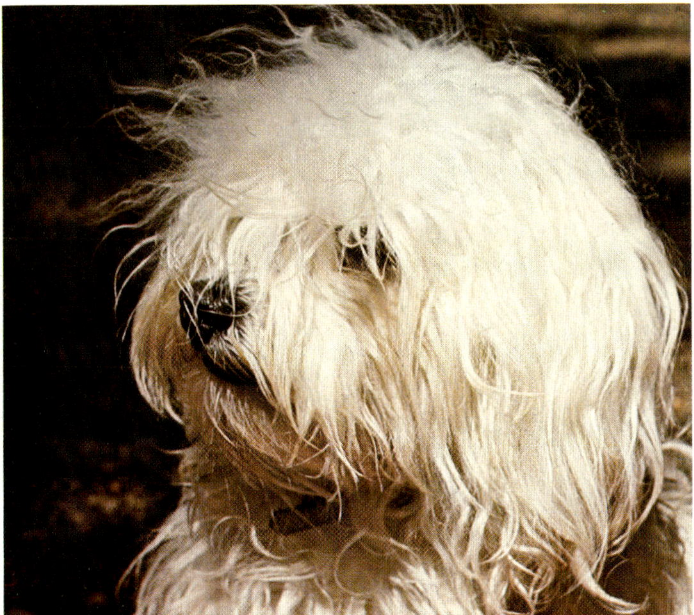

278 Havaneser

Bichon havanois

Nationalität: Nicht festgesetzt.
Herkunft: Über seine Herkunft gibt es zwei Theorien:
1. In Argentinien erfolgte Kreuzung zwischen Bologneser und Zwergpudel.
2. Kreuzungsprodukt zwischen Malteser und Zwerghunden aus den Antillen.

Beschreibung: Aus dem Standard: Gewicht nie über 6 kg; flacher und breiter Oberkopf; sehr flache Wangen; schmaler Fang, schwarze Nase, große, vorzugsweise schwarze Augen; spitze Hängeohren; rechteckiger Körperbau; hoch getragene Rute; gerade, trockene Gliedmaßen; langes, flaches Haar. Farbe: weiß, beige, grau, oder weiß mit beigen Flecken.
Wesen: Lebhaft, anhänglich, würdevoll, sauber.
Verwendung: Äußerst sympathischer und seltener, ausschließlicher Begleithund.

279 Nackthund

Nationalität: Nicht festgesetzt
Herkunft: Kam im XVII. Jahrhundert nach Mexiko, wahrscheinlich aus Afrika. Man verwendet für ihn auch die wissenschaftliche Bezeichnung *Canis africanus.*
Beschreibung: Eleganter, feinknochiger und robuster Kleinhund, der etwas einem kleineren italienischen Windhund ähnelt. Seine Schulterhöhe beträgt 25 bis 40 cm, bei einem Gewicht von 4 bis 8 kg. Schön ziselierter Kopf, regelmäßiges Gebiß, kleine, glänzende Augen; Stehohren oder Rosenohren; glatte, faltenlose und haarlose Haut; Haare nur am Oberkopf und manchmal am Rutenende. Hautfarbe: elefantengrau, grau mit rosaroten Flecken, fleischfarben mit grauen oder schwarzen Flecken. Der Nackthund zittert häufig, einerseits aus Nervosität, aber andererseits auch um die Körperwärme zu erhalten.

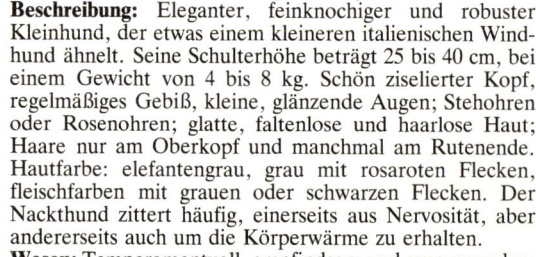

Wesen: Temperamentvoll, empfindsam und ausgesprochen liebebedürftig.
Verwendung: Ausschließlicher Begleithund, der nur in Mexiko ziemlich verbreitet ist.

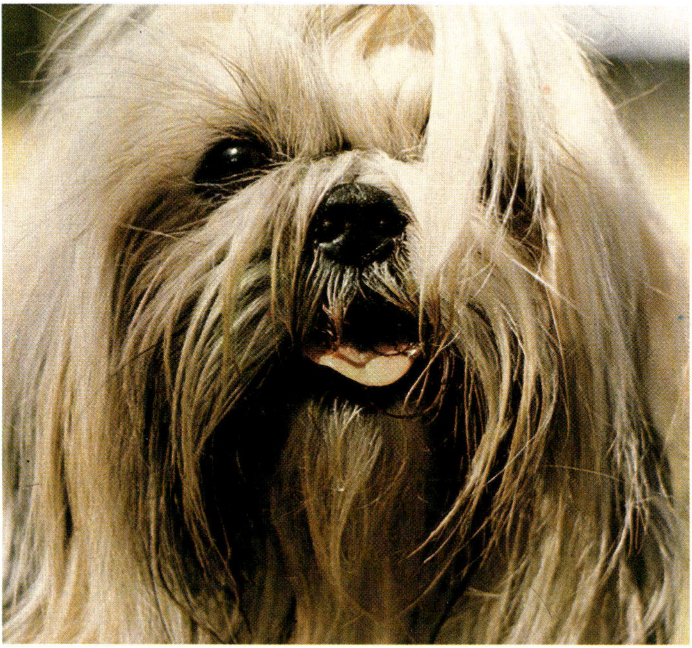

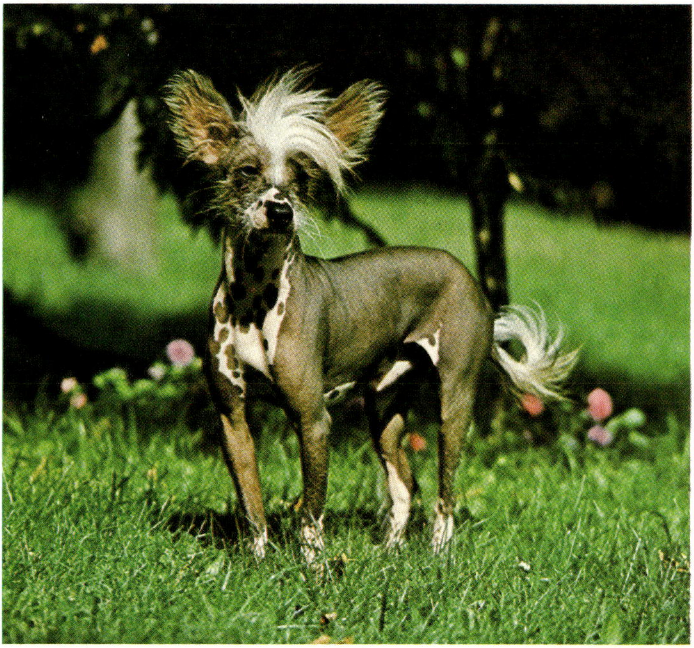

Nationalität: China

Herkunft: Die erste bekannte Abbildung eines Chow-Chow stammt aus einem zweitausend Jahre alten chinesischen Basrelief. In Europa ist er erst seit der zweiten Hälfte des XIX. Jahrhunderts bekannt. Englische Handelsschiffe brachten ihn nach England, und eines der Tiere wurde dem Prinzen von Wales, dem zukünftigen Edward VII., überreicht.

Beschreibung: Löwenartiges Aussehen und stolze Haltung; breiter Kopf mit flachem Oberkopf. Breiter Fang mit gut ausgefüllter Partie unter den Augen, nicht zugespitzt; schwarzer Nasenspiegel; kleine, schräggestellte, dunkle Augen; dreieckige, nach vorne über die Augen gerichtete Stehohren; Zunge, Gaumen, Zahnfleisch und Lefzen müssen blauschwarz sein. Langes, sehr üppiges, dichtes Deckhaar mit weicher Unterwolle; eine breite Mähne. Farbe: loh, rot, crème, blau, schwarz, silbergrau (blau), selten weiß, immer einfarbig. Flecken sind nicht gestattet. Die Schulterhöhe des Chow-Chow muß zwischen 55 und 60 cm liegen und darf nie unter 45,7 cm (18 inches) bleiben; die Brust ist breit und tief, die Lendenpartie kurz und kräftig; die reichbehaarte Rute wird eng über dem Rücken getragen.

Wesen: In China wurde der Chow-Chow früher als Hüte- und Schlittenhund verwendet, außerdem wird er bis heute als Speisehund gehalten, und auch sein Fell wird verarbeitet. Diese unpersönliche Haltung und das Fehlen von affektiven Beziehungen mit seinem Halter haben das Wesen dieses schönen Hundes stark beeinflußt. Er ist sehr reserviert, abweisend, spielt nur ungern. Gleichzeitig ist er aber auch treu, offen und dem einzigen Herrn, dem er gehorcht, sehr zugetan. Er hat eine starke Abneigung gegen Leine und Maulkorb. Sonst ist er wohlerzogen, sauber und geduldig.

Verwendung: Begleithund für ruhige Personen. Besonders im Sommer muß er häufig ausgeführt werden. Früher wurde er auch als Wachhund, Wolfsjäger und Schlittenhund gehalten.

Fütterung: Als chinesischer Hund ist er gewöhnt, große Mengen Reis zu fressen. Seine tägliche Nahrung sollte normalerweise wie folgt aussehen: 300 g Reis, 250 g Fleisch, gekochtes Gemüse.

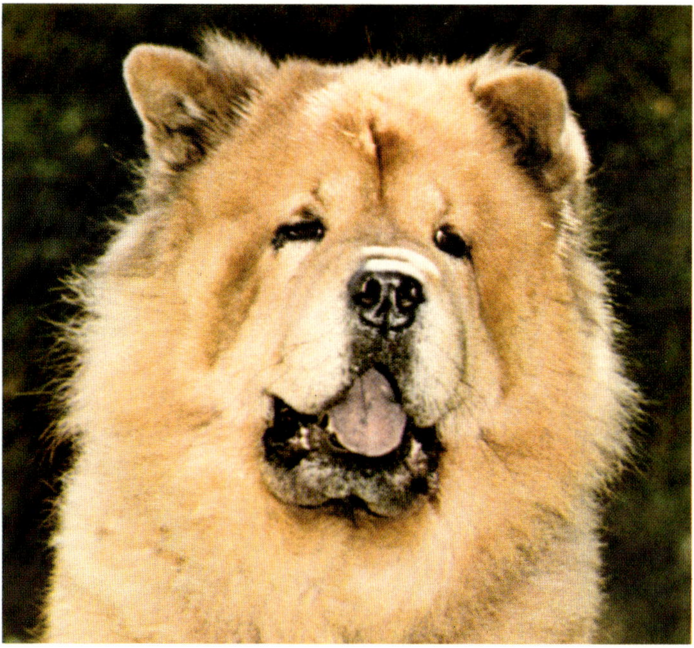

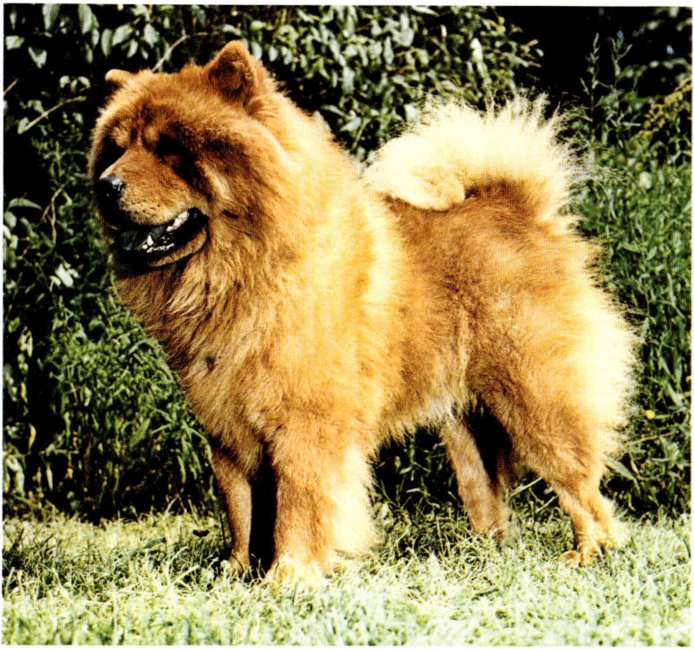

281 Mops

Pug, Carlin

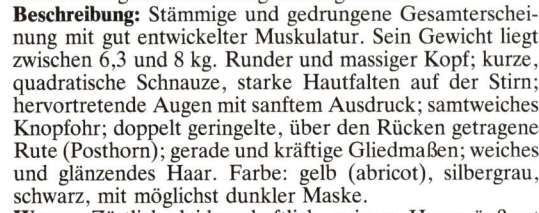

Nationalität: Großbritannien
Herkunft: Kam vor vierhundert Jahren aus China nach Holland und wurde nach und nach in Großbritannien bis zu seiner heutigen Erscheinung herausgezüchtet.
Beschreibung: Stämmige und gedrungene Gesamterscheinung mit gut entwickelter Muskulatur. Sein Gewicht liegt zwischen 6,3 und 8 kg. Runder und massiger Kopf; kurze, quadratische Schnauze, starke Hautfalten auf der Stirn; hervortretende Augen mit sanftem Ausdruck; samtweiches Knopfohr; doppelt geringelte, über den Rücken getragene Rute (Posthorn); gerade und kräftige Gliedmaßen; weiches und glänzendes Haar. Farbe: gelb (abricot), silbergrau, schwarz, mit möglichst dunkler Maske.
Wesen: Zärtlich, leidenschaftlich, seinem Herrn äußerst zugetan, mißtrauisch gegen Fremde.
Verwendung: Er war immer ein Begleithund und beliebter Herrenhund.
Bermerkung: Seinen italienischen Namen, Carlino, verdankt er einem fahrenden Schauspieler aus dem XVIII. Jahrhundert, der den Harlekin mit schwarzer Maske spielte.

---

282 Shar-Pei

Chinesischer Kampfhund

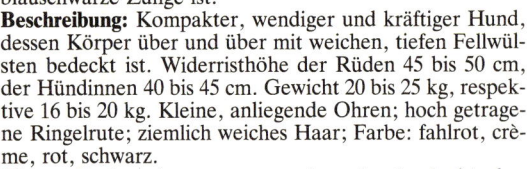

Nationalität: China
Herkunft: Die genaue Abstammung ist unklar. Es könnte sich um einen Abkömmling des Chow-Chow handeln, obschon das einzige gemeinsame Merkmal beider Rassen die blauschwarze Zunge ist.
Beschreibung: Kompakter, wendiger und kräftiger Hund, dessen Körper über und über mit weichen, tiefen Fellwülsten bedeckt ist. Widerristhöhe der Rüden 45 bis 50 cm, der Hündinnen 40 bis 45 cm. Gewicht 20 bis 25 kg, respektive 16 bis 20 kg. Kleine, anliegende Ohren; hoch getragene Ringelrute; ziemlich weiches Haar; Farbe: fahlrot, crème, rot, schwarz.
Wesen: Er hat einen etwas traurigen Ausdruck, ist aber glücklich, wenn er im Hause leben darf. Ruhig, gutmütig, treu, besonders kinderfreundlich.
Verwendung: Früher war er ein wilder Kampfhund. Hundekämpfe waren in China sehr populär, und der Chinese Fighting Dog war jahrelang einer der beliebtesten Gladiatoren. Später wurde aus ihm fast ausschließlich ein Begleithund, besonders dank den Bemühungen einiger passionierter amerikanischer Züchter. Er ist jedoch extrem selten anzutreffen.

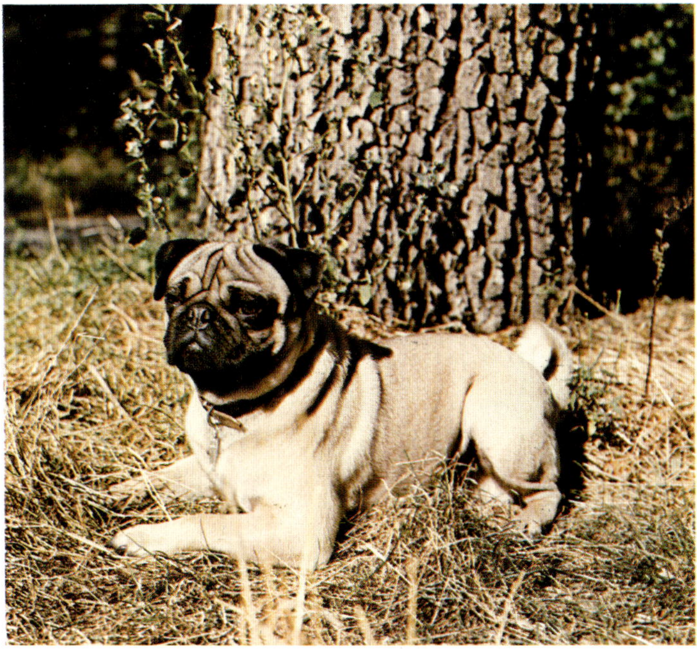

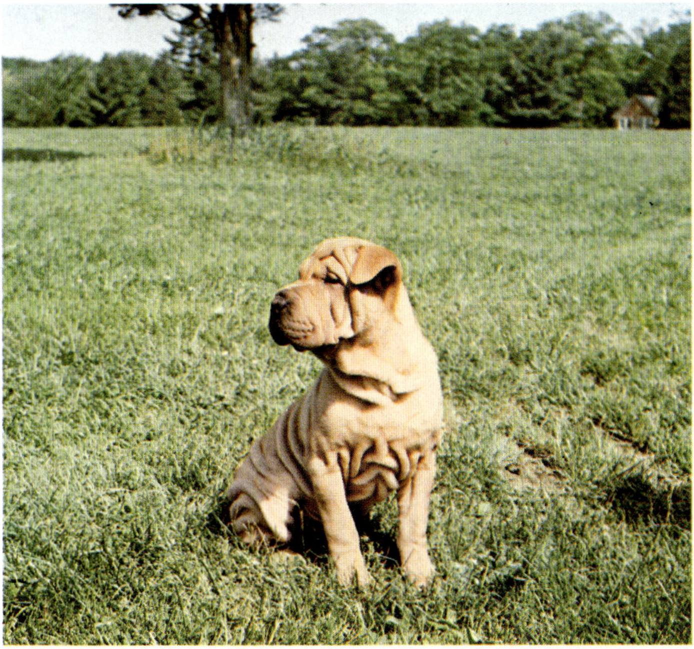

283 Tibet Spaniel

Nationalität: Tibet
Herkunft: Seine Abstammung ist nicht vollkommen gesichert. Man vermutet, daß er aus Kreuzungen zwischen
Pekingese, Mops, Lhasa Apso und Japan Tchin entstanden
ist.
Beschreibung: Mittelgroßer Hund mit einem Gewicht von
2,5 bis 6 kg; kräftige Schnauze; gewölbter Oberkopf; kasta-
nienbraune Augen; herabhängende, am Ansatz befederte
Ohren; gut befederte Rute (Federbusch), die über den
Rücken gerollt wird; dichtes, flaches Haar; Farbe: reh-
braun, goldfarben, schwarz, schwarz und lohfarben, crème, weiß, kastanienbraun.
Wesen: Lebhaft, freundlich, sehr aufmerksam, sympathi-
scher und anhänglicher Familienhund, abweisend gegen
Fremde.
Verwendung: Feinfühliger Wohnungshund.
Bemerkung: Die Welpen werden nackt geboren und ver-
bleiben so bis zum Alter von 3 bis 4 Monaten.

---

284 Cavalier King Charles Spaniel

Nationalität: Nicht festgelegt
Herkunft: Wahrscheinlich dieselbe wie beim King Charles
Spaniel.
Beschreibung: Schulterhöhe 25 bis 34 cm; Gewicht: 4,45
bis 8,8 kg. Keilförmiger Fang; flacher Oberkopf; gut geöffnete Nasenlöcher; wenig ausgeprägter Stop; dunkle, große,
nicht hervortretende Augen; langer, reich befranster Behang; mittellange Rute (manchmal kupiert); langes, seidiges, nicht krauses Haar. Wie beim King Charles gibt es vier
Varietäten: schwarz und lohfarben, einfarbig, rot, weiß mit
kastanienbraunen Flecken, dreifarbig (schwarz, weiß, kastanienbraun).
Wesen: Lebhaft, sportlich, ohne Scheu.
Verwendung: Sympathischer Begleithund. Besitzt eine bemerkenswerte Nase und ausgezeichnete Augen und wird
deshalb auch für kurze Jagden in ebenem Gelände eingesetzt.
Bemerkung: Nicht alle Züchter kupieren die Rute der
Welpen, deshalb spielt die Länge der Rute auf Ausstellungen keine Rolle.

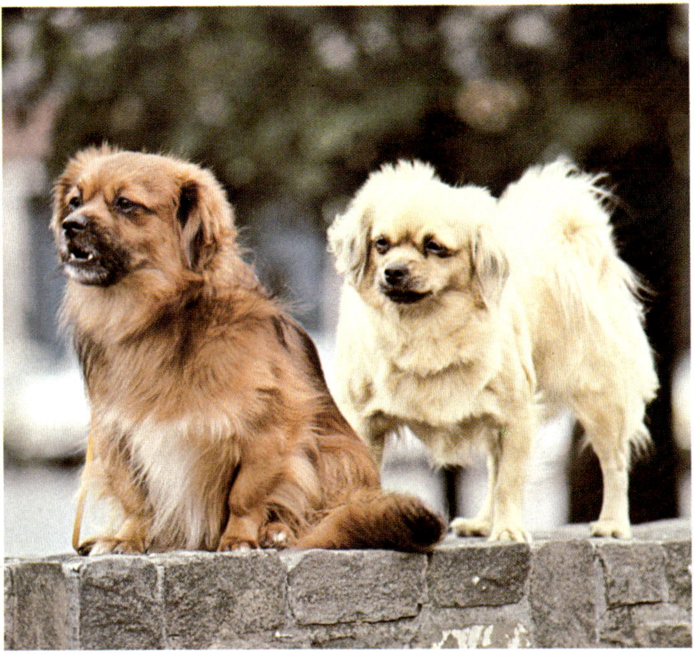

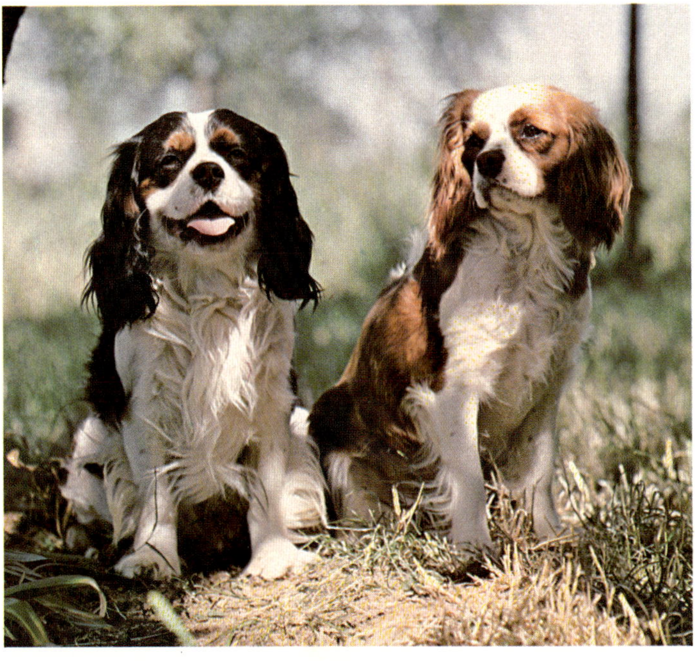

285 Telomian

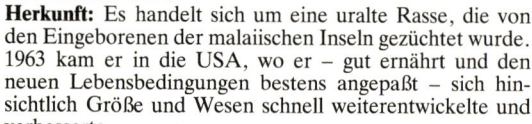

Nationalität: USA

Herkunft: Es handelt sich um eine uralte Rasse, die von den Eingeborenen der malaiischen Inseln gezüchtet wurde. 1963 kam er in die USA, wo er – gut ernährt und den neuen Lebensbedingungen bestens angepaßt – sich hinsichtlich Größe und Wesen schnell weiterentwickelte und verbesserte.

Beschreibung: Kräftige und rustikale Erscheinung. Der Telomian gleicht etwas dem Basenji, mit dem er wahrscheinlich weitläufig verwandt ist. Die Schulterhöhe beträgt 40 bis 48 cm beim Rüden, 38 bis 45 cm bei der Hündin, bei einem Gewicht von 11 bis 13 kg, respektive 10 bis 12 kg. Der Kopf ist keilförmig, der Körper kompakt; sichelförmig getragene Rute; kräftige Gliedmaßen, aufgezogener Bauch; weiter Brustkasten; kurzes, weiches Haar. Farbe: sandfarben in allen Schattierungen, mit weißen Flecken auf der Brust und an den Pfoten.

Wesen: Lebhaft, intelligent, fröhlich, sehr kinderfreundlich; liebt seinen Herrn und sein Heim.

Verwendung: In seiner Heimat war er ein Allzweckhund: Jagd-, Wach-, Schäfer- und Begleithund. In Amerika wird er ausschließlich als Begleithund gehalten und seiner Sauberkeit, seiner Würde und seiner angenehmen Stimme wegen sehr geschätzt.

Bemerkung: Diese Rasse wird von den Mitgliedern des Telomian-Club of America studiert und gezüchtet, und die Welpen werden nur durch dessen Vermittlung verkauft.

286 Shiba Inu

Nationalität: Japan

Herkunft: Sehr alte Rasse, die wahrscheinlich das Blut von Chow-Chows und Kyushus führt und vor zweitausend Jahren aus China nach Japan kam.

Beschreibung: Die Schulterhöhe beträgt 37,9 bis 40,8 cm beim Rüden, 34,9 bis 37,9 cm bei der Hündin. Zugespitzter Fang, breite Stirne, gerader Nasenrücken und schwarzer Nasenspiegel; kleine, dunkelbraune Augen; dreieckige, aufrecht getragene Ohren; kräftiger Hals, breite, kräftige Rute, die gerollt oder sichelförmig getragen wird. Das Haarkleid besteht aus hartem und dickem Deckhaar und feiner Unterwolle. Farbe: rot, pfeffersalz, rotpfeffer, schwarzpfeffer, schwarz, gestromt, weiß.

Wesen: Anhänglich, freundlich, gelehrig, mutig, sauber.

Verwendung: Geschätzter und liebenswürdiger Begleithund, der auch zur Jagd auf Niederwild und als Wächter gebraucht wird.

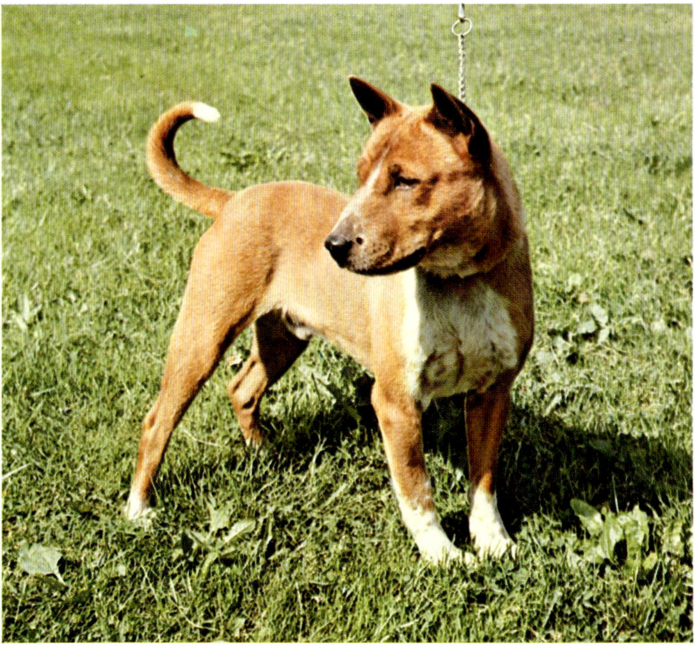

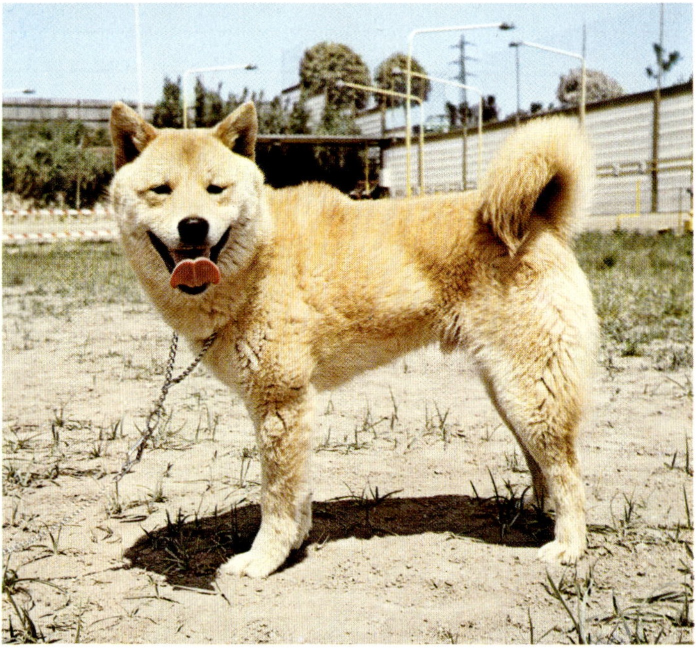

287 Deutscher Kleinspitz
Zwergspitz

Nationalität: Deutschland
Herkunft: Er hat die gleiche vorgeschichtliche Abstammung wie alle anderen Spitze, aber er wurde im preußischen Gebiet Pommern gezüchtet.

Beschreibung: Maximale Schulterhöhe 30 cm; Gewicht um die 5 kg; keilförmiger Schädel; dunkle, nicht große, intelligent blickende Augen; spitze Stehohren; über dem Rücken getragene Rute; langes und dichtes Haar; Farbe: immer einfarbig weiß, rot, orangenfarben, schwarz, wolfsgrau. Das Haarkleid ist im Alter von drei Jahren am üppigsten; später können haarlose Stellen auftreten.

Wesen: Lebhaft, fröhlich, schlau, folgsam; verbellt jeden Fremden.
Verwendung: Nachdem er ein guter Hirtenhund gewesen war, machte man in der Renaissance einen Luxushund aus ihm. Er liebt sein Heim und betätigt sich gelegentlich als Wachhund.
Bemerkung: Die Welpen des Zwergspitzes sind bei der Geburt sehr klein und empfindlich: drei neugeborene Welpen haben in einer Hand Platz.

288 Affenpinscher

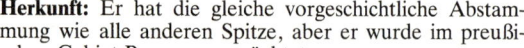

Nationalität: Deutschland
Herkunft: Man weiß nichts Genaueres über seine Herkunft. Er ist sicher mit dem Belgischen Griffon und wahrscheinlich auch mit den Terriers verwandt.

Beschreibung: Schulterhöhe 25 bis 38 cm; großer, kugeliger Kopf; kräftiger, stumpfer Fang; ausgeprägter Stop; gewölbter Oberkopf mit zerzaustem Haarschopf; gleicht einem kleinen Affen; dunkle, rundliche, hervortretende Augen mit intelligentem Ausdruck; spitze Stehohren; kurzer, gewölbter Hals; kompakter Rumpf mit breiter Brust; hoch getragene, auf zwei Drittel ihrer Länge kupierte Rute; gerade, starkknochige Läufe. Das Haarkleid besteht aus langem, rauhem Deckhaar mit leicht krauser Unterwolle. Farbe: grauschwarz, blaugrau, gelblichrot. Er braucht keine besondere Haarpflege.

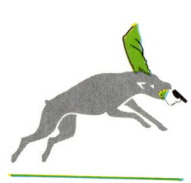

Wesen: Autoritär, aggressiv, überschwenglich, lärmig, sehr anhänglich der Familie gegenüber, neugierig.
Verwendung: Begleit- und Haushund, der auch sehr gerne im Freien herumtollt. Sehr tüchtiger Rattenfänger und vorzüglicher Wächter des Hauses.

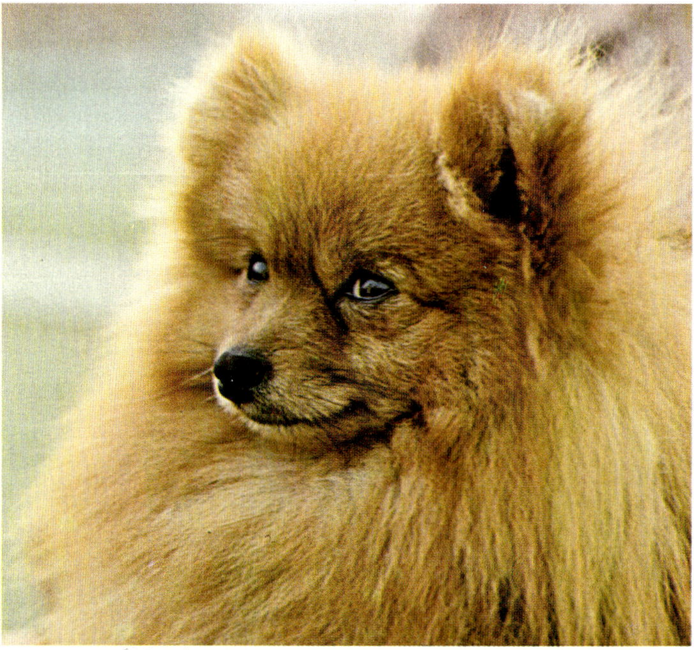

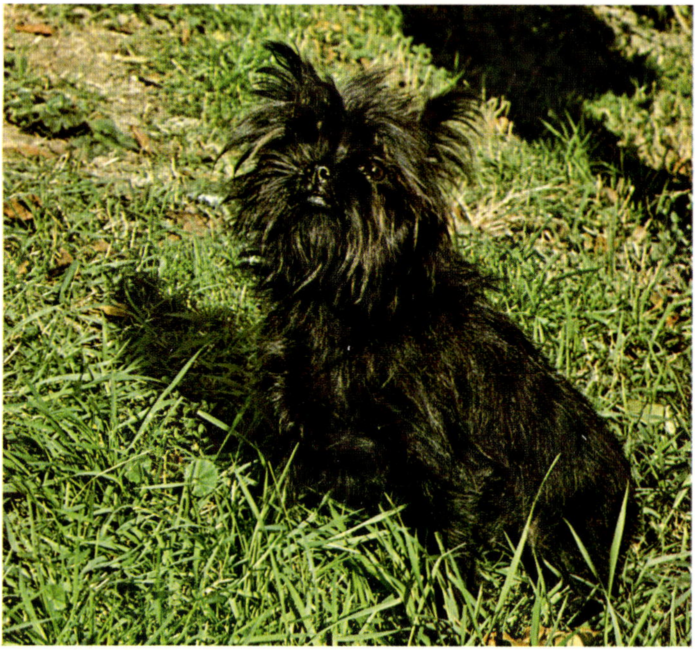

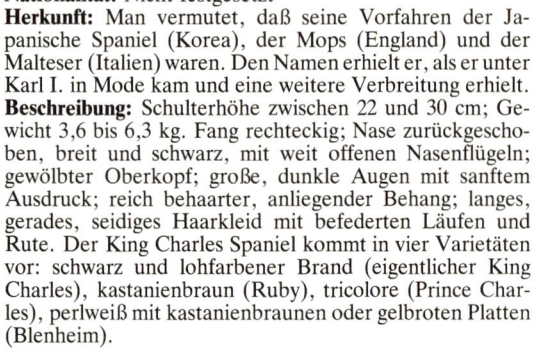

289 King Charles Spaniel
English Toy Spaniel

Nationalität: Nicht festgesetzt

Herkunft: Man vermutet, daß seine Vorfahren der Japanische Spaniel (Korea), der Mops (England) und der Malteser (Italien) waren. Den Namen erhielt er, als er unter Karl I. in Mode kam und eine weitere Verbreitung erhielt.

Beschreibung: Schulterhöhe zwischen 22 und 30 cm; Gewicht 3,6 bis 6,3 kg. Fang rechteckig; Nase zurückgeschoben, breit und schwarz, mit weit offenen Nasenflügeln; gewölbter Oberkopf; große, dunkle Augen mit sanftem Ausdruck; reich behaarter, anliegender Behang; langes, gerades, seidiges Haarkleid mit befederten Läufen und Rute. Der King Charles Spaniel kommt in vier Varietäten vor: schwarz und lohfarbener Brand (eigentlicher King Charles), kastanienbraun (Ruby), tricolore (Prince Charles), perlweiß mit kastanienbraunen oder gelbroten Platten (Blenheim).

Wesen: Fröhlich, lebhaft, anhänglich, von überaus sanfter Natur. Manchmal zeigt er sich Fremden gegenüber scheu, verliert diese Scheu aber sehr schnell, wenn man ihn mit echter Freundlichkeit anspricht. Allein gelassen, wird er melancholisch und traurig.

Verwendung: Er bellt nur selten und ist deshalb kein guter Wächter der Wohnung. Eigentlich ist er ein ausschließlicher Begleithund.

Fütterung: Er zeigt kein großes Interesse für das Futter und es macht ihm nichts aus, eine Mahlzeit zu überspringen, falls ihm die Kost nicht besonders behagt. Normalerweise trinkt er gerne Milch, liebt Hundebiscuits, frischen Fisch, etwas rohes Fleisch. Süßigkeiten müssen auf alle Fälle vermieden werden.

Bemerkung: Es handelt sich um einen ziemlich empfindlichen Hund, der Kälte und Feuchtigkeit verabscheut. Im Winter sollte er einen Mantel tragen. Statt gebadet, sollte er so oft wie möglich durchgebürstet werden. Auf alle Fälle sollte er immer gründlich getrocknet werden. Welpen, die im Winter geworfen werden, sollten bis zum späten Frühling an der Wärme gehalten werden.

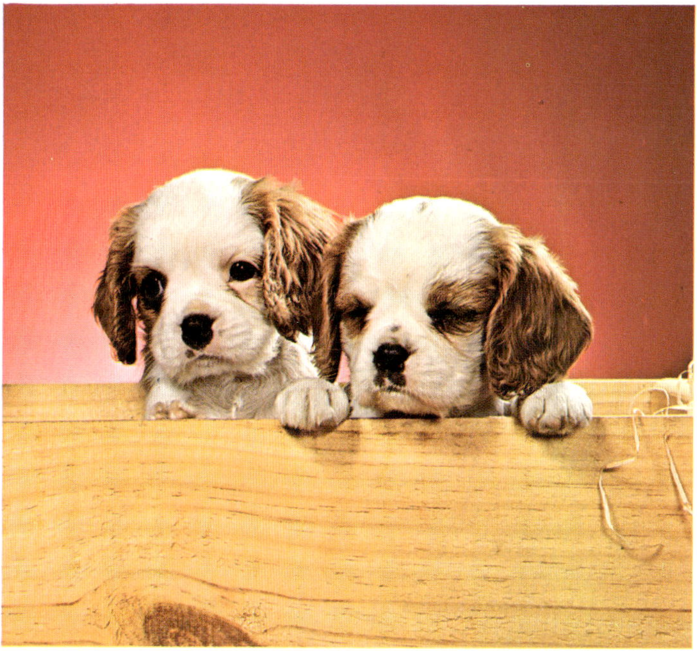

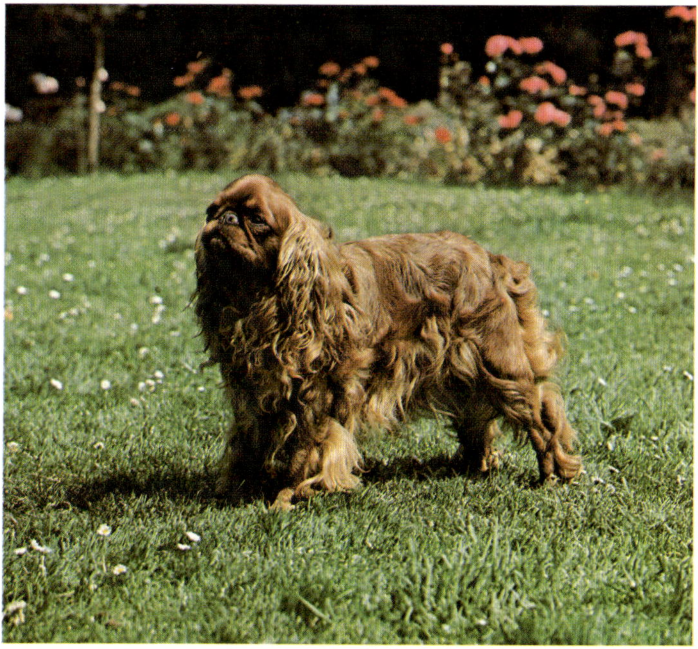

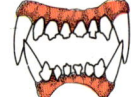

290 Toy Terrier

Nationalität: Großbritannien
Herkunft: Entstand aus wiederholten Kreuzungen zwischen den kleinsten Exemplaren des Manchester Terriers.
Beschreibung: Maximale Schulterhöhe 25 cm; Gewicht nie unter 2,5 kg. Keilförmiger Kopf; flacher, schmaler Schädel; Scherengebiß; dunkle, hervortretende Augen; zugespitzte Stehohren; robuste, leicht kupierte Rute; Haar dicht, glänzend, kurz, einfarbig schwarz oder schwarz mit lohfarbenem Brand.
Wesen: Kühn, äußerst lebhaft, intelligent, anhänglich, mißtrauisch gegen Fremde.
Verwendung: Er war schon immer nur Begleithund und wurde früher in der Manteltasche mitgeführt. Trotz seiner Winzigkeit (er ist einer der kleinsten Hunde) kann er sein Terrierblut nicht verleugnen; auch er ist ein unerbittlicher Feind aller Mäuse.

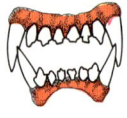

291 Toy Foxterrier

Nationalität: USA
Herkunft: Er stammt direkt vom englischen Foxterrier ab, dessen Standard 1876 festgesetzt wurde. In Amerika wurde er durch gezielte Zuchtwahl miniaturisiert.
Beschreibung: Schulterhöhe beim Rüden und bei der Hündin 25 cm; Gewicht 1,5 bis 3 kg. Langgestreckter Fang, Stehohren, hoch getragene Rute, dunkle, rundliche Augen; kurzes und dichtes Haar; Farbe: weiß mit schwarzen oder kastanienbraunen Flecken.
Wesen: Neugierig, intelligent, sympathisch, empfindsam.
Verwendung: Begleithund, der die alten Instinkte der Terriers nicht verloren hat und gerne Mäuse und andere kleine Tiere jagt.

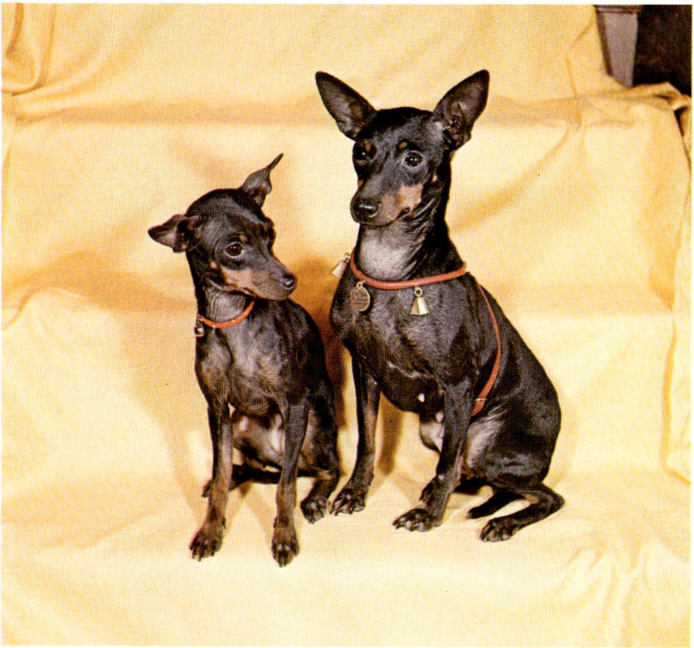

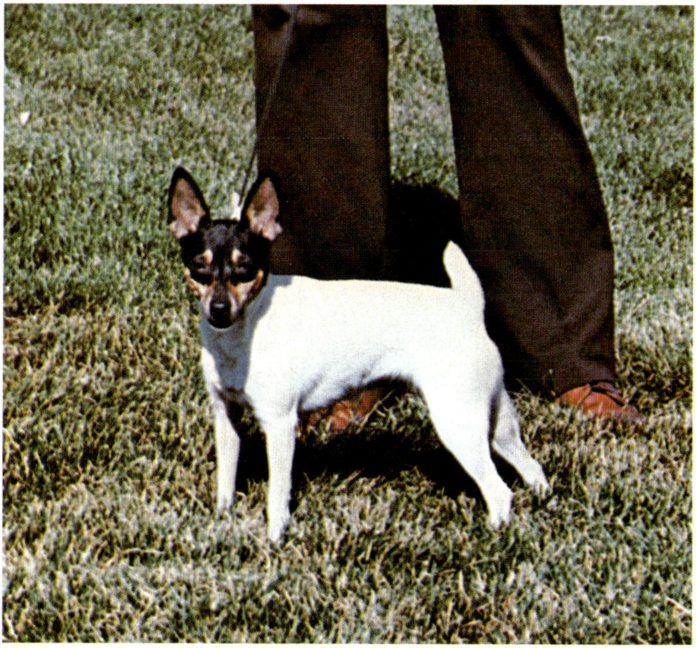

292 Griffon Bruxellois
Belgischer Zwerggriffon

Nationalität: Belgien
Herkunft: Dieselbe wie beim Belgischen Griffon.
Beschreibung: Er unterscheidet sich vom Belgischen Griffon durch sein langes, hartes, struppiges, einfarbig rotes Haar. Sein Haarkleid muß täglich gebürstet und mehrmals jährlich getrimmt werden. Er darf nur aus hygienischen Gründen gebadet werden, da sonst sein Haar die charakteristische Härte verliert.

Wesen: Anhänglich, lebhaft, neugierig, intelligent, etwas launisch.
Verwendung: Begleithund, der wie alle Terriers ein großer Mäuse- und Rattenfänger ist und sein Haus unaufhörlich kläffend verteidigt.

---

293 Malteser
Bichon maltais

Nationalität: Italien
Herkunft: Sehr alte Rasse; der griechische Philosoph Theophrastes nannte ihn «Hund aus Melitea» (heute Meleda oder Malta). In Italien wurde er durch Einkreuzung von Zwergspaniels und Zwergpudeln weitergezüchtet.
Beschreibung: Die Schulterhöhe beträgt 21 bis 25 cm beim Rüden, 20 bis 23 cm bei der Hündin, bei einem Gewicht von 3 bis 4 kg. Die Länge der Schnauze beträgt ⅓ der gesamten Kopflänge; schwarze, große Nase mit weit geöffneten Nasenflügeln; ausgeprägter Stop; große, dunkelokkerfarbene Augen; reich behaarte Hängeohren; über dem Rücken getragene, reich befranste Rute. Das Bemerkenswerteste am Malteser ist jedoch die Schönheit seines Haarkleids, bestehend aus glänzendem, dichtem, schwerem und überaus langem (22 cm, das heißt bodenlangem) Haar; Farbe: reines Weiß; eine hellelfenbeinfarbene Tönung ist erlaubt, aber nicht erwünscht. Tägliche, gründliche Haarpflege ist unerläßlich.
Wesen: Diskret und liebenswürdig, aber auch listig, würdevoll, intelligent, verliebt in seinen Herrn. Verdächtige Geräusche versetzen ihn sofort in Alarmbereitschaft.
Verwendung: Klassischer, kluger und anschmiegsamer Begleit- und Schoßhund. Er kann 18 Jahre und älter werden. Feuchtigkeit verträgt er schlecht.
Bemerkung: Er kennt keinen Haarwechsel, und sein Fell ist deshalb immer überaus üppig.

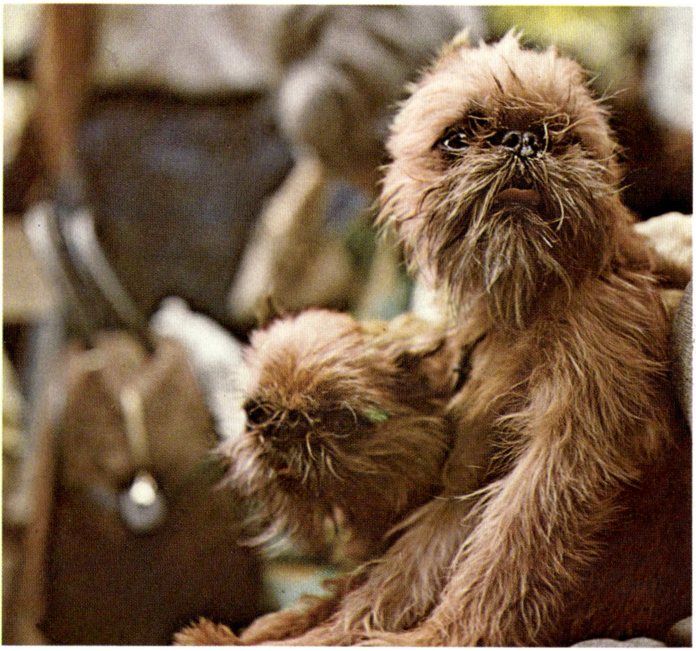

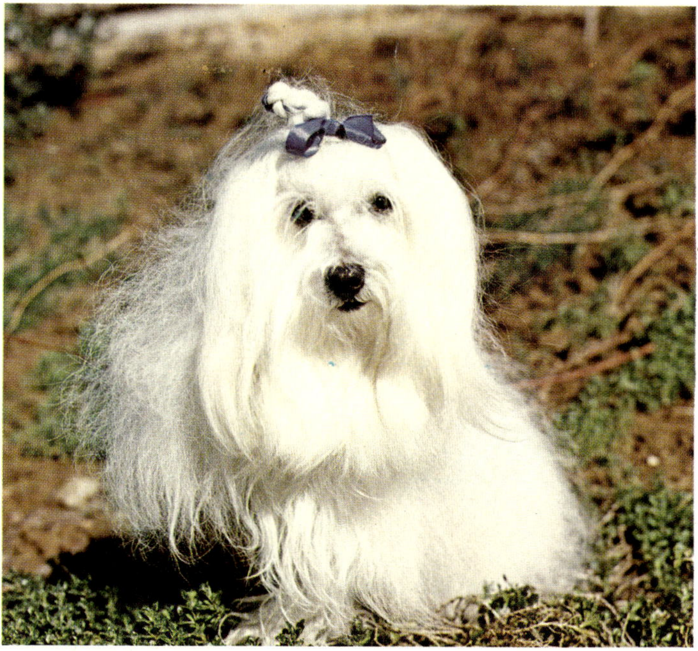

294 Löwchen

Bichon petit Chien-Lion

Nationalität: Frankreich
Herkunft: Ist im XVII. Jahrhundert aus dem Malteser entstanden.
Beschreibung: Schulterhöhe 20 bis 35 cm; Gewicht 2 bis 4 kg. Kurzer Kopf mit breitem Schädel; schwarzer Nasenspiegel; rundliche, dunkle, intelligent blickende Augen; befranste Hängeohren; kurzer, wohlproportionierter Körper; mittellange Rute; langes, gewelltes Haar. Die bevorzugten Farben sind weiß, schwarz, zitronengelb, aber gefleckte Tiere sind auch erlaubt. Das Löwchen wird ungefähr wie ein Pudel geschoren, das heißt die hintere Körperhälfte, inklusive Rute, wird kahl geschoren. Am Rutenende wird jedoch eine Quaste gelassen. Durch diese charakteristische Schur erhält der Hund das Aussehen eines Miniatur-Löwchens.

Wesen: Freundlich, fröhlich, anhänglich, intelligent.
Verwendung: Begleit- und Schoßhund, der aber auch das Haus durch wütendes Bellen verteidigen kann. Er ist fast nur in Frankreich bekannt.

295 Bichon Frisé

Ténériffe

Nationalität: Frankreich
Herkunft: Ist im XV. Jahrhundert aus dem Malteser hervorgegangen.
Beschreibung: Maximale Schulterhöhe: 30 cm; mäßig langer und nicht zugespitzter Fang; wenig ausgeprägter Stop; Scherengebiß; rundliche, dunkle Augen mit intelligentem Blick; reich behaarte Hängeohren; langer Hals; gut entwickelter Brustkorb; über den Rücken gebogen getragene Rute; feines, seidiges, ca. 7 bis 10 cm langes Haar, einfarbig weiß, manchmal mit kaffeebraunen oder grauen Flecken (besonders an den Ohren). Er kann entweder wie ein Pudel geschoren werden (Löwenschur) oder mit korkzieherartigem Fell belassen werden (mit Ausnahme von Fang und Pfoten, die ausgeschoren werden).
Wesen: Unerschrocken, lebhaft, würdevoll, intelligent, anhänglich, sehr temperamentvoll.
Verwendung: In der Renaissance erfreute er sich größter Beliebtheit. Goya hat ihn in mehreren Bildern verewigt. Auch heute hat er viele Freunde in Europa und in Amerika.

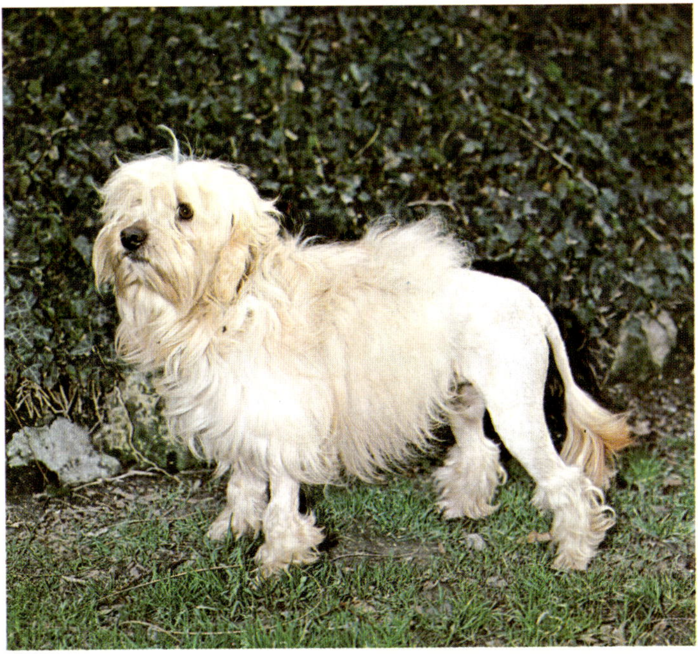

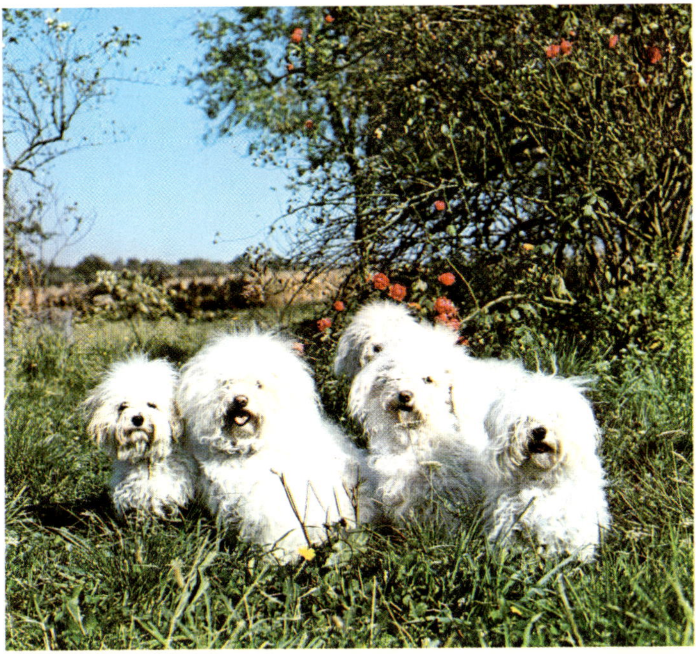

296 Kontinentaler Zwergspaniel
Phalène

Nationalität: Frankreich
Herkunft: In der Renaissance war er in Italien weit verbreitet und wurde später besonders von den Franzosen weitergezüchtet.
Beschreibung: Harmonische und lebhafte Allgemeinerscheinung. Seine Schulterhöhe darf nicht über 28 cm betragen, bei einem Gewicht von 2,5 bis 4,5 kg. Bei Hündinnen ist auch ein Gewicht von kaum 1,5 kg zulässig. Kleiner, leichter Kopf; gewölbter Schädel mit deutlichem Stop; kleiner, schwarzer, etwas abgeflachter Nasenspiegel; eher starkes Gebiß; große, mandelförmige, dunkle und ausdrucksvolle Augen; feine, bewegliche Hängeohren, mit sehr langem, gewelltem Haar; schöne, federbuschartig befederte Rute, die über dem Rücken getragen wird. Das Haarkleid ist üppig und gewellt, aber kurz am Kopf und auf der Vorderseite der Läufe. Alle Farben sind gestattet (rot, gelb, dreifarbig, zweifarbig).

Wesen: Lebhaft, ausgeglichen, folgsam; erträgt bestens längere Reisen.
Verwendung: Idealer Schoßhund, dessen wunderschönes Haarkleid mit 18 Monaten erst voll entwickelt ist. Er ist robust, erträgt jedes Klima, liebt aber die Atmosphäre des Hauses ganz besonders. Bei Gelegenheit verwandelt er sich gerne in einen Mäusefänger.

297 Kontinentaler Zwergspaniel
Papillon

Nationalität: Frankreich
Herkunft: Dieselbe wie beim Phalène
Beschreibung: Der Papillon oder Schmetterlingshund hat Stehohren, die schräg nach außen gerichtet und seidig behaart sind und stark an Schmetterlingsflügel erinnern. Auf der Innenseite der Ohren wachsen feine, gewellte Haare; die Außenseite ist schön befranst. Man sollte Kreuzungen zwischen dem Phalène und dem Papillon vermeiden, da sonst Welpen mit Kippohren geboren werden können, was als schlimmer Fehler betrachtet wird. Das wichtige Merkmal der Steh- oder Hängeohren ausgenommen, besitzen beide Varietäten den gleichen Standard.
Wesen: Ausgeglichen, folgsam, schweigsam.
Verwendung: Äußerst liebenswürdiger Luxushund, der trotz seiner geringen Größe robust und sehr anpassungsfähig ist.

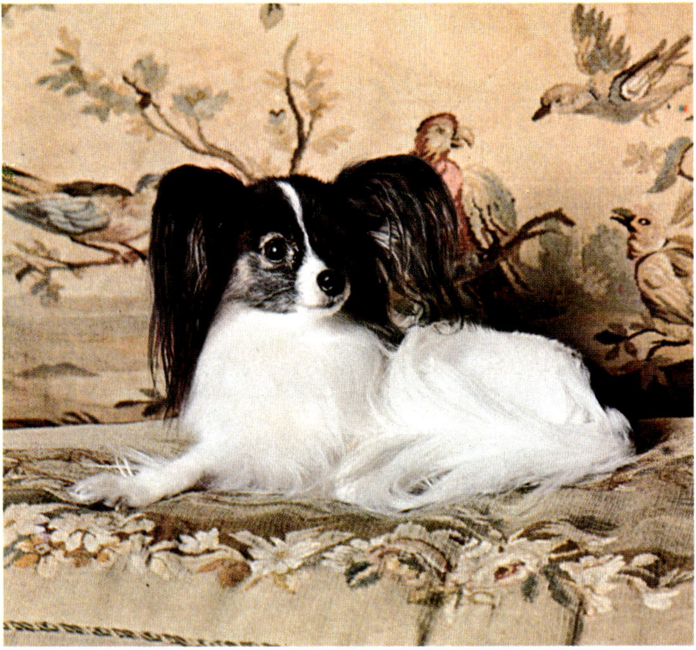

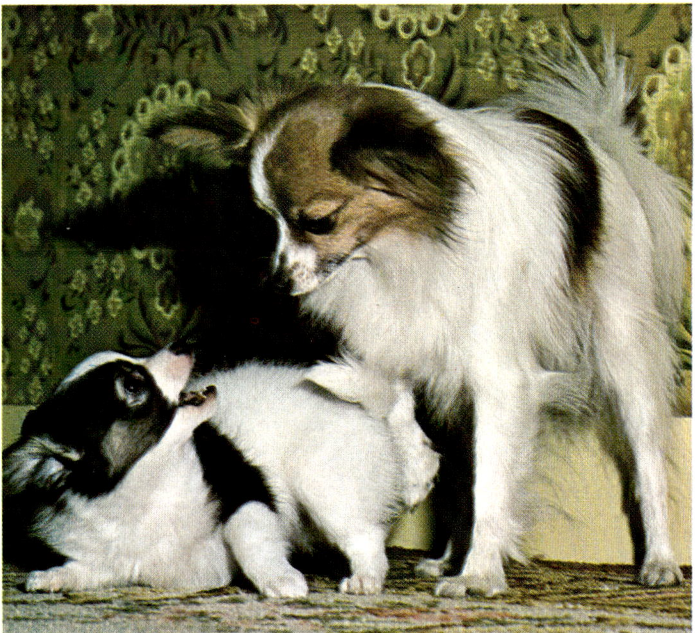

298 Coton de Tuléar

Nationalität: Madagaskar
Herkunft: Die Rasse ist seit Jahrhunderten in Tuléar, im südlichen Madagaskar, bekannt und kam 1971 in die USA.
Beschreibung: Reizender, kleiner Hund, der dem Malteser gleicht. Die Schulterhöhe beträgt 31 cm beim Rüden, 28 cm bei der Hündin. Gewicht 4, respektive 3,5 kg. Das hervorstechendste Merkmal des Coton de Tuléar ist sein Haarkleid, das – wie der Name es andeutet – lang und schwer wie Watte ist; Farbe: weiß mit leicht gelblichen Flecken auf den Ohren.
Wesen: Ergeben, anhänglich, dem Haus und seinem Herrn sehr zugetan.
Verwendung: Schoßhund, der aber weite Ebenen liebt, gerne schwimmt und seinem berittenen Herrn kilometerweit folgen kann.

299 Xoloitzcuintile

Mexikanischer Nackthund

Nationalität: Mexiko
Herkunft: Mexikanischer Nackthund, der in ganz Südamerika verbreitet ist. Sein Name stammt vom alten Gott Xolotl ab.
Beschreibung: Widerristhöhe 50 cm (es gibt auch einen kleineren Schlag mit einer Höhe von 30 cm); er gleicht einem robusten Manchester Terrier. Der Schädel ist ziemlich breit, der Fang lang; schwarzer oder fleischfarbener Nasenspiegel; mittelgroße, leicht mandelförmige, schwarze bis gelbe Augen mit lebhaftem und intelligentem Blick; große, aber elegante, 10 cm lange Fledermausohren; grazier Hals wie der einer Antilope; gerader, biegsamer Rükken; lange, glatte Rute mit kurzen Haaren am Ende. Der Xoloitzcuintile ist nicht behaart, besitzt aber einen Schopf aus grobem Haar. Die Haut ist faltig am Kopf und am Hals und von graurötlicher Farbe. Bei der Geburt sind die Welpen rosarot wie kleine Schweinchen und sehen erst im Alter von ca. 1 Jahr standardgemäß aus.
Wesen: Fröhlich in der Familie, reserviert gegen Fremde.
Verwendung: Früher wurde er als Speisehund gehalten. Seit Ende des XIX. Jahrhunderts ist er ein ausschließlicher Begleithund. Da er gerne Laut gibt, wird er auch als guter Wächter geschätzt.

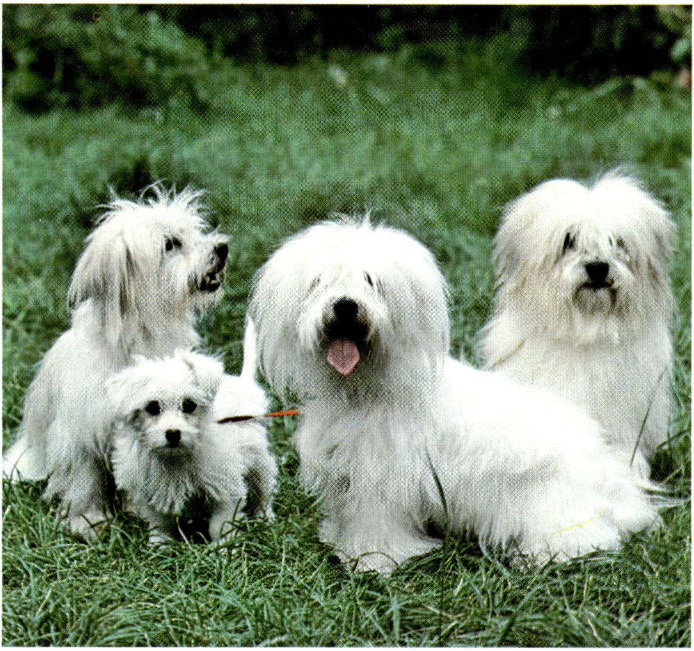

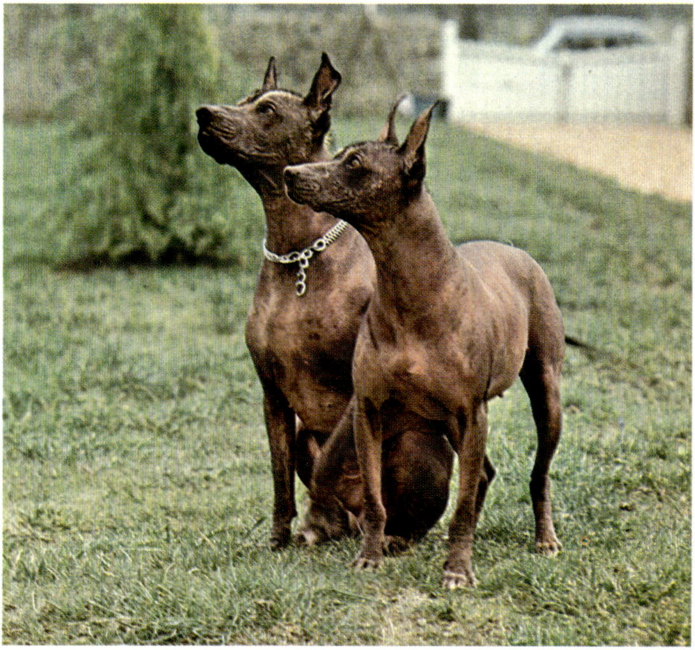

300 Chihuahua

Nationalität: Mexiko

Herkunft: Älteste amerikanische Rasse und derzeit kleinster Hund der Welt. Er stammt aus Mexiko und trägt den Namen einer mexikanischen Provinz. Man vermutet aber auch, daß er ursprünglich aus China eingeführt wurde. Nach Europa kam er erst um die Jahrhundertwende.

Beschreibung: Seine Schulterhöhe beträgt 16 bis 22 cm, und sein Gewicht liegt dementsprechend zwischen 900 g und 2,6 kg. Die kleineren Exemplare werden bevorzugt.

Runder Apfelkopf, mit kurzer, leicht zugespitzter Schnauze; runde, tiefschwarze Augen; große Fledermausohren, die bei Aufmerksamkeit aufrecht gestellt werden; kompakter, rechteckiger Körper; die Rute wird in schönem Bogen über dem Rücken oder leicht seitwärts getragen. Es gibt einen kurzhaarigen und einen langhaarigen (seltener) Typ. Die häufigsten Farben sind rehbraun, sandfarben, kastanienbraun, stahlblau, einfarbig oder gescheckt.

Wesen: Schoßhund, der sich mit viel Enthusiasmus der Mäusejagd widmet und der sich auch gegen größere Hunde zu verteidigen weiß. Er braucht eine körperliche Betätigung und es ist falsch, ihn in der Wohnung eingesperrt zu halten.

---

301 Chinese Crested Dog

Chinesischer Schopfhund

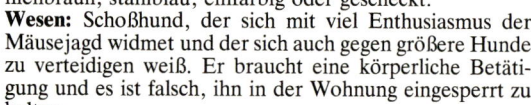

Nationalität: China

Herkunft: Es gibt kaum exaktes Wissen über seinen Ursprung, und seine chinesische Herkunft wird manchmal bezweifelt. Als andere mögliche Herkunftsländer vermutet man Aethiopien und die Türkei.

Beschreibung: Wenig bekannter Nackthund; Schulterhöhe ca. 30 cm; breiter Schädel und langer Fang; dunkle Augen; Stehohren; Rute mit behaartem Ende. Auch der Oberkopf ist etwas behaart; der restliche Körper ist vollkommen nackt. Die Hautfarbe ist grau-rosa, auch mit schwarzen Flecken.

Wesen: Lebhaft, fröhlich, intelligent.

Verwendung: Luxus- und Schoßhund, der viel Wärme braucht.

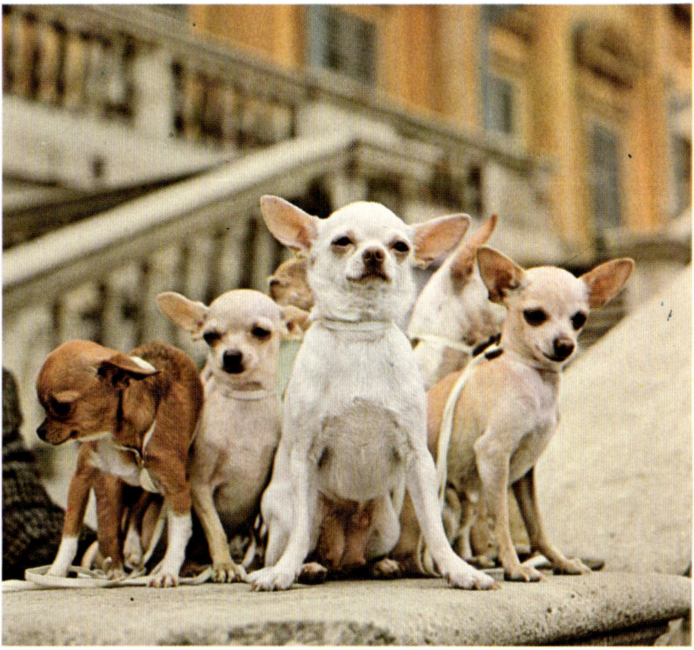

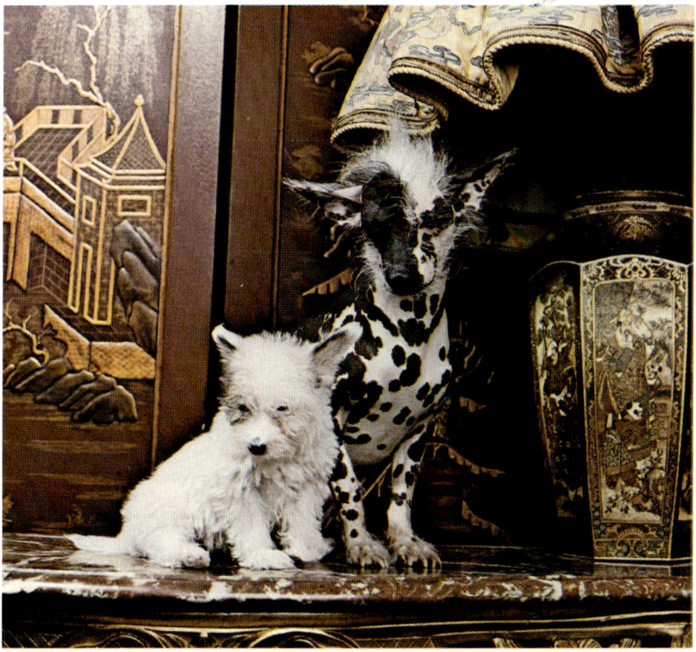

302 Chinese Imperial Ch'in (Tschin)

Nationalität: China
Herkunft: Verwandt mit dem chinesischen Tempelhund, dem Peking-Palasthund und dem gelben Japan Spaniel. Es handelt sich um eine sehr alte Rasse, die sich bis vor wenigen Jahrzehnten im ausschließlichen Besitz der chinesischen kaiserlichen Familie befand.
Beschreibung: Es gibt vier verschiedene Schläge: großer Tschin (22 bis 25 cm, 7 kg), mittlerer Tschin (10 bis 15 cm, ca. 2 kg), Miniatur-Tschin (10 cm, 1,5 kg), handtellergroßer Tschin (7 cm, 0,6 bis 0,8 kg). Massiger Kopf mit flachem Profil; kurze, breite Nase; befranste, lange Hängeohren; über den Rücken gerollte Rute; üppiges, wattiges Haarkleid; Farbe: weiß und schwarz, einfarbig schwarz, selten rot.
Wesen: Man hat ihn als den empfindsamsten, königlichsten, intelligentesten und anspruchsvollsten Hund beschrieben, der den Tag mit «Nachdenken» verbringe ...
Verwendung: Er war immer ein Begleithund. Die letzte chinesische Kaiserin hielt sich 50 solcher Hunde im Thronsaal; man erzählt, daß sich alle bei Eintritt der Kaiserin in einer Linie aufstellten, sich auf die Hinterpfoten stellten und erst nachdem sich die Kaiserin gesetzt hatte wieder normal standen.
Bemerkung: Diese Rasse ist ziemlich unempfindlich gegen Kälte.

303 Chinesischer Tempelhund
Chinese Temple Dog

Nationalität: China
Herkunft: Er gehört zur Familie der Tschin und wurde jahrhundertelang als Wächter der Tempel gebraucht.
Beschreibung: Großer Kopf mit kurzer Schnauze und eingedrückter Nase; sehr kräftiges Gebiß, das ihm ein wildes Aussehen verleiht. Es kommen vier Schläge vor: groß (30 bis 35 cm, 9 kg), mittel (25 bis 30 cm, 4 bis 7 kg), miniatur (10 bis 12 cm, ca. 2 kg) handtellergroß (7 cm, 0,6 bis 0,9 kg). Das Haar ist extrem lang und seidig, normalerweise weiß und schwarz. Er erträgt auch tiefe Temperaturen; in der heißen Jahreszeit verliert er seine Unterwolle vollständig.
Wesen: Trotz seines grimmigen Aussehens ist er ruhig, treu und sogar humorvoll.
Verwendung: Er wird als freundlicher Schoßhund gezüchtet, kann sich aber auch in einen kläffenden Wachhund verwandeln, wenn sich Fremde dem Hause nähern.

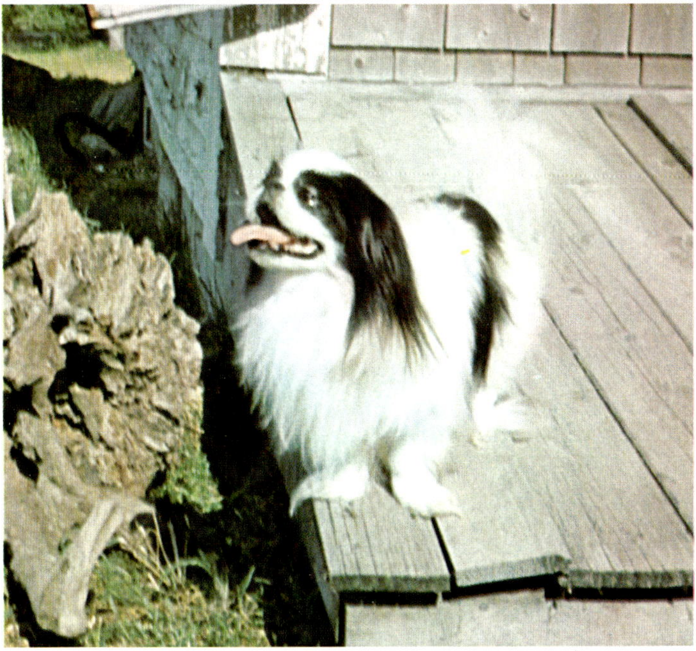

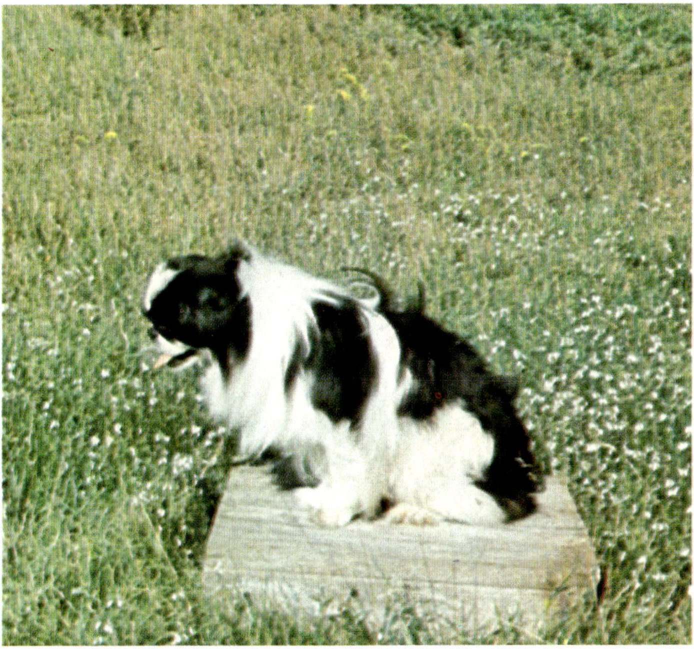

304   Pekingese
Peking-Palasthund

Nationalität: China
Herkunft: Wahrscheinlich führt er das Blut vom Spitz, aber seine Entstehung ist uralt und liegt sicher viertausend Jahre zurück. Jahrhundertelang nahm er einen Ehrenplatz am chinesischen Kaiserhof ein. Englische und französische Soldaten brachten ihn 1860 nach Europa, nachdem sie Peking erobert und den Kaiserpalast besetzt hatten.
Beschreibung: Sein Gewicht muß zwischen 2 und 8 kg liegen. Er hat einen breiten Kopf und weit auseinanderstehende Ohren; extrem kurze, plattgedrückte Schnauze; tiefer Stop; bei geschlossenem Fang dürfen weder Zähne noch Zunge sichtbar sein; große, dunkle, leuchtende, etwas vorstehende Augen; herzförmige, langbefranste Ohren; breiter, kurzer Hals; Rute mit schönem Federbusch, über den Rücken gebogen; starker Knochenbau; langes, gerades Haar mit üppiger Mähne und reicher Befransung. Alle Farben sind erlaubt, ausgenommen leberfarben; Albinismus ist nicht zulässig.
Wesen: Empfindsam, überaus liebesbedürftig und anhänglich gegenüber seinem Herrn, mißtrauisch gegen Fremde, würdevoll, treu, gelehrig, fast übertrieben furchtlos.
Verwendung: Klassischer Wohnungs- und Schoßhund, der sich bei Gelegenheit in einen wütend bellenden Wächter verwandelt.

---

305   Shih-tzu
Tibetanischer Löwenhund

Nationalität: China
Herkunft: Er ist aus dem tibetanischen Lhasa Apso hervorgegangen und wurde während Jahrhunderten von den buddhistischen Mönchen gezüchtet. Zusammen mit dem Pekingesen war er der Lieblingshund des chinesischen Kaiserhofes. Die ersten Shih-tzu kamen 1930 nach England und wurden dort mit großer Sorgfalt weitergezüchtet.
Beschreibung: Sein Maximalgewicht ist auf 9 kg (18 Pfund) festgelegt worden, und seine Schulterhöhe auf 27 cm. Runder, breiter Kopf mit weit auseinanderstehenden Augen; dichter, langer Bart; quadratischer, kurzer Fang; langer Nasenrücken und schwarze Nase; dunkle, große, runde Augen; lange Hängeohren, die so stark behaart sind, daß sich deren Haare mit dem Nackenhaar vermischen; die dicht befederte Rute wird über den Rücken gerollt getragen. Das Haarkleid besteht aus langem, dichtem Deckhaar (nicht gelockt) mit kurzer, dichter Unterwolle. Alle Farben sind zulässig, eine weiße Blesse besonders geschätzt.
Wesen: Lebhaft, verspielt, kinderfreundlich, voll orientalischer Faszination.
Verwendung: Typischer Salonhund, der aber die Robustheit eines Arbeitshundes besitzt. Er ist auch langlebig und wird leicht 15 Jahre alt. Sein Haarkleid benötigt tägliche Pflege.

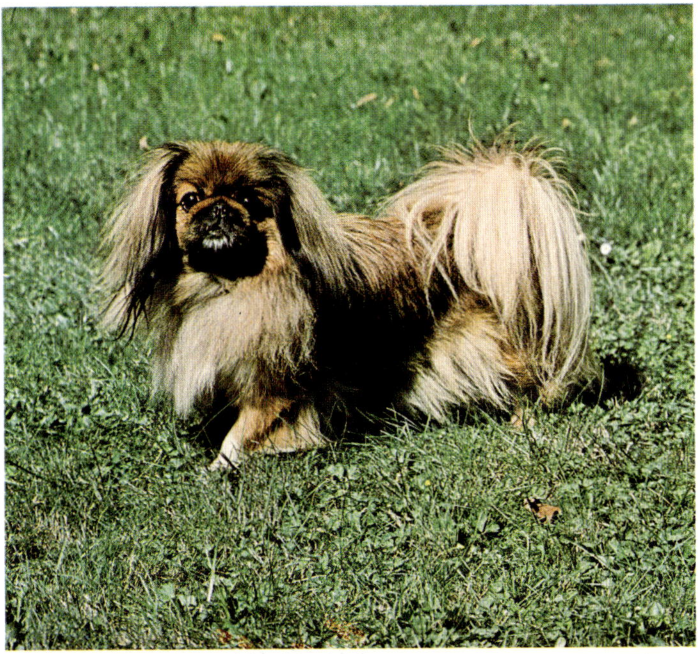

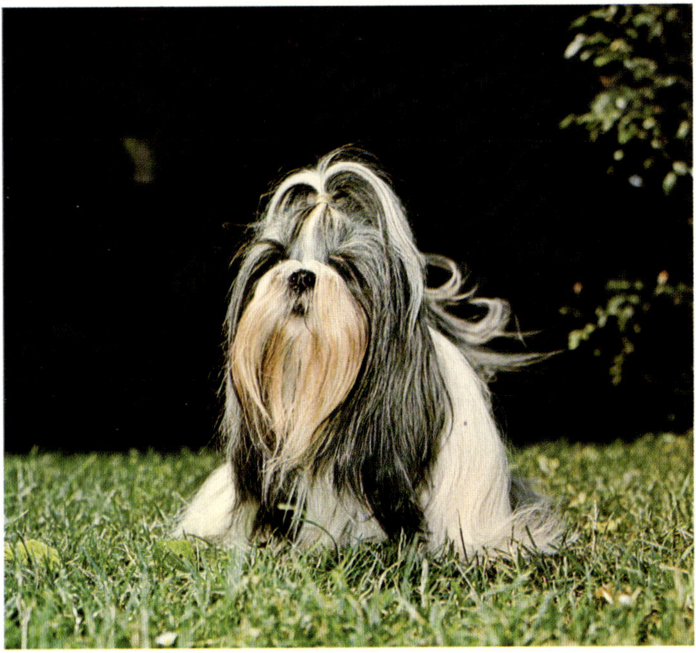

306   Lhasa Apso

Nationalität: Tibet
Herkunft: Die Rasse ist vor über 800 Jahren aus Kreuzungen zwischen Terriers und Tibet-Spaniels hervorgegangen. Gezüchtet wurde der Lhasa Apso in den tibetanischen Klöstern und in der heiligen Stadt Lhasa, von der er seinen Namen hat; in seinem Ursprungsland wird er jedoch als bellender Löwenhund, Apso Song Kye, bezeichnet.

Beschreibung: Die ideale Schulterhöhe beträgt 22,5 bis 25 cm beim Rüden, etwas weniger bei der Hündin. Der Standard verlangt neben die Augen fallende, schöne Kopffransen, dunkle Bart- und Schnurrhaare; gerader, ca. 3,8 cm langer Nasenrücken; mittellange, aber nicht quadratische Schnauze; dunkle, kleine, tiefliegende Augen; stark befranste Hängeohren; Hals mit üppiger Mähne (besonders beim Rüden); befranste Rute, die stets über den Rücken gerollt wird. Das honig-, sand-, rauchfarbene oder schiefergraue Haarkleid besteht aus geradem, hartem, schwerem, nicht seidigem Haar.
Wesen: Fröhlich, immer sehr selbstsicher, anhänglich zur Familie aber mißtrauisch gegen Fremde.
Verwendung: Liebenswürdiger Salonhund. Er besitzt ein äußerst feines Gehör und warnt mit viel Temperament, wenn sich Verdächtige dem Hause nähern.

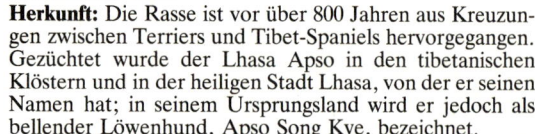

307   Japan Tschin

Japanischer Spaniel

Nationalität: Korea
Herkunft: Wahrscheinlich autochthone Rasse Koreas. In Japan wurde sie weitergezüchtet und im XVIII. Jahrhundert in Europa eingeführt. Eine große Berühmtheit erlangte der Japan Tschin 1853, als ein Exemplar der englischen Königin Viktoria überreicht wurde.

Beschreibung: Seine Schulterhöhe sollte nicht über 30 cm und sein Gewicht nicht unter 2,5 kg liegen. Je kleiner das Tier, desto beliebter ist es. Er hat einen ziemlich großen Kopf; Nasenspiegel mit weit geöffneten Nasenflügeln; extrem kurzer Fang; kleine Kiefer mit rassetypischem Vorbeißen (Unterkiefer länger als Oberkiefer); ausgeprägter Stop; gewölbter Oberschädel; mandelförmige, dunkle, ausdrucksvolle Augen; V-förmige, flach anliegende und etwas nach vorn gestellte, reich behaarte Ohren; über den Rücken getragene Rute. Farbe: weiß mit gleichmäßig verteilten schwarzen oder rotgelben Platten. Die Haare sind weich und lang und bedecken den ganzen Körper, mit Ausnahme des Kopfes.

Wesen: Seinem Herrn treu ergeben, folgsam, anhänglich, intelligent, aber abweisend gegen Fremde.
Verwendung: Ausschließlicher Begleithund. Er ist sehr staupeanfällig.

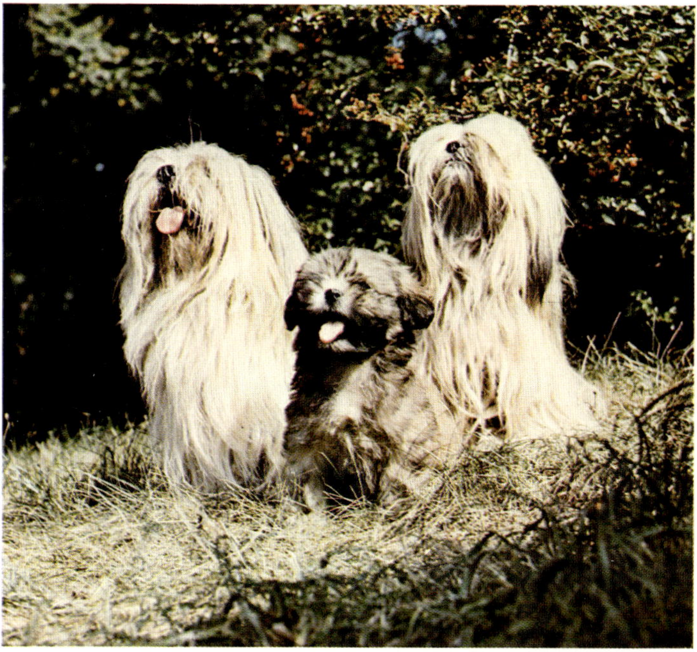

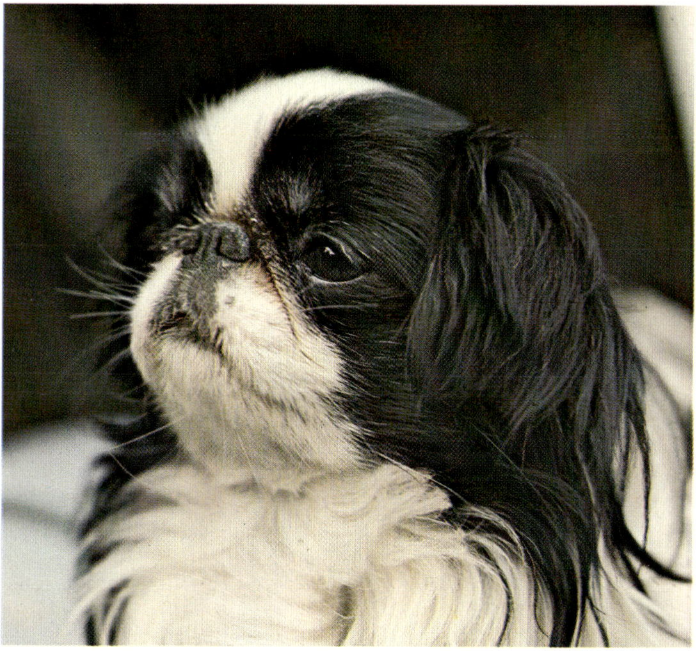

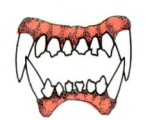

308 Yorkshire Terrier

Nationalität: Großbritannien

Herkunft: Die Rasse entstand vor ca. hundert Jahren in der englischen Grafschaft Yorkshire. Bergarbeiter bemühten sich, einen kleinen Hund zu züchten, der die vielen Ratten in den Minen vernichten sollte. Entstanden ist der Yorkshire Terrier vermutlich aus Kreuzungen zwischen Skye Terrier, Englischem Toy Terrier, Dandie Dinmont und Malteser. Der erste Yorkshire Terrier, der den heute noch gültigen Bestimmungen des Standards entsprach, wurde 1870 ausgestellt.

Beschreibung: Wohlproportionierter und sogar kräftiger Körperbau; die (im Standard nicht vorgeschriebene) Schulterhöhe liegt um die 25 cm, und das Maximalgewicht beträgt 3,15 kg. Kleiner, flacher Kopf; mittellanger Fang; schwarzer Nasenspiegel; regelmäßiges Scheren- oder Zangengebiß; dunkle, sehr lebhaft blickende Augen; V-förmige, kleine, aufrechte oder halb aufgerichtete Ohren; die kupierte Rute wird waagrecht getragen; gerade Läufe mit runden Pfoten und schwarzen Krallen. Das Haar ist gerade, sehr lang, glänzend und seidig; Farbe: steel blue and tan, das heißt dunkel stahlblauer Mantel, lohfarben am Kopf, auf der Brust und an den Läufen. Das Kopfhaar ist überaus üppig und so lang, daß es zusammengebunden werden muß, um beim Fressen nicht in den Teller zu fallen, und auch um die Augen freizuhalten. Die farbige Haarschleife ist mittlerweile zum Bestandteil der ästhetischen Erscheinung des Yorkshire Terriers geworden.

Wesen: Wie alle Terriers ist er lebhaft, selbstsicher, anhänglich an seine Familie, oft mißtrauisch gegen Fremde und nicht sehr verträglich mit anderen Tieren.

Verwendung: Seine außergewöhnliche Schönheit und die Sympathie, die er spontan erweckt, haben dem Yorkie (so wird er von den Engländern liebevoll genannt) eine weltweite Verbreitung als Begleithund gesichert. Er vergißt jedoch nie sein echtes Terrierblut und ist ein leidenschaftlicher Rattenfänger. Das kleinste Geräusch verwandelt ihn augenblicklich in einen Wachhund. Er hält sich überaus gern im Freien auf, zeigt sich aber im Haus als perfekter Gentleman.

Fütterung: Täglich eine kleine Menge rohes oder kaum gekochtes Hackfleisch, Reis und Gemüse.

Bemerkung: Die Zucht des Yorkshire Terriers ist schwierig, und die Hündinnen brauchen meist tierärztliche Hilfe beim Werfen. Bei der Geburt sind die Welpen fast vollständig schwarz; die vom Standard vorgeschriebene stahlblaue Mantelfarbe erscheint erst nach ca. 1 bis 2 Jahren. Im Winter ist er etwas kälteempfindlich und trägt deshalb oft einen wollenen Hundemantel.

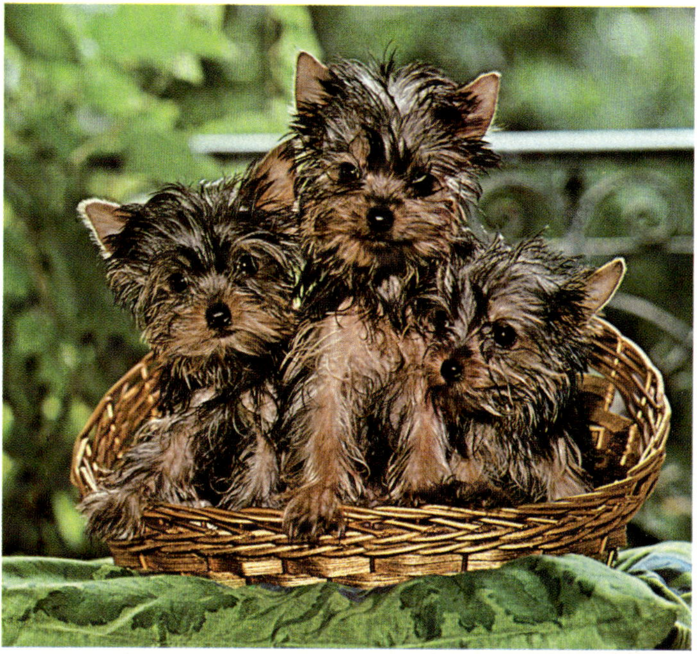

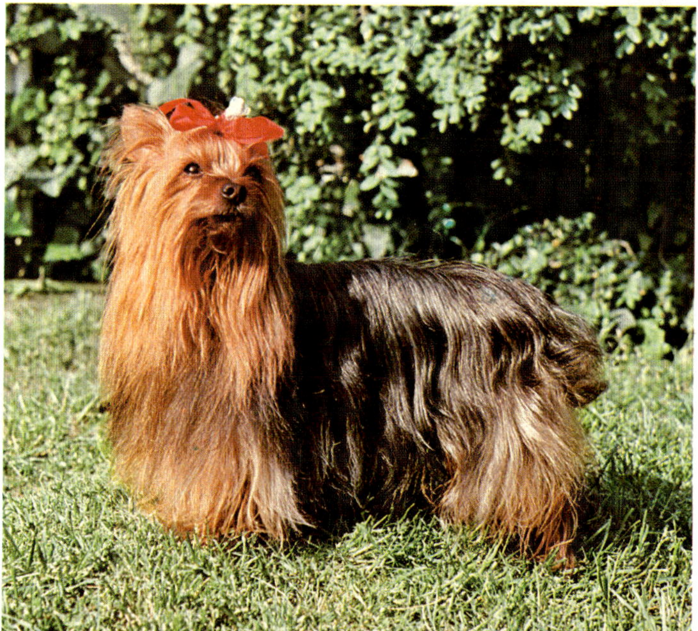

309 Black and Tan Toy Terrier

Nationalität: Großbritannien
Herkunft: Er ist im XIX. Jahrhundert aus dem Manchester Terrier hervorgegangen.
Beschreibung: Schulterhöhe 25 bis 30 cm; Gewicht 2,7 bis 3,6 kg. Langer, gerader, keilförmiger Kopf; flacher Schädel; nur leicht angedeuteter Stop; schwarzer Nasenspiegel; anliegende Lefzen; mandelförmige, schwarze Augen; spitze, nach vorne gerichtete Steh- oder Kippohren; langer, leicht gewölbter Hals; die Rute reicht nur bis zu den Sprunggelenken; dichtes, glattes und glänzendes Haar. Farbe: schwarz und mahagonifarben; beide Farben sind gut abgesetzt.
Verwendung: Winzig kleiner Begleithund, der Ratten und andere kleine Säugetiere gnadenlos vernichtet.

310 Australian Terrier

Nationalität: Australien
Herkunft: Die Rasse entstand um die Jahrhundertwende in Australien, aus Yorkshire, Skye, Norwich und Cairn Terriers. Ihre offizielle Anerkennung durch den Kennel Club datiert aus dem Jahr 1933.
Beschreibung: Mittlere Schulterhöhe 25 cm; Gewicht 4,5 bis 5 kg. Niederläufiger, aktiver und lebhafter Hund; langgestreckter Kopf; schwarzer Nasenspiegel; kräftige Kiefer; Scherengebiß. Kleine, dunkle Augen; aufrecht getragene oder nach vorne fallende Ohren; kupierte Rute. Das Haar ist gerade, hart, 5 bis 6,5 cm lang. Blauer oder silbergrauer Mantel mit lohfarbenen Abzeichen an der Brust und am Kopf; auch hellsandfarbene oder rötliche Abzeichen. Die Welpen sind bei der Geburt schwarz und erhalten ihre definitive Farbe im Alter von 2 bis 3 Monaten.
Wesen: Lebhaft, ruhelos, lustig und würdevoll zugleich.
Verwendung: Früher wurde er als Erdhund für Niederwild und manchmal sogar als Hirtenhund gebraucht, da er alle Eigenschaften der Terriers behalten hat. Heute wird er aber nur noch als anhänglicher Begleiter geschätzt.

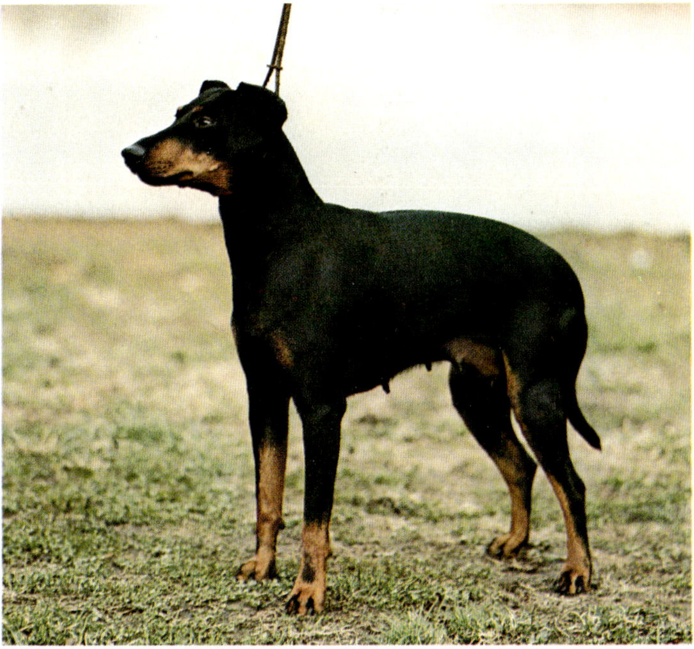

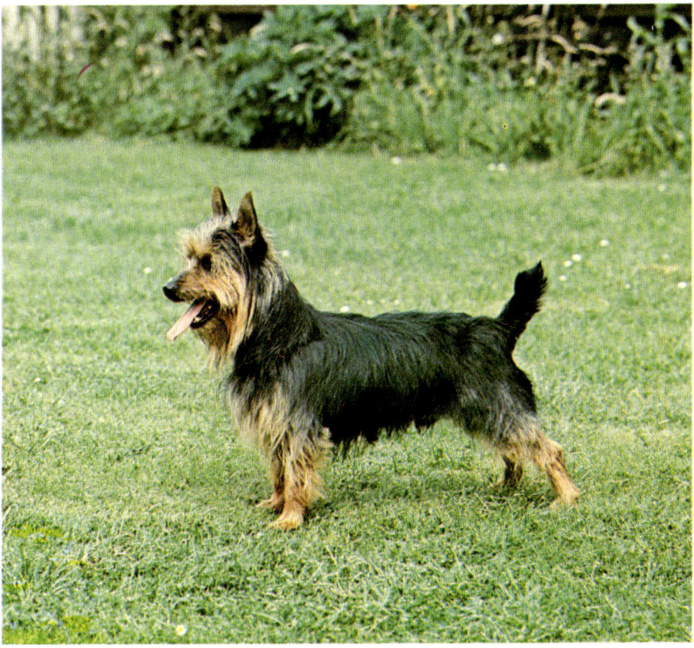

311　Silky Terrier

Nationalität: Australien
Herkunft: Entstand aus Kreuzungen zwischen Skye, Cairn und Yorkshire Terrier und ist ein Vetter des Australian Terriers. Der erste Standard dieser Rasse wurde 1962 aufgestellt und 1967 neu verfaßt. Man kennt den Silky Terrier auch unter dem Namen Sidney Terrier.

Beschreibung: Kompakter, aber leichter Körperbau; mittlere Schulterhöhe 22,5 cm; Gewicht zwischen 4 und 5 kg. Mittellanger Kopf mit einer für Terriers typischen breiten und flachen Schädeldecke; kräftige Kiefer; schwarzer Nasenspiegel; runde, dunkle Augen; V-förmige, aufrecht getragene Ohren; ziemlich langer Körper. Die kupierte Rute wird gerade getragen. Das 12 bis 15 cm lange Haar ist fein und seidig. Farbe: blau und lohfarben, graublau und lohfarben.

Wesen: Aufgeweckt, kämpferisch, fröhlich, gesellig, neugierig, sehr intelligent.
Verwendung: Trotz seines starken Instinktes als Erdhund und Rattenfänger wird er ausschließlich als Begleithund gehalten.

Bemerkung: Das Haarkleid braucht konstante Pflege, um seine Schönheit nicht einzubüßen.

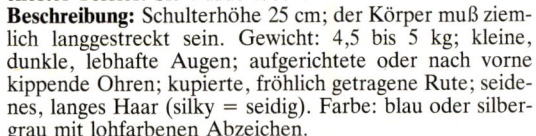

312　Australian Silky Terrier

Nationalität: Australien
Herkunft: Die Rasse entstand in Australien aus Kreuzungen zwischen Yorkshire, Skye, Norwich, Cairn und Manchester Terrier. Sie wurde 1933 offiziell anerkannt.
Beschreibung: Schulterhöhe 25 cm; der Körper muß ziemlich langgestreckt sein. Gewicht: 4,5 bis 5 kg; kleine, dunkle, lebhafte Augen; aufgerichtete oder nach vorne kippende Ohren; kupierte, fröhlich getragene Rute; seidenes, langes Haar (silky = seidig). Farbe: blau oder silbergrau mit lohfarbenen Abzeichen.

Wesen: Er besitzt die Instinkte, die Lebhaftigkeit, das sympathische Wesen und die Anhänglichkeit der Terriers.
Verwendung: Er hat die Tendenz, in Erdbauten einzudringen, um Ratten und Mäuse zu jagen, wird aber als ausschließlicher Wohnungshund gehalten.

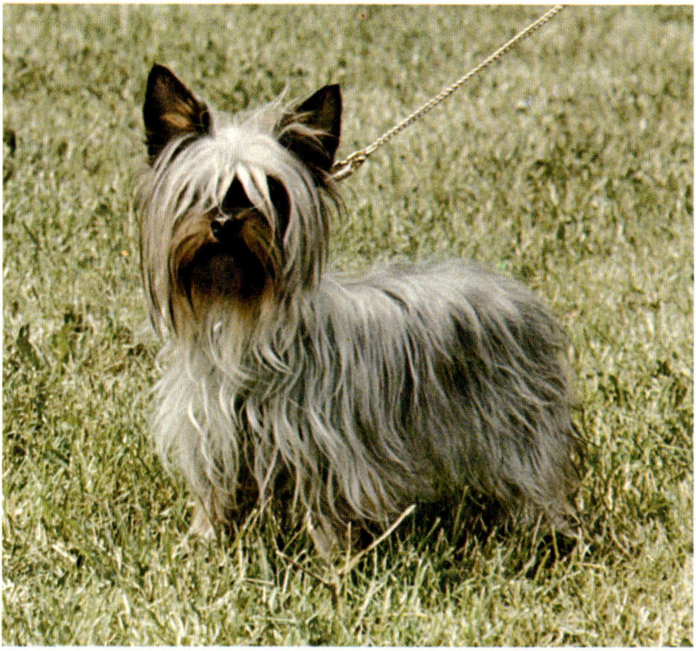

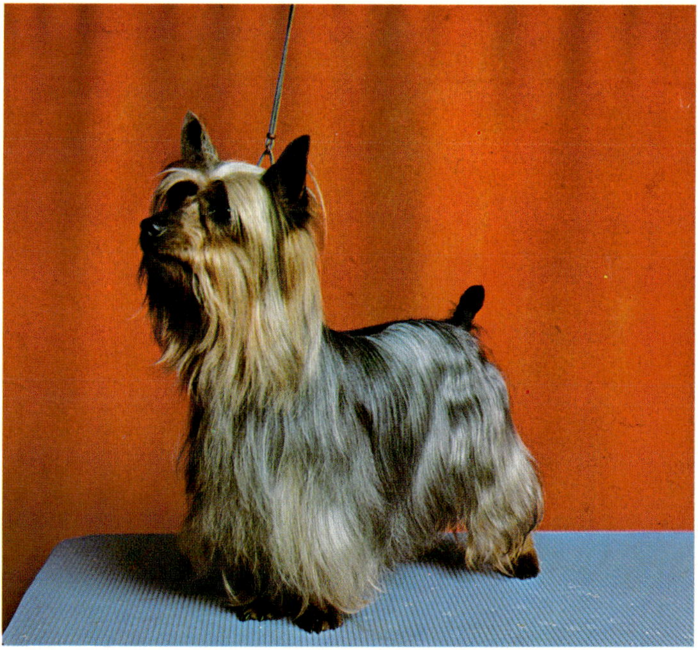

313   Greyhound
Großer englischer Windhund

Nationalität: Großbritannien

Herkunft: Uralte Rasse, die vermutlich aus Hunden ent-wickelt worden ist, die von den Kelten auf die Insel ge-bracht wurden. Im Laufe der Jahrhunderte haben die englischen Züchter einen fabelhaften Jagd- und Rennhund erschaffen, der alle erwünschten sportlichen und charakter-lichen Eigenschaften besitzt.

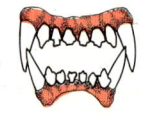

Beschreibung: Robust, symmetrisch, kräftig, mit einer Schulterhöhe von 71 bis 78 cm (68,5 bis 71 bei der Hündin). Der Kopf ist lang, die Schnauze fein ziseliert, der Oberkopf breit; schwarze, spitze Nase; muskulöse Kiefer mit äußerst kräftigem Gebiß; langer, elastischer Hals; dunkle, lebhafte Augen; kleine, feine Rosenohren; leicht gebogene, hän-gend getragene Rute; lange, senkrechte Vorderhand; brei-te und muskulöse Schenkel; robuste Pfotenballen. Das Haar ist kurz, glatt, anliegend. Farbe: schwarz, weiß, rot, blau, rehbraun, gelbbraun, gestromt, oder alle Farben mit weißen Abzeichen.

Wesen: Er besitzt eine gute Intelligenz, aber seine psychi-schen Eigenschaften werden häufig unterschätzt wegen der großen Zurückhaltung seinem Herrn und den Fremden gegenüber. Er ist empfindsam, mutig, treu, aristokratisch und stolz.

Verwendung: Seine größte Qualität ist seine außergewöhn-liche Schnelligkeit. Vor Jahrhunderten wurde er für die Jagd auf Hirsch, Wildschwein und Hase gebraucht; er holte sie ein und riß sie nieder, ohne seinen Lauf abzubrechen. Er ist auch ein unverbesserlicher Feind aller Haustiere, besonders der Katzen und der Hühner. Heute wird der Greyhound aber besonders für Hunderennen gezüchtet. Solche Rennen erfreuen sich besonders in den angelsächsi-schen Ländern größter Beliebtheit. Der Greyhound eignet sich nicht als Haushund und muß unbedingt täglich ausge-dehnte Läufe unternehmen können.

Fütterung: Es handelt sich um eine Rasse, die täglich sehr viele Kalorien verbraucht. Die Fütterung muß demnach mindestens ½ kg Fleisch und zusätzlich Reis und gekochtes Gemüse enthalten.

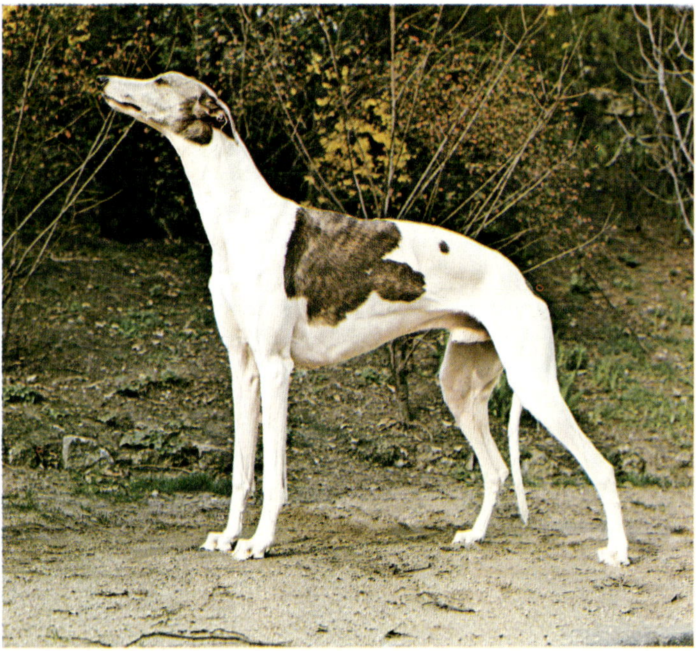

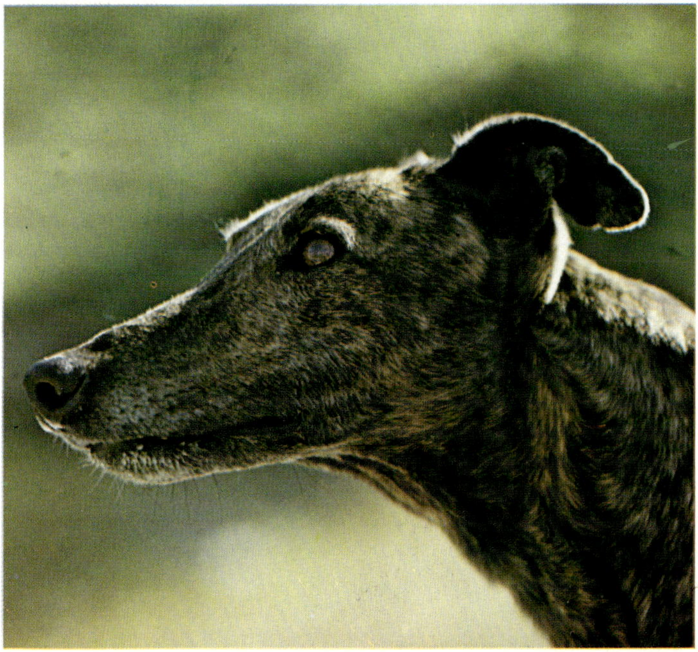

314 Italienisches Windspiel

Nationalität: Italien

Herkunft: Sehr alter Windhund; ein mit der heutigen Rasse absolut identisches Tier soll in einem sechstausend Jahre alten ägyptischen Pharaonengrab gefunden worden sein. Vielleicht wurde er durch die Phönizier nach Europa gebracht und später in Italien weitergezüchtet.

Beschreibung: Die Schulterhöhe liegt zwischen 32 und 38 cm. Höchstens 5 kg schwer. Er hat einen langen Kopf, der sich konisch zuspitzt; dunkler Nasenspiegel; feine Lefzen; vollständiges Scherengebiß; dunkle, große, ausdrucksvolle Augen; kleine, feine Ohren; langer, trockener Hirschhals; dünne Rute, die gegen das Ende leicht gebogen ist und häufig eingeklemmt getragen wird; sehr kurzes, feines Haar, einfarbig grau, schiefergrau, schwarz, isabellfarben; Weiß an der Vorderbrust und an den Pfoten ist zulässig.

Wesen: Sehr sanft, scheu, vorsichtig, unterwürfig, verliebt in seinen Herrn.

Verwendung: Sehr angenehmer, liebesbedürftiger Begleithund. Er meidet die rauhen Annäherungen der Kinder und liebt ganz besonders ruhige Leute.

Bemerkung: Es handelt sich um einen besonders kälteempfindlichen Hund, der ein warmes Lager und eine gut temperierte Umgebung braucht. Im Winter muß er einen Mantel tragen.

315 Whippet

Nationalität: Großbritannien

Herkunft: Er entstand Ende des XIX. Jahrhunderts aus Kreuzungen zwischen Greyhound und verschiedenen Terriers.

Beschreibung: Die ideale Widerristhöhe beträgt 47 cm beim Rüden, 44,5 cm bei der Hündin. Es handelt sich um einen verkleinerten Greyhound, mit langgestrecktem, trokkenem Kopf, kräftigen Kiefern, Scherengebiß, sehr lebhaften Augen, kleinen, feinen Rosenohren. Der Hals ist elegant gewölbt, der Brustkorb tief, der Rücken breit und lang, der Bauch aufgezogen. Lange, dünne Rute; feines, kurzes Haar; Farbe: jede Farbe oder Farbmischung.

Wesen: Fröhlich, anhänglich, würdevoll, intelligent und folgsam.

Verwendung: Er wird bei kürzeren Hunderennen eingesetzt und erreicht eine Schnelligkeit von 60 km/h. Dank seines angenehmen Wesens ist er auch ein geschätzter Begleithund, der bei günstiger Gelegenheit sogar ein aufmerksamer Wächter sein kann. Trotz seines zerbrechlichen Aussehens ist der Whippet widerstandsfähig gegen Krankheiten und ziemlich langlebig. Er braucht unbedingt regelmäßig freien Auslauf.

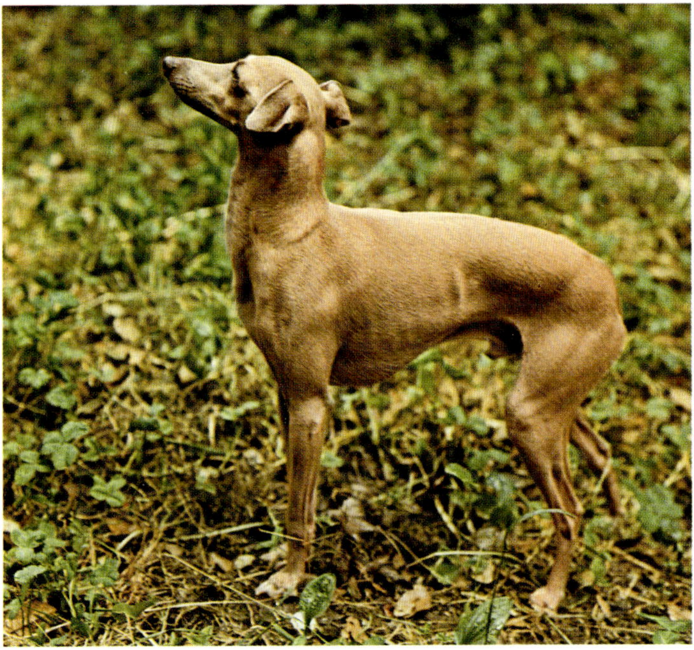

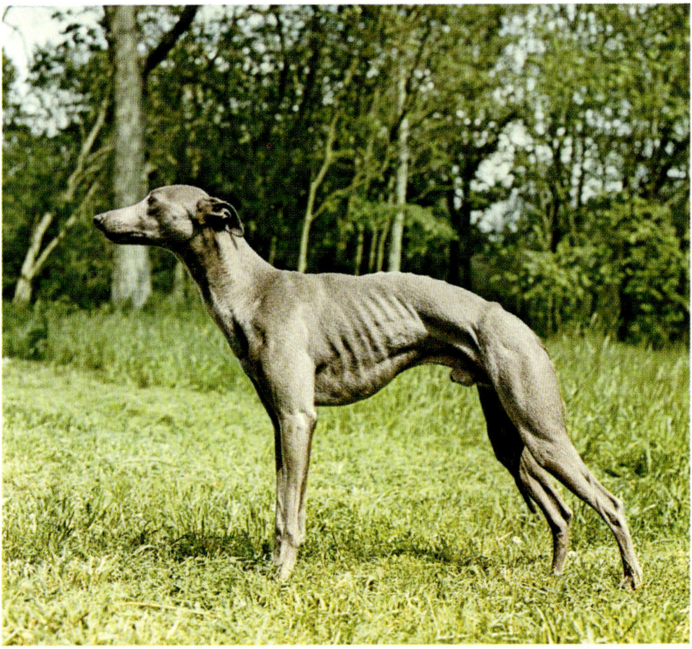

316 Deerhound
Schottischer Hirschhund

Nationalität: Großbritannien
Herkunft: Wahrscheinlich in Schottland entstanden.
Beschreibung: Schulterhöhe des Rüden über 76 cm; der Hündin über 71 cm. Gewicht 38,5 bis 48 kg, respektive 30 bis 36 kg. Der Kopf ist langgestreckt mit zugespitztem Fang; schwarzer oder blauer Nasenspiegel; reiche Schnauz- und Barthaare; kastanien- oder haselnußbraune Augen mit sanftem Ausdruck; nach rückwärts gefaltete, aber aufricht-

bare, sich weich anfühlende und stets dunkle Ohren; ziemlich langer Hals mit etwas Halskrause; tiefer Brustkasten und elegant gewölbter Rücken; hoch aufgezogener Bauch; leicht gebogene, fast bodenlange Rute. 10 cm langes, hartes Haar bedeckt Körper, Hals und Gliedmaßen, ist aber ziemlich länger und weicher am Kopf, auf der Brust und am Bauch. Die verschiedensten Farben sind erlaubt, aber man schätzt ganz besonders schiefergrau oder gestromt, gelb und rotgelb. Weiß nur an Brust und Zehen geduldet.
Wesen: Treu, ruhig, anhänglich, folgsam, etwas scheu und

faul. Der Schriftsteller Walter Scott hat den Deerhound «das perfekteste Geschöpf auf Erden» genannt.
Verwendung: Wo noch ausgedehnte Ebenen existieren, wird der Deerhound für die Jagd auf Hirsch und Kojote eingesetzt. Wendig und äußerst schnell spürt er das Wild auf, verfolgt und erlegt es.

317 Irish Wolfhound
Irischer Wolfshund

Nationalität: Irland
Herkunft: Die alten Kelten brauchten ihn für die Wolfs-jagd. In Irland wird er seit Jahrhunderten gezüchtet. In der zweiten Hälfte des XIX. Jahrhunderts wurde die fast ausgestorbene Rasse durch Einkreuzungen von Deerhounds aufgefrischt.
Beschreibung: Die Mindesthöhe beträgt 79 cm beim Rüden und 71 cm bei der Hündin (es gibt Rüden, die nicht weniger als 90 cm hoch sind). Minimalgewicht 54 kg beim Rüden,

40,5 kg bei der Hündin. Der Kopf ist lang mit ziemlich zugespitzter Schnauze; muskulöser, gut gewölbter Hals; sehr tiefe und weite Brust; gut aufgezogener Bauch; leicht gebogene Rute; muskulöse Schultern; rauhes, hartes Haar. Farbe: grau, gestromt, rot, schwarz, weiß, rehfarben und jede andere, beim Deerhound erscheinende Farbe.
Wesen: Gutmütig, geduldig, großmütig, nachdenklich, intelligent. Er hat die Tendenz, sich nur einer Person unterzuordnen.

Verwendung: Dank seines angenehmen Wesens könnte der Irish Wolfhound ein ausschließlicher Begleithund sein. Aber er braucht Bewegungsfreiheit und reichlich Auslauf. Er wird auch immer noch für die Jagd auf Hirsch, Wildschwein, Wolf und Kojote gebraucht. Er ist auch ein sehr beeindruckender Wachhund. Eine forcierte Dressur könnte aus ihm einen lebensgefährlich aggressiven Hund machen.

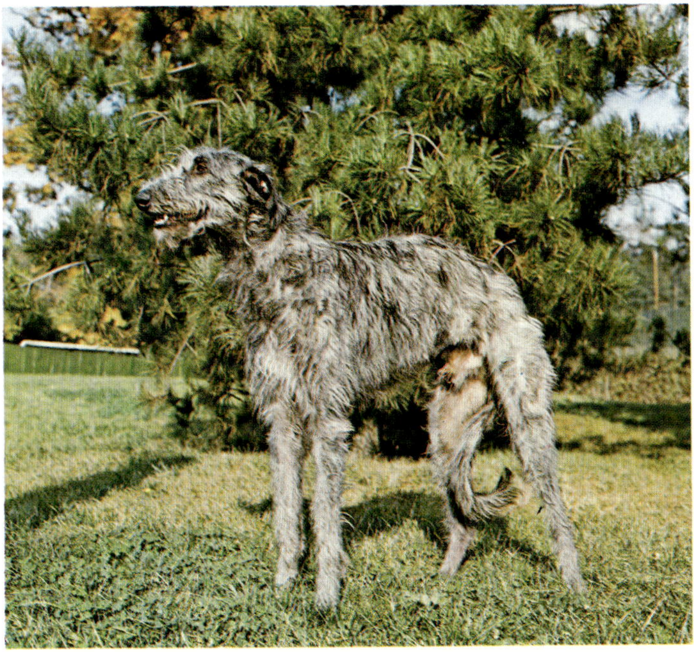

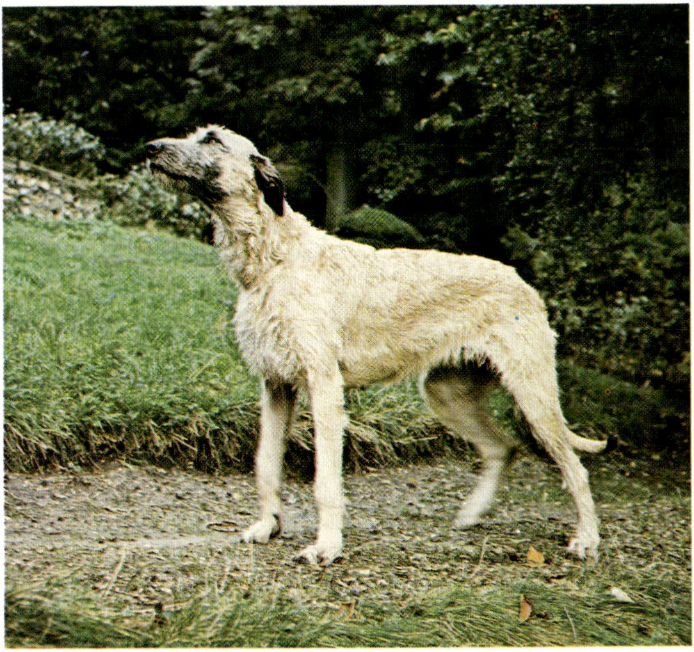

318   Galgo Español
Segoviano

Nationalität: Spanien
Herkunft: Er ist ein Nachkomme des arabischen Sloughi, der im Mittelalter von den Mauren nach Spanien gebracht wurde, und hat heute sehr viel Greyhoundblut.

Beschreibung: Schulterhöhe 65 bis 70 cm; Gewicht ca. 30 kg (die Hündinnen sind etwas leichter). Langer, gerader Kopf mit großer, weit geöffneter Nase; kräftige Kiefer mit feinen Lefzen; dunkle, lebhaft blickende Augen; nach hinten gefaltetes Rosenohr; langer Rücken und aufgezogener Bauch; sehr lange, hängend getragene Rute. Das Haar ist anliegend und kurz. Farbe: löwengelb mit schwarzer Maske, schwarz, gestromt auf fahlrotem Grund (mit weißer Schnauze, weißem Bauch und weißen Pfoten).

Wesen: Aristokratisch, folgsam, ruhig, mutig; unvergleichlicher Kamerad.
Verwendung: Während seiner tausendjährigen Existenz war er der beliebteste Jagdhund der spanischen Granden, sowie Hirtenhund und Rennhund.
Bemerkung: Den Galgo gibt es in einer anderen Varietät, die dem Greyhound sehr ähnlich ist und anglospanische Varietät genannt wird.

---

319   Pharaonenhund

Nationalität: Spanien
Herkunft: Es handelt sich vermutlich um einen antiken ägyptischen Hund, der durch die Sarazenen auf die Balearen gebracht wurde und dort ideale Umweltbedingungen fand.
Beschreibung: Die Schulterhöhe beträgt 63 bis 70 cm beim Rüden, 57 bis 66 cm bei der Hündin. Dreieckiger Kopf mit flachem Schädel; fleischfarbene Nase mit rötlichen Pigmentflecken; kräftiger Fang und Scherengebiß; kleine, bernsteingelbe oder hellbraune Augen; große Löffelohren; feiner und muskulöser Hals; tiefer Brustkorb; lange und etwas gewölbte Kruppe; mäßig aufgezogener Bauch; tief angesetzte, sichelförmig gebogene Rute; kurzes, glänzendes Haar. Farbe: weiß mit unregelmäßig verteilten roten Flecken, oder einfarbig rot.

Wesen: Folgsam, treu, anhänglich, verspielt.
Verwendung: Leidenschaftlicher Jäger, der als Spürhund für Hase, Wildkaninchen und Federwild gebraucht wird. Er ist auch ein äußerst sympathischer Begleithund, der aber sehr viel Auslauf braucht.

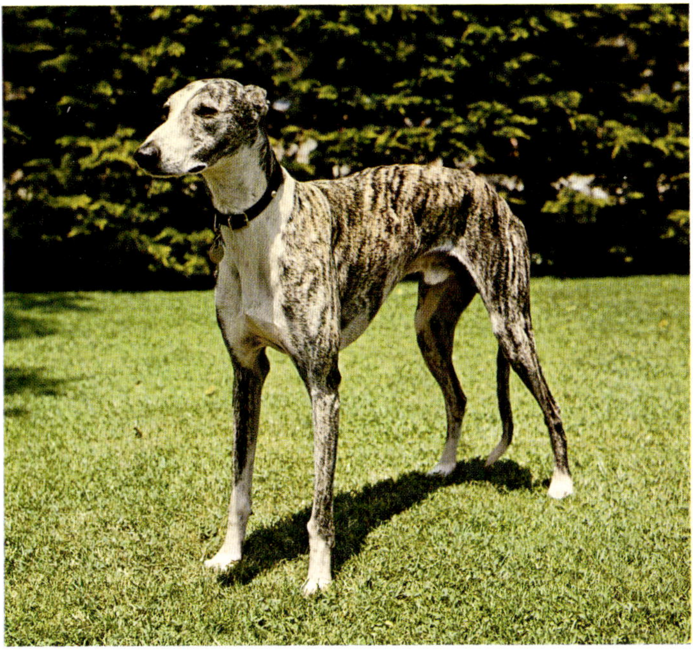

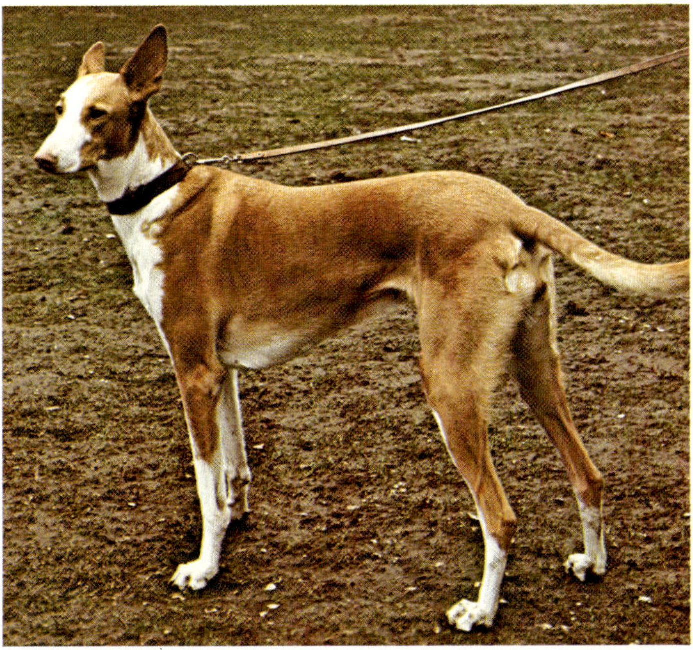

320   Afghane
Afghanischer Windhund

Nationalität: Afghanistan

Herkunft: Uralte Rasse, die auf fünftausend Jahre alten ägyptischen Papyrusrollen erwähnt wird und in Höhlen aus dem Nordosten Afghanistans abgebildet ist. Ende des XIX. Jahrhunderts kamen die ersten Exemplare nach England.

Beschreibung: Kräftige und würdevolle, adelige und elegante Erscheinung. Der männliche Afghane hat eine Schulterhöhe von 68,5 bis 73,5 cm (27 bis 29 inches), die Hündin ist einige Zentimeter kleiner. Der Kopf ist lang, kräftig, fein, der Schädel leicht gewölbt; schwarze oder leberfarbene Nase; kräftige Kiefer; praktisch dreieckige, dunkle oder goldfarbene Augen; gut am Kopf anliegende, mit langem, seidigem Haar bedeckte Ohren; langer, kräftiger Hals; Rute in leichtem Ringel endend. Das reiche Haarkleid ist lang (kurz auf dem Rücken) und seidenartig und formt auf dem Schädel einen langen Haarbüschel (top-knot). Alle Farben sind zugelassen; die häufigsten sind weiß, fahlrot, schwarz und lohfarben, dreifarbig.

Wesen: Mutig, unbeugsam, sanft, sensibel, aber intelligent, würdevoll, aber nicht apathisch, abweisend gegen Fremde, aber nicht feindlich. Er braucht eine konsequente Erziehung, soll er gute Manieren zeigen.

Verwendung: In seiner Heimat war er ein ausgezeichneter Hirtenhund und ein unerschrockener Jäger von Wolf, Schakal und Leopard. In Europa und in Amerika ist er, dank seiner außergewöhnlichen Schönheit, zum ausschließlichen Renn- und Luxushund geworden.

Fütterung: Das tägliche Futter wird in zwei Mahlzeiten gereicht und enthält 400 bis 500 g geschnittenes, rohes oder kaum gekochtes Rind- oder Pferdefleisch und 200 g sehr gut gekochten Reis und Gemüse.

Bemerkung: Seines außerordentlich üppigen und seidigen Haarkleids wegen wird er manchmal «Windhund im Pyjama» genannt. Er braucht eine intensive Haarpflege. Er leidet nicht unter der Hitze und ist auch nicht besonders kälte- und regenempfindlich. Er braucht jeden Tag einen ausgedehnten Auslauf.

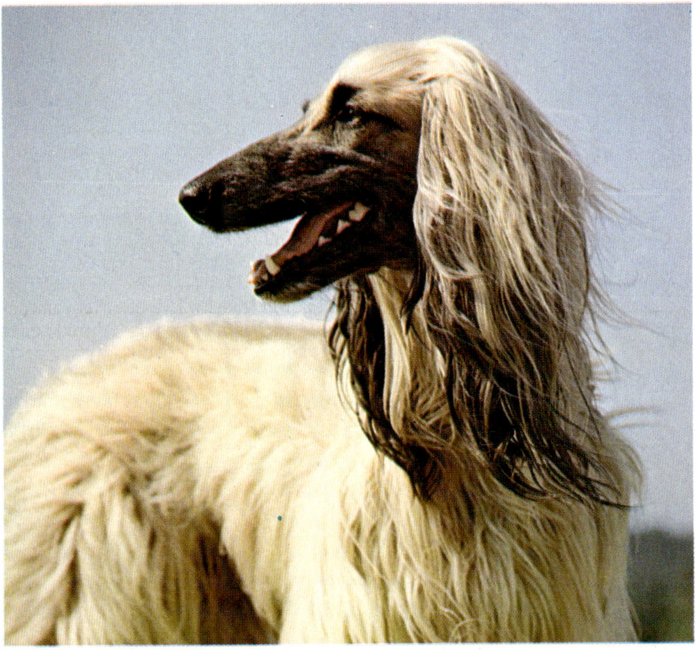

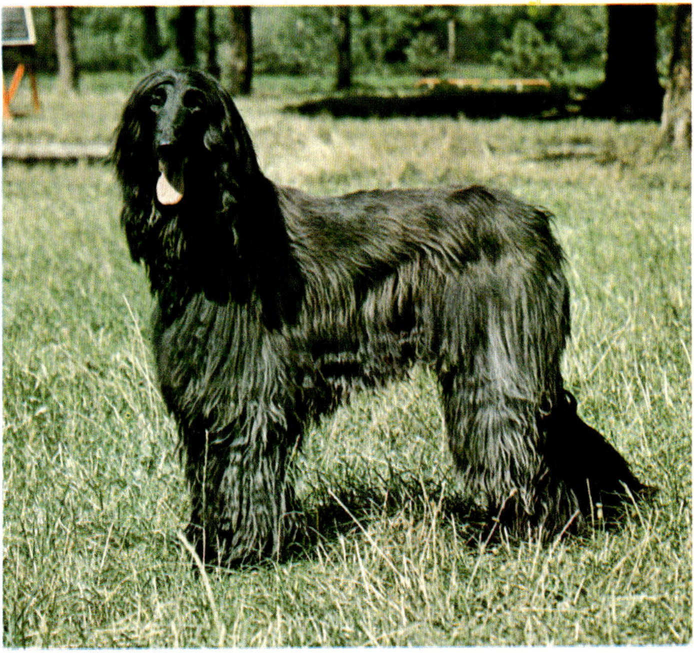

321 Saluki

Persischer Windhund

Nationalität: Persien (Iran)

Herkunft: Er ist wahrscheinlich aus uralten Kreuzungen zwischen ägyptischen und asiatischen Windhunden entstanden. Er trägt den Namen einer heute verschwundenen arabischen Stadt, Saluk, und wird als Geschenk Allahs betrachtet.

Beschreibung: Äußerst harmonischer Körperbau; Schulterhöhe 58,5 bis 71 cm; Gewicht 13 bis 30 kg. Der Kopf ist lang und verjüngt sich allmählich gegen die Nase hin; kräftige Kiefer; große, glänzende, dunkel- oder hellbraune Augen mit sanftem und würdevollem Ausdruck; mit langen, seidigen Haaren befranster Behang; eleganter und biegsamer Hals; sehr langgestreckter Körper mit schräggestellten und muskulösen Schultern; tief angesetzte, gebogene Rute; glattes und seidiges Haar; Farbe: weiß, crème, rehbraun, goldfarben, rot, grau mit gelb oder braun, dreifarbig (weiß, schwarz und gelb oder rot), sowie schwarz mit gelb oder rot oder Variationen von diesen Farben.

Wesen: Anhänglich, sensibel, nachdenklich, wohlerzogen, kinderfreundlich. Nicht leicht zu unterordnen.

Verwendung: In seiner Heimat war er ein Hetzhund für die Jagd auf Gazellen. Heute wird er als Wachhund mit sehr feinem Gehör geschätzt, sowie als sympathischer, sauberer und ruhiger Begleithund. Er hat einen großen Bewegungsdrang.

Fütterung: Täglich 400 bis 500 g Fleisch und gut gekochten Reis und Gemüse.

---

322 Barsoi

Russischer Windhund

Nationalität: Rußland

Herkunft: Im XVII. Jahrhundert soll er von einem russischen Adeligen aus Arabien nach Rußland importiert und allmählich mit Collies und Schlittenhunden aus Lappland gekreuzt worden sein.

Beschreibung: Die mittlere Schulterhöhe beträgt 75,5 cm beim Rüden, 71 cm bei der Hündin, aber größere Exemplare werden bevorzugt. Der Kopf ist lang, schmal und trocken; leicht gebogener Nasenrücken, schwarzer Nasenspiegel; längliche, dunkle Augen; die Ohren liegen dem Hals nach rückwärts auf; schmaler Brustkasten und kurzer Rücken; tief getragene, sichel- oder säbelförmige Rute; langes, gewelltes oder großlockiges Haar mit langen Fransen am Hals. Farben: weiß, gold in allen Schattierungen, fahlrot, schwarz gewolkt, grau, gestromt.

Wesen: Folgsam, reserviert, ruhig und sehr treu.

Verwendung: Er war einst ein wilder Wolfsjäger. Im XIX. Jahrhundert wurde er, dank seiner großen Würde, als edler Begleithund gehalten. Er kann im Hause gehalten werden, braucht aber viel Auslauf in offenem Gelände.

Fütterung: Täglich 600 g Fleisch, sowie 200 g Reis oder Flocken und Gemüse.

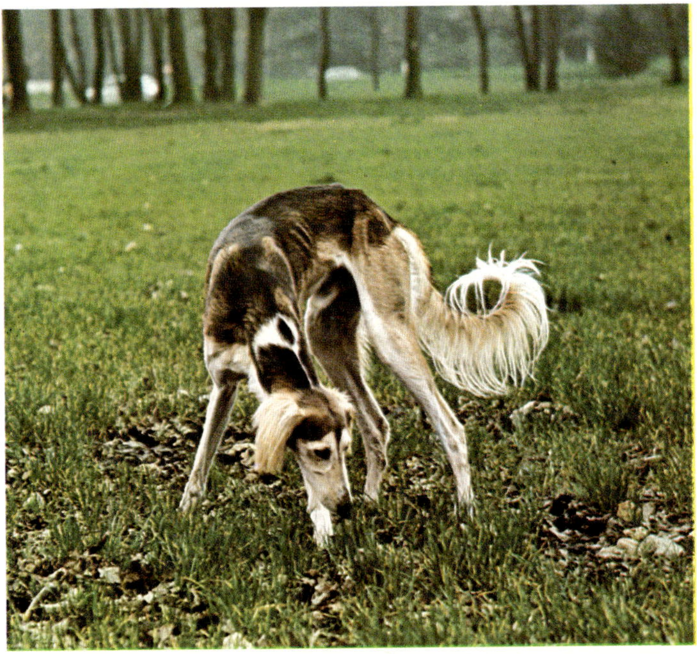

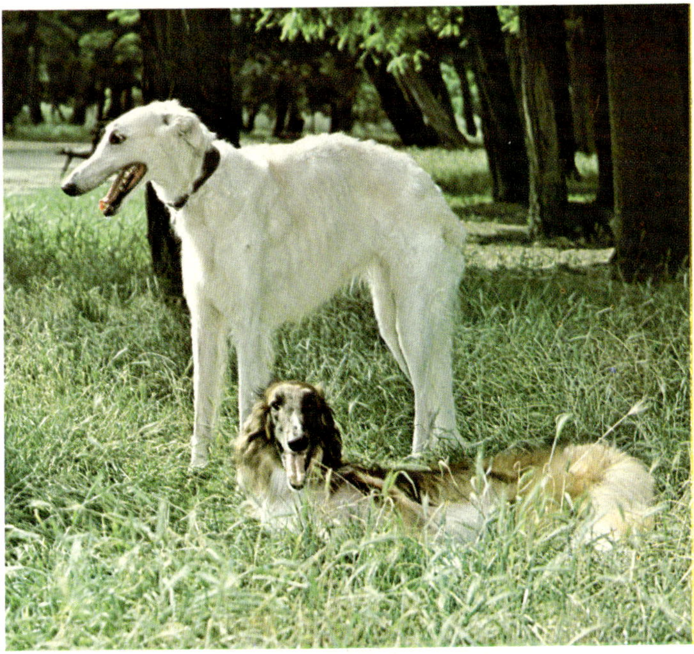

323 Magyar Agár
Ungarischer Windhund

Nationalität: Ungarn

Herkunft: Vermutlich stammt er von Hetzhunden ab, die im IX. Jahrhundert mit den Hunnen kamen. In neuerer Zeit sind echte Magyar Agárs selten geworden.

Beschreibung: Schulterhöhe bei Rüden 65 bis 70 cm, Gewicht 27 bis 31 kg. Der Kopf ist lang: leichter Stop; schwarzer Nasenspiegel; Augen mit offenem Blick; nach hinten gekippte Ohren; langer Hals; feine Gliedmaßen; sehr muskulöse und gewölbte Kruppe; dünne, feingeringelte Rute. Das Haar ist kurz und glatt und bildet im Winter wärmende Unterwolle. Farbe: grau, schwarz, gestromt, erbsengelb, selten weiß.

Wesen: Anhänglich, aber nicht expansiv, gutmütig, redlich, zäh und treu.

Verwendung: Obschon er nur einen mittelmäßigen Geruchssinn besitzt, ist er ein großartiger Jagdhund für die Hetzjagd auf Hase und Fuchs. Er wird heute auch im Rennsport eingesetzt, wo er einem mechanischen Hasen nachrennt.

---

324 Sloughi
Arabischer Windhund

Nationalität: Nicht festgelegt (stammt aus Nordafrika).

Herkunft: Direkter Nachkomme der ägyptischen Königshunde. Er kann als Vetter des persischen Windhundes Saluki gelten.

Beschreibung: Knochiger und trocken bemuskelter Hund mit einer Schulterhöhe von 60 bis 70 cm und einem Gewicht von 30 bis 32 kg. Der Kopf ist ziemlich lang, der Fang gestreckt und keilförmig; kräftige Kiefer; große, dunkle Augen mit etwas traurigem Ausdruck; dicht angelegt herabhängende, dreieckige Ohren mit abgerundetem Ende; trockener Hals mit faltiger Kehle; dünne, am Ende geringelte Rute. Das Haar ist kurz und fein. Farbe: sandfarben, fahlrot, schmutzig weiß, gestromt, schwarz und lohfarben.

Wesen: Leichtführig, folgsam, anhänglich und zurückhaltend.

Verwendung: Er wird von vielen Stämmen Nordafrikas gezüchtet und wird von den Nomaden als Wach- und Jagdhund gebraucht. In Europa und in Amerika wird der Sloughi bei Hunderennen eingesetzt und auch als Begleithund gehalten. Er ist aber nicht sehr verbreitet.

Bemerkung: Im Winter leidet er unter der Kälte. Er ist nicht sehr anspruchsvoll in seiner Ernährungsweise.

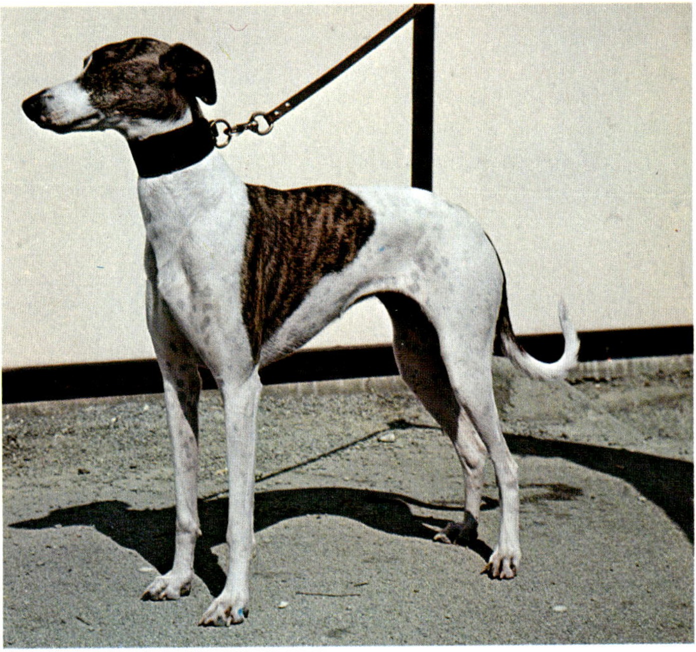

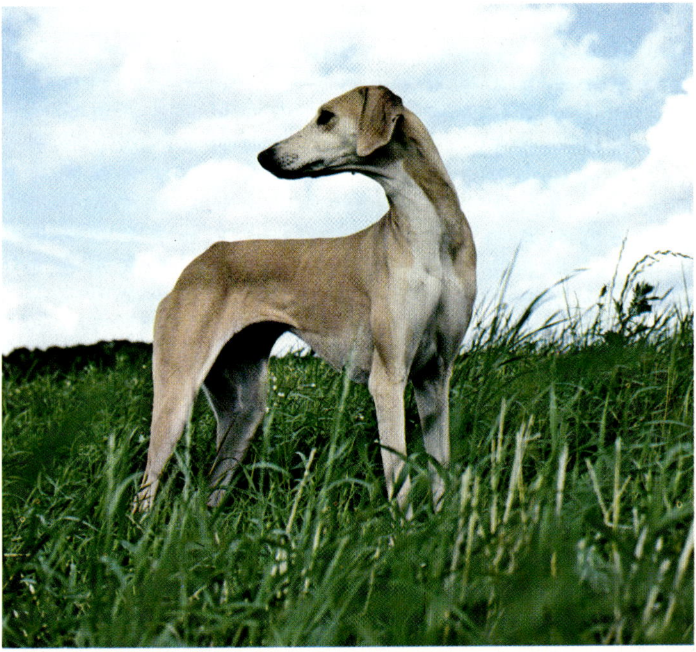

Fachausdrücke

Abrichtung: Ausbildung eines Hundes zu einem bestimmten Zweck, z.B. als Schutz-, Wach-, Hirten-, Jagd-, Sanitäts-, Katastrophen-, Blindenführhund und für andere spezielle Aufgaben wie Rauschgiftsuche, usw.

Abzeichen: hellere oder dunklere Fellfarbe an den Extremitäten, am Kopf und manchmal auf der Brust.

Arbeitshund: in der Kynologie bezeichnet man als Arbeits- oder Gebrauchshund jeden Hund, der eine nützliche Arbeit leisten kann (z.B. Hirten- und Hütehunde, Wachhunde, usw.).

Autochthon: Man sagt von einer Rasse, sie sei autochthon, wenn sie vor langer Zeit an einem bestimmten Ort von selbst entstanden ist und sich rein weiter entwickelt und erhalten hat. Der Ausdruck ist etwa gleichbedeutend wie bodenwüchsig oder eingeboren.

Behang: s. Ohren

Erziehung: Während beim Abrichten dem Hund die schwierige Arbeit beigebracht wird, bezweckt die Erziehung das Erlernen einer angenehmen Verhaltensweise im Hause (weniger häufig bellen, an einem bestimmten Ort schlafen, usw.) und auf der Straße (an der Leine gehen, eventuell einen Maulkorb tragen, usw.).

Fleischfarben: rosa oder dunkelrosa. Der Nasenspiegel ist fleischfarben, wenn er eigentlich farblos ist.

Forellentiger: Farbvarietät bei kurzhaarigen Rassen: zahlreiche größere und kleinere Tupfen auf hellerem Grund, wie bei einer Forelle.

Gebiß: Das Hundegebiß ist mit zwölf Monaten normalerweise vollständig ausgebildet. Man unterscheidet zwischen Scheren- und Zangengebiß, vollständigem, unvollständigem Gebiß, Vor- oder Hinterbiß.

Gebrauchshund: s. Arbeitshund

Gestromt: Schwarze oder dunkle Querstreifen auf hellerem Fell.

Gliedmaßen: s. Läufe.

Haarkleid: Eines der wichtigsten Merkmale einer Rasse, das im Standard festgelegt wird. Entspricht dem Fell.

Hitze: wird auch Läufigkeit genannt und ist eine gebräuchliche Bezeichnung für die kurze Zeit, in der die Hündin ihren Geschlechtstrieb offenbart. Die erste Hitze tritt gewöhnlich im Alter von 8 bis 10 Monaten auf und wiederholt sich zweimal jährlich.

Instinkt: Natürliche, geerbte Tendenz (Triebhandlung), die unabhängig von der Umwelt oder von der Erziehung ist und den Hund «instinktiv» z.B. jagen, bewachen und hüten läßt. Ein guter Instinkt erleichtert die Abrichtung bedeutend.

Klub: Interessengemeinschaft verschiedener Züchter, Besitzer, Hunderichter und -liebhaber, die die Kenntnis, die Verbesserung und die Verbreitung einer bestimmten Hunderasse bezweckt. Eine neue Rasse wird normalerweise dann offiziell anerkannt, wenn sie von einem nationalen Klub (Kennel Club) anerkannt wird.

Konditionierter Reflex: Ein Reflex ist ein physiologischer Vorgang, bei dem die Reizung sensibler Nervenfasern ein bestimmtes Organ zur Tätigkeit veranlaßt. Der konditionierte Reflex ist ein bedingter, das heißt erworbener und nicht angeborener Reflex. Der Hund besitzt ein bemerkenswertes assoziatives Gedächtnis: so lernt er innert kurzer Zeit unsere Worte, Gesten, ein Geräusch, usw. mit einer gewissen Reaktion seinerseits zu verbinden. Zum Beispiel verbindet er den Begriff Leine mit dem angenehmen Spaziergang, und wenn er seine Futterschüssel sieht, weiß

Ringelrute   *Sichelrute*   *Eichhörnchenrute*   *gebogene Rute*

er, daß alsbald gegessen werden kann. Der bedingte Reflex ist eine große Hilfe bei der Abrichtung.

Kynologie: Eigentlich «Hundelehre», aber auch Liebe und Passion für den Hund als Tier und als Individuum; aktives Interesse für die Zucht und die Verbesserung der verschiedenen Rassen.

Läufe: Gliedmaßen (Extremitäten) des Hundes, die zur Fortbewegung dienen. Die Vorderläufe sind meistens gerade und senkrecht und dienen vor allem als Stütze, währenddem die schräggestellte und muskulöse Hinterhand (bestehend aus Becken, Keulen und Hinterläufen) der eigentlichen Vorwärtsbewegung dient.

Läufigkeit: s. Hitze.

Nasenspiegel: kynologischer Ausdruck für die Endpartie der Hundenase. Die Farbe des Nasenspiegels wird vom jeweiligen Standard festgelegt, ist von Rasse zu Rasse verschieden und wird auch von der Fellfarbe beeinflußt.

Ohren: Die Ohren sind ein wichtiges Merkmal jeder Rasse. Sie können kurz, lang, tief (oder hoch) eingesetzt, groß, klein, unkupiert oder kupiert, gekippt, hängend, stehend, halbstehend usw. sein. Außerdem gibt es noch Fledermausohren, Knopfohren, Rosenohren, Tulpenohren, Schmetterlingsohren, Behänge, u.a.m. (Abb. S. 439)

Prognathie: Vorstehen eines Kiefers, Vorkiefrigkeit. Wenn sie nicht vom Standard einer bestimmten Rasse gefordert wird, gilt sie als schwerer Fehler. Die Prognathie ist vererblich.

Ramsnase: Von der Seite gesehen etwas aufgewölbter Nasenrücken.

Rasse: Unter einer Hunderasse versteht man eine Gruppe gleichartiger Individuen, deren körperliche und psychische Merkmale sich rein auf die nachfolgenden Generationen weitervererben. Die meisten Hunderassen entstanden aus einer vom Menschen vorgenommenen willkürlichen Zuchtwahl.

Korkzieherrute hochgetragene Rute   *Fahnenrute*   *Säbelrute*   *Otterschwanz*

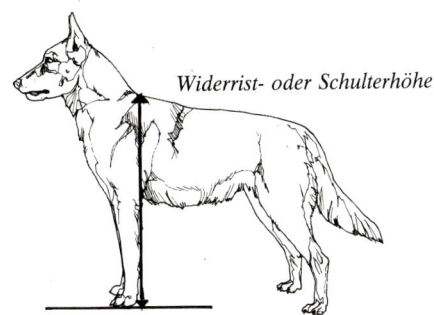

Widerrist- oder Schulterhöhe

Rute: Die Form und Tragart der Rute (Schwanz) des Hundes sind rassenspezifisch. Die Rute kann kurz (entweder kupiert, das heißt gekürzt, oder angeboren), lang, dick, fein sein, und hoch oder hängend getragen, seitwärts oder über den Rücken gerollt werden usw. Man unterscheidet auch zwischen Aal-, Bürsten- und Fahnenrute je nach Behaarung, und zwischen Ringel-, Sichel-, Säbel-, Knopf-, Stummel-, Haken-, Posthorn-, Hänge- und Korkzieherrute. (Abb. S. 438)

Schulterhöhe: Vertikale Entfernung vom Boden bis zum höchsten Punkt des Widerrists (dieser Punkt ist meistens der erste Rückenwirbel). (Abb. S. 439)

Schur: Rassebedingter Haarschnitt, der normalerweise im Standard beschrieben ist.

Schwamm: s. Nasenspiegel

Standard: Von einem Klub herausgegebene vollständige Beschreibung der typischen Merkmale einer Rasse, die die Reinerhaltung einer Rasse

Fledermausohr   *Kippohr*   *Behang oder Hängeohr*

kupiertes Stehohr   *Überfallohr*   *Rosenohr*

sowie die Vereinheitlichung ihrer körperlichen und charakterlichen Eigenschaften anstrebt. Jede offiziell anerkannte Hunderasse besitzt ihren eigenen Standard. Folgende Merkmale werden darin festgelegt: Höhe, Gewicht, Haarqualität, Fell- und Augenfarbe, Körperbau, Rutenart und -länge, Schädel- und Kopfform, Ohren und Gliedmaßen, Muskulatur, Gangwerk. Im Standard festgelegt sind außerdem die Wesenszüge und die Eignung der Rasse. Erwähnt werden auch diejenigen Fehler, die an Ausstellungen zu Punktabzügen oder Disqualifizierung führen.

Stop: Kynologischer Fachausdruck für den Stirnabsatz, das heißt für den im Längsprofil typisch eingebuchteten Übergang zwischen Schädel und Fang. Ein korrekter Stop hat einen großen Einfluß auf die Schönheit und Charakteristik einer Rasse (z.B. beim Pointer).

Toy: Englische Bezeichnung für Spielzeug. In der kynologischen Sprache handelt es sich um die kleinste Größe einer Rasse, die es auch in größeren Schlägen gibt. Zum Beispiel gibt es einen Toy-Pudel, aber keinen Toy-Chihuahua, da dieser immer winzig klein ist.

Trächtigkeit: Zeit, während der ein Embryo sich im Mutterleib entwickelt. Bei der Hündin dauert sie im allgemeinen 58 bis 65 Tage, je nach Alter, Rasse, Umgebung, Wurfgröße (Anzahl der Welpen).

Trimmen: Englische Bezeichnung für das Rupfen der Haare, das bei rauhhaarigen Hunderassen zur Schönheitspflege gehört und im Standard vorgeschrieben wird. Das Trimmen überläßt man am besten einem Spezialisten. Dabei werden tote Haare herausgezupft und gewisse lange, gesunde Haare gekürzt. Getrimmt wird vorzugsweise beim Fellwechsel, das heißt im Frühling und im Herbst.

Wamme: An Kehle und Hals herabhängende Hautfalte. Typisch für bestimmte Rassen.

Widerristhöhe: s. Schulterhöhe.

Zoonosen sind vom Tier (auch vom Hund) auf den Menschen übertragbare Infektionskrankheiten.

Bildquellen

Einleitung
Archivio Mondadori, Mailand: 14, 15, 17. – Ardea Photographics, London: Jean-Paul Ferrero: 41, 63; Su Gooders: 24. – Walt Disney Inc.: 35. – Marka Graphic, Mailand: 23, 26, 33, 46, 49, 50, 55, 61; Vezio Sabatini: 19. – Jacana. Paris: Arthus-Bertrand: 47; Labat: 43; Lacz-Lemoine: 20, 21, 29, 39a, 54, 64d; Rebouleau: 36; Trouillet: 30, 40, 44, 59, 60, 62; Varin-Visage: 39b, 66. – Luisa Ricciarini, Mailand: Osvaldo Langini: 34. – SEF. Turin: 27. – Snark International: Jean Charles Bland: 31. – Vautier Reporter Photographe, Paris: De Nanxe: 64s, 65. – E. Zimen: 10-11.

Rassen
Creszentia and Ted Allen, USA: 101, 176. – American Kennel Club: 119. – Animal Photograph Ltd. London: Sally Anne Thompson: 22, 23, 38, 103, 106, 113, 117, 125, 127, 139, 143, 165, 166, 192, 211, 212, 248, 259, 289b, 310; Willbie: 158. – Archivio Mondadori, Mailand 39, 41, 116, 135, 136, 178, 181, 183, 184, 185, 191, 193, 201, 243. – Ardea Photographics, London: J.-P. Ferrero: 4, 20, 56b, 70a, 109b, 159a, 174, 214, 225, 238, 253b, 270, 274, 301, 308a; Su Gooders: 257. – Art Centrum, Prag: 186, 236. – Marc Buzzini, Lorrez-Le Boccage: 13, 21, 34, 50, 71, 78, 81, 129, 155, 169, 202, 205, 290, 318. – Bob and Marge Calltharp, USA: 282. – Walter Chandoha Photography, Annandale, New Jersey, USA: 260. – Club Portugués de Canicultura, Lissabon: R. Gonçalves Crespo: 33, 90, 162, 163, 164, 235; Oscar Coêlho da Silva: 91. – Bruce Coleman Limited, Middlesex: Jane Burton: 134; Nicholas De Vare: 73; Hans Reinhard: 1, 47, 156, 159b. – Dansk Kennel Club: 230. – John Davidson Dunlop, USA: 291. – Christopher Ebron, USA: 179. – Edoprando Riva, Mailand: 268a. – Fotostampa di Embrione Leopoldo, Mailand: 8, 16, 25, 27, 36, 37, 42, 79, 102, 108, 112, 118, 138, 147, 171, 172, 173, 206, 213, 237, 245, 265, 269, 283, 286, 323. – Free Lance Photographers Association South America: 204. – Joanne Glushien, USA: 48. – Stene Herd, USA: 137. – Jacana, Paris: 276; Arthus-Bertrand: 51a, 94b; S. Chevallier: 94a, 96, 150, 210; M. Claye: 244. Frédéric: 61a, 220, 264; B. Josedupont: 69, 275a; J.-M. Labat: 7, 209b, 222b, 242, 305; Lacz-Lemoine: 2, 5, 9, 10, 11, 12, 15, 26, 28a, 30, 32, 52, 55, 56a, 58, 61b, 62, 64, 66, 67b, 68, 70b, 74, 76, 97, 98, 99, 105, 107, 110, 111, 115, 123, 126, 128, 130, 131, 132, 148, 151, 153, 154, 167, 170, 188, 189, 208, 216, 219, 221, 222a, 223, 224, 227, 228, 229, 247, 250, 251, 252, 253a, 254, 256, 258, 268b, 272, 279, 281, 288, 293, 294, 295, 296, 304, 311, 313a, 315, 316, 317, 321; Pierre Pilloud: 122b; B. Rebouleau: 6, 152, 187, 239b, 240; Trouillet: 3, 51b, 57, 60, 65, 72, 75, 87, 100, 109a, 114, 122a, 124, 195, 239a, 262a, 263, 280a, 284, 297, 298, 299, 308b, 320b, 322; Vala: 80; Varin-Visage: 53, 95, 121, 241, 280b, 306, 324; Michel Viard: 168; A. Whitworth: 319. – Ilias Kitsakis, Mailand: 197. – G. Lacz-E. Lemoine, Paris: 17, 44, 45, 46, 190. – Giampaolo Malapelle, New York: 177. – Marka Graphic, Mailand: 54, 157, 209a, 289, 320a; William L. Hamilton: 271; Vezio Sabatini: 19b, 275a. – Sedyard Maynard, USA: 180. – Frieda Mazzone, USA: 40. – Nelson, West Footscray, Australia: 312. – NHPA Westerham, Kent: E.A. Janes: 29. – Tierbilder Okapia KG, Frankfurt: 133, 278. – Orion Press, Tokio: 86, 266; Shin Yoshino: 85, 88. – Österreichischer Kynologenverband, Wien: Walter Poduschka: 82, 141, 146. – Photo Researchers, USA: R. Kinne: 226. – Real Sociedad Central de Fomento de Razas Caninas en España, Madrid: 203. – Luisa Ricciarini, Mailand: Osvaldo Langini, Mailand: 54, 157, 209a, 289, 320a; P2: 18b, 63, 67a, 93, 104, 149, 175, 218, 233b, 262b, 273, 277, 287, 307; Sandro Prato: 28b, 43, 161; A.P. Rossi: 18a, 31, 120, 233a, 249, 255, 300; G. Tomsich: 24, 160b, 314. – E. Meriwether Schuler, USA: 77, 92, 261, 302, 303. – SEF, Turin: 19a, 59, 160a, 292. – Kim Stanley, USA: 285. – Ted Streshinsky, Image Bank, New York: 313. – D.J. Whittington jr., USA: 49. – Ake Wintzell, Stockholm: 14, 35, 84, 89, 142, 194, 196, 198, 199, 200, 207, 215, 217, 231, 232, 246, 309. – Karl Wolffram, Innsbruck: 140, 144, 182, 267. – Zwiazek Kynologiczny vPolsce, Warschau: 145.

Fotos bei Kapitelanfängen: Jacana, Paris; Trouillet (Einleitung, Gebrauchshunde, Terriers, Toys); Ardea Photographics, London; Su Gooders (Jagdhunde); Jacana Paris: Lacz-Lemoine (Begleithunde); Marka Graphic, Mailand: (Windhunde); Jacana, Paris.
J.-L.S. Dubois (Fachausdrücke); Jacana, Paris, D'Otreppe (Register).

Alphabetisches Rassenverzeichnis

Die Beschreibungen der einzelnen Rassen tragen vor dem Titel jeweils eine Nummer – auf diese Nummern weisen die im Register angeführten Zahlen hin.